广东历代著者要录

广州府外

广州图书馆 编

中山大学出版社
·广州·

版权所有　翻印必究

图书在版编目（CIP）数据

广东历代著者要录·广州府外/广州图书馆编．—广州：中山大学出版社，2020.5
ISBN 978-7-306-06691-6

Ⅰ.①广…　Ⅱ.①广…　Ⅲ.①历史人物—生平事迹—广州府外—古代②图书目录—广州府外—古代　Ⅳ.①K820.865②Z812.265

中国版本图书馆CIP数据核字（2019）第196209号

Guangdong Lidai Zhuzhe Yaolu（Gangzhoufu Wai）

| 出 版 人：王天琪
| 策划编辑：吕肖剑
| 责任编辑：王延红
| 封面设计：刘　犇
| 责任校对：叶　枫
| 责任技编：何雅涛
| 出版发行：中山大学出版社
| 电　　话：编辑部 020-84111946，84113349，84111997，84110779
| 　　　　　发行部 020-84111998，84111981，84111160
| 地　　址：广州市新港西路135号
| 邮　　编：510275　　　　　传　真：020-84036565
| 网　　址：http://www.zsup.com.cn　　E-mail:zdcbs@mail.sysu.edu.cn
| 印刷者：佛山市浩文彩色印刷有限公司
| 规　　格：787mm×1092mm　1/16　30.625印张　824千字
| 版次印次：2020年5月第1版　2020年5月第1次印刷
| 定　　价：98.00元

如发现本书因印装质量影响阅读，请与出版社发行部联系调换

《广东历代著者要录(广州府外)》编委会

主　编：广州图书馆

编　纂：朱俊芳

学术顾问：骆　伟

编　委：方家忠　刘平清　林志成　陈智颖　朱俊芳

编　例

1. 宗旨和目的

弘扬岭南文化优良传统，发扬广东开放、包容、务实的人文精神，汇辑广东人物著述，突显广东文化底蕴。

2. 收录范围

（1）人物范围：只收录有著述的人物，凡著述方式为著、述、编、辑、纂、注、译，并见诸文献记载者，皆予以收录。诗、词、赋、疏、论、记、序、铭等单篇作品暂不收录。不著撰人之著述，暂不收录。编纂者为某一集体或机构者不予收录。

（2）时间范围：收录的著者出生时间以1911年为界限，生于1911年及以前者收录，生于1912年及以后者不予收录。

（3）地域范围：以明清时期广东省行政区划为地理范围。本书收录除广州府之外的以下府州县：韶州府，辖曲江、乐昌、仁化、乳源、翁源、英德六县；南雄府，辖保昌、始兴二县；惠州府，辖归善、博罗、长宁、永安、海丰、陆丰、龙川、连平州、河源、和平一州九县；潮州府，辖海阳、潮阳、揭阳、饶平、惠来、大埔、澄海、普宁、丰顺九县；肇庆府，辖高要、四会、新兴、阳春、阳江、高明、恩平、广宁、开平、鹤山、德庆州、封川、开建一州十二县；高州府，辖茂名、电白、信宜、化州、吴川、石城一州五县；廉州府，辖合浦、钦州、灵山、防城一州三县；雷州府，辖海康、遂溪、徐闻三县；琼州府，辖琼山、澄迈、定安、文昌、会同、乐会、临高、儋州、昌化、万州、陵水、崖州、感恩三州十县。连州，辖阳山、连山二县；嘉应州，辖兴宁、长乐、平远、镇平四县；罗定州，辖东安、西宁二县。

所收著者籍贯以祖籍为主，包含侨迁落籍人士，寄籍和侨寓不在收录之列。

3. 著者信息

包括人物姓名、生卒年、别名、字号、笔名、释道名、里籍、仕履、著述等。除以字号行者、释道及失名者，均使用本名。

4. 著述信息

包括书名与卷数，对个别书名为"诗集""文集""诗文集""奏疏""奏稿"等者，为区别起见，均加著者姓名或字号，构成"［某某］诗集""［某某］文集""［某某］奏疏""［某某］奏稿"。为便于表述起见，著者所著之书不论是由自己编订还是由后人搜集整理而成，皆称为著者"著有"。

5. 资料来源

广东省地方史志、书目文献、诗文总集、传记资料、谱牒等。每一条目之末注明出处。

6. 字体

为方便阅读，本录采用简体字。若人名或者书名中因繁简字义不同，容易产生歧义者，则保持繁体原貌，不改用简体字。

7. 编排

本录以《广东方志要录》为参照排列各府顺序，依次为潮州府（嘉应州附）、惠州府、韶州府（连州附）、南雄府、肇庆府（罗定州附）、高州府、廉州府、雷州府、琼州府。内文条目以及人名索引以拼音为序。

前　言

为弘扬岭南文化优良传统，发扬广东开放、包容、务实的人文精神，汇辑广东人物及其著述，突显广东文化底蕴，2009年年初，根据方家忠馆长等馆部领导的指示，广州图书馆信息咨询部着手建设"广东历史文献著者信息库"。2010年年底，该库初步搭建完成。馆部决定析出库中信息，编辑出版。经过馆内商议，并听取中山大学骆伟教授的意见，决定将书名定为《广东历代著者要录》。

《广东历代著者要录》是一部以地方历史人物及其著述为内容的工具书。采用清代中期广东行政区划，收录著者的地理范围包括广州府、潮州府、惠州府、韶州府、南雄府、肇庆府、高州府、廉州府、雷州府、琼州府十府九十余州、厅、县。鉴于工程量较大，人力有限，短期内无法收齐全部资料，故采取分府进行的方式。

广州府部完成后，广州图书馆聘请中山大学骆伟教授、广东省立中山图书馆倪俊明副馆长、暨南大学图书馆罗志欢主任等谙熟岭南文献的专家学者对书稿进行鉴定和审查，三位专家都提出了许多宝贵意见和建议。骆伟老师评价此书"体例、著录均恰当、准确、规范，为《广州大典》增添光彩"，具有"摸清家底""填补当代《广东省志·艺文志》缺失""为文献开发创造条件"三方面的意义。同时，指出不足之处主要为"文献挖掘的广度、深度有待提高"。罗志欢老师认为此书"是目前收录广州作者及其著作较为丰富的专业性工具书""文字简明扼要，作者大体齐备，其功能既具检索性，又兼具参考性作用，可为研究广州历史文化和广州文献编撰史，尤其是正在编辑出版的《广州大典》提供参考资料以及文献线索"。同时，也提出广征博采，作者经历录其要、撰著作品录其全，注明存佚等建议。

2012年12月，《广东历代著者要录（广州府部）》由广州市委宣传部资助，广州出版社出版发行。

经过对初步收集的资料进行分析，推算潮州府等九府的著者数量大致相当于广州一府的著者数量。请示馆部后，方馆长决定潮州府等九府的著者合并成一书，书名定为《广东历代著者要录（广州府外）》。"广州府外"意即广州府以外的其他各府，是对潮州府等九府的高度概括。

编者以《广东历代方志集成》，新修市志、县志等方志资料，《广东文献综录》《民国广东将领志》《潮州人物辞典》等工具书为主要参考文献，借助"学苑汲古：高校古文献资源库""中国国家图书馆古籍资源库"等数据库，以及《清史稿》《柳堂师友诗录》《读岭南人诗绝句》等文史资料，对著者的字号、生卒年、科举时间、生平经历、著作书名等进行多方查考。以"尽量详尽，侧重于履历和著述""详简得当，实事求是"为收录原则。

由于广州图书馆馆址搬迁和编者工作重心的转移，《广东历代著者要录（广州府外）》的工作进度大大放缓。经过若干年的积累，于2018年初达到了出版的要求和规模。

广东历代著者要录（广州府外）

　　《广东历代著者要录（广州府外）》收录著者5001人，《广东历代著者要录（广州府部）》收录5002人，两书累积收录著者10003人。较为集中地反映了出生时间为1911年及以前的广东著者及其著述情况，是目前收录广东著者及其著述较为丰富的专业性工具书，可为研究广东历史文化和广东文献编撰史提供参考。

　　由于编者才疏学浅，资料不足，错漏自不待言，敬请各位专家、学者及广大读者批评指正。

朱俊芳

二〇一九年二月

目 录

潮州府	1
惠州府	195
韶州府	243
南雄府	263
肇庆府	270
高州府	347
廉州府	389
雷州府	400
琼州府	408
著者索引	443
主要参考书目	474

潮 州 府

蔡本江（？—1851），字岷山，澄海人。嗜究经史地理。清道光二十八年（1848）著成《地理辨正求真》四卷。（《潮州志·艺文志》）

蔡常，字子翔，澄海人。民国间任澄海县教育科长、澄海县第一区区长。著有《潮汕沦陷纪略》（一名《潮汕沦陷回忆录》）。（《潮州志·艺文志》《三湾史略》）

蔡承瑚（？—1648），字华夫，号用缶，海阳人。明崇祯十三年（1640）庚辰进士，任江苏昆山知县。明亡，潮州乱，承瑚练乡兵以保。忧心光复事，终日愤愤，尽瘁而死。著有《中庸藏枕》（《潮州志》作《中庸藏》，未见）、《善居诗文集》（一作《枕善居集》，作《善居集》者误）。（乾隆《潮州府志》卷二十九，光绪《海阳县志》卷三十八，《潮州志·艺文志》）

蔡楚生（1906—1968），笔名小云，潮阳人，生于上海。从事电影编导工作。曾任左翼中国电影文化协会执行委员、中华全国电影界抗敌协会理事、重庆中央电影摄影场编导委员。民国三十五年（1946）与阳翰笙、史东山等到上海创办联华影艺社。新中国成立后，曾任政务院文化部电影艺术委员会主任、中国人民对外文化协会理事、文化部电影事业管理局艺术委员会副主任、文化部电影事业管理局副局长、中国电影工作者联谊会主席等职。著有播音剧本《第七个九一八》，电影剧本《南海风云》《西湖春晓》等，五幕剧《自由港》以及《蔡楚生选集》《论电影剧本创作的特征》（合著）。（《民国人物大辞典》，1997年《潮阳县志》）

蔡非（1904—1979），字非子，号是斋，潮阳人。民国十二年（1923）入上海东方美术学校学习国画、音乐，后转上海艺术大学，民国十六年（1927）毕业。在汕头、潮阳等地从事美术教育工作四十余载。有《蔡非书画选集》。（1997年《潮阳县志》，《潮州人物辞典》）

蔡馥生（1903—1994），原名家桂，笔名一粟，潮阳人。毕业于上海中央大学商学院，获商学士学位，就职于浙江省政府经济委员会和中国邮政储金汇业总局。后陆续担任《社会生活》周刊、《正路》半月刊、武汉《新华日报》编辑，新加坡《南侨通讯》主编，中共中央南方分局财委主任兼南方人民银行总经理。新中国成立后，历任中国人民银行华南分行和广东省分行副行长，兼广东省人民保险公司总经理，暨南大学政治经济学教研室主任、经济学院院长等职。著有《计划经济》《动荡中的中国农村经济》《救亡的理论与实践》等。（《民国人物大辞典》）

蔡怀清，字澄波，揭阳人。清光绪间诸生。著有《孝经绎说》。（《潮州志·艺文志》）

蔡继绅（1745—1835），名千为，又名蔡荐堂，澄海人。清乾隆三十九年（1774）甲午举人。晚年历任茂名教谕、义塾景韩书院主讲。年九十岁参加道光十四年（1834）鹿鸣盛宴。嘉庆间分修《澄海县志》。（《潮州人物辞典》）

蔡家泰（1868—1904），字启升，号立封，澄海人。曾漂洋谋生。著有《立封札

记》《立封家书》《诗文随感》《程洋冈史考珍录》等。（《潮州人物辞典》）

蔡敬翔（1908—2007），潮安人。民国十九年（1930）毕业于上海人民艺术大学，执教于潮汕、广州等地多年，曾任广东省艺术院副教授、广东省文史馆研究员。出版有《蔡敬翔铅笔画集》。（《潮州志·艺文志》《潮州人物辞典》）

蔡俊心，明末澄海人。家有祖传医籍十二卷，编纂成《医论歌诀》以传后世。（《汕头卫生志》）

蔡连辉，清澄海人。清乾隆三十年（1765）乙酉举人，次年联捷进士。分修《（乾隆）澄海县志》。（乾隆《澄海县志》修志姓名）

蔡麟士，又名绍宗，字书云，号东湖散人，清澄海人。蔡本江四子。著有《峦头心法》（又名《峦头心法图诀》）二卷，成书于咸丰四年。（《峦头心法》序）

蔡麟祥，字瑞堂，澄海人。清同治间援例授通判。光绪四年（1878）代理澎湖通判，调署恒春知县，后调彰化，卒于任。才识明敏，工书画。监修《甲午新修台湾澎湖志》十五卷。（《甲午新修台湾澎湖志》纂修姓氏）

蔡梦香（1889—1972），字兰生，潮州人。饶宗颐之师。毕业于上海法政大学。后偕夫人赴南洋任教。著有《蔡梦香先生书画诗集》。（《潮州人物辞典》）

蔡鹏云（1867—1952），字柏青，号百星，澄海人。清光绪末任教于乡邑景韩小学堂，民国七年（1918）该学堂改名景韩学校，任校长。亦曾主凤山书院。精研医学，民国十六年被聘为汕头中医主考。民国三十四年（1945）自办新国医传习所，培养中医人才。编著有《澄海乡土格致教科书》《澄海乡土历史教科书》《澄海乡土地理教科书》《最新妇科学全书》《最新儿科学全书》《伤寒易解》《蔡氏临床医案》等。（《澄海文史资料》第二十辑，《近代国医名家珍藏传薪讲稿·妇科类》）

蔡翘（1897—1990），字卓夫，揭阳人。民国八年（1919）赴美国留学，先后在加利福尼亚大学、印第安纳大学和哥伦比亚大学学习心理学。后转入芝加哥大学研究生院学习心理学、生理学和神经学，获哲学博士学位。曾任上海复旦大学教授，雷士德医学研究所副研究员，南京中央大学医学院生理学教授、代理院长。新中国成立后，任南京大学医学院院长，第五军医大学校长，军事医学科学院副院长、研究员和院学术委员会主任。著有《生理学》、《人类生理学》、《运动生理学》、《生理学常识》、《动物生理学》（与徐丰彦合著）等。与人合编《生理学实验》（与吴襄合编）、《航空与空间医学基础》、《巴甫洛夫学说讲演集》及增订本、《生理学实验指导》、《中级生理学》等。（《民国人物大辞典》）

蔡任渔（1908—?），揭阳人。曾任梅县天主教总主教、梅县圣母会会长，《我们的教区》及《新南星》杂志主编，台湾私立静宜女子英语专科学校校长，私立静宜女子文理学院院长，美国西顿大学教授。著有《几个宗教问题》。（《梅州报刊志1906—2002》）

蔡润卿，民国澄海人。著有《夷白楼随笔》，曾连续刊登于《正风》半月刊一卷十三期至廿三期。另有《夷白楼廋词》。（《潮州志·艺文志》《仲可随笔》）

蔡士烈（1893—1983），澄海人。早年师从蔡竹溪、胡楷学画。先后毕业于浙江之江大学中文系、上海东亚医科学院。课余从学于画家金侬。曾任新加坡英属砂拉越华侨民德中学校长、汕头市岭东新医学专修院教务主任、广东省文史馆研究员、汕头画院特聘画师。遗有《猫蝶图》《百蝶图》画册两部。(《潮州人物辞典》)

蔡文兰，字兔生，后改名守文，澄海人。少从漳浦黄道周游。明崇祯六年（1633）癸酉乡试副榜。课徒为业。甲申之变后更名，遁迹岩谷，穷愁寥落，一发为诗。未几，卒。著有《乱后草》《海东旅人集》。(乾隆《潮州府志》卷三十，嘉庆《澄海县志》卷十九)

蔡心觉，民国潮安人。著有《心经述义》。(《潮州志·艺文志》)

蔡学瀛，字仙舫，澄海人。清光绪间岁贡。著有《自讼斋读史百咏》。(《潮州志·艺文志》)

蔡仰高（1891—1984），澄海人。擅长中医妇科，民国十六年（1927）赴汕头行医，计行医六十余载。著有《脉学辑要》《中医脉学经验》《妇科学》。(《中国经济特区大辞典》)

蔡英元（1904—2004），揭阳人。毕业于黄埔军校第二期步科、北平陆军大学。曾任第七路军总部上校作战参谋、漯河警备司令、第三十七集团军少将参谋长、第五兵团副司令官。后到台湾。编有《河婆地方志略》。著有《东山草堂诗稿》。(《民国广东将领志》)

蔡幼云（1878—?），潮州人。曾任潮安司药讲习所主任、潮安国医馆馆长。著有《温病讲义》。(《汕头卫生志》)

蔡召似，清康熙间海阳人。蔡承瑚孙。著有《四书集说》（一作《四书借说》）。(《潮州志·艺文志》)

蔡肇仞，字九敏，澄海人。诸生。明万历十三年（1585）土寇攻破城门，一盗感其恩，护其家出境，获免于难。年八十二卒。著有《诗经臆说》《诗匀》《澄乘略》。(嘉庆《澄海县志》卷十九)

蔡中孚，字辅卿，澄海籍海阳人。清康熙五十九年（1720）庚子举人。寻卒，惠潮巡道姚仕琳为置田赡其父。有《辅卿文集》《蔡中孚遗文》梓行。(乾隆《潮州府志》卷二十九，光绪《海阳县志》卷三十九，《潮州志·艺文志》)

蔡卓勋（1865—1935），字竹铭，自号瀛壶居士，澄海人。清光绪三十四年（1908）戊申岁贡。越二年，就读于广州广雅书院。任澄海县公牍长，汕头总商会协办。曾集同人倡设壶社，任社长。编有《文字续因》六卷、《寄楼馀墨》、《壶社丛选》、《庚午半年刊》、《瀛壶居士六十徵画》等。著有《壶史》三卷（附《史馀》）、《闲闲录》、《寄寄林》、《小瀛壶诗文钞》十四卷、《小瀛壶仙馆诗府》三卷、《文寯》四卷、《小瀛壶诗存》一卷、《小瀛壶文钞》一卷、《小瀛壶别集》一卷、《蔡瀛壶遐龄集》、《南华今梦集》四卷、《小瀛壶丛刊》、《小瀛壶丛书》等。(《潮州志·艺文志》《近现代潮汕文学·国内篇》)

曹宗，字宗道，饶平人。明成化七年（1471）辛卯，年方弱冠，以《春秋》中举，入太学，为祭酒邱濬所重，使著《春秋通典》。后官国子监助教。以丁母忧归，卒于家。(《潮州志·艺文志》，《饶平县志补订》卷十二)

陈拔萃，字和双，饶平人。习举业，罢科举后，致力于医。著有《伤寒论之梯

航》。(《饶平县志补订》卷十八)

陈邦基,字士厚,澄海人。户部主事陈元勋之子。明万历二十八年(1600)庚子举人。闭门著作,有《古帝王纬》《孝经纬》《孔子世家纬》诸书,藏于家。(乾隆《潮州府志》卷二十八,嘉庆《澄海县志》卷十九)

陈邦让,澄海人。著有《西泸抗战实录》,民国三十四年(1945)印行。(《潮州志·艺文志》)

陈宝瑛,清海阳人。著有《潮州金石略》。(《贩书偶记》卷八)

陈宝瑜(1864—1902),字琼莹,自号艮山居士,海阳人。清光绪十四年(1888)戊子举人,捐江苏知县。以疾卒,年三十九。集有《粳斋双钩碑帖》《皮古阁篆刻自课》《图书丛集贴本》《图书丛集摹本》《皮古阁泉拓》。著有《改二十四史草稿》《粳斋集》、《古诗史》(未完)、《熙性斋杂录》(未完)、《算学稿本》(未完)、《洋钱谱》(未完)、《中银谱》(未完)。(《广东通志稿》《潮州志·艺文志》)

陈贲,字元之,号仍朴,海阳人。清康熙间诸生。著有《亦园草》。(光绪《海阳县志》卷二十九,《潮州志·艺文志》)

陈必捷,字月三,惠来人。陈光世曾孙。十岁通文艺,苦志力学,然屡困场屋。清康熙四十九年(1710)庚寅岁贡。雍正四年(1726)丙午秋铨部推选,辞老不就职。年八十六卒。著有《[月三]诗集》二卷藏于家。(雍正《惠来县志》卷十四,乾隆《潮州府志》卷二十九)

陈必勤(1730—1784),字淑震,潮阳人。在惠州、潮州两郡行医。著有《脉诀》《鸿宝良方》。(1997年《潮阳县志》)

陈波儿(1907—1951),原名陈舜华,又名陈佐芬,字棠秋,潮安人。肄业于复旦大学和中国艺术大学。参与创办上海艺术剧社、开设岭东中学。主演、编导话剧多部。曾任东北电影制片厂党总支部书记。编著五幕剧《劳动的光辉》、多幕剧《同志,你走错了路》及《中国电影评论集》等。(《汕头市志》卷七十三,《20世纪中华人物名字号辞典》)

陈伯良(1875—1910),字训豪,号质盦,澄海人。中国同盟会会员。清光绪二十五年(1899)己亥补弟子员。二十八年(1902)肄业于岭东同文学堂。三十二年(1906)入上海公学。次年倡办开智学堂。三十四年(1908)就职于邑凤山学校,管理校务。宣统元年(1909)在本乡开智学堂教授修身、国文、地理诸科。因狂病自缢。友黄廷勋整理其遗著、文苑、科学、日记等,编印为《陈伯良》一书,封面题"澄江一人",是书分三段,上为传,中为遗著,下为同人哀挽诗文。此外,还著有《北湾乡土志》《潮州乡土格致教科书》。(《陈伯良》叙、例言、年谱,《三湾史略》)

陈伯瑜,民国潮阳人。著有《诸葛武侯学案》。(《潮州志·艺文志》)

陈步墀(1870—1934),字子丹,一字幼侪,号云僧,饶平人。陈慈黉弟。少嗜诗词,早年攻举业,以文章自负。后弃学从商,往香港助父兄打理生意。交游广泛,与潘飞声、赖际熙、温肃等诗文往还,交谊深厚。曾任保良局总理,致力于推动慈善事业。清光绪三十四年(1908),三江暴涨,流离载道,撰《救命词》三十首,刊诸报章,倡议赈济。时有李玉芝、叶贤贞将其词用绢刺绣,义卖筹款。姑苏太守杨星吾适在港，乃作"绣诗楼"署额以遗之，诗名大振。宣统元年（1909）纳赀为恩贡生，头品顶戴花翎候选道。辛亥革命后，在香港经营米业，创乾泰隆。著有《绣诗楼诗》五卷、《绣诗楼诗二集》三卷、《课孙草》一卷、《茅茨集》二卷、《宋台集》二卷、《寒木春华斋诗》二卷、《有光集》、《十万金铃馆词》二卷、《双溪词》三卷。辑有《二十三家尺素》二卷、《绣诗楼丛书》三十六种。编有《饶平前溪陈氏族谱》、《四先生诗存》四卷。（《饶平县志补订》卷十二、卷十八，《广东历代诗钞》卷八，《汕头文史》第八辑）

陈超，字义高，澄海人。清乾隆五十一年（1786）丙午举人，任曲江训导。淹通经史，尤善诗赋。年七十二卒。著有《四书解义》《省非诗集》及制义体裁分类读编各种，藏于家。（嘉庆《澄海县志》卷十九）

陈成禹（1879—1953），原名锡畴，号淡夫，揭阳人。民国间任中央国医馆揭阳分馆股长。编著有《陈成禹内科全书》《淡庐医馀录》《盲肠炎中西医学汇参》《民间验方手册》。[《汕头卫生志》《揭阳县志（1986—1991续编）》]

陈筹（1890—1962），本名占添，曾名海民，笔名半饱，普宁人。民国间先后在棉湖仰光学校、新德安里光辅小学、石桥头逊敏学校、汕头同济学校等任教。新中国成立后，任广东省文史馆馆员。著有《进一集》《半饱漫墨》《古文范》《半饱诗钞》《半饱文存》《潮剧观后感咏百首》。（《潮州志·艺文志》，1995年《普宁县志》）

陈达衢，字启悔，潮阳人。明万历元年（1573）癸酉举人，任南海教谕，迁通道知县。隆庆间预修《潮阳县志》。（《潮州人物辞典》）

陈岱山（1884—1961），又名登申，字成科，号步鳌，揭阳人。清末生员。民国初就读于两广优级师范史地专科，毕业后曾在汕头大中、揭阳榕江中学、潮阳一中、普宁一中任教。编有《教育学》、《心理学》、《伦理学》、《中国文学史纲》（未完稿）等。（1993年《揭阳县志》）

陈登榜，字祚隆，号升三，又号省三，清揭阳人。陈瑞芝第三子。年二十二为庠生。随父之任浔州，独领孤军剿捕艇匪，赏戴蓝翎。招邑中风雅之士结诗社，时有"小平原"之号。与丁日昌、许希逸友善，时有唱和。年四十一客死广西。友人许希逸搜辑其残稿，命名为《鸿雪轩诗存》。（光绪《揭阳县续志》卷三）

陈登泰，号驾山，大埔人。清乾隆四十四年（1779）己亥举人，讲学遍历闽汀槎江等处。后居乡课徒三十余载。选授琼山教谕，年七十一卒。著有《听涛楼文集》若干卷藏于家。（同治《大埔县志》卷十七，民国《新修大埔县志》卷二十六）

陈多缘，字种玉，饶平人。清嘉庆间诸生。著有《种玉诗存》一卷。其诗与陈廷光、陈士圹、许之斑诗并刻入《四先生诗存》中。（《饶平县志补订》卷十八，《广东文献综录》）

陈蕃（1731—1826），字梅林，潮阳人。陈泰年次子。工古文辞，尤邃经学。清乾隆三十年（1765）乙酉拔贡，学使翁方纲称其经学湛深。尔后隐于叠石山房，经学懿行，信徒日众。嘉庆元年（1796）授四会县教谕，倡建绥江书院，在任十年归。纂修家谱，嘉庆七年（1802）撰《经史析疑》二十四卷，刊行于学署，时年七十二。归休，复著《经史馀闻》四卷、《诗集古文辞》六卷。编有《绥江伟伐集》二卷。（嘉庆《潮阳县志》卷十六，光绪《潮阳县志》

卷十七)

陈方平（？—1898），字泽翘，又字敬谨，号端厓，海阳人。清咸丰十一年（1861）辛酉拔贡，任会同教谕。以母老乞归。勤学嗜古，分纂《（光绪）海阳县志》，未脱稿卒。著有《梅花书屋诗钞》二卷、《自怡草》。（光绪《海阳县志》卷四十，《潮州志·艺文志》）

陈丰仁（1895—1953），澄海人。医望颇高，有"丰仁仙"之誉。著有《陈丰仁医案》二册。（《汕头卫生志》）

陈凤山，清大埔人。著有《韵书》。（《潮州志·艺文志》）

陈凤山，清揭阳人。著有《读史卮言》。（1993年《揭阳县志》）

陈凤兮（1905—2002），原名润娟，又名幻依，笔名凤兮，潮安人。相继就读于上海艺术大学、南国戏剧学校文学系、复旦大学中文系。曾任何香凝秘书、《北京日报》编辑。著有诗集《雨后集》、诗文集《雨后十年》。（《潮州文史资料》第十二辑，《近现代潮汕文学·国内篇》）

陈复衡，澄海人。美北浸礼会华人教士。民国十七年（1928）编成《潮汕注音字集》一卷。（《中国工具书大辞典》）

陈高飞，字孝腾，号玉川，澄海人。清乾隆二十一年（1756）丙子举于乡，主考梁鼎芬期之以大魁。二十五年（1760）庚辰成进士，未仕。二十九年（1764）邑令聘其分修《澄海县志》。三十二年（1767）主景韩书院讲席。年四十二赴选而卒。著有《风檐制义》。（嘉庆《澄海县志》卷十九）

陈光世，字复振，号雪坡，惠来人。博洽群书，擅吟咏，工音律。明嘉靖二十七年（1548）以乡贡入太学。隆庆元年（1567）谒选授山东巨野知县。为忌者所陷，辞官归。卧林泉二十余载而卒。著有《雪坡集》四卷。（乾隆《潮州府志》卷二十八，雍正《惠来县志》卷十四，《潮州志·艺文志》）

陈国英，字六辅，惠来人。明崇祯十七年（1644）甲申岁贡。明亡世乱，隐居不仕，以吟咏自适。著有《青松居集》（又作《青松居草》《青松集》《青松草》）、《问禅篇》《秋声集》。（雍正《惠来县志》卷十四，乾隆《潮州府志》卷二十九，《潮州志·艺文志》）

陈虹，明饶平人。诸生。其父卒，官绅士庶撰诗悼之，虹辑为《陈南塘挽诗集》。（《饶平县志补订》卷十八）

陈焕章（1892—1984），字慈亨，又字秉仁，一作秉元，饶平人。早年就读于潮州金山书院、广州高等师范学校。民国间任广东省参议员、饶平县县长、汕头市商会会长、国民代表大会代表。新中国成立前夕，携眷移居香港，继而只身前往台湾。著有《书法十讲》《略谈书法》《爱莲堂诗稿》《万树梅花坞词稿》《诚默斋诗词稿》《诚默斋文集》。（《广东历代诗钞》卷九）

陈嘉谟，号晓峰，大埔人。清乾隆四十五年（1780）庚子举人。年六十三卒。著有《［晓峰］集》。（同治《大埔县志》卷十七）

陈金声（1906—1989），号石谷，晚号退思老人，揭阳人。民国间考取汕头市第三届优等中医士。曾任县人民医院中医内科主治医师。著有《临床治效医案》《退思楼随笔》。（《揭阳县志1986—1991续编》《岭南中医药名家》）

陈锦汉，字卓云，海阳人。清光绪二十三年（1897）丁酉拔贡。著有《四如堂诗草》。（光绪《海阳县志》卷十六，《潮州志·艺文志》）

陈经邦，清澄海人。著有《妯斋诗钞》二卷，上卷《桐荫鸣蝉集》，下卷《蕉窗听雨集》。（《潮州志·艺文志》）

陈经国，字伯夫，小字定夫，又字刚父，海阳人。南宋宝祐四年（1256）丙辰进士。著有《龟峰词》一卷。（《潮州志·艺文志》）

陈景遇，潮阳人。清康熙间岁贡，二十五年（1686）任定安训导，纂修《定安县志》。（光绪《定安县志》旧志同修职名）

陈景云（1910—1979），揭阳人。民国二十一年（1932）毕业于东吴大学，后入协和医学院，获医学博士学位。民国三十五年（1946）任北京大学医学院副教授、骨科主任。两年后赴英国留学。曾任北京医学院临床外科教授、沈阳军区卫生部专家办公室外科主任、中国人民解放军总医院大外科副主任兼骨科主任等职。著有《战伤外科学》。主编《四肢脊柱手术显露图解》等。（《民国人物大辞典》）

陈珏，字比之，号双山，海阳人。陈衍虞季子。清康雍间太学生，曾任肇庆府教授。其诗清丽渊雅，景物描摹入微，在衍虞诸子中最知名。张尚瑗游粤，举陈珏与惠州叶适并称。著有《砚痕堂诗文集》《过庭集》，又曾选编潮人诗为《古瀛诗苑》五卷。（光绪《海阳县志》卷三十九，《潮州志·艺文志》）

陈骏烈，清海阳人。附贡。著有《指元别筑吟草》。（《潮州志·艺文志》）

陈恺（1902—1990），名坚壮，字名寿，揭阳人。民国二十一年（1932）毕业于北京大学，获理学学士学位。曾任中央研究院地质研究所助理员、研究员。分纂《（民国）潮州志》。著有《潮语罗马字》等。（《潮州志·艺文志》，《揭阳书目叙录》，1993年《揭阳县志》）

陈克华（1895—1986），原名德源，海阳人。毕业于黄埔陆军小学第六期、湖北陆军第二预备学校、保定陆军军官学校第六期步兵科、南京陆军大学第十四期。北京大学法律系肄业。曾任第六十六军一六〇师代师长、第七战区司令部暨广东绥靖公署军务处长、广东第五区行政督察专员兼中将保安司令、曲江中央训练团第九军官总队中将副总队长等职。后定居香港，创办圣立德学校。著有《国民革命军将领漫谈》《中国现代革命史录》《敝帚集》。（《民国广东将领志》）

陈良弼，字元扶，一作玄扶，澄海人。明崇祯十年（1637）丁丑进士，授行人。十二年（1639）分校北闱，所得士多捷南宫。升南京河南道御史。十五年（1642）冬，巡视南京回城。明亡，辞职归。年四十二卒。著有《太湖用兵纪略》一卷。（乾隆《潮州府志》卷二十八，乾隆《澄海县志》卷十六，《潮州志·艺文志》）

陈林锋（1902—1980），原名和同，号剑溪，丰顺人。黄埔军校第三期毕业后，入南京军校进修。参加过北伐。曾任第四战区干训团军官队上校、丰顺县自卫总队总队长。后定居广州，病逝于乡。著有《老残锋初稿》。（《丰顺诗艺录》）

陈林皋，字兰轩，丰顺人。清同治元年（1862）壬戌岁贡生。光绪间参与编纂《续修丰顺县志》。（光绪《丰顺县志》卷五）

陈琳，字季璋，字玉山，惠来人。清康

熙二十九年（1690）庚午进士，仕湖北远安知县，洁己爱民。致仕归，士民绘致仕图、作诗歌赠行。优游林下十二年，啸咏自适。年八十八卒。参与编纂《（康熙四十三年）惠来县志》。著有《眺春草》一卷。（雍正《惠来县志》卷十四，乾隆《潮州府志》卷三十，《潮州志·艺文志》）

陈灵犀（1902—1983），原名陈听潮，别署听潮生，笔名紫苏、杜仲、羌公，潮阳人。民国十年（1921）师从蒋善超习诗文。后从事新闻工作，先后任《福尔摩斯报》《社会日报》《文汇报·海上行》及《前线日报·磁铁》编辑。新中国成立后，在上海文化局创作研究室工作，开始撰写评弹作品。改编整理评弹作品有：《林冲》、《白蛇传》、《唐知县审诰命》、《杨八姐游春》、《秦香莲》、《张三借靴》、《刘胡兰》、《玉蜻蜓》（与蒋月泉合作）、《评弹选集》（与邱肖鹏合作）等。创作作品有《会计姑娘》《罗汉钱》《岳云》等。著有《弦边双楫》。（《民国人物大辞典》）

陈凌千（1905—1957），又名陈梁奎，字岳先，潮安人。民国二十一年（1932）与亲友合资，在汕头开办育新书社。后病逝于汕头。手绘《学生新画集》四册。编有《潮汕字典》。（《潮州志·艺文志》《潮州人物辞典》）

陈龙光，字远心，惠来人。陈国英子。为文灏瀚，千言立就。张经称之为"诗律长城"。不屑趋时，晚年绝意举业，吟咏自适，著有《慎馀草》藏于家。参与编纂《（康熙二十六年）惠来县志》。（雍正《惠来县志》卷十四，乾隆《潮州府志》卷二十九，《潮州志·艺文志》）

陈龙庆（1868—1929），字芷云，号潜园老人，澄海人。清末岁贡生。曾与丘逢甲等在汕头合办《岭东日报》，任主笔，先后创办瀹智两级小学、师范讲习所。辑《小蓬瀛丛书》。著有《潜园老人诗稿》、《百怀诗集》、《龙泉岩游集》十三卷、《［龙泉岩游集］补遗》二卷。（《潮州志·艺文志》，《古今揭阳吟》卷三）

陈名仪（1735—1785），字道来，号讷士，澄海人。清乾隆三十年（1765）翁方纲督学广东，甚器重之。三十二年（1767）任韶州仁化教谕。四十五年（1780）庚子举人，授万州学正。辞官归，家居以诗文自娱。五十年（1785）掌景韩书院教席，从学者甚众。是年八月逝世。著有《慎馀堂诗集》四卷、《榕荫堂文集》、《诗教录》，及《［慎馀堂］制艺》《［慎馀堂］试帖》等集行世。（嘉庆《澄海县志》卷十九，《潮州志·艺文志》）

陈鸣鹤，字和之，一字廷亮，海阳人。清乾隆五十四年（1789）己酉拔贡生，官开平训导，调万州学正。秩满擢国子监典籍。谈经课士，翛然自适。时有"三豪"之称，谓下笔吟风如天马行空以诗豪；举杯邀月如长鲸吸川以酒豪；胸无宿瞖高弹雄辩四座皆惊以人豪。与同郡林日华友善，诗章唱酬无虚日。解组归，卒于家。著有《耕心堂賸稿》。（光绪《海阳县志》卷四十，《国朝岭海诗钞》卷十四）

陈鸣岐，澄海人。清乾隆五十七年（1792）壬子举人。嘉庆间分修《澄海县志》。（嘉庆《澄海县志》卷十七）

陈培玉，字石庵，揭阳人。清末监生。后居汕头，执教于孔教会、四首女校及普宁陶董学校等处。著有《陈石庵文集》。（《揭阳书目叙录》，1993年《揭阳县志》）

陈朴庵（1897—1961），字丁榜，揭阳人。曾习经弟子。民国间先后在揭阳、潮阳、普宁、惠来等县中学任教。喜吟咏，善

书法。著有《璞山集诗存》，因家贫无力出版，付之一炬。(《汕头市志》卷七十四)

陈期昌，字香九，丰顺人。清光绪二十二年(1896)丙申科岁贡。参与编纂《(光绪)续修丰顺县志》。著有《培园赋钞》三卷、《培园诗文集》八卷。(民国《丰顺县志》卷二十一、卷二十三，《潮州志·艺文志》)

陈其章，号蕴堂，大埔人。清道光二年(1822)壬午岁贡。年七十二卒。有《[蕴堂]遗集》藏于家。(同治《大埔县志》卷十六，民国《新修大埔县志》卷二十六，《潮州志·艺文志》)

陈启益，字稼寰，清海阳人。诸生。著有《醉墨轩诗文集》《稼寰词钞》一卷。(《潮州志·艺文志》)

陈启育(1909—1980)，大埔人。民国十五年(1926)考入上海大学社会科学院，转上海中国公学大学部社会科学院。民国二十年(1931)赴日本中央大学研究院攻读社会科学和法律。曾任国民政府武汉行营国防研究委员会中校秘书、国民政府第九集团军总部少将秘书处长、湖北省政府法制室主任、公安县县长、湖南省政府设计委员会委员、国防部徐州第三军法执行部少将副主任兼检察处处长、上海商务印书馆董事长、最高人民检察署研究室秘书兼研究组长、上海华东检察分署检察专员、上海华东政法学院教授等职。民国三十七年(1948)十一月举家迁往上海。著有《日本军部论》《新中国检察制度概论》《中国经济问题》。(民国《新修大埔县志》卷三十四，《大埔县志1979—2000》)

陈尚志，字士道，号炼石山人，惠来人。陈琳子。明万历二十五年(1597)丁酉举人，杜门读书，不涉外事。著《桑梓会约》，朔望率里人讲习。(乾隆《潮州府志》卷二十九，雍正《惠来县志》卷十四，《潮州志·艺文志》)

陈少梅(1894—1974)，号藏香，祖籍澄海，寓居汕头。民国间汕头灯谜组织"怡乐文虎社"成员，有"谜佛"之称。中年尝游历上海、杭州等地。与赵少如合著《香水风华录》。辑有《藏香室谜存》《梁山虎影》《韩江谜语》《古今闻见录》，均未刊。(《潮汕灯谜史》)

陈憩南(1873—1949)，潮州人。清末廪生。光绪二十三年(1897)开始行医，擅长内科杂症。著有《杏庐方录》。(《汕头卫生志》)

陈汝南(1875—?)，字殿臣，澄海人。清光绪二十九年(1903)癸卯顺天乡试举人。有《陈汝南乡试墨卷》一卷。(《听雨楼杂笔·大家史说》)

陈绍贤(1907—1985)，字造新，惠来人。中山大学高师部毕业后，入读美国华盛顿大学，获政治学学士学位。继入哥伦比亚大学，获政治学硕士学位。再入伦敦政治经济研究院。历任广州《国民新闻日报》总主笔，中国国民党广东省党部指导委员，广州大学教授兼政治学系主任，同济大学、东吴大学教授，国民党湖北省党部主任委员，第三届国民参政会参政员，第一战区长官部政治顾问，第四届国民参政会参政员等职。后去台湾。著有《中日问题之研究：预备将来决斗的知识》、《日本在华北的铁路政策》(英文本)、《中国政治制度》、《英美政党制度及其比较》、《美国政制与外交政策》、《战时民主政治》等。(《民国人物大辞典》)

陈士鼎，字位之，清康熙间海阳人。陈衍虞子，陈廷策孙。著有《洞中草》。(《潮

州西湖山志》卷五，《潮州志·艺文志》）

陈士复，一作陈周礼，字心之，号痴山，海阳人。陈衍虞第五子。清顺康间太学生。著有《自怡堂诗集》（一作《自怡堂诗草》）。（光绪《海阳县志》卷三十九，《潮州志·艺文志》）

陈士规，小名阿咸，字景之，号鹤洲，清顺康间海阳人。陈衍虞侄，陈廷策孙。以清初潮乱，不得显其志，乃寄悲愤于歌咏。陈衍虞视其为子侄中最优者。著有《咽珠堂诗集》《莲山家言》。（光绪《海阳县志》卷二十九，《潮州西湖山志》卷五，《潮州志·艺文志》）

陈士圹，字璞亭，清饶平人。陈廷光孙。廪贡生，任广西贵、容二县知县，补浔州府同知，署庆远、柳州、浔州三府事。请老归里，卒于家。著有《璞亭诗存》一卷，族人步墀所辑，与陈廷光、陈多缘、许之珽诗并刻入《四先生诗存》中。（《饶平县志补订》卷十二、卷十八，《广东文献综录》）

陈世骢，字守五，清澄海人。著有《西役纪程》、《吟香室文钞》二卷。（《潮州志·艺文志》）

陈守镔（1616—1689），字克棐，号茧庵，澄海人。陈邦基从子。弱冠补廪生。明崇祯十七年（1644）甲申国变，邑诸廪生皆往应之，守镔独不起，日攻诗文以自娱。著有《茧窝诗集》。清康熙二十五年（1686）知县王岱聘其修《澄海县志》。（乾隆《潮州府志》卷二十九，嘉庆《澄海县志》卷十九，《潮州志·艺文志》）

陈守谊，民国潮安人。著有《冰谷词》。（《潮州志·艺文志》）

陈书翼（1848—1916），字燕如，清末澄海人。著有《家训》四卷、《语冰吟草初集》二卷、《语冰吟草续集》一卷。（《潮州志·艺文志》《清代人物生卒年表》）

陈暑木（1901—1988），也作陈署木，笔名罗摩，原籍澄海，生于泰国。在国内接受教育，参加工作，娶妻生子。后举家返泰国，在黄魂学校任教。创办《晨钟日报》，任社长兼总编辑，宣传抗日救国。民国二十一年（1931）投笔从戎，回国参加抗日战争。曾任潮汕地区抗日统率委员兼潮汕地区抗日游击副司令、饶平县县长、揭阳县长。五十岁时削发为僧，法号伽玛罗摩。还俗后潜心研究佛学。著有《晦鸣斋诗集》《世界政治的改造》《广东团寨战术的发动与运用》《大同世发凡》《佛国书简》《佛学新论》。（《澄海文史资料》第二十一辑）

陈松龄（1850—1910），号长卿，潮阳人。早年习举子业，屡试不第，遂潜心医学。拜名医郑德铭为师，博览名家医要。医德高尚，医术精湛。清光绪末年，鼠疫肆虐之时，活人甚众。著有《医案汇编》、《诊断南针》（未完稿）。（《汕头卫生志》）

陈肃（1242—1298），字文端，海阳人。宋末避乱鮀江，结庐莲花峰下，聚士讲明正学。元至元初举贤良，署潮州总管府事，修文庙及济川桥。累官朝列大夫、宣慰同知，总抚湖广常德路，迁枢密同知，卒于官。著有《莲峰集》（佚）。（嘉靖《潮州府志》卷七，光绪《海阳县志》卷三十五）

陈泰年（1701—1777），又名芝，字式瑞，号东溪，潮阳人。陈蕃父。清乾隆元年（1736）丙辰举人，授浙江於潜知县。在任三年，以病乞归，筑"叠石山房"隐居，建"志道堂"以处学者。年七十七无病而卒。工诗文，著有《潜州信谳录》二卷、《东溪文集》四卷。修订《豪山陈氏族谱》。（嘉庆《潮阳县志》卷十六，《潮州志·艺

文志》）

陈特向（1908—？），民国澄海人。曾任国民党汕头市党部机关报《岭东民国日报》社长。著有《中国之台湾》。（《潮州志·艺文志》）

陈天生，字祉典，一字予长，号东村，惠来人。清康熙六十一年（1722）壬寅恩贡，授阳江教谕。雍正间与修《惠来县志》。著有《东村诗文集》。（雍正《惠来县志》卷十四，《潮州志·艺文志》）

陈天啸（1889—1978），号野鹤，别署天啸外史，潮安人。民国十八年（1929）应聘为上海美术专科学校国画系教授。民国二十四年（1935）至三十三年（1944）旅居东南亚诸国，曾在印度尼西亚、缅甸、新加坡、泰国、马来亚、印度、菲律宾、越南、意大利、法国、瑞士等国家举办过个人画展，被誉为"诗、书、画、琴"四绝。著有《国画存津》《天啸之画》。后人辑有《陈天啸画辑》。（1995年《潮州市志》，《20世纪中华人物名字号辞典》）

陈天资，字汝学，号石冈，晚号真乐翁，饶平人。明嘉靖十年（1531）中举人，十四年（1535）乙未成进士，历户部主事、兵部郎中、四川叙州知府、成都知府、贵州按察司副使、辽东监军道、江西布政司右参政、山东右布政使等官。以光禄大夫加柱国致仕。著有《石冈诗文集》。留心文献，与同里吴继澄采辑旧闻，搜罗遗逸，辑《东里志》八卷藏于家，兵燹之后，掌故藉以有传。（乾隆《潮州府志》卷二十九，光绪《饶平县志》卷八）

陈廷策（1573—1634），字颖夫，又字觐墀，海阳人。陈衍虞父。弱冠有文名，明崇祯五年（1632）壬申拔贡。为诸生三十余载，隐逸山林，征召不就。晚年好佛家言，修筑郡城西湖南岩寺。建书室于其旁，讲明心性之学。能诗，诗风清绮圆润。著有《世馨堂诗集》六卷（阙）、《旸山集》（一作《旸山诗文集》）。（乾隆《潮州府志》卷三十，光绪《海阳县志》卷三十八，《潮州志·艺文志》）

陈廷光（1672—1757），字笃序，号晦洲，饶平人。陈士扩祖父。清康熙十二年（1673）癸丑举人，由内阁中书改授直隶赞皇知县，兼理获鹿、阜平两县印务。雍正五年（1727）辞官归乡。以孙士扩赠官奉直大夫、浔州府同知。里人呼之"赞皇先生"。卒后，门人私谥"浤泽"。著有《晦洲诗存》一卷，族孙步墀所辑，与陈多缘、陈士扩、许之瑸诗并刻入《四先生诗存》中。（乾隆《潮州府志》卷二十八，民国《潮州府志略》艺文）

陈澎，字峄昷，一名伟生，号亿梧，又自号岱美山人，澄海人。清末生员。民国初期任教于岱美村振德学校。著有《澄海县乡土韵言》，系民国三年（1914）自编教材。（《澄海县乡土韵言》序，《潮学集刊》第三辑）

陈抟夫（1901—1978），笔名洪阳、樵叟，普宁人。民国十八年（1929）侨居泰国，经营实业。抗日战争期间，积极从事宣传工作。卒于曼谷。著有《书后闲话》《馀光石墨》。（《潮州人物辞典》）

陈王猷（1663—1730），字良可，号砚村，又号烈斋、息斋，海阳人，一说澄海人。陈士复子，陈衍虞次孙。清康熙二十年（1681）辛酉举人，初官曲江教谕。五十六年（1717）迁连州学正，雍正三年（1725）升肇庆教授。卒于官。著有《蓬亭偶存诗草》十五卷附《诗馀草词》一卷、《蓬亭文集》（佚）。（乾隆《潮州府志》卷二十九，嘉庆《澄海县志》卷十

九，光绪《海阳县志》卷三十九，《潮州志·艺文志》）

陈韦宽，民国潮阳人。著有《二十四孝图说》。（1997年《潮阳县志》）

陈文思，澄海人。清乾隆五十七年（1792）壬子举人。分修《（嘉庆）澄海县志》。（嘉庆《澄海县志》卷十七）

陈文希（1906—1990），揭阳人。擅长写生。毕业于上海新华大学艺术系，兼习中西绘画。任潮安金山中学教员，韩山师范学校、汕头南侨学院讲师。民国三十七年（1948）定居新加坡，任南洋美专讲师。出版有《陈文希画集》八册、《陈文希回顾展》。（《潮州志·艺文志》《揭阳书目叙录》）

陈无那（1893—1981），原名予龄，后易名为素，号慎五，潮安人。毕业于广东政法专科学校。中国同盟会会员、南社社员。曾任《大风》《民苏》《汕头星报》编辑，香港《晨报》主笔，饶平、嘉鱼县县长，国民党港澳总支部书记长。1949年定居台湾。著有《东海吟草》《双溪吟榭诗集》。（《海外潮人史话》）

陈希伋，字思仲，揭阳人，一作海阳人。北宋元丰间两冠乡学，荐入太学，肄业十余载，声誉日闻，人称"广南夫子"。曾上书数万言，陈利害，皆切中时弊。元祐八年（1093）应诏，赐进士第一，知梅州事，卒于官。著有《揭阳集》十卷（佚），凡为文四百余篇。（嘉靖《潮州府志》卷七，乾隆《揭阳县志》卷六，光绪《海阳县志》卷三十五）

陈希之，号竹庐，大埔人。清嘉庆十八年（1813）癸酉举人。为会试住京师达十余年，然屡荐不售。年五十归里，尝讲学于丰湖寅宾馆。越二年复进京，病卒于汴梁（今河南开封），时年五十五。生平著作凡诗古文及制艺恒推重于名公卿，书画尤誉噪一时。著有《客惠州草》，未见。（同治《大埔县志》卷十七，民国《新修大埔县志》卷二十六）

陈禧，元海阳人。著有《周易略例补释》一卷，已佚。吴澄为之《序》，云"禧年甚少而笃志于经，世武功而从事于文，诸侯之子而齿于庶士以共学，是其天姿之异于人者"。（民国《潮州府志略》艺文，《潮州志·艺文志》）

陈先，澄海人。清嘉庆六年（1801）辛酉拔贡生。分修《（嘉庆）澄海县志》。（嘉庆《澄海县志》卷十七）

陈先声（1692—?），字惟豫，澄海人。清康熙五十六年（1717）丁酉举人，雍正五年（1727）丁未成进士，授抚阳知县。性恬退，改就教职，初补花县教谕，继调昌化。卒于官。早年邑令聘修《澄海县志》。（嘉庆《澄海县志》卷十九，光绪《广州府志》卷一一○）

陈雄思（1726—?），字凤山，原籍潮州，随父陈毅斋落籍揭阳。清乾隆五十一年（1786）丙午解元，授教谕。与大埔进士饶庆捷时相唱和。年逾八十卒。著有《龙津草堂诗草》二卷，稿本。（1993年《揭阳县志》，《古今揭阳吟》卷一）

陈修，字拓潜，惠来人。生活于清康乾间，诸生。家贫，栖止普陀岩。屡试不第，贫益甚，自负亦益豪。晚岁文益古而家益穷。年七十七赍志以殁。著有《四书汇解》（《潮州志·艺文志》作《四书会解》）。（雍正《惠来县志》卷十四，乾隆《潮州府志》卷二十九）

陈宣直，字金山，号利直，小名宋宏，清饶平人。国子监生，例赠知府浙江盐运司提举。工书法，尤善行楷，晚年精通医术。光绪初卒，年六十。著有《利直格言》一卷、《兰山家训》一卷等著作。（《饶平县志补订》卷十二、卷十八）

陈学典（1692—1748），字潜崖，海阳人。陈王猷子。清康熙五十九年（1720）庚子举人，任甘肃金县知县。公余吟咏不辍，其诗清淡和雅。著有《小蓬亭诗草》六卷。（光绪《海阳县志》卷三十九，《潮州志·艺文志》）

陈延秀，号均亭，清大埔人。诸生。早年游闽幕，晚岁归里，讲学训子弟。著有《鸿雪草庐集诗文》藏于家。（同治《大埔县志》卷十七）

陈沇，澄海人。清康雍间例贡生，任韶州曲江训导。曾侨寓兴宁。归田后，足不履公门。著有《百炼钢文集》。（乾隆《潮州府志》卷二十九，《潮州志·艺文志》）

陈衍，字于宽，潮州人。生活于明朝中叶。受心学影响，名其居曰"心师轩"。著有《心师轩集》，丘濬为之序。（《潮州志·艺文志》）

陈衍虞（1599—1688），字伯宗，号园公、玄公、园道人，海阳人。陈廷策子。为诸生时，文名籍甚，与同郡蔡承瑚偕入复社，诗文传播益广。明崇祯十五年（1642）壬午举人。明亡隐于乡。清顺治十二年（1655）出任番禺教谕，迁广西平乐知县。旋以老病乞归，居林下三十年，以诗文自娱。曾两修郡邑志。著有《尚书铨玄》（一作《尚书诠元》，已佚；作《尚书元诠》者，误）、《蔚园问业》（未见）、《客窗随笔》二十卷、《古今比事》十二卷（未见）、《明世说》十卷、《莲山草堂文集》十卷（内含《蔚园文稿》四卷、《昭潭杂撰》一卷、《还山文稿》一卷、《莲山续文稿》二卷、《郡乘代言》一卷、《邑乘论》一卷）、《尔尔草》三卷、《莲山草堂诗集》十九卷、《落花诗》一卷、《禺山诗草》、《北征草》、《旅心草》、《客闽草》、《寄愁草》、《秋声草》、《西音草》、《还山诗》、《还山续诗》、《种墨亭启集》一卷、《种墨亭尺牍》二卷等。另有《明文选》及数种制艺未刊。著作等身，年臻耄耋，人称"岭海文献"。（乾隆《潮州府志》卷二十九，嘉庆《澄海县志》卷二十六，光绪《海阳县志》卷三十九，《粤东诗海》卷五十七，《潮州志·艺文志》）

陈一松（1520—1582），字宗岩，号乔东，又号玉简山人，海阳人。明嘉靖二十二年（1543）癸卯举人，二十六年（1547）丁未成进士，选庶吉士，除兵部主事，迁湖广佥事，历官苍梧道佥宪、福建粮储参议、湖广副使、陕西参政、福建按察使、江西右布政使、应天府尹、大理寺卿，至工部左侍郎。乞归，卒于家。著有《尚书义》二卷（佚）、《文武师资》一卷（佚）、《三国机略》一卷（佚）、《棘寺平反》一卷、《玉简山堂集》十卷。（乾隆《潮州府志》卷二十九，《潮州耆旧集》卷十九，光绪《海阳县志》卷三十七，《潮州志·艺文志》）

陈艺衡，字博之，一字爱园，号寄亭，海阳人。陈廷策孙。清康熙间诸生。著有《爱园诗集》（一作《爱园草》）。（光绪《海阳县志》卷二十九，《潮州西湖山志》卷五，《岭南五朝诗选》卷七）

陈毅斋，揭阳人。陈雄思父。清乾隆间海阳籍廪贡生。著有《鉴略》。（《潮州志·艺文志》）

陈英猷（1676—1752），又名福，字式霭，号石泉，自署叠石山人，门人称为

"叠石先生"，清潮阳人。好读书，淹贯经史，旁及诸子百家。嗜孙吴兵书及武侯阵法，尤精于《易》。晚年于乡北筑室叠石山，终日危坐，匝月不出，历十四载。以诸生卒于家。著有《演周易》四卷。（乾隆《潮州府志》卷二十八，光绪《潮阳县志》卷十七，《潮州志·艺文志》）

陈庸（1900—1973），名舜臣，号奋庸，别号梅溪，丰顺人。民国十三年（1924）毕业于广东大学，次年被东征军委任为丰顺县县长。卸任后募资倡建颍川高级小学。民国十八年（1929）任粤军第四军总政主任秘书。抗战初任翁源县县长。抗战胜利后任省参议员。著有《梅溪存稿》《梅溪诗联话》《听雨楼诗话》《述宗忆已录》等。（1995年《丰顺县志》）

陈于燝，字紫岚，清海阳人。陈衍虞元孙。著有《枕馀偶摭》七十二卷，秘藏于家。（《潮州志·艺文志》）

陈屿，字崑之，号鲁山，清康熙间海阳人。陈衍虞子。著有《屏山诗集》。（光绪《海阳县志》卷二十九，《潮州志·艺文志》）

陈玉堦（1889—1952），字璇玑，普宁人，生于潮安。清末就读于两广工业高等学堂，曾在金山中学、韩山师范学校等校任教。民国三十一年（1932）举家迁回普宁，创办三民小学。画艺精湛，兼通多种乐器。抗战期间，自编五幕剧《救国新剧》，组织金山中学师生演出。（《潮州人物辞典》，1995年《普宁县志》）

陈元德，普宁人，祖籍程乡。清雍正二年（1723）癸卯举人，任巴县知县。乾隆十年（1745）同修《普宁县志》。（乾隆《普宁县志》卷六，《古今揭阳吟》）

陈元光（657—711），字廷炬，揭阳人。博通经史，习韬略，擅用兵。唐高宗总章二年（669）潮州寇乱，攻陷冈州、岭左，元光随父征戍于闽，父死，代为将。永隆二年（681）再提兵入潮平盗乱，还戍于闽，奏请创置漳州。历官岭南行军总管，晋中郎将，升右鹰扬卫率府怀化大将军、漳州刺史。后与闽寇战，殁于阵，赠右豹韬卫大将军。开元四年（716）追封为颍川侯。著有《龙湖公集》，佚。（《全粤诗》卷四，《汕头市志》卷七十三）

陈元澑（1758—1839），字深雄，号禹溪，澄海人。清乾隆四十四年（1779）己亥举人，选授香山训导。后主讲澄海景韩书院数年，从学者甚众。著有《觉世真经注证》《致和堂稿》《新辑劝善编》。年八十一卒于家。（嘉庆《澄海县志》卷十九）

陈沅（1881—1958），字梅湖，号光烈，饶平人。清末庠生。陆军中将，曾任孙中山先生秘书、秘书室主任、大元帅府大总统府咨议官、两广盐运招收使、行粤军招抚使事、饶平县县长、大埔县县长、驻泰国中华学校监督、粤东区绥靖督办行政专员兼保安司令等职。著有《(民国)广东通志·列传》二卷、《(民国)广东通志·古迹》十二卷、《南澳县志》二十五卷、《饶平县志补订》二十二卷、《隆都大巷乡志》二卷、《诸暨县续志例议》一卷、《韩公治潮事迹》四卷、《清代翰林更名考》二卷及《续编》一卷、《丁未黄冈起事始末纪略》二卷、《续清谥法考》四卷、《历代纪元续编》一卷、《赤土备乘》、《舜陵考异》、《苟中小腆》、《海南丘海二公里墓志》四卷、《曲阜林庙展谒记坿四氏学记》、《诸暨孝感里志质疑》一卷、《韵古楼志料》三卷、《饶平大巷陈氏族谱》八卷、《续诸暨崚峋张氏家谱》十卷、《增订山阴高村张氏宗谱》四卷、《绍兴筠溪周氏家谱》二卷、《衔哀述德录》二卷、《嵊县严家山张氏渊源考》一卷、《枫桥漫笔》三卷、《暹罗西部游记》二卷、《中暹订约保侨始末记》、《壬戌潮汕飓灾纪略》一卷、《饶平鸿程黄氏传芳录》二卷、《梦空楼丛记》二卷、《天关琐记》、《武林吟草》一卷、《韵古楼诗文集》八卷、《吟鹤别墅尺牍》四卷、《寒香室联萃》一卷、《万川賸稿》一卷、《乙丁零稿》一卷、《辟赠文存》二卷、《辟赠诗存》二卷、《鸿冥集》二卷、《鸿冥别集》一卷、《鹃巢心声》等五十六种著作。(《饶平县志补订》卷十八)

陈云，字铭轩，海阳人。清光绪二十六年（1900）庚子恩贡。著有《睡足楼诗集》。(《潮州志·艺文志》)

陈云坡（1895—1946），又名耕坡，号稷园，揭阳人。开平安馆药铺为生。喜藏字画古玩。与人合修并出版《陈氏族谱》。(《潮州志·艺文志》《揭阳书目叙录》)

陈运彰（1905—1955），原名陈彰，字君谟，又字蒙庵，别名蒙公、证常等，号华西，潮阳人。晚清词人况蕙风（字夔笙）门人。曾任上海之江大学、太炎文学院、圣约翰大学教授，上海通志馆特约采访。著有《纫芳簃说词》。(《潮州志·艺文志》，《广东历代诗钞》卷七，《近现代潮汕文学·国内篇》)

陈泽霖（1891—1967），普宁人。民国八年（1919）就读于上海圣约翰大学，次年回家乡，曾任汕头华英中学学监、汕头大中中学教员、聿怀中学校长。与其子陈庆诚合译《植物生态学》。(1995年《普宁县志》)

陈瞻菉，民国潮阳人。著有《凤楼诗集》四卷、《咏花百首》。(《潮州志·艺文志》)

陈兆兰，字香生，澄海人。著有《香生吟草》一卷，道光二十六年（1846）黄钊序之。(《潮州志·艺文志》)

陈兆蓉，大埔人。清咸同间廪贡生，官詹事府主簿。与修《(同治)大埔县志》。(同治《大埔县志》修志姓氏)

陈镇庭（1898—1957），字振庭，澄海人。民国二十八年（1939）就学于上海美术专科学校。毕业后赴泰国、越南从教。国画、书法和篆刻兼擅。画室名"拙庐"。出版有《陈镇庭画存》。(《潮州人物辞典》，《澄海文史资料》第十一辑)

陈之初（1911—1984），原名兆藩，别署香雪庄主，潮安人。旅居新加坡。任新加坡中华总商会委员。工书，富收藏。编印《香雪庄主书画选集》等。著有《陈之初书法》。(《潮安文史》第四辑)

陈芝，字智乾，号商山，澄海人。家贫，户部主事同邑蔡璜却其束金，芝遂从游其门。擅议论，尤长于诗、古文、词。清乾隆三十年（1765）乙酉举人，公车不第，掌教景韩书院十三年。后以年老不赴选，授职国子监学录。分修《(乾隆)澄海县志》。著有《景韩书院课艺》。(嘉庆《澄海县志》卷十九、卷二十五)

陈志强（1904—1989），字继章，大埔人。民国十八年（1929）毕业于北京大学物理系，曾任暨南大学、武汉大学、中山大学教授，中央研究院物理所地磁台副研究员。新中国成立后，历任中国科学院地球物理所副研究员，国家地震局地球物理所副研究员、研究员，科普协会理事，中国地球物理学会理事，国际地磁学术会议学术委员会副主席等职。病逝于北京。译著有《地磁学概要》《地磁学导论》《地磁场倒转》《电离层与地球物理学》。主编《全国地磁

台》《地磁室简史》等书。（1992年《大埔县志》，《客家名人录》）

陈卓凡（1898—1976），原名万安，澄海人。民国八年（1919）赴日留学，就读于东京早稻田大学。曾任海丰中学教员、揭阳县长、国民革命军第四军第二十六师政治部主任、第十一集团军政治特派员等职。新中国成立后，任广东省人民政府参事室副主任、广州市人民政府委员、广东省政协副秘书长等职。与杨逸棠合编《邓演达先生言论集》。（《汕头市志》卷七十三）

陈子承，字仰斋，揭阳人。清乾隆二十五年（1760）庚辰举人，任直隶永年知县。分纂《（乾隆）揭阳县志》。（乾隆《揭阳县志》卷五，《潮州人物辞典》）

陈宗彝，字守臣，原籍大埔，后徙居澄海，继迁饶平。清末附贡生。民国间任饶平县教育局局长。著有《咄咄草》一卷。（《饶平县志补订》卷十八）

陈作舟（1788—1860），字楫，号笠渔，潮阳人。廪贡，官罗定州训导，与镇平黄钊为诗友，乾嘉以后潮阳论诗被推为领袖。著有《叠石山房试草》《羊城杂咏》《同声集》《罗浮篇》。（光绪《潮阳县志》卷十七，《潮州志·艺文志》，1997年《潮阳县志》，《潮州诗萃》）

池用我，大埔人。清乾隆六年（1741）纂修《池氏族谱》。（《人文百侯》）

崔士风，字定邦，号云峰，明末饶平人。家贫力学，尤喜吟咏。著有《山林闲集》（佚）、《二十四孝诗》一卷。（乾隆《潮州府志》卷三十，《饶平县志补订》卷十八）

戴高，字秋楼，清大埔人。著有《戴氏源流汇考》一卷，辑录上起周戴盈之下迄清戴为穀，共一百六十余人。（《潮州志·艺文志》）

戴恫，明潮阳人。弘治间纂辑《潮阳县志》，已佚。（光绪《潮阳县志》卷二十二）

戴涟巾，字潜夫，清海阳人。布衣。著有《归来居诗草》四卷。（《潮州志·艺文志》）

戴平万（1903—1945），原名戴均，笔名万叶、庄错、岳昭、君博等，潮安人。民国十一年（1922）秋，考入国立广东高等师范学校（后并入中山大学）西语系。民国十四年（1925）参加省港大罢工和海陆丰农民运动。后赴上海，参加左翼文艺运动，与蒋光慈、钱杏邨、杜国庠、洪灵菲等一起出版《太阳》月刊，创办《我们》月刊。抗日战争爆发后，从事抗日救亡宣传活动。编译梅里美《高龙芭》、辛克莱《求真者》。著有短篇小说集《苦菜》《出路》《都市之夜》《陆阿六》，中篇小说《前夜》，短篇小说《荔清》。（《中国近现代人名大辞典》，1995年《潮州市志》，《汕头市志》卷七十三，《近现代潮汕文学·国内篇》）

戴澍霖（1904—?），大埔人。侨居马来亚，就读于马来亚英文学校。尝于新加坡经商数十年，业余喜结交文士，雅好吟咏及收藏古物。著有《闲吟初续集》。（《广东历代诗钞》卷九，《香港古典诗文集经眼录》）

戴希文，名昌，又名次胄，自号野民，以字行，海阳人。博通经史，不乐仕进。元至正二十五年（1365）总管王翰聘其主韩山书院教事。著有《航录》。（嘉靖《潮州府志》卷七，光绪《海阳县志》卷三十五）

戴希曾，字寿三，清大埔人。附生。曾

任大埔县议会副会长、永兴区教育会长。著有《崇让粹篇》《尚友录》及《［戴希曾］诗文集》。(《万川骚坛数百年》)

戴毅（1906—1982），名礼乐，字天庐，大埔人。从事教育事业。后迁居台湾。著有《天庐诗文集》一卷。(《万川骚坛数百年》)

戴贞素（1883—1951），字祺孙，号仙俦，潮安人。清末生员。自北京大学辍学，在潮安城南小学、韩山师范、金山中学等校任教。著有《听鹃楼诗钞》。(《潮汕历代书画录·潮州市卷》)

邓尔慎（1871—?），字季重，号籍香，大埔人。清光绪间廪贡生，肄业于广雅书院，曾任岭东同文学堂监学、蕉岭县县长、汕头市市长等职。著有《丙丁吟》二卷、《籍香诗钞》、《籍香续钞》。(民国《新修大埔县志》卷二十六，《潮州志·艺文志》，《大埔古今诗词选》)

邓尔瑱，字玉仙，大埔人。清光绪二十九年（1903）癸卯举人。三十四年（1908）任暹罗《启南报》笔政。年四十三卒于暹罗。著有《南游诗草》。(《万川骚坛数百年》)

邓名圆（1876—1918），字子芳，一作梓芳，大埔人。清庠生。以教书为业。遗稿已佚，仅存家传《家谱》及《勉学诗》二本。(《桃源古今文萃》《大埔古今诗词选》)

佃介眉（1887—1969），名颐，号雁门退士、荻江居士，别号寿年，潮安人。清末毕业于潮州金山书院，潜心研读经史诗文、书画篆刻，有"凤城才子"之称。设立私塾，培育人才。有《宝籀斋印存》《宝籀斋集》《亦是集》《佃介眉书画篆刻选》《佃介眉书画集》等。(《潮州志·艺文志》《潮州人物辞典》)

丁惠康（1868—1909），字叔雅、叔㾓，别字叔雁，号惺庵，世称徵君，丰顺人。晚清名臣丁日昌之子。诸生。幼随父居揭阳，受父教诲，博览家藏群书。二十岁赴京读书，结交名流谭嗣同等，忧国伤时，研讨方略。曾参加南学会，与陈三立、谭嗣同、吴保初合称"清末四公子"。两广总督岑春煊派其赴日本考察学校，回国后在广州参议学政。辞职后闲居北京，郁度晚年。工诗书，精鉴藏。著有《丁叔雅诗集》（一作《丁徵君诗文集》）、《惺庵遗稿》一卷、《丁徵君遗集》二卷。(民国《丰顺县志》卷二十三，《潮州志·艺文志》)

丁惠钊，字静斋，号遗庵，丰顺人。丁日昌侄。辑有《丁雨生中丞政书》（一作《百兰山馆政书》）。(民国《丰顺县志》卷二十三，《民国曾习经先生年谱》)

丁乃潜（1863—1928），原名惠馨，字旭卿，又字文涤，号讷庵，丰顺人。丁日昌次子。清光绪十九年（1893）癸巳副榜，浙江候补道员。晚年居榕城，潜心诗书医理。以家学而能书，初学苏东坡、董其昌，晚年参以刘石庵、翁松禅，融会变通，自成一格。著有《鲍存室诗钞》一册。(民国《丰顺县志》卷二十一、卷二十三，《潮州人物辞典》)

丁培慈，丰顺人。曾就读国立广东高等师范学校，任第十二集团军上校秘书。著有《全国警政考察记》一册、《南洋考察记》一册。(民国《丰顺县志》卷十七、卷十八、卷二十三，《潮州志·艺文志》)

丁日昌（1823—1882），字持静，别字雨生，又作禹生，丰顺人。廪生，清咸丰七年（1857）授琼州府学训导。九年（1859）

任江西万安、庐陵知县。十一年（1861）为曾国藩幕僚。同治元年（1862）五月被派往广东督办厘务和火器，三年（1864）夏任苏淞太兵备道，次年秋调任两淮盐运使。历任江苏布政使、江苏巡抚、福州船政大臣、署理福建巡抚。其间曾筹建轮船招商公司，成立江南机器制造总局，扩建江南造船厂，创立炮兵学校。光绪五年（1879）赏加总督衔，会办南洋海防，节制沿海水师，旋兼理各国事务大臣。富藏书，时人誉为"海内四大藏书家"之一，有"持静斋"藏书十万余卷。校订《法人游探记》。编有《牧令书辑要》十卷、《保甲书辑要》四卷、《持静斋书目》四卷续一卷、《持静斋藏书纪要》、《地球图说》等。著有《抚吴公牍》五十卷、《藩吴公牍》、《巡沪公牍》、《百将图传》、《淮鹾摘要》、《百兰山馆政书》十四卷、《炮火图说》、《西法兵略七种》、《百兰山馆藏帖》二册、《抚吴抚闽奏稿》、《海道图说》、《江苏舆图》、《江苏布政司属府厅州县志图》、《百兰山馆文集》、《百兰山馆诗集》五卷、《百兰山馆词》、《丁雨生中丞政书》、《巡沪政书》、《丁中丞文鉴》、《荔枝唱和册》（一作《荔枝唱和集》）、《雨生中丞信札》等。（光绪《丰顺县志》卷六，《潮州志·艺文志》，1995年《丰顺县志》）

丁思益（1903—1980），潮州人。民国二十四年（1935）任韩山师专中乐教师。编有《中乐概论》《潮乐入门》等教材，出版《潮乐论丛》《潮乐调性臆测》《乐馀琐话》。（《汕头市文化艺术志》）

丁韵初（1885—1920），名鸿胪，以字行。揭阳人。丁乃潜子，丁日昌孙。少即能诗，人谓其有父风。历任县府科长、局长。早卒。著有《问樵诗草》。（《揭阳书目叙录》《潮州人物辞典》）

杜观光，澄海人。明成化十九年（1483）癸卯举人，授福建长汀教谕，调补江西铅山教谕。以学问宏博，预修《宪宗实录》《孝宗实录》。（嘉庆《澄海县志》卷十九）

杜国庠（1889—1961），笔名杜守素、杜素庵、林伯修、吴啸仙、吴念慈、林柏、杜惑等，澄海人。清光绪三十三年（1907）赴日本留学，获日本京都帝国大学经济学学士学位。民国五年（1916）与李大钊等在东京筹组丙辰学社，进行反袁斗争。回国后任北京大学教授、澄海县立中学校长、金山中学校长、潮阳县长、中华工商专科学校教授、香港达德学院教授、广东师范学院院长、中共中央华南分局宣传部副部长等职。编有《中国逻辑史》《中国佛学概论》。著有《论公孙龙子》、《先秦诸子思想概要》、《先秦诸子若干研究》、《便桥集》、《中国思想通史》（与侯外庐、纪玄冰合著）。遗著被编成《杜国庠文集》。（《潮州志·艺文志》，《潮州人物辞典》，《汕头市志》卷七十三）

杜汉章，普宁人。毕业于上海美术专科学校西洋画正科，民国十年（1921）与画家陈幼南、李道生在汕头发起成立岭东美术会。出版有《杜汉章铅笔画集》。（《潮州志·艺文志》，《普宁文史》第五辑）

杜茂英，又名家珍，字俊园，清澄海人。著有《不内外因家藏妙方》六卷，成书于同治三年（1864）。（《不内外因家藏妙方》序）

杜腾英，民国澄海人。著有《佛说盂兰盆经解义》。（《潮州志·艺文志》）

范秉元，字彝甫，大埔人。范绍蕃长子。应清嘉庆十五年（1810）庚午副贡后，绝意举业。任信宜教谕二十年，升琼州府教授。丁忧归。著有《中庸解说》（未见）、

《指测录》（未见）、《［彝甫］诗文集》。（同治《大埔县志》卷十七，民国《新修大埔县志》卷二十六）

范昌乾（1908—1985），字鹤丹，号园丁、园翁，揭阳人。毕业于上海新华艺术大学国画系，又入昌明美专深造。师从王一亭、潘天寿等画家。回汕头后与友人创办艺涛画社、瀛寰艺术专科学校。曾任教于韩山师范、揭阳一中。民国三十五年（1946）移居泰国，旅居新加坡，从事美术教学。擅国画，尤精兰竹。著有《范昌乾画集》多种。（《潮州志·艺文志》《揭阳书目叙录》）

范汉杰（1895—1976），原名其迭，字韶宾，大埔人。毕业于广东陆军测量学校、黄埔军校第一期步科、法国陆军大学将官班。曾任桂军第六路少将司令、国民革命军第十师少将副师长、第十九路军总部副参谋长、第一军副军长、军事委员会政治部第一厅厅长、第三十八集团军总司令、国防部参谋次长、陆军副总司令、热河省政府主席等职。编译《最新军事小动作正误图解》。（《民国广东将领志》）

范蕾（1805—1886），原名蕾淑，字荑香，一作茤芗，又字清修，大埔人。年二十一适本县庠生邓耿光，婚后四年寡居，无子嗣。不容于姑，更因兵燹，颠沛流离。清道光间祝发云游，晚栖嘉应锡类庵。博经史，善韵语。能诗文，寡居前，诗清新雅逸，寡居后，多具凄婉情调，咏物怀古。著有《化碧集》一卷。（《梅水汇灵集》卷八上，《广东历代诗钞》卷四，《潮州志·艺文志》，1992年《大埔县志》）

范锜（1899—1964），字捷云，号卧云，大埔人。早年就学于日本东京高等师范学校、帝国大学研究院及美国哈佛大学、哥伦比亚大学。历任国立中央政治学校、暨南大学、北京大学、清华大学、中央大学等校教授，中国国民党中央党部党义教育组主任，中央派遣留学生管理委员会委员，国民党中央党部宣传委员会主任秘书，中山大学图书馆主任，中山大学文学院院长兼哲学系、教育系教授，中山大学师范学院院长。著有《哲学概论》《现代哲学思潮》《世界改造之原理》《三民主义教育原理》《教育哲学》《西洋哲学大纲》《最近欧美教育思潮》等。（《民国人物大辞典》《大埔县姓氏录》）

范秋圃，清大埔人。诸生。著有《老圃滕稿》。（《万川骚坛数百年》）

范荣怀，号尚一，大埔人。清道光二十年（1840）庚子选贡。通经史。年六十四卒。著有《仪礼注》（一作《仪礼解》），未见。（同治《大埔县志》卷十七，民国《新修大埔县志》卷三十五）

范绍蕃，字衍堂，大埔人。清乾隆五十四年（1789）己酉举人，任湖北广济知县。以年迈求改教职，授茂名教谕。倦于宦游，请太常博士衔回籍。年八十六卒。嘉庆间分编《大埔县志》。（嘉庆《大埔县志》卷十六，同治《大埔县志》卷十七）

范绍芳，号光弼，清大埔人。范振芳（号光史，光绪十八年岁贡生）从弟。幼随振芳就学县府，数奇不遇，遂绝意进取，家居授徒。年六十一卒。著有《毓秀山房文稿》，藏于家。（民国《新修大埔县志》卷二十八）

范生洸，字汉辉，大埔人。弱冠即诸生，稍长以授徒为业。潜心理学，著有《周易解》（未见）、《礼记解》、《春秋解》、《四书要旨》五卷、《四书详说》二十卷、《四书返约》十卷。学使者旌其庐曰"濂洛心传"。康熙五十一年（1712）壬辰应岁

贡，未及试而殁。（乾隆《潮州府志》卷二十八，同治《大埔县志》卷十七，民国《新修大埔县志》卷二十五）

范树人，清大埔人。诸生。著有《树人诗集》一卷。（《万川骚坛数百年》）

范松龄，号鹤汀，清大埔人。年五十七卒。著有《汴游存草》。（《古今三河坝》）

范引颐，号菊汀，清大埔人。清嘉庆九年（1804）甲子举人，充任内廷三馆校录官，未就。后补任三水训导，在任得疾，解组归。年八十六卒。著有《律草偶存》及近体诗若干卷。（同治《大埔县志》卷十七，《万川骚坛数百年》）

范元凯，字于岸，号松轩，大埔人。清康熙五十三年（1714）甲午举人。曾掌义学。著有《松轩诗文集》十余卷，民国二十二年（1932）铅印本改名为《松山丛集》，上集文五卷，下集诗九卷联语一卷。（同治《大埔县志》卷十七，民国《新修大埔县志》卷二十五）

范沄（1831—1890），号玉墀，大埔人。范引颐孙。补博士弟子员，以授徒为业。著有《园居志异》五卷（一作《园居杂志》八卷）、《传砚山房诗钞》一册、《传砚山房文钞》一册。（民国《新修大埔县志》卷二十六，《潮州志·艺文志》）

范贞士，大埔人。清末生员。民国间分纂《新修大埔县志》。（民国《新修大埔县志》修志职员表）

范之准（1868—1931），原名锡放，字海门，大埔人。清光绪三十三年（1907）赴南洋募捐，筹建梓里公学，自任校长。宣统三年（1911）当选为广东省咨议局候补咨议员。民国初，任大埔临时县议会议员。著有《桐荫志果》《范氏家乘》《先哲纪元》《獭祭汇编》等。（《大埔县姓氏录》）

范子英（1910—1980），原名启姚，大埔人。少年时赴马来亚谋生，民国十八年（1929）移居新加坡，1954年回广州定居，曾任全国侨联委员、广东省政协委员等职。著有《华侨的出路》及三万余字的笔记《哲学浅说》。（《大埔县姓氏录》）

方昌岐，字仰文，号荣西，惠来人。清嘉庆十一年（1806）丙寅举人，任龙门、长乐教谕。著有《普陀山房文集》。（《潮州人物辞典》《惠来县志1979—2004》）

方朝安（1869—1941），字靖山，号学稼子，惠来人。清光绪间贡生，任广州述善学校校长，新丰县、从化县县长。著有《秀水诗文集》。（《惠来县志1979—2004》）

方重光，字叔宣，号双桐，清普宁人。诸生。著有《双桐遗稿》。（《潮州志·艺文志》）

方敦际，字溯崖，惠来人。清雍乾间诸生。精时文，试辄取冠军，人称"诸生祭酒"。每遇名花、奇草、瘦石、幽岩——寄之于诗，著有《买笑囊集》。（雍正《惠来县志》卷十四，乾隆《潮州府志》卷二十九，《潮州志·文艺志》）

方方（1904—1971），原名方思琼，别名方临川、方维精，笔名方旭、榘华等，普宁人。民国十三年（1924）考入广州农民运动讲习所，参加新学生社，结识彭湃、林苏、阮啸仙等，走上新民主主义革命之路。曾任中共普宁县委书记，中共汕头市委书记，《红旗》报编辑，中共澄连县委书记，中共杭武县委书记，闽西军政委员会常委兼政治部主任，中共闽粤赣边省委组织部部长、书记，中共中央香港分局、华南分局书记,广东省人民政府副主席,中共中央统战部副部长等职。著有《三年游击战争》《方方文集》。(1995年《普宁县志》,《陈竞飞诗文集》,《20世纪中华人物名字号辞典》)

方洪学,普宁人。清乾隆三年(1738)戊午举人。分纂《(乾隆)普宁县志》。(乾隆《普宁县志》卷六)

方纪生(1908—1983),字念慈,笔名为佳、日住、月华生,普宁人。民国二十年(1932)自北平中国大学经济学部毕业,赴日本明治大学高等研究科深造。曾任教于华北大学、北京大学、日本京都大学、河北师范学院。后移居日本。著有《民间文学概论》《民俗学概论》《儿童文学试论》。译著有《妇女与家族制度》《文学家的故事》《性风俗夜话》《中日文化交流史话》等。(《中国民间文学大辞典》《20世纪中华人物名字号辞典》)

方嘉发,海阳籍普宁人。清雍正元年(1723)癸卯举人,中举时姓刘,雍正十一年(1733)改回方姓。乾隆元年(1736)丙辰进士,任吏部观政、知县。分纂《(乾隆)普宁县志》。(乾隆《普宁县志》卷六)

方乃斌(1895—1991),字启东,惠来人。民国九年(1920)国立广东高等师范学校文史系毕业,曾任汕头市市长、惠来县县长等职。1949年避居香港,任教于香江中学。编有《唐至明千家词》。著有《葵庐文钞》上集、《葵庐词钞》等。(《惠来县志1979—2004》《香港古典诗文集经眼录》)

方尼姑(1903—1941),原名谢德道,普宁人。潮剧名丑。编有剧本《箍桶案》。(1995年《普宁县志》)

方三朋,字敬先,惠来人。明崇祯十七年(1644)甲申贡生。入清不仕,授徒为业。著有《东里文集》。(《潮州人物辞典》《惠来县志1979—2004》)

方绍佰,字燕祚,明末清初普宁人。岁贡生。博学能文,参与修《普宁县志》。顺治五年(1648)刘公显攻普宁城,绍佰登城守御,城陷被杀。(乾隆《潮州府志》卷二十八)

方声亮,字学虞,普宁人。清康熙四十四年(1705)乙酉举人,授江西武宁知县,后解组归。著有《澹宁堂诗文集》藏于家。(乾隆《普宁县志》卷七)

方士敦,字莲士,惠来人。清光绪十五年(1889)副榜。著有《莲士诗词集》。(《惠来县志1979—2004》)

方挺芳(1830—1899),字荔生,号莲村,又号隆达,惠来人。清道光三十年(1850)廪贡生。设帐授徒四十余载。著有《莲村文集》《荔红词》。(《潮州人物辞典》,《古今揭阳吟》卷一)

方宣教,又名正蒙,字孝稽,宋惠来人。晚年隐居于普陀岩。著有《方山诗文集》,已佚。(《潮州人物辞典》,《惠来文史》第五辑)

方勋(1838—1890),字铭山,普宁人。方耀四弟。早年随父兄征战,官至福建汀漳龙兵备道。分编《(光绪)普宁县志稿》。(《德安里》)

方尧佐,普宁人。附贡生。分编《(光绪)普宁县志稿》。(光绪《普宁县志稿》修志姓氏)

方耀(1834—1891),名辉,字照轩,普宁人。行伍出身,参与粤、闽、赣围剿镇压太平军、陈金钅工军诸役,积功擢南韶连镇、潮州镇总兵，署理广东陆路提督、广东水师提督。设乡学数百所，郡邑立书院，开书局，建善堂，治理潮州九年，政绩颇著。著有《照轩公牍拾遗》三卷附录一卷。（《清史稿》卷四五六，《普宁县人物传》，《潮州志·艺文志》）

方应祷，字维城，惠来人。浮梁丞方鲁孙。清顺治十四年（1657）丁酉举人，康熙十九年（1680）官四川南川知县。解组归，家居二十载。年八十六卒。参与编纂《（康熙二十六年）惠来县志》。（雍正《惠来县志》卷十四）

方月帆（1863—1953），普宁人。长期在揭阳县行医、教学。著有《温病条辨歌诀》《注疏温热经纬》，均未刊。（《汕头卫生志》）

方云起，号湘雯，普宁人。清乾隆五十九年（1794）甲寅举人，官东莞教谕。著有《树木堂文稿》。（《潮州志·艺文志》）

方赞襄，普宁人。清光绪元年（1875）乙亥恩贡生。分编《（光绪）普宁县志稿》，（光绪《普宁县志稿》卷六）

方之孝（1621—1657），字孺子，惠来人。州牧方廷兰孙、举人方鼎子，陈衍虞门人。通经史百家，能古文，善吟咏。清顺治八年（1651）辛卯举人，十五年（1658）北上会试，卒于旅次，年三十七。著有《心远堂集》。（雍正《惠来县志》卷十四，乾隆《潮州府志》卷二十九，《潮州志·艺文志》）

冯剑南（1911—1961），笔名甦夫，丰顺人，生于泰国。民国二十二年（1933）自广州知用中学毕业后，到上海国立暨南大学就读，随即赴日本早稻田大学留学。卢沟桥事变爆发后，加入汕头青年救亡同志会。翻译普希金长诗《叶甫盖尼·奥涅金》。著有诗集《红痣》。（1995年《丰顺县志》）

冯铿（1907—1931），女，原名冯岭梅，笔名绿萼，原籍浙江杭州，清末随祖迁居海阳县云步村。少年时就读汕头友联中学。曾在《岭东民国日报》连续发表一百首题为《深意》之抒情诗。民国十七年（1928）到澄海教书，次年赴上海，入读复旦大学英语系。同年加入中国共产党，参加中国左翼作家联盟。被捕遇害。著有诗集《春宵》、随笔《一团肉》、短篇小说集《铁和火的新生》、中篇小说《重新起来》和《最后的出路》等。（1995年《潮州市志》）

冯瘦菊，又名冯白桦、冯江涛，海阳人。冯铿之兄。民国间任上海现代书局总编辑。后移居香港。著有《新诗和新诗人》《十九世纪俄罗斯文学家的传略和著作思想》《世界的民族文学家》和遗作《听潮楼词》、诗集《驰驱集》。（《潮人旧书》）

冯素秋（1893—1924），名菊花，原籍浙江，侨居潮州，适蔡梦香。冯铿之姊。以任教为业。著有诗集《秋声》。（《潮州人物辞典》）

冯子良（1898—1968），字栋材，丰顺人。民国十九年（1930）赴泰国曼谷天华医院任医师。民国二十三年（1934）回国，在汤坑镇行医。曾任丰顺县中医公会主任委员、县卫生院附属中医门诊主治医师。编著有《四诊概要》《验方集》《疟疾论》《七系统诊病要点》等。（1995年《丰顺县志》，《客家名人录》）

傅修（1739—1812），字俊成，号竹漪，海阳人。年十六补弟子员，清乾隆二十七年（1762）壬午举人。选授山西山阴知县，屡迁直隶遵化知州、保定知府。擢山西冀宁道，复代理按察使兼行布政使事。调任直隶按察使。后因军机大臣顺天府某构陷，落职发江苏以知州用，代理扬州知府。卒于官。乾隆五十八年（1793）纂修《直隶遵化州志》二十卷。（光绪《海阳县志》卷四十，《潮州志·艺文志》）

高伯雨（1906—1992），原名高秉荫，又名高贞白，笔名林熙、秦仲和等，澄海人，出生于香港。民国十五年（1926）留学欧洲，主修英国文学。返国后，曾任职于南京外交部、上海中国银行。抗日战争期间回港。译著有《欧美文坛逸话》《紫禁城的黄昏》《英使谒见乾隆纪实》。著有《听雨楼随笔》《听雨楼杂笔》《听雨楼丛谈》《历史文物趣谈》《春风庐联话》《读小说记》。（《近现代潮汕文学·国内篇》）

高日化，澄海人。明嘉靖三十七年（1558）戊午举人，官楚邸右长史。编有《宫省贤声录》四卷。（《潮州志·艺文志》）

龚以时，字君聘，一字凤洲，清海阳人。恩贡生，历官和平训导、侯官教谕。著有《柳亭诗集》。（《岭南五朝诗选》卷九）

辜朝荐（1599—1668），字端敬，一字士升，号在公，海阳人。明崇祯元年（1628）戊辰进士，任桐城知县。六年（1623）分校南闱。擢山东道御史，改户部给事中，再补礼科给事中。居谏垣十年，有《谏垣疏草》（一作《辜给谏疏草》）四卷，未见。十七年（1644）以国亡归里。清顺治三年（1646），清兵下潮州，遂辗转避地。隔年，南明永历帝召为太常少卿，未就。郝尚久于潮州举义反清，朝荐与之。事败，往厦门依郑成功，为"七公"之一。后随郑经渡台，在台湾六载卒。著有《桑浦行吟》。（乾隆《潮州府志》卷二十八，光绪《海阳县志》卷三十八，《潮州志·艺文志》）

辜兰凰，海阳人。辜朝荐之女，适海阳贡生夏含曜。清顺治十年（1653），靖南王耿继茂等讨郝尚久之叛，纵兵屠潮州府城。兰凰恐受辱，自缢死。著有《易解集》《啸雪庵集》，均亡佚。（《潮州志·艺文志》《广东古代女诗人诗选》）

管植桓，字灼廷，清南澳人。增生。有《管谢合集》（与谢庆成合刻）。（民国《南澳县志》二十一）

郭餐雪（1874—1937），名心尧，字伯陶，号餐雪，又号半生和尚、半生道人，揭阳人，中年移居潮州府城。清光绪间廪生，曾任教员。工诗，善书画。与曾习经、丁惠康、丘逢甲为诗友。著有《吟秋诗集》《感旧诗存》。（《中国美术家人名辞典》补遗二编，《潮青学刊》第一辑，《古今揭阳吟》卷三）

郭德庵，大埔人。清末任广东方言学校教务长、广府中学堂监学。著有《竹林诗文集》。（《广东历代诗钞》卷六）

郭迪（1911—2012），潮阳人。民国二十四年（1935）毕业于圣约翰大学医学院，获医学博士学位。旋赴美国留学，入宾夕法尼亚大学医学进修学院习儿科，获医学科学硕士学位。民国二十七年（1938）回国，在上海开设诊所，并先后兼任同仁、仁济等医院主治医生、主任医师和圣约翰大学医学院儿科讲师。新中国成立后，曾任华东行政委员会托儿所及上海妇联托儿所顾问医师。主编《系统儿科学》、《基础儿科学》、《小儿内科学》、《儿科手册》、《中国医学百科全书》儿科分卷、《儿科疾病鉴别诊断》、《儿科基础与临床》等。（《民国人物大辞典》）

郭殿捷，字逊三，清普宁人。诸生。著有《慕斋诗文集》。（《潮州志·艺文志》）

郭笃士（1905—1990），名敦，以字行，曾用笔名守正，晚号个翁、草草庐主，揭阳人。毕业于中山大学中文系，曾任汕头画院画师、汕头岭海诗社顾问等职。为中国古典文学研究会会员。出版过《郭笃士画集》《郭笃士书画合册》《草草庐诗集》。（《潮州人物辞典》《潮汕历代书画录·潮州市卷》）

郭辅畿（1616—1648），原名京芳，字咨曙，大埔人。明崇祯十五年（1642）壬午举人。次年秋，入京应试，中途闻战事危急而折返。后入闽勤王，途中遇害。著有《洗砚堂文集》、《秋驾草》、《情谱》、《楚音集》、《菱青集》、《金墙集》、《闺怨诗百首》、《饮兰纪呓》、《落花吟和韵三十首》（一作《落花诗三十首》）等，惜均亡佚。另有词曲集《翠薇琴》。郭中城辑其遗著编为《洗砚堂辑钞》二卷。（同治《大埔县志》卷十七，民国《新修大埔县志》卷十九，《潮州志·艺文志》，《广东历代诗钞》卷一）

郭光，字照堂，揭阳人。清道光十五年（1835）乙未举人，拣选知县，大挑二等，以教职用。历任连州、罗定、恩平、阳江儒学教职。公余博览载籍。因病卒于家，年六十四。著有《补经遗录》、《四书宗注阐义》、《字学拾遗》四卷、《音义千条录》二卷、《榕东郭氏族谱》《宋史评略》十卷、《铎音集》八卷（一作四卷）、《摭古笔谈》、《代友谈》等。（光绪《揭阳县续志》卷三、卷四，《潮州志·艺文志》）

郭光墀（1850—1901），乳名泮，字芹甫，谥敏建，清大埔人。郭铨次子。清光绪十六年（1890）庚寅岁贡生，掌教普宁贵山书院。长于词赋，遨游海外，与祖缨溪、父铜君有"郭氏三杰"之称。著有《之钦小草》、《台游草》、《蜃楼鬻览图题词》一卷及《研耕集》、杂作等，藏于家。（民国《新修大埔县志》卷二十五，《潮州志·艺文志》）

郭光海，字小瀛，大埔人。郭铨长子。肄业于韩山书院。里人林达泉、学使殷寿彭、南海潘衍鋆均赏识之。因乡闱屡次誊录有误，清同治十二年（1873）癸酉始选拔。年三十一卒。著有《读史论略》、《读左测蠡》、《郭小瀛遗著》二卷。（民国《新修大埔县志》卷二十五，《桃源古今文萃》）

郭海，大埔人。清乾隆五十四年（1789）己酉恩科拔贡生，即用知县。嘉庆六年（1801）中北闱副榜，十年（1805）任兴宁教谕。嘉庆间分编《大埔县志》《兴宁县志》。（嘉庆《大埔县志》卷十六，嘉庆《兴宁县志》修志姓氏）

郭汉鸣（1900—1980），字瘦真，别号汉鸣、汉明，家名秋煜、俊义，曾用名秋晃、俊仪、唯旷、汉民、素心、郭真、文威、海真、素正等，大埔人。民国九年（1920）考入广东省政法专科学校，后又考入中山大学。毕业后，赴法国巴黎大学留学，研究法国革命史、土地制度史。归国后任南京地政学院研究员，中央土地委员会普查专员，重庆市政法学院研究员、研究部主任、研究所导师，广东省地政局局长，中山大学土地经济系和法律系教授，广东省人民政府办公室主任，广东省文史馆研究员等职。辑《缨溪集》，录桃源郭氏一门诗，中国古典文学著名学者詹安泰为之序。著有《唯旷斋诗草》、《花溪骊唱诗集》、《甦楼习词专刊》、《土地法讲义》、《四川租佃问题》（合著）、《安徽省土地分配和租佃制度》（与洪瑞坚合著）、《欧洲各国的土地分配》、《欧洲各国土地制度探讨》、《欧洲十八、十九世纪的土地政纲》、《欧洲土地制度史探讨》、《欧洲古代土地制度之研究》（编）及译著《欧洲土地史纲》。（《潮州志·艺文志》，《广东历代诗钞》卷九，1992年《大

埔县志》,《客家名人录》)

郭经(1865—1950),又名郭载生,潮阳人。清光绪三十年(1904),获官费留学日本。宣统二年(1910)被授予法政科举人,任湖南会同知县。任满回京,中明经进士,任外务部主事,曾出使日本。民国初年,出任汕头检察厅厅长。袁世凯称帝后,辞职回乡,在潮阳多所学校任教。主编《潮阳县志》。(《潮州人物辞典》,《汕头市志1979—2000》第十九篇)

郭霖沅(1910—1987),号芷园,揭阳人。郭玉龙从子。毕业于广州中山大学法科学院,曾任潮州公学教务主任、广州中南中学校长。1949年旅居香港,任德明书院、佛教书院教授。著有《国文名著研究》《大学国文析义》《中国历史》《荀子学说研究》《中国文学史大纲》等。(《榕城区志》,《古今揭阳吟·补遗篇》卷二)

郭鸣岐,字冈业,清嘉道间揭阳人。笃信朱伯庐《家训》,为之分条详注,命其子参证,其孙博引旧义附录于后,名之曰《屏风录》,镌版印行。咸丰初,广东学使许乃钊按试至潮,称举此书为士林准则。(光绪《揭阳县续志》卷三,《潮州志·艺文志》)

郭铨(1803—1864),号铜君,大埔人。郭缨溪次子。清末贡生。晚年创设桃源书院,讲学其中。著有《小吟山馆诗稿》二卷。(同治《大埔县志》卷十七,民国《新修大埔县志》卷二十五,《历代咏梅州诗选注》)

郭任远(1898—1970),潮阳人。民国七年(1918)自上海复旦大学毕业后,赴美国留学,入加利福尼亚大学攻读心理学,获博士学位。曾任复旦大学生物科主任兼心理学教授、副校长,浙江大学校长及生物系主任。民国二十四年(1935)辞职,赴美讲学及从事科学研究工作。编《自然科学大辞典》。著有《人类的行为》上册、《行为主义心理学讲义》、《社会科学概论》、《行为学的基础》、《心理学与遗传》、《行为的基本原理》、《初中自然科学试验指导书》(上卷)、《心理学ABC》、《行为主义》、《行为发展之动力形成论》、《行为学的领域》、《郭任远心理学论丛》等。(1997年《潮阳县志》,《汕头市志》卷七十三)

郭日绩,字礼存,号后川,自号逸叟,揭阳人。郭之奇裔孙。清康熙五十九年(1720)庚子贡生。年七十七卒,谥"恭节先生"。著有《未若斋诗草》。(《潮州人物辞典》)

郭寿华(1902—1984),字干城,学名郭诚,别名郭士,号东山先生,大埔人。入读广州中山大学,被选为全国学生总会会长。毕业后奉派赴苏联莫斯科中山大学留学,继入步兵学校学习。毕业后赴日本明治大学攻读外交和行政法,获行政学士学位。回国后,曾任国立中央大学法学院教师兼宪兵第三团及中央军校中校教官、南昌行营上校设计委员、驻意大利使馆副武官、军统局督查室少将主任、广东省湛江市市长、国防部新闻局少将处长等职。著有《三民主义与孙子军事思想》《亚洲各国通览》等三十余种书。(《大埔县志1979—2000》)

郭寿枟,字翊崖,清大埔人。与父郭月槎、兄郭寿萱被誉为"同怀书香"。著有《煮石山房诗草》《南游诗草》《翊崖诗草》等。(《桃源古今文萃》)

郭叔云,字子从,揭阳人。南宋绍熙间从朱熹问业,笃于实践。以礼教久废,慨然欲讲求而施行之,故于《礼经》用力最勤,著《礼经疑》。取小宗法及礼经义编成《宗礼宗仪》二篇,已佚。又著有《晦翁宗

法》、《朱子蒙谷宗法》（佚）各一册。（嘉靖《潮州府志》卷七，乾隆《揭阳县志》卷六，《潮州志·艺文志》）

郭天健，大埔人。郡庠生。为文有旨趣，乡有金山古寺，曾为记勒石，人咸称之。清乾隆三十年（1765）乙酉乡试后，淡泊宁静，不复作上进，专以读书著述自娱。著有《复初文钞》《长发小草》等集，存于家。（民国《新修大埔县志》卷二十五）

郭天褆（1632/1633—1706/1707），字尔肃，号屯园，又称宓庵先生，揭阳人。郭之奇次子。弱冠补弟子员，清康熙十七年（1678）戊午贡生。明末清初，与父郭之奇随南明政权流亡缅甸、南交。在南交遭诱捕，其父被获，不屈，就义于桂林。扶榇归里，负土筑茔而守之。工诗文，尤长于尺牍，喜谈古礼。老于明经，考授训导，未任。卒年七十五。著有《屯园尺牍》《溪堂诗集》。（乾隆《潮州府志》卷二十九，乾隆《揭阳县志》卷六，《潮州志·艺文志》）

郭天祯（1627—1687），一作郭天桢，字尔兴，号二则，揭阳人。郭之奇长子。清康熙九年（1670）庚戌岁贡，荫尚宝司丞。著有《澹淼居诗集》。（乾隆《揭阳县志》卷八，《潮州志·艺文志》）

郭廷序，字循夫，号介斋，潮阳籍海阳人。能诗文，尝与李时行师事香山黄佐。明嘉靖元年（1522）壬午乡荐，二十年（1541）辛丑成进士，官主事。出为贵溪知县，在任将三年，卒于官。著有《判语》《循夫集》六卷。（隆庆《潮阳县志》卷十二，乾隆《潮州府志》卷二十八，光绪《海阳县志》卷三十七，《潮州志·艺文志》）

郭维潮（1766—1841），名敏康，字宏泉，号缨溪，大埔人。例赠儒林郎。有《训后篇》《太原族序》《郭氏族谱系》《汾阳谱系》等篇。其裔孙搜辑其诗文编入《缨溪集》。（《桃源古今文萃》）

郭性芝（1905—1999），原名斯尧，大埔人。早年参加大革命，大革命后期旅居越南，在东川省新市开设"万德堂"行医。著有《吹竽吟草》。（《桃源风采》第一集，《大埔古今诗词选》）

郭颖（1883—1927），字介吾，揭阳人。清末庠生。辛亥革命后任榕江中学监学。著有《介吾文存》藏于家。（《潮州人物辞典》）

郭玉龙（1879—1939），字楚琴，又字五琴，揭阳人。清光绪二十九年（1903）癸卯举人，考取直隶盐大使。辛亥革命后，执教于揭阳一中、汕头岩石中学。能诗文，著有《楚琴诗文集》。（《揭阳书目叙录》）

郭元龙，字云坡，清大埔人。举副榜第一，以明经终其身。主琴峰讲席五年。年七十四卒。著有《百尺楼集》。（民国《新修大埔县志》卷二十五）

郭赞臣（1887—？），别字行素，大埔人。在乡村任教。著有《行素吟草》。（《桃源古今文萃》）

郭兆霖，字若雨，又字雨村，潮阳人。民国十三年（1924）与人合办炳发商行，并在香港、南洋设立分支机构。民国十六年（1927）为曾祖母立节母牌坊，邀名流题赠，编成《郭节母廖太夫人清芬录》不分卷。（《末代榜眼朱汝珍》《桃源古今文萃》）

郭真顺（1312—1436），揭阳人。适潮阳乡贤周伯玉。幼聪颖，父任教谕，授以书，辄不忘。通经学，精数学，善议论。能为诗，尤长于古。元末兵起，寨中乡党欲立伯玉为长，真顺劝伯玉婉辞之。明洪武初，师下岭南，指挥俞良辅徇潮州，征诸寨之未服者。真顺时年已六十，作《上俞将军》诗，遮道以献，俞良辅览诗大喜，所过秋毫无犯。寿一百二十五，卒时遗命勿修佛事，勿焚纸钱。著有《梅花集》一卷，未见。（隆庆《潮阳县志》卷十三，《粤东诗海》卷九十六，《潮州志·艺文志》）

郭之奇（1607—1662），字仲常，一作仲尝，别字菽子，号正夫，又号若菽、三士道人、玉溪子，揭阳人。明崇祯元年（1628）戊辰进士，选庶吉士。次年归省，家居四年，修《揭阳县志》成。六年（1631）假满回京，任礼部主事。累官至太仆寺少卿。明亡归里，与林铭球谋起义兵抗清。南明永历三年（1649）至肇庆谒永历帝，原官起用。后累官至文渊阁学士，兼礼、兵二部尚书，加太子太保。转战两广福建。清顺治十六年（1659）随永历帝流亡缅甸、南交，一年间得诗三百六十首，结为《陋吟集》。次年又得诗一百六十五首，结为《巢居集》。十八年（1661）七月，为交趾韦永福诱执，献于清廷。其时广西两司以下官多之奇门下士，委曲劝降。终不屈，饮酒赋诗而已。就义于桂林，年五十六，清乾隆间赐谥"忠节"。另著有《稽古篇》五十五卷（一作《稽古编》一百卷）、《辑志副指》、《新定道德经》、《宛在堂文集》六卷、《宛在堂诗集》六卷、《古诗唐诗大观评语》。（乾隆《潮州府志》卷二十八，乾隆《揭阳县志》卷六，光绪《揭阳县续志》卷四，《粤东诗海》卷四十八，《潮州志·艺文志》，《潮州耆旧集》卷三十三）

郭之煦，字柳和，大埔人。清光绪间邑庠生。工诗文，善音韵。纂修《筱留郭氏族谱》十六卷，著有《留园诗集》。（《广东历代诗钞》卷六，《万川骚坛数百年》）

郭中城，清大埔人。编有郭辅畿所撰《洗砚堂辑钞》四卷。（《潮州志·艺文志》）

郭子翼，乳名燕怡，字汉忠，大埔人。郭铨曾孙。毕业于潮州金山中学，在槎江、广州等地从教。军阀混战期间，远渡异国，旅居星洲，亦从事教育。著有《狮岛吟笺》。（《桃源古今文萃》）

何秉钧，号衡石，大埔人。年十四失学就贾。清光绪十四年（1888）与人合资创设养蚕局，所得丝精良逾顺德。好学不倦，辑前贤格言，积抄成帙。著有《医学精要》。（民国《新修大埔县志》人物志）

何朝章，号衮臣，大埔人。清光绪十七年（1891）辛卯举人。工诗善书，设帐授徒。年六十四卒。著有《寿根山舍集》（一作《寿根山舍诗文集》）若干卷，存于家。（民国《新修大埔县志》卷二十五，《潮州志·艺文志》）

何定生（1911—1970），揭阳人。毕业于中山大学国文系。著有《汉以前文法研究》《关于胡适之与顾颉刚》《定生论学集》。（《潮州志·艺文志》《揭阳县志1986—1991续编》）

何放之（1892—1961），名枯一，大埔人。卒于印度尼西亚雅加达。著有《剪烛集》一卷、《尖叉唱酬集》一卷。（《万川骚坛数百年》）

何孚光，号尹崖，清大埔人。屡试不售，援例入贡。日与子弟讲求文艺，辨订字画。年六十四卒。著有《三筼草堂诗稿》，失于兵燹。（同治《大埔县志》卷十七，民国《新修大埔县志》卷二十一、卷二十五）

何汉昭，清大埔人。著有《何卓卿诗

草》。(民国《新修大埔县志》卷三十五)

何晋梯,清大埔人。授邮传部主事、山东都督府秘书。著有《春秋朔闰考》。(民国《新修大埔县志》卷三十二,《潮州志·艺文志》)

何爵三(1905—1977),字士坚,大埔人。民国十九年(1930)毕业于国立北平师范大学国文系,任北京私立国民学院讲师,广东勷勤大学文史系教授,广东省立教育学院、广东省立文理学院中国文学系教授兼系主任,中山大学特约教授。新中国成立后任广东省文史馆馆员、馆务委员。著有《中国文学史》《文学概论》《中国民族文学》《中学国文教学法》《教学法研究》《诸子概论》《中国修辞学》《湟江吟草》《鸿迹集》等。(民国《新修大埔县志》卷三十四,《潮州志·艺文志》,《客家名人录》)

何龙翔,字海珊,大埔人。何孚先子。通经史,以词章制艺闻名于时,工书法,并精绘事。清光绪元年(1875)举孝廉方正,五年(1879)部选以知县用,加六品衔。时龙翔年已七十七,不久病卒。补弟子员时,以四影诗见赏于蔡学使。同治末受邑令张鸿恩之聘,分纂《大埔县志》。(民国《新修大埔县志》卷二十六)

何融(1903—1995),原名庸,大埔人。相继毕业于广东高等师范学校、北京师范大学,曾任私立广州大学、私立华南联合大学、中山大学教授。著有《现代汉语语法修辞》、《何水部诗注》四卷。(《中国语言学人名大辞典》)

何如璋(1838—1891),字子峨,号璞山,大埔人。清咸丰十一年(1861)辛酉举人。同治四年(1865)任五品知县,七年(1868)戊辰成进士,选为庶吉士,散馆后授职翰林院编修。光绪三年(1877)由李鸿章推荐,晋升为翰林院侍讲,加二品顶戴,任命为首任出使日本钦差大臣。八年(1882)六月任满回国,九年九月任詹事府少詹,督办福建船政,主管马尾船厂,兼办学堂。十四年(1888)主讲潮州韩山书院以终。著有《使日函牍》二十余册、《管子析疑》三十六卷、《使东述略》一卷、《使东杂记》、《使东日记》一卷、《使东杂咏》一卷、《袖海楼诗文集》八卷、《袖海楼诗文钞》四卷、《袖海楼诗钞》二卷、《何少詹文钞》二卷、《何宫詹公家书》四卷。(民国《新修大埔县志》卷二十一,《潮州志·艺文志》,《广东书院制度》)

何矧堂,名肯,大埔人。曾任禁烟督察处陕西分处第三课课长秘书、禁烟督察处陕西稽核处第三课课长,民国二十一年(1932)当选为大埔县第一届参议会常务参议员。著有《枫庐诗钞》一卷。(民国《新修大埔县志》卷三十二,《大埔古今诗词选》)

何士果(1866/1867—1921),名寿朋,字仁绪,大埔人。何如璋次子。清光绪二十四年(1898)戊戌进士,历任潮州金山书院教师、汕头岭东同文学堂总教习、吉林提学司佥事、吉林调查局总办、吉林府知府、清理财政局驻局会办、吉林法政学堂总理,并曾任日本公使署商务委员、北京宪政编查馆咨议员。二十六年(1900)与丘逢甲、温仲和等在潮州创设岭东文学堂。二十八年(1902)与进士杨季岳在汕头创办《岭东日报》。中华民国成立后,被选为国会参议院议员、护法国会参议院议员。民国九年(1920)任潮梅筹饷局会办,后改任潮安县知事。著有《游西湖记》、《吉林调查局文报初编》(三册)、《吉林调查局文续》、《吉林调查报告》、《日本国民教育》(与钱恂、张元节合纂,何寿彭助译,日本先秀社印行)、《市町村制理由书》、《日俄战时纪

要》《支那法制史》等。与人合修《大埔崧里何氏族史》。(民国《新修大埔县志》卷三十五,《潮州志·艺文志》)

何叔夷（1860—1922），大埔人。精岐黄术,壮游南洋群岛,每赴医院、医社场考,俱列前茅。著有《医宗集览》一册、《儿科秘要》四册（民国元年刊）。(民国《新修大埔县志》卷二十九,《潮州志·艺文志》)

何探源（1817—1871），又名兆星,字衍明,号秋槎,大埔人。弱冠补博士弟子员,清道光二十三年（1843）癸卯举人,咸丰九年（1859）己未进士,选庶吉士。丁艰归里,主讲潮州韩山书院,凡六年。同治七年散馆,选四川阆中知县,后调署开县。以劳瘁卒于官。著有《咏梅山馆诗集》四卷附文一卷、《蜀中公馀》（《蜀游草》）一卷、《抚像轩诗钞》一卷、《北游草》、《续北游草》。(同治《大埔县志》卷十七,民国《新修大埔县志》卷二十一,《潮州诗萃》)

何同璋，字子昆,大埔人。何如璋弟。清同治九年（1870）庚午举人,援例主事,得兵部京曹事。闲暇则与友人结社吟咏唱和。为文不自珍,殁后检其遗稿,得古今体诗百数十篇,成《[子昆]遗稿》,皆宦游近作,藏于家。(同治《大埔县志》卷十七,民国《新修大埔县志》卷二十六)

何侠（1891—1968），字时杰,幼名其侃,别号十年磨剑室主,法号大雄居士,大埔人。清宣统三年（1911）加入中国同盟会,旋即参加黄兴领导的广州黄花岗起义。民国五年（1916）任孙中山陆海军大元帅府军事咨议,不久被派往云南讲武学堂军事。毕业后历任中央直辖警备军第五梯团司令、大元帅府直辖讨贼第二师师长、大本营义勇讨贼军总指挥、西南护法大总统府军事咨议、国民革命军第十六军军事顾问、国民革命军三十三军副军长、东北民众救国军第十六路华侨义勇军副司令、抗日杀贼救国宣传团团长等职。著有《白云山游览指南》、《何侠书画集》四集、《广东金石书画集》一册、《广东当代名画家小传》一册、《少年吟草》、《中年吟草》等。(《客家名人录》)

何鑫，号鼎臣,大埔人。增贡生,屡试不售。邑先达何探源、杨锡荣均器重之。清同治三年（1864）杨官四川开县,聘其入幕。七年（1868）,探源出宰四川阆中,聘其司会计兼阅县试卷。年七十一卒。著有《蜀游记》《蜀游诗》二卷,藏于家。(民国《新修大埔县志》卷二十六)

何逸夫，别署一壶生,大埔人。著有《一壶斋吟草》一卷。(《大埔古今诗词选》)

何育斋（1886—1949），原名载生,大埔人。精音律,尤善古筝。民国十九年（1930）春赴广州,创办潮梅音乐社、广州音乐社。民国二十一年（1932）到上海,创办逸响社。编著《中州古调》《汉皋旧谱》《弹筝八法》,收集各地著名古曲集编成《词曲拾遗》《小曲汇存》。[《大埔县志1979—2000》]

何遹骏，初名澜,号苣田,清大埔人。何探源祖父。诸生。经术渊博,有"书橱"之称。中年始以府试第一补弟子员。宿学不售,赍志而殁。以探源貤赠翰林院庶吉士。著有《苣田文稿》藏于家。(同治《大埔县志》卷十七,民国《新修大埔县志》卷二十一)

何衷煦，清普宁人。太学生。乾隆间分纂《普宁县志》。(乾隆《普宁县志》姓氏)

贺南凤，大埔人。清康熙二十九年（1690）庚午岁荐。潜心于易,著有《易经

简义》（未见）、《［南凤］诗赋古文辞稿》若干卷。（乾隆《潮州府志》卷二十九，同治《大埔县志》卷十七）

贺一弘，一作贺一泫，字毅甫，大埔人。明嘉靖十九年（1540）庚子举人，以贫就龙岩训导。擢萍乡知县，寻以疾致仕。筑壁墩山居，吟咏自适。著有《壁墩诗集》二卷。（乾隆《潮州府志》卷三十，民国《新修大埔县志》卷二十三，《潮州志·艺文志》）

洪己任，潮安人。民国间任饶平县府主任秘书。与洪宗海共同编纂《洪氏族谱》。（《潮州志·艺文志》）

洪灵菲（1901—1933），本名伦修，又名树森，字子常，又字素佛，笔名林曼青、林荫南、李铁郎、韩仲漪等，潮安人。习西方文学。民国十五年（1926）毕业于广东高等师范学校，被派至中国国民党中央党部海外部，负责潮州旅穗学生革命同志会工作。次年冬赴上海，在中华艺术大学任教。组织"我们"社，出版《我们》月刊。民国十九年（1930）春，担任"左联"常务委员。九一八事变后，在上海组织全国反帝大同盟。民国二十二年（1933）年初，调任中共北平市委秘书，同年7月被捕，被杀害于南京。译有高尔基的《童年》、陀思妥耶夫斯基的《赌徒》《地下室手记》。著有《前线》、《流亡》、《转变》、《明朝》、《气力出卖者》、《洪灵菲选集》、小说书信集《大海》等。（《潮州人物辞典》，1995年《潮州市志》，《中国人名大辞典·历史人物卷》）

洪朴友，原福建人，落籍揭阳。清末潮汕儿科名医，有"儿科圣手"之誉。有《活幼宝镜全书》抄本传世。（沈英森主编《岭南中医》）

洪楠（1877—1941），字度之，号云野叟，揭阳人。清末生员。辛亥革命后任榕江中学教员。著有《趣园诗钞》。（《潮州人物辞典》）

侯枫（1904—1981），曾用名廉生，澄海人。民国十八年（1929）考入暨南大学文学系，组织暨南文学研究会、暨南剧社、上海戏剧联合会、大道剧社，同时参加左翼戏剧家联盟。民国二十一年（1932）参与创办联星影片公司，担任编剧。抗日战争爆发后，组织上海留日同学救亡会、战时演剧队，并任演剧队队长，主编《战时演剧》月刊；参加上海戏剧界救亡协会，任理事；参加国民政府军事委员会政治部第三厅抗敌演戏剧队，任第四演剧队队长；赴重庆参加中华全国文协成都分会，主编《戏剧战线》，组织成都戏剧工作社；在四川戏剧专科学校任导演系教师。新中国成立后，曾任北京中国青年艺术剧院导演、广西戏剧研究室副主任、广东潮剧院副院长等职。创作《王铭章将军》《我们的游击队》《红五月之歌》《牺牲》《歧路》等剧本及《彭湃的故事》《彭湃》等。（《民国人物大辞典》）

侯节（？—1928），号乙符，澄海人。肄业于广东法政学堂。民国三年（1914）签分陕西县知事。与许伟余、吴贯因合称"澄海三才子"。著有《翿轩诗卷》《侯乙符遗诗》《南溟诗钞》《随天庐诗钞》四卷。（《潮州志·艺文志》《汕头市志》）

侯祥川（1899—1982），揭阳人。民国十三年（1924）毕业于北京协和医科大学，获美国纽约州大学医学博士学位。历任北京协和医学院药理学科副教授，上海雷氏德医学研究院生理科学组生化营养研究员，中华医学会理事，上海公共卫生学会会长，中华医学会医史学会主任委员，上海创建中国生化学会理事，第二军医大学教授兼生物化学教研室主任、科研部部长等职。1958年任军事医学科学院军队卫生营养研究所研究员、营养研究室主任。著有《食物中毒》《饮食与营养学》《营养缺乏病纲要及图谱》《营养学进展》等。(《民国人物大辞典》)

胡公木（1901—1971），原名大松，字命熙，号恩乔，又号一松，惠来人。毕业于广州建国粤军讲武堂、日本陆军学校。加入中国国民党海外同志社。历任陆军第十五师上校军需处处长、闽粤赣边区指挥部军务处处长、潮阳县长等职。后居台湾。著有《胡氏百代辈序谱》《邦衡始祖创潮族谱》《京陇莱园纪事》。(《惠来文史》第5辑，《惠来县志1979—2004》)

胡瓒（1638—1708），原名应瓒，字刚麓，又字日忒，惠来人。胡有曜子。以廪生登清顺治十七年（1660）庚子亚魁，授浙江绍兴府嵊县知县。抵任三月，即致仕归。独居林下十余载，以书史课子孙。卒年七十一。著有《抽簪纪略》。(雍正《惠来县志》卷十四，《潮州志·艺文志》)

黄病佛（1902—1961），原名黄羲之，澄海人。民国十六年（1927）赴泰国，相继任《华暹报》等报编辑、总编辑。创办《社会日报》和病佛文化书局。编纂《泰国府志》《泰国风光》，未梓而卒，遗稿由李少孺编成《锦绣泰国》出版。(《潮州人物辞典》)

黄蟾桂（1763—1809），号月堂，又号一峰，澄海人。清乾隆五十一年（1786）丙午举人，会试屡不第，例授文林郎。授徒讲学二十余载。著有《立雪山房文集》。(《澄海文史资料》第十一辑)

黄传善，揭阳人。父黄国荣为本邑伤科名医。民国末年编著有《综合拳法医学通鉴》，未刊。(《汕头卫生志》)

黄琮（1552—1640），字思玄，又作思元，号玉田，饶平人。明万历十年（1582）壬午举人，二十六年（1598）戊戌进士，授大理寺评事，出知饶州，移临江，官至福建承宣布政使。著有《玉田格言》《寓燕草》《滇游草》《闽游草》。(乾隆《潮州府志》卷二十八，光绪《海阳县志》卷三十八，光绪《饶平县志》卷八)

黄道禧，字仲喜，海阳人。清康熙、雍正间诸生。著有《茀园诗稿》，未见。(光绪《海阳县志》卷二十九，《潮州志·艺文志》)

黄德容，字和亭，饶平人。清光绪五年（1879）己卯恩贡，参与编纂《饶平县志》。(光绪《饶平县志》卷七)

黄殿中（1908—1967），字荣汉，普宁人。居所署观风听雨楼。民国三十六年（1947）旅居台湾。善书。著有《呓语集》《观风听雨楼诗存》。(1995年《普宁县志》，《揭阳美术家人名辞典》)

黄国卿（1511—1562），字任君，号沧溪，揭阳人。明嘉靖二十三年（1544）甲辰进士，授浙江温州推官，升户部主事，擢江西提学副使、浙江参政。著有《沧溪文集》（佚）、《学政公牍》（佚）、《苏天官年谱》一卷。(《潮州志·艺文志》，1993年《揭阳县志》)

黄河，字际清，清揭阳人。廪膳生。编有《训俗格言》。(《揭阳县续志》卷三)

黄鸿宾（1861—1936），字甲儒，晚号逸民，揭阳人。肄业于榕江书院、金山书院。曾从林松泉、许希逸游。清宣统间执教于蓝田学校，历十年。讲经论文，义理条贯，时论称之。著有《梦中梦楼诗文集》二卷、《修身言行录》。(《揭阳书目叙录》《潮州人物辞典》)

黄华，字太华，饶平人。黄锦孙。清康熙间诸生。善诗，工草书。著有《四牧斋诗集》（一作《四牧堂诗集》）一卷。（《潮州志·艺文志》，《饶平县志补订》卷十八）

黄惠然（1870—1911），号乔岳，澄海人。清光绪二十一年（1895）生员，以授徒为业。著有《眼科全集》、《谜语集》、《海乡食物诗集》（一名《黄乔岳氏诗集》）、《试场诗集》。（《潮州志·艺文志》，《澄海文史资料》第十一辑）

黄际清（1846—1926），字寿河，海阳人。清光绪二十四年（1898）戊戌岁贡。任教于金山书院、金山中学。著有《读东观书室诗草》。（《读东观书室诗草》代序）

黄际遇（1885—1945），字任初，号畴盦，澄海人。清光绪末年赴日留学，就读于东京高等师范学校。回国后应试，中举人。民国三年（1914）任武昌高等师范学校教授、数理系主任、教务长等职。民国九年（1920）被派往欧美考察教育，在美国芝加哥大学研究数学，获硕士学位。回国后，历任中山大学教授、北京师范大学教务长、中州大学教务长、河南大学校长、青岛大学文理学院院长及河南省教育厅厅长。精天算，工骈文，通晓英语和日语。著有《班书字说》《潮州八声误读表说》《论一》《万年山中日记》《不其山馆日记》《因树山馆日记》《山林之牢日记》等，以及《高等微积分》《近代代数》《几何学》《代数学》等译作。（《潮州志·艺文志》《潮州人物辞典》）

黄家泽（1911—1985），号石潭，潮州人。民国十六年（1927）考入上海新华艺术大学，次年转入上海美术专科学校，毕业后留校任教。曾创办潮州艺校、义安中学。有《黄家泽画集》。（《潮州人物辞典》《潮汕历代书画录·潮州市卷》）

黄见龙，揭阳人。清光绪五年（1879）己卯恩贡生，候选教谕。纂修《揭阳县志》。（光绪《揭阳县续志》卷二）

黄锦（1575—1657），字孚元，号䌹存，晚号䌹庵，饶平人。明万历三十七年（1609）己酉举人，天启二年（1622）壬戌进士。选翰林院庶吉士，散馆授检讨。博学能文，熟谙当代掌故，与修《神宗实录》《熹宗实录》。转国子监司业，修校《十三经》《二十四史》。历少詹事，升礼部右侍郎，转吏部左侍郎，官至南京礼部尚书。崇祯十五年（1642）以病乞归。明亡，曾起为隆武朝礼部尚书。清兵陷闽，遂隐居。清顺治十年（1653），郝尚久举潮州反清，锦预其谋，及败匿免。顺治十四年（1657）夏卒。工诗善书，学者仰为麟凤。著有《饶平鸿程黄氏家乘》《[䌹庵]自订年谱》《䌹庵居士自述》《笔耕堂集》。（乾隆《潮州府志》卷二十九，光绪《饶平县志》卷八，《潮州志·艺文志》）

黄笠岁（1850—1923），原名黄霖泽，以字行，清末海阳人。继承父业，经营金铺。中年后致力于金石书画收藏与鉴赏。斋名"铭雀砚斋"。集有《铭雀砚斋印存》二册、《铭雀砚斋印谱》。（《潮州志·艺文志》《潮州人物辞典》）

黄梦选，号宾玉，揭阳人。勇而有谋，少为诸生。明崇祯初，海寇逼城，梦选奋勇击破之，加都司衔。后又以擒贼有功，授碣石水寨都司，在任四年。以老乞归。与郭之奇同修《揭阳县志》。（乾隆《揭阳县志》卷六）

黄鸣岐，号癣庵主人，大埔人。民国间任职于梅县国立中山大学文科研究所。著有《苏曼殊评传》《癣庵诗存》。（《潮州志·艺文志》，《普宁文史》第五辑）

黄朴之，清末民初普宁人。潮州古筝演奏家黄宗识之父。著有《效验良方》七卷，有民国二十二年排印本。(《潮州志·艺文志》，《普宁文史》第五辑)

黄奇遇（1599—1666），字亨臣，号平斋，自号绿园居士，揭阳人。明崇祯元年（1628）戊辰进士，授顺天府固安知县，调任东安知县。九年（1636）入觐，对策称旨，擢翰林编修，与修《熹宗实录》。历春坊中允兼起居注，以丁母忧归。隆武朝起为詹事。永历朝复为詹事。历官礼部左侍郎、礼部尚书兼兵部尚书。为吴党王化澄、万翱所排，乞归。广东再陷，杜门不出，读书课子。(乾隆《潮州府志》卷二十九，乾隆《揭阳县志》卷六)

黄琦，字聘元，号玱闻，饶平人。明万历二十八年（1600）庚子举人，再上春官，不售。铨选得知县，因淡泊荣利，终不谒选。晚岁构室山巅，闭户谢客，以攻苦得疾，终年四十九。著有《杜诗集约》，论者谓其见解与赵涛、虞集颇有异同。(顺治《潮州府志》卷六，光绪《饶平县志》卷八，《潮州志·艺文志》)

黄乾修（1890—？），自号乾庐，揭阳人。民国间任县参议会议员、县第二届参议会议长。晚居香港。著有《乾庐丛录》二卷。编著《揭阳八十年乡宦耆寿闻见录》。(《揭阳书目叙录》《曾习经先生年谱》)

黄人雄，潮阳人。民国五年（1916）任和平县县长，民国十四年（1925）任澄海县县长。与翁辉东合编《潮州乡土地理教科书》《潮州乡土历史教科书》。(1992年《澄海县志》)

黄慎，字仲修，明海阳人。著有《堪舆类纂人天共宝》十二卷，刊于崇祯六年。(光绪《海阳县志》卷二十九)

黄诗贤，揭阳人。民国间任《揭阳日报》编辑、国民党县党部委员。编有《南塘山抗战录》。(《潮州志·艺文志》《揭阳书目叙录》)

黄史庭（1887—1942），原名经，字史腾，号谈空子、游真室主，潮安人。自幼从胞兄黄瑜学画，擅绘山水、人物、花鸟虫鱼。清光绪三十一年（1905）在汕头与王逊创办《韩江画报》。民国八年（1919）创办"抱香吟馆"画室。有《史腾画賸》二册（康有为题签）、《山水画》五集、《石谱》一集等。(《潮州志·艺文志》《潮汕历代书画录·潮州市卷》)

黄世杰，字直方，一作方直，号文岱，揭阳人。与郑大进友善，同见知于学使惠士奇。清乾隆元年（1736）丙辰举人，七年（1742）成进士，叙选知县，未仕。设教邑中，生徒多有成就。著有《四书精选备要》《史鉴叶韵四千文》。(光绪《揭阳县续志》卷三，《潮州志·艺文志》)

黄叔培（1893—1979），揭阳人。自上海东吴大学、北京清华大学毕业后，于民国十年（1921）赴美国克利夫兰理工大学深造。回国后任北京工业大学、上海交通大学、广西大学教授。新中国成立后，曾任长春汽车拖拉机学院副院长、吉林工业大学副校长、上海内燃机研究所副所长。著有《汽车工程》《载重汽车》等。(1993年《揭阳县志》，《汕头市志》卷七十四)

黄天鹏（1905—1982），名鹏，号天庐，又号逍遥居士，以字行，普宁人。毕业于日本早稻田大学，获硕士学位。民国间任北京新闻学会会刊《新闻学刊》主编、北平《全民日报》专刊《新闻周刊》主编、上海《申报》主笔、上海《报学杂志》主编、复旦大学新闻系教授、《重庆新闻》联合版经理、中央图书杂志审查委员会秘书、中央印务局总管理处处长、中国宪法学会常务理事兼秘书长。后去台湾。编著有《东北经济调查》《考察纪要》《中国新闻事业》《新闻论文选辑》《时事新报新闻讲习班讲义》《新闻与新闻记者》《各国新闻报业简史》《新闻文学导论》《新闻文学概论》《新闻学名论集》《新闻学概要》《怎样做一个新闻记者》《中国制宪史略》《东南亚新兴国家宪法之新趋势》《新闻学刊全集》《报学丛刊》《新闻学演讲集》《行宪法规汇编》《中华民国六十年史事纪要》《国民大会通志》《天庐谈报》《天庐读报》《逍遥阁夜谈选》及遗著《天庐论丛》等。（《潮州人物辞典》，1995年《普宁县志》，《普宁文史》第五辑）

黄庭经，字逸临，潮阳人。诸生，任翁源训导，内阁中书衔。与修《（光绪）潮阳县志》。（光绪《潮阳县志》重修职名，《潮州诗萃》）

黄维纲（？—1793），字学选，号秉三，澄海人。清乾隆二十五年（1760）庚辰举人。三十七年（1772）大挑，分发署江西万载县事，兼理吴城同知。四十二年（1777）授分宜知县，修《（乾隆）分宜县志》。在任十七年，以疾卒于官。（嘉庆《澄海县志》卷十八，《潮州志·艺文志》）

黄伟卿（1887—1941），普宁人。清宣统三年（1911）赴越南。民国四年（1915）在薄寮创办仰华书报社。民国十五年（1926）返回潮汕，曾任丰顺县县长，旋离任。民国十八年（1929）在汕头成立岭东华侨互助社。著有《廿年来从事侨运之回顾》。（《陈竞飞诗文集》）

黄炜元，字晖史，大埔人。清光绪间由嘉应州中举。著有《医学寻源》五卷、《辨疫真机》（一作《辨疫直机》）。（《潮州志·艺文志》，《岭南中医》第一章，《岭南医籍考》）

黄仙春，原名中通，字理卿，潮阳人。淡泊自甘，潜心濂洛理学。清顺治八年（1651）辛卯举人，任江西龙泉知县。在任九个月，辞官归里，优游林下，诗酒自娱。年八十卒。著有《[理卿]文稿》行世。（嘉庆《潮阳县志》卷十六）

黄勖吾（1905—1980），又名黄剑秋，自称白云红树馆主，澄海人。民国二十年（1931）毕业于国立中央大学文学系，任汕头市海滨师范学校校长、中山大学中文系副教授、南华学院中文系教授兼教务主任。后侨居新加坡，任南洋大学文学院中文系教授、南洋大学李光前文物馆主任等职。善书，有《白云红树馆草书洛神赋》《白云红树馆书法选辑》《白云红树馆草书千字文》《中国书体与书法》等。编有《中国国学常识问答》《大学国文选》。著有《白云红树馆诗抄》《白云红树馆词抄》《白云红树馆文抄》《诗词曲丛谈》《中国文学论丛》《中国文学史略》《文哲论丛》《艺术与人生》。（《潮州志·艺文志》，《潮州人物辞典》，《潮安文史》第二辑）

黄绪虞（1884—1960），字舜琴，普宁人。清光绪三十二年（1906）留学于日本东京同文书院，两年后又考入日本海军士官学校。民国元年（1912）回国，初供职于北京政府海军部。后任东北海军学校校长、东北海军司令部参议、饶平县县长、台湾海军第三基地司令官、广州中国海军第四基地司令长官、普宁县治河处主任。病逝于广州。著有《中国海军之沿革》。（1995年《普宁县志》）

黄衍启，字元迪，清康熙间海阳人。宋进士黄时晦后裔。能诗，弱冠知名。杨之茂、曾华盖倡立"简社"，衍启率二子相与赏奇析义，讲学不倦。清康熙十三年

（1674）刘进忠之变，衍启绸缪固圉，积劳病卒。著有《读史评》（未见）、《笔露》《合组诗草》（又作《笔露合组诗草》）。（光绪《海阳县志》卷三十九，《潮州志·艺文志》）

黄一渊，改名渊，字积水，大埔人。明崇祯四年（1631）辛未拔贡生。鼎革后不出。笃学能文，与同里隐士蓝嗣兰、程乡举人李梗等为莫逆之交，日以诗文相切磋。著有《遥峰阁文集》《遥峰阁诗集》。（民国《新修大埔县志》卷十九，《潮州诗萃》）

黄雨岩，字润光，民国潮安人。著有《汉和处方学歌诀》一册，民国二十二年（1933）印行。（《汕头卫生志》）

黄泽浦，揭阳人。民国间任县中学教员、汕头南华学院历史系教授。二十世纪五十年代卒于东北，时年五十余岁。著有《关汉卿评传》。（《潮州志·艺文志》《揭阳书目叙录》）

黄兆荣，字采南，海阳人。清嘉庆十五年（1810）庚午举人。以体弱多病，未赴春闱。主讲海阳瑞光书院、龙湖书院。病起再上公车不售。迫于家计，赴选授清远训导。又以非己所好，即引疾归。旋病卒，年四十六。著有《警枕存钞》（一作《警枕诗钞》）四卷。（光绪《海阳县志》卷二十九，《梅水诗传》卷十，《潮州志·艺文志》）

黄钟鸣，饶平人。编著《潮汕大字典》，印行于民国二十七年（1938）。（《汕头市志》）

黄仲琴（1884—1942），名嵩年，号嵩罗，以字行，潮安人。其父黄卿云在漳州经商，遂定居漳州府城。清光绪末自南京江苏法政学堂毕业后，在漳州府劝学所任职。宣统间任龙溪县丞、福建咨议局议员。辛亥革命成功后，任漳州军政府教育局长。后从事教育及学术研究。辑有《金山志》（初辑）。著有《嵩园读书记》《嵩园诗草》《湖边文存》《木棉庵志》。（《潮州志·艺文志》《福建黄氏世谱·人物篇》）

黄子震，字东长，澄海人。清雍正十年（1732）壬子举人，应聘纂修《澄海县志》。（嘉庆《澄海县志》卷十九、卷二十五）

金天民（1879—1943），号雨耕，幼年随父母避乱广东，落籍潮州。曾任广东省第四中学国文教师、广东省东江粮食运销处参议。病逝于兴宁。编有《潮歌》，民国十八年（1929）印行。（《潮州人物辞典》）

康寿峰（1804—1853），字云初，南澳人。清道光九年（1829）廪膳生，援例五品散官。工诗词，娴书法，尤善画。著有《偶奇集》，藏于家。（民国《南澳县志》卷九）

柯柏年（1904—1985），原名李春蕃，笔名马丽英，潮州人。民国十二年（1923）入读沪江大学社会学系，不久转至上海大学。曾任延安马列学院西方革命史室主任、中央研究院国际问题研究室主任、中央翻译处处长等职。新中国成立后，历任外交部美澳司司长、驻罗马尼亚人民共和国特命全权大使、驻丹麦王国大使。编有《美国手册》、《辩证法唯物论》、《社会问题大纲》、《怎样研究新兴社会科学》、《经济学辞典》（合编）、《新术语辞典》（合编）。著有《介绍〈共产党宣言〉》，与人合译《德国的革命和反革命》《拿破仑第三政变记》《马恩通信选集》《马恩列斯思想方法论》《马恩与马克思主义》《列宁选集》。独译《法兰西阶级斗争》《辩证法的逻辑》《世界社会科学名著精要》。（1995年《潮州市志》，《汕头市志》卷七十三）

柯欣荣（1855—1925），字君锡，号松坡，海阳人。清光绪二年（1876）襄办海运局永定河工事，有功。历任北洋通商大臣随办、河北省海运局总办、省厘金总局总办、福建、湖北补用道、湖北省布纱丝麻局会办兼汉口签捐总局总办，福建济用总局会办兼南台税厘总局督办。二十九年（1903）退隐。著有《愚叟诗存》。(1995年《潮州市志》)

柯仲攀，自号乍园居士，潮安人。柯欣荣、李平香子。阖家均善画。编有《李夫人山水画册》，饶锷序之。（《潮州人物辞典》）

孔鍊臣（1893—1972），名振，号杏村，揭阳人。早年拜师习医。后考取国民政府考试院中医师及格证。曾任县救济院、县红十字会义务医师，县卫生院特邀中医师。著有《杏村医案》《脉学讲稿》《景岳医方八阵歌诀》等。（《揭阳县志1986—1991续编》）

邝斅廷（1862—1937），字衮臣，大埔人。清光绪间岁贡生，设馆授徒为业。民国十八年（1929）参与《大埔县志》纂修。（《大埔文史》第十三辑）

赖连三（1891—1964），名缨赞，又名立威，以号行，原籍澄海，生于印度尼西亚坤甸坡。清宣统元年（1909）肄业于北京财政学堂。曾任总统府秘书厅掌印官、广东通志编纂、普宁麒麟国学专校主讲、潮州修志馆总征访。民国间旅居南洋和香港。著有《碣石海疆述要》《香港纪略》等。纂修《赖氏族谱（梅县县属分派）》上下册。（《潮州志·艺文志》《梅州客家历代乡贤著述目录》）

赖少魂（1905—1971），字涵生，大埔人。执中医师业四十余载。并任广东省中医公会理事长、广州市中医师公会理事。著有《针灸学歌诀》《赖氏医案》《中国医药诊断与治疗》。（《民国人物大辞典》）

蓝山，字淑世，号晴峰，大埔人。清乾隆元年（1736）丙辰举人，任山西兴县知县，改东莞教谕。四年后归里，奉养其母。年七十四卒。分编《（乾隆）大埔县志》。（同治《大埔县志》卷十七）

蓝嗣兰，号芳谷，明大埔人。处士。与同里黄一渊、程乡举人李梗为莫逆之交，日以诗文相切磋。晚年筑小隐庵，无疾而终。纂修《湖寮蓝氏族谱》，未见。（乾隆《潮州府志》卷二十九，同治《大埔县志》卷十七，《潮州志·艺文志》）

蓝应袭，清大埔人。清雍正十年（1732）壬子举人，历任安溪、霞浦县知县，调江南上元。纂修乾隆十六年《上元县志》二十七卷。（《潮州志·艺文志》）

蓝应裕，号坦斋，大埔人。清康熙四十年（1701）辛巳岁贡生。邑令宋定山延其纂修《埔阳志》六卷。（同治《大埔县志》卷十七）

李宝森，号谷生，又作谷僧，大埔人。邑庠生，入参刘铭传、聂士成戎幕。著有《谷僧吟草》。（《万川骚坛数百年》，《古今揭阳吟·补遗篇》卷三）

李秉康，号福田，丰顺人。弱冠就学于潮州金山书院。督学朱祖谋拔补县学生。自韩山师范学堂毕业后，历任丰顺县立中学、球山中学教员凡二十余载。年六十二卒。著有《适庐诗文》一卷，自撰《年谱》一卷。（《潮州人物辞典》）

李沧萍（1897—1949），原名汉声，又名绍基，字菊生，号高斋，丰顺人。黄节高足。于广东高等师范学校毕业后,入读北京大学中文系。民国十三年(1924)赴日本东京帝国大学留学。回国后历任教育部秘书,译述馆分纂,北京大学讲师,广东省政府教育厅、民政厅秘书,广东通志馆编纂,中山大学中文系教授,岭南大学教授。著有《近代诗学》《诗学大纲》《诗学通论》《汉魏六朝唐宋名家诗选》《毛诗学》《楚辞通论》《文选学》《古文学》《古文钞》《高斋诗存》《高斋文存》《高斋近诗钞》等。(民国《丰顺县志》卷十七、卷二十三,《广东历代诗钞》卷九,1995年《丰顺县志》)

李成琳,普宁人。清乾隆九年(1744)甲子举人。分纂《(乾隆)普宁县志》。(乾隆《普宁县志》卷六)

李大纲,字宏举,海阳人。明成化二十二年(1486)丙午举人。著有《家礼易览》,佚。(乾隆《潮州府志》卷二十八,光绪《海阳县志》卷三十六)

李钧鳌,字云屏,民国潮安人。著有《清史百咏》,均为五古,共一百零九章。(《潮州志·艺文志》)

李芳兰,字秋畹,海阳人。清同治十二年(1873)癸酉举人,任临高县教谕,拣选知县。分纂《(光绪)海阳县志》。著有《乐和堂媵稿》一卷。(光绪《海阳县志》重修职名,《潮州志·艺文志》)

李芳园,字开与,海阳人。谙子史,明韬略。清乾隆二十七年(1762)壬午中武举人,三十一年(1766)中武科会元,点传胪,授侍卫,趋从殿右。旋授江苏城守参将,转浙江台州副将。五十一年(1786)秋,因平定台湾天地会首领林爽文叛乱之功,授金门总兵兼署厦门水师提督。著有《平台遗策》一书,已佚。(光绪《海阳县志》卷四十,《潮州志·艺文志》)

李关,字子羽,一作子翼,海阳人。通《春秋》,诸子史皆知其大略,尤精医术。元至正间避难归外祖,改姓曾。隐居不仕,教授郡邑弟子,学者称"北源先生"。著有《北源先生文集》。(嘉靖《潮州府志》卷七,光绪《海阳县志》卷三十五)

李光信,民国潮阳人。著有《中国宗教史》。(《潮州志·艺文志》)

李国栋,字兆梁,澄海人。清顺治八年(1651)辛卯举人,授新贵令,公余与邑中子弟讲经课文。康熙十四年(1675)乞归,蔬食布衣。为文沉雄博大,尤工诗,与佘峒洲、陈园公诸君相唱和。著有《锄云山房文集》。(乾隆《潮州府志》卷二十九,嘉庆《澄海县志》卷十九、卷二十六)

李国平(1910—1996),幼名海清,字慕陶,丰顺人。民国二十二年(1933)中山大学数学天文系毕业,次年赴日本东京帝国大学研究院留学,民国二十六年(1937)赴法国巴黎大学庞加莱研究院工作。民国二十八年(1939)回国后,历任四川大学、武汉大学教授,中国科学院数学物理学部委员,中国科学院数学计算技术研究所所长,中国系统工程学会副理事长等职。著有《半纯函数之波氏方向论》一册(此书包括论文十五篇,系英文印行,又译《半纯函数的聚值线理论》)、《准解析函数族论》一册(法文印行)、《近代函数论》一册(法文印行)、《近代复变数函数论片段》、《数理地震学》、《数学模型与工业自动控制》(合著)、《国平诗词三百首》、《李国平诗词选》、《慕陶宝诗草》一卷。(民国《丰顺县志》卷十七、卷二十三,《客家名人录》)

李国选(1706—1742),字东曹,号耐人,乳名介,人称"介大舍",揭阳人。清

廪生，肄业于韩山师范学校。居所署"何恃堂"。著有《何恃堂集》，未刊。(《文化揭东》，《古今揭阳吟》卷一)

李华，澄海人。清嘉庆十三年（1808）戊辰副贡生。分修《（嘉庆）澄海县志》。(嘉庆《澄海县志》卷十七)

李华芝，民国潮阳人。著有《芝兰室诗草》二卷。(《潮州志·艺文志》)

李滉，字天镜，海阳人。清康熙元年（1662）壬寅岁贡，二十一年（1682）任清远训导。参与纂修《（康熙二十六年）清远县志》。(光绪《海阳县志》卷十五)

李加勉（1900—1985），字改之，大埔人。毕业于中山大学中国语言文学系，曾任广州市国民党党部秘书、琼东县立中学校长、南洋研究所组长、交通部秘书、广东省政府驻渝办事处处长、广东省国民政府顾问兼省主席驻京代表等职。后迁居台湾，弃戎从教。著有《倚月楼诗草》《中国文学史纲》等。(《万川骚坛数百年》《大埔县志1979—2000》)

李嘉，字泳是，揭阳人。弱冠补邑增广生，旋游太学。清康熙十七年（1678）戊午乡闱，几得复失。著有《家训十则》《惜字文》，太史李象元、学博黄进为之序。(乾隆《揭阳县志》卷六)

李嘉言，普宁人。清光绪十二年（1886）丙戌岁贡生。分编《（光绪）普宁县志稿》。(光绪《普宁县志稿》卷六)

李坚真（1907—1992），原名见珍，丰顺人。曾任丰顺县革命委员会副委员长，饶和埔中心县委妇委书记，长汀、连县县委书记，闽粤赣省委执行委员，中共中央局妇女部部长，陕北省委组织部副部长，中共中央妇女部长，中共中央东南分局、华东局、华南分局妇委书记，山东分局党委书记，山东省妇联主任，广东省土改委员会主任，广东省纪律检查委员会书记等职。著有《李坚真山歌三百首》《李坚真回忆录》等。(1995年《丰顺县志》，《客家名人录》)

李经文，号约斋，丰顺人。未弱冠补潮州府学弟子员。应乡试不第，遂绝意举业。博览群书，尤长于考据。年八十卒。著有《三易通义》及其他遗稿，俱佚。(《潮州人物辞典》)

李联章，字协秀，号朴庵，大埔人。清乾隆三十年（1765）乙酉举人，历任甘肃平番、金县知县，旋署凉州府茶马同知，改龙门训导。曾刻《先正格言》以省躬课士。著有《诗文详解》以教诲后学。(同治《大埔县志》卷十七)

李龄，字景龄，潮阳人。明宣德四年（1429）己酉举人，正统元年（1436）丙辰进士，授宾州学正，因丁母忧归。服阕，补国子学录，转江西道监察御史，提督北畿学政，晋詹事府丞。景泰初，选充宫僚，入史局，与修《历代帝纪》。天顺间改太仆寺丞，复出为江西提学佥事。成化三年（1467）为李秉变法事所连，被逸去职。著有《李宫詹集》（一作《李宫詹文集》），《宫詹遗稿》三卷外编三卷。(隆庆《潮阳县志》卷十三，《潮州耆旧集》卷一，光绪《潮阳县志》卷十七，《潮州志·艺文志》)

李明连，字宏辑，海阳人。清康雍间诸生。著有《药栏诗稿》。(光绪《海阳县志》卷二十九，《潮州志·艺文志》)

李铭槃（1909—2007），丰顺人。毕业于中山大学数学天文学系。曾任华南理工大学教授、系主任、学校图书馆馆长等职务。

著有《微积分论》《微积概要》《普通力学》《理论力学》《畴馀馀集》《畴馀新集》《靖轩诗文选集》。（民国《丰顺县志》卷十七、卷二十三，《丰顺诗艺录》）

李平香，清末海阳人。柯欣荣妻。工丹青，晚喜作山水。有《李夫人山水画册》。（《潮州人物辞典》）

李其仪，号子梅，清大埔人。李懋修子，孝廉李如兰高足。能文章，工词赋。年四十五卒。著有《春秋五传合解》四卷、《笔花书屋诗集》二卷、《笔花书屋文集》二卷（一作《笔花书屋诗文钞》四卷）。（民国《新修大埔县志》卷二十六，《潮州志·艺文志》）

李如兰，号芝山，大埔人。清道光二十六年（1846）丙午举人。工诗文，尤精易数星学，教授乡里。丰顺丁日昌礼聘教其子弟。年七十八卒。著有《经腴》《史腴》《易数测蠡》《星学管窥》诸书及《台峰别墅诗文集》，散佚。（民国《新修大埔县志》卷二十五）

李三捷，字鲁园，大埔人。清乾隆三十三年（1768）戊子举人，任高明训导。著有《等韵谱》、《诗韵归母》五卷，均未见。（民国《新修大埔县志》卷三十五，《潮州志·艺文志》）

李韶清（1903—1981），原名振声，丰顺人。诗人黄节女婿。曾任国民政府侨委会教育科长、中山大学讲师、广州市文史馆馆员。著有《黄节年谱》。（《罗雨林文博研究论集》）

李仕学，字亨敏，号逊斋，揭阳人。清康熙间廪贡生，历任新会、顺德教谕，迁天津经历。著有《初学艺引》二十三卷（分诗、文、书、画、琴、棋六引），收入《四库全书》。其中，《琴引》《画引》世有抽印本。（《潮州志·艺文志》）

李思悦，海阳人。明嘉靖三十五年（1556）丙辰进士，授浙江寿昌知县，累迁户部郎中。纂修嘉靖四十年（1561）《寿昌县志》十二卷。（《潮州志·艺文志》）

李嵩德，字眉川，澄海人。清康熙五十九年（1720）庚子举人，雍正五年（1727）丁未进士。邑令宁时文聘修《澄海县志》。（嘉庆《澄海县志》卷十九、卷二十五）

李唐（1872—1954），字介丞，号卷园遁叟，丰顺人。清末附生。民国间曾任柳江观察使、镇南道尹、开平知县、丰顺县师范传习馆馆长、广东通志馆潮梅征访员。还创办过多间学校。1949年迁居香港。民国二十九年（1940）总纂《丰顺县志》二十六卷。著有《寥天一庐诗存》、《明季岭东山砦记》六卷、《古今水利营田辑略》十卷、《鸿泥杂述》九卷、《鸿泥什志摘抄》、《卷园诗钞》三卷等。（民国《丰顺县志》卷十八、卷二十三，1995年《丰顺县志》）

李廷英，又名李岛三、李岛山，清末民初普宁人。著有《医学必读》四卷（民国十年印行）。（《汕头卫生志》《岭南医籍考》）

李锡麟，清普宁人。增贡生。光绪间分编《普宁县志稿》。（光绪《普宁县志稿》修志姓氏）

李旭升，号曜初，海阳人。清光绪十一年（1885）乙酉拔贡。著有《衡星精舍诗钞》，未梓。（光绪《海阳县志》卷二十九，《潮州志·艺文志》）

李学鑫（1907—1998），字绛秋，潮州人。曾任湖北《奔涛》刊物主编，上海大夏大学、圣约翰大学国文教师,上海古籍出版社编辑,华东师范大学兼职教授等职。著有《绛秋诗存》《采塘诗集》《采塘诗馀》《绛秋倚声说》等。(《近现代潮汕文学·国内篇》《古今揭阳吟》卷三)

李勋(1841—1887),字镜侬,号赞欶,一号卣乙,澄海人。清光绪十一年(1885)乙酉举人。不喜仕进,退居潜修,通经史,兼及诗文、佛经。蓄书甚丰,为一邑之冠。诗学李商隐,后转习苏东坡。近体仿佛西昆,古体格高音亢,为一时诗坛之射雕手。著有《说咉》十六卷、《金刚经注释》一卷(佚)、《蕙绸山庄诗集》四卷。(《潮州志·艺文志》《三湾史略》)

李应甲,字凤山,又字万兴,潮阳人。清顺治十四年(1657)丁酉乡荐,十八年(1661)辛丑成进士,授山东利津知县。康熙十四年(1675)充山东同考官,荐擢内阁中书舍人,卒于任。少学于父,博通经史,究性理渊源。著有《博古斋集》。(乾隆《潮州府志》卷二十九,嘉庆《潮阳县志》卷十六)

李永锡,字纯之,号爱斋,澄海人。清乾隆十二年(1747)丁卯举人,次年连捷进士,授福建将乐令。延徐观海主纂《将乐县志》十六卷,亲加厘定。曾三任福建同考官,鉴拔不爽。莅任七年,以疾归,年六十九卒。著有《宦次锦囊》《植兰课馀草》《闲吟小草》藏于家。(嘉庆《澄海县志》卷十八)

李允升,字展玉,澄海人。清乾隆六年(1741)辛酉拔贡,以亲老归。四十五年(1780)任英德训导,年近八旬解组时,犹日据案作蝇头小书、注释经史。年九十三卒。著有《四书要解》。(嘉庆《澄海县志》卷十九)

李兆新,字三锡,号谓伊,大埔人。清康熙三十七年(1698)戊寅岁贡,淹贯经史,负才不遇,以明经老。年八十二卒。著有《尚书集说》《[谓伊]诗文集》若干卷,均未见。(乾隆《潮州府志》卷二十九,同治《大埔县志》卷十七,民国《新修大埔县志》卷二十六)

李质,字我冲,普宁人。明万历十六年(1588)戊子贡生,任浙江庆元知县,后辞官归,垂钓水滨以自适。著有《泉矶闲吟》。(乾隆《普宁县志》卷七,《潮州志·艺文志》)

笠僧(1911—1985),原名余醒群,澄海人。抗日战争中创作大量爱国诗词。著有诗集《题画诗》《舒愁集》《笠僧诗稿》等。(《潮州人物辞典》)

梁梦剑,字德峻,号平洲,海阳籍饶平人。清康熙二十六年(1687)丁卯举人,授福建建宁知县。以老归。纂修《(康熙)建宁续志》及《梁氏族谱》。著有《蓼处堂诗集》(未见)、《二梁合稿》(与兄犹龙合撰)。(乾隆《潮州府志》卷二十八,《饶平县志补订》卷十二,《潮州志·艺文志》)

梁日暾,字肯新,清初海阳人。梁应龙子。诸生。著有《深柳堂集》。(光绪《海阳县志》卷二十九,《潮州志·艺文志》)

梁犹龙,字德承,一作德乘,号君虎,一作梦虎,海阳学籍,饶平人。清康熙九年(1670)庚戌进士。年八十卒。与弟梦剑合撰《二梁合稿》。(光绪《饶平县志》卷八,《潮州志·艺文志》,《饶平县志补订》卷十一、卷十八)

梁岳,字伯元,号鸿山,饶平人。明万历三十七年(1609)己酉岁贡,授徐闻训导,迁灵山教谕,升福建兴化教授。以文林郎致仕。年八十卒于家。著有《尚书讲义》《读史评》（一作《读史集》）。（乾隆《潮州府志》卷三十，光绪《饶平县志》卷八，《潮州志·艺文志》）

廖日昌，字寅谷，清嘉道间海阳人。贡生。喜读书吟咏，名其居曰"载舟书舫"。与黄兆荣、吕玉璜相唱和。著有《小丛桂室诗集》，未见。（光绪《海阳县志》卷二十九，《潮州志·艺文志》）

廖亚平（1910—1995），原名程带，大埔人。自江苏省南通市医学院毕业后，赴德国留学，民国二十七年（1938）获汉堡大学医学博士学位。曾任广州市中山医学院外科副教授，江苏医学院教授，广州光华医学院、华南学院、中山医学院教授等职。编著有《肝脏解剖学》《儿童解剖学》。（《大埔县志1979—2000》）

林昂，字东渠，惠来人。林绍鹗从子。清康熙二十三年（1684）甲子举人，官弋阳知县。参与编纂《（康熙四十三年）惠来县志》。（雍正《惠来县志》卷十四）

林炳章，字文峰，海阳人。清道光二十五年（1845）乙巳岁贡。著有《文峰诗稿》。（《潮州志·艺文志》）

林布南（1878—1958），原籍潮阳，占籍揭阳。擅儿科、内科，医所署"六吉堂"。著有《幼科证治旨要》《杂症篇》《六吉堂随笔》等。（《汕头卫生志》《揭阳书目叙录》）

林长晖，字旭东，自号白玉书案主人，揭阳人。清光绪间诸生，补福建试用巡检。著有《绕绿书庄诗稿内集》（一作《绕绿书庄诗钞内集》）。（《潮州志·艺文志》）

林超（1909—1991），笔名贝达、贝达棣，揭阳人。民国十九年（1930）毕业于广州中山大学。民国二十三年（1934）赴英国利物浦大学留学，就读于地理学系。民国二十七年（1938）毕业，获哲学博士学位。同年回国，曾任中山大学地理系教授、昆明西南联合大学地理系教授。1952年起任北京大学地理系教授。著有《蜀道考》、《中国自然地理区划大纲》（与冯绳武、关伯仁合著）、《国内外土地分类和景观学研究》（油印稿）、《国外土地类型研究的发展》、《中国的高原》等。（《潮州志·艺文志》《民国人物大辞典》）

林焯镕（1872—1917），字彦卿，号硕高，清海阳人。年十二补博士弟子员。与人合编《同人纪游集》。著有《蛣寄庐诗媵》。（《潮州志·艺文志》《潮青学刊》第一辑）

林达泉（1830—1878），字海岩，大埔人。清咸丰十一年（1861）辛酉举人，同治三年（1864）苏松太道丁日昌延其入幕。历任崇明、江阴知县，补海州直隶州知州。十二年（1873）任台湾府淡水抚民同知。光绪三年（1877）任台北知府。纂修《崇明县志》十八卷。著有《节录历任堂谕》、《林太仆文稿》（一作《林太仆文钞》）二卷、《海岩文集》。编有《百兰山馆藏书目录》。（民国《新修大埔县志》卷二十一，《潮州志·艺文志》，《潮州诗萃》）

林大川，字利涉，号莲舟，清道咸间海阳人。少喜读书，能诗文，弃举业，布衣一生。寄栖市井，耽情风雅，著述甚富。著有《韩江记》八卷、《续韩江记》、《西湖记》二卷（补遗一卷）、《钓月山房诗钞》（一作《钓月山房诗草》）四卷、《蠡测诗话》。（光绪《海阳县志》卷二十九，《潮州志·艺文志》）

林大春（1523—1588），字邦阳，号石

洲，改号井丹，潮阳人。明嘉靖二十九年（1550）庚戌进士，除行人，两使秦中、泉南。晋户部主事，使辽东。转员外郎，出为湖广江防佥事。丁内艰归，服阕补河南睢·陈佥事，置高拱私人于法，拱恨之，以计将其调去。两年后，拱免相，起为广西佥事，改浙江提学。奉诏选贡士，皆得人，晋秩副使浙江提学如故。又奉诏修《世宗实录》。高拱复相，罢归。工古文词。家居十八年，杜门著述。精书法，尤能草书。著有《林井丹自叙述》一卷、《井丹集》（一作《井丹诗文集》）十八卷、《瑶草编》。隆庆间编纂《海阳县志》十五卷。（乾隆《潮州府志》卷二十八，嘉庆《潮阳县志》卷十六）

林大钦（1511—1545），字敬夫，号东莆，海阳人。明嘉靖十年（1531）辛卯举人，翌年状元及第，授翰林院修撰。十三年（1534），以时政险恶，乞归养母。构讲堂于华岩山，与乡子弟讲贯六经。丁母忧，哀伤过度。二十四年（1545）葬母于东莆山麓，归途病卒。曾讲学于宗山书院，有《华岩讲旨》。著有《咏怀诗集》、《东莆先生诗集》一卷、《东莆先生文集》二卷、《策对》一卷（一说二卷）。（乾隆《潮州府志》卷二十八，光绪《海阳县志》卷三十七，《潮州志·艺文志》）

林德臣，又名天佑，清大埔人。著有《秋疟指南》一卷。（《广东文物特辑》《岭南医籍考》）

林德侯（1911—1976），学名召南，字镜然，笔名镜翁，揭阳人。毕业于揭阳榕江书院，曾任炳来盐丰公司会计、炳成公司司理等职。分纂《（民国）潮州志》。编有《止斋先生著述书目》《古文字汇》《苏神童诗集》《丁氏持静斋宋元刊本书目》等。此外，还编著有《礼经疑》《铭乾子》《太平天国揭阳两名将领传》《地震知识概述》《汕头胜迹述略》（以上为油印本）、《三儒潮籍子弟考》《黄岐山先民石器图说》《古泉文集览》《明清揭阳四女诗人遗诗》《清代统志辑略》（以上未印）等。（《潮州人物辞典》，1993年《揭阳县志》）

林逢熙，字登翔，揭阳人。清康熙二十九年（1680）庚午举人。喜购书籍，终日手一编，风雨不辍。选授花县教谕，未任，卒。著有《家训十则》。（乾隆《揭阳县志》卷六，《潮州志·艺文志》）

林桂圃（1909—1984），字馥芳，揭阳人。毕业于南京国立中央大学政治系。抗战期间，奉令创办《三民主义》周刊。后去台湾，任师范大学三民主义研究所及中国文化学院政治研究院教授。著有《孙中山先生的国家论》《国父政治思想体系》《民权主义新论》《国父思想精义》《孙中山的人生哲学》《三民主义的理论体系》《国父论马克思主义及其他》《我为什么信仰三民主义》《中国宪政问题》《评所谓修正的民主政治并论当前的宪政问题》《中山先生的国家本体论》等。（《民国人物大辞典》《揭阳县志1986—1991续编》）

林鹤年（1879—1940），字寿荃，自号鹤庐主人，惠来人。清光绪间庠生。民国十七年（1928）任惠来县县长。著有《鹤庐诗文集》《曲江游草》。（《广东历代诗钞》卷八，《惠来文史》第五辑）

林惠棠（？—1929），字逢先，号召南，揭阳人。林显荣次子，林树棠弟。任教二十余载，晚筑慕韩楼为读书所。集先世遗书，编刊《近韩林氏家范》。（《揭阳书目叙录》）

林家濬（1831—1917），字剑泉，惠来人。清光绪二年（1876）丙子副榜，曾任连山厅教谕、肇庆府教授、端州学博。著有《端庆堂诗草》《宦游集》《剑泉诗集》《剑

泉诗馀》一卷。与子廷玉合著《桥梓诗林初集》八卷、《［桥梓诗林］续集》七卷。(《潮州志·艺文志》《潮州人物辞典》)

林建勋，字澹川，号书卿，揭阳人。清咸丰间任福建迎仙白沙司巡检。同治间襄助潮州总兵方耀办理积案，奖同知衔。同治四年（1865）岁饥，赈济灾民。年五十九卒。著有《樵蔗吟草》。（光绪《揭阳县续志》卷三）

林建中（1883—1948），字榕民，号更生，揭阳人。清宣统三年（1911）就读于岭南学堂。民国元年（1912）任县真理高等小学校长、县真理中学校长。分纂《（民国）潮州志》。（1999 年《汕头市志》，《饶学研究》第二卷）

林介烈（1649—1722），名俊亮，又名载震，以号行，揭阳人。精研医术，尤擅妇科和小儿麻疹。年七十四卒。著有《麻疹全书》三卷。（《潮州志·艺文志》《潮州人物辞典》）

林景拔，字彦楚，号荆崖，其父由漳州迁普宁，生景拔，后居住揭阳。清康熙五十一年（1712）壬辰进士，选翰林院庶吉士。在朝年余，乞归。揭联于庐，曰："北阙永怀瞻日近，南窗聊倚啸风清。"植柳一株，自称"一柳主人"。不履公庭，筑依菉园，日与郡邑诸名士论文赋诗。年六十四卒于家，士林私谥"文清"。著有《荆崖诗集》三卷、《荆崖文集》三卷。（乾隆《普宁县志》卷七，乾隆《潮州府志》卷二十九，乾隆《揭阳县志》卷六）

林隽胄，字介文，号时山，普宁人。林铭球子。明崇祯十七年（1644）甲申恩贡，授职方主事。谢病归，隐居崐山，以诗歌自娱。清顺治八年（1651）以原官录用，又因母老乞终养。博学多才，通经史百家，以文名，尤工诗。年八十九卒。康熙间邑令汪溶日延其纂修《普宁县志》。著有《时山集》《西溪草堂诗集》，藏于家。（乾隆《普宁县志》卷七，乾隆《潮州府志》卷二十九，《潮州志·艺文志》）

林龙，字若洲，一字铁篆，潮阳人。太学生。著有《畔愁集》二卷。（《岭南群雅二集》《柳堂师友诗录》）

林鹿鸣，字芳士，海阳人。清雍正元年（1723）癸卯举人，八年（1730）拣发粤西署县篆，两月后请改补教职，时人高其品。乾隆四年（1739）己未会试，未售。年六十卒于家。著有《凤城诗草》。（乾隆《潮州府志》卷二十九，光绪《海阳县志》卷三十九，《潮州志·艺文志》）

林梦鹗，号九峰，潮阳人。生活于清雍正乾隆间。蓝鼎元门人。博涉经史，为诸生二十余载，屡试不遇而不以得失介意。居恒讲学，引掖后进。年五十六卒。著有《四书集解》《茶经汇编》《唐诗笺注》。（乾隆《潮州府志》卷二十九，嘉庆《潮阳县志》卷十六）

林铭球（1588—1647），字彤石，号紫涛，先世为福建漳浦人，后占籍普宁。明天启元年（1621）首籍海丰诸生，天启四年（1624）甲子中举人，因籍贯问题除名。崇祯元年（1628）戊辰进士，授行人司行人，擢江西道御史，对时事多直言疏劾，不避权贵。巡按宣、大，移按湖、广。十二年（1639）降河南按察司幕僚，寻起补光禄寺监事，转大理寺右寺副。十五年以母老乞归。明亡，潮州军乱起，铭球练乡兵守普宁。清顺治三年（1646）清兵入潮，又与郭之奇谋起义兵。次年积劳成疾，卒。著有《监军纪略》《西台疏草》《宣云按楚奏疏》《按楚文告》《怡云堂集》《谷云草》《浮湘草》《铁岸集》等。（乾隆《普宁县志》卷

七，乾隆《潮州府志》卷二十八，同治《海丰县志续编·人物》，《潮州志·艺文志》）

林能（1877—1972），揭阳人。青年时拜陈南枝等武术名家为师，武艺精湛。亦擅长接骨医术，研制出接骨末、白干丹等药物。著有《伤科秘方》（手抄本）。（1993年《揭阳县志》）

林培庐（1902—1938），名植桐，以字行，又字培庵，揭阳人。毕业后于北京中国大学，任韩山师范学校、揭阳中学、连平县立中学教席。二十世纪三十年代，先后在汕头、香港等地主编过《民俗周刊》《民俗旬刊》《民间周刊》等有关民俗学期刊。致力于潮州民歌、民谚、民间故事的搜集整理。编有《榕江诗钞》。著有《揭阳风土记》《耒舌集》《潮州七贤故事集》《民间世说》《李子长活画故事集》等。（《潮州志·艺文志》《揭阳书目叙录》）

林乔松，字澄川，澄海人。明嘉靖四十年（1561）辛酉举人，历浙江景宁知县、杭州通判，转云南安宁知州。万历十一年（1583）以擒缅甸岳风父子有功，受上赏。乞归林下，十余载而卒。著有《澄海县志略》。（乾隆《潮州府志》卷二十八，乾隆《澄海县志》卷十六）

林青门，字莲公，一字慕谦，清康熙雍正间澄海人。以明经授遂溪训导。解组归，集资建祖祠，修家乘。纂修《澄邑南砂林氏家谱》。著有《毛诗解》《四书讲义》《自愧集》。（乾隆《潮州府志》卷二十九，嘉庆《澄海县志》卷十九，《潮州志·艺文志》）

林清扬（1893—1960），名毓琳，号璞山，以字行，斋名"碧桐翠竹轩"，揭阳人。林显荣后裔。就读于上海法律大学、北京中国大学，任华英中学、榕江中学国文教员。著有《璞山集》二卷、《璞山续集》五卷。（《潮州志·艺文志》《揭阳书目叙录》）

林泉，字俊饶，号松邨，普宁人。清光绪十一年（1885）乙酉恩科举人。分编《（光绪）普宁县志稿》。（光绪《普宁县志稿》卷六、卷七）

林日华，号旦分，海阳人。清乾隆四十八年（1783）癸卯举人。嘉庆二年（1797）选授安东训导。著有《城南书庄续草》《留都草》《纪行篇》（一作《纪行编》）。（光绪《海阳县志》卷四十二，《潮州志·艺文志》）

林若澜，字月澄，清海阳人。林大川子。著有《且闲吟室诗草》。武进人沈雨人曾选其诗入《近世诗选》。（《潮州志·艺文志》）

林山（1910—1984），又名林仰可、林可，饶平人。民国十九年（1930）考入上海暨南大学文学院，因思想激进，被开除学籍。民国二十三年（1934）被捕，监禁三年。出狱后赴延安，任陕甘宁边区文协秘书长兼说书组组长。不久到桂林等地参加进步文艺活动。新中国成立后，曾任中共汕头市委委员、宣传部部长，潮汕文联主席，广东省文化局主任秘书、副局长，中国文联民间文艺研究会秘书长。病逝于汕头。著有诗集《战斗之歌》和《新的土地》。（《潮州人物辞典》，《汕头市志》卷七十三）

林上睿，字可达，揭阳人。清康熙四十六年（1707）以岁贡任合浦训导。参与编纂《（康熙六十年）廉州府志》。（民国《合浦县志》卷首）

林绍鹗，字云立，惠来人。清康熙九年

(1670）庚戌岁贡，授肇庆府开平训导，以怜才恤士称。未几染疾，卒于官。夙喜歌吟，著有《时弋草》二卷，藏于家。（雍正《惠来县志》卷十四，乾隆《潮州府志》卷二十九，《潮州志·艺文志》）

林绍文（1909—?），别名杜又开、杜都、杜超彬，澄海人。民国二十年（1931）毕业于复旦大学。曾任杭州《民国日报》国际新闻版编辑、资料室主任，《东南日报》主笔、总编辑，湖南《国民日报》总编辑、社长，上海《前线日报》主笔。新中国成立后，任《文汇报》记者。著有《新闻政策》《中国报人之路》《战时报学讲话》《国际新闻纵横谈》等。（《中国近现代人物名号大辞典》）

林士雄（1895—1987），名彦君，自署懋德楼主，以字行，揭阳人。弱冠赴暹罗，任北揽学校校长。后归里，曾任汕头市书协会员。著有《懋德楼诗钞》。（《揭阳书目叙录》）

林世榕，字可亭，海阳人。清康熙八年（1669）己酉举人，任陕西蓝田令，重文教，建义学，延名士为师，亲与诸生论文。在官十二年，告病归，闭门著述。年七十四卒。著有《家礼》（未见）、《归厚录》二卷（未见）、《课士论文》、《世范纂》、《瓦注草》一卷。（光绪《海阳县志》卷三十九，《潮州志·艺文志》）

林世赏，惠来人。明万历十六年（1588）戊子举人，官四川大竹知县。参与编纂《惠来县志》。（雍正《惠来县志》卷六）

林仕猷，字叔文，号质翁，揭阳人。博学能文，尤擅吟咏。明洪武初由儒士辟授揭阳教谕，升潮州府教授。年六十六卒于官。洪武九年（1376）纂修《三阳图志》。著有《叔文诗稿》，宋濂为序。（嘉靖《潮州府志》卷七，乾隆《揭阳县志》卷六，《潮州志·艺文志》）

林树棠，字荫南，揭阳人。林显荣子。清光绪间廪生。通经史。曾因文字得祸，被拘押累年。年五十七卒。著有《宗爱文存》二卷。（民国《揭阳县续志》卷三，《潮州志·艺文志》）

林松，字东岭，揭阳人。明嘉靖十年（1531）辛卯举人，二十年（1541）辛丑进士。官龙溪知县，迁茶陵知州。官至广西按察司佥事。三十八年（1559）纂修《续修茶陵州志》二卷。（《潮州志·艺文志》）

林崧，本名干曙，字莲峰，潮阳人。明崇祯三年（1630）庚午举人。乡居三十年，潜心经史，老而弥笃。卒年八十六。著有《壸饴社课》、《北征草》（未见）、《莲鹤山居偶集》五卷（未见），藏于家。（乾隆《潮州府志》卷三十，嘉庆《潮阳县志》卷十六）

林陶（1870—1942），南澳人。青年时期进入戏班，从艺数十年。擅长演戏、教戏、导戏和编戏。与李姓生员合编的剧本《扫窗会》，成为潮剧传统剧目。（2000年《南澳县志》）

林天木，字毓千，号荔山，潮阳人。清康熙五十九年（1720）庚子举人，雍正元年（1723）癸卯进士。授安徽石埭知县，升户部贵州司员外郎，迁兵部职方郎中。旋授江南道监察御史，兼视西域。充律例馆纂修，转吏科给事中，授本科掌印，巡台湾，兼提督学政。改兵科掌印给事中，巡易州泰陵。乾隆元年（1736）丁祖母忧归。年五十三卒。著有《［荔山］诗文》若干卷。（乾隆《潮州府志》卷二十八，嘉庆《潮阳县志》卷十六）

林廷玉（1871—?），字季泉，号醉仙，惠来人。清末生员。毕业于潮州金山书院。善诗。著有《仙溪杂俎初集》十卷、《留声集》。与父合著《桥梓诗林初集》八卷、《[桥梓诗林]续集》七卷。(《潮州志·艺文志》《惠来县志1979—2004》)

林挺芝（1875—1943），字紫苏，号霁嵩，潮阳人。清宣统元年（1909）己酉拔贡，举孝廉方正，选授湖南直隶州判。却聘，隐居不求闻达。著有《林挺芝诗集》。(《潮州志·艺文志》，《惠东文史》第三辑)

林望欧，惠来人。清光绪十七年（1891）辛卯举人，主讲陆丰龙山书院。有《高明岩居士集》。(《惠来县志1979—2004》)

林希（1884—1961），字德岚，潮州人。就读于翰林农科学院，专攻农林科。毕业后在韩山师范任教，晚年任广东省文史馆馆员。著有《农林学志》《广东农运史》等。(《潮州人物辞典》)

林希荫，字宜民，自号贫乐翁，揭阳人，一说澄海人。幼能属文，博通五经。与海阳林厚友善。明永乐间被举荐为孝廉，辞不受。天顺（1457—1464）中海寇劫掠乡村，独大书其门"此林先生屋也，戒无毁"。著有《逍遥歌》《二十四孝七言诗》。(嘉靖《潮州府志》卷七，乾隆《揭阳县志》卷六，嘉庆《澄海县志》卷十九)

林锡祺，清大埔人。林达泉次子。曾任四川资阳、洪雅知县。著有《林太仆公行状》。(民国《新修大埔县志》卷三十二)

林熙春，字志和，号仰晋，海阳人。明万历十年（1582）壬午举人，次年（1583）癸未成进士，任巴陵知县。丁内艰，服阕，补将乐知县，修学宫，建杨龟山祠。擢户科给事中，历礼兵二科，至工科都给事中。二十三年（1595）冬，上疏忤帝，谪为茶陵州判官，遂引疾归。家居二十六年。天启元年（1621）复起为光禄寺少卿，累转太仆少卿、右通政、太仆寺卿、太常寺卿、大理寺卿。寻疏乞休，晋户部左侍郎。天启四年（1624）六次上疏乞休，终准告归。年八十卒，特赠三代尚书，赐谥忠宣。著有《掖垣疏草》一卷、《出山疏草》一卷、《玉华洞志》、《城南书庄草》十五卷、《赐问草》二卷、《赐还草》一卷、《赐传草》一卷。(《明史》卷二三四，乾隆《潮州府志》卷二十八，光绪《海阳县志》卷三十八)

林习经（1910—?），字仲荃，号清溪居士，惠来人。林鹤年子。肄业于岭南大学及中山大学，曾任《岭东民国日报》社社长、广东省财政厅科长、广东省贸易管理处副处长、重庆合作金库经历、中央信托局一等专员兼汕头分局经理。抗日战争胜利后居住香港，居所名"海天小筑"。著有《广东省地税概要》《广东贸易管理概论》《海天楼诗文集》（一作《海天小筑诗文钞》）。辑有《清溪五世诗辑》《清溪集》（以上两种为其历代祖宗诗文）、《鹤庐诗文集》（其父林寿荃遗作）。(《惠来文史》第五辑，《香港古典诗文集经眼录》)

林显荣（1816—1899），字晦阁，揭阳人。由附贡生捐授本县训导，设教五十余载，门人数以百计。清咸丰四年（1854）、五年（1855）以平土寇有功，潮普贵屿局延为董事。著有《尚书秘钥》、《诗经精旨》、《四书串义》、《潮州痛心说》一卷、《廿四孝诗》。(光绪《揭阳县续志》卷三，《潮州志·艺文志》)

林芛黍，清末民初惠来人。著有《蠡海别墅诗钞》，未刊。(《惠来县志1979—2004》)

林兴祖（1361—1411），字伯祯，一作伯祯，海阳人。明洪武初举孝廉，授蓬莱县主簿，改邵武府仓大使。擢当涂知县，有惠政。迁代府长史，改工部都水郎中，升广西右参议。永乐五年（1407）后，调交趾右参议，分守盘滩城。著有《棠阴清趣集》七卷。（嘉靖《潮州府志》卷七，光绪《海阳县志》卷三十六）

林逊（1350—1389），字志宏，又字文敏，惠来人。与同郡杨璧师事蔡希仁，传古文尚书，尤究心当事之务。明洪武十七年（1384）甲子举于乡，次年成进士，授福建闽县县丞。为尚书夏原吉所识。后从群吏入觐，赐敕以归。因上书请厉沿海捕鱼之禁，上优诏褒之。在官四年，迁福清知县，未赴任，卒。著有《尚书经义》，已佚。（乾隆《潮州府志》卷二十八，雍正《惠来县志》卷十四，嘉庆《潮阳县志》卷十六，光绪《海阳县志》卷三十六）

林巽，字巽之，人称草范先生，海阳人。宋天圣（1023—1032）中对策贤良，直言忤权贵，主司不敢录用。庆历中投匦论事，仁宗鉴异之，授官徐州仪曹，不就，南归。著有《易范》《礼乐书》《林巽之文集》，均佚。（嘉靖《潮州府志》卷七，光绪《海阳县志》卷三十五）

林岩，字廷俊，明揭阳人，一说澄海人。林希荫子。诸生。曾师从陈白沙，归以其业教于乡。著有《家礼集说》。（嘉靖《潮州府志》卷七，乾隆《揭阳县志》卷六，嘉庆《澄海县志》卷十九）

林殷臣，字仲伊，海阳人。清同治十二年（1873）癸酉拔贡，官至江苏常熟知县。著有《古字纪略》。（光绪《海阳县志》卷十五，《潮州志·艺文志》）

林英（1906—1988），澄海人。自河北省立女子师范学院史地系毕业后，任金山中学地理教师。分纂《（民国）潮州志》。（《饶学研究》第二卷）

林有功，字勋士，后改姓吴，澄海人。清康熙四十五年（1706）丙戌岁贡。生平引掖后进，及门多显者。著有《纲鉴纂要》《格言录》《见闻集》诸稿，藏于家。（乾隆《潮州府志》卷二十九，嘉庆《澄海县志》卷十九）

林佑叙（1892—1968），字栋梁，又名克心，揭阳人。毕业于榕江书院。民国初，创办榕城县立第一模范小学，任校长。民国十一年（1922）创办夜间义务学校。后任邑图书馆馆长、县立民众教育馆馆长、县教育理事。抗日战争期间，创办光夏图书馆。辑《揭阳林氏族谱》不分卷。著有《绕绿诗草》二卷、《汉语简化字学律》。（《潮州人物辞典》《揭阳县志1986—1991续编》）

林元璧，字佩珊，南澳人。民国十年（1921）任南澳县长。分纂《（民国）南澳县志》。（民国《南澳县志》纂修职名）

林元秀，清澄海人。纂辑《澄邑南砂林氏家谱》二十卷，刻于嘉庆九年（1804）。（《潮州志·艺文志》）

林元棪，字拙山，海阳人。林世榕子。清康熙间曾任县丞。著有《暑凉堂诗草》。（《潮州志·艺文志》）

林振德（1903—1972），乳名林金发，揭阳人。民国十四年（1925）毕业于岭南大学，曾任广东民政厅长，海康、龙川、罗定县长，国民革命军第九集团军总政治部秘书、主任，闽粤赣边区司令部政治部主任，台湾屏东糖业公司总务处处长。主修《罗定县志》。（《比干后裔：林氏家族三千年统谱·续集》）

林峥嵘，更名一铭，字谦山，号小岩，又号玉峰，饶平人。清嘉庆十五年（1810）庚午举人，二十四年（1819）己卯二甲进士。道光初授湖北东湖知县，兼理宜昌府通判事，升任陕西邠州、绥德州、葭州知州，两任宁陕厅抚民同知，十二年（1832）授陕西乾州直隶州知州，旋充陕西甲午乡闱内监试官。十六年（1836）归休，卒于家，年六十七。道光九年（1829）修《宁陕厅志》四卷。著有《砚田轩课艺》《砚田轩诗钞》。（光绪《饶平县志》卷八，《饶平县志订补》卷十二，《潮州志·艺文志》）

林之原（1910—1969），原名林祖荫，曾用名林野寂、而已、疏林、亦幻、阿幻、林鹗、家沅、林荫原等，澄海人。民国十八年（1929）考入上海艺术大学。曾任潮阳县植基小学校长，潮阳县六都中学、揭阳县南侨中学教师，东江纵队干部训练班政治指导员，《前进报》编辑等职。新中国成立后，任中联部处长兼拉丁美洲研究所长。著有《中国文学史讲授提纲》《怎样写作》等。（《近现代潮汕文学·国内篇》）

林知本（1874—1966），饶平人。清光绪三十三年（1907）参加黄冈丁未起义，失败后避难澄海，潜心医学，悬壶济世。民国七年（1918）赴暹罗曼谷，与人合办中华国医馆，兼任《中国国医报》编辑。民国十九年（1930）回国，开设"平安庐"医寓。著有《切诊传真》《女科备要》等传家著作。（《汕头市志》卷七十四）

林植，字芸皋，海阳人。生活于清同治、光绪间。著有《图南书屋诗钞》（一作《图南书屋稿》）三卷。（光绪《海阳县志》卷二十九，《潮州志·艺文志》）

林中蓝，惠来人。清道光五年（1825）乙酉拔贡，由军功保举同知府。著有《亦园诗文集》。（《惠来县志1979—2004》）

林子丰（1892—1971），揭阳人。早年就读于厦门同文书院、北京协和医科大学。民国五年（1916）赴香港，任职于"广源盛行"。民国十一年（1922）倡设嘉华银号。曾任香港中华基督教青年会会长、香港浸信联会主席、国民政府港澳及粤省赈济委员会委员、澳门国际难民救济会委员。1952年任香港政府高等教育委员会委员，创办香港中文大学。著有《林子丰言论集》《北上辑要》《友谊旅程》《中东见闻录》等。（《揭阳书目叙录》《民国人物大辞典》）

林作民（1908—1962），揭阳人。毕业于日本明治大学、中央训练团高等教育班。曾任《东亚日报》及《中国日报》总编辑，中央军校第四分校政治总教官、代理校长，三民主义青年团广州支团干事长，中国国民党广州特别市党部副主任委员等职。著有《华侨与中国革命》。（《民国广东将领志》）

刘伯劳（1899—1942），字树勋，号先桂，揭阳人。毕业于上海南洋医科大学、日本长崎医科大学，获医学博士学位。曾任职于长崎医院。著有《饮食卫生》等。（《揭阳县志1986—1991续编》）

刘昌潮（1905—1997），号不烦斋主、揭岭老人，揭阳人。早年师从孙裴谷学画。民国十九年（1930）毕业于上海美专，曾任汕头艺术学校国画教师、汕头画院首任院长。有《刘昌潮画集》《刘昌潮谢海若王兰若中国画选》。（1993年《揭阳县志》，《潮州人物辞典》）

刘昉（？—1150），又名旦，字方明，海阳人。刘允子。宋宣和六年（1124）甲辰进士，授左从事郎。历祠部、礼部员外郎等职。绍兴十年（1140）试太常少卿，以不附和议罢职。寻起为荆湖转运副使。擢直秘阁，知虔州，移潭州，谕武冈军瑶人杨再兴归还自建炎初所侵省地。升直徽猷阁，迁宝文阁。十七年（1147）移知夔州，旋罢，任龙图阁直学士，复知潭州。昉与其父皆喜医方书，公暇寻访抄录，历两代成《刘氏家传方》一书。又以所集小儿科方剂，命进士王湜编《幼幼新书》四十卷（一作五十卷），集刊将毕，昉卒，漕使楼某趣成之。昉有才名，能诗文，辞采风流。（《潮州先贤像传》，《潮州志·艺文志》，1995 年《潮州市志》）

刘国翔，民国大埔人。著有《元空真秘》，首有清光绪三十四年（1908）吴祥达序及民国九年（1920）自序。（《潮州志·艺文志》）

刘璜，号望溪，饶平人。清乾隆十六年（1751）辛未进士，官韶州府教授、山东蒙阴知县。著有《刘望溪稿》。（《饶平县志补订》卷十一、卷十八）

刘均衡（1896—1941），原名汝瑟，字宾笙，大埔人。民国五年（1916）考入日本东京第一高等学校，次年转入冈山高等学校，民国九年（1920）又转入日本京都帝国大学电气工程系，民国十四年（1925）获工学硕士学位。回国后，曾任大埔县立大麻中学校长，黄埔军校电力厂厂长，广州市电力公司总工程师，广东工业专门学校教授，中山大学教授、工学院副院长。著有《电气交流理论》《应用电学》《衡斋诗集》。（《广东历代诗钞》卷八，《客家名人录》）

刘侨，饶平人。明万历四十三年（1615）乙卯岁贡，官英德教谕。荐升广西兴业知县。著有《游晏集》。（光绪《饶平县志》卷七、卷二十三）

刘瑞葵，字原向，一字世贞，人称碧山先生，潮阳人。师事陈白沙门人余善，后从南海张诩游，深得白沙学说要旨。明正德五年（1510）庚午举人，授湖广安乡教谕，升绍兴府教授。迁湖广耒阳知县。绍兴弟子员编其歌诗序赞十万余言，题《碧山漫稿》刊行，已佚。（隆庆《潮阳县志》卷十二，乾隆《潮州府志》卷二十八，光绪《潮阳县志》卷十七）

刘善元，字孟仁，别字梅村，大埔人。清乾隆元年（1736）丙辰举人，任河南荥阳知县。厌政务繁剧，请改教职，二十九年（1764）任连州学正。后历署连山、阳山教谕，兼掌南轩书院。以年老解组归。卒年八十四。同修《（乾隆）连州志》。（乾隆《连州志》卷五，同治《大埔县志》卷十七）

刘少集，字承勤，海阳人。刘昉孙。南宋乾道八年（1172）壬辰进士，官太中大夫、直秘阁翰林院太子中舍。撰有《东津刘氏家谱》。（《潮州志·艺文志》）

刘声绎，潮州人。民国间任登云乡乡长。著有《潮州谚语》《潮州十七音》。（《汕头大学潮学研究文萃·下》）

刘守元（1526—?），字宗乾，号健庵，饶平人。明嘉靖四十三年（1564）甲子举人，官至湖广岳州通判。因刚直得罪张居正，辞官归。博极群书，尤留心时务，尝谓南澳为闽粤门户，当设重镇以资弹压，后果如议，人服所见之早。参与续编《东里志》。邑令吴楚材聘修《饶平县志》，未告竣卒。（乾隆《潮州府志》卷二十九，光绪《饶平县志》卷八）

刘淑奇，字日亮，清初海阳人。自幼不乐攻举子业。好读古书，究心理学，穷极奥义，著《致格新言》（一作《格致新言》），未见。年八十一卒。（乾隆《潮州府志》卷三十，光绪《海阳县志》卷四十一，《潮州志·艺文志》）

刘铁梁（1892—1980），号无愠斋主，大埔人。毕业于中山大学文学院文史系。民国三十四年（1945）秋，定居香港，历任崇恩中学、诸圣中学、静宜中学、邓镜波中学教师。著有《无愠斋诗文集》一卷。（《万川骚坛数百年》，《大埔文史》第十四辑）

刘文华，字云樵，清惠来人。辑《保产金丹》四卷附《保婴秘笈》，论胎前产后摄养之法。（《岭南医徵略》）

刘向东（1906—1984），又名汉荣、潜迅、何向东，揭阳人。民国二十三年（1934）毕业于上海暨南大学高中师范科，次年又考入日本大学社会科学研究系。卢沟桥事变发生后，回国参加抗战。1951年起历任广东省人民政府农林厅第一副厅长、党组书记，中央水利部计划司司长，中央水利电力部计划司司长，国家建委燃料局局长，国家计委地区局副局长，佛山地委副书记等职。著有革命回忆录《回顾珠江纵队》。（1993年《揭阳县志》，《汕头市志》卷七十三）

刘心愧，清末饶平人。著有《经验方》（又名《经验杂方》）一卷，成书于宣统二年。（《汕头卫生志》）

刘旭，字曜初，澄海人。清道光元年（1821）任新会训导。七年（1827）丁亥中举人，官云南河阳知县。卸任后曾客于海南会同县温泉学署。以易学繁难，初学者苦之，著《易经遵传易简录》十卷。（道光《新会县志》卷五，《潮州志·艺文志》）

刘一斋，潮州人。清同治二年（1863）著有《一斋医学》。（《潮州志·艺文志》《汕头卫生志》）

刘寅，潮阳人。明成化十九年（1483）癸卯举人。弘治间与修《潮阳县志》，已佚。（光绪《潮阳县志》卷二十二）

刘映华（1781—?），字成蹊，号实谷，饶平人。清道光二年（1822）壬午恩科进士，任广州府教授。著有《刘教授集》。（《饶平县志补订》卷十一、卷十八）

刘禹轮（1903—1986），字振国，大埔人。毕业于中山大学，民国二十八年（1939）任丰顺县县长。民国三十年（1941）倡修《丰顺县志》二十六卷。著有《丰顺县木薯运动纪实》《丰溪随笔》等书。（1995年《丰顺县志》）

刘允，字厚中，海阳人。通经史，博极群书。及冠，四荐礼部，登北宋绍圣四年（1097）丁丑进士。授循州户曹，改知程乡县，后知化州、桂州。后除新、循二州，皆不就。致仕，卒于家。学识渊博，通经史百家以及天文、地理、医学。所著文章，嘉靖时犹存二百余篇。著有《刘厚中文集》（佚）。（嘉靖《潮州府志》卷七，《粤东诗海》卷五，光绪《海阳县志》卷三十五）

刘瓒，字子襄，号意斋，饶平人。由国子生授南通州判官，升本州同知，掌州事。明正德七年（1512）流寇围城，瓒登陴励众死守，援兵至，遂破贼。升扬州府判官，改判福州。嘉靖二年（1523）致仕归，家居二十余载，卒年九十。著有《子襄诗文集》，于兵中失传。（乾隆《潮州府志》卷二十八，光绪《饶平县志》卷八，《潮州志·艺文志》）

刘展程，号荐秋，丰顺人。花翎道衔补用知府。堂号懋德。集注、汇纂、重修《刘氏集注重修历代族谱》，并于光绪三十四年（1908）秋作谱记。（《刘氏集注重修历代族谱》）

刘织超，大埔人。民国十六年（1927）任大埔县县长。重修民国《大埔县志》三十九卷。（民国《大埔县志》修志职员表）

刘志学，字行甫，号肯斋，海阳人。明嘉靖七年（1528）戊子举人，授文林郎。任新城知县，补南城知县，升福建漳州府同知。编有《东湖胜概集》。（《潮州志·艺文志》《粤东桃坑刘氏家族史》）

刘子兴（？—1582），字宾之，号见湖，海阳人。明嘉靖十九年（1540）庚子举人，二十年（1541）辛丑成进士。任临海知县，以浙东治行第一，征为兵部主事。历官车驾郎中、福建参议、四川建川兵备道、广西参政、福建按察使。后转广西左布政使，未赴任，以病致仕。家居十年卒。著有《见湖遗稿》，藏于家。（乾隆《潮州府志》卷二十八，光绪《海阳县志》卷三十七）

刘祖谟，字鹭汀，海阳人。家贫力学，清乾隆三十五年（1770）庚寅恩科举人。三次参加会试不售，遂绝意进取，家居课徒自给。深通经义，勤于著述。著有《周官集解》《仪礼集解》《公羊传释义》《穀梁传释义》《鹭汀小稿》等书，藏于家。（光绪《海阳县志》卷四十，《粤东诗海》卷八十四）

刘作筹（1911—1993），字均量，一作君量，自号虚白斋主，潮安人。毕业于上海暨南大学。师从黄宾虹、易大厂学画。著有《虚白斋书画录》《虚白斋画话》《虚白斋藏画集》。（《潮州人物辞典》）

柳北岸（1904—？），原名蔡文玄，笔名柳北岸、杨堤、司徒雯、秦西门、吴六桥、白芷、朱贝、李邨等，潮安人。民国十四年（1925）考入南开大学，未毕业即投笔从戎。不久远赴新加坡。曾任上海《正报》副刊主编、邵氏电影公司中文部主任、新加坡作家协会主席。著有诗集《十二城之旅》《梦土》《旅心》《雪泥》《鞋底下的泥沙》《无色的虹》等。（《中国文学家辞典·现代第五分册》《蔡澜家族》）

卢侗（1023—1094），字元伯，一作伯元，号方斋，海阳人。结庐读书于潮州西湖山。博习经术，尤精于《易》，日与诸生相讨论。北宋皇祐五年（1053）以恩授本州长史。嘉祐中，余靖、蔡襄等皆荐之，任惠州归善主簿。不久佐余靖于广州帅府。治平间诸司交荐，召对，授国子监直讲，为校勘官。熙宁初，新法议起，力言其不便，求外补。出知柳、循二州。以太子中舍致仕。卒于家，谥"文肃"。著有《周易训释》，已佚。（嘉靖《潮州府志》卷七，光绪《海阳县志》卷三十五）

卢恒均，字友石，清澄海人。诸生。著有《伴梅居诗集》，未梓。（《潮州诗萃》）

卢文杰（？—1683），澄海人。侨居罗定州，补东安县学生。清康熙十八年（1679）己未岁贡。博涉书史，诗、古文词擅名一时，工书法，草、隶兼长。邑令王岱重其学，聘修《澄海县志》。选饶平训导，未赴任，卒。（嘉庆《澄海县志》卷十九）

卢蕴秀，号兰闺女史，清末海阳人。家翁杨渔山，号韩江渔父，夫杨少山，号渔子，故称蕴秀为"渔妇"。清光绪间，父子、夫妇均以诗名于时。民国初年卒。著有《吟香阁集约钞》。（《潮州志·艺文志》《潮州志·丛谈志》）

陆宽，榜名子琳，字元瑜，饶平人。明万历二十八年（1600）庚子举人，任湖广善化教谕，修《湖广善化县志》。天启三年（1623）任广西岑溪教谕兼理训导。升福建永福知县，卒于官。（《饶平县志补订》卷

十二、卷十八）

陆卿，原名陆漾波，字青芷，一字导甫，号汉东，晚号钓叟，饶平人。陆应奎弟。明崇祯十二年（1639）己卯举人，授桂林知县。明亡，不应清朝礼部试。离家纵游，南至端州、苍梧，北至吴越、齐鲁，继抵燕赵。所至观察形势，广结豪贤，冀有所遇。后复南游，卒于广州。著有《陆漾波诗集》（佚）、《回风草堂集》、《漈园草》、《吴游百吟》、《夏草》、《放言》等。（乾隆《潮州府志》卷二十九，《饶平县志补订》卷十二）

陆宸箴，榜名禧，字三思，一字迎侯，号献可，饶平人。明崇祯十五年（1642）壬午举人。明亡，隐居十余载。后起用为北直隶涞水知县，主修康熙十六年《涞水县志》十卷。在任九载，秩满解组。年八十一卒。著有《琴言》《观古阁集》《留花吟》。（乾隆《潮州府志》卷二十九，光绪《饶平县志》卷八，《饶平县志补订》卷十八）

罗柏麓（1896—1955），名占鼎，字宝华，大埔人。曾任浙江遂安县长、第十九集团军总司令部秘书处少将处长。著有《柏麓诗钞》一卷、《华光集》。（民国《新修大埔县志》卷三十二、卷三十四，《大埔古今诗词选》）

罗博平（1905—1993），字远山，大埔人。毕业于厦门集美高师教育系。投笔从戎，参加北伐作战、淞沪抗战。曾任虎山公学首任校长、大埔县县长、国民政府东北行辕参议等职。著有《打基础树风气》《大埔县政工作概况》《广东省大埔县政府三十三年度工作计划》《湖山官学校史》（合著）。（《梅州市志1979—2000》）

罗筹九（1896—1960），名有运，大埔人。长于诗赋、书法、医学。曾任中华医学会名誉理事、吴奇伟将军部上校参谋、大埔县梅河区区长、石云区善后委员会主任、石云中学筹备委员会主任、大埔县人民医院中医师。著有《杜滴集》《罗浮游草》。（民国《新修大埔县志》卷三十五，《罗氏族谱·大埔坎厦乾元公系》）

罗国珍（？—1677），字正殿，号岂藏，揭阳人。内阁中书罗万善胞弟，与兄齐名。由揭阳学领康熙五年（1666）丙午乡荐，初令江苏武进，以忧归，继补昆明，曾任安徽省试监考官。告归后与兄觞咏林壑。二十六年（1687）邑令郑濂延修《揭阳县志》。（乾隆《揭阳县志》卷六）

罗红，又作罗洪，揭阳人。明正德初补诸生，家居奉养老母，不求仕进。居龙溪，以读书吟咏自乐，喜山水，有《和归田百咏诗》，亦名《归田诗百咏》。邑令陶桢、教谕黎文会、主簿季本皆深重之。（乾隆《揭阳县志》卷六，光绪《丰顺县志》卷六，民国《丰顺县志》卷二十一，《潮州志·艺文志》）

罗惠，号后山，饶平人。明嘉靖二十八年（1549）己酉举人，任凤阳教谕，迁广西平乐府教授，升凤阳知县。著有《罗后山诗集》，王天性为之序，称其诗"直抒胸臆，刊落铅华，有风雅之遗致"。（光绪《饶平县志》卷七，《潮州志·艺文志》）

罗跻瀛，号蓬州，大埔人。清嘉庆三年（1798）戊午举人，大挑一等，以母老，改就教职，历任乳源、顺德学博士，吴川训导。年七十卒。嘉庆九年（1804）与修《大埔县志》。（同治《大埔县志》卷十七）

罗九香（1902—1978），大埔人。早年入潮梅音乐社，潜心研究筝法，汲取古琴优点，融之于筝。久之技艺精进、名声大噪。

任中国音乐家协会常务理事,天津音乐学院、广州音专古筝教师。辑各家之说编成《琴况二十四则》。遗著《罗九香筝谱四十首》(一名《汉乐筝曲四十首》),由其学生史兆元整理出版。(1992年《大埔县志》,《客家名人录》)

罗克典(1906—1992),乳名应书,丰顺人。上海持志大学商学系毕业后,赴日本东京帝国大学农经研究室留学。曾任丰顺县县长、台湾物质调节会委员兼主任秘书、《台湾新生报》总经理。著有《忆往——八十一年雪泥鸿爪》。(《丰顺诗艺录》)

罗懋修,揭阳人。清同治四年(1865)乙丑恩贡生,候选教谕。纂修《揭阳县续志》。(光绪《揭阳县续志》卷二)

罗潜(1911—1995),又名锡炎,大埔人。民国二十二年(1933)毕业于中山大学医学院。民国二十四年(1935)赴德国汉堡大学医学院进修,获博士学位。回国后,曾任中山大学医学院药理学教授、中山大学医学院院长、中山医学院教务长、暨南大学医学院院长等职。著有《药理学》。(《大埔县志1979—2000》)

罗锐文,字台臣,清大埔人。侍奉病母,绝意仕进。暇则读书不倦,为诗文,有时名。年八十一卒。著有《尘垢集》,未见。(乾隆《潮州府志》卷二十九,同治《大埔县志》卷十七)

罗士高(1905—1995),原名罗世高,大埔人。民国十五年(1926)入读北京大学,次年加入中国共产党。曾任冀鲁豫边区行政公署秘书长、民政处处长,晋冀鲁豫边区第十七、十八分区专员,皖西区行署主任。新中国成立后,历任安徽省民政厅厅长、南京市政府副秘书长、重庆市政府副市长、四川省委委员、中国驻阿尔巴尼亚大使、北京外国语学院党委书记等职。病逝于北京。著有《离休后随想记》一书。(《罗氏族谱·大埔坎厦乾元公系》)

罗士清(1906—1988),名六弟,笔名落红,丰顺人,生于新加坡。相继获英国伦敦大学研究院外国语言文学专业硕士学位,德国柏林国际语言学院、汉堡大学研究院海关立法专业博士学位。曾任湖南大学教授兼系主任。新中国成立后,任外贸部专员、湘潭大学外语系教授。著有《综论英语修辞学》《英语词汇学》《规范化的英语》《当代英语论文译评》等。(《丰顺诗艺录》)

罗淑和(1895—1959),又名元善,笔名枫叶,大埔人。曾任《汕头日报》副刊编辑、主编,大埔县地方志编辑,广东省政府秘书处秘书,大埔石云中学第一任校长。著有《枫叶吟草》。(民国《新修大埔县志》卷三十五,《罗氏族谱·大埔坎厦乾元公系》)

罗万杰(1613—1680),字贞卿,一作正卿,号庸庵,晚号樵子,揭阳县蓝田龙山(今丰顺)人。明崇祯三年(1630)庚午举人,七年(1634)甲戌进士。丁外艰,服阕补授吏部行人司行人。明崇祯帝诏试,问修、练、储、备四事,详陈己见,深中时弊,晋吏部主事、验封司员外郎、文选司郎中。被誉为"潮州后七贤"之一。明亡,与名士郭之奇、何士冢等人结"陶社",举兵反清复明。失败回乡,隐居山林,住汤南逸老庵和揭阳黄岐山福盘寺。清统一后收用明遗臣,县令征其出山,婉言作诗谢绝。居山中二十余载,日习禅经,以僧至终。乡人私谥曰"文节"。著有《瞻六堂集》二卷。(乾隆《揭阳县志》卷六,光绪《丰顺县志》卷六、卷八)

罗为雄(1894—1985),名金琼,字显洲,号鸣白,又号朋石,大埔人。民国七年

（1918）入读保定军官学校第六期步科，曾任浙西警备司令、第十九集团军总司令部中将参谋长、广东省政府委员兼秘书长。晚年居于香港和台湾。著有《湖山杂咏》《听潮楼吟稿》，已散佚。（民国《新修大埔县志》卷三十二、卷三十四，《客家名人录》）

罗仙俦（1875—1923），以字行，号金榜，别号虬髯。大埔人。清光绪三十二年（1906）与他人创办日新学校，并任首任校长。见清廷政事日非，遂加入同盟会，遍游南洋各岛，从事革命运动。回国后，历任庵埠、明诚高小学校及汕头同文学校教员。旋辞去教职，专致力革命工作。著有《乾坤一庐诗文钞》。（民国《新修大埔县志》卷二十二）

罗贤（1904—1974），原名罗百良，又名启贤，大埔人。早年就读于广东省甲种工业学校、广东大学理科。曾任省港罢工委员会党团秘书、邓中夏的秘书、汕头市委宣传部部长、潮梅特委秘书长。民国二十年（1931）赴日本留学，毕业于东京帝国大学农学部土木工程学科。民国二十六年（1937）回国后，任国民党十八军司令部中校秘书，大埔中学校长，国民党十九集团军总司令部上校秘书兼《华光日报》社社长、总编辑，国民党军委东南干部训练团秘书、军委干部训练团训导处少将副处长，阳江县长。新中国成立后，任广东省参事室秘书，广东省政协秘书处秘书科长，广州市归国华侨学生补习学校高中语文、数学教师。1963年至1965年，在广东省科学馆情报科翻译日文科技资料。病逝于广州。著有《歌德小曲集》《青年军人丛书》。（2000年《阳江县志》）

罗杏村（1883—1947），名仁阶，又名团福，字孝选，号以侠，又号劲存，大埔人。曾任湖寮乡教育会会长，县议会议员，同仁区、百侯区警署署长，十九集团军司令部顾问等职。主编《大埔湖寮罗氏族谱》，参编民国《大埔县志》。（《大埔古今诗词选》）

罗卓英（1896—1961），原名东蕃，字尤青，号慈威，大埔人。民国十一年（1922）夏毕业于保定陆军军官学校第八期炮兵科，历任第十一师师长，第五军、第十八军军长，国民政府军事委员会广州行营参谋长，第十六军团军团长，第十五集团军、第十九集团军总司令，武汉卫戍总司令，第九战区前敌总指挥，第九战区副司令长官，远征军第一路司令长官，驻印军副总指挥，军令部次长，军事委员会训练团教育长兼军事委员会训练总监，广东省政府委员兼主席，广东省保安司令，东南军政副长官等职。新中国成立前去台湾。著有《呼江吸海楼诗集》《层云馆词》《文文山正气歌注》《西北行》《狮崖集》《北蹄草》《南桨吟》《层云集》《回园诗存》《从政言论集》等。（民国《新修大埔县志》卷三十二、卷三十四，《广东历代诗钞》卷九，1992年《大埔县志》，《客家名人录》）

吕玑璜，号佩仙，清海阳人。吕玉璜弟。有隽才。早逝。著有《嘤其鸣斋诗集》。（光绪《海阳县志》卷四十）

吕瑞麟，字蔼士，海阳人。吕玉璜次子。廪生。著有《绿雨窗诗钞》（一作《绿雨窗稿》），未梓。（光绪《海阳县志》卷四十，《潮州志·艺文志》）

吕祥麟，号吉士，海阳人。吕玉璜长子。清咸丰二年（1852）壬子举人。著有《漱绿山房诗稿》，未梓。（光绪《海阳县志》卷四十，《潮州志·艺文志》）

吕一麟，字守士，海阳人。吕玉璜三子。著有《红杏山房诗钞》（一作《红杏诗钞》），未梓。（《潮州志·艺文志》《潮州

诗萃》）

吕玉璜，字小伊，号钓溪，海阳人。吕玑璜兄。清嘉庆间诸生，道光时选曲江训导，任数月即解组归。图书满室，以风雅自娱。为知府黄安涛、知县徐一麟所器重，公余则邀唱和。亦擅篆刻。其斋室名培兰堂、刻烛吟馆。著有《培兰堂印汇》四卷、《刻烛吟馆诗集》（一作《刻烛吟馆诗钞》）四卷，为黄钊所编定。编有《乔木友声集》。（光绪《海阳县志》卷四十，《潮州志·艺文志》）

吕钟琇，字集莹，饶平人。清雍正四年（1726）丙午举人，乾隆元年任福建将乐知县。襄修《（乾隆）台湾府志》。（《饶平县志补订》卷十二、卷十八）

马光龙，原名登龙，字受攀，晚号确乎，潮阳人。明崇祯九年（1636）丙子举人。清康熙十二年（1673）董修《潮阳县志》。（《潮州人物辞典》）

马应麟，号石农，清潮阳人。著有《研思堂家传医宗心法全书》二卷。（《贩书偶记续编》卷九）

马宗芗（1902—？），潮阳人。民国二十九年（1940）远赴星洲，曾任马六甲、新加坡中学教师，新加坡新声诗社副社长、名誉社长。著有《诗词合辑》《吟香诗集》。（1997年《潮阳县志》，《粤北当代诗词选》）

梅奕绍，清普宁人。乾隆间分纂《普宁县志》。（乾隆《普宁县志》姓氏）

倪明进（1791—？），字千杰，号晋三，海阳人。清嘉庆十八年（1813）癸酉拔贡，历任河南泌阳、夏邑、镇平、桐柏等县知县，所至多惠政。修《（道光八年）泌阳县志》十二卷，建义学，兴文教，政绩最著。嘉庆二十三年（1818）充河南同考官。年四十一丁外艰归。道光十二年（1832）倡行赈饥。卒于家。著有《中州初集》《中州续集》，合称《中州集》（一作《中州初续集》）。（《柳堂师友诗录》，光绪《海阳县志》卷四十，《潮州志·艺文志》）

倪元藻，字忠昌，号涧南，海阳人。倪明进子。清道光间郡廪生。能诗，其诗多商声，味隽思沉，调响词艳。著有《涧南遗草》一卷、《鹤鸣集》。（光绪《海阳县志》卷二十九，《潮州志·艺文志》，《柳堂师友诗录》）

潘璘，字林阳，海阳人。明嘉靖二十八年（1549）己酉举人，任随州学正，升新宁知县，迁泉州判，擢沾益知州。尝预修《潮州府志》。（光绪《海阳县志》卷三十七）

潘恕（1494—1544），字行之，号南窗，海阳人。明嘉靖元年（1522）壬午以《春秋》魁乡荐，十一年（1532）壬辰登进士。授新建知县，调合肥。擢南京户部主事。榷淮阳舟税，为《关志》八卷。迁本部员外郎，升郎中。著有《读史日抄》。（《明故奉政大夫南京户部郎中南窗潘公墓志铭》）

彭景云，字玉鸾，号松岩，又号介堂，自署兰溪居士，丰顺人。清道光三十年（1850）庚戌岁贡。同治十二年（1873）癸酉钦赐举人。通史籍，能文善诗。光绪十年（1884）与吴鹏同修《丰顺县志》。著有《碧桃山房文钞》八卷、《击钵草》二卷、《春情集》一卷等。（光绪《丰顺县志》卷五、卷八，民国《丰顺县志》卷二十三，《潮州志·艺文志》）

彭鑫，字略臣，澄海人。清光绪二十三年（1897）丁酉举人。参与创设岭东同文学堂。后出任澄海劝学所所长。晚回乡创办崇德小学，提倡新学。著有《可园诗钞》。（《广东历史人物辞典》）

钱长青（1678—?），饶平人。因小楷不工，屡困科场。至清乾隆十九年（1754）以七十七岁高龄，犹应童子试。以授徒为业，诲人不倦。及卒，门人私谥"韬瑾先生"。著有《四书讲义》《通鉴略》。（乾隆《潮州府志》卷二十九，《潮州志·艺文志》）

钱热储（1881—1938），笔名半聋、听鹧鸪楼主人，大埔人。清末生员。曾创办《瀛洲日报》并担任社长。民国间分纂《新修大埔县志》。著有《汉剧提纲》。编有《清乐调谱选》。（《潮州志·艺文志》，《大埔文史》第十二辑）

钱士峰，本姓谢，字伯河，一作伯何，号特轩，饶平人。清康熙三十六年（1697）丁丑进士，授安徽来安知县，迁知滁州。著有《尚书解题》《纲鉴辑略》《家训》《蜗庐里集》《退思小集》。（《潮州志·艺文志》，《饶平县志补订》卷十一、卷十八）

丘道光，又作邱道光，字厚卿，大埔人。明万历二十五年（1597）丁酉举人，授云梦令。不媚权要，谪长乐教授，升肇庆府教授，晋镇远府推官，署铜仁守。闻父丧，归，道卒于长沙。著有《来青楼稿》（一作《来青楼集》）、《大雅堂稿》，均佚。（乾隆《潮州府志》卷二十八，同治《大埔县志》卷十七，民国《新修大埔县志》卷十九）

丘殿章，一作邱殿章，字复斋，大埔人，落籍琼山。清乾隆三十七年（1772）壬辰举人，选曲江教谕，调连山，再调儋州学正，擢琼州府教授，卒于官。著有《韶濩正音》诗稿，未见。（民国《新修大埔县志》卷二十三）

丘对勤，一作邱对勤，字雨田，大埔人，寄籍琼山。丘对颜弟。清道光十二年（1832）壬辰举人，掌教琼台书院以终生。博览群书，尤工骈体及诗古文词。某宗伯曾命其作《大清一统志叙》，下笔数千言，若宿构。著有《雨田诗集》六卷、《雨田文集》四卷。（同治《大埔县志》卷十七，民国《新修大埔县志》卷二十六，民国《琼山县志》卷二十）

丘工釐，字黼臣，大埔人。诸生，有文名，精史学，毕生授徒为业。光绪间闽清知县丘峻南聘其至署课子。年六十四卒，学者称其"黼臣先生"。著有《训蒙史梯》一卷。（民国《新修大埔县志》卷二十八）

丘晋昕（1829—1904），一作邱晋昕，字翰臣，号云岩，大埔人。丘建猷子。年三十二始选清咸丰十一年（1861）辛酉拔贡，同治六年（1867）丁卯中举人，光绪六年（1880）庚辰始成进士，以知县用，需次福建，历署晋江、霞浦、南平诸县。丁艰起复，援例捐升知府，署邵武知府。同治间与修《大埔县志》。著有《听雨轩主人自订年谱》、《九十九峰草堂诗文钞》三卷、《九十九峰草堂试吟》二卷。（民国《新修大埔县志》卷二十一，《潮州志·艺文志》，《大埔古今诗词选》）

丘懋高（1901—?），别字学增，揭西人。毕业于黄埔军校潮州分校第四期高级班。曾任国民革命军北伐东路军总部少校副官、军政部陆军整理处上校调查官、第二十一师政训处处长、第五十二师政治部主任、第九军高级参议、第九十二师代理师长等职。著有《黄埔军校潮州分校述略》。（《民国广东将领志》）

丘清罗，字淡斋，进京后改名应乾，饶平人。清道光二十九年（1849）己酉拔贡。著有《古锦囊集》。（光绪《饶平县志》卷七，1990年《饶平县志》）

丘陶常（1910—1983），潮安人。民国二十七年（1938）赴新加坡，编辑《星洲日报》副刊。次年回国，入读中山大学历史系，获硕士学位。曾任中山大学、兰州大学、华南师范学院、暨南大学历史系副教授、教授以及暨南大学中国古代史教研室主任。著有《中国古代史讲义》，发表论文数十篇。（1995年《潮州市志》，《汕头市志》卷七十四）

丘星五，大埔人。与同邑张应旸相唱和。曾创办《公言报》。民国间分纂《新修大埔县志》。纂修《百侯丘氏族谱》（民国《新修大埔县志》卷二十五）

丘轩昂（1869—？），一作邱轩昂，字元澍，号名亭，海阳人。清雍正元年（1723）癸卯进士。以亲老不仕，丁忧服阕，始任直隶深泽知县。乾隆九年（1744）补河南巩县知县，厘清强豪侵占土地，修二程祠堂，丈黄河滨新积田以分贫民。十年（1745）修《巩县志》。后落职归田，吟咏自得。卒年七十三。（乾隆《潮州府志》卷二十八，光绪《海阳县志》卷三十九，《潮州志·艺文志》）

丘玉麟（1900—1960），字拉因，潮安人。民国十五年（1926）毕业于燕京大学，先后执教于韩山师范、潮安县中、汕头一中、岭南大学，抗战后，执教于金山中学。翻译出版《印度情诗》。与林培庐合编《潮汕民间故事集》《潮州民间故事》。著有《回回纪事诗》《香艳集》《潮州歌谣集》《潮汕歌谣集》。（《潮州志·艺文志》，1995年《潮州市志》，《近现代潮汕文学·国内篇》）

丘桢，清大埔人。著有《槐亭诗文稿》。（民国《新修大埔县志》卷三十五）

邱秉经（1905—1990），曾用名邱伯钧、白匀，普宁人。先后就读于集美高级师范学校、上海艺术大学文学系、南华大学文学系。民国十九年（1930）任中学教员，后在香港、越南、泰国等地从事华侨统战工作。曾任中国电影发行放映公司华南分公司经理、中央电影局办公室主任、中国电影出版社副社长、广东省科学院副院长等职。著有诗集《烟波集》。（《潮州人物辞典》）

邱春梧，号碧崖，大埔人。年四十选贡，屡赴棘闱不售，遂课徒以终老。清同治三年（1864）九月，太平军入境，年迈不能逃，遇害，年八十九。著有《［碧崖］制艺》及《［碧崖］文》《［碧崖］词》若干卷。（同治《大埔县志》卷十七，民国《新修大埔县志》卷二十七）

邱及（1910—1984），原名英杰，字仲推，号南离子，揭阳人。民国二十一年（1932）毕业于上海美术专科学校。民国二十五年（1936）赴暹罗，曾任暹罗孔敬府华侨学校校长、曼谷中华中学教员、真话报社社长、泰国华侨各界抗日救国联合会常委兼宣传部部长。1949年回国，历任中共中央统战部、中共中央联络部华侨组组长，国家侨委司长，北京外国语专科学校校长，北京语言学院副院长。著有古诗词《红尘集》。（《潮州志·艺文志》《民国人物大辞典》）

邱集勋，号建川，清大埔人。邱春梧父。课徒五十年。年九十六卒，恩赐文林郎。著有《左史汇诠》《调元捷径》，藏于家。（同治《大埔县志》卷十七，民国《新修大埔县志》卷二十八）

邱建猷（1795—1854），字尔嘉，号迪

甫，大埔人。清道光八年（1828）戊子举人，十四年（1834）甲午进士，选庶吉士，散馆授检讨。二十三年（1843）任总纂官，编纂《大清一统志》。以勤于职守，清廉谨慎，擢升文渊阁校理官。同年补山西监察御史，旋授松江府知府，调常州府。丁外艰，服阕补赣州知府，调南康府。咸丰二年（1852）以母老回乡。尝掌教海阳龙湖、澄海景韩、潮州韩山书院。著有《［迪甫］诗文集》藏于家。（同治《大埔县志》卷十七，民国《新修大埔县志》卷二十一）

邱汝滨（1898—1971），字瞩云，别名宗华，潮安人。著有诗集《瞩云楼诗草》（一作《瞩云楼吟草》）、《适己集》、《一叶集》、《归里集》、《村居集》及笔记总汇《蕉窗随笔》等。（《潮州志·艺文志》《近现代潮汕文学·国内篇》）

邱耀德，号榕庄，海阳人。清乾隆三十年（1765）乙酉举人，授贵州毕节知县。得罪大吏，解组归，以研《易》娱老。著有《易辞训纂》，未见。（光绪《海阳县志》卷四十）

邱亦山（1907—1997），号石头翁，澄海人。民国十六年（1927）赴南洋谋生，次年初在曼谷从事教育工作。民国二十四年（1935）避居香港，任职于潮商互助社凡十四年。1949年加入中国民主同盟。后任香港《经济导报》经理、香港商会秘书等职。出版有《随唱集》四集。（《潮州人物辞典》《香港古典诗文集经眼录》）

邱植，一作丘植，字槐庭，大埔人。诸生。耿直有气节。著有《槐庭诗文集》、《槐庭文前集》一卷。（民国《新修大埔县志》卷二十三，《潮州志·艺文志》）

邱作霖，字国升，号甘野，大埔人。举人邱梦赉孙。清乾隆六十年（1795）乙卯举人，掌教香山书院。年六十卒。著有《易经精义》《名文辨正》《甘野文稿》，均未见。（同治《大埔县志》卷十七，民国《新修大埔县志》卷二十六、卷三十五）

饶宝球（1887/1888—1921/1930），字次云，晚号二如居士，潮安人。饶锷仲兄。著有《金刚经答问》《说文旁证》。（《潮州志·艺文志》《潮州人物辞典》）

饶炳麟，字子静，清大埔人。弱冠补郡弟子员。能诗，有《题郭铨蜃楼豁览图》。乡试三荐不售，以增生终，年七十八卒。著有《借一枝斋集》（一作《借一枝斋杂著》），存于家。（民国《新修大埔县志》卷二十五）

饶崇魁（1737—1776），字和恒，别字秀峰，号探云，大埔人。饶相第七代裔孙。清乾隆二十七年（1762）为廪生，三十三年（1768）戊子举人，三十六年（1771）辛卯成进士，分工部营缮司主事。卒于都，族人私谥"文孝"。著有《探云轩文稿》（未见）、《水部诗集》。（同治《大埔县志》卷十七，民国《新修大埔县志》卷二十三）

饶墱，字用恒，号于岸，大埔人。饶与龄三子。明万历三十一年（1603）癸卯举人，任山东宁海知州。进阶奉直大夫。崇祯十七年（1644）春，流寇逼城，捐金守御。著有《庄言集》《漫言集》《白笑集》，均未见。（乾隆《潮州府志》卷二十八，同治《大埔县志》卷十七，民国《新修大埔县志》卷十九）

饶鼎华，字爱荃，大埔人。清光绪三十年（1904）甲辰廪生。博览群书，精研经史，提倡朴学。初掌教韩山师范。民国三年（1914）受聘任教大埔中学。著有《南溪集》一卷。编有《汇山遗雅》十九卷（一说四卷，又说十二卷）。晚年拟编《茶岭诗

存》，惜未竣而以疾终于家。门人称其"南溪先生"。(《潮州志·艺文志》，民国《新修大埔县志》卷二十五)

饶锷（1889—1932），字纯钩，号钝庵，潮安人。性嗜书，藏书甚富。平生致力于考据之学，勤于著述。工诗文词章，谙熟佛典，尤喜谱志。与石铭吾、王显诏等结壬社诗社，切磋诗文。编纂《潮安饶氏家谱》。著有《汉儒易学案》一卷、《王右军年谱》《潮州西湖山志》十卷、《佛国记疏证》《慈禧宫词百首》《天啸楼文集》四卷，《天啸楼诗集》一卷、《西湖集》等。辑有《潮州艺文志》十七卷《外篇》一卷。(《潮州志·艺文志》，《广东历代诗钞》卷五，《潮州人物辞典》)

饶华元，字冠人，号介夫，大埔人。清康熙四十七年（1708）戊子乡荐，考授中书，改知县。居家，以经史自娱。著有《西山录》《壬癸集》诸稿，藏于家。(同治《大埔县志》卷十七，民国《新修大埔县志》卷二十五)

饶金，字廷赐，大埔人。明成化十三年（1477）丁酉举人，任福建汀州通判。擢剑州知州，积劳成疾，乞休。家居十七年。著有《茶山漫稿》、《茶山诗集》（未见）。与父合著《弘治神泉饶氏族谱》，未见。(同治《大埔县志》卷十七，《潮州志·艺文志》，民国《新修大埔县志》卷十八)

饶觐光，原名饶阶平，字岳秋，一作秋岳，号蘧若，大埔人。清嘉庆六年（1801）辛酉登副榜，十五年（1810）庚午举人。著有《禹贡图》，未见。(民国《新修大埔县志》卷二十六，《潮州志·艺文志》)

饶菊庄，清大埔人。著有《小隐山庄吟稿》，未见。(民国《新修大埔县志》卷三十五)

饶峻，号秉斋，清大埔人。以优贡考取正黄旗教习，期满，授花县训导，继补化州训导。嘉庆九年（1804）邑令洪先焘聘修《大埔县志》。(同治《大埔县志》卷十七)

饶堪（1573—1636），字用裁，号岱屿，大埔人。饶与龄仲子。明万历三十四年（1606）丙午举人。崇祯六年（1633）起，陆续聘修《澄海县志》《大埔县志》。(同治《大埔县志》卷十七，《大埔进士录》)

饶孟庭，明大埔人。与子饶金合著《弘治神泉饶氏族谱》，未见。(民国《新修大埔县志》卷三十五，《潮州志·艺文志》)

饶鸣镐（1697—1751），又作饶明镐，字苞九，别字凤轩，大埔人。饶华仁长子。清雍正十年（1732）顺天乡试举人，次年癸丑进士，入词垣。以朝考在都得正黄旗官学教习。出守南宁，兼署思恩、泗城两府事，后以讹误去任。数年后卒。著有《凤轩诗文稿》及评释先正文数百篇。(民国《新修大埔县志》卷二十三，《潮州志·艺文志》)

饶鸣谦，字修五，号鹿革，大埔人。未弱冠补县学生。著有《思永楼诗文集》若干卷，清光绪三十一年（1905）遭洪水，散佚。只存《家训》一篇，其侄孙聘伊录入所撰《慎园随笔》中。(民国《新修大埔县志》卷二十八)

饶鸣阳，字举上，号竹轩，大埔人。有文誉，历受龙川、饶平知县聘请阅卷、评文。清乾隆三十九年（1774）甲午岁贡，四十五年（1780）庚子钦赐举人，四十九年（1784）会试，复钦赐大理寺丞。年八十余犹作蝇头小楷。参与编纂《广东大埔茶阳饶氏族谱》。著有《竹轩文集》藏于家。(同治《大埔县志》卷十七，民国《新修大埔县志》卷二十六，《梅州进士录》)

饶聘伊，字慎园，大埔人。毕业于上海法政学校，民国间历任汕头市政府教育课长、中山大学广东通志馆纂修。著有《岭南杂记》《慎园随笔》。辑有《广东教育志》《颂芬录》一卷。（民国《新修大埔县志》卷二十八，《潮州志·艺文志》，《大埔进士录》）

饶庆捷（1739—1813），字德敏，一字桐荫，号曼唐，一作曼塘，大埔人。清乾隆三十年（1765）乙酉拔贡生，全省朝考一等，历任从化、感恩教谕。三十五年（1770）庚寅举人，四十年（1775）乙未成进士，选庶吉士，充国史馆纂修。散馆授翰林院检讨，在馆十年。五十年（1785）大考，以不善事权贵，被黜南归。后复职，官中书舍人。年六十致仕归，历掌端溪、粤秀书院讲席。嘉庆九年（1804）邑令聘修《大埔县志》。又纂修《茶阳饶氏族谱》八卷。著有《桐阴诗集》八卷、《馆课拟存》四卷（未见）。（同治《大埔县志》卷十七，民国《新修大埔县志》卷二十，《粤东诗海》卷八十六）

饶庆中，号南圃，清大埔人。受知于学使翁方纲。年六十九卒。著有《诗赋论》，未梓。（同治《大埔县志》卷十七，《潮州志·艺文志》）

饶荣宗（1870—1927），字峻素，大埔人。清光绪二十七年（1901）辛丑变法后，历任汕头商业学校、梅县松口学校、本邑县立中学教员。二十九年（1903）邑令查廷赓创办学校，聘其充西席。三十一年（1905）邑令胡良铨延其批阅童子试卷。宣统元年（1909）己酉恩贡。著述多散佚，二弟辑其遗稿题为《有真意庐遗草》，藏于家。（民国《新修大埔县志》卷二十六）

饶溶（1684—？），字集敦，晚号怀蓼，大埔人。清康熙五十二年（1713）癸巳举人，时年已五十，再上公车不第，遂闭门以诗文自娱。著有《[怀蓼]文集》五卷、《[怀蓼]诗集》三卷，均未见。（乾隆《潮州府志》卷二十九，同治《大埔县志》卷十七，民国《新修大埔县志》卷二十六）

饶商，字公序，别字质居，大埔人。清乾隆元年（1736）丙辰举人。年五十七卒。分纂《（乾隆）大埔县志》。著有《古音纂》《漫谭》《晰疑录》《西园初稿》，藏于家。（民国《新修大埔县志》卷二十五，《潮州志·艺文志》）

饶堂，字公敞，一作公敬，号寄麓，大埔人。饶商弟。清乾隆三十三年（1768）戊子岁贡，选授开平训导。以病乞休，年七十九卒。为文俊壮，兼娴词赋，与兄齐名。乾隆四十八年（1783）修辑《茶阳饶氏族谱》。著有《见南轩诗文集》，藏于家。（同治《大埔县志》卷十七，民国《新修大埔县志》卷二十三，《潮州志·艺文志》）

饶希燮，字彦粹，号梅庵，一号和臣，大埔人。明崇祯十七年（1644）甲申恩贡生，授国子监学正。著有《桂花随笔》二十余卷（未见）、《尔栎斋稿》《梅花吟影集》《梅花诗百首》（未见）。（乾隆《潮州府志》卷二十九，同治《大埔县志》卷十六、卷十七）

饶咸中，字谦谷，大埔人。饶云骧兄。清同治间岁贡生。著有《豫章游草》《羊城游草》。（民国《新修大埔县志》卷二十六）

饶相（1512—1592），字志尹，号三溪居士，大埔人。明嘉靖十四年（1535）乙未进士，授中书舍人。嘉靖十七年（1538）升户部员外郎，监山东、河南漕运。以陪祀失期被贬为无为州通判。二十四年（1545）移兖州通判，擢南昌太守。三十四年（1555）乞假归乡。著有《嘉靖大埔饶氏族谱》、《漫笔稿》、《三溪文集》二卷（一作五卷）、《三溪诗草》（此草刻入父子合集《椿桂集》中，因此尚存）。(乾隆《潮州府志》卷二十八，民国《新修大埔县志》卷十九，《潮州志·艺文志》)

饶勋（1868—1937），字若呆，号半呆道人、守真居士、学拙老人、西峰樵子、偷闲老叟，海阳人。早年随父经商，中年与弟合办川英银庄。喜吟咏，擅丹青，精鉴赏。绘有《半呆道人折扇面画册》一集，著有《窥竹园诗草》四卷。(《潮州志·艺文志》《潮汕历代书画录·潮州市卷》《梅花端的种梅州》)

饶埙，字用和，大埔人。明嘉靖四十三年（1564）甲子贡生。编有《椿桂集》二卷，收入饶相《三溪诗草》及其子饶与龄《宾印诗草》，附林下赠言。(《潮州志·艺文志》)

饶怡生（1887—1967），原名思添，字惜华，别号惜花庐主，大埔人。清宣统元年（1909）加入同盟会。晚年南渡印度尼西亚，在泗水创办平民医社，悬壶济世。日军入侵印度尼西亚，被捕不屈。有《南冠刼后集》《惜花庐诗集》《惜花庐主唱酬集》《中医汇刊》。(《广东历代诗钞》卷九，《万川骚坛数百年》)

饶于磐，号松厦，大埔人。饶相裔孙。清道光二年（1822）壬午举人，大挑二等，任文昌、高要县教谕及儋州学正达二十余年，以老解组归。同治间修《大埔县志》，邑令张鸿恩聘其任总编纂。年八十二卒。著有《居儋笔记》一卷、《史录》二卷，存于家，其他杂著、诗文多散佚。(同治《大埔县志》卷十七，民国《新修大埔县志》卷二十四)

饶与焕，字道章，明大埔人。诸生。博极群书，词赋冠一时，兼娴声乐。以明经终。著有《小史》十卷，监司朱东光赏而梓之。(乾隆《潮州府志》卷二十九，同治《大埔县志》卷十七)

饶与龄（1543—1595），字道延，号宾印，大埔人。饶相长子。明万历十七年（1589）己丑进士，试政都察院。以亲老乞假归省。父病逝，服阕，二十三年（1595）补为中书舍人，到任二月病卒于任所。著有《松林漫谈》《新矶题咏》《宾印诗草》（此草刻入父子合集《椿桂集》中）。(乾隆《潮州府志》卷二十九，同治《大埔县志》卷十七，民国《新修大埔县志》卷十九，《潮州志·艺文志》)

饶瑀，初名瑀初，号墨笠道人，清潮安人。擅北派山水，尤长青绿山水画。有《墨笠道人山水花卉画册》（未刊）。(《潮州志·艺文志》，《潮汕历代书画录·潮州市卷》)

饶毓蘅，号耘籽，清大埔人。邑庠生。设馆授徒，暇时与二三知己弹琴赋诗以为乐。年六十二卒。著有《病馀博笑诗集》二卷藏于家。(民国《新修大埔县志》卷二十六)

饶云骧，字次骏，大埔人。学使戴熙按潮，补其为博士弟子员。清同治四年（1865）左宗棠镇压太平军，云骧上书献策。乡试不售，教授于南安寺。与同邑林达泉友善。究心经济、古文辞之学。著有《广崇轩遗文》二卷、《潜窝诗集》、《唾馀草》。(同治《大埔县志》卷十七，民国《新修大埔县志》卷二十六)

饶赞采，字宗鲁，别字白轩，大埔人。弱冠补澄海邑庠，清雍正四年（1726）丙午举人。工诗文，旁及丝竹、词曲、篆刻，无不精妙。年三十三卒。著有《阶云轩诗

集》（一作《阶云轩诗文集》），散佚未梓。（同治《大埔县志》卷十七）

饶璋，字上冕，大埔人。清康熙三十二年（1693）癸酉岁贡生。著有《雅言轩诗文集》《西郭别业集》，均未见。（乾隆《潮州府志》卷二十九，同治《大埔县志》卷十七）

饶芝（1784—?），字四皓，号商山，大埔人。饶重光次子。清嘉庆十五年（1810）庚午举人，二十四年（1819）己卯成进士，授浙江海盐知县。著有《[商山]文稿》三集（未见）、《北征诗集》一卷。（同治《大埔县志》卷十七，民国《新修大埔县志》卷二十一，《潮州志·艺文志》）

饶重光，号作宾，大埔人。清嘉庆十八年（1813）癸酉岁贡生。喜辨订书画，家藏数千卷。年八十余犹手不释卷。著有《[作宾]文稿》（一作《重光文稿》）。（同治《大埔县志》卷十六、卷十七，《潮州志·艺文志》）

饶重庆，字绍芳，号烜圃，大埔人。清乾隆四十二年（1777）丁酉拔贡生，会考与五十三年（1788）考职俱第一，授州同，不就。复考授镶黄旗教习，期满授贵州龙泉知县，署正安州知州。回省历任桐梓、施秉、玉屏知县。著有《皇华记》（未见）、《烜圃诗文稿》。（同治《大埔县志》卷十七，民国《新修大埔县志》卷二十三，《潮州志·艺文志》）

饶咨畴，字虞锡，别字畏垣，号蓬州，大埔人。清乾隆二十四年（1759）己卯选贡生，朝考一等。四十五年（1780）选授茂名训导。年七十五卒。著有《朴埜诗文集》，未见。（同治《大埔县志》卷十七，民国《新修大埔县志》卷二十三，《大埔古今诗词选》）

饶宗韶，字史琴，大埔人。精《史》《汉》，喜数学，兼知医。清光绪九年（1883）癸未岁试，学使叶大焯览其文，推为九县之冠，选入试牍。十四年（1888）叙岁贡。二十二年（1896）援例为州判，年五十卒于梧州差次。著有《兵家入门》一卷、《城守须知》一卷、《练兵须知》一卷、《阵法须知》一卷、《铸炮图说》一卷、《医脉秘要》一卷、《测算入门》一卷、《地理辨正发微》十卷、《医案》、《六壬》、《铃痴符文集》五卷、《风箫诗草》八卷、《诗学琐言》一卷等。（民国《新修大埔县志》卷二十六，《潮州诗萃》，《潮州志·艺文志》）

饶宗羲，号梅君，大埔人。清光绪十七年（1891）辛卯拔贡，任永新知县。著有《乌思堂集》十卷。（民国《新修大埔县志》卷三十五）

戎世芳（1794—1868），名漱亭，号馥斋，以字行，惠来人。清咸丰六年（1856）丙辰恩贡。授徒为业。著有《馥斋集》。（《惠来县志1979—2004》）

佘士俊，字伯慎，号康海，澄海人。敦行自好，义声动乡里。清康熙九年（1670）庚戌岁贡。年九十三卒。著有《笔樵文集》《近体诗集》，藏于家。（乾隆《潮州府志》卷二十九，嘉庆《澄海县志》卷十九，《潮州志·艺文志》）

佘有进（1805—1883），清澄海人。弱冠赴新加坡，代理船舶业致富。后致力于垦殖业，为新加坡最早种植胡椒、甘蜜的园主。曾作为华人唯一的侨领参加讨论海峡殖民地转归英王直辖问题会议。历任高级陪审员、太平局绅、名誉推事、助理司法行政等。时当地华侨社会流传有"陈天蔡地佘皇帝"之语。兼治文史，著有《新加坡华侨社会史》。（《汕头市志》《澄海人物志》）

佘元起，一作余元起，字明伟，揭阳人。清顺治十一年（1654）甲午举人，选蒲城知县。康熙二十九年（1690）庚午分校晋闱，所荐皆名流。邑民孟大孺作乱，元起以计擒之，宪司方拟保荐，旋引年告归。年七十三卒。夙有文名，邑令郑濂曾延其与罗国珍同修《揭阳县志》。（乾隆《揭阳县志》卷六，《潮州人物辞典》）

佘志贞（？—1703），原名艳雪，号嵋洲，澄海人，一说海阳人。清顺治十七年（1660）庚子举人，康熙十八年（1679）己未成进士，选翰林院庶吉士，授编修，历官左右赞善、庶子，升侍讲侍读学士，入直南书房充政治。唐诗、类函两局纂修官，在史馆二十余载。二十九年（1690）典试山东，取士唯贤，后成进士者十八人。四十一年（1702）入试词臣，名列第二。次年奉使祭西岳，归卒于京。著有《螭坳草》。（乾隆《潮州府志》卷二十九，嘉庆《澄海县志》卷十九，光绪《海阳县志》卷三十九，《粤东诗海》补遗卷五）

沈佩金，号友兰，大埔人。清道光二十九年（1849）己酉钦赐副榜。擅属文，尤工诗赋。年八十七卒。著有《[友兰]诗文集》藏于家。（同治《大埔县志》卷十七，民国《新修大埔县志》卷二十三）

沈英名（1906—1998），字孟玉，号玉庐，饶平人。毕业于厦门大学、黄埔军校潮州分校。曾任汕头《侨声日报》编辑、国民党广东省政府参议、广东实业公司汕头办事处主任等职。著有《敦煌云谣集新校订》《宋词辨正》《词学论要》《古诗文选释》《中国文学史话》《泰国华侨概况》《回澜集》《词调考注》《孟玉词谱》《孟玉新词》《玉庐词草》等。（《近现代潮汕文学·国内篇》）

盛端明（1476—1556），字希道，号程斋，又号玉华山人，饶平学海阳人。明弘治十一年（1498）戊午解元，十五年（1502）壬戌进士，选庶吉士，入翰林院庶常馆，授翰林院检讨。历官都察院右副都御史，督南京粮储。遭劾罢官，家居十年。嘉靖中起为礼部右侍郎，旋改工部尚书，复转任礼部尚书，加太子太保衔。时年八十，以病乞归，卜居府城。卒赠太子太保，赐祭葬，谥"荣简"。著有《程斋医钞》一百四十卷、《程斋医抄撮要》五卷、《玉华子》四卷、《程斋近稿》（佚）、《程斋汇稿》（佚）、《知微录》、《五行论》、《诗集类稿》等。（光绪《海阳县志》卷三十六，民国《新修大埔县志》卷十八，《潮州志·艺文志》）

盛良弼，清海阳人。著有《寄园吟草》《寄园续草》。（《潮州志·艺文志》）

石维岩（1878—1961），字铭吾，号慵石，晚号慵叟，潮安人。清光绪二十九年（1903）入读韩山书院。考入广东政法学堂，曾任潮州农林中学学监、遂溪县专员。后辞官，寄情诗酒，创办"壬社"诗社。民国三十年（1941）在汕头执律师业。晚年任广东省文史馆馆员。著有《慵石诗存》（一作《慵石室诗钞》）四卷、《[慵石]词钞》一卷。（《潮州志·艺文志》，《古今揭阳吟》卷三，《近现代潮汕文学·国内篇》）

释宝通（732—824），号大颠，俗姓陈，或曰杨姓，潮阳人，先世为颍川人。大历中与药山惟俨并师事惠照禅师于西山，既复与之同游南岳，参石头希仙和尚，得大无畏法。正元初，入居龙川罗浮。贞元五年（789）归潮阳，次年开辟牛岩，立精室。七年（791）又于邑西幽岭下创建灵山禅院，自号大颠和尚。长庆四年（824）圆寂。著有《般若波罗蜜多心经释义》《金刚经释义》，均未见。（乾隆《潮州府志》卷三十，光绪《海阳县志》卷四十三，《潮州志·艺文志》，1997年《潮阳县志》）

释超雪，字宜白，清海阳人。通经史，工诗词，兼擅书法。清初逃禅，曾居县城内金山寺。后卓锡闽侯鼓山，晚年归潮。潮镇总兵官马三奇于郡城西郊为其创建竹林寺。著有《超雪集》，散佚无存。（民国《南澳县志》卷九）

释道忞（1596—1674），俗名林苾，字木陈，号山翁、梦隐，人称"忞禅师"，先世晋安，后迁大埔，遂为粤人。甫冠，弃诸生，剃染于庐山开先寺昧明，受戒于憨山大师德清，得法于天童寺密云。明崇祯十五年（1642）掌天童寺。清顺治三年（1646）退居慈溪五磊山。后历住浙江越州云门寺、台州广润寺、大能仁禅寺、湖州道场山护圣万寿寺、山东青州法庆寺。十六年（1659）奉召入宫为清世祖说法，赐号"弘觉禅师"。晚年隐居于会稽化鹿山，年七十九圆寂。著有《山翁忞禅师随年自谱》一卷、《弘觉禅师语录》二十卷（门人显权编）、《弘觉忞禅师北游集》六卷、《弘觉忞禅师奏对录》及《布水台集》三十二卷、《云峤集》、《弘觉禅师诗文钞》二卷、《山翁禅师百城集》三十卷。编修《禅灯世谱》九卷（吴侗集）等。（《粤东诗海》卷九十八，民国《新修大埔县志》卷三十，《潮州志·艺文志》）

释德薪，一作德新，清初海阳人。俗姓陈，字起南，人称南禅师。得法崆峒，晚年归潮，建华岩庵于西郊，常与名流唱和。著有《义安弘释录》，《劫灰集》（一作《劫灰诗文集》）。（光绪《海阳县志》卷四十三，《潮州志·艺文志》）

宋兆禴（1598—1640），字尔夫，一作尔孚，号喜公，揭阳人。弱冠中明万历四十六年（1618）戊午举人，崇祯元年（1628）戊辰成进士，任江西广昌知县。丁忧归，服阕补杭州仁和令。莅任五年，忤上司，挂印去。归家一年卒。著有《旧畹堂存草》（一作《旧耕堂存稿》）、《学言馀草》。（乾隆《潮州府志》卷二十八，乾隆《揭阳县志》卷六，《粤东诗海》卷四十九，《潮州志·艺文志》）

苏才，号菲谷，普宁人。清嘉庆九年（1804）甲子举人，授东莞教谕。莅任九年，归里后掌教三都书院。著有《封建井田》（一作《封建井田扩论》）、《喷饭集》、《恒德堂稿》（一作《怀德堂稿》）。（光绪《普宁县志》卷七，《潮州志·艺文志》）

苏福（1335—1348），潮阳人。五岁能诵经史，八岁能属文，时人号为"神童"。明洪武间举童子科，赴京，陛见其年幼，遣行人林鼎元护还，令有司给廪米，待壮赴用。未几，卒，时年十四。著有《三十夜月诗》（一作《咏月诗》三十首）等，为时所称。后人辑《苏神童诗集》一卷。（嘉靖《潮州府志》卷七，嘉庆《潮阳县志》卷十六）

苏乾英（1909—1996），潮安人。民国二十二年（1933）毕业于上海暨南大学文学院历史系，历任暨南大学、复旦大学历史系教授。分纂《(民国)潮州志》。参与编纂《汉语大辞典》。著有《南海古地名集释》《南海史籍解题》《日本南进政策的演变》《中国始祖考》《中国近代外交史》等。（《潮州人物辞典》）

苏文贤（1907—1971），潮安人。旅居泰国十余年，民国二十七年（1938）回国。新中国成立后，任教于广州音乐专科学校。擅长表演筝独奏。编有《潮州筝曲》。（《中国近现代人名大辞典》）

苏志仁（1516—1554），字道先，一作道生，号似峰，海阳人。明嘉靖十六年（1537）丁酉举人，二十三年（1544）甲辰成进士，授池州府推官。未几，权宁国守。

征为吏部稽勋主事，历调验封、考功、文选主事。以得罪尚书，降级补外判两浙。尚书罢免后，移兴化同知，转江西按察佥事，有惠政。授福建提学，巡视毕，升大理寺卿，未至京，以疾卒于家，博览群书，尤精天文历律之学，著有《日纪存疑》（佚）、《抱拙堂稿》（佚）、《兴中别响》。（《国朝献徵录》卷八十六，乾隆《潮州府志》卷二十八，光绪《海阳县志》卷三十七）

苏子良（1871—1956），字云锋，号逍遥仙，潮州人。擅长妇科、儿科等。清光绪末年在潮州东门街开设怡源堂，悬壶济世。著有《男科方剂》一书。（《潮州文史资料》第六辑）

孙俊（1804—1835），字伟人，揭阳人。能文章，工诗画，有声于时。清道光十五年（1835）乙未副榜，捐职布政司理问。早卒。著有《四百八十二峰游草》二卷、《吟香馆诗稿》。（光绪《揭阳县续志》卷二、卷三，《潮州人物辞典》）

孙克家，字正棐，一作贞棐，惠来人。淹博群书，家世毛诗，而他多所发明，其最嗜者《离骚》与字书，尤喜用古文奇字。清顺治间恩贡，家贫授徒自给。后遁迹陇亩，寄趣纶竿逾三十载，以诗酒自娱，不肯俯仰逐世态。年七十七卒。著有《遗音》二卷，藏于家。（雍正《惠来县志》卷十四，乾隆《潮州府志》卷二十九，《潮州志·艺文志》）

孙铼臣（1893—1972），名振埍，号杏村，以字行，揭阳人。民国六年（1917）开设诊所，遂终生业医。著有《杏林医案》《脉学讲稿》，均为稿本。（《榕城镇志》）

孙裴谷（1891—1944），原名孙熙，号炽君、白扇主人、裴谷山人、闲闲草堂主人、岭东画痴、黄岐山樵，揭阳人。早年随同邑画家林亦华等学画。清光绪三十三年（1907）入读汕头同文书院。民国元年（1912）赴新加坡端蒙华侨学校任教，继而创办星洲美术学院，任院长。民国十三年（1924）回国，先后执教于揭阳、惠来、汕头等地中学及韩山师范学校。民国二十一年（1932）在汕头设谷园画室，教授学生。其间亦主持艺涛画社。选辑潮汕名家画作，出版《岭东名家画集》。抗日战争期间出版《抗日宣传画集》二集。又有《裴谷山人铁笔》钤印本传世。（《潮州志·艺文志》《潮州人物辞典》）

孙少楷（1893—1974），名鸿，号菊饮居士，以字行，揭阳人。就读于榕江中学。后在潮安、揭阳、潮阳、澄海、普宁等地任教。纂修《京岗孙氏族谱》。著有《榕城竹枝词》、《菊饮文存》（未刊稿）。（《揭阳书目叙录》）

孙西台，字言言，揭阳人。丁乃潜继室。居所署昼星楼。著有《昼星楼医案》。（民国《丰顺县志》卷二十一，《潮州人物辞典》）

孙星阁（1897—1996），学名维垣，字先坚，号十万山人，揭阳人。民国九年（1920）考进上海南方大学，后转入国民大学文学系。民国十二年（1923）与任堇叔、谭泽闿、于右任等创办艺苑画社，又与查烟谷、叶伯皋、孙雪泥等创办上海书画联合会。曾任上海国民大学艺术系主任，上海停云书画社副社长，上海心声杂志董事。工诗，能书，善画。著有《三郎殉情记》、《荀子年谱考》、《画学入门》、《宋元明书画真伪考》、《星阁山水集》、《孙星阁画集》、《孙星阁山水画册》、《画衡》、《先贤性论纲要》、《十万山人梅花诗三百草帖》、《兰石集》、《兰蕙诗一百首》、《十万山人题画诗草》、《文兰诗稿》、《十万山人诗书画选集》（《十万山人孙星阁诗画选集》）、《离骚画

集》、《潇湘画集》等。(《潮州志·艺文志》《民国人物大辞典》《岭南画派》)

谭史，丰顺人。清咸丰四年（1854）以增贡生任兴宁教谕。分纂《（咸丰）兴宁县志》。(咸丰《兴宁县志》卷四)

谭廷儁，字特峰，丰顺人。谭锡承祖父。清嘉庆十二年（1807）丁卯乡榜，工文章。晚年著《太上感应篇》四卷，未刊而逝。(光绪《丰顺县志》卷五、卷六，民国《丰顺县志》卷二十三，《潮州志·艺文志》)

谭锡承，字宠三，丰顺人。其祖父谭廷儁著《太上感应篇》手稿，清咸丰四年（1854）家藏抄本遭兵燹，三分损一，锡承补注，成《太上感应篇辑参》四卷，刊行于世。(《潮州志·艺文志》)

谭元（？—1805），字俊魁，号用九，澄海人。清乾隆十二年（1747）丁卯举人，十八年（1753）任增城教谕，纂修《增城县志》二卷。迁儋州、崖州学正，秩满，升新津知县。丁艰归里，邑令聘其分修《澄海县志》。服阕，补直隶平山知县，历署灵寿、井陉。嘉庆十年（1805）办顺义县驿务，以疾卒于差。(乾隆《增城县志》卷一、卷十一，嘉庆《澄海县志》卷十八)

唐伯元（1540—1597），字仁卿、仁峻，号曙台，澄海人。明嘉靖间举人，万历二年（1574）甲戌进士，初任江西万年知县，改泰和。秩满，升南京户部主事，旋晋郎中。伯元受业于吕怀，素不喜阳明学说，及万历十二年（1584）王守仁从祀孔庙，伯元上疏排之。言官钟宇醇劾其诋毁先儒，谪海州判官。移保定推官，迁礼部主事。十九年（1591）典试湖广，晋尚宝司丞。丁艰，起补吏部员外郎，历考功、文选司郎中。二十四年（1596）乞归，逾年卒。《明史》称其为"岭海士大夫仪表"。纂修《泰和县志》十卷。著有《易注》、《礼编》二十八卷、《古石经大学》（一作《石经大学注释》）、《二程年谱》二卷、《铨曹仪注》、《礼曹十二议》、《阴符经注》、《道德经注》、《唐曙台疏草》、《爱贤堂集》、《醉经楼集》六卷、《醉经楼续集》、《太乙堂稿》、《采芳亭稿》等书。编有《昌黎文编》、《白沙文编》、《二程类语》八卷，阐明理学之旨。(《明史》卷二八二，乾隆《潮州府志》卷二十八，嘉庆《澄海县志》卷十八)

唐宽（1647—1712），字敬五，惠来人。唐璿第三子。清康熙四十一年（1702）壬午乡试副榜，未仕。博极群书，士人争执弟子礼。参与编纂《（康熙四十三年）惠来县志》。著有《覆瓿集》《吹万集》《拟古集》《吼雪集》，藏于家。(雍正《惠来县志》卷十四，《潮州志·艺文志》)

唐璿，字伯玉，惠来人。明天启恩贡、上海县丞唐以典之孙。诸生。弱冠游黉序，绰有文名。尝与南川令辈集"青莲社"，会文讲学。年七十七卒。著有《解鸣和居书说》藏于家。(乾隆《潮州府志》卷二十九，雍正《惠来县志》卷十四，《潮州志·艺文志》)

涂廷献，号省斋，大埔人。涂演凡父。清光绪间增生。嗜史学、易学、医学，旁及阴阳、术数、天算。戊戌政变后，集同志创"仁济会"，施医赠药。年七十三卒。著有《周易史证》《读史小评》《伤寒撷要表》《最新代数学教科习题详草》。(《大埔县姓氏录》)

涂演凡（1885—1944），字葆莹，家名贻焘，大埔人。涂廷献子。清光绪二十八年（1902）生员，补廪生。次年加入中国同盟会。曾任上杭县军政部长、大埔县议会副议长、上杭县教育局局长、大埔县教育局局

长。其间亦曾教学、行医。著有《注音字母实在易》。(2007年《大埔年鉴》)

王昂，字抑之，揭阳人。性聪颖，通经史。明成化二十年（1484）甲辰进士，授江西永丰令。擢太仆寺丞，察马政利病，条成一疏，四千余言。染病，卒于任。著有《宋史补》五卷、《抑之诗文集》（佚）。（嘉靖《潮州府志》卷七，乾隆《揭阳县志》卷六，《潮州志·艺文志》）

王秉之，名均，以字行，揭阳人。清乾隆间茂才，屡试不第。以授徒讲学为生。著有《课馀诗钞》二卷、《客窗笔记》十卷。（《潮州人物辞典》）

王楚材，原名家樑，清末民初丰顺人。毕业于广东法政学堂，历任遂溪、台山等县推事、检察官，两广盐运署秘书，平南盐务总局局长等职。著有《天涯鸿爪集》一卷。（民国《丰顺县志》卷十八、卷二十三，《丰顺诗艺录》）

王大宝（1094—1170），字元龟，海阳人。南宋建炎二年（1128）廷试第二，授南雄州教授，告病归。高宗时，先后知连州、袁州、温州，提点福建、广东刑狱。孝宗即位，除礼部侍郎，擢右谏议大夫、兵部侍郎、礼部尚书。乾道初年诏致仕，不久卒。通经学，治易尤精。曾初修《王氏宗谱》。著有《周易证义》十卷（佚）、《易解》、《书解》（佚）、《诗解》、《毛诗国风正义》、《经筵讲义》二卷（佚）、《谏垣奏议》六卷（佚），并有《王元龟遗文》十五卷（佚）。（嘉靖《潮州府志》卷七，光绪《海阳县志》卷三十五）

王大勋，字鼎臣，潮阳人。清同治三年（1864）甲子顺天举人，官罗定州学正，内阁中书衔。与修《（光绪）潮阳县志》。（光绪《潮阳县志》卷十五）

王道（1894—1946），字逸民，学名章明，揭阳人。毕业于广东法政大学，任连平县县长、山东范县县长、政务部秘书。亦曾任教于中山大学。著有《国民党大纲》《欲的研究》等。（《潮州人物辞典》）

王德徽，清乾隆间南澳人。揭阳陈毅斋之妻。通经史，工诗词。著有《彤规素言》一卷。（《潮州志·艺文志》）

王鼎新（1894—1968），又名王心民、王慎名，澄海人。民国二年（1913）赴日本留学，回国后任潮州旅省八邑中学校长、澄海县教育局局长。民国十二年（1923）在汕头创办《时报》，任总编辑。后赴上海，与李达等创办南强书局。抗战期间，积极从事抗日宣传。新中国成立后，任澄海县副县长、中国农工民主党汕头理事。出版有《新术语词典》、《毛主席诗词三十七首》楷书丛帖一册。（《潮州人物辞典》）

王定镐，字静山，清海阳人。著有《郡志刍言》、《时事说言》、《鳄渚摭谈》、《焉用斋遗集》二卷。（《潮州志·艺文志》）

王拱，字泽照，号景辰，澄海人。清乾隆十七年（1752）壬申进士，授直隶顺义知县。著有《仿槐堂诗钞》。（《潮州志·艺文志》）

王皡（1868—1942），字皡少，号逸叟，丰顺人，祖籍浙江。民国初年，在潮州金山中学、汕头回澜中学任文史教师。常与温丹铭唱酬。晚年在居所"琅琊别墅"开设儒范尚志学校，讲授国学。精于书法且擅长中医。著有《愚隐斋诗草》二十七卷附文六卷、《愚隐斋诗续录》九卷文二卷。（民国《丰顺县志》卷二十三，1995年《丰顺县志》）

王弘愿（1876—1937），名师愈，字慕

韩，号圆五居士，潮安人。任教于潮州中学达三十年。晚年住持广州解行精舍，并任中山大学佛学讲师。著有《大日经七支念诵法集释》《大日经开题讲义》《佛顶尊胜陀罗尼研究》《光明真言研究》《圆五居士护法录》《瑜伽菩提心论口义记》《般若心经口义记》《阿字观用心口诀浅释》《一字顶轮王瑜伽仪轨略注》《秘藏记集释本》《因明学与名学》《一期大要秘密集略注》，另有《阁帖汇考》一卷、《缵槐堂集》、《圆五居文集》三卷、《韭香斋诗集》、《东游吟草》。（《潮州志·艺文志》《中国近现代人物名号大辞典》）

王洪，潮阳人。以廪贡任高要县训导，兼理四会县教谕。清光绪间参与监修《四会县志》。（光绪《四会县志》职名）

王喈吉，字蔼臣，丰顺人。附贡生。参与编纂《（光绪）续修丰顺县志》。（光绪《丰顺县志》卷五）

王金铉，清初潮州人。初业儒，以言拙貌丑，不得志于有司。究心星学，于论星历之书洞悉无遗。著有《历书》。（《潮州志·艺文志》）

王经，明海阳人。续修《王氏宗谱》。（《潮州志·艺文志》）

王景仁（1843—1895），又名宽益，字寿岩，一作寿延，澄海人。清同治间增生，善词章，著有《小辋川诗集》五卷，门人饶平陈步墀刻入《绣诗楼丛书》。（《广东历代诗钞》卷四）

王君实（1910—1942），原名王惠风，笔名王修慧、王乐怡，澄海人。民国二十六年（1937）赴新加坡，从事文学创作，亦有大量宣传抗日的文章。民国三十一年（1942）日军占领新加坡，跳楼殉难。遗著被编为《王君实选集》。（《潮州人物辞典》《近现代潮汕文学·国内篇》）

王兰若（1911—2015），原名勋略，又名陶唐，曾用名者、庵，号爱绿草堂主，揭阳人。早年师从画家孙裴谷。民国二十二年（1933）考入上海美术专科学校国画系。毕业后在揭阳、澄海、普宁等地任教，后在汕头市工艺美术研究所、汕头画院工作。擅长中国画，尤长于花卉。出版有《王兰若先生画集》、《王兰若画集》三册及《王兰若、谢海若、刘昌潮中国画选》。（《潮州志·艺文志》《揭阳书目叙录》）

王麟书，字兴宗，澄海人。清乾隆三十九年（1774）甲午举于乡，益都进士李文藻任揭阳知县时延其主榕江书院。后以年老不赴选，授翰林院典簿职。为诸生时分修《（乾隆）澄海县志》。（嘉庆《澄海县志》卷十九）

王名元（1904—1995），揭阳人。民国二十三年（1934）毕业于国立武汉大学，任国立广东法科学院、福建省立师范专科学校、广东省立文理学院、中山大学讲师、教授。新中国成立后，曾在政府、学校工作。著有《先秦货币史》《传记学》。（《潮州志·艺文志》《潮州人物辞典》）

王韶生（1904—1998），乳名朝忠，又名怀冰，丰顺人。毕业于北京师范大学及北京大学研究所。任勷勤大学、文理学院教授，香港中文大学副院长，崇基文学史研究所所长，珠海学院教授。著有《柳柳州年谱补订》一卷、《岳雪庐丛稿》《怀冰文录》二卷、《国学概要》（上下册）、《曹子建诗注》一卷、《中国文学家评传》四卷、《怀冰室文学论集》《当代人物述评》《怀冰随笔》《国学常识新编》《怀冰室经学论集》《怀冰室诗词钞》《怀冰室近诗》《怀冰室集》《怀冰室续集》。（民国《丰顺县志》

卷十七、卷二十三，《潮州志·艺文志》，《丰顺诗艺录》）

王守仁，大埔人。清道光间诸生。著有《王氏族谱》。（民国《新修大埔县志》卷十九）

王寿仁，字拾蕉，大埔人。少与何探源同受知于学使李星沅。清道光二十三年（1843）癸卯丧偶，有悼亡诗。著有《阴骘文注疏证》《抱琴山馆诗》，均未见。（民国《新修大埔县志》卷二十六，《潮州志·艺文志》）

王天性（1526—1609），字则衷，一字槐轩，号半憨，澄海人。明嘉靖三十一年（1552）壬子举人，初任安徽盱眙教谕，迁江西丰城县知县。四十年（1561）任上高县知县。四十四年（1565）晋升南昌府通判。因上司同僚忌妒，落职归。喜为古文，晚年益工。著有《半憨集》二卷。万历二十二年（1594）编纂《澄海县志》（佚）。（乾隆《潮州府志》卷二十九，嘉庆《澄海县志》卷十八，《潮州志·艺文志》）

王显诏（1902—1973），原名观宝，字严，又字克，初号棹父，后改为闲棹，自称"居易居主"，潮安人。民国十三年（1924）毕业于上海大学美术专科后，任教于韩山师范学校、金山中学。擅长国画。著有《缵槐堂诗钞》。民国二十一年（1932）出版《王显诏山水画册》。（《潮州志·艺文志》《潮州人物辞典》）

王逊（1888—1926），字华芷，号敏庵、植吾草庐主人，揭阳人。少从林亦华学画，后自学任伯年技法。清宣统元年（1909）到汕头主编《图画新报》。民国初，在汕头报社任国画主编，又与黄史庭合办《韩江画报》，常以漫画抨击时弊。民国三年（1914）出版《敏庵画集》（亦名《王逊六法画册》）二册，一为人物，一为花卉。（《潮州志·艺文志》，1993年《揭阳县志》）

王伊，字伊野，揭阳人。清康熙五十三年（1714）甲午贡生。授徒为生。著有《四书磨心镜》。（《潮州人物辞典》）

王永绍，明海阳人。编纂《王氏宗谱》。（《潮州志·艺文志》）

王远勃（1905—1957），澄海人。民国十年（1921）考入上海美专西画系，三年后入读法国国立巴黎高等美术专科学校。民国十五年（1926）毕业回国，历任上海美专西画系主任、教授。民国二十二年（1933）刘海粟赴欧美考察，代任校长。后举家迁居天津，任天津师范学院艺术系主任、教授。擅长油画人物。民国间出版有《王远勃画集》。（《潮州志·艺文志》《潮州人物辞典》）

王彰，字廷显，澄海人。明正统四年（1439）己未进士，授刑部广西清吏司主事，迁郎中。被诬陷，谪居山西大同平城，藩府荐为教授，不就。终死于谪所。著有《云中稿》《金台集》。（乾隆《潮州府志》卷二十九，嘉庆《澄海县志》卷十九，《潮州志·艺文志》）

王之骥，字蓬村，明末澄海人。诸生。著有《存笑稿》。（《潮州志·艺文志》）

王中行，又作王仲行，嘉靖《广州志》、康熙《广州府志》作王中，揭阳人。南宋隆兴元年（1163）癸未进士，以博识洽闻称于时。淳熙初任潮州府教授，淳熙十二年（1185）任东莞知县，次年任增城知县。著有《广州图经》二卷、《（淳熙）增江志》四卷、《潮州记》、《崔丞相家谱》二卷、《潮州图经》等。（嘉靖《潮州府志》

卷七，乾隆《揭阳县志》卷六，光绪《海阳县志》卷二十九，《潮州志·艺文志》）

王佐时（1876—1962），号弼臣，笔名阿衡、别情，潮安人。清光绪二十八年（1902）生员。创办自强学校，任校长。后兼任汕头华英中学、大中中学教员，汕头《民声日报》主笔。新中国成立后，曾任潮安县政协委员、广东省文史馆馆员。书画双精，尤善仕女。遗有《阿衡剩墨》四卷。（《潮州人物辞典》）

魏起泰，字茹吉，清乾隆间普宁人。编有《古文集宜》四卷。（《古文集宜》）

魏绍汉（1893—1980），揭阳人。毕业于榕江书院，任职于河源盐务局、台湾林务局。民国三十五年（1946）辞职，专事行医。著有《医学求新》。（《揭阳书目叙录》）

温克刚（1896—1957），字一如，号潜盦，大埔人。清宣统三年（1911）就读于潮州金山书院时，参加同盟会。武昌陆军第二预备学校毕业后，于民国五年（1916）升入保定陆军军官学校第六期炮科。历任粤军连长、参谋，黄埔陆军军官学校第四期中校兵器教官，第四军第十二师三十六团团副兼第三营营长，十九路军总指挥部高级参谋，陆军第一七六师少将参谋长，军事参议院少将参议。1955年由香港前往台北。戎马之余，以吟咏为乐，其遗作由亲属编印成《温克刚将军诗选》。（《客家名人录》）

温克中（1908—？），大埔人。温丹铭子。分纂《（民国）潮州志》。（《饶学研究》第二卷）

温廷敬（1869—1954），字丹铭，号止斋，早年笔名讷庵，晚岁自号坚白老人，大埔人。清光绪十五年（1889）考取潮州府学第二名，后参加乡试，屡受波折。甲午战败后，主张废科举，兴新学。二十八年（1902）与丘逢甲、温仲和等创办岭东同文学堂，开创粤东办新学的先声，兼任《岭东日报》笔政。宣统二年（1910）铨叙教谕，授修职郎。辛亥革命以后，韩山书院改名惠潮嘉师范学校，出任首任校长。不久辞职，落籍汕头，先后任教于金山中学、回澜中学、国立广东高等师范学校、震东中学。民国十九年（1930）被广东通志馆聘为总纂。总纂《（民国）大埔县志》，分纂《（民国）潮州志》。编有《徐氏汕头一本堂族谱》十卷（合纂）、《潮州艺文志》八卷、《茶阳三家文钞》、《弘觉禅师诗文钞》二卷、《潮州诗萃》（甲编十二卷、乙编三十六卷、闰编二卷）、《潮州文萃》、《潮州唐宋元人吉光集》四卷、《宫闺古藻集》五卷。著有《洛诰新解》、《经史金文证补》、《重订金文疑年表》、《续编金文疑年表》、《金文正郭订释》、《石鼓文证史订释》、《尔雅校议》、《旧五代史校补》二十卷、《明季潮州忠逸传》六卷、《广东通志列传》（自周至明部分）四卷、《补读书庐文集》、《元和姓纂校补》、《许敬宗姓氏谱约本辑释》、《温飞卿诗发微》、《三十须臾吟馆诗集》、《羊城集》、《乱离集》一卷、《乱离续集》一卷、《沧海一麈诗草》一卷、《止斋七言古诗钞》二卷。（《潮州志·艺文志》、1992年《大埔县志》）

翁国正，字隆渭，清惠来人。增广生。雍正间与修《惠来县志》。（雍正《惠来县志》修志姓氏）

翁辉东（1885—1963），字子光、梓关，别号止观居士，潮安人。早年任教于海阳县东凤、育才、龙溪、肇敏等学堂。清宣统三年（1911）赴广州高等农林讲习所深造。民国元年（1912）回潮州后，历任潮州农林试验场场长兼蚕桑所所长、惠潮梅师范学校学监、广东省立第四中学教员、汕头华英学校校长、上海国医学校教授、潮安文献馆主任、广东省文史馆研究员等。善诗文，能书法。分纂《(民国)潮州志》。编纂《潮安翁氏家谱》十卷、《潮州乡土地理科教书》、《潮州乡土历史教科书》(与黄人雄合编)、《潮风》、《唐明二翁诗集》二卷、《稽愆集》、《潮州文概》十卷、《东涯集》等。著有《潮汕方言》十六卷、《得闲居士年谱》一卷、《翁襄敏年谱》《燕鲁纪游》《西泠鞭影集》、《潮州世家略表》一卷、《海阳县乡土志》、《潮州金石考》、《潮州茶经》、《涵晖楼诗文集》。(《潮州志·艺文志》，1995年《潮州市志》，《汕头市志》卷七十四)

翁阑，号佩秋，海阳人。清光绪间贡元，福建补用知县。著有《武备纂要》《蚕桑述略》《湖西小庐文集》一卷。(《潮州志·艺文志》，《潮州文概》卷四)

翁彭龄，号晚樵，潮阳人。清嘉庆六年(1801)辛酉举人。博学嗜古，文章见推侪辈。二十四年(1819)与修《潮阳县志》。曾钩校天文书，未竟而卒。(光绪《潮阳县志》卷十七)

翁荃，字养斋，饶平人。留心掌故，博古通今。清光绪间博考旁稽、分类续修《饶平县志》，书将成而竟以病殁。(光绪《饶平县志》卷八)

翁锐，字粤初，澄海人。翁万达孙。生活于明万历间。著有《翁襄敏纪略》六卷，载翁万达有关史料。(《潮州志·艺文志》)

翁世机，字世茂，元澄海人。官乳源县主簿。著有《鮀浦翁氏谱》。(《潮州志·艺文志》)

翁廷资，字尔偕，号海庄，海阳人。翁万达五世孙。清康熙四十一年(1702)壬午举人，四十八年(1709)己丑进士，授四川渠县知县，旋以疾罢。雍正三年(1725)广东学使惠士奇雅重其才，请补韶州府教授，继告归。知府龙为霖延主韩山书院讲席。著有《韩山诗笺》、《楝花小署草》(一作《楝花小墅草》)，藏于家。(乾隆《潮州府志》卷二十九，嘉庆《澄海县志》卷十九，光绪《海阳县志》卷三十九)

翁万达(1498—1552)，字仁夫，号东涯，一作东崖，谥襄敏，揭阳人。明嘉靖五年(1526)丙戌进士，授户部主事，升郎中。十二年(1533)出任梧州知府，阅四年，政声卓著。会朝议将讨安南，擢万达为广西副使，专办安南事。二十一年(1542)迁四川按察使，历陕西布政使。二十三年(1544)擢右副都御史，巡抚陕西。寻晋右金都御史，总督宣大山西保定军务。迁左都御史，进兵部尚书。召入视部事，以父忧归。次年秋，俺答逼京城，帝诏万达为兵部尚书，日夕候之。万达因路遥慢至，为严嵩所谗，夺秩为兵部右侍郎。次年春，谪为民。三十一年(1552)十月，复起为兵部尚书，未闻命，卒。著有《平交纪略》(一作《平交纪事》)十卷、《总督奏议》、《三镇兵守议》、《宣大山西诸边图》一卷、《思德堂集》、《翁襄敏公集》五卷等。自编信札为《稽愆集》，今存民国翁辉东重辑本，又后人辑其诗文信札为《东涯集》十七卷。(《明史》卷一九八，乾隆《潮州府志》卷二十八，乾隆《揭阳县志》卷六，《潮州志·艺文志》)

翁雅，字正峰，号序南，饶平人。由廪生中清嘉庆十三年(1808)戊辰举人，道光二年(1822)借补广宁县教谕。先试用从化训导，次年调赴本任，倡修县志，改建书院。后截选知县，屡催不就，改授翰林院典簿。年七十三卒。总纂《广宁县志》。(光绪《饶平县志》卷八，《饶平志补订》)

翁延寿（1563—1641），字仁寰，又字康静，惠来人。明万历二十二年（1594）甲午举人，授上饶令。升维扬同知，转福建盐运使司同知。归里后于东山之麓筑精舍，以文史自娱。参与编纂《（万历）惠来县志》。（雍正《惠来县志》卷十四，《古今揭阳吟》）

翁一鹤（1911—1993），原名锦嘉，以字行，潮安人。民国间任《潮安商报》社社长。后去香港，任香港中文大学教授。著有《庑下集》《长春咏》《赤马谣》《秣陵吟》《香海三百咏》《畅然堂诗词钞》等。（《潮州志·艺文志》《香港古典诗文集经眼录》）

翁照垣（1892—1972），名锦，字腾辉，惠来人。民国十八年（1929）毕业于日本陆军士官学校。转赴法国，就读于慕汉尼航空学校，民国二十年（1931）春毕业回国。曾任福州城防司令，人民革命军第六军军长、前敌总指挥，广东省第七战区司令长官等职。多次辞职赴香港。抗战胜利后，解甲归田。著有《淞沪血战回忆录》。（《民国广东将领志》《惠来县志1979—2004》）

邬如领，字以顺，大埔人。明嘉靖三十九年（1560）庚申岁贡，历任福建泰宁训导、高州府教授。与子邬须明合著《邬氏汇刻诗文稿》，已佚。（同治《大埔县志》卷十七，民国《新修大埔县志》卷十九）

邬须明（1536—？），字仲昭，大埔人。弱冠举明嘉靖三十四年（1555）乙卯乡试，授德庆州学正，擢寿县知县。与父邬如领合著《邬氏汇刻诗文稿》，已佚。（乾隆《潮州府志》卷二十九，民国《新修大埔县志》卷十九）

巫采兰，饶平人。陈步墀侧室。有《素绚女子课本》，编入《绣诗楼丛书》中。（《广东历代诗钞》卷八）

吴宝瑜（1886—1967），号芷苏，惠来人。清宣统元年（1909）己酉拔贡。民国间任江苏阜宁县县长、国民政府第三局秘书。1952年定居台湾。著有《阳明诗文集》。（《惠东文史》第三辑，《惠来文史》第五辑）

吴丙，字汝光，潮阳人，原籍江西永福。以进士知安浮县，擢提辖行在左藏朝散大夫。屡抗疏言事，不报。素与文天祥善，南宋祥兴间随文天祥起兵趋潮，宋亡遂家于潮阳。博学，工文辞，著有《宗范》、《吴汝光杂咏》（佚）。（乾隆《潮州府志》卷二十九，嘉庆《潮阳县志》卷十六）

吴沧桑（1906—1936），名经界，以字行，大埔人。民国十四年（1925）入黄埔军校第四期，毕业后参加北伐。后考入北平陆军大学第九期学员班，民国二十年（1931）毕业，历任南京中央军校中校、广东燕塘军校战术教官、独立第三师参谋长。被暗杀于黄花岗附近。著有《开发西北》一书。（《客家名人录》）

吴常煦，字锡福，号祉庵，大埔人。清乾隆五十七年（1792）壬子举人，叙选高州茂名训导，在任六年。尝倡结"东山社"。工骈体文。年七十余卒于官。嘉庆九年（1804）与修《大埔县志》。著有《祉庵文集》《祉庵诗集》。（同治《大埔县志》卷十七，《潮州志·艺文志》）

吴超（1898—1974），字稼秋，大埔人。毕业于潮州金山中学。少年赴苏门答腊及马来亚游历，致力于侨教。抗日战争期间回国，任军政幕僚，卓有建白。晚年遗难香江，寄情诗酒。著有《兼葭集》《拾零诗草》《稼秋遗稿》。（《广东历代诗钞》卷九，《香港古典诗文集经眼录》）

吴朝文，潮阳人。明嘉靖四十年（1561）与吴冬松重修《芦溪吴氏族谱》。（《潮汕吴氏驹公史录》）

吴堨，字邦宣，大埔人。明万历十二年（1585）乙酉举人。年五十九卒。著有《纪年纂要》《蒙求注释》，藏于家。（乾隆《潮州府志》卷二十九，同治《大埔县志》卷十七）

吴从周，字思宪，元末明初潮阳人。以世乱不仕，避地海门，筑"海镜堂"，隐居自乐。与周伯玉称"海滨两君子"。通六经，能诗文。著有《易经明训》十卷、《海镜堂集》（未见）、《六经会编史论》。（嘉庆《潮阳县志》卷十六，《潮州志·艺文志》）

吴道坤，字育予，饶平人。明天启七年（1627）丁卯乡荐。与复社同仁合著《国表》《国风》。（《饶平县志补订》卷十二、卷十八）

吴殿邦（1585—1641），字尔达，一字彤贶，号海日，海阳人。明万历四十年（1612）壬子解元，次年成进士。天启元年（1621）官通政参议，官至尚宝司卿。以阿附魏忠贤败，落职乡居。博学能文，工诗善书。著有《古制堂集》（一作《古欢堂集》）、《鲍谷诗集》、《芝园文集》，皆不传。（光绪《海阳县志》卷三十八，《潮州志·艺文志》）

吴羔，字曙朋，号栎埜，清大埔人。屡试不遇，以著述自娱。年七十七卒。同邑杨之徐任光山知县时，聘其修《（康熙三十五年）光山县志》十卷。著有《易经易简》（未见）、《诗经颐谈》、《礼记捷义》、《四书隅反》、《西山录》（未见）、《[栎埜]诗文集》（未见）。（乾隆《潮州府志》卷二十九，同治《大埔县志》卷十七，民国《新修大埔县志》卷二十六，《潮州志·艺文志》）

吴贯因（1879—1936），原名吴冠英，别号柳隅，号隅园，澄海人。清光绪末年留学日本，入读早稻田大学史学系。民国元年（1912）与梁启超在天津办《庸言日报》《庸言月刊》，任编辑。后到北京，任北洋政府卫生司司长，币制厂厂长，东北大学教授、校长，平民大学、燕京大学史学教授。民国二十四年（1935）后在天津创办《飞风》半月刊。病逝于北京。著有《中国文字之起源及其变迁》、《中国语言学问题》、《史之梯》（一名《史学概论》）、《中国史髓》、《中国经济史眼》（一名《中国经济史概论》）、《中国预算制度刍议》、《中国之预算与财务行政及监督》、《改良家族制度论》、《政府与国会之权限》、《国难文学》。（《潮州志·艺文志》《中国近现代人物名号大辞典》）

吴光亮，揭阳人。清光绪间任台湾总兵。著有《化番俚言》一卷。（《台湾文化志》下卷）

吴国安（1868—1937），字子山，晚号壶隐老人，潮安人。潜心经史，学贯古今中外。年二十七为医，以治病救人为己任。著有《壶隐老人医案》《医学问题》。（《岭南医徵略》）

吴鸿藻（1874—?），字子筠，潮安人。民国间任汕头《大东报》记者、潮安县教育会会长等职。辑有《丁中丞文鉴》五卷、《古瀛诗选》十卷、《古瀛词钞》九卷。编有《灵光集》六卷、《满洲丛书》（合编）。著有《广东艺文调查表》。（《潮州志·艺文志》《20世纪中华人物名字号辞典》）

吴继澄，字而清，号少松，饶平人。明嘉靖三十六年（1557）丁巳岁贡，官广西宜山县训导，升教谕。隆庆间谢事归。与同里陈天资采辑旧闻，搜罗遗逸，共辑《东里志》一书，迄万历二年（1574）冬十一月书成。（《饶平县志补订》卷十二）

吴金锡，字石山，一字晚修，清海阳人。年四十四卒。著有《朱子语类录要》二卷、《道学性理精言》、《榕村集说》。（《广东通志稿》《潮州志·艺文志》）

吴锦昌，饶平人。著有《潮汕音字典》《潮语声形义对码三显字典》，均印行于民国二十六年（1937）。（《汕头大学潮学研究文萃·下》）

吴珏（1906—1959），又名双玉，潮阳人。吴子寿三子。民国间任揭阳真理中学、汕头南华学院、金山中学教员，汕头文化运动会委员。通晓英语、俄语。分纂《（民国）潮州志》。著有《潮州功夫茶》一书。（1997年《潮阳县志》，《饶学研究》第二卷）

吴君略（1894—1952），原名宏韬，号梅隐，揭阳人。民国二年（1913）就读于榕江学校，为吴汝霖、吴沛霖弟子。广东政法专科学校毕业。擅绘画，尤以墨梅见长。著有《梅隐诗品》《吴君略诗草》《画梅技法》，皆未刊。（《文化揭东》）

吴莜，字君懋，潮安人。民国二十至二十七年（1931—1938）任《潮安商报》总编辑。著有《蕉声词》，温廷敬为之序。（《潮州志·艺文志》）

吴开岐，丰顺人。好读书，援例报捐千总衔。好论古今异事，至老不倦，常以邑属事有关因果报者，闻见辄拈笔录之，汇成小编镌之以劝世，名曰《灵异记》，共二卷。（光绪《丰顺县志》卷六，民国《丰顺县志》卷二十一、卷二十三，《潮州志·艺文志》）

吴良琬，号学士，潮阳人。明洪武间明经。修订《棉阳吴氏族谱》。（《潮州志·艺文志》）

吴琳，明潮阳人。著有《考槃集》，已佚。（光绪《潮阳县志》卷二十二）

吴六奇（1607—1665），字鉴伯，号葛如，绰号吴钩，海阳（后隶丰顺）人。诸生。幼读诗书，广涉经史，有雄略，慷慨尚气。不务正业，嗜酒好赌，以致倾家荡产。曾为邮卒，又沦为乞丐，浪迹闽粤江浙，沿门乞食。明末盗起，与弟标，集乡勇，捍御乡里，歼灭山寇。明亡，依附桂王，任总兵，以舟师居南澳。清顺治七年（1650）清兵入粤，六奇率部迎降。十年（1653）击败潮镇郝尚久等叛军，特授挂印总兵，晋左都督。后败郑成功部。十七年（1660）以御贼及捐造战舰之功，加太子少保。康熙三年（1664）考满，晋少傅。卒赠少师兼太子太师，赐谥"顺恪"。有《吴六奇书札》。长子吴启晋辑其诗文，编成《忠孝堂文集》二卷、《葛如诗钞》二卷。（光绪《海阳县志》卷三十九，光绪《丰顺县志》卷六、卷八、卷三十九，《潮州志·艺文志》）

吴鸣夏，潮阳人。吴向孙。明万历间辑其祖遗稿成《鲁庵逸汇》，陈经国、周光镐为之序。（《潮汕吴氏驹公史录》）

吴能（1509—1569），字复才，号冬松，潮阳人。庠生。明嘉靖四十年（1561）与吴朝文重修《芦溪吴氏族谱》。（《潮汕吴氏驹公史录》）

吴沛霖（1884—1926），字泽庵、觉非，号梅禅，别署石母山人、揭阳岭樵者，揭阳人。吴汝霖弟。清光绪二十八年

（1902）生员。就读于榕江书院、韩山学校、广东省师范学校。曾在暹罗、新加坡、揭阳、汕头等地任教。居所署"人隐庐"。工诗，善画，尤善墨梅。著有《谈艺录》《共勉录》《梅禅室诗存》《人隐庐随笔》《泽庵诗集》等。出版有《吴汝霖吴泽庵书画集》。（《潮州志·艺文志》《揭阳书目叙录》《文化揭东》）

吴鹏，字举轩，丰顺人。清同治元年（1862）壬戌恩科副贡，叙选州判。曾主鹏湖书院，邑士林多出其门。晚筑砚田庐，读书其中。年九十四卒。总纂《（光绪）续修丰顺县志》。（光绪《丰顺县志》卷五，《丰顺人物辞典》）

吴其瀚（1866—1927），号海帆，字仲瑜，丰顺人。清光绪十一年（1885）乙酉拔贡，联捷举人，拣选知县。主讲鹏湖书院历十年。著有《养源堂诗文集》二卷。（民国《丰顺县志》卷二十一、卷二十三）

吴其敏（1909—1999），笔名眉庵、向宸、悟门、翁继耘、望翠、梁柏青等，澄海人。吴之藻子。民国十六年（1927）赴上海，任教之余从事文学创作。抗日战争爆发后移居香港。后从事粤语电影编剧工作。编有《西施》《湖山盟》《寸金尺土》《郎晚归》《有求不应》等近二十部电影剧本。1956年创办《乡土》文艺半月刊。主编《新语》《海洋文艺》杂志。民国三十五年（1947）定居香港，曾任香港中国通讯社副总编辑、中华书局海外办事处副总编辑。结集出版有《永伤》（中篇小说）、《阑夜》（散文集）、《绮梦的碑文》（诗集）、《拾芥集》、《撷微集》、《文史小札》、《园边集》、《坐井集》、《山城小集》、《怀思集》、《闲墨集》、《望翠轩随笔》、《望翠轩杂文》、《屈原与杜甫》、《历代情诗选析》等。（《潮州人物辞典》《海外潮人史话》）

吴奇伟（1890—1953），字晴云，别号梧生，大埔人。毕业于广东黄埔陆军小学第三期、武昌陆军第二预备学校、保定陆军军官学校第六期步科及陆军大学将官班第一期。曾任第十二师师长、第十二旅旅长、第九十师师长、第四军军长、第十八军团军团长、第九集团军总司令、第六战区副司令长官兼长江上游江防司令、湖南省政府主席、武汉行营副主任、广州绥靖公署副主任等职。1949年夏在香港通电起义。病逝于北京。参与编纂《第四军纪事》。（《民国广东将领志》）

吴启晋，号长源，丰顺人。吴六奇长子。有文武才，少佐父治兵。清顺治十四年（1657）丁酉举人。房师洪宗期以大器，不久卒，人皆惜之。喜佛学，所为诗文今已散佚。康熙五年（1666）辑其父诗文成《葛如诗钞》二卷、《忠孝堂文集》二卷。（光绪《丰顺县志》卷六、卷八）

吴钦绅，字懋佩，大埔人。明天启元年（1621）辛酉恩贡生。著有《壁经问难》。（同治《大埔县志》卷十七，民国《新修大埔县志》卷二十五）

吴日炎（1686—1746），字升谷，又字敬存，自号三山老人，揭阳人。年十四登清康熙三十八年（1699）己卯举人，授湖南郦县知县。雍正六年（1728）内迁刑部主事，擢四川清吏司员外郎。平生嗜学，喜著述。著有《浣雪堂稿》《半秋堂诗集》《金台后草》。（乾隆《揭阳县志》卷六，《潮州志·艺文志》）

吴汝霖（1866—1934），字雨三，又称禹珊，以雨三行，揭阳人。吴沛霖兄。清光绪十六年（1890）廪生，曾在榕江书院、正光女子中学等学校执教。居所署"在洞庐"。擅绘画，尤善兰菊，所作《幽兰白菊》笔法精到。遗有《兰谱》一册，

未刊。出版有《吴汝霖吴泽庵书画集》。（《潮州人物辞典》）

吴绍宗，字学可，潮阳人。福州同知吴仕训之孙。清康熙十七年（1678）戊午岁贡，二十六年（1687）参与纂辑《潮阳县志》。寻授清远训导。年八十二卒。著有《完节会编》。（光绪《潮阳县志》卷十七，1997年《潮阳县志》）

吴师青，民国潮安人。著有《地学铁骨秘》。（《潮州志·艺文志》）

吴师吾（1899—1954），原名传祯，晚年自号苍木道人，海阳人。年二十远走南洋，在新加坡结识潮剧剧界前辈，开始编写潮剧剧本。民国十九年（1930）回国，以教书、行医、编剧为生。著有《空树活尸》《王金龙》《荒江女侠》《美人蟹》《莲香戏鞋》《太平天国》《异想天开》《双白痴》《红粉英雄》等几十个剧本。（1995年《潮州市志》）

吴世璜，大埔人。清同治三年（1864）甲子举人，拣选知县，官右翼宗学教习。与修《（同治）大埔县志》。（同治《大埔县志》卷十六）

吴仕显，潮阳人。清嘉庆十四年（1809）续编《芦溪吴氏族谱》。（《潮汕吴氏驹公史录》）

吴仕训，又作吴士训，字光卿，潮阳人。工诗文，博洽经史，比部孙如法谪潮，访之，结为布衣交。明万历二十五年（1597）丁酉举人，授福安教谕，迁柳城知县，有循吏名。天启四年（1624）充同考官，所得皆知名士。以常资转福州府同知，历署府篆，多善政。未几引疾归，卒年八十。参与修《潮阳县志》、万历七年《福安县志》五卷。著有《经史管指》、《潮州八景图咏》。（乾隆《潮州府志》卷二十九，嘉庆《潮阳县志》卷十六，《潮州志·艺文志》）

吴树棠（1866—1950），又名芝山，字伯愚，号伯吾，惠来人。清宣统三年（1911）辛亥岁贡，长期任教。著有《春晖楼诗钞》，未刊。（《惠来县志1979—2004》）

吴武，字延峰，号佑文，潮阳人。明洪武间廪生。纂修《吴氏胪溪族谱》。（《潮汕吴氏驹公史录》）

吴锡吾（1902—1980），名毓芬，丰顺人。毕业于广东省立工程专门学校。民国十六年（1927）赴泰国，任佛统府中山学校、彭世洛府醒民学校、合艾县灵兰公学等校教务主任、校长。有《七五生朝唱酬纪念集》。（《丰顺诗艺录》）

吴显彬（1901—1983），原名阮彰，字英子，晚号山青，谜号落英，潮州人。民国间灯谜组织"影语研究社"成员。新中国成立初期，参与创立缤纷室谜社。编印专辑《五老会猜集》。后人辑其谜作成《落英缤纷集》。（《潮汕灯谜史》）

吴向，字鲁庵，又字宗卿，明潮阳人。弱冠入惠来县庠。陈白沙于粤东倡明心学，遂弃举业而从之。后筑"黄冈书屋"，种梅栽莲，读书其间，时称"高隐"。与陈白沙、湛甘泉、张东所信札往返，阐明性道。广东督学魏校下檄郡邑征聘，力辞不就。与修《潮阳县志》，称"史才"。著有《鲁庵逸稿》（已佚）。（乾隆《潮州府志》卷三十，《潮州耆旧集》卷二十七）

吴亦材，号任斋，丰顺人。清乾隆四十二年（1777）丁酉拔贡，五十一年（1786）丙午举人，任龙门、感恩教谕，嘉应州学正，迁广西马平知县。著有《吴任斋先生遗稿》，含诗四十九首、西归曲二阕，为解组后晚年所作。（光绪《丰顺县志》卷六，民国《丰顺县志》卷二十、卷二十三）

吴逸志（1896—1961），字锡祺，又字学行，丰顺人。毕业于保定陆军军官学校。民国十五年（1926）先后任北伐军团长、国民政府军事委员会高级参谋、第九战区参谋长、国防部中将部员、交通部广州航政局局长兼沿海航政局局长。著有《模型战术概要》一册、《德安万家岭大捷回忆》一册、《抗战五年我军战见战法之研讨》、《南浔线抗战回忆》、《长沙各次会战记》、《现代军人》一册、《现代人与现代青年》、《薛伯陵将军实际统帅法之概述》一册、《为将与治兵》一册、《为政与论兵》、《做人与做事》、《集训意义》一册、《对同盟军作战之建议》、《国家盛衰之理》、《萍庐诗》等。（民国《丰顺县志》卷二十三，《潮州志·艺文志》，《广东历代诗钞》卷九）

吴应凤（1842—1880），字子渊，一字芷舲，揭阳人。清同治间生员。工书法，擅绘兰。其族子将其作品整理为《画兰集》，吴道镕序之。（光绪《揭阳县续志》卷三，《潮州人物辞典》）

吴永澜，字小瀛，丰顺人。增生。清光绪八年（1882）总纂《续修丰顺县志》。（光绪《丰顺县志》纂修衔名）

吴与言，字志默，大埔人。明嘉靖四十年（1561）辛酉举人，四十四年（1565）乙丑进士，授汉阳推官。迁杭州府丞，擢兵部职方员外郎，出为江西左参议，晋四川按察副使。著有《吴职方边事奏疏》，未见。（乾隆《潮州府志》卷二十八，民国《新修大埔县志》卷十九，《潮州志·艺文志》）

吴说，字字源，号桂轩，潮阳人。宋绍兴五年（1135）乙卯进士。编纂《吴氏宗谱》。（《潮汕吴氏驹公史录》）

吴悦，字文炤，潮阳人。宋咸淳间举人，官四川新繁主簿。纂修《新繁县志》《桂屿吴氏家乘》。（《潮州志·艺文志》）

吴悦，字朝怿，号丽明，海阳人。明万历三十一年（1603）癸卯举人。由教谕升四川马湖府推官，擢巴州知州。时四川乱起，州民避散。悦收丁壮百余人死守，州城赖以保全。擢湖南新化州知州，未赴卒。著有《吴州牧文存》一卷。（乾隆《潮州府志》卷二十九，《潮州志·艺文志》）

吴泽光（1910—1946），潮阳人。曾任瓦窑堡通讯学校、陕甘宁边区通讯学校、延安三局通讯学校校长，晋冀鲁豫通讯分局局长等职。编著《无线电的磁》《无线电的收发》等教材。（《革命烈士书信》《潮汕吴氏驹公史录》）

吴兆蓉，民国潮安人。与人合修《银湖吴氏族谱》十二卷。（《潮州志·艺文志》）

吴之藻，字梦兰，号袖海，澄海人。著有《梦兰先生遗稿》一卷，其子其敏刊行。（《潮州志·艺文志》，《广东历代诗钞》卷八）

吴知斯（1910—?），字识三，族名明溥，号素斋，揭阳人。就读于广东国民大学。曾任渔湖京岗、凤湖、曲溪、庵埠等学校校长，梅岗中学教师。编纂《曲溪吴氏族谱》。著有《养莲吟》《耄耋微音集》。（《揭阳书目叙录》《古今揭阳吟》）

吴洲，又作吴州，字士钟，号间十，别号宜衲山人，明大埔人。以增生终。著有《犀燃鉴》《内外篇》，均未见。（民国《新修大埔县志》卷二十六，《潮州志·艺

文志》）

吴子寿（1872—1941），名观葆，以字行，潮阳人。清光绪二十八年（1902）与曾杏村创办岭东阁报所，后任《图画新报》社社长。三十三年（1907）参加丁未黄冈起义。宣统元年（1909）任汕头埠自治议事会副议长。民国二十七年（1938）受聘为香港大学教授。遗著《子寿先生诗文集》五卷。（1997年《潮阳县志》，《汕头市志》卷七十三）

吴佐熙（1846—1929），字仲穆，又字荷生，号叔园，惠来人。清光绪十一年（1885）乙酉拔贡，官至直隶州同知。晚年以鬻字为生，集写字所得的酬金，构建家居，命名为"字室"，并作《字室铭》刻于门柱，述此居室之来历。擅长书法，行楷并精。与人合纂《陵海吴氏族谱》十二卷。（《潮州志·艺文志》）

夏大勋，字谦甫，号印峰，饶平人。明嘉靖二十五年（1546）丙午举人，任江西新淦知县，修《（隆庆）新淦县志》十二卷。所著《[印峰]诗文集》未梓，毁于兵燹。（《饶平县志补订》卷十二、卷十八）

夏宏，一作夏弘，字铭乾，海阳人。明隆庆四年（1570）庚午举人，授诏安知县。罢官归，读书不倦，授徒讲学，深究天人性命之旨。著有《字考》二卷（佚）、《性理书》、《铭乾子篆谱》等。（乾隆《潮州府志》卷二十八，光绪《海阳县志》卷三十八，《潮州志·艺文志》）

夏建中，海阳人。夏弘父。明嘉靖十九年（1540）庚子举人，官至横州知州。生平学问渊源于阳明学说。著有《质疑录》。（《潮州志·艺文志》）

萧翱材，字匪棘，号右溪，一作又溪，大埔人。清顺治八年（1651）辛卯举人，顺治十五年（1658）戊戌成进士，康熙元年（1662）任巴陵知县。年六十卒。著有《松存轩文集》二卷、《松存轩诗集》七卷、《咏史筵音集》二卷、《韩江萃英录》、《青柳堂稿》。[乾隆《潮州府志》卷二十九，同治《大埔县志》卷十七，民国《新修大埔县志》卷二十，《潮州志·艺文志》，《椒达堂诗钞（增编本）》]

萧诚斋，清大埔人。光绪间著有《广济新编》不分卷。（《广东文物特辑》，《岭南中医》第一章）

萧锌，号警斋，清末大埔人。诸生，授徒山间，与萧㧋上等会文赋诗。著有《买痴集》二卷。（《潮州志·艺文志》）

萧端贡，字曰质，潮阳人，萧与成次子。明嘉靖二十五年（1546）丙午举人，授广西灵川知县，迁延平府同知，历摄南平、将乐、大田、连城诸邑，皆有政声。著有《广韵府》（佚）、《梅花百咏》。（乾隆《潮州府志》卷二十八，嘉庆《潮阳县志》卷十六，《潮州志·艺文志》）

萧端蒙（？—1554），字曰启，号同野，潮阳人。萧与成长子。明嘉靖二十年（1541）辛丑进士，选庶吉士。任山东道御史、贵州巡按。二十六年（1547）还都，途中患病，遂告归。二十九年（1550）俺答犯京畿，应诏复起为浙江道御史，寻巡按江西。三十三年复命，廷议欲迁为廷尉，疏未上，病卒。著有《同野文集》（一作《同野集》）六卷。（乾隆《潮州府志》卷二十八，《潮州耆旧集》卷十四，嘉庆《潮阳县志》卷十六）

萧端升，字曰阶，号自麓，潮阳人。萧与成季子。少时随从罗念庵游学。过吉水，从罗洪先游。又与焦竑、袁黄讲学于新泉书院。明嘉靖二十五年（1546）丙午举人，授罗城知县，不就。万历八年（1580）改新会教谕，迁琼州教授。年八十三卒。集《六约》，求《陈白沙遗稿》，定《黎秋坡文集》。考订朱子《家礼》、丘濬《仪节》，以己意折衷之，为《谕琼礼要》，未见。著有《三字经》、《正俗会约》（云周光镐撰者，误）。（乾隆《潮州府志》卷二十八，光绪《潮阳县志》卷十七，光绪《广州府志》卷一○七，《潮州志·艺文志》）

萧凤翥（1851—1920），字仙渠，潮阳人。清光绪二十六年（1900）庚子恩科举人，授江西宁都直隶州知州，升知府赴省候补，未就。后赴日本东京游历，回国后，任本县学务公所所长，劝学所总董兼戒烟会会长。创办官立东山高等小学堂、文昌第一官立小学堂等。民国元年（1912）任县议会议长，县教育会会长。民国二年（1913）被选为众议院议员。国会解散后，回里创办县立中学校，任校长。民国五年（1916）第一次恢复国会时，仍任众议院议员。民国六年（1917）任"护法国会"众议院议员。著有《东游考察政学纪略》。（《民国人物大辞典》，《潮阳文史》第十一辑）

萧傅霖，大埔人。光绪二十九年（1903）癸卯举人。曾任众议院秘书处一等秘书、宪法会议出席秘书、国会非常会议秘书处文牍科长。分纂《（民国）新修大埔县志》。（民国《新修大埔县志》卷三十二）

萧冠英，号菊魂，大埔人。留学于日本东北帝国大学工学部电气工程科，民国九年（1920）毕业。曾任汕头市长，鹤山、顺德二县县长。著有《欧洲考察记初编》《六十年来之岭东纪略》《机械原件学》。（民国《新修大埔县志》卷三十二、卷三十四，《潮州志·艺文志》）

萧鸿逵，字秋南，晚号潜夫，澄海人。救灾有功，保升知县加二品封典。清宣统元年（1909）汕头成立自治议事会，被推为正议长。担任议长期间，兴学兴工，诸多要政，无不竭力经营，泽及乡里。喜诗，与丘逢甲、陈龙庆、蔡竹铭等常有唱酬。著有《寄园吟草》。（《近现代潮汕文学·国内篇》）

萧惠荣（1868—1932），字佩之，原籍大埔，迁居饶平，后定居潮安。清光绪二十三年（1897）就读于汕头福音医院医专班。毕业后，随师至上海译述西文医书，合译出版了《欧氏内科学》、《哈氏生理学》（又名《哈氏体功学》）、《贺氏治疗学》。曾任潮安县红十字医院院长、潮安县福音医院院长等职。（《汕头卫生志》）

萧济川，民国大埔人。著有《椒远堂诗钞》三卷。（民国《新修大埔县志》卷三十五，《潮州志·艺文志》）

萧龙，字宜中，号湖山逸叟，潮阳人。明天顺三年（1459）己卯举人，成化二年（1466）丙戌成进士，任南京户科给事中兼管湖事。遇国家大计，辄抗疏引论，不避嫌怨。遭不职权要构陷，戍边于万全达十一年，边士从游者数百人，抚边大臣皆待以殊礼。成化二十一年（1485）大赦天下，马文升等为龙辩诬，复原职。遂致仕家居，筑草堂于西郊，修谱牒，立祀法，倡建东山文天祥祠，啸傲吟咏以寄怀。著有《湖山类稿》四卷。（乾隆《潮州府志》卷二十八，《潮州耆旧集》卷二，光绪《潮阳县志》卷十七、卷二十二）

萧纶锡，潮阳人。萧来凤从孙。清顺治十七年（1660）庚子举人。康熙二十五年（1686）与修《潮阳县志》。（光绪《潮阳县志》卷二十二）

萧懋之（1886—1964），名文赏，字萧

文，大埔人。清宣统元年（1909）加入中国同盟会，参加革命活动。民国间任广东北伐军经理局委员、中华革命军大永杭联军司令、第十九集团军总司令部少将参谋、第九预备师少将副师长等职。著有《大埔光复回忆》《我参加辛亥革命回忆》。（《大埔文史》第二十三辑）

萧聘廷（1897—1988），大埔人。少承家学，有儒者风。曾任大埔县商会会长、广东全省商会联合会常务委员、广东省政府参议、广东省银行香港分行襄理等职。工诗，精医。晚居香港。著有《延庐诗钞》。（《万川骚坛数百年》）

萧启元，字晓芙，清大埔人。萧望枢父。邑庠生。著有《柳阴斋诗存》。（《万川骚坛数百年》）

萧爽（1905—1986），潮阳人。长期从事教育工作。著有《潮阳乡土地理》。（《潮州人物辞典》）

萧抟上，字苹溪，清大埔人。诸生。著有《慈竹草堂诗》二卷，已佚。（《潮州志·艺文志》）

萧望枢，字星使，清大埔人。邑庠生。所著与父合刻为《柳阴斋乔梓集》。（《万川骚坛数百年》）

萧炜元，字晖史，清大埔人。著有《医学寻源》五卷。（《潮州志·艺文志》）

萧贻朔，字次倩，号海印，潮阳人。萧与成孙。明万历二十一年（1593）癸巳膺普宁恩贡，授山西平阳府通判，历署清军同知及隰州、翼城诸篆。迁广西太平府左州知州，修学宫以教生徒。致仕归，年八十余卒。著有《三晋山居草》等，已佚。（乾隆《潮州府志》卷二十八，嘉庆《潮阳县志》卷十六、卷二十二）

萧虞，大埔人。清乾隆三十年（1765）乙酉举人，任湖南新田知县。嘉庆间分编《大埔县志》。（嘉庆《大埔县志》卷十六）

萧与成（1493—1557），字宗乐，号铁峰，潮阳人。明正德八年（1513）癸酉乡试解元，十二年（1517）丁丑成进士。选翰林院庶吉士，授检讨，与修《武宗实录》，晋修撰。以丁父忧归。三年免丧，有司劝复原官，以母老，终不应。家居建宗祠，修谱牒。筑半闲园于县城西，与客论文赋诗。著有《铁峰先生遗稿》（一作《萧铁峰集》）四卷。（乾隆《潮州府志》卷三十，光绪《潮阳县志》卷十七）

萧元溥，字若充，号然美，明大埔人。博学能文，教授生徒。与陈园公、李悔庵、侯止庵为文章之交。两举乡宾。年七十五卒。著有《尚书要解》（未见）、《知濠园诗文集》。（乾隆《潮州府志》卷二十九，同治《大埔县志》卷十七，民国《新修大埔县志》卷二十五）

萧云屏，潮安人。民国十二年（1923）编著《潮语十五音》（又名《潮语同音字汇》）。（《清代三种漳州十五音韵书研究》，《汕头大学潮学研究文萃·下》）

谢白（1906—?），字少白，澄海人。毕业于暨南大学。有《少白画稿》。（《20世纪中华人物名字号辞典》）

谢道隆（1852—1915），原名长聪，字颂臣，又字颂丞，大埔人，生于台湾台中。清光绪二十年（1894）甲午战争爆发，与表兄丘逢甲倡议保台，任义军壮字营统领，参帷幕。著有《小东山诗集》一卷、《科山生圹诗集》。（《桃源古今文萃》《大埔古今诗词选》）

谢海若（1901—1980），号海翁，揭阳人。初学西洋画，民国二十年（1931）从南洋回国，赴上海参加"一八"艺社。民国二十二年（1933），在汕头组织新野美术学会，举办展览，编辑潮汕首本原拓木刻选集《海滨木刻》。新中国成立后，为中国美术家协会会员、美协广东分会理事、汕头博物馆顾问、汕头画院副院长。出版有《谢海若书画集》《刘昌潮谢海若王兰若中国画选》等。（《揭阳书目叙录》《岭南画派》）

谢海燕（1910—2001），原名益先，又名海砚，字燕园，揭阳人。民国十六年（1927）就学于汕头轶士美术学校西洋画科，半年后即留校任教。民国十八年（1929）毕业于上海中华艺术大学西洋画科三年级插班生。赴日本留学，入东京帝国美术学校。历任汉文正楷印书局编辑部主任和《国画月刊》主编，上海美术专科学校教授、教务长、副校长、代理校长，国立东南联大、暨南大学、英士大学教授，国立艺术专科学校教授兼教务长。1952年起先后任华东艺术专科学校、南京艺术学院教授、创作室主任、美术系主任，南京艺术学院副院长等职。著有《西洋美术史》《名画家评传》《西洋古典名雕评说》等。（《民国人物大辞典》《潮州人物辞典》）

谢会心（1873—1943），笔名慧因子。潮安人。编著有《评注灯虎辨类》（灯谜类书，我国第一部系统的灯谜学工具书）、《制谜丛话》、《评骘韵谜叶选》、《辍耕谈虎录》。（《潮州志·艺文志》）

谢纪，字弘毅，明海阳人。行义于乡里，闾里称"义士者必归之"。年六十八卒。著有《养心闲集》。（嘉靖《潮州府志》卷七，光绪《海阳县志》卷四十二）

谢简捷，字子茅，海阳人。侨寓郡城，补海阳诸生。清顺治八年（1651）辛卯举人，康熙十二年（1673）癸丑进士。时潮州总兵刘进忠反清，清兵围潮，简捷暗进攻战之策，其家为进忠抄没。进忠败，始授内阁中书。著有《戒心旅吟》《南还杂咏》。（乾隆《潮州府志》卷二十九，乾隆《揭阳县志》卷六，光绪《海阳县志》卷三十九）

谢鍊（1834—1879），字益潜，号巢云，揭阳人。廪贡生，有文名，但屡试不售，人谓其才高命薄。著有《红药吟馆诗钞》一卷、《南行纪程》等。（光绪《揭阳县续志》卷三、卷四，《古今揭阳吟》卷一）

谢庆成，字乐初，南澳人。廪生。清光绪二十八年（1902）与邑绅王世沂、洪裔采等创办宗海学堂。有《管谢合集》（与管植桓合刻）。（民国《南澳县志》卷十一，《潮汕教育事业发展资料》）

谢式南，字复申，揭阳人。清康熙四十六年（1707）由岁贡任三水教谕。纂辑《三水县志》。（嘉庆《三水县志》人物志）

谢五娘，明万历间海阳人。适同邑李纯庵，四年而寡。深谙音律，称"韩江才女"。一生坎坷，曾入狱。年九十卒。善诗，工于言情，著有《读月居诗集》一卷，多怀人远寄之作。钱谦益赏其诗，选入《列朝诗集》者九首。（《粤东诗海》卷九十六，光绪《海阳县志》卷四十四）

谢锡勋，字安臣，海阳人。清光绪十五年（1889）己丑举人，官将乐知县。二十八年（1902）与陈景仁于汕头合创《汉潮报》，开潮汕报纸之先河。著有《潮州荔枝词百首》、《小草堂诗集》二卷、《鮀江春饯集》一卷附录一卷等。（《潮州志·艺文志》《潮州诗萃》）

谢学圣（1692—？），字复守，号乃愿，揭阳人。清康熙五十九年（1720）庚子解元，任交城知县。著有《耕读集》。（《潮州志·艺文志》）

谢吟（1901—1983），潮州人。中学肄业后侨居泰国，入老正顺、中正顺等潮剧班任编剧。民国十四年（1925）在泰国参加青年觉悟社。民国二十八年（1939）回国，随三正顺潮剧社赴各地演出。新中国成立后，曾任潮剧改进会副主任、广东省戏曲改革委员会粤东分会主任、中国剧协广东分会副主席、广东潮剧院编剧、广东潮剧院顾问。改编剧本和剧集约160种，如《李唔直掠水鸡》、《人道》、《可怜一渔翁》、《姐姐的悲剧》、《迷途的羔羊》、《空谷兰》、《汕头老虎廖鹤洲》、《奸商马文明》、《王秀鸾》、《两兄弟》、《姊妹花》、《海上渔歌》、《梅亭雪》（合编）、《李唔直（潮剧集）》（合作）、《陈三与五娘》、《荔镜记》、《苏六娘》（合编）、《中秋之夜》（合编）、《妇女代表》（合编）等。（1995年《潮州市志》，《民国人物大辞典》）

谢元汴，字梁也，又字途野，号霜崖，澄海人。明崇祯十五年（1642）壬午举人，次年癸未进士，以母老请南归。翌年明亡。清顺治二年（1645）赴福州投唐王，授兵科给事中。以性憨直，忤郑芝龙，革职归里。五年（1648）至肇庆谒桂王，复授原官。所上诸疏，皆凿凿可施行，然时势已穷，终郁郁不得志。六年（1649）至平远募兵，以桂王败，遂隐居于丰顺大田，授徒养母。乱定，奉母还居潮州府城。母卒，流寓澎湖、台湾，不知所终。著有《放言稿》、《烬言稿》、《和陶稿》、《霜吟稿》（一作《霜崖集》）、《谏垣草》、《霜山草堂诗集》等。（乾隆《潮州府志》卷二十九，嘉庆《澄海县志》卷十八，民国《丰顺县志》卷二十三，《潮州志·艺文志》）

谢元选，字万青，又字仰蒙，惠来人。清康熙四十四年（1705）乙酉举人，官石首知县。雍正间与修《惠来县志》。（雍正《惠来县志》修志姓氏，《潮州人物辞典》）

谢正蒙（1562—1631），字中吉，号子圣，惠来人。明万历十六年（1588）戊子举人，曾任广西灵川知县、湖广安乡知县。政举卓异，抵京获赐宴。考授监察御史，巡按直隶，督理两淮盐政，兼管南京、山东、江北总运漕粮。丁内艰归。服除，升河南大梁道，恳辞不就。优游林下十六年，卒于家。著有《柏台疏草》四卷（一作《谢侍御疏草》四卷，阙）及《[谢侍御]诗文集》，多散佚，存有奏疏十九篇，载于《潮州耆旧集》。（雍正《惠来县志》卷十四，乾隆《潮州府志》卷二十八，《潮州志·艺文志》，《潮州耆旧集》卷三十二）

谢之浩，清康雍间海阳人。十岁能文，弱冠入郡学，历试二十余科，皆不遇。晚年深研理学，多所阐发。年逾八十，以寿终。著有《大易说文》《学庸句解》，均未见。（乾隆《潮州府志》卷二十九，光绪《海阳县志》卷四十一）

谢仲仁（1891—1968），字笃君，揭阳人。清宣统三年（1911）武昌起义后，参加光复汕头革命军，复参加学生军光复揭阳、普宁、潮州。民国元年（1912）就读于广东高等师范学校。曾任中国国民党揭阳县党部委员，揭阳县第一届参议员，广东省第八区统率委员会政工队长，揭阳县动员委员会委员兼秘书，揭阳县民众教育馆馆长，国民党广九铁路特别党部秘书，国民党广九铁路特别党部委员兼代主任委员，国民党广东省第三区公路特别党部执行委员、财务委员会副主任委员兼广东省党部民众运动委员会委员。后辗转香港，定居台湾。著有《抗战诗集》《纯颐集》。（《民国人物大辞典》）

谢倬（？—1928），字幼安，潮安人。谢锡勋子。就读于厦门大学第三届教育系，尚未毕业即病逝。著有《敝帚集》。（《鹭岛诗坛》2010年第3期）

谢宗锽（？—1650），字儒美，私谥贞穆先生，澄海籍海阳人。少负诗名，于汉魏三唐诸什，无不搜讨。其诗典雅婉秀，饶有风韵。与陈衍虞俱为学使曾化龙所重，目为一时双璧。明崇祯十二年（1639）己卯解元。明亡，闭户读书，终于家。著有《观古堂集》、《遁斋集》（一作《遁庵遗稿》《遁庵遗集》）、《御泠斋诗集》。（乾隆《潮州府志》卷二十九，嘉庆《澄海县志》卷十九，光绪《海阳县志》卷三十八，《潮州志·艺文志》）

邢九雒（？—1804），字叙畴，海阳人。设帐郡城，从学多知名士。清乾隆三十年（1765）乙酉举人，出宰河南，历署桐柏、长葛等县事，荐署南阳同知。督理黄河有功，补授灵宝知县。卒于官。著有《三鳣堂文集》四卷。（光绪《海阳县志》卷四十，《潮州志·艺文志》）

徐东星，字耀辉，民国丰顺人。精岐黄术，曾任卫生院医务主任、陆军军医主任、卫生队长。著有《［耀辉］诗集》。（《徐氏古今诗文选》）

徐赓华（1827—1899），字叔皋，号伯言，大埔人。清咸丰六年（1856）补廪生，后膺拔贡。著有《近思轩诗钞》。（民国《新修大埔县志》卷三十五，《潮州诗萃》）

徐韩，字景之，潮阳人。清康熙二十六年（1687）丁卯举人，数上春官不第。以教授生徒为业。著有《磐石宝诗文集》。（光绪《潮阳县志》卷十七，《徐氏历代名人录》）

徐衍，字天和，揭阳人。明正德五年（1510）庚午进士，授编修，迁宿州学正。著有《五凤楼集》。（《徐氏古今诗文选》）

徐名疆（1904—1992），字瑞平，号少载，丰顺人。少从名师，攻读经文。后旅居泰国，经商六十余载。著有《商馀吟草》《唱和集》。（《徐氏古今诗文选》）

徐虔，字宗敬，号肃轩，揭阳人。明天顺元年（1457）丁丑进士，授兵部主事，晋承德郎、镇远知府。著有《凤溪诗文集》。（乾隆《揭阳县志》卷六，《徐氏古今诗文选》）

徐荣开，字伯光，清揭阳人。诸生。通经史，潜心著述。著有《诸子经考》《层寒冰集》《梅山诗集》等。（《徐氏历代名人录》）

徐世清（1897—1997），号又陵，大埔人。民国间毕业于广东法官学校，曾任职于中山大学，师从陈光烈。博通经史，善属诗文。民国三十七年（1948）移居香港。著有《小阁楼诗集》一卷。（《徐氏历代名人录》《香港古典诗文集经眼录》）

徐寿吾（1858—1938），大埔人。清光绪七年（1881）补增广生。以授徒为业。著有《传经书室诗钞》一卷、《联语》一卷。（《大埔古今诗词选》）

徐淑希（1892—1982），饶平人。毕业于香港大学，获文学学士学位。又赴美国留学，获哥伦比亚大学文学硕士学位，后获得该校博士学位。民国九年（1920）起，任上海基督教青年会秘书，燕京大学政治系主任兼教授、法学院院长等职。九一八事变后，任东北外交研究委员会委员，国联调查团中国代表处专门委员，国联中国代表团专门委员。二十世纪四十年代，历任联合国安全理事会中国副代表、国民政府外交部西亚司代理司长、联合国大会过渡委员会副代表。与张启贤主编《中国年鉴》。著有《中国领土主权保全论》《满洲问题论文集》《民四条约效力问题》等。(《潮州志·艺文志》《民国人物大辞典》)

徐树荣,字铁香,大埔人。清光绪二十七年(1901)辛丑邑庠生,毕生从事教育。著有《南州诗钞》。(《徐氏古今诗文选》)

徐为仪(1853—1925),字煅初,大埔人。清光绪十九年(1893)府试,为府宪方功惠赏识。道试时与其子耆仙同被拔取,俱入邑庠。有《乔梓山房诗钞》《四书分类课蒙童》,均佚。(《大埔古今诗词选》)

徐文振,字质庵,澄海人。清康熙四十一年(1702)壬午举人。著有《华清文集》。(《徐氏历代名人录》)

徐濬华,字仲勋,大埔人。清光绪间廪生,毕生任教。著有《月影楼诗集》一卷。(《徐氏古今诗文选》)

许登庸,字撰叙,号萍川,揭阳人。清康熙三十八年(1699)己卯举人,五十四年(1715)乙未成进士,选授太原知县。未几,告归。乾隆九年(1744)任榕城山长。乾隆二十四年(1759)重宴鹿鸣。著有《四书节解》。(乾隆《揭阳县志》卷六,《潮州志·艺文志》)

许涤新(1906—1988),原名许声闻,又名方治平,揭阳人。民国十四年(1925)任教于普宁旅汕小学。后陆续就读中山大学预科班、厦门大学、上海国立劳动大学。长期从事革命活动。翻译《恩格斯论〈资本论〉》、《〈资本论〉第一卷提纲》、《恩格斯论〈资本论〉》(合译)。主编《中国企业家列传》《政治经济学辞典》《中国大百科全书·经济学卷》《中国资本主义发展史》《经营管理大系·管理方法卷》《现代厂长经理经营大全》。编《简明政治经济学辞典》。著有《经济论衡》《广义政治经济学(第一卷)》《三民主义读本》《抗战与民生》《经济思想小史》《生态经济学》《生态经济学探索》《新民主主义的经济》《新民主主义的经济政策》《新中国的诞生》《解放初期工人阶级同资产阶级两条道路的斗争(学习毛泽东选集)》《最近经济思想的批判》《中国经济的道路》《现代中国经济教程》《〈资本论〉概说(第一卷)》《官僚资本论》《怎样研究资本论》《中国过渡时期国民经济的分析 1949—1957》《对资本主义工商业进行社会主义改造的新阶段》《我国过渡时期对资本主义工商业的改造和阶级斗争》《毛主席在变革生产关系和发展生产力的问题上对马克思主义的发展》《中国国民经济发展中的问题:中美"经济发展战略抉择讨论会"报告文集》《中国社会主义经济的几个问题:访美讲稿》《我国社会主义经济问题研究:学习〈苏联社会主义经济问题〉一书体会》《论中国经济的崩溃》《论社会主义的生产、流通与分配》《论我国社会主义生产关系》《论我国的社会主义经济》《有关社会主义政治经济学的几个问题》《社会主义经济问题讲座》《中国国民经济的变革》《中国社会主义经济发展中的问题》《八十年代中国经济问题:在香港的"八十年代中国经济研讨会"上的报告》《百年心声——中国民主革命政治》《百年心声:中国民主革命诗话》《永怀集》《许涤新经济文选》。(1993年《揭阳县志》,1994年《揭西县志》)

许地山(1893—1941),名赞堃,笔名落华生,祖籍揭阳,生于台湾,寄籍福建龙溪。民国九年(1920)、民国十一年(1922)先后毕业于燕京大学文学院、神学院。民国十二年(1923)赴美,入读哥伦比亚大学研究院哲学系。民国十四年

(1925）转入英国牛津大学研究院。回国途中到印度大学研习梵文和佛学。回国后任燕京大学、北京大学、清华大学等校教授。抗战前后在香港大学任教。编有《达衷集（鸦片战争前中英交涉史料）》。著有《语体文法大纲》《缀网劳蛛》《商人妇》《无法投递之邮件》《解放者》《春桃》《落华生创作选》《萤灯》《危巢坠简》《空山灵雨》《云笈七签校异》《中国道教史（上）》、《佛藏子目引得》《道藏子目引检》《印度文学》《扶箕迷信的研究》《国粹与国学》《杂感集》《许地山语文论文集》《许地山选集》等。译著《孟加拉民间故事》《二十夜问》《太阳底下降》。(《中国近现代高僧与佛学名人小传》）

许国佐（1605—1646），字钦翼，号班王，又号旧庵，揭阳人。好吟诗，与番禺才子黎遂球友善。明崇祯四年（1631）辛未成进士，选授富顺知县，为豪绅所诬，系狱二年。冤白，调遵义县。擢兵部职方司主事，累升郎中，乞养归。以世乱不再仕。顺治三年（1646）刘公显聚众举事，陷揭阳城，执其母。自诣军营，愿以身代母死，被杀。著有《百花洲堂集》（一作《百洲堂集》）、《蜀弦集》、《旧庵拙稿》、《班斋数句话稿》。(乾隆《潮州府志》卷二十九，乾隆《揭阳县志》卷六，光绪《揭阳县续志》卷三，《粤东诗海》卷四十九，《潮州志·艺文志》）

许鹤卿（1906—1998），字其澄，别号觉因居士、黄岐山人，揭阳人。幼年师事许元凤习国画，后入汕头震东美术专科学西洋画。曾执教于汕头艺术师范学校、揭阳真理中学。民国二十年（1931）投笔从戎，先后毕业于广东军事政治学校、中央陆军军官学校第四学校。民国三十七年（1948）移居香港。有《许鹤卿画集》《蕴园诗画集》等。(《潮州人物辞典》）

许洪宥，字舜仁，海阳人。明弘治十四年（1501）辛酉举人，授广西临桂教谕。以学行征为御史，敢直言。刑科给事中窦明因言事下狱，洪宥上疏救之。丁外艰，卒于家。著有《易经管见》二卷（佚）、《南台日录》（佚）、《龙江集》。(乾隆《潮阳府志》卷七、卷二十九，光绪《海阳县志》卷三十六，《潮州志·艺文志》）

许纪南（1871—1943），揭阳人。庠生。著有《桃溪吟草》。(《潮诗纪事》《香港古典诗文集经眼录》）

许君辅（1214—?），字舜臣，海阳人。南宋宝祐四年（1256）丙辰进士，授漳州南靖知县。后辞官家居，编有《韩山许氏族谱》。(《潮州志·艺文志》）

许俊杰（1895—1975），字锦仁，普宁人。自幼随父习医，又拜中医林绍勋为师，博览群书，精于内经、伤寒、温病。新中国成立后，任里湖卫生院、普宁县中医院医师。1962年将毕生收集的民间草药近500种整理成册，所编《普宁草药一百种》已出版。(《中医人物词典》，1995年《普宁县志》）

许乐氛，普宁人，生于泰国。毕业于普宁师范。参加过抗日战争。后复往泰国，从事华文教育。晚任泰国华文教师公会秘书。著有《中泰国语速成教材》。(《陈竞飞诗文集》）

许美勋（1902—1991），又名许峨，笔名普络、美埙、梅孙等，潮安人。冯铿丈夫。民国间主持《火焰》周刊、《岭东民国日报》文艺副刊。二十世纪三十年代在上海从事左翼文学活动。出版长篇小说《桑浦山传奇》《冯铿烈士》及回忆录。(《古今揭阳吟》卷三）

许南英（1855—1917），号蕴白、允白、窥园主人、留发头陀、龙马书生、昆含耶客、春江冷宦，揭阳人，生于台湾。许地山父。清光绪十六年（1890）庚寅进士，授兵部主事。二十三年（1897）由吏部主事改任广东知事，历官徐闻、阳春、三水知县，调署阳江同知。民国间任福建龙溪知事。著有《窥园留草》《窥园词》。（《古今揭阳吟》卷一）

许平子（1911—1977），名映高，潮安人。民国十八年（1929）毕业于汕头商业学校，任教于仙圃四育小学、潮安水美乡小学。编有《琵琶谱解》《筝谱》。（《中国古乐·潮州细乐》）

许奇高（1903—1985），号长寿山人，别署百洲堂后人，揭阳人。师事同邑孙裴谷，擅长左腕作画。曾在新加坡赤马画室工作，并在新加坡、泰国、印度尼西亚、香港、台湾等地举办个人画展。晚居羊城，任广东省文史馆馆员。出版有《许奇高画集》二册。（《潮州志·艺文志》《揭阳书目叙录》）

许日炽（1680—1753），字鲁常，号广平，海阳人。清康熙四十七年（1708）戊子以五经举于乡，五十四年（1715）乙未成进士，授河南夏县知县。历山西泽州知州、广西太平知府，升左江道观察。左江地毗安南，日炽守边年久，思患预防，多出安边良策，四境安宁。以年老乞休归，囊橐萧然，自号何有老人。卒于家。著有《夏邑土宜记》、《从事筹边集》（一作《从事边筹集》）、《何有老人集》，后两种未见。（乾隆《潮州府志》卷二十八，光绪《海阳县志》卷三十九，《梅州进士录》）

许少岳（1865—1947），原名光墀，潮州人。清末生员。民国九年（1920）任潮安首届中医公会会长。著有《遁斋丛书》一册。（《汕头卫生志》）

许申，字雍之，一字继之，海阳人。受知于陈尧佐，随陈之惠州。北宋大中祥符三年（1010）举贤良，为真宗东岳封禅献赋颂，召试擢第一。授秘书省校书，出知鄞县。天禧初迁知韶州，移吉、柳、建三州。迁广西提点刑狱，改江南东路、湖南路、广东路转运使。神宗时极言新法之弊，贬往湖南，后官至刑部郎中。著有《高阳集》，刘允为之序，已佚。（嘉靖《潮州府志》卷七，隆庆《潮阳县志》卷十二，光绪《海阳县志》卷三十五）

许世芳（1896—1969），字仲沐，号含真，潮安人。民国六年（1917）入读日本长崎同文学堂。归国后考入北京陆军军医学校，毕业后任黄埔军校潮州分校中校医官、军政部第二十七后方医院院长、广东陆军总医院副院长、军政部十四重伤医院院长、第七战区总监部卫生处军医监处长等职。遗有《含真诗集》。（《潮州人物辞典》，1995年《潮州市志》）

许书城（1903—1992），自号可存，又号一围溪上人、十废老人，揭阳人。从商，暇时以诗书自娱。晚居香港。著有《可存剩稿》，已佚。诗作辑入《五世诗绳》。（《香港古典诗文集经眼录》）

许琬如（？—1952），普宁人。早年就读于汕头同文学校。民国二十年（1931）任潮阳县县长秘书，后任汕头市商会秘书。编有《唐宣威将军许天正公事功考》。（《潮州志·艺文志》《陈竞飞诗文集》）

许唯心（1892—？），号无畏，潮安人，出生于柔佛新山。师从同邑廪生陈濬源。曾任潮汕同盟会秘书长、粤省第四军财政长。民国元年（1912）代表潮汕赴南京，出席同盟会全国代表大会。次年出走南洋。回国后潜心研究军事学，两年后受聘任张煦司令之军事顾问。回汕头后，任《大岭东日报》总编辑。民国十七年（1928）远游上海、宁波、南洋。著有《华侨殉难义烈史》。（《潮州志·艺文志》，《潮汕历史资料丛编》第十七辑）

许伟斋，南澳人。民国三十一年（1942）任南澳县长，主修《南澳县志》。（2000年《南澳县志》）

许希逸（1830—1889），字菊坡，自号琅琊逸史、堆墨斋主，揭阳人。清同治间岁贡，同知衔，福建候补通判。同治十一年（1872）入丁日昌幕。光绪二年（1876）随丁赴台湾考察。能诗，工书画。喜集前人墨迹，署所居为堆墨斋。参与纂修《揭阳县续志》。著有《堆墨斋诗钞》二卷等。（光绪《揭阳县续志》卷四，《潮州志·艺文志》，《榕城区志》，《古今揭阳吟》卷一）

许小士（1905—1975），潮安人。早年就读于上海恽铁樵中医函授学校、安天锡针灸学社。曾任潮安县医事人员甄考委员兼主考人、潮州卫协副主任、潮州保健中医联合诊所主任。主编《潮安草药学》。（1995年《潮州市志》，《汕头市志》卷七十四）

许心影（1908—1958），原名许兰荪，笔名白鸥，澄海人。许伟余长女。入读上海大学文艺院中国文学系，师从瞿秋白和杨之华。曾在汕头海滨中学、聿怀中学、海丰水产专科学校、潮阳六都中学、揭阳韩山师范学校、潮阳达濠中学等校任教。病逝于汕头。著有《脱了牢狱的新囚》（小说集）、《蜡梅馀芬别裁集》、《听雨楼诗稿》、《白鸥词选》。（李魁庆《潮籍女诗人许心影》）

许瑶（1810—1890），字澄斋，澄海人。清道光间诸生，后无心仕途。博极群书，于宋明理学研究不遗余力。广东提督学政李文园尝盛称之。著有《论语集说》《孟子摘要》《大学看读》《学庸看读》《西园家藏》《史鉴当知录》《西园尺牍》。（《潮州志·艺文志》《潮州人物辞典》）

许挹芬（1884—1974），又名许伟余，澄海人。毕业于上海中国公学经济班。清光绪三十四年（1908）起，任澄海凤山学堂、韩山师范学校、澄海县立中学等学校教员，《汕头时报》《晨报》编辑、主笔。1955年任广东省文史馆馆员。著有《慧观道人诗集》、《庶筑秋轩诗集》（一作《庶筑秋轩诗集稿》）、《庶筑秋轩文稿》。（《潮州志·艺文志》《潮州人物辞典》）

许元雄（1901—1971），原名雄石，揭阳人。民国十六年（1927）毕业于广州法政专科学校，初为律师，继而任教，后在汕头、香港等地报纸任编辑。抗日战争期间，积极参加抗日工作。曾任中国远征军司令部军法处法官。民国三十五年（1946）赴泰国，创办《曼谷商报》，任社长。新中国成立后回国，任中暹文化协会委员、中国华侨事务委员会参事等职。著作丰富，已出版《湖上风裁》《光影在萱园》《许元雄吟笺》，未刊稿有《两轮集》《薔园藏稿》《南冠诗草》等。（《揭阳书目叙录》，1993年《揭阳县志》，《汕头市志》）

薛采，海阳人。薛雍孙，薛学参父。明万历二十八年（1600）庚子举人。著有《三山古迹志》，未完而卒。（光绪《海阳县志》卷二十九）

薛洪（1532—?），字梁南，揭阳人。薛宗铠子。明隆庆初，召命预赞大典，读书国子监，寻乞归养。明万历七年（1579）选为武定同知，有政声。复乞休，乡居十八载。晚年赐阶奉训大夫。著有《光裕录》《梁南诗集》。（光绪《海阳县志》卷三十八，《潮州志·艺文志》）

薛嘉茂，揭阳人。清康熙五十三年（1714）修《凤陇薛氏族谱汇集》，于薛侃、薛俊、薛宗铠事迹，搜罗甚富。（《潮州志·艺文志》）

薛侃（1486—1545），字尚谦，号中离，揭阳学海阳人。薛俊弟。明正德五年（1510）庚午举人，十二年（1517）丁丑成进士。师王阳明于赣州四年。归里，结庐金山之麓，潮士多从之。嘉靖元年（1522）授行人。三年（1524）丁母忧，结斋中离山，与士子讲学不辍。七年（1528）起故官。寻迁司正。十年（1531）秋，蒙冤下狱，案大白，竟坐落职。归居中离山，讲学自娱。十五年（1536）北游江浙，会罗洪先于青原书院。后入罗浮山。二十二年（1543）讲学于惠州丰山永福寺，从学者百余人。门人辑刻其所闻，为《研几录》一卷。后人搜辑其文，为《中离先生文集》（亦名《中离集》四卷）。著有《图书质疑》一卷、《经传论义》一卷（佚）、《中说》、《西湖记》（未见）、《易传性理》、《乡约》一卷、《论语真诠》一卷、《训俗垂规》一卷、《薛中离全书》二十卷。辑录有《传习录》一卷、《阳明则言》二卷。拟撰《鲁论真铨》，未成，后叶蕚续成之，已佚。（《明史》卷二〇七，乾隆《潮州府志》卷二十八，乾隆《揭阳县志》卷六，光绪《海阳县志》卷三十六，光绪《揭阳县续志》卷四，《潮州志·艺文志》，《贩书偶记续编》卷十三）

薛侨，字尚迁，号竹居，揭阳人。薛侃弟。明嘉靖二年（1523）癸未进士，历官至翰林院左春坊。十八年（1539）被劾罢官，迁居潮州府城。丁母忧，守制宗山，筑一真岩讲学。著有《南关志》六卷、《一真语录》（门人辑成）。（《明史》卷二〇八，《潮州志·艺文志》）

薛然，字起藜，揭阳人。为人尚志节。清顺治初九军刘公显乱，林鸿冕起兵拒之，延薛然为参谋，大乱之平，与有力焉。生平博学多著述，辑著《闻见录》，详记南明清初时事，又著有《四书辨疑》《辍惊汇纂》（一作《辍耕汇纂》）等。（乾隆《潮州府志》卷二十九，乾隆《揭阳县志》卷六，《潮州志·艺文志》）

薛学参，字周鲁，明末海阳人。薛雍曾孙，薛采季子。诸生。博览诸史百家，究心濂洛理学，以圣贤自期。明亡恸哭累月。著有《续修三山古迹志》，未见。又修辑其先世诗文，藏于家。（乾隆《潮州府志》卷二十九，光绪《海阳县志》卷三十八，《潮州志·艺文志》）

薛雍，字子容，号南潮，一号拯庵，饶平学海阳人。隐君薛亹子，薛采祖父。明嘉靖十年（1531）辛卯举人，以亲老不赴会试。读书于莲花山。亲殁，数上公车不第，终身不仕。喜参稽时务，又精天官律历。著策论四十三篇，后辑为《薛子容集》（一作《拯庵文集》）一卷。另有《南潮诗集》一卷。（乾隆《潮州府志》卷二十九，光绪《海阳县志》卷三十七，光绪《饶平县志》卷八）

薛虞宾，海阳人。薛虞畿弟。续成其兄未竟之作《春秋别典》，《四库全书》收入。（光绪《海阳县志》卷三十八）

薛虞畿，字舜祥，海阳人。明万历四十八年（1620）庚申贡生。后隐居韩山之麓，以农圃自娱。闻长吏访其庐，辄逾垣遁去。其诗高逸冲淡。著有《海滨列女传》一卷、《听雨篷稿》。又有《春秋别典》十五卷未完稿，由其弟薛虞宾续成，编入《四库全书》。阳湖孙星衍又为注出典，后广州伍氏刻《岭南遗书》中。（乾隆《潮州府志》卷三十，光绪《海阳县志》卷三十八，《潮州志·艺文志》）

薛虞朴，字舜徵，明海阳人。薛虞畿弟。诸生，隐居韩山之麓，以农圃自娱。著有《听雨篷稿》（一说为薛虞畿所撰，存疑）。（《潮州志·艺文志》《饶平县志补订》卷十八）

薛宗铠（1498—1535），字子修，号东浤，一作东泓，揭阳人。薛俊子。明成化间与父同赴虔州，从学于王阳明。嘉靖二年（1523）癸未进士，任贵溪知县，调将乐，移建阳，颇多善政。擢礼科给事中，迁户科左给事中。年三十八受廷杖卒，士人咸惜之。隆庆初，复官，赠太常少卿。湛甘泉有铭，称其所学，如其良知。其子薛洪汇编其前后奏疏为《光裕集》（又作《东泓给谏疏草》）一卷，海瑞为之序。（《明史》卷二〇九，乾隆《潮州府志》卷二十八，乾隆《揭阳县志》卷六，《潮州志·艺文志》）

杨璧堂，清潮州人。搜罗韩愈著述及与韩愈有关者，编为《仰韩录》一卷，有嘉庆元年（1796）钞本。（《仰韩录》）

杨长发，字氽峰，海阳人。杨钟岳曾孙。清乾隆六年（1741）辛酉举人，二十二年（1757）丁丑进士，官吏部主事。著有《会城记行诗》一卷、《燕中草》。（《潮州志·艺文志》）

杨朝珍，字琼石，民国大埔人。辑大埔百侯杨氏族派诗文成《百侯杨氏文萃》三卷，前有民国十五年（1926）自叙。（《潮州志·艺文志》）

杨成梧（1692—1760），字敬思，号拳亭，大埔人。清雍正七年（1729）己酉举人，乾隆十年（1745）乙丑成进士，任韶州府教授。旋丁内艰，绝意仕进。著有《蛾子山房讲义》《四书文稿》，藏于家。（同治《大埔县志》卷十七，《大埔进士录》）

杨乘时，号艾园，清大埔人。杨缵烈兄。清乾隆十八年（1753）癸酉岁贡生。年七十一卒。著有《学庸书说》，藏于家。（同治《大埔县志》卷十七，民国《新修大埔县志》卷二十、卷二十五）

杨楚时，清大埔人。著有《宝英馆文稿》。（《人文百侯》）

杨邨人（1898—1955），谱名启源，又名启鑫，学名望苏，潮安人。毕业于武汉大学，上海太阳社、新中国剧社创始人之一。曾任鄂豫根据地宣传部长兼《工农日报》主编、川北大学教授、四川师范学院中文系教授。著有长篇小说《失踪》、短篇小说《狂澜》、小说集《战线上》《苦闷》、散文集《离群集》，三幕剧《新鸳鸯谱》以及学术著作《近代中国艺术发展史》（与李朴园等合著）。（《潮州人物辞典》《近现代潮汕文学·国内篇》）

杨德常，榜名杨德棠，大埔人。清乾隆四十八年（1783）癸卯附贡生。嘉庆间分编《大埔县志》。（嘉庆《大埔县志》卷十六）

杨德祥，大埔人。附贡生。与修《（同治）大埔县志》。（同治《大埔县志》修志姓氏）

杨鼎秋，字寄尘，镇平（后改蕉岭）人。早年加入中国同盟会，曾任党代表、改组委员、指导委员、中央党部情报处情报员等职。喜吟咏。著有《不系舟诗钞》，刊印于民国三十六年（1947）。（《不系舟诗钞》黄序）

杨凤来，字营若，号仪庭，大埔人。清康熙间捐贡。著有《身心宝鉴》。（同治《大埔县志》卷十七，《潮州志·艺文志》）

杨黼时（1708—1795），又名留绪，字式衮，号逊亭，大埔人。杨之徐第六子，杨缵绪弟。清雍正十三年（1735）乙卯举人，次年成进士，选庶吉士，散馆授编修，记名以御史用。乾隆三年（1738）典试山西。丁内艰，服阕，八年（1743）大考，改授湖北黄梅知县。以疾解组归，闭门课子。家居四十余年。著有《撷英斋四书文稿》、《撷英斋诗文集》（未见）。（同治《大埔县志》卷十七，民国《新修大埔县志》卷二十，《大埔进士录》）

杨光祖（1901—1942），号瘦子，潮安人。民国二十一年（1932）与饶锷、石维岩等创办壬社。著有《沙溪吟草》。（《潮州志·艺文志》，《潮青学刊》第一辑）

杨国崧（1859—1919），字筱亭，晚改小亭，号耘云樵子，原籍江宁上元，占籍海阳。斋号初定"韩水寄寓"，后易为"思补轩"。善山水。遗有《筱亭画賸》二册（未刊）。（《潮州志·艺文志》《潮州人物辞典》）

杨国璋（1845—1919），字璧臣，大埔人。清光绪元年（1875）乙亥举人，次年成进士。三年（1877）殿试，授户部主事陕西清吏司行走。省亲南返，潮人延主金山书院。曾任瑞昌、宜春、新昌知县。著有《心耕书屋诗稿》一卷。（民国《新修大埔县志》卷二十二，《广东历代诗钞》卷五）

杨海天（1905—？），大埔人。自少远游，足迹踏遍中州名胜。1949年，赴港，居新界桃源洞山。二十世纪四十年代主持《侨联》。自刊有《海天一览楼吟草》。（《香港古典诗文集经眼录》）

杨鹤龄（1875—1954），大埔人。年十七考取清末官医，任广州东山育婴堂儿科医生。著有《儿科经验述要》。（《梅州文史》第十一辑，《岭南医徵略》）

杨缓亭，字子方，清大埔人。著有《礼记解》《四书义》，均未见。（同治《大埔县志》卷十七，民国《新修大埔县志》卷三十五）

杨焕娃，海阳人。国学生，清光绪间参与纂辑《海阳县志》。（光绪《海阳县志》重修职名）

杨既济，字溥泉，清大埔人。著有《东郭山房诗草》。（《潮州诗萃》）

杨家略，南澳人。尝任饶平县长、饶平县警察局长。民国间分纂《南澳县志》。（民国《南澳县志》纂修职名）

杨金声，字韵石，丰顺人。清光绪四年（1878）戊寅岁贡。八年（1882）总纂《续修丰顺县志》。（光绪《丰顺县志》卷五）

杨金书（1902—1978），潮安人。民国十三年（1924）赴日本东京帝国大学习农科。回国后在金山中学、广东师范学院、韩山师专、潮安劳动大学任教数十年。精研植物，擅长绘画。分纂《（民国）潮州志》。遗著《潮汕植物图说》。（1995年《潮州市志》，《汕头市志》卷七十三）

杨缙铨，字甄品，号衡堂，大埔人。清乾隆十二年（1747）丁卯举人，三十八年（1773）任会同县儒学教谕，同修《会同县志》。截取知县，辞不就。每日讲学论文，年七十余犹手不释卷。著有《友梅居全集》，藏于家。（同治《大埔县志》卷十七，民国《新修大埔县志》卷二十三）

杨缙云（1723—1798），一作杨揩云，又名文恭，字步山，号楠圃，大埔人。清乾隆二十六年（1761）辛巳进士，官甘肃环

县知县。著有《耐雪斋文集》。(《人文百侯》)

杨骏贤,字惠兹,号乐亭,清大埔人。嗜古,于百家诸子,莫不周览。屡荐不售,年三十六郁郁而终。著有《囊中锦》《博古篇》《竹窗诗文稿》。(《潮州志·艺文志》《万川骚坛数百年》)

杨鲲云,大埔人。清康熙二十六年(1687)丁卯贡生,任新宁教谕。修有《百侯杨氏族谱》,未见。(民国《新修大埔县志》卷三十五,《潮州志·艺文志》)

杨立高,字渔山,晚号韩江渔父,海阳人。清光绪十二年(1886)丙戌岁贡。著有《爱吾庐吟草约钞》,刻入《三渔集约钞》。(《潮州志·艺文志》《金山艺文选》)

杨鲁(1875—1936),字守愚,澄海人。清光绪二十九年(1903)癸卯举人。曾任黑龙江省大赉厅通判、呼兰县知事、巴彦知州、广西省政府秘书长。著有《开滦煤矿及收归国有问题》及《[杨守愚]文集》、《[杨守愚]日记》等。(《澄海文史资料》第六辑)

杨梦时,字式愚,号蝶庄,大埔人。杨之徐次子。清乾隆元年(1736)丙辰恩贡生。平生刻意问学,额其斋曰"宝阴",训课子弟数十年。年八十二卒。著有《宝阴馆文稿》,未见。(同治《大埔县志》卷十七,民国《新修大埔县志》卷二十)

杨其琛,号韫田,海阳人。清同治光绪间诸生。通中西算学,著有《天学易知图说》(一作《天学易知说》)。(光绪《海阳县志》卷二十九,《潮州志·艺文志》)

杨启祥(1909—1987),大埔人。曾任广东汉剧院编剧。编著剧本《百里奚认妻》、《梅江月》、《柏岭飞龙》(与郭秉箴合作)等多种。遗著有《杨启祥诗文集》。(《万川骚坛数百年》)

杨睿聪(1905—1961),字慧甫,笔名杨小绿,潮安人。与祖立高、父少山等合刊《三渔集约钞》。著有《潮州的习俗》。编有《明人绝句选》三卷。(《潮州志·艺文志》,《潮青学刊》第一辑)

杨森,号槐庭,大埔人。清乾隆二十七年(1762)壬午举人,历任南海等九学教谕,升廉州府教授。著有《[槐庭]诗稿》、《此木居集句诗》二卷、《汉魏诗》。(道光《南海县志》卷十九,同治《大埔县志》卷十七,民国《新修大埔县志》卷二十五,《潮州志·艺文志》,《潮州诗萃》卷十五)

杨少山,号渔子,海阳人。清光绪二十年(1894)甲午岁贡。工诗,善琴。著有《澹如书室约钞》二卷,刻入《三渔集约钞》。另有《北阁诗话初集》。(《潮州志·艺文志》,《古今揭阳吟》卷三)

杨时芬,字叔邕,明大埔人。教授杨一廉孙、刺史杨泷次子。治诸经,通戴礼,屡试冠军。著有《楚游集》《沤游馆稿》(一作《沤游集》),均佚。(光绪《海阳县志》卷三十七,同治《大埔县志》卷十七,民国《新修大埔县志》卷二十六)

杨世达,字辑五,又字兼斋,揭阳人。清康熙间附贡,授遂溪教谕,迁河南登封知县,历永城、汤阴,皆有善政。纂修乾隆三年(1738)《汤阴县志》十卷。(乾隆《揭阳县志》卷六,光绪《揭阳县续志》卷三,《潮州志·艺文志》)

杨世勋,字书麟,号竹尹,澄海人。清咸丰间郡诸生,力学笃行,屡为司铎者称。未仕,以课徒为业。著有《岭南道学录》

一卷、《师范》、《蔗尾吟草》二卷。（嘉庆《澄海县志》卷十九，《潮州志·艺文志》）

杨世泽，潮安人。民国时在南澳县县长陈汉英属下任教育科长。民国三十六年（1947）纂修《南澳县志》，未成书，是为《南澳县志未成稿》。（2000 年《南澳县志》）

杨寿磐，字展裔，号衎园，大埔人。清乾隆三十三年（1768）戊子举人，借补会同训导。以丁艰回籍，选授陕西郿县知县。以疾归里，年七十一卒。著有《渐亭诗文集》（一作《渐亭诗文稿》）藏于家。（同治《大埔县志》卷十七，民国《新修大埔县志》卷二十三）

杨树荣（1897—1971），揭阳人。曾任县第一中学校长、县教育局局长、广东省教育厅秘书。著有《潮州文学史》《民国以来广东教育行政制度沿革史》。（《潮州志·艺文志》《揭阳县志 1986—1991 续编》）

杨淞，字镜川，海阳人。清同治六年（1867）丁卯举人，任嘉定知县。工诗，时人称其诗"多苍凉沉郁之词，悱恻缠绵之思，而又能自写性灵，言近旨远"，为一时诗坛翘楚。参与编纂《（光绪）海阳县志》，未脱稿，卒。著有《养和山馆诗草》（一作《养和山馆诗钞》）六卷附《格言》一卷（共五十二条）。（光绪《海阳县志》卷四十，《潮州志·艺文志》）

杨天培，字孟瞻，号西岩，大埔人。清乾隆九年（1744）甲子举人，十三年（1748）戊辰进士，官贵州龙泉知县，后改惠州教授。年五十二卒。著有《方言录》、《杨氏谱系考》、《奇姓录》、《西岩文稿》、《西岩诗钞》十二卷、《西岩集唐稿》一卷、《西岩集杜稿》一卷、《潮雅拾存》，均未见。（同治《大埔县志》卷十七，民国《新修大埔县志》卷二十，《潮州志·艺文志》）

杨琠，字景瑞，号谨庵，揭阳学海阳人。明正德三年（1508）戊辰进士，授山西道监察御史，弹劾不避权要。巡按南畿，有政声。以病归，具奏筑堤，潮民赖之。卒于家。师事陈白沙、王阳明，讲究理学。曾立宗训、族规、乡约为教。著有《庭训录》，王阳明为之序。（嘉靖《潮州府志》卷七，乾隆《揭阳县志》卷六，光绪《海阳县志》卷三十六）

杨廷科，字璧堂，澄海人。清乾隆五十三年（1788）戊申举人，官番禺教谕。编录陈名仪《诗教录》。著有《桂楼诗草》（一作《桂楼诗集》）一卷。（《国朝岭海诗钞》卷十三，《潮州志·艺文志》）

杨闱，字今鹤，明大埔人。刺史杨泷孙，杨时芬子。涉猎子史，磊落不羁。善书法，又喜诗。与弟湘阴令杨开俱隶埔庠，试屡前茅。壮岁弃诸生服，与吴殿邦徜徉山水，酬唱无虚日。后偕揭阳郭之奇、黄奇遇游吴越江楚，入都门，诗学益进。曾修《揭阳县志》《大埔县志》。归老海阳之龟湖。年九十一卒。著有《杨今鹤诗文集》（一作《杨今鹤诗集》），未见。（乾隆《潮州府志》卷三十，光绪《海阳县志》卷四十一，同治《大埔县志》卷十七，《潮州志·艺文志》）

杨文宠，字藜卿，一作藩卿，海阳人。清康熙八年（1669）己酉岁贡，官电白训导。著有《菉园诗集》。（光绪《海阳县志》卷十五、卷二十九，《潮州志·艺文志》）

杨文焱，字思绅，清大埔人。诸生。著有《南溪吟草》一卷。（民国《新修大埔县志》卷三十五，《潮州诗萃》）

杨文瑛，民国揭阳人。年二十八岁任

乡校校长。著有《暹罗杂记》，有民国二十二年（1933）五月自序。（《潮州志·艺文志》）

杨文振（1708—1748），字式允，号东川，大埔人。杨乘时二弟。清乾隆元年（1736）丙辰举人，十年（1745）乙丑成进士，授刑部安徽司主事。一年后以病假归里。著有《种德堂文稿》。（同治《大埔县志》卷十七，民国《新修大埔县志》卷二十）

杨晓村，清大埔人。著有《羯催集》《吟香集》。（《潮州志·艺文志》）

杨雪立（1876—1956），字敬师，自署雪立、雪叟、雪道人、敬斋，潮州人。清末拔贡。民国间创办私立国粹学校。曾任汕头孔教会董事会会长兼时中学校校长。新中国成立后，任广东省文史馆馆员。编著《国外研究孔子动态》《中庸之道研究》《孔子教育思想试行》《封建科举艰辛录》《书法真谛》等书。（《汕头文史》第四辑）

杨演时（1711—1774），又名骏绪、季随，字式显，号半崖，大埔人。杨之徐第七子，杨缵绪、杨黼时胞弟。清乾隆三年（1738）戊午举人，十年（1745）乙丑成进士，选庶吉士，散馆授编修。旋告归，闭门讲学。二十七年（1762）潮守周硕勋延其主讲潮州龙湖书院，历长广西秀峰、福建鳌峰及各郡书院。著有《紫来堂四书文稿》《紫来堂诗文集》。（同治《大埔县志》卷十七，民国《新修大埔县志》卷二十，《广东书院制度》）

杨一廉，字思介，号湛泉，原籍大埔，自父成都府经历杨凤迁至海阳，遂家焉。明嘉靖三十年（1551）辛亥拔贡，任新淦、德化训导。升唐府教授，寻告归。著有《燕游集》《金川归田稿》（一作《金川集》）、《湛泉诗稿》，均未见。（乾隆《潮州府志》卷二十八，光绪《海阳县志》卷三十七，《潮州志·艺文志》）

杨育仁，字勉之，清大埔人。著有《古今名帖题跋》。（民国《新修大埔县志》卷三十五，《潮州志·艺文志》）

杨毓辉，字然青，大埔人。生员，清光绪末就读于上海格致书院。编有《光绪丁未年交涉要览》五卷。著有《中西权度合数考》、《格致治平通议》二十六卷、《寿椿庐富强刍议》《大洋海大西洋海印度海北冰海南冰海考》一卷。（《四部总录算法编》补遗，《高校古文献资源库》）

杨元兴，字景亨，号云浦，大埔人。清乾隆三十五年（1770）庚寅举人，任山西繁峙知县。年六十三以疾卒于任。著有《股法指南》。（《人文百侯》《万川骚坛数百年》）

杨之茂（1614—?），字百年，澄海籍海阳人。工制艺，旁及诗、古文、词。年五十中清康熙二年（1663）癸卯举人。有清节，不随时好。晚年遁迹山中，渺与世绝。著有《庸训》《度岁草》《霖湖集》等。（乾隆《潮州府志》卷二十九，嘉庆《澄海县志》卷十九，光绪《海阳县志》卷四十二）

杨之徐（1659—1731），字沛若，号慎斋，大埔人。举清康熙十四年（1675）乙卯乡试，二十七年（1688）戊辰成进士，三十四年（1695）谒选河南光山知县，纂修康熙三十五年《光山县志》十卷。寻乞归，杜门课子，以诗文自娱。林居三十余年。著有《企南轩编年录》上下编、《企南轩诗文集》四卷、《汇辑家珍》。（乾隆《潮州府志》卷三十，民国《新修大埔县志》卷二十，《潮州志·艺文志》）

杨中龙，号北海，大埔人。清乾隆六十年（1795）乙卯进士，嘉庆元年（1796）殿试，授内阁中书舍人。出任浙江衢州军民府同知。著有《北海文稿》（一作《北海诗文稿》）。（同治《大埔县志》卷十七，民国《新修大埔县志》卷二十一）

杨钟岳（1628—?），号大山，原籍揭阳，生于澄海，后移居海阳。清顺治十四年（1657）丁酉举人，十八年（1661）辛丑成进士，选翰林院庶吉士，改户部主事。康熙九年（1670）充会试同考官。出监通州仓，复督屯凤阳。十二年（1673）擢升员外郎，迁兵部职方司郎中。提督福建学政，升参议。丁忧归，家居三年。服阕赴补，卒于京。康熙二十三年（1684）编纂《潮州府志》十六卷。著有《搴华堂文集》（一作《搴华堂诗文集》），梁佩兰为序，已佚。后人重辑为《大山公诗文集》。（乾隆《潮州府志》卷二十九，乾隆《揭阳县志》卷六，嘉庆《澄海县志》卷十八，光绪《海阳县志》卷二十九）

杨宗瑞，字廷镇，揭阳人。元泰定年间进士，历官翰林修撰。泰定元年（1324）以礼部郎中出使安南。天历间以国子司业参修《经世大典》。至正三年（1343）始参与修撰《辽史》《金史》《宋史》。（民国《潮州府志略》艺文）

杨缵烈，字式达，号前村，大埔人。杨乘时弟。以拔贡生举清乾隆元年（1736）丙辰顺天乡试，十年（1745）乙丑会试，列明通榜，授和平县教谕。曾主讲琼州苏泉书院。分纂《（乾隆）大埔县志》，同修《（乾隆）琼山县志》。著有《环山书屋内集》《环山书屋外集》，未梓。（同治《大埔县志》卷十七，民国《新修大埔县志》卷二十）

杨缵绪（1697—1771），乳名弦五，字式光，号紫川，晚号节庵，大埔人。杨之徐第五子，黼时之兄。清康熙五十六年（1717）丁酉举人，康熙六十年（1721）辛丑进士，选庶吉士，改吏部验封司员外郎，分校礼闱。迁浙江道监察御史，协理陕西道事。因焦弘勋案罢归。乾隆元年（1736）补为甘肃庆阳知府，旋丁内艰归。服阕，补松江府。二十二年（1757）升西安按察使。任满致仕。博通经史，尤精于性理、周易，尝掌教粤秀、端溪书院。纂修《续修杨氏族谱》。著有《粤秀课艺》《佩兰轩诗集》（佚）、《佩兰轩文集》。（同治《大埔县志》卷十七，民国《新修大埔县志》卷二十，《潮州志·艺文志》）

杨遵仪（1908—2009），揭阳人。民国二十二年（1933）毕业于清华大学地学系，获理学士学位。三年后赴美国留学，入耶鲁大学研究院，攻读地层学和古生物学，获哲学博士学位。曾任中山大学地质教授兼系主任，两广地质调查所所长，清华大学教授，北京地质学院教授、系主任，中国古生物学会副理事长。与徐桂荣合译《地层学原理》。著有《南祁连山三叠系》、《贵州中部中上三叠统腕足类》（与徐桂荣合著）、《华南二叠—三叠纪过渡期地质事件》（合著）、《中国标准化石无脊椎动物第三分册腹足纲》（合著）、《古生物学教程》（合编）等。（《民国人物大辞典》）

姚炳奎（1780—?），号辉斗，清澄海人。增补诠释海阳邹桐乡所编《美基篇》，有道光二十一年（1841）刘廷辉跋。（《美基篇》叙）

姚弗如，澄海人。创办澄海龙田道文学校，毕生任教。著有《潮声十七音新字汇合璧大全》，民国二十三年（1934）出版。（《潮州人物辞典》）

姚良材（1838—1909），字有光，号嵩

生，清揭阳人。姚梓芳父。年三十补学附生。好学能文，著有《养志堂家训》。与子同辑《磐溪治事》二卷。（《榕城区志》）

姚天健，字行轩，别号西溪渔隐，澄海人。清乾隆嘉庆间布衣。早岁遨游江淮，备尝世味酸咸，一以诗词传之。著有《远游诗钞》十卷、《远游词钞》一卷、《倦游词草》。（《潮州志·艺文志》《岭南历代词选》）

姚廷标，潮阳人。清同治间岁贡生，任训导职。与修《（光绪）潮阳县志》。（光绪《潮阳县志》卷十五）

姚文登，号松阴，一作松荫，澄海人。清乾隆间廪生。精于音韵，著有《初学检韵袖珍》十二卷。嘉庆四年（1799）游吴，以是书质正于钱大昕，大昕为之序。（《潮州志·艺文志》）

姚喜臣，字钦飏，潮阳人。明崇祯间拔贡。明亡，绝意仕进，筑庐先人墓侧，日夕哀吟。著有《溪云庐诗集》，未见。清康熙二十六年（1687）与修《潮阳县志》。（乾隆《潮州府志》卷二十九，嘉庆《潮阳县志》卷十六）

姚亚民，民国潮阳人。辑《潮阳姚氏族谱》不分卷。还编有《潮阳列代名人诗存》，凡辑九十七家诗，末附苏禧《三十夜月诗比较》。（《潮州志·艺文志》）

姚振琦，字梧庵，潮阳人。姚春元子。清雍正间恩贡生，官高明县教谕。著有《梧庵文稿》。（《潮州志·艺文志》）

姚梓芳（1871—1952），名君悫，号觉庵、岐山老民，晚年自号秋园，揭阳人。姚良材子。清光绪二十三年（1897）就读于广州广雅书院，三十三年（1907）毕业于京师大学堂，获师范科举人，任法部主事。宣统元年（1909）任广西第二师范学监，旋离职进京师大学堂文科深造。后历任暹罗华侨宣慰使、潮梅行政考察、潮州府税局局长、福建银行监理等职。著有《秋园文钞》三卷、《觉庵丛稿》、《困学庐笔记》、《过庭杂录》、《广西办学文稿》、《致远斋公牍》、《姚氏学苑丛刊》、《述德徵言》等。与罗惇曧合辑《丁徵君遗集》二卷。（民国《丰顺县志》卷二十三，《潮州志·艺文志》）

叶拂云，字白也，一字铁柯，清澄海人。诸生。诗学建安、初唐。著有《龙桥诗集》，陈衍虞序之。（《潮州志·艺文志》）

叶绿河（1884—1974），字允清，号子云，揭阳人。早年任塾师。喜诗文，工书法，善制谜。编有《谜集》一部，收录谜语近万条。（《揭阳县东山区志》）

叶源（1905—1963），字星河，揭阳人。民国间任龙山中学教员、上海商务印书馆校对员。编有《论语选释》。（《潮州志·艺文志》《揭阳书目叙录》）

叶芝，字国英，号园公，澄海人。叶蕚弟。明万历三十一年（1603）癸卯副榜贡生，与兄蕚同出吕天池之门。年五十弃举业，隐西麓园，筑小山石、莲洞、半舫亭、紫竹坞诸胜，日与羽士墨客拈韵赋诗。诗学盛唐，律诗格调学苏东坡。工行楷小隶，兼善兰菊。著有《小山寓言》、《石莲洞诗》、《西园稿》（阙）、《五云纪游》（阙）、《一指月咏史绝句》（阙）。（乾隆《潮州府志》卷二十九，嘉庆《澄海县志》卷十九）

余步瑶，字玉阶，饶平人。清道咸间诸生。著有《覆瓿集》。（《饶平县志补订》卷十八）

余孟斌（1894—1985），名两全，号曲

江樵者，一作曲江樵叟，丰顺人。少时师从王逸叟等岭南诸画家，习诗词、书画。喜为诗，有"诗翁"美誉，曾作诗词千余首，大都散佚，仅存四百余首。善国画，尤长于画花鸟山水。有《余孟斌诗词拾遗》、《三余诗草》（与弟侄合著）。（1995年《丰顺县志》，《梅花端的种梅州》）

余珮华（1903—1922），字玖如，澄海人。女。髫龄肄业于植基学校。二十岁时与妹彩华同溺于"八二"风潮。著有《读东风轩遗稿》（民国十一年石印本）、《珮华遗集》。（《读东风轩遗稿》序）

余受益（1911—1977），字谦，饶平人。民国十八年（1929）毕业于福建省立龙溪高等师范学校，曾任国民党黄冈区党部书记兼城中乡长、黄冈镇中心小学校长。民国三十四年（1945）赴泰国。编有潮剧《范蠡荐西施》《花木兰》《梁红玉》《梅娘》《桃花扇》。著有《冰海楼甲子诗词存》。（《汕头市志》卷七十四）

余心一（1904—1942），字印可，潮安人。毕业于广东高等师范学校，曾任番禺县长和澄海县长。"南园今五子"之一。遗稿有《甘苦录》《阙思斋诗集》等，熊润桐均有题识。（《罗雨林文博研究论集》《沚斋丛稿》）

余用宾，字昌泽，号苹波，潮阳人。清道光十四年（1834）甲午举人，同治十年（1871）主讲东山书院。两选乳源、新会教谕，俱引疾乞休。年七十二卒。著有《三益轩诗草》，未刊。（光绪《潮阳县志》卷十七，《潮州志·艺文志》）

余元绮，清饶平人。余作祥子。庠生。与父合著《诗程捷解》四卷。（《潮州志·艺文志》）

余作祥，字淑侯，饶平人。余元绮父。清康熙二十六年（1687）丁卯岁贡，教授澄海，多所造就。与子合著《诗程捷解》四卷。（光绪《饶平县志》卷七，《潮州志·艺文志》）

余作舟（1896—1972），丰顺人。余孟斌弟。早年赴泰国谋生，先后在泰国、越南创办和经营实业。与兄、子合著《三余诗草》。（《丰顺人物辞典》《梅花端的种梅州》）

袁公潜（1753—?），号陶峰，又号渐上鸿，揭阳人。清乾隆间诸生。著有《陶峰写真诗百首》。（《古今揭阳吟》卷一）

袁温，字心广，澄海人。明万历二十二年（1594）甲午举人，任云南阿迷州知州，升广西浔州府同知。以老乞休，家居十六年。著有《昆虫草木疏》《迷阳集》。（嘉庆《澄海县志》卷十八）

曾庚隆，字洙柏，海阳人。好读书，探奇抉奥。仿周兴嗣《千字文》，著《千字对》，组织百家，囊括万有，属对精工，搜罗宏富，并自加注释刊行。清乾隆元年（1736）以耆年赐八品冠带，年八十六卒。（乾隆《潮州府志》卷三十，光绪《海阳县志》卷四十一，《潮州志·艺文志》）

曾华盖，字文垣，一字乃人，号喟我，私谥"文靖"，海阳人。清康熙五年（1666）丙午举人，九年（1670）庚戌登进士。谒选得浙江寿昌知县，纂修《（康熙二十二年）寿昌县志》十二卷。擢吏部考功司员外郎，转稽勋司。二十九年（1690）典试湖广，所取者皆楚中名士。旋以同官诖误降职，遂归林下，闭门著作。年七十卒。著有《鸿迹猿声集》《楚游纪事诗集》《鹡寄堂诗集》《征车草》《喟我诗文集》（未见）。（乾隆《潮州府志》卷二十九，光绪

《海阳县志》卷三十九,《粤东诗海》卷六十六,《潮州志·艺文志》)

曾籍雅,大埔人。曾任汕头迴澜中学校长、大埔旅汕同乡会会长。民国间分纂《新修大埔县志》。(民国《新修大埔县志》修志职员表)

曾迈(1576—1612),原名曾思道,字志甫,揭阳人。明万历二十五年(1597)丁酉举人。著有《仙游稿》,已佚。(乾隆《揭阳县志》卷五)

曾清河,号啸秋,清末民初潮安人。编纂《潮安曾氏家谱》。著有《宿云楼诗钞》。(《潮州志·艺文志》)

曾圣提(1901—1982),原名曾楚侨,又名伟石,笔名大吉等,饶平人。毕业于厦门集美学校。民国十四年(1925)赴泰戈尔创办的国际大学求学,在印度结识圣雄甘地,并成为其学生。曾任新加坡《南洋商报》编辑主任。参与《电讯新闻》《巴城时报》等报刊的创办工作。抗战爆发后,组织华侨战地记者通讯团。1979年受邀赴印度,病逝于新德里。著有《医学笔记》《在甘地先生左右》《斜坡》(诗集)、《船民泪》。译著诗剧《韶君妲拉》。(《潮安文史》第六辑)

曾述经(1856—1917),字撰甫,一字月樵,后更名彭年,揭阳人。清光绪十五年(1889)己丑与弟习经为同科举人。二十八年(1902)以知县分发福建,曾供职于闽浙总督府、泉州盐厘局,后官上杭县令。宣统二年(1910)谒告归家,以道学为乡里倡。著有《曾撰甫先生集》。(《潮州志·艺文志》《潮州人物辞典》)

曾廷兰,字秋墅,号吟花主人,海阳人。著有《吟花别墅诗钞》二卷,清光绪十四年(1888)刊行。(光绪《海阳县志》卷二十九,《潮州志·艺文志》)

曾希尧,字伯勋,明海阳人。早年读书,教授于乡,晚岁好远游。年七十卒于家。著有《郡邑纪异》(未见)、《远游集》。(乾隆《潮州府志》卷三十,光绪《海阳县志》卷三十八)

曾习经(1867—1926),字刚甫、刚父,号蛰庵、刚庵、蛰公,揭阳人。曾述经弟。年弱冠补县生员。清光绪十四年(1888)就读于广雅书院、学海堂。十五年(1889)己丑恩科举人,次年(1890)入京会试,中式为贡士。十八年(1892)壬辰进士,授户部主事,寻迁户部员外郎。三十二年(1906)户部改为度支部,升任度支部右丞,兼任法律馆协修、大清银行监督、税务处提调、清理财政处提调、印刷局总办、宪政审查馆学部咨议官等职。辛亥革命后,辞官隐居,自号"蛰庵居士"。民国累征不起。精于理财,擅长诗词、书画、音律。诗与梁鼎芬、罗瘿公、黄晦闻合称"岭南近代四家"。梁启超为作像赞,称其为"有清易代之际第一完人"。著有《蛰庵诗存》(一名《刚甫诗集》)一卷、《蛰庵文存》一卷、《蛰庵词》(原名《秋翠斋词》),一作《蛰庵词录》)、《曾习经字帖》。(《潮州府志略》人物,《潮州志·艺文志》,1993年《揭阳县志》)

詹安泰(1902—1967),字祝南,号无庵,饶平人。民国十五年(1926)毕业于广东大学中国文学系,在韩山师范学校、金山中学任教。民国二十七年(1938)起,任广州中山大学教授、中文系主任兼研究院文科研究所中国语言文字部指导教授、古典文学研究室主任。主编《中国文学史(先秦两汉部分)》。著有《屈原》《花外集笺注》《碧山词笺注》《姜词笺解》《宋人题词集录》《温词管窥》《词学研究十二论》

《无庵词》《无庵说词》《李璟李煜词》《鹡鸰巢诗集》《滇南挂瓢集》《宋词散论》《离骚笺疏》《詹安泰词学论稿》《古典文学论集》等。(《潮州志·艺文志》,《潮州人物辞典》,《饶平县志补订》卷十八)

詹朝阳(1898—1977),本名梧桐,字梧生,饶平人。毕业于北京朝阳大学法律系、中央训练团党政班第一期。曾任海丰县法院检察官、河北大学教授、河北省党部书记长、河北民众抗日别动队总队总队长、河北省民政厅长、粤港澳区区长、国民党广东省党部执行委员、广东省民政厅长。后居泰国。著有《土地改革》《土地问题》。(《民国广东将领志》)

詹敬文,字孟铨,惠来人。清乾隆十五年(1750)庚午岁贡。雍正间为廪膳生时与修《惠来县志》。(雍正《惠来县志》修志姓氏)

詹鲲,字芸圃,号图南,饶平人。进士詹志远曾孙。清嘉庆九年(1804)甲子举人,授博罗教谕。著有《周易集解》十二卷、《图南集》(有文百余篇)。(光绪《饶平县志》卷八,《潮州志·艺文志》)

詹梦魁,字云岛,明惠来人。母殁,庐墓于东山十二年。山林暇日,以诗文自遣。著有《东山遗稿》。(雍正《惠来县志》卷十四,乾隆《潮州府志》卷二十九)

詹培勋,字鹿垫,饶平人。清光绪二十五年(1899)庠生。工诗文,尤善丹青。先后在饶平、南澳各地从教五十余载。亦曾赴台湾执教。民国二十九年(1940)春,饶平县政府特赠一匾,书"翊教崇圣"四字加以褒扬。民国十六年(1927)重修《饶平詹氏族谱》。(《饶平县志补订》卷十八,《饶平文史》总第七辑)

詹韶,字广凤,一作赓凤,饶平人。清顺治八年(1651)辛卯拔贡。博极群书,慷慨好义。年四十余,弃举子业。长于诗,与岭南诸名士结"珠江社",日以著作自娱。著有《尚书发微》四卷。(乾隆《潮州府志》卷二十九,《饶平县志补订》卷十二)

詹一槐(1561—?),字秋宇,明饶平人。与人合修《饶平詹氏族谱》。(《潮州志·艺文志》)

詹一惠(1548—?),字正迪,一字养吉,惠来人。明万历十年(1582)壬午举人,授江西上犹知县,改广西北流。不乐仕进,在任未及三年告归。参与编纂《(万历)惠来县志》。著有《三礼约言》、《一惠诗文稿》二卷。(乾隆《潮州府志》卷二十八,雍正《惠来县志》卷十四,《潮州志·艺文志》)

张翱(1785—1819),乳名诜羽,字思飞,号仪坡,大埔人。张树勋长子。清嘉庆十二年(1807)丁卯解元,十九年(1814)甲戌进士,殿试第二甲,钦点翰林院庶吉士。二十二年(1817)散馆,改屯田司主事。博涉经史,勤于著述。旁及医卜、星相、堪舆之学。著有《[仪坡]制艺试帖》《金陵游草》《地学订误》《星学订正》(一作《星学考证》)、《六壬总诀》十卷、《诹日合表》二卷、《十三经集句》、《分类经史对语》、《集腋碎言》、《琅玕集锦》、《琅玕字辑》、《席珍》、《春藻摘华》等。卒后,其裔孙张小春拾其遗珠及所余鳞爪,包括《江南游草》、杂诗、馆课试帖等,汇抄成册,名曰《张仪坡太史诗集》,在香港付梓。(同治《大埔县志》卷十七,民国《新修大埔县志》卷二十一,《潮州志·艺文志》)

张百凡,清末大埔人。诸生。任教乡

中。著有《迎薰别墅诗集》一卷。(《万川骚坛数百年》)

张晌，大埔人。清康熙五十年（1711）辛卯举人，雍正七年（1729）任南海教谕。参与编纂《（乾隆）南海县志》。(同治《大埔县志》卷十六)

张炳珩，南澳人。清咸丰初附贡生。试不第，遂专攻医学。其术湛深。晚年以心得纂成《张炳珩医书》，未梓。(民国《南澳县志》卷九)

张伯封（1892—1968），名锡侯，号桐卿，别号铁阳腐佧，普宁人。民国十七年（1928）往泰国谋生，回国后在家乡创立文学专修所。著有《腐佧诗集》三卷、《张伯封回忆录》、《谜语浅说》。(《陈竞飞诗文集》)

张超群，字述俊，别字类山，大埔人。清乾隆十五年（1750）庚午举人，未谒选，卒。著有《四书讲义》三十卷，未及梓，毁于洪水。(民国《新修大埔县志》卷二十五，《潮州志·艺文志》)

张春介，清大埔人。著有《映霞书屋诗钞》。(《潮州志·艺文志》)

张对墀，字阶登，号丹崖，大埔人。清乾隆四十八年（1783）癸卯选优贡生，东河邱司马延致南澳讲院。五十三年（1788）戊申举人，次年考授觉罗官学教习。年六十卒。同修《（嘉庆）大埔县志》。辑《释同广义韵书》（一作《韵字释同广义》）。著有《周礼对偶》（未见）、《五经策要》（未见）、《五稔外集》、《[丹崖]诗文稿》。(同治《大埔县志》卷十七，民国《新修大埔县志》卷二十，道光《广东通志》卷一八九)

张凤翼，字元辉，澄海人。明万历十年（1582）壬午举人。由教谕历升至刑部郎中，擢云南按察司副使，平反大狱数十案。垂老与门人讲学不倦，工骈丽体，著有《四六启集》（一作《四六剩言》）。年八十卒。(乾隆《潮州府志》卷二十八，嘉庆《澄海县志》卷十八，《潮州志·艺文志》)

张光远，大埔人。廪生。与修《（同治）大埔县志》。(同治《大埔县志》修志姓氏)

张国栋，字云生，潮阳人。清咸丰间岁贡。著有《井天诗话》。(《潮州志·艺文志》)

张汉斋（1885—1969），潮安人。二十余岁学琵琶、古筝及外江音乐。曾任汕头"合益社"音乐主任、汕头潮乐改进会主任、广东省文史馆馆员。整理出版《新潮乐》和《潮州音乐选集》。(《潮州人物辞典》，1995年《潮州市志》)

张灏（1647—1692），字晴川，惠来人。张经长子。清康熙十一年（1672）中亚元，任化州学正。抵任，捐俸修学宫，劳心课士，文风不振。闲暇即摊书万卷，偕二三知交，载酒赋诗。尝代行州事，洁己恤民，州人德之。卒于官。著有《濯春堂集》二卷。(乾隆《潮州府志》卷二十九，雍正《惠来县志》卷十四，《潮州志·艺文志》)

张华云（1909—1993），普宁人。民国二十三年（1934）毕业于中山大学史学系，曾任普宁简易师范学校教务主任、韩山师范学校教务主任、西山公学名誉校长、汕头市立第一中学校长、汕头市副市长、汕头市文联名誉主席、汕头市人大常委会副主任、汕头市政协副主席等职。出版有《张华云喜剧集》和诗集《筑秋场集》《潮汕竹枝百唱》等。(《潮州人物辞

典》《陈竞飞诗文集》)

张化龙，大埔人。编著《游程赏音集》，民国间由泰益印书馆出版。(《兴宁文史》第二十四辑)

张经（1628—1693），字虚舟，一字稼村，惠来人。张旭子。清康熙二年（1663）癸卯举人，九年（1670）庚戌成进士，授吏部观政，回籍候选。赴部掣选，至皖城感疾南归。参与编纂《（康熙二十六年）惠来县志》。著有《书经禹贡注》《稼村篔吟诗集》《秋声文集》。(雍正《惠来县志》卷十四，乾隆《潮州府志》卷二十九，《潮州志·艺文志》)

张经史（1898—?），别号瘦鹤，大埔人。及长，赴印度尼西亚经商。著有《客庐吟草》一卷。(《万川骚坛数百年》)

张竞生（1888—1970），幼名江流，名国威，以字行，又字公室，笔名痴人、痴生、章独，饶平人。早年受孙中山之命，从新加坡回到北京参加同盟会。辛亥革命后，赴法国留学，先后毕业于巴黎大学、里昂大学，获哲学博士学位。民国九年（1920）回国，任潮州金山中学代理校长、北京大学哲学系教授、开明书店总编辑、广东省文史馆研究员。译有《卢骚忏悔录》《情感的逻辑》《多惹情歌》《女人的引诱》《梦与放逐》《歌德自传》等。著有《普通的逻辑》《烂熳派概论》《哲学系统》《系统与期待的异同》《美的人生观》《美的社会组织法》《伟大怪恶的艺术》《性史》《十年情场》《爱的旋涡》《爱情定则：讨论集》《浮生漫谈》等。编有《农村复兴实验》《南北议和见闻录》《文化史》《前后杀狼记》《山的面面观》《新食经》《新饶平》。(《饶平县志补订》卷十八，《民国人物大辞典》，《潮州人物辞典》)

张君亮（1880—1971），原名德燨，别号缬云，忏僧，大埔人。任大埔官学小学、安上公学、西河中学校长。著有《亮庐诗稿》。(《万川骚坛数百年》)

张楷，字式庵，丰顺人。清光绪五年（1879）己卯恩贡生。参与编纂《（光绪）续修丰顺县志》。(光绪《丰顺县志》卷五)

张克诚，字子勋，大埔人。清光绪元年（1875）乙亥举人，二十一年（1895）任香山教谕。戊戌政变后遍游海外，归国后委署花县教谕。宣统二年（1910）聘主本邑学务，至鳄溪为盗所劫，生平著述尽失。著有《黄堂张氏族谱》、《孔教撮要篇》十卷、《[孔教撮要]续篇》十卷。(民国《新修大埔县志》二十五，《潮州志·艺文志》)

张夔（1065—1157），字柏举，一字致尧，海阳（后属饶平，今属澄海）人。宋政和四年（1114）甲午进士，时年五十。任茂名知县，有廉声。擢廉州通判，迁新州知府。前后皆以清节著，高宗曾书其名于屏，曰"南有张夔，北有周昕"。年七十致仕。著有《禄隐集》，已佚。(嘉靖《潮州府志》卷七，光绪《海阳县志》卷三十五)

张琨阶（1868—1947），原名永璋，字文华，大埔人。曾任高陂仰文公学、桃山公学校长，大埔中学文史教员。著有《享帚集》。(《桃源古今文萃》)

张龙云（1874—1921），号六士，大埔人。张薇子。清光绪十九年（1893）就读于潮州金山学堂，受业于丘逢甲。三十四年（1908）肄业于广州法政学校，后任岭东视学。与同邑饶柱荪、邓玉仙、丘少白、温丹铭诸人相友善，诗酒酬唱。在穗城，与丘沧海同创"南园诗社""诗钟会"，时相唱和。以廪生援例选教谕。民国间历任揭阳、紫金等县县长，内政部秘书，援闽、回粤两役筹饷局文牍股长等职。光绪三十年（1904）与张际云、邹鲁等创办乐群中学，培育新式英才。著有《瓠庐诗钞》，同邑温廷敬为之序。(民国《新修大埔县志》卷二十二)

张美淦，潮安人。曾任韩山师范学校训育主任、潮安县教育局局长、揭阳县县长等职。编有《石鱼斋集》。又化名凤祠客，与化名为"亿"的钟勃合著潮州方言长篇小说《长光里》。(《榕城文史》第四辑，《潮州文史资料》第二十三辑)

张淇，字右川，惠来人。张经次子。与兄灏、弟汉并有文名。清乾隆二十一年(1756)丙子举人。次年岁饥，首倡捐赈。未仕，卒。著有《嘘云集》一卷。(雍正《惠来县志》卷十四，《潮州志·艺文志》)

张荃（1911—1959），字荪簃，揭阳人，生于北京。姚梓芳外孙女。民国二十三年（1934）毕业于之江文理学院国文系，任之江大学、厦门大学教授。著有《刘后村年谱》《荪簃诗词稿》。(《潮州志·艺文志》《揭阳书目叙录》)

张溶，字宏升，别字达川，清大埔人。高州守备张可栋之子。诸生，屡试不中，以老病援例入贡。年八十七卒。著有《诸经注解》，未见。(同治《大埔县志》卷十七，民国《新修大埔县志》卷二十五)

张少华（1868—？），原名梨云，大埔人。早年在新加坡、马来亚及国内任教，晚年在茶阳、厦门经商。著有《筚蹄诗草》。(《丝竹轩文集》)

张绍祖，字启材，清惠来人。张汉长子。廪膳生。雍正间与修《惠来县志》。(雍正《惠来县志》卷十四)

张声典（1866—1934），普宁人。清光绪十一年（1885）生员，长期从事乡村文教事业。著有《张声典日记》《张氏手记》。(《普宁文史》第五辑，1995年《普宁县志》)

张世珍（1840—1915），字聘三，饶平人。早年赴暹罗从商，足迹遍及南洋及沿海各地。清光绪三十年（1904）依潮汕方言音节，参泉州黄谦《汇音妙语》及漳州谢秀岚《雅俗通十五音》，编成《潮声十五音》，民国二年（1913）出版，收录7200字，为潮汕本土第一本韵表式字典。(《澄海文史资料》第二辑，《潮州志·艺文志》，《汕头市志》卷七十四)

张守仁，大埔人。清末诸生。毕业于两广方言学堂，曾任广东省府参议。致力教育及慈善事业。著有《守仁诗存》《衡庐诗钞》一卷。(民国《新修大埔县志》卷三十五，《广东历代诗钞》卷九)

张树勋（1756—1830），字尹志，号南塘，大埔人。清嘉庆三年（1798）戊午举人，十年（1805）乙丑进士，官浙江新城知县，在任十五年。归里后掌教潮州海阳龙湖书院、惠州丰湖书院凡七年。年七十五卒，诰封奉直大夫。著有《南塘文集》，未梓。(同治《大埔县志》卷十七，《潮州志·艺文志》，《梅州进士录》)

张桐琴，又名鹤渚，清末饶平人。张世珍子。庠生。著有《狐鬼再生缘》。(《潮州人物辞典》)

张万春，清大埔人。精岐黄，悬壶济世，活人甚众。年九十卒。著有《四书证韵》，藏于家。(同治《大埔县志》卷十七，民国《新修大埔县志》卷三十五)

张薇（1819—1892），字省卿，号星曹，又自号惺道人，大埔人。清咸丰二年

(1852)壬子举人，同治二年（1863）癸亥进士。任福建瓯宁知县，莅任仅两月，丁内艰。服阕，历任河南镇平、唐邑、洛阳、西华、杞县知县。著有《且庵吟草》（亦名《惺道人诗集》）二卷。（民国《新修大埔县志》卷二十一，《客家名人录》）

张燮任（1574—1640），字绍知，号汰沃，大埔人。明万历八年（1580）庚辰进士，授行人。著有《霏云集》《群玉集》。（《大埔古今诗词选》）

张掖（1895—1974），原名张友敏，字逊之，大埔人。民国十七年（1928）毕业于法国巴黎大学市政研究所，曾任国民革命军第一军政训处上校秘书、中山大学出版部主任、中山大学法文教授、广东省参议会参议员、中山大学西语系教授等职。编有《法兰西文法大全》《高等法语语法》等教材。著有《广州之演化》，民国十七年（1928）巴黎大学出版社出版法文版。（《潮州志·艺文志》《大埔县志1979—2000》）

张瀛，号沐斋，大埔人。清咸丰五年（1855）乙卯以优等充廪膳，同治三年（1864）甲子援例选贡。年六十一卒。著有《周易辑说》，因离乱遗失。（同治《大埔县志》卷十七，民国《新修大埔县志》卷二十九）

张应麟（1904—1986），普宁人。民国二十一年（1932）毕业于北京大学，曾在普宁二中、华南师院、东江师专、佛山师院、惠阳教师进修学校任教。著有《潮汕方言音义探索》。（《陈克飞诗文集》）

张应旸，号仲琪，大埔人。能文工诗，补博士弟子员。与同邑李谷生、温丹铭、丘星五、张守仁相唱和。年五十六卒。著有《柏斋韵言》三卷、《柏斋诗集》二卷。（民国《新修大埔县志》卷二十五）

张永福（1872—1957），字叔耐，饶平人。早年侨居新加坡。在汕头创办汕头平民树胶制造公司，任经理。民国间任中国国民党南洋交通部部长、中华革命党南洋支部部长、《新国民日报》主笔、北伐军大本营咨议、广东国民政府参事、中央银行汕头支行行长、汕头市市长、国民政府侨务委员会常务委员、国民党中央党部党史史料编纂委员会名誉委员、革命债务调查委员会委员。著有《南洋与创立民国》（亦名《南洋与创造民国》）。（《潮州志·艺文志》《民国人物大辞典》）

张友称，清大埔人。年六十余卒。著有《四书章旨》，未梓。（同治《大埔县志》卷十七）

张元阳，清大埔人。苦心力学，县府试屡列前茅，然数奇不遇，赍志而终。有《[元阳]遗集》传于家。（民国《新修大埔县志》卷二十六，《潮州志·艺文志》）

张云经，大埔人。清康雍间增广生，家于普宁，授徒为生。晚年习静于马嘶岩，质衣置寺田六亩。著有《四书字解句解》《易经解》《诗经解》，皆散佚。（乾隆《普宁县志》卷七，乾隆《潮州府志》卷二十九，同治《大埔县志》卷十七）

张兆符（1910—1980），又名上林，字节之，大埔人。张守仁次子。毕业于南京金陵大学文学院，曾任广东省税务管理局副局长，广东区国税局局长，国民大学、南方商业专科学校、辅仁大学教授，文莱中正学校校长等职。著有《财政学》《现代各国赋税制度比较研究》《赋税理论与实务》。（《大埔文史》第二十八辑）

张振南，号莞生，大埔人。以副贡生中清咸丰二年（1852）壬子举人。与同邑翰林何探源、进士饶襄甲、张薇并负才名。丰顺丁日昌聘教其子弟于揭阳公馆，课读之余与丁论文赋诗，相得甚欢。年七十卒。著有《燕游日记》《师竹山房诗文集》。(民国《新修大埔县志》卷二十五，《潮州志·艺文志》)

张芝田（1908—1986），笔名梅林、文林、怀树、求真、穆林、微灵、西华等，大埔人。民国间任烟台《复兴日报》总编辑、河山话剧社导演、中华全国文艺界抗敌协会秘书等职。新中国成立后，曾任震旦大学中文系教授、华东文联研究室主任、上海新文艺出版社副总编辑。著有报告文学集《烟台烽火》，小说集《婴》《乔英》《疯狂》《归本》以及《梅林文集》《[梅林]小说散文集》。(《中国近现代人物名号大辞典》)

张中声，大埔人。清乾隆五十一年（1786）丙午举人，任增城训导。嘉庆间主修《增城县志》。(同治《大埔县志》卷十六)

张钟，字大石，惠来人。张灏子。年十二为潮阳诸生，清康熙四十七年（1708）戊子恩贡。善真、草书，诗赋援笔立就。参与编纂《(康熙四十三年)惠来县志》及《潮阳县志》。著有《留砚堂集》。(雍正《惠来县志》卷十四，乾隆《潮州府志》卷二十九，《潮州志·艺文志》)

张仲绛（1909—1984），大埔人。民国二十一年（1932）毕业于中山大学法律系，任广东省地方自治训练所教务主任兼教授、广东省参议员。民国二十五年（1936）春，入德国柏林大学习德文，后转入马堡大学攻读刑法学，获法学博士学位。回国后，历任中央政治大学法律系、中山大学法律系教授，湛江市市长，中山大学德语教研室主任，中国刑事学会顾问，广东省法学会顾问等职。与他人合编《德汉辞典》《德汉小辞典》《英汉法律字典》。(《客家名人录》)

张仲宣，字松溪，丰顺人。附贡生。参与编纂《(光绪)续修丰顺县志》。(光绪《丰顺县志》纂修衔名)

张倬云，清大埔人。由廪贡生任德庆州训导。著有《雁后诗存》二卷。(民国《新修大埔县志》卷三十二，《潮州志·艺文志》)

张缵烈，字庆光，清丰顺人。年七十余卒。著有《麻痘验方》二册。(民国《丰顺县志》卷二十二)

张作舟（1678—1714），字宜川，大埔人。清康熙三十八年（1699）己卯举人，四十八年（1709）己丑进士，选庶吉士，散馆授检讨。参与编修《大清一统志》。五十二年（1713）冬乞假省亲，次年五月卒于家。著有《春秋题解》《礼记集解》（未见）。(乾隆《潮州府志》卷二十九，同治《大埔县志》卷十七，《潮州志·艺文志》)

赵德，海阳人。唐大历十三年（778）戊午进士。元和十四年（819）韩愈为潮州刺史，置乡校，聘德摄海阳尉，为衙推官。愈改刺袁州，欲携俱往，德辞不就，愈赋诗以别。德以愈所授古文编为《昌黎文录》六卷（佚），有叙。编有《新三字经》。后人推德为"潮学之宗"，学者称为"天水先生"。(嘉靖《潮州府志》卷七，光绪《海阳县志》卷三十五)

赵鹏翼，潮阳人。清同治间恩贡生。与修《(光绪)潮阳县志》。(光绪《潮阳县志》卷十五)

赵少如（1895—1975），号松雪，又号吟风，祖籍潮州，迁居汕头。民国间灯谜组织"影语研究社"成员。民国二十一年（1932）与人共创浣花谜社。著有《二老墨馀》、《香水风华录》（与陈少梅合著）。

(《潮汕灯谜史》)

赵时举，字存晦，号韦男，饶平人。明嘉靖十三年（1534）甲午举人，二十九年（1550）庚戌进士。授湖广黄州府推官，致仕归，日与乡先达作怡老会。著有《白云馆集》。（乾隆《潮州府志》卷二十八）

赵世成，字仲励，号吉士，潮阳人。清雍正七年（1729）己酉拔贡。著有《潮州盐政论》。（《潮州志·艺文志》）

赵维城，字悟非，海阳人。清光绪间廪生。著有《悟非诗草》一卷。（《潮州志·艺文志》）

郑安（1428—？），字康民，海阳人。弱冠以《春秋》领明正统十二年（1447）丁卯举人，景泰五年（1454）甲戌进士，授河南道监察御史，弹劾不避权要。宪宗即位，抗疏陈事多见采用。迁陕西按察副使。居官二十年，以母老归省。有《西征铙歌鼓吹》。（嘉靖《潮州府志》卷七，《潮州志·艺文志》）

郑安道，字茂周，号梅邺，一作梅村，潮阳人。清乾隆三十三年（1768）戊子举于乡，三十六年（1771）辛卯成进士，邑令李文藻聘主东山书院。四十四年（1779）铨知县，以亲老辞。及父母相继逝，服阕，起补国子监丞，卒于官。著有《西山集》。（光绪《潮阳县志》卷十七，《粤东诗海》卷八十四）

郑安淮，字桐云，潮阳人。郑鸿谟玄孙。清同治十二年（1873）癸酉拔贡生，就职教谕。光绪四年（1878）主讲于莲峰书馆。与修《（光绪）潮阳县志》。（光绪《潮阳县志》卷十七）

郑昂，字献尊，明潮阳人。初习举子业，后弃之。结庐神山之阳，闭门十年，潜心理学。著有《说诗转解》、《性理要略》（佚）。（嘉庆《潮阳县志》卷十六）

郑邦任（1850—1926），字熙绍，号莘吾，潮阳人。清同治十二年（1873）癸酉顺天举人，任兵部主事。光绪九年（1883）癸未成进士，官翰林院庶吉士。二十四年（1898）称母病，辞官归里。建"惜兰香馆"书房，读书养性。与修《（光绪）潮阳县志》。（光绪《潮阳县志》卷十五，1997年《潮阳县志》）

郑昌时，又名郑重晖，字平阶，海阳人。弱冠补博士弟子员。学识广博，于本州地理、风俗，尤了然指掌。清嘉庆十五年（1810）上书知府陈镇，条陈海防及捕洋盗事，翌年盗降事平。与知县徐一麟具论治都里事宜，所论皆条理精明。巡抚祁某临潮，昌时进权宜时务万言策，巡抚奇之，辟为幕府。道光五年（1825）潮州知府黄安涛以疏治韩江水道下问，昌时献策具图说以进。著有《四书要典》、《说隅》（未见）、《韩江闻见录》十卷、《开方考》（未见）、《岂闲居吟稿》、《鸡鸣集》、《学海集》、《禺山夜话》。（光绪《海阳县志》卷四十，《潮州志·艺文志》）

郑大进（1709—1782），字誉捷，号谦基，又号退谷，谥勤恪，揭阳人。清乾隆元年（1736）丙辰进士，授肥乡知县。历河间府同知、正定知府、济东道台。迁两淮盐运使，授湖南按察使，擢贵州布政使，转河南、湖北巡抚，迁直隶总督，加太子少傅。卒年七十四。有经济才，尤以修水利、防水患称。纂修《（乾隆二十七年）正定府志》五十卷。著有《郑勤恪公奏议》《爱日堂诗文稿》。（光绪《揭阳县续志》卷三、卷四，《潮州志·艺文志》）

郑大嵩，字峻甫，号仙桥，揭阳人。监察御史郑一初之子。从尚书湛甘泉游。明嘉靖元年（1522）壬午举人，选德清教谕。既归，邑令王凤雅重之，延修《揭阳县志》。（乾隆《揭阳县志》卷六，《广东方志要录》）

郑幹生（1894—1967），字邦贞，揭阳人。民国三年（1914）赴汕头行医。曾任汕头孔教会国粹学校文史教员兼校医、汕头同济医院中医师、岭东中医学会会长。民国二十四年（1935）创办汕头中医讲习所，任所长兼教务主任。著有《张仲景〈伤寒论〉和〈金匮要略〉注释》《郑氏医案验方》等。（《汕头卫生志》）

郑高华，字茂耿，号外峰，潮阳人。少卿郑同元玄孙。清乾隆三十五年（1770）庚寅以廪生领乡荐，授贵溪知县，莅任即修《贵溪县志》。四十八年（1783）充江西分校官。（光绪《潮阳县志》卷十七）

郑国藩，字晓屏，普宁人。清光绪十一年（1885）乙酉拔贡。著有《春秋国际公法》、《似园文存》七卷、《似园诗存》二卷。门人杨世泽、蔡丹铭辑刊《似园老人佚存文稿汇钞》。（光绪《普宁县志》卷六，《潮州志·艺文志》）

郑国光，字闇生，惠来人。清顺治元年（1644）甲申贡生。二年（1645）闽寇围邑，画守城十策。年八十卒。参与编纂《（康熙二十六年）惠来县志》。（雍正《惠来县志》卷十四）

郑国勋，字尧臣，潮阳人。游宦寓居上海，以销售烟土为业。清宣统二年（1910）诏令禁烟，遂辍业。辑有《龙溪精舍丛书》。（1997年《潮阳县志》）

郑过宜（1901—？），名醒民，潮阳人。早年赴上海谋生，以教学为业。酷爱京剧，时常撰写戏曲评论。与张古愚等组织上海国剧保存社，主编多种戏剧刊物。主编《戏剧年鉴》。著有《待云室剧话》《古今优伶剧曲史》等。（《中国京剧史·中卷》）

郑浩（1863—1947），字义卿，潮阳人。诸生。清光绪三十年（1904）赴日本东京法政学堂留学，毕业后回国参加殿试，得法政科举人，钦点内阁中书。曾任吉林省方正县县长、潮海关监督兼外交部特派驻汕交涉员。著有《中华民族西来辩》一卷、《论语集注述要》十卷。（《潮州志·艺文志》，《饶平县志补订》卷十八）

郑鸿谟，字茂训，号夏川，潮阳人。郑廷楫父。清雍乾间诸生。博览群书，作文有奇气，其诗则本性情，不加雕琢。自号所居曰"嬾庐"，作《嬾庐子说》。尤善行草。年七十七卒。著有《觉来堂诗文集》，后焚于火，遂更名《秦烬集》。（光绪《潮阳县志》卷十七，《潮州志·艺文志》）

郑黄道，字灼凡，明嘉靖间海阳人。庠生。博学嗜古，潜心理学。凡《太极》《西铭》诸书，无不心神领会。为古文辞兼善诸家之长。学使魏浣初赏其文，拔明经第一。授新宁训导，升龙门教谕。辞官归，撰述益著。有《尚书解义》等。（乾隆《潮州府志》卷二十九，光绪《海阳县志》卷三十八，《潮州志·艺文志》）

郑家兰（1772—1860），字正初，号秋皋，丰顺人。清乾隆五十三年（1788）戊申举人，嘉庆十三年（1808）戊辰成进士，钦点翰林院庶吉士。散馆后，改授福建邵武知县。受奸臣诬告，被解职。回里后受聘潮州韩山书院讲学。善书法，楷、行兼美。著有《正初文集》四卷。（光绪《丰顺县志》卷五，民国《丰顺县志》卷二十一、卷二十三）

郑锦城，字子固，号愚斋，潮阳人。清道光二十三年（1843）癸卯督学李棠阶倡道广州，以诸生召至试院，授《儒门法语》《理学宗传》诸书。咸丰元年（1851）举孝廉方正。年六十九卒。著有《穗垣性学日记》。（光绪《潮阳县志》卷十七，《潮州志·艺文志》）

郑开莲，字伯青，海阳人。清康熙间诸生。著有《寄园草》《江浦吟》。（光绪《海阳县志》卷二十九，《潮州志·艺文志》）

郑开修（1905—1960），笔名铁马、铁园，澄海人。任泰国《国民日报》《中国日报》《中国周刊》等报刊编辑及主笔。著有《梅子杂感集》《玫瑰厅》《铁园遗诗》等。（《潮州人物辞典》）

郑克堂（1880—1967），潮阳人。清光绪间贡生。韩山师范学校毕业后，任教于和平县范氏学堂。民国二十五年（1936）任国民党军委会秘书。辑郑之侨《东里公文存》。著有《子产评传》《云海楼诗集》。（《潮州志·艺文志》，《广东历代诗钞》卷七）

郑匡夏，字彤石，揭阳人。郑旻曾孙。清顺治十一年（1654）甲午举人。生平好引掖后学，又喜谈时事，切中利害，才识为时人所重。能诗，善书。著有《元白草》。（乾隆《潮州府志》卷二十九，乾隆《揭阳县志》卷六，《潮州志·艺文志》）

郑兰荪，字草孙，清潮阳人。增贡生，六品衔应升训导。与修《（光绪）潮阳县志》。（光绪《潮阳县志》重修职名）

郑茂蕙，字日扬，一字百崖、百厓，号沙石，饶平人。明崇祯十五年（1642）壬午举人，授徒自给。清顺治间铨选封川教谕，十二年（1655）调开建县教谕。年七十卒，门人私谥"文介"。著有《雪净斋诗文集》，已佚。（光绪《饶平县志》卷八，《饶平县志补订》卷十二）

郑旻（1517—1576），字世穆，号崟山，海阳学揭阳人。明嘉靖二十五年（1546）丙午举人，三十五年（1556）丙辰进士，授兵部主事。迁武选郎中。丁内艰，起复补职方郎中，出守大名、归德，皆有循吏名。历贵州、山西学使，湖广参政，四川按察副使，官至贵州左布政使。未期月，以积劳卒于官。有《崟山谈言》（佚）、《哀拙稿》（一作《哀拙集》）。（乾隆《潮州府志》卷二十八，乾隆《揭阳县志》卷六，《粤东诗海》卷二十九）

郑南升，字文振，潮阳人。宋绍熙（1190—1194）中，与郭叔云同从学于朱熹。笃志力学，尤潜心《论语》《孟子》，多所发明，与朱子多质疑问答。曾侍坐，朱子诲之，自是学益进。辑有《晦庵语录》，未刊。（嘉靖《潮州府志》卷七，隆庆《潮阳县志》卷十二，《潮州志·艺文志》）

郑沛霖（1900—1975），揭阳人。毕业于榕江书院，任梅岗书院教员、汕头《侨声晚报》编辑。后居香港。编有《陈暑木贪污证状汇集》。（《揭阳书目叙录》）

郑倩，字南楼，海阳人。清乾隆三十五年（1770）庚寅举人，力学苦吟，平生著作甚富。族侄郑昌时曾得其遗稿，名《南楼遗稿》，然未刊行。（《韩江闻见录》卷七，《潮州志·艺文志》）

郑清，清普宁人。隐居东山岩讲学。著有《女学二篇》《仙学正传》二卷。（《潮州志·艺文志》）

郑润，字雨亭，号润之，清海阳人。曾游苏州、北平等地。工书善画。张庚的

《画徵录》特为郑润立传，北平翁方纲对郑润的书画尤为叹赏。倦游回潮，筑"吾心堂"，收藏法帖。自刻所临钟繇至米芾十二家书为《吾心堂临古帖》六册，翁方纲作跋。（光绪《海阳县志》卷四十三，《潮州志·艺文志》，《潮州人物辞典》）

郑绍业（1892—1977），字崇岐，揭阳人。毕业于上海天德医学院函授班。遗著有《中西医治疗宝库》《医案百例》等。（1993年《揭阳县志》，《汕头市志》）

郑寿麟（1900—1990），潮阳人。毕业于德国莱比锡大学，获博士学位。回国后，历任四川大学、北京大学、中山大学教授、系主任，同济大学代校长。民国二十年（1931）在北平创办中德学会。民国三十七年（1948）应台湾糖业公司邀约赴台。1961年应西德联邦政府邀请，前往考察讲学。1966年退休后，专任中国文化学院教授，后兼中国文化学院德国文学研究所主任。著有《德国志略》《中西文化之关系》《亚里士多德》《中华女性》《西德政治参考资料》等，以及《饭桶生涯记趣》、《国语新旧库译本新约全书》（与陆亨理合译）、《国语新旧约译本》（与陆亨理合译）等译著。（《民国人物大辞典》，1997年《潮阳县志》）

郑树雄（1908—1968），潮阳人。民国二十一年（1932）毕业于金陵大学园艺系。民国二十四年（1935）与林越在汕头创办潮汕柑橘产销合作社，任总经理。民国三十五年（1946）在潮阳办华南柑橘场。主编《广东省汕头专区果树上山工作参考手册》。著有《潮汕柑橘》《柑橘栽培技术》《果树园艺学》。（《潮阳文史》第四辑，1997年《潮阳县志》）

郑廷楫，字德舟，号渔邨，或作渔村，潮阳人。郑鸿谟子。清乾隆间诸生。著有《渔邨集》（又作《渔村集》）。（光绪《潮阳县志》卷十七，《潮州志·艺文志》）

郑廷櫆，字文湾，澄海人。明天启四年（1624）甲子举人，授三水教谕，升国子监助教，历户部郎中。晋湖广驿传道台，升福建按察使，晋江南右布政使。辞归，居上杭，寄情林壑。著有《荥阳汇编》（一作《荥阳类编》）二十卷、《文湾诗集》（佚）。（乾隆《潮州府志》卷二十八，嘉庆《澄海县志》卷十八，《潮州志·艺文志》）

郑锡三，字介石，潮阳人。清咸丰间岁贡生，官琼州府训导，内阁中书衔。与修《（光绪）潮阳县志》。（光绪《潮阳县志》卷十五、卷二十二）

郑心经（1843—1902），号醉六，晚自署樗散老人、酸翁，斋号"逍遥仙馆"，海阳人。清光绪末补博士弟子员，设帐课徒多年。好为竹枝词，所作辄妇孺传诵。兼善书画，尤精兰竹。诗论警俗，人称"郑斧"。著有《鹧鸪吟馆诗钞》、《鹧鸪吟馆印谱》（镌刻）。（民国《潮州府志略》人物、艺文）

郑学侨（1869—1943），号古涛，潮阳人。师从陈松龄习医，清光绪末年鼠疫流行时，随师救活不少人。民国十九年（1930）发起组织潮阳中医师公会并任常务董事。不久创办潮阳中医普及医专学院。著有《内景图志》《本草概要》《妇科诊治心得》等，并续成陈松龄未完之《诊断南针》。（1997年《潮阳县志》，《汕头卫生志》）

郑雪耘（1890—1969），名翼，以字行，又字雪痕，潮安人，旅居上海。诗词、书画兼擅，又精通谜语。著有《宋史翼补证》。（《潮汕灯谜史》《潮人旧书》）

郑养性，字帅堂，号舜斋，揭阳人。博览群书，深通经学。清康熙六十年（1721）惠士奇督学广东，养性以所作《周礼注》《春秋左氏注》等书呈上，士奇谓其开粤风气之先。（乾隆《潮州府志》卷二十九，乾隆《揭阳县志》卷六，《潮州志·艺文志》）

郑以勋，字铁侯，澄海人。郑廷櫆从子。清顺治十一年（1654）甲午岁贡。著有《沧溟诗》。（嘉庆《澄海县志》卷十九）

郑义，字伯集，号在翁，潮阳人。贯通经史，旁及诸子、星象、六书之学，后锐情于诗，卒以诗名。明永乐十年（1412）壬辰进士，授广西北流教谕，擢周王府长史。王重其学。嗣王立，义撰《奉藩十五事》以进，王嘉诺之。著有《古史集》（佚）、《在翁梅花百咏》一卷。（乾隆《潮州府志》卷二十九，嘉庆《潮阳县志》卷十六）

郑有涯（1900—1988），原名良材，潮阳人。长期任教，曾任中学校长。著有诗集《百调心声》。（《潮州人物辞典》）

郑育渐，字丹木，揭阳人。郑旻长子。明万历四年（1576）丙子举人。笃性命之学，先达邹颖泉、庞弼唐、湛甘泉之高弟。著有《希言草》。（乾隆《揭阳县志》卷六，《潮州志·艺文志》）

郑芸经，字耕石，清海阳人。诸生。著有《书带草堂诗集》。（《潮州志·艺文志》）

郑振藻，字荣泽，号半园，潮阳人。清顺治十四年（1657）丁酉举人，康熙间任息县知县。二十六年（1687）与修《潮阳县志》。（光绪《潮阳县志》卷二十二，1997年《潮阳县志》）

郑正秋（1888—1935），又名郑芳泽、郑伯常，笔名药风，潮阳人，幼年客居上海。辛亥革命后投身影剧事业，陆续编导故事片《难夫难妻》及《隐痛》《皇帝梦》《孙中山之死》等话剧。二十世纪二十年代初期，创办上海明星影片公司和明星新戏学校，自任校长，培养出蔡楚生、胡蝶等影剧精英。民国二十一年（1932）在上海参加中国电影文化协会，先后编导《自由之花》《姐妹花》和《再生花》三部影片。著有《新剧考证百出》。（1997年《潮阳县志》）

郑之侨（1707—1784），字茂云，号东里，一号惠泉，潮阳人。清雍正十三年（1735）乙卯举人，乾隆二年（1737）丁巳成进士，授江西铅山知县，寻署弋阳。未几，擢饶州府同知，迁宝庆知府，晋山东济东泰武道，调补湖北安襄郧兵备道。所至有政声，尤重文教，陶铸人才，曾于铅山修鹅湖书院，于宝庆建濂溪书院；乾隆六年（1741）、九年（1744）、十二年（1747）三校江西乡闱。后告归，优游林下近二十年。著有《六经图》二十四卷、《鹅湖讲学会编》十二卷、《劝学编》（一作《濂溪书院劝学篇》）六卷、《农桑易知录》三卷、《四礼翼》二卷、《东里公文存》。纂修《(乾隆八年)铅山县志》十五卷、《(乾隆二十八年)宝庆府志》八十四卷。（嘉庆《潮阳县志》卷十六，光绪《潮阳县志》卷十七，《潮州志·艺文志》）

郑祝三（1881—1946），名映梅，又名锦春，澄海人。青年时期赴南洋，与王泽儒、吴轩慈共营三友实业公司。通乐器，尤善秦筝。编有《潮音乐谱》《外江乐谱》《三弦琵琶秦筝乐谱》。（《潮州人物辞典》）

郑卓越，揭阳人。清雍正四年（1726）丙午举人，历任番禺、陵水教谕，钦州学正。参与编纂《(乾隆)廉州府志》。（民国《合浦县志》卷首）

钟勃，又名钟东江，潮安人。民国间任国民党潮安特派员、潮安中学校长。与张美

淦合著潮汕方言长篇小说《长光里》。独著《龙塘四武士NO.1》。(《近现代潮汕文学·国内篇》)

钟达云（1902—1988），自号晚晴老人，大埔人。毕业于大埔中学。初在古村、莒村任小学校长。后在香港国华银行、广州华侨联合银行总行、德庆县悦城松香厂任职。有《晚晴轩诗文集》。(《晚晴轩诗文集》前言)

钟佩芳，清海阳人。陈方平门人。著有《卧琴仙馆全集》。(《潮州志·艺文志》)

钟声和，字榕林，原籍福建，占籍海阳县。清附贡生，咸丰间任户部主事。著有《岭海菁华记》四卷、《砚馀近录》二卷、《三馀诗集》（一名《钟榕林诗集》）六卷、《三馀文集》一卷，又选评岭南诸名家文为《岭南文选》。(光绪《海阳县志》卷二十九，《饶平县志补订》卷十八)

钟仕杰，潮阳人。明景泰元年（1450）庚午举人，任梧州府教授。成化间纂辑《潮阳县志》，已佚。(光绪《潮阳县志》卷二十二)

钟亦请（1904—1987），字观丞，号钟岳，大埔人。抗日战争初期任增城县第一区区长。晚年侨居香港。著有《钟岳诗画集》、诗集《山河颂》等。(《桃源古今文萃》)

钟兆霖，字雨农，清大埔人，生于羊城。屡试不第，遂游幕于东莞、香山、龙川、端州各地。著有《菜根堂诗稿》（一作《菜根堂诗存》）十卷。(民国《新修大埔县志》卷三十五，《潮州志·艺文志》，《澳门诗词笺注·晚清卷》)

周伯初（1868—1935），名士，号毅甫，揭阳人。清末诸生。曾任惠潮嘉师范学堂校长、揭阳县县长。晚年皈依佛教，自号艺园居士。著有《艺园诗文钞》。(《潮州人物辞典》)

周成，字朝美，号复斋，海阳人。明成化元年（1465）乙酉举人，授昆山教谕，历任翰林院博士。著有《古今通义》《家礼节要》《三阳活人》等书。(光绪《海阳县志》卷四十一，乾隆《潮州府志》卷二十九)

周大新（？—1792），号笃斋，潮阳人。通经史，工制举。清乾隆五十四年（1789）己酉举人，官封川教谕，曾上《平海寇论》，制军那彦成赏之。在任三年，卒。著有《周易札记》《笃斋时文稿》。(嘉庆《潮阳县志》卷十六，光绪《潮阳县志》卷二十二)

周鼎铨，本姓柳，饶平人。清康熙六十一年（1722）壬寅贡生，雍正十二年（1734）任河源训导。分编《（乾隆）河源县志》。(乾隆《河源县志》纂修姓氏)

周笃庆，潮阳人。周光镐从侄。明万历四年（1576）丙子举人。编有《周玉泉先生孝廉赠录》七卷。(光绪《潮阳县志》卷十五，1997年《潮阳县志》)

周孚先，字克道，潮阳人。周光镐父。明正德十四年（1519）己卯举人，赴春官不第，遂潜心于性命之学，以里人吴向为师。自是绝不为进士举，间遇名山胜处，辄与同门吕怀辈纵情游览。又入梅州之阴那山中，不归者数年。后归潮阳，筑桃溪精舍，自号西山居士，优游烟水间。著有《桃溪吟稿》，未见。辑有《甘泉先生文录类选》二十一卷。(《潮州耆旧集》卷二十七，嘉庆《潮阳县志》卷十六，光绪《潮阳县志》卷二十二)

周光镐（1536—1616），字国雍，号耿西，潮阳人。周孚先次子。少师永丰吕怀。明嘉靖四十三年（1564）甲子举于乡，隆庆五年（1571）辛未成进士，授宁波府推官，署理香山县。行取南京户部主事，迁吏部郎中。出守顺庆，擢副使。万历十四年（1586）以功补四川右参政。二十年（1592）擢按察使，移驻贺兰。拜右佥都御史，巡抚宁夏。寻升大理寺卿。三十四年（1606）以老乞归。筑草堂于先墓侧，读书著述。著有《左传节文注略》十五卷、《征南纪事》一卷、《兵政集训》三卷（未见）、《韩子选钞》、《明农山堂集》、《明农山堂汇草》四十九卷、《百朋汇钞》、《出峡草》（未见）、《武经考注》（未见）。编纂《周氏宗谱凡》。（嘉庆《潮阳县志》卷十六，《潮州耆旧集》卷二十六，光绪《潮阳县志》卷二十二，《潮州志·艺文志》，《汕头市志》）

周雪溪，号荻秋，揭阳人。清咸丰七年（1857）、同治四年（1865）两次捐资赈灾，曾作《劝义文》《辨义论》及《治潮州械斗撞门法》诸篇以示其志。援例授同知衔，襄赞潮镇总兵方耀惩办积案，后奏保归部用。著有《寿萱堂诗存》《落花三十首》，浙江傅钟麟为之序。（光绪《揭阳县续志》卷三）

周颐（1901—1966），又作周熙，字百龄，号一飞，别署菁园主人，揭阳人。周伯初次子。毕业于岭南大学，曾任罗定县县长。1949年旅居香港。著有《菁园丛钞》。（《榕城区志》《中国美术家人名辞典·补遗二编》）

周易（1855—1922），字子元，号芷沅、芷源，自号二思楼主，揭阳人。清光绪十一年（1885）乙酉拔贡。十三年（1887）编修《揭阳县续志》。以试用知县候补广西，历任博白、归顺等县知事，二十九年（1903）升郁林知州。武昌起义后，任广东省参议员，入京供职。旋赴广西任桂林道尹，不久弃职归里。晚年任教于榕江学堂。著有《台游日记》、《燕游日记》、《梧卡日记》、《种棉浅说》、《味菘园诗钞》五卷、《味菘园文集》、《味菘园诗钟》、《味菘园杂作》等。（《潮州志·艺文志》，《榕城文史》第三辑）

周易，潮阳人。明万历间辑其先人嘉言懿行而成《垂徽集》。（《潮州志·艺文志》）

周用（1465—?），字舜中，号顾影道人，又号瞻峰，饶平人。明弘治十八年（1505）乙丑进士，与修《孝宗实录》。出知江西建昌县，补调福建惠安县。擢南京大理评事，任大理寺副卿，改浙江佥事。嘉靖二年（1523）乞归。家居十余载，吟咏自适。嘉靖九年（1530）应知县许璧之请，修《饶平县志》。著有《顾影集》藏于家。（嘉靖《潮州府志》卷七，光绪《饶平县志》卷八，《潮州志·艺文志》）

朱师晦（1907—1995），又名伯虎，丰顺人。毕业于中山大学医学院，后赴德国科隆大学医学院深造热带病学，获医学博士学位。曾任广州陆军总医院主治医师和检验室主任，广东光华医学院、中山大学医学院内科教授，暨南大学医学院附属医院副院长等职。著有《最新疟疾学》《中华分支睾吸虫病》等。（《梅州市志1979—2000》）

朱文灏，字绍程，丰顺人。清光绪二十八年（1902）壬寅岁贡，一说廪生。参与编纂《（光绪）续修丰顺县志》。（光绪《丰顺县志》卷十七）

朱翼，字石崖，惠来人。朱受铉子。有文名，工书能诗。清雍正二年（1724）甲辰岁荐。九年奉部檄，补司训。与修

《（雍正）惠来县志》。（雍正《惠来县志》卷十四）

卓伯先，号菁岸，清揭阳人。少有文名，娴于声律，补诸生。极孝，母逝后不久亦病卒。著有《月湄草堂集》。（乾隆《潮州府志》卷二十九，乾隆《揭阳县志》卷六，《潮州志·艺文志》）

卓荦，揭阳人。清雍正间参与编纂《揭阳县志》。（《潮州人物辞典》）

卓献书（1902—1953），揭阳人，生于汕头。岩石中学毕业后，赴日本士官学校、意大利军事学校进修。民国二十七年（1938）任四川陆军大学参课班少将教官。后在云南、泰国等地工作。著有《战时国土防空之理论与实际》《陆军动员机构之研究》。（《潮州志·艺文志》，《汕头文史》第十九辑）

卓宴春（1838—1900），字子羲，惠来人。弱冠补博士弟子员。设馆授徒。著有《红蕉吟馆诗钞》二卷。（《潮州志·艺文志》《潮州人物辞典》）

卓宗元，字昌善，清揭阳人。监生。贫而好学。因未能奉养双亲，故弃学从商，至中年而小康。为人轻财仗义。恨少时无力读书，故每遇学者，倍加钦敬。晚年据生平见闻作《晓儿语》（一作《晓儿录》）十七则，于浅近事语中见仁义以训俗。（光绪《揭阳县续志》卷三，《潮州志·艺文志》）

邹迪，字时吉，其先福建莆田人，至迪始隶籍海阳。受知于太仓王锡爵。明嘉靖四十年（1561）辛酉举人，官中书舍人，转户部主事。寻卒。著有《青那山人集》《俟知堂集》。（乾隆《潮州府志》卷二十九，光绪《海阳县志》卷三十七，《潮州志·艺文志》）

邹琳（1888—1984），谱名善炘，字玉林，笔名达公，大埔人，生于四川宜宾。民国二年（1913）毕业于北京法政专门学校法律科。任四川屏山县知事，署内江县知事。民国八年（1919）回粤，历任广州军政府司法部司长、广东盐务总处处长、国民政府财政部秘书长、财政部盐务署署长、财政部政务次长、内政部禁烟委员会委员、广东省政府委员兼财政厅厅长、财政部贸易委员会主任委员、广东省政府秘书长等职。1949年赴香港经商。病逝于香港。著有《粤鹾纪实》《增订粤鹾纪实》。（《民国人物大辞典》《中国近现代人物名号大辞典》）

邹鎏，字石可，号可园，海阳人。邹迪孙。明崇祯四年（1631）辛未进士，授户部主事，转员外郎，升四川司郎中。出知襄阳府，署郧襄监军副使。以母老乞归。著有《可园诗文稿》（一作《可园诗文集》），已佚。（乾隆《潮州府志》卷二十八，光绪《海阳县志》卷三十八，《潮州志·艺文志》）

邹鲁（1885—1954），原名澄生，字海滨，号澄庐主人，笔名亚苏，大埔人。毕业于广东法政学堂。清光绪三十一年（1905）留学日本，加入中国同盟会。回国后，在汕头和广州发动新军起义。民国元年（1912）任广东省官钱局总办，整顿财政。民国六年（1917）参加护法之役，奉命任潮梅军总司令。后历任粤军义勇司令、两广盐运使、大总统特派员、中央执行委员常务委员兼青年部长、国防最高委员会常务委员、监察院监察委员等职。参与创办乐群中学、惠潮嘉师范和国立中山大学，并任中山大学首任校长。修《广东通志》（未成稿）。编有《约法草案与宪法草案》《广州辛亥三月二十九日革命记》《黄花岗七十二烈士事略》《广州三月二十九革命史》，著有《中国国民党史稿》、《中国国民党概史》、《中国国民党史略》、《汉族客福史》（与张煊合著）、《国民党治下的教育经费问题》、《平均地权之理论及实施方法》、《我对于教育之今昔意见》、《总理伟大人格与中大特质》、《二十九国游记》、《旧游新感》、《教育与和平》、《回顾录》、《余之癸丑》、《旧游新城》、《澄庐文集》、《澄庐文集续编》、《邹鲁文存》、《澄庐诗集》十二卷、《罗岗游草》等。（《潮州志·艺文志》，1992 年《大埔县志》）

邹清华，字阆秋，丰顺人。廪贡生，选用训导。清光绪八年（1882）总纂《续修丰顺县志》。（光绪《丰顺县志》卷五、卷八）

邹庆春，字豫来，海阳人。澄海诸生，清康熙二十四年（1685）乙丑岁贡。博学能文，顺治十七年（1660）知府吴颖重修《潮州府志》，与其事，甚得力，吴颖深器重之。（乾隆《潮州府志》卷二十九，光绪《海阳县志》卷三十九）

邹祖培，字淑田，大埔人。清同治元年（1862）壬戌恩科举人，朝考叙职州判，绝意仕进，朝夕沉酣经义，而于毛诗及三礼独窥深奥，剖析精详。年六十四卒。著有《毛诗解》《三礼考》各若干卷，藏于家。（民国《新修大埔县志》卷二十五）

附：嘉应州

蔡世英（1909—?），梅县人。著有《中国现行会计制度概论》《审计学教程》《蔡世英论文选集》《红校斋诗词选集》等。（《梅县历代诗选》）

陈炳章，字烁林，兴宁人。清同治七年（1868）戊辰岁贡。著有《音辨》四卷、《文场纪捷》六卷、《竹枝集》、《字音辨同》。（《梅水汇灵集》卷七）

陈畴，兴宁人。清乾隆五十七年（1792）壬子举人，任饶平训导，卒于任。分纂《（嘉庆）兴宁县志》。（咸丰《兴宁县志》卷八）

陈大勋，字宸甫，兴宁人。清道光十七年（1837）丁酉拔贡，任尽先知县。著有《若稽有秋堂稿》一卷，佚。（《梅水汇灵集》卷七，《广东历代诗钞》卷三）

陈道行（1900—1986），原名德修，字道衡，兴宁人。民国十五年（1926）考入日本士官学校，毕业后，又赴法国学军事，继而前往美国考察。民国十九年（1930）回国，任第四集团军司令部参谋，第三战区工兵司令，中央军事委员会中将，国防部高级参议等职。病逝于美国檀香山。著有《道行诗选》。（1992 年《兴宁县志》，《客家名人录》）

陈鹗荐，字飞仲，程乡（后改嘉应州）人。陈澜子。清康熙三十二年（1693）癸酉解元，三十九年（1700）庚辰进士，官翰林院检讨、庶吉士。后辞官归，家居三十年。年七十二丧母，哀毁成疾，服未阕而卒。著有《一经堂文稿》（一作《一经堂文集》《一经堂稿》），大宗伯韩慕庐为之序。（光绪《嘉应州志》卷二十三，《梅水汇灵集》卷二，《潮州志·艺文志》）

陈恩成（1903—1964），字威立，梅县人。早年赴上海求学，获东吴大学法学士和复旦大学文学士学位。民国十九年（1930）秋，赴美国深造，先入史丹福大学，获政治学硕士学位，继入西南大学，获法学博士。历任广东《中山日报》撰述主任、重庆《扫荡报》副总编辑兼国立中央大学教授、广西大学教授、广东省政府编译室主任、梅县中山日报社社长、嘉应大学法学院院长。1949年冬，携家前往台湾。著有《美国参战前之外交》、《中山学说之法理体系》（编著）、《监察制度史》（英文）、《中美宪法比较》（英文）、《广播评论集》（英文）、《怒吼之中国》、《币制改革言论集》、《政治作战概论》（译著）、《心理作战要略》（译著）。（《客家名人录》）

陈斐琴（1911—2003），兴宁人。民国十八年（1929）就读于上海艺术大学。随后赴日留学，参与左联东京分盟文艺刊物《东流》的编辑工作。曾任晋冀鲁豫军区政治部宣传部副部长、中原野战军政治部宣传部副部长、第二野战军政治部宣传部部长、总政治部解放军文艺出版社总编辑、海军政治部文化部部长等职。有《刘伯承回忆录》《刘伯承军事生涯》《刘伯承用兵录》《刘邓大军风云录》《刘邓大军征战记》《巍巍太行》《刘伯承指挥艺术》《刘伯承用兵要旨》《刘伯承军事译文序跋集》《刘伯承元帅研究》《刘邓大军征战记文学篇》《刘邓大军征战记新闻篇》《第二野战军纪事》《战争亲历记》《肖像画廊》《第二野战军老战士诗抄》《刘邓大军西行记》《刘伯承元帅大军指挥手记》《邓小平二十八年间》等三十余部著述。（1992年《兴宁县志》）

陈皋，字无我，梅县人。编有《宜俗大全》，民国二十二年（1933）梅县新时代书店印行。（《岁月流彩：留尼旺侨贤李碧廉先生文集》）

陈国华，兴宁人。清乾隆十八年（1753）癸酉举人，历任儋州、阳江、南海训导，范县知县。乾隆三十九年（1774）分纂《琼州府志》。（乾隆《琼州府志》修志姓氏）

陈楷（1908—1988），平远人。毕业于上海法政大学，曾任国民党平远县党部书记长。1949年赴台湾。著有《国民革命诗篇》。（《平远风物诗选》《平远名人诗词选》）

陈龙光，字为雨，兴宁人。清顺治十三年（1656）丙申贡生，十六年（1659）任新会训导。悉心研究理学，私淑陈白沙。解组家居，以诗酒自娱。年八十五卒。著有《燕游草》、《冈州游草》一卷、《五爱园林诗草》一卷等，俱未见。（咸丰《兴宁县志》卷九，《梅水汇灵集》卷二）

陈任樑（1877—1961），字隆吉，嘉应州（后改梅县）人。弱冠为诸生，设帐授徒。后赴海外谋生，任爪哇巴城中华会馆学监、井里汶中华学校校长、巴达维亚中国国民党支部党务科正主任。清光绪三十三年（1907）入读日本千叶医专，加入中国同盟会。民国二年（1913）毕业，重返巴城悬壶济世。民国三十一年（1942）遭荷兰殖民当局逮捕，拘押于澳大利亚集中营，后获保释。遗有《美溪草堂诗钞》一册，刊印于1956年。（《美溪草堂诗钞》序）

陈猛孙，长乐（后改五华）人。陈元焯从子。民国间任开平、琼山、合浦、普宁县县长。卒于二十世纪四十年代。著有《养云别墅诗钞》。（《五华诗苑》卷五）

陈铭恭，字鼎云，清兴宁人。廪生。著有《字体辨讹》，为骈语三十平韵，有益于初学者。（《梅水汇灵集》卷六）

陈槃（1905—1999），谱名宏才，字槃庵，号涧庄，长乐（后改五华）人。毕业于中山大学文学院，历任中央研究院历史语言研究所助理员、研究员。后去台湾。著有

《大学今释》、《中庸今释》、《左氏春秋义例辨》九卷（另有《纲要》一卷、《附录》二卷）、《春秋大事表列国爵姓及存灭表撰异》、《不见于春秋大事表之春秋方国稿》、《古谶纬书录解题》、《古谶纬书录解题附录》、《古谶纬全佚书存目解题》。编有《五华乡土述林》、《五华诗苑》二卷（未刻）等。（民国《五华县志》卷十七，《民国人物大辞典》，《风流好继谢宣城》，《五华人物》，《五华文史》第二十五辑）

陈培琛（1879—1930），字定侯，长乐（后改五华）人。陈元焯长子。毕业于日本早稻田大学政治经济科。学部法政科举人。曾任东光县知事、江苏等自治处主任、蕉岭县县长。博综泰西政术。著有《西史杂诗》（一作《西史杂咏》）一卷、《说文阐微》、《定斋诗稿》、《文字丛谈》。（民国《五华县志》卷十七，《广东历代诗钞》卷八，《五华人物》）

陈培珩（1906—1945），字希文，号陈迹，长乐（后改五华）人。陈元煜次子。毕业于上海中华艺术大学、新华艺术大学教育系，任紫金县立中学，本县第一、二、三中学，教员。卒于二十世纪四十年代。著有《惆怅集》、《绘吟楼诗稿》、《绘吟楼诗话》、《培珩画集》（散佚）。（《五华诗苑》卷六，《五华文史》第七辑）

陈培玮（1904—?），长乐（后改五华）人。陈元煜长子。毕业于广东大学高师部，曾任县立第一、第二中学校长，梅县省立中学教员，南京中山文化教育馆编辑。卒于二十世纪四十年代。与胡去非合编《总理遗教索引》。著有《李长吉诗研究》。（《五华诗苑》卷六）

陈飘云，字震侯，嘉应州人。清乾隆十年（1745）乙丑贡生。著有《四书慎从编》十二卷。（光绪《嘉应州志》卷二十九）

陈其藻（1807—?），字鲁塘，一作鲁堂，又字铁山，兴宁人。优廪贡生，历任乐昌、花县、清远教谕。清同治初荐举孝廉方正。分纂《（同治）乐昌县志》、《（咸丰）兴宁县志》。著有《毋自欺斋诗钞》（一作《毋自欺斋集》）十二卷、《毋自欺斋外集》五卷、《羊城石迹诗草帖》一卷。（《梅水汇灵集》卷七，《柳堂师友诗录》，《梅水诗传》卷十）

陈铨，字次臣，兴宁人。清康熙十二年（1673）癸丑拔贡，官阳春教谕。在任五年，丁内艰，服阕，补从化教谕。年七十七卒于官。著有《[次臣]诗集》一卷、《南溪诗文集》一卷、《四书拟旨》十卷、《诗经拟旨》十二卷。（咸丰《兴宁县志》卷九，《梅水汇灵集》卷二，《兴宁县文化艺术志》）

陈茹玄（1895—1955），字逸凡，兴宁人。民国元年（1912）赴美国留学，入伊利诺伊大学习政法学。继入哥伦比亚大学研究宪法和国际法，获法学硕士学位。任职于美国联邦法院，主持出版美洲《少年中国》《民气周刊》。民国十一年（1922）春，游历英、法、瑞、意诸国，取道地中海，经印度洋回国，历任上海全国总商会月报编辑，北京师范大学、北京政法大学教授，南京东南大学政治经济系教授、代理校长，上海光华大学教授兼政治系主任、法学院院长，南京建设委员会秘书长，国民政府立法委员，大夏大学文学院院长，滇缅铁路会办，交通部顾问等职。著有《民国宪法及政治史》《联邦政治》《中国宪法史》《续编中国宪法史》及遗著《陈茹玄政论集》等。（1992年《兴宁县志》，《民国人物大辞典》，《客家名人录》）

陈士模（1901—1969），原名陈锡谷，嘉应州（后改梅县）人。考入厦门大学，转上海大夏大学，获教育学士学位。民国间任丙镇中学校长、梅州师范教导主任。新中国成立后，任教于福建上杭中学。著有《课馀散墨》。(《群星灿烂：梅州中学部分校友业绩介绍·二》)

陈士荃（？—1865），字侣衡，镇平（今蕉岭县）人。清道光二十九年（1849）己酉岁贡，保举训导。乙丑之乱，病殁。著有《竹右山房滕稿》一卷、《竹右山房赋钞》、《竹右山房试律赋稿》，均未梓。(《梅水汇灵集》卷七，《梅水诗传》卷九)

陈崧（1835—？），字梦石，嘉应州人。清光绪二十年（1894）甲午岁贡生。著有《东溪诗集》四卷、《东溪赋钞》二卷、《东溪诗话》二卷、《古今女诗话》四卷、《东溪杂记》二卷、《闻见庆殃录》四卷。(光绪《嘉应州志》卷二十一)

陈铁耕（1904—1970），原名陈耀唐，笔名又村、克白，兴宁人。民国十八年（1929）初就读于国立杭州艺术专科学校绘画系，次年因思想激进被退学。旋即赴上海，与陈卓坤等成立上海一八艺术研究所，又参加鲁迅举办的木刻讲习会。民国二十一年（1932）在上海组织野穗木刻社等社团，进行抗日宣传活动。民国二十七年（1938）到达延安，任鲁迅艺术文学院教员。旋赴敌后《新华日报》工作。后任东北鲁迅艺术学院教员，广州美术学院版画系副教授、主任。有泥刻连环画《廖昆玉的故事》。(1992年《兴宁县志》，《兴宁兴民中学校志》)

陈庭凤（1855—1910），字鹤云，号紫瀛，镇平人。清光绪十五年（1889）己丑举人。博学多才，精通数学，善应对，在乡设馆教学。因反清遭通缉，遂避地南洋，继续宣传革命。积劳成疾，双目失明，病卒于婆罗洲。孙中山授其"首名乙等开国先烈"称号。著有《数理精本》《吉光片羽集》(佚)。(1992年《蕉岭县志》，《蕉岭文史》第七辑、第十二辑)

陈徐，清兴宁人。生员。乾隆间分纂《兴宁县志》。(乾隆《兴宁县志》新修县志姓氏)

陈煦，兴宁人。清乾隆元年（1736）丙辰恩科举人，任益阳知县。分纂《(乾隆)兴宁县志》。(咸丰《兴宁县志》卷八)

陈耀南，兴宁人。清咸丰二年（1852）壬子举人，分纂《(咸丰)兴宁县志》。(咸丰《兴宁县志》卷八)

陈耀章，字他山，号晦圃，清兴宁人。增生。著有《[晦圃]遗草》授从侄。(《梅水汇灵集》卷七)

陈一峰，字远山，兴宁人。清嘉庆二十一年（1816）丙子举人。分纂《(嘉庆)兴宁县志》。著有《阆苑稿》三卷。(咸丰《兴宁县志》卷八，《梅水汇灵集》卷五)

陈銮，字小览，一字子铸，兴宁人。清咸丰间廪生。著有《启蛰斋集》一卷。(《梅水汇灵集》卷七，《梅水诗传》卷十)

陈映垣（1867—1945），字观奎，嘉应州（后改梅县）人。师从梅县名医谢芷春，出师后在梅城挂牌行医。清光绪末年设"医学专修实验所"，开办中医授徒班。还曾组织"中医师公会"，任董事长。擅长喉科、小儿科、妇科，尤其精于湿热病。编有《验方集》四册。(《梅州卫生志》，1994年《梅县志》)

陈有懿，字守瓶，兴宁人。清乾隆五十四年（1789）己酉拔贡。尝监课于越华书院。出任龙门、会同训导。嘉庆四年

（1799）升阳江教谕。以终养归家，不与外事，与二三老友相唱酬而已。著有《自怡集》一卷，黄香铁为之序。（咸丰《兴宁县志》卷九，《梅水汇灵集》卷三，《广东历代诗钞》卷二）

陈昱，嘉应州人。贡生，候选训导。清乾隆十五年（1750）分编《嘉应州志》。（乾隆《嘉应州志》卷五）

陈元焯（1856—1912），字伯桓，号莘芗，长乐人。陈培琛父。清同治十二年（1873）癸酉拔贡，深受黄遵宪赏识，成为契交。光绪十五年（1889）顺天乡试副贡。历官江西铅山、安远、万安、东乡、赣县、兴国等县知县，治声颇著。著有《铅山公牍》《鹅湖判事》《可庶堂诗存》《思阙斋文集》。（民国《五华县志》卷十七，《五华文史》第二辑，《风流好继谢宣城》）

陈元煜（1861—？），字叔颖，长乐（今五华县）人。清光绪十一年（1885）乙酉拔贡，十七年（1891）辛卯举人，官福建前江场、石码场盐大使。尝掌教陆丰龙山书院、长乐金山书院。民国间卒。著有《乡土地理》《粉社琐记》。（《五华文史》第七辑，《风流好继谢宣城》）

陈曰侃，兴宁人。民国二十二年（1933）与罗元贞等人创办《微光》刊物。著有《蕉游草》。（1992年《兴宁县志》）

陈粤人（1902—1989），原名粤寅，后更名伯尹，兴宁人。青年时期赴印度尼西亚习英语、荷兰语。民国十八年（1929）入读中央政治大学教育行政系。曾任南京特别市政府教育科视导、南京江南中学训导主任、广东省教育厅督学、福建省会教育局局长、中山大学师范学院教授、广东省立文理学院教授、南京《大刚报》总主笔。后举家迁居台湾。著有《伦理学》《理则学》《理则学要义》《侨教行政》《中国教育史》，译著有《幼儿心理》《中国人》《中国人在美国》《竞赛技术图解》《由中国至加拿大》《改变中国》《佛教在中国》。（1992年《兴宁县志》，《兴宁县石马区志》）

陈云史，字蔼人，嘉应州人。清道光二十九年（1849）己酉举人。著有《海天馆诗钞》，未见。（《续梅水诗传》卷一）

陈则蕃（1886—1959），号慕亲，别号乙山山人，兴宁人。任中学教员五十余载。著有《山鸣集》《山鸣二集》《课馀课儿草》。（1992年《兴宁县志》，《梅花端的种梅州》）

陈展骐（1859—1949），字敬孙，镇平（后改蕉岭）人。清光绪十五年（1889）己丑举人。民国间游历台湾、香港、南洋等地。著有《三竿两竿之竹之斋诗文集》，《寿竹庐楹联》一卷，《续寿竹庐楹联》一卷。（《蕉岭文史》第十二辑）

陈展云（1846—1897），字砚皋，又字雁峰，镇平人。清同治三年（1864）甲子举人，官那马知县。尝主讲惠来。著有《抗古堂诗集》十卷。（《历代咏梅州诗选注》，《广东历代诗钞》卷五）

陈兆瑞（1879—1952），字少常，自号六弗老人，镇平（后改蕉岭）人。早年随父在台湾读书。清宣统元年（1909）远赴东北，两年后参加奉天起义。民国间在北平创设世界语学社，创办《摘奸日报》《太平洋报》。曾任天津河北同志会会长、广东豫鲁招抚使署总参议、台湾文献委员会委员。著有《六弗老人年纪》。（《蕉岭文史》第十二辑）

陈肇纲（1907—1964），字常，兴宁

人。自上海大同大学毕业后，长期从事中学教学。民国二十九年（1940）起任宁南中学（后更名泥陂中学）、南区中学校长、泥陂中学教导主任。编著中学教材《实用英文法》。（1992年《兴宁县志》，《兴宁兴民中学校志》）

陈致乐（1834—1899），字德聪，号听楼，长乐人。陈槃祖父。清末太学生。卒后私谥"克完"。著有《[听楼]诗文集》，未刻。（《五华诗苑》卷三）

陈铸球，兴宁人。与肖坤古合编民间乐曲集《爱国之音》二卷，成书于民国二十四年（1935）。（《兴宁县文化艺术志》）

陈卓坤（1906—2002），又名陈广，兴宁人。民国十七年（1928）考入杭州艺术专科学校。民国二十年（1931）与陈铁耕等成立上海"一八艺社"研究所，同年加入中国左翼美术家联盟，8月成为鲁迅木刻讲习会学员。九一八事变后，从事抗日宣传活动和国内革命战争。曾任上海沪东区委书记，汕头市文教局长及汕头市文联主席，广州美术学院办公室主任、教授。有《陈卓坤画选》。（《兴宁兴民中学校志》）

陈滋畬，兴宁人。清咸丰间贡生，署大埔学教谕，候选光禄寺典簿。分纂《（咸丰）兴宁县志》。（咸丰《兴宁县志》卷八）

陈子明（1901—1979），原名胜标，又名陈亮，兴宁人。民国十四年（1925）毕业于南京东南大学教育系，任兴民中学校长，江苏省立如皋中学、扬州中学、浙江大学、中山大学、桂林师专教师，上海中华书局《中华教育》月刊编辑，广东省立文理学院教育系主任。新中国成立后，任华南师范学院教务长，兼学报主编。著有《教育统计》《教育概论》等。（1992年《兴宁县志》）

陈自修，嘉应州（后改梅县）人。清末诸生。经商兴学，梓里称"善人"。同邑黄慕松将军赞曰"先生之学，体大思精；先生之风，鹤健冰清"。有《[自修]诗存》一卷，谢远涵、张其淦并有序文。（《广东历代诗钞》卷七）

池焕圻，名甫，字伯度，别号介园主人，嘉应州人。清末庠生，屡试不第。著有《介园存草》。（《梅县历代诗选》）

戴恩赛（1892—1955），长乐（后改五华）人，出生于香港。民国二年（1913）毕业于上海圣约翰大学，次年入读美国哥伦比亚大学，攻读国际法。民国七年（1918）获法学博士学位，其毕业论文《不平等条约产生的影响》后由该校出版。回国后曾任广东军政府外交部秘书政治组组长、粤海关监督、国立孙总理纪念中学校长。（《客家名人录》）

邓家栋（1906—2004），蕉岭人。毕业于燕京大学，为北平协和医学院医学博士，曾任北京医院副院长、中央保健局副局长、中国医学科学院副院长、中国协和医科大学副校长等职。主编《内科学基础》《诊断学基础》《临床血液学》等书。（《客家名人录》）

刁斗衡（1887—1964），兴宁人。民国五年（1916）兴宁鼠疫肆虐，遂决心习医。民国二十四年（1935）任兴宁县民众医院中医师。著有《医学心得》。（1992年《兴宁县志》）

刁敏谦（1888—？），字德仁，兴宁人。刁作谦弟。上海圣约翰大学毕业后，赴英国伦敦大学留学，获法律博士学位。曾任国民政府外交部情报司司长、清华大学国际公法教师、驻英使馆编纂员、北京《英文导报》总编辑等职。著有《天宪管窥》《中国国际条约义务论》《中国新宪法》等。(1992年《兴宁县志》,《兴宁县教育志史料汇编》第四辑)

刁庆湘（1883—?），字信德，兴宁人。毕业于上海圣约翰大学，清光绪三十四年（1908）任上海同仁医院医师。民国元年（1912）官费留学美国宾夕法尼亚大学，获医学博士学位。曾任上海同仁医院主任医师，上海圣约翰大学医学院院长、教授，上海红十字会医院总监，中华医学会会长等职。著有《公众卫生教育》。(《中国近现代人物名号大辞典》)

刁晏平（1876—?），号隽卿，兴宁人。早年到香港谋生，后来赴檀香山经商。曾任当地中华会馆商董，并参与创办华文学校。纂修《刁氏史籍徵牒》。(《客家史料汇编》)

刁作谦（1879—1972），字成章，兴宁人。刁敏谦兄。上海圣约翰大学毕业后，于光绪二十五年（1899）留学英国剑桥大学，获法学博士、文学硕士学位。宣统二年（1910）授法政科进士、翰林院编修。曾任英文《北京日报》主笔、北京政府外交部秘书、大总统秘书、驻英使馆参赞、驻伦敦总领事、外交部秘书、清华学校监督、驻巴拿马国全权公使、北京税务学校教授、北京新闻社社长、外交部两广特派员、香港大学教授、圣保罗女校校长等职。病逝于香港。著有《中国新宪法与国际问题》等。(《中国近现代高等教育人物辞典》)

冯宪章（1908—1931），别名冯斌、张蔓蔓，笔名心波，兴宁人。民国十六年（1927）考入上海艺术大学，并参加革命文学团体"太阳社"。次年东渡日本留学，因参加革命活动，被捕入狱。出狱后，回到上海，于民国十九年（1930）加入中国左翼作家联盟。著有诗集《梦后》一卷、《警钟》、《暗夜》等。翻译日本叶山嘉树所著《叶山嘉树集》，并翻译日本左翼作家藏原惟人、青野季吉、小林多喜二等人的文章，结集为《新兴艺术概论》一书。又与夏衍合译德国女革命家罗莎·卢森堡的《狱中通讯》。(1992年《兴宁县志》,《客家名人录》)

冯莹德（1896—1950），号斐君、尚琼，又号慎独居士，平远人。曾任平远县党部执行委员、县政府秘书、县参议会参议员等职。著有《草堂杂集》二卷，已佚。(《平远名人诗词选》)

傅光瑢，原名光璧，字子毅，清兴宁人。廪生。著有《冬馀诗课》一卷。(《梅水汇灵集》卷七，1992年《兴宁县志》)

傅思达（1905—1966），兴宁人。民国十九年（1930）毕业于上海新华艺术大学美术系，后又入中央美术学院深造。曾任中学教员、江西省参事兼省立南昌师范教师、汕头市立师范教师。著有《思达之画·一、二集》《庐山画集》。(1992年《兴宁县志》,《兴宁兴民中学校志》)

傅增，清兴宁人。著有《红楼别墅诗集》。(1992年《兴宁县志》)

傅兆麟，字榆根，清兴宁人。岁贡生，晚年司铎文昌。编有《和山唱和集》三卷。著有《长铗归来吟草》六卷（汪柳门为之序）《爱春楼赋诗》《小南京》等。(《梅水诗传》卷十，《兴宁县文化艺术志》,《广东历代诗钞》卷三、卷五)

甘在中，字庐桑，号吉裳，长乐人。清嘉庆三年（1798）戊午举人，历官长宁、崖州、番禺、连平教谕、学正，升广西宜山知县，改海阳教谕。年八十致仕，例授都察院督事衔。著有《易经纂要》（未刻）、《读左汇观》八卷（未刻）、《五经诗课》二卷、《五经诗课续编》一卷、《长康吟草》（未刻）。（道光《长乐县志》卷七，民国《五华县志》卷十七，《梅花端的种梅州》）

高崇，又名高佩蘅，兴宁人。二十世纪三四十年代任县立一中教员，兴宁最早日报《时事日报》总编辑。编有《宁水竹枝》五卷，罗香林序之。（《兴宁县文化艺术志》，《兴宁文史》第九辑）

高维汉（1889—？），字琴樵，长乐（后改五华）人。曾任县立第一中学，省立第三、第五中学教员，中央国民经济计划委员会干事兼总务股主任。著有《[琴樵]诗草》，未刻。（《五华诗苑》卷五）

高维嵩，清兴宁人。著有《向日轩窗稿》一卷、《见天心堂诗集》一卷。（《兴宁县文化艺术志》）

古词，字帆史，清嘉应州人。诸生。著有《中田草庐草》。（《梅水诗传》卷五）

古大存（1896—1966），原名永鑫，别号斛咸，五华人。民国十年（1921）考入广东公立法政专门学校。民国十三年（1924）加入中国共产党，之后参加第一次东征。曾任东江特委常委兼军委书记、红十一军军长、中共广东省委统战部部长、东北局组织部副部长等职。新中国成立后，任广东省委书记兼副省长。著有《广东省人民政府工作报告（一九五五年二月）》《广东省人民政府十个月来的工作》《广东省人民政府四年来工作报告》等。（《中国近现代人名大辞典》）

古革，字逢时，又字仲通，梅州人。古成之曾孙。北宋绍圣四年（1097）丁丑进士，任琼州教授，擢潮州守。曾修《古氏族谱》。（《梅水汇灵集》卷一，道光《广东通志》卷三〇五）

古巩（1078—1156），字仲逊，号丹泉，梅州人。北宋初年进士古成之曾孙。绍圣四年（1097）丁丑进士，官宾州知府。编有《古氏族谱》三册。（《梅州进士录》）

古光庭，一作古光廷，字广文，自号琴江，镇平人。清廪贡，赴国子监肄业，期满例得教职，曾任永安县教谕、潮州府教授，又委乳源，不乐赴，遂不出。年五十余卒于家。著有《蜗寄庐诗稿》二卷。（道光《石窟一征》卷九，光绪《镇平县志》卷九，《梅水诗传》卷十）

古鸿烈（1903—1969），字克怀，五华人。毕业于上海同济大学医科，民国二十二年（1933）留学德国汉堡大学医学院研究部，获医学博士学位。民国二十六年（1937）任广州市立医院院长。抗战期间救治大量伤员。新中国成立后历任广东省人民医院院长、省卫生厅厅长等职。著有《中国新生活运动》（法文）、《三大慢性病与中国青年》、《泌尿外科学讲义》（与黄榕增合著）等。（《客家名人录》）

古开文（1870—1951），字柳石，长乐人。清光绪二十五年（1899）入邑庠。任县立第三中学教员，三江高等小学、三江中学校长等职。后开设专馆，教授国文二十余载。著有《养鹤楼诗草》，其子焕谟刻之。（民国《五华县志》卷十七，《广东历代诗钞》卷九）

古铠（1320—1389），字廷美，梅州人。以明经行修，领任梅州儒学司训，宏施教铎，创作维新。致仕归隐后，于明洪武九年（1376）继古革之后第二次主修《古氏族谱》。（《嘉应古氏源流考》《广东

历史人物辞典》）

古连（1897—1975），字清海，号云福，长乐（后改五华）人。民国十四年（1925）参加省港大罢工，后回乡开展农民运动，加入中国共产党。之后任五华县委书记。抗战期间，在虎门一带开展抗日活动。1949年任揭陆华边行政委员会农会会长。新中国成立后，历任五华县工会主席、副县长、档案馆长等职。主修《五华县志》。（1999年《梅州市志》）

古楳（1899—1977），字柏良，嘉应州（后改梅县）人。民国初期毕业于东南大学，曾任中山大学、中央大学、国立教育学院教授。著有《卅五年的回忆》《民众教育新动向》《乡村师范概要》《中国农村经济问题》《乡村教育》《乡村教育新论》《现代中国及其教育》《中国社会之解剖》《中国教育之经济观》《农村教育施设法》《美国乡村教育概观》等。（《中国近现代人物名号大辞典》）

古汝达，字朴臣，清镇平人。官甘肃县丞，后改江西。著有《存斋诗钞》（一作《求古斋诗钞》）一卷。（《梅水汇灵集》卷七，《蕉岭文史》第七辑）

古思诚，字仲言，长乐（后改五华）人。著有《卧云山房诗草》，有民国三十一年排印本。（民国《五华县志》卷十七，《广东历代诗钞》卷八）

古直（1885—1959），字公愚，号层冰，别署孤生、遇庵、愚庵，嘉应州（后改梅县）人。清光绪三十二年（1906）加入同盟会。武昌起义后，在梅县宣告反清起义，光复县城。历任汕头同盟会秘书长，《大风日报》社社长，广东军政府陆军部秘书，封川、高要县县长，广东大学文科教授，梅南中学校长，梅县县志馆馆长兼总编纂。尝与李季子共同创办务本学校。又创办梅南文学馆，以掩护共产党地下活动。1950年被南华大学聘为教授，后任广东文史馆馆员。精于笺注，尤工于诗，著作甚多。编有《客人丛书》八卷、《隅楼丛书》、《客人骈文选》、《客人三先生诗选》、《钟季子文录》、《明张乔百花坟资料辑略》、《清诗独赏集》二卷、《中国文学杂碎》（合纂）等。著有《汉诗研究》《古氏丛书叙录》一卷、《新妙集》、《曹子建年谱》、《陶靖节年谱》、《隅楼集》、《东林游草》、《钟记室诗品笺》、《诸葛忠武侯年谱》、《汪容甫文笺》、《汪容甫文续笺》、《黄公度先生诗笺》三卷、《客人对》二卷、《取刍集》、《汉诗辨证前录》、《层冰诗存》、《层冰堂诗集》四卷、《层冰文略》六卷、《层冰堂诗文选》、《抱瓮斋联语》、《层冰碎金》三卷。晚年删定《层冰堂五种》，即《曹子建诗笺定本》四卷、《阮嗣宗诗笺定本》、《陶靖节诗笺定本》四卷、《陶靖节年谱定本》、《层冰文略》六卷等。（1994年《梅县志》，《梅州人物传》，《同盟会梅州人物志》）

管又新，名翰文，清末嘉应州（后改梅县）人。编有《客族平民山歌》《国文选粹》。著有《救急良方》一册（民国十九年印行）、《宜俗新编》。（《梅州客家历代乡贤著述目录》《汕头卫生志》）

郭冠杰（1892—1951），嘉应州（后改梅县）人。民国九年（1920）毕业于早稻田大学，获经济学士学位。次年赴法国勤工俭学，入里昂大学攻读经济学。历任广东大学法学院教授兼海外部主任，国民党北伐军总司令部政治部编纂委员兼总务科长，政治部特别党部常务委员，武昌中央军事政治学校政治教官，武昌中山大学法学院教授，北平大学、辅仁大学、河北训政学院教授，北平陆军大学政治经济学教官，广东省立工业专门学校教务主任，中山大学法学院教授、法律系主任、法学院院长，福建人民革命政府文化委员会委员，重庆国民政府第十二集团军政治部政治委员等职。翻译布哈林所著《历史唯物主义理论》一书。著有《大风随笔》。（《客籍志士与辛亥革命》《客家名人录》）

郭翘然（1901—1990），原名文恩，梅县人。毕业于广州法官学校、广东法政专门学校。曾任广州实践中学校长、第一五五师政治部上校主任、广东省绥靖公署政治部联合办公室上校主任秘书、第七战区政治部第一组少将组长等职。新中国成立后，任广州市副市长。与李洁之合著《粤军史实纪要》。（《民国广东将领志》）

何承天，字子皇，兴宁人。何天炯次子。民国二十年（1931）赴日本东京留学。抗战期间避难西蜀，任职国史馆。搜集其父平生所作大部分诗词，辑为《无赫斋诗草》，于民国二十八年（1937）刊行于世。（《广东历代诗钞》卷九）

何春才（1911—1994），兴宁人。毕业于广州国民大学中文系，曾任广东省文史研究馆馆员。后因病辞职，专事翻译及诗歌创作。著有《春帆诗稿》。翻译小说《赌》《行乞者》《山巢》《掘井者》《家庭女教师》。（1992年《兴宁县志》，2010年《兴宁年鉴》）

何殿屏，字朝翰，镇平人。清乾隆四十四年（1779）己亥恩科举人。与修《（乾隆）镇平县志》。（乾隆《镇平县志》卷五）

何海，字其深，清镇平人。举优贡，肄业于国子学。家居授徒，后任归善训导，卒于任。著有《[其深]文集》，未梓。（乾隆《镇平县志》卷五）

何炳璋，嘉应州（后改梅县）人。民国十八年（1929）任仁化县长。修有《仁化县志》。（民国《仁化县志》卷四）

何利侯，清嘉应州人。诸生。著有《花月轩诗钞》，未刻。（《梅县历代诗选》）

何洒黄（1902—1969），兴宁人。毕业于上海三育大学商科、黄埔军校第五期步科、庐山中央训练团党政班第二十期、印度美国战术学校将官班。曾任江苏省民政厅中校警务督察官，云南省军官训练处教官、科长，《军事杂志》少将主编，军政部军学处副处长，博罗县长。后移居香港。著有《心物合一论》《统制经济论》《苦味诗集》。（《民国广东将领志》）

何南凤（1588—1651），字道见，号知非、雷山，兴宁人。出家后名觉从，初称半僧先生，又称牧原和尚、跛者道人。明万历四十三年（1615）乙卯举人。后落发出家，游齐、鲁、吴、越山水寺庙，住持于平远文殊，龙川石岭，兴宁曹源、祥云等寺及杭州、嘉兴、闽南诸刹。晚年住持江西豫章普济寺。创立横山堂学说，独成一派。其教义传至泰国，创建了龙福寺。病逝于江西豫章普济寺。著有诗文、语录，康熙间刻本多佚。除自撰《半僧先生传》外，明经邹涛刊其诗文一卷，名曰《讱堂余稿》，罗香林将其编入《兴宁先贤丛书》，后重编者曰《知公录》。（《梅水汇灵集》卷八下，1992年《兴宁县志》）

何其杰，字惕莽，嘉应州人。清嘉庆十二年（1807）丁卯举人，官东安训导。精岐黄术。著有《梨云阁诗文集》，未见。（《梅水汇灵集》卷五）

何其聘，嘉应州人。清道光元年（1821）辛巳恩科举人。著有《扪心钞》，未见。（光绪《嘉应州志》卷二十九）

何任清（1910—?），字伯澄，兴宁人。毕业于上海复旦大学和东吴大学，赴法国留学，入图卢兹大学，获法学硕士、博士学位。民国二十八年（1939）任重庆复旦大学教授。后去台湾。著有《刑法概要》《国际公法概要》《法学通论》等。（1992 年《兴宁县志》，《民国人物大辞典》）

何如（1909—1989），别名何亮泰，字亮亭，梅县人。民国十六年（1927）赴法国留学，攻读文学、哲学、历史学等。抗日战争初期回国，先后任国际反侵略大会中国分会法文秘书，中央广播电台（重庆）法语广播员，法国军事教官翻译（重庆），国立艺专、国立政治大学、东方语言专科学校、中央大学等校教授。新中国成立后，历任南京大学教授，中国法语教学研究会会长，国务院学位委员会评议组成员，法国语言文学博士学位导师。著有《动的哲学》《大学法语课本》。译著有《贵妃怨》《拉封登寓言集》《十五贯》《王贵与李香香》《辛亥革命》《毛主席诗词三十九首》等。（《民国人物大辞典》）

何天炯（1877—1925），字晓柳，兴宁人。何天瑞兄。清光绪二十九年（1903）东渡日本留学，结识孙中山、黄兴、秋瑾、章太炎、廖仲恺、朱执信等人。三十一年（1905）加入同盟会，任会计（实为财政部部长），后调任中国同盟会广东支部部长。宣统三年（1911）由日本秘密回香港，策划并参与黄兴领导的广州起义。广东光复后，任军政府顾问。民国元年至十一年（1912—1922）两任驻日本全权代表，孙中山总统府最高顾问。著有《浮海集》、《无赫斋诗草》（次子何承天辑）、《山居一年半》（失传）、《革命史衡》（失传）。（1992 年《兴宁县志》，《广东历代诗钞》卷六、《客家名人录》）

何天瑞（1886—?），字晓晖，兴宁人。何天炯弟。清光绪三十二年（1906）赴日本同文书院攻读法律。同年加入中国同盟会，追随孙中山，从事革命活动。民国间任宝应公安局局长，丹阳、信宜、郁南、西宁等县县长。民国二十年（1931）主修《西宁县志》三十四卷。（民国《旧西宁县志》序，《孙中山先生的忠实信徒何天瑞》）

何心石（1907—1982），又名灌梁，兴宁人。民国十八年（1929）秋考入中央政治大学教育行政系。曾任江苏省立江宁中学教务主任、浙江省淳安县教育局局长、广东省教育厅督学兼省五年计划委员会设计委员、中山大学师范学院教授、南京中央警官学校心理学教授兼《政衢月刊》总编辑。著有《国民教育新论》《中学实务指导》《教育之理想与现实》《论中国之大学教育政策》《中国学校训育史》《教育视导方法论》《苏联的国民教育》《青年需要志气》《华侨海外拓殖史话》《国文教育的摸索》《中国教育视导史》及遗稿《中国教育行政立论》。（1992 年《兴宁县志》，《兴宁市志 1979—2000》）

何耀秋（1900—1960），家名庚喜，字菊天，梅县人。幼年即随父母侨居马来亚、新加坡。民国十三年（1924）回国养病，先后在广东陆丰县立中学、梅县县立中学、省立梅州女子师范学校、省立岭东商业职业学校、省立梅州师范学校、梅县县立丙镇中学、梅县华侨中学、梅县地区教师进修学校任英语、语文和美术课教师。编著有《国语讲习教材》、《国语四声练习教材》、《何耀秋诗文集》上下册。（《客家名人录》第二卷）

何映柳（1715—1779），字毓载，号麟山，兴宁人。清乾隆七年（1742）壬戌进士，任云南通海、宁洱知县，升任剑州知州。著有《麟山古文》。（《兴宁县石马区志》，《兴宁文史》第三十三辑）

洪启翔（1903—1988），又名平健、平田，梅县人。民国十二年（1923）考入北京大学，未毕业即赴武汉国民革命军第四军第十师政治部工作。民国十七年（1928）东渡日本求学，先后入读东京东亚学校、东京高等师范学校。九一八事变后回国，曾任南京国际译报社总编辑，兴宁第一中学教务主任，国民党军事委员会战时工作干部训练团中校教官，军事委员会参事室干事，广东省教育厅第五科科长，广东文理学院史地系教授，华南师范学院图书馆主任、历史系教授。著有《战时物价高涨对策》《古代中日关系之研究》《中日关系史概况》。编有《日本近现代史》等教材。（《客家名人录》）

侯达，字心泉，清嘉应州人。诸生，以教授生徒自给。其诗多直抒胸臆，自足雅音。著有《瞻堂诗草》。（《梅水诗传》卷七）

侯过（1880—1973），原名楠华，字子若，一作子约，嘉应州（后改梅县）人。毕业于日本东京帝国大学林科，民国五年（1916）秋归国。曾任江西农业专门学校教授兼九江庐山白鹿洞演习林场主任、广东大学农学院教授、湖北省农务局局长、广东海南善后公署技正、广东省森林局局长、中山大学农学院林业系主任。新中国成立后，任广东省文物保管委员会副主任、广东省参事室副主任、广东省文史馆馆长等职。分纂《海南岛志》。著有《森林经济学》、《测树学》、《森林经理》、《森林法规》、《森林法学》、《水源林调查报告》、《抗战与森林》、《水土保持学》、《林业土木工学》、《治林四十年》、《林业法律学》、《森林工学》、《银耳栽培法》（译著）、《五木斋诗草》、《蓬莱诗草》、《约庐诗草》、《嘤鸣集》、《三万里游草》、《归来研室词稿》。（《广东历代诗钞》卷八，《民国人物大辞典》，《客家名人录》）

侯畿，字定一，一字止庵，程乡人。侯谨度子。清康熙十四年（1675）乙卯副贡，考选州同。授徒讲学，著书自娱。著有《海翁诗集》。（乾隆《嘉应州志》卷六，光绪《嘉应州志》卷二十、卷二十三，《潮州志·艺文志》）

侯汝耕，字书田，程乡人。能诗文，尤工书。为义学师，讲学不收学金。清康熙二十五年（1686）丙寅拔贡，授遂溪教谕，卒于官。著有《唾馀文集》《巢枝栖诗集》，均未见。（乾隆《嘉应州志》卷六，光绪《嘉应州志》卷二十三）

侯寿祺，字星曹，嘉应州人。清道光二十九年（1849）赏赐副贡。咸丰十一年（1861）辛酉钦赐举人。著有《南泮老屋集》，未见。（光绪《嘉应州志》卷二十九，《梅水诗传》卷九）

侯嗣章，号俊民，嘉应州人。清道光二十六年（1846）丙午举人，咸丰三年（1853）癸丑进士，官户部云南司主事。著有《青草堂前后集》藏于家。（光绪《嘉应州志》卷二十三）

侯藤，清兴宁人。著有《广东兴宁县命盗诉讼学堂官绅积弊表说》一卷。（《梅州客家历代乡贤著述目录》）

侯运庆，嘉应州（后改梅县）人。清末经营惠仁药房。辛亥革命前后，加入同盟会，追随孙中山，曾在梅州率众起义。民国十四年（1925）孙中山病逝，遂谢绝政事，潜心诗文。著有《卧雪山房诗集》。（《客家名人录》）

侯载赓，字子扬，嘉应州人。清光绪二十三年（1897）丁酉岁贡生。工制艺，名噪文坛。其诗宗法三唐，抒发性灵，不事绮靡。著有《古香书屋诗草》。（《梅水诗传》

卷七，光绪《嘉应州志》卷二十）

侯柱臣，字展高，号石甫，嘉应州人。清道光十七年（1837）丁酉举人，官安徽太和知县，保升知府。著有《博习亲师斋诗稿》，未见。（《梅水汇灵集》卷七，《梅水诗传》卷四）

胡昶，清兴宁人。著有《见芝集》。（1992年《兴宁县志》）

胡辰亮（1878—？），字显隆，号士明，长乐人。清末佾生。毕业于金山师范，任横陂崇文学校教员。著有《淡泊庐稿》，未刻。（《五华诗苑》卷四）

胡近礼，清兴宁人。著有《寄山诗集》。（1992年《兴宁县志》）

胡兰枝（？—1810），字楚香，清乾嘉间兴宁人。诸生。于经史、词赋外，遍研琴理、书法、素问、青乌、星卜诸说。卒于省垣。著有《调杏山房诗钞》，散佚。（《梅水汇灵集》卷六）

胡凌汉（1868—1931），字佩銮，长乐（后改五华）人。清末庠生。著有《[佩銮]诗稿》，未刻。（《五华诗苑》卷四）

胡铠，清兴宁人。著有《一家草》（合著）、《桑者园稿》一卷。（1992年《兴宁县志》）

胡锡侯，字叔蕃，号弓园，兴宁人。清光绪二十年（1894）甲午举人，主本邑墨池书院。宣统二年（1910）粤督袁树勋保送朝考，以盐大使分发山东。次年武昌起义，弃官归里。著有《弓园文存》、《弓园吟草》一卷。（《广东历代诗钞》卷五）

胡曦（1844—1907），字明曜，又字晓岑，号壶园，兴宁人。清同治间拔贡，时年二十九岁。后乡试屡败，遂无意功名，专心著述。与黄遵宪、丘逢甲并称晚清嘉应州三大诗人。善书法，精通楷行草篆隶诸体，有"清代客家书翰之大殿"之誉。一生著作甚富，其《湛此心斋诗集》十二卷、《湛此心斋文集》四卷、《湛此心斋骈体文》二卷、《湛此心斋诗话》二卷、《湛此心斋杂著》、《兴宁竹枝杂咏》、《艺事今谈》、《读经札记》二卷（一作十卷）、《读史札记》二卷（一作八卷）、《壶园赋钞》二卷、《壶园制艺》四卷、《壶园琐记》四卷、《茗馀杂说》四卷、《三十六鳞留沈》一卷、《枌榆碎事》四卷、《楹联小纪》四卷、《散花馀沈》四卷、《艺林丛话》《柏涂賸语》二卷、《隙驹志馀》四卷、《莺花海》四卷、《朝天坊祠祀考》三卷、《宋乡贤罗学士遗事考略》（亦名《罗孟郊遗事考略》）三卷、《明乡贤王御史遗事考略》（亦名《王性之公遗事考略》）三卷、《胡氏考稿》、《胡氏一家草》二卷（与胡铠等著）、《胡氏家谱》、《咫闻类纂》、《梅水汇灵集》八卷、《梅水文钞》二卷、《梅水十五家赋钞》二卷、《梅水摘句图》一卷、《凤南文数》、《停云摘句图》一卷、《甘露事类》三卷、《乡哲良规》二卷、《鸣盛先声录》一卷《续集》一卷、《雪泥模范》一卷、《贯串琐编》、《丁卯琐记》、《师友渊源录》、《岭云师友录》四卷、《兴宁图志考》十二卷、《兴宁山志》（一作《兴宁县山志》）二卷、《新订龙川霍山志》十卷等。（《广东历代诗钞》卷四，1992年《兴宁县志》）

胡一声（1905—1990），原名水庭，化名蔡若愚、何家烈、胡春华、陈一新等，梅县人。民国十五年（1926）考入广州中山大学，加入中国共产党。民国十七年（1928）至印度尼西亚爪哇泗水市南华学校任教务主任，与他人创办《爪哇小报》，并为《侨声日报》撰稿，遭荷兰殖民当局侦缉，回到上海。民国二十一年（1932）被马来亚吉隆坡政府聘为加影华侨中学副校长。民国二十三年（1934）入读日本明治大学新闻研究科，民国二十五年（1936）毕业后，创办上海引擎出版社，任社长。民国二十九年（1940）到香港，与乔冠华等创办香港中国通讯社，出任主编。后奉命赴南洋各国推动和开展华侨爱国民主运动。新中国成立后，曾任北京师范大学附中校长、暨南大学东南亚研究所副所长等职。著有《新教育纲要》《各国教育特辑》《世界华侨血泪史》《瞿秋白与中国革命报刊关系史》《鸿爪留痕集》《胡一声传略》。（1999年《梅州市志》，《客家名人录》）

胡霭，字即蛮，号瀛楚，更号近光，兴宁人。明崇祯三年（1630）庚午举人，讲学于城东问字草堂，从学者众。门人私谥"端悫先生"。著有《问字草堂集》。（《梅水汇灵集》卷一，《广东历代诗钞》卷一）

胡永滨，清兴宁人。著有《秋鹃集》。（1992年《兴宁县志》）

胡毓寰（1898—1981），兴宁人。早年入南方大学深造，历任兴宁县立第一中学、省立梅州第五中学国文教师，南华大学教授，中山大学师范学院中文系教授。著有《中国文学源流》《中国通史（上）》《中国平民文学史》《孔子训语类释》《论语本义》《孟子本义》《孟子大旨》《孟子事迹考略》《群经概论》《民间哲学》《民间伦理学》《修辞学讲义》《国文选注》《杜甫诗选注》《诗经选注》《中国文学史讲义》《大学国文讲义》和医学专著《中医癌症理法治验备览》《癌病中医方剂草药汇志》《中国医学史略》《眩晕的中医病理学》及《粤歌一斑》《民间恋歌与故事》《十思量》《鸳鸯塚》等民歌民间故事集。（1992年《兴宁县志》，《客家名人录》）

黄彬，字子鹤，清嘉应州人。诸生。著有《倚剑室诗钞》。（《续梅水诗传》卷一）

黄炳枢（1867—1918），字绍文，号质宾，自号闲忙子，嘉应州人。清光绪二十二年（1896）补县学生，旋补增广生。著有《闲忙诗草》四卷。（《闲忙诗草》）

黄伯龙，号云中，嘉应州人。年十六补博士弟子员，时文武通考，清乾隆十五年（1750）庚午赴举后又应武乡试，拔取第一，时有"岭表无双"之誉。官南充守备。著有《卧云集》诗二百余篇、《蜀游一路集》诗百余篇。（光绪《嘉应州志》卷二十三，《梅水诗传》卷九）

黄昌麟，字月卿，又字季常，清嘉应州人。布衣。著有《岳麓堂诗草》、《岳麓堂咏史》一卷、《红楼二百咏》二卷。（《梅水诗传》卷五，《贩书偶记续编》卷十二）

黄纯仁（1902—1977），字切庵，平远人。毕业于中山大学中文系。民国二十八年（1939）年底投笔从戎，参余汉谋、郑洪将军幕，亲历长沙二、三次大捷。民国三十四年（1945）8月卸甲任教，又任平远县县长。晚年偕夫人张织云女士东渡台湾，任逢甲学院教授。著有《切庵诗文集》《切庵杂文录》《壮柔集》等。（《广东历代诗钞》卷九，《平远名人传略》《平远名人诗词选》）

黄大勋，字笑山，清嘉应州人。廪生。著有《黄雪山房诗草》。（《梅水诗传》卷四）

黄殿楫，镇平人。清康熙二年（1663）癸卯举人。邑令蒋弥高聘纂《（康熙）镇平县志》，殿楫采访纂辑之功居多。（乾隆《镇平县志》卷五）

黄谷柳（1908—1977），梅县人，生于

越南海防。民国二十年（1931）起，任第二军第四师政训处上尉科员、中校组员，广东建设厅驿运管理处视察，国民党粤汉铁路特别党部艺术教育队队长，重庆三民主义青年团总团《文化新闻周刊》总编辑，正中书局广州分局业务主任，粤桂边纵队司令部秘书，《南路人民报》编辑。1950年任《南方日报》记者，派驻海南岛。1953年回广东，任广州市作协专业作家。著有《杨梅山下》《刘半仙遇险记》《虾球传》《此恨绵绵》《生命的呼唤》《七十二家房客》《渔港新事》《碧血丹心》《春风秋雨》《白云珠海》《山长水远》《战友的爱》《大象的经历》《接班人》等。（1994年《梅县志》，《民国人物大辞典》）

黄观清（1723—?），字任浤，号澹溪，亦作淡溪，镇平人。清乾隆六年（1741）辛酉举人，次年成进士，时年方弱冠。八年（1743）官国子监丞，升任吏部考功员外郎。二十五年（1760）典顺天府武闱试，卒于官。著有《澹溪诗稿》二卷。（乾隆《镇平县志》卷五，光绪《镇平县志》卷九，《粤东诗海》卷八十一）

黄海章（1897—1989），字挽波，又名黄叶，嘉应州（后改梅县）人。黄遵宪从子。民国十二年（1923）毕业于广东高等师范学校文史部，初任梅州中学、潮州金山中学教员，民国二十五年（1936）任中山大学文学院中文系讲师、副教授、教授，中国古典文学理论学会理事，广东语文学会理事。长于古典文学，尤精研《文心雕龙》。著有《中国文学批评论文集》《中国文学批评简史》《明末广东抗清诗人评传》《黄叶诗抄》《黄叶楼诗》《黄叶集》等。（《广东历代诗钞》卷九，《民国人物大辞典》）

黄和春（1900—1983），梅县人。毕业于广东黄埔陆军小学、广东陆军军需学校、日本早稻田大学、南京陆军大学。曾任第一集团军第三军警卫旅少将旅长、第十九路军总部经理处副处长、第四路军司令部少将副官处长、第四战区兵站部少将高参等职。与陈燕茂合著《十九路军史略》。（《民国广东将领志》）

黄鸿藻，字雁宾，号逸农，嘉应州人。黄遵宪父。清咸丰六年（1856）丙辰并补行乙卯科举人，官户部主事，改官广西思恩府知府。光绪十七年（1891）去任。卒于家，年六十三。著有《退思书屋诗草》《思恩杂著》《逸农随笔》。（光绪《嘉应州志》卷二十三，《梅水诗传》卷六）

黄焕杰，清嘉应州人。诸生。著有《湖天居士草》。（《梅水诗传》卷七）

黄基（1831—1890），号簣山，嘉应州人。黄遵宪堂叔父。清咸丰元年（1851）辛亥举人，同治二年（1863）癸亥成进士，官礼部主事。光绪四年（1878）以同知保升知府，分发江苏。精通诗、书、画、天文和数学。著有《万事好庐诗钞》（后人辑录）、《覆瓿诗草》（散佚）、《算书》（散佚）。（光绪《嘉应州志》卷二十三，《梅水诗传》卷五）

黄济，字秋帆，清嘉应州人。廪生。善诗文，授徒为业。晚年寓居城东，兼善日者家言。著有《赏雨山房诗草》。（《梅水诗传》卷七）

黄荐鹗，谱名黄遵荣，字继宏，一作继衡，嘉应州（后改梅县）人。清末诸生。毕业于广东法政学堂。民国间任饶平县、四川梁山县县长，海康分庭检察官。著有《适可庐诗集》二卷、《扪虱谈》。（《梅县历代诗选》）

黄金佑（?—1957），字声伯，别署秋月老楳，嘉应州（后改梅县）人。毕业于广东高等师范。民国十一年（1922）任大埔县立中学校长，旋辞职。民国二十四年（1935）任梅县中学校长。著有《涕零集》《老楳词稿》。（《温嘉祥诗文集》《香港古典诗文集经眼录》）

黄兢初，嘉应州（后改梅县）人。编有《岭东名人新诗合选》。著有《南洋华侨》《华侨名人故事录》。（《梅州客家历代乡贤著述目录》）

黄枯桐，谱名植荪，嘉应州（后改梅县）人。留学于日本东京帝国大学、法国里昂大学，修习农学和经济学。民国十三年（1924）回国。曾任浙江大学、中山大学教授，中山大学农学院院长，广东省临时参议会副议长。译著《农业社会化运动》《日本的农业金融机关》《农业理论之发展》《国际经济会议之农业问题》《苏俄新农业法典》。著有《农村调查》《人口食粮问题》。（《寻韵攀桂坊》）

黄乐三，嘉应州（后改梅县）人。民国十六年（1927）夏，与夏文英等创办《华侨日报》。著有《乐乐草堂笔记》（民国十九年印行）、《战时梅县历史》。（《梅州客家历代乡贤著述目录》）

黄亮（1906—1975），原名晓仁，梅县人。民国十八年（1929）毕业于南京金陵大学农学院园艺系，留校任教。民国二十四年（1935）赴美国加利福尼亚大学研究院植物病理系攻读研究生，兼任中华教育文化基金董事会国外研究员，获植物病理学博士学位。曾任广西省农事试验场技正，广西大学农学院教授、教务长、系主任，广西省推广繁殖站技术专员，政务院文化教育委员会学术统一工作委员会植物病理学组工作委员等职。编有《广西农作物病虫害名录》《怎样防治薯瘟》《植物病害防治原理》《普通植物病理》《植物病理通论》《普通植物病理学》等。（《客家名人录》）

黄梅客，字豪五，嘉应州（后改梅县）人。任马罗基中华国民学校校长。著有《巴布亚荷领纪游诗》，民国八年（1919）欧阳祺序之。（《巴布亚荷领纪游诗》）

黄鸣凤，字笙调，镇平人。黄钊仲弟。家贫，出游江浙无所遇，落然而死。性情恬雅，诗多闲适。黄钊辑其遗诗数十首，与黄翔凤诗合梓为《瓠丝遗响》。（《石窟一徵》卷九，《梅水汇灵集》卷六）

黄慕松（1884—1937），又名承恩，嘉应州（后改梅县）人。清光绪三十年（1904）毕业于武备学堂第一期，被选派日本陆军士官学校、日本火炮工兵专门学校、日本陆军大学学习。曾任临时大总统府军咨府第四局局长、陆地测量总局局长、中俄界务公署参议、粤军总司令部编审委员长、陆军第三师师长、国民政府军事委员会参谋本部测量总局局长、中央海外党务委员会委员、参谋本部第一厅厅长、新疆宣慰使、陆军大学校长、蒙藏委员会委员长、广东省政府主席等职。病逝于广州。通晓日、俄、德、英、法多国语言。著有《使藏纪程》《出席国际测量会议报告》《环球游记》《新疆西藏游记》。（1994年《梅县志》）

黄平，名胜，字梧秋，清嘉应州人。毓文书院山长。著有《湔红阁诗集》二卷、《湔红阁词》一卷。（《贩书偶记续编》卷十七，《梅水汇灵集》卷七）

黄琪翔（1898—1970），字御行，嘉应州（后改梅县）人。毕业于广东黄埔陆军小学第六期、湖北第三陆军中学、保定陆军军官学校第六期炮科，曾任国民革命军第四军第十二师师长、第四军军长，广州卫戍司令，国民政府训练总监部炮兵监，第十一集团军总司令，第六战区副司令长官，中国远征军司令长官部副司令长官,中印公路东段警备司令部司令官。新中国成立后,任中南军政委员会司法部部长、国家体委副主任等职。病逝于北京。著有《黄琪翔军事讲话第一辑》《战时炮兵》《军事演讲集》。(《民国广东将领志》)

黄清芬,嘉应州(后改梅县)人。著有《检身要诠》。(1994年《梅县志》)

黄绍岐(?—1899),名眉,字少初,清嘉应州人。布衣。壮年遍游南洋各埠,尝任新加坡同济中医院院长。暇时赋诗自遣。著有《深柳堂诗集》,又名《海天漫草》。(《梅水诗传》卷八)

黄士羲,嘉应州(后改梅县)人。著有《黄士羲先生联存》,民国十七年(1928)由新民印务局出版。(《兴宁文史》第二十四辑)

黄嵩南(1886—1970),家名万春,嘉应州(后改梅县)人。清光绪三十三年(1907)入读松口体育学堂,读书期间加入中国同盟会。民国间任县参议会议员、钦县县长。主修《(民国十九年)钦县志》。(民国《钦县志》卷首,《群星璀璨:西阳、白宫知名人士录》第一集)

黄廷标,字锦亭,晚自号黄子久大痴山人,镇平人。清乾隆五十九年(1794)甲寅举人,年六十始选授定安训导。精水经,兼工碑版文。年七十余卒。著有《锦亭文稿》二卷、《听松庐诗稿》二卷、《琼海仕学编》一卷、《禹贡水道图经》一卷,未刻。(《梅水汇灵集》卷三)

黄挽澜(1896—1980),谱名耀科,号独清,以字行,平远人。民国二年(1913)毕业于省立梅州中学,先后在平远、梅县、东莞学校任教,后任热柘三乡公学校长十余载。后人辑《黄挽澜专集》一册。(《平远名人诗词选》)

黄维清,清嘉应州(后改梅县)人。著有《群经释疑》六卷,首有光绪十九年(1893)自序。(《贩书偶记》卷三,《中国学术名著提要》)

黄文博(1902—1969),字政谦,嘉应州(后改梅县)人。民国十八年(1929)毕业于广州国民大学,又赴法国巴黎大学深造,民国二十二年(1933)获文学博士学位。回国后,历任中山大学、国民大学、广东省文理学院、华南师范学院教授,南华学院教务长,南华大学校长。著有《竹廑碎玉》一卷、《雅盦诗草》五卷、《停云集诗钞》。(《客家名人录》《梅县历代诗选》)

黄文鹄(1883—?),镇平(后改蕉岭)人。民国间任公路局局长,万宁、郁南县县长。著有《金刚般若波罗蜜经浅注》。(《金刚般若波罗蜜经浅注》序)

黄文杰(1902—1939),原名祥庆,兴宁人。民国十四年(1925)春考入黄埔军校,同年赴莫斯科中山大学就读。民国二十年(1931)回国,在上海从事党的秘密工作,后参加抗日运动。著有《论政党》。(1992年《兴宁县志》卷六)

黄文英,嘉应州(后改梅县)人。民国十六年(1927)夏,与黄乐三等创办《华侨日报》。编纂《梅县大观》(与杨剑声合编)、《抗战中之梅县社会概观》。著有《开心小言集》。(《梅州客家历代乡贤著述目录》)

黄锡珪(1862—1941),字仲猷,嘉应州(后改梅县)人。黄基次子。清末诸生。著有《李太白年谱》(有光绪三十二年自序)、《李太白编年诗集目录》。(《黄基诗书

画遗集》)

黄锡铨（1852—1925），字钧选，嘉应州（后改梅县）人。清同治十年（1871）辛未贡生。在乡设校教学。光绪六年（1880）起，出使日本、北美、中美洲诸国。后请病归国返乡，振兴教育、创办团练。民国间任国会参议员、广东省议会议员、广东都督府咨议、国会参议员、税务处委员等职。参编《海关常关地址道里表》《嘉应黄氏祠谱》。著有《嘉应种桂第一公司章程》《嘉应州兴山利说帖章程》《中国通商贸易补救说》。(《客家名人录》)

黄锡瓒，字伯邕，清嘉应州人。诸生。著有《寸心草堂遗稿》。(《梅水诗传》卷八)

黄习畴（1879—1933），字访西，长乐（后改五华）人。清末生员。肄业于潮州韩山师范学校，历任饶平县署承审员、紫金县县长、福建省财政厅田亩股主任等职。曾创办蕉贤小学。著有《访庐杂存》。(《郭田风云》，《古今揭阳吟·补遗篇》卷三)

黄祥麟，字石生，清嘉应州人。廪生。著有《梅雪山房诗钞》。(《梅水诗传》卷四)

黄翔凤，字琴宸，清镇平人。黄钊弟。太学生。吟情刻苦，诗多锤炼，黄钊辑其遗稿，与黄鸣凤诗合梓为《瓠丝遗响》。(《梅水汇灵集》卷六)

黄小帆，名绍庭，字荻农，别号容膝易安轩主人，以号行，嘉应州人。清光绪间诸生。经营盐业。著有《清园诗话》《清园诗草》《清园随笔》《清园续笔》《爱月楼文钞》《睡馀漫录》。(1994年《梅县志》，《梅花端的种梅州》)

黄岩，字耐庵，又字峻寿，号花溪逸士，嘉应州人。清乾隆间贡生。精于医学，曾行医于广州、江浙等地。著有《岭南荔枝咏》《医学精要》八卷（同治六年重刊）、《眼科纂要》（民国上海石印）、《岭南逸史》（同治六年刊），另有《花溪文集》、《花溪诗集》（《梅水诗传》作《花溪草堂稿》），已佚。(光绪《嘉应州志》卷二十九，《梅水诗传》卷九，《岭南医徵略》)

黄阳复，明平远人。诸生。邑令刘孕祚延辑《平远县志》。(嘉庆《平远县志》卷三)

黄药眠（1903—1987），原名访荪、黄访、黄恍，梅县人。民国十年（1921）入读广东高等师范学校英语系，毕业后曾任大埔百侯中学、潮州金山中学教员。中山大学图书馆职员。民国十六年（1927）赴上海创造社出版部任职。次年加入中国共产党，民国十八年（1929）被派往莫斯科青年共产国际东方部从事英文翻译工作。民国二十二年（1933）回国后任共青团中央宣传部部长，不久被捕，几年后获释出狱。辗转于香港、桂林、成都等地。1949年任北京师范大学中文系教授。著有《春》、《烟》、《月之初升》、《工人麦杰》、《美丽的黑暗》、《莎罗霞》、《论约翰夫的外套》（长篇论文）、《美丽的黑海》（散文集）、《暗影》（小说集）、《再见》（小说集）、《桂林的撤退》（长诗）、《英雄颂》、《迎新集》、《沉思集》（论著）、《批判集》（论著）、《初学集》（论著）、《黄花岗上》（诗集）、《面向着生活的海洋》、《论走私主义者的哲学》（论文集）、《动荡——我所经历的半个世纪》（遗著）、《伊谚秋夫斯基译诗选》、《英雄颂歌》、《朝鲜——英雄的国度》、《黄药眠散文集》等。(1994年《梅县志》，《民国人物大辞典》，《客家名人录》)

黄耀堃，字葆珊，清嘉应州人。增贡

生。著有《松云别墅诗草》。(《续梅水诗传》卷三)

黄莹章,字樵云,清嘉应州人。布衣。著有《四芗堂诗钞》。(《梅水诗传》卷七)

黄瀛海,字仙舫,嘉应州人。清同治五年(1866)丙寅岁贡生,应京兆试,留寓都中数年。著有《燕行草》,皆纪事诗。(《梅水汇灵集》卷七,《梅水诗传》卷九)

黄瀛士,号鹤洲,嘉应州人。清嘉庆六年(1801)辛酉举人。诗笔朴老,具见法度。著有《黄唐子诗草》。(《梅水诗传》卷三)

黄应嵩,清嘉应州人。著有《毛诗兴体说》六卷。(《贩书偶记》卷一)

黄友谋(1909—1988),梅县人。民国十七年(1928)起先后入读日本京都第一高等学校预科、第三高等学校理科,复考入京都帝国大学物理系,获学士学位。民国二十六年(1937)回广州,任勷勤大学工学院、广西大学理工学院教师,广东省立文理学院理化系教授兼系主任。新中国成立后,任华南师范学院副院长、代院长,中国科学院中南分院副院长兼暨南大学副校长。著有《什么是原子能》《理论力学讲义》。(《客家名人录》)

黄占春(1896—1964),嘉应州(后改梅县)人。毕业于广东黄埔陆军小学、保定陆军军官学校第八期工兵科、中央训练团兵役研究班。曾任国民革命军第一七六师旅长、副师长,第六十二军参谋长、副军长,第四战区司令部高参室少将高参,四川川西师管区司令,第二十一兵团副参谋长。著有《张发奎联桂攻粤战争回忆》。(《民国广东将领志》)

黄钊(1787—1853),字榖生,号香铁,镇平人。清嘉庆二十四年(1819)己卯举人,官潮阳县教谕、翰林院待诏,内阁中书。工诗,在京时因写"落叶诗"而轰动京都,人称"黄落叶"。与宋湘、李黼平被称为"梅诗三家"。晚年曾任韩山书院山长。编《石窟一徵》九卷。著有《读白华草堂文集》六卷、《读白华草堂诗》三集(初集九卷,二集十二卷,三集若干卷,附《首宿集》八卷)、《诗纫》八卷、《史响》二卷、《赋钞》一卷、《经馂》四卷、《铁盦丛室》、《铁盦随笔》若干卷等。(光绪《海阳县志》卷二十九,《梅水汇灵集》卷六)

黄振汉(1904—1974),兴宁人。民国十九年(1930)赴新加坡,并在此地执教数年。回国后考入上海暨南大学教育系,毕业后任南京市教育局主任督学。1949年迁居台湾,从事教育工作。著有《首尾字典》(合著或主编)。(1992年《兴宁县志》,《兴宁县教育志史料汇编》第五辑)

黄震球(1910—?),梅县人。毕业于南京国立中央大学。曾任国民政府交通部第一交通职工子女学校校长、第六战区兵站部湘西分部上校秘书、宜昌兵站分监部少将副处长。后居台湾。著有《国际形势与中国抗战》。(《梅州将军录》)

黄镇球(1898—1979),字剑灵,梅县人。毕业于广东黄埔陆军小学第八期、保定陆军军官学校第六期步科、德国陆军防空学院。曾任粤军第一师代理副官长、第四军第二十六师师长、中央防空学校校长、航空委员会防空厅长、军政部防空总监、联合勤务总司令、国防部次长、广东保安司令、广东省政府警保处处长等职。后去台湾。编有《新都市建设之商榷》。著有《防空讲话》《防空十二年》《南京防空经验》《防毒常识》《联勤讲话》《工程设施与防空问题之商榷》等。(《民国广东将领志》)

黄之骏，谱名黄诵清，又名黄澜，字簪孙，号定禅，嘉应州人。黄基长孙，黄遵宪从侄。清末生员。留学日本宏文学院师范速成班、东京青山农业大学。任教于上海、北京。著有《百琲珠》、《改良江浙蚕丝议》、《南汉修慧寺千佛塔歌注》（与黄遵庚合著）等。（《寻韵攀桂坊》）

黄仲安，号薰仁，嘉应州人。清道光二十九年（1849）己酉副榜。志趣高雅，不慕荣利。擅绘山水，好吟咏，亦不多作。三十年（1850）掌教东山书院，编有《清代五家诗钞》（五家指袁枚、蒋士铨、赵翼、张问陶、宋湘）。（光绪《嘉应州志》卷二十三，《广东书院制度》）

黄仲容（1790—1850），别字纫兰，号雪蕉，嘉应州人。清嘉庆二十一年（1816）丙子举人，道光三年（1823）癸未成进士，入翰林院，散馆授职编修。转御史，掌江西、广西道，署理刑科给事中。丁外艰，不复出。晚年掌教惠州丰湖书院、潮州韩山书院、城南书院及金山书院。善书法，尤精小楷，有"黄小楷"之称。著有《[黄仲容]诗文集》，藏于家。（光绪《嘉应州志》卷二十三，《梅水诗传》卷二）

黄仲雍，清末嘉应州人。著有《甲寅初录》《甲寅杂录》。（《寻韵攀桂坊》）

黄倬南（1884—1960），家名子隆，学名鹏汉，嘉应州（后改梅县）人。清末毕业于广东高等学校，钦奖文科举人。民国间任汕头水警署员、新会双水警区所长、香港嘉属商会司理、西阳中学教员。著有《孔道》三册、《大学之道》一册。（《群星璀璨：西阳、白宫知名人士录》第1集）

黄子卿（1900—1982），字碧卿，嘉应州（后改梅县）人。民国十年（1921）毕业于清华学校。旋赴美国留学，入威斯康星大学化学系学习。民国十三年（1924）毕业后，继入康乃尔大学化学系学习，获理学硕士学位。民国十六年（1927）起，任北京协和医学院化学系研究员、清华大学化学系教授、西南联大教授。新中国成立后，任北京大学化学系教授、中国化学学会副理事长、中国科学院数理化学部委员。著有《物理化学》、《电解质溶液理论导论》、《非电解质溶液理论导论》、《黄子卿选集》（弟子刘瑞麟选编）。（《民国人物大辞典》《客家名人录》）

黄祖培，号凤五，嘉应州人。清咸丰十一年（1861）辛酉并补行八年戊午科副榜，教授于乡里。年四十七卒。刻有《读我书斋制义》行世。著有《读我书轩诗集》（一作《读我轩诗集》）若干卷，藏于家。（光绪《嘉应州志》卷二十三，《梅水汇灵集》卷七，《梅水诗传》卷六）

黄遵庚（1879—?），字友圃，一作由甫，嘉应州人。黄遵宪堂弟。清末生员。留学日本宏文学院师范速成班、东京青山农业大学。曾任梅州农业职业学校、梅州师范学校校长，广州市教育局局长，南华大学教授。著有《六十年之我》、《南汉修慧寺千佛塔歌注》（与黄之骏合著）等。（《寻韵攀桂坊》）

黄遵楷（1858—1917），字牗达，嘉应州人。黄遵宪胞弟。清光绪十五年（1889）己丑举人，官福建知县、驻日外交官。著有《戊申中日贸易论》《金币制考》《币制原论》《调查币制意见书》《银行制度之建设》《戊申中日贸易论》《日本棉业丝业调查记》《天蚕丝业调查记》《万国博览与日本博览调查记》等。（光绪《嘉应州志》卷二十，《寻韵攀桂坊》）

黄遵宪（1848—1905），字公度，别号人境庐主人，嘉应州人。黄鸿藻子。清光绪二年（1876）丙子举人，次年（1877）被委为驻日公使参赞。八年（1882）调任驻美国旧金山总领事，竭力保护华侨权益。复任驻英国公使馆二等参赞，驻新加坡总领事。二十年（1894）回国，任江宁洋务局总办。次年参加强学会，创办《时务报》，以救亡图存为己任。二十三年（1897）代理湖南按察使，协助湖南巡抚陈宝箴推行新政。维新变法失败后，罢官回里。在故居"人境庐"设学，讲授新学，创办东山初级师范学堂，并派弟子赴日学习新学，以培养维新人才。创立嘉应兴学会议所，自任会长。著有《日本国志》、《人境庐诗草》十一卷、《人境庐集外诗集》、《日本杂事诗》二卷、《壬寅论学笺》等。（《续梅水诗传》卷二，1994年《梅县志》）

吉际亨，清长乐人。庠生。康熙二年（1663）同辑《长乐县志》。（康熙二年《长乐县志》重修县志姓氏）

吉履青，字云岩，号铁庵，长乐人。吉瑄子。清乾隆六十年（1795）乙卯举人，主讲金山书院。未仕，年五十余卒。著有《娜嬛书屋诗草》二卷（未刻，已佚）、《客舫闲吟草》。（道光《长乐县志》卷九，《梅水汇灵集》卷三）

吉竹楼（1869—1952），字逢孙，长乐（后改五华）人。清光绪元年（1875）入私塾，继入金山书院，二十三年（1897）赴京应试中拔贡。受维新变法思想影响，回乡后即从事新学教育。历任长乐官立中学筹办副总办人、长乐县师范传习所监督、长乐县立中学校长，晚任五华县修志局局长，主持编纂《五华县志》。（《五华人物》）

江楫才，字次舟，镇平人。清嘉庆十八年（1813）癸酉拔贡。著有《前后北游草》二卷、《小吟斋诗草》（未见）等。（《梅水汇灵集》卷五，《梅水诗传》卷十）

柯远芬（1906—1996），家名桂荣，号为之，梅县人。入读中山大学、黄埔军校第四期、重庆国防研究院第二期、园山军官团高级班第三期、三军参谋大学第一期。曾任第九集团军少将参谋长、福建保安处参谋长、保安干部训练所副所长、蒋介石侍从室少将参谋、台湾警备司令部参谋长、第十二兵团副司令、梅县县长等职。著有《中国国防建设之研究》《总体战之理论与实施》《面形战争》《孙子兵法研究》等。（《梅州市志1979—2000》）

孔元体，长乐人。清康熙三十五年（1696）丙子贡生。为庠生时参与纂辑《（康熙二年）长乐县志》《（康熙二十六年）长乐县志》《（康熙）惠州府志》。（康熙二年、康熙二十六年《长乐县志》重修姓氏）

孔元祚，字永斋，长乐人。清康熙二年（1663）癸卯举人，二十七年（1688）任武清知县，调陕西扶风知县。参与编纂《（康熙二十六年）长乐县志》八卷。（《广东方志要录》）

赖怀曾（？—1942），字苑香，长乐（后改五华）人。赖鹏翀族孙。清末附生。毕业于嘉应州官立师范，曾任五华县立一中、私立乐育中学、丰顺县立第一中学教员。著有《剑城吟草》，未刻。（《五华诗苑》卷五）

赖汉玑（1901—1997），原名钦昌，梅县人。民国十五年（1926）毕业于梅县东山中学，任梅县中小学教员、校长，紫金中学语文教师。著有《管豹集》。（《紫金历代诗联选》）

赖慧鹏（1902—1996），字福田，号孤云，五华人。民国十四年（1925）考入广东大学，不久弃文从武，考入黄埔军校第四期工兵大队通讯队。曾任广西第四集团军少将参军、第五战区长官部少将高参、第五路总部少将参议、广西绥靖公署少将参议、怀集县县长、博白县县长、广西靖西专区专员兼保安司令、靖西军政委员会副主任、广西省农业厅副厅长等职。著有《赖慧鹏文史词选集》。(《五华人物》)

赖鹏翀（1743—1808），字秉云，号漱石，长乐人。清乾隆二十七年（1762）壬午二十岁中举，三十一年（1766）丙戌成进士。四十二年（1777）选授河南卢氏知县，改山东乐陵，在任五年，谢病归。起补任泗水知县，数月后辞职归乡，主讲于邑金山书院。晚年以诗酒自娱，其诗有清逸不群之概。著有《总宜集》一卷、《尘馀诗草》。(道光《长乐县志》卷九，《梅水汇灵集》卷三)

赖鹏奋，字秉高，号御风，长乐人。清道光四年（1824）甲申贡生。著有《蔺味集诗钞》《御风家训》，均未刻。(《惠州诗词选编》)

赖瀛，原名勋，字仙洲，长乐人。赖鹏翀次子。清道光二十年（1840）甲午举人，教授于惠州丰湖书院。著有《香草山房诗集》，毁于兵燹。(《五华诗苑》卷二)

蓝耿光，嘉应州人。曾任蕉岭中学教师。著有《崇德庐诗草》。(民国二十二年印行)。(《梅州客家历代乡贤著述目录》)

蓝继沅，字芷香，清嘉应州人。领州同衔。以监生应秋试，屡荐不第。善书画。年八十四始隐居。年九十一卒。著有《三字经辑解》《南郭竽声》。(《续梅水诗传》卷一)

蓝绳根，字雁村，嘉应州人。屡试不第。清同治间襄校军务。著有《西园书屋诗钞》。(《续梅水诗传》卷三)

蓝通经，字吉士，嘉应州人。清末廪生。著有《五经拾遗》。(《续梅水诗传》卷三)

蓝霖，字晓园，清嘉应州人。附贡生，博通史籍，久试不第，遂入闽参幕府。著有《漱芳楼诗钞》《闽游诗话》，均未见。(咸丰《嘉应州志增补考略》卷三十二，光绪《嘉应州志》卷二十三)

黎秉衡，字子树，程乡人。太学生。著有《懋晖堂草》（一作《懋晖堂集》），未见。(《粤东诗海》卷七十六，《梅水汇灵集》卷三，《梅水诗传》卷一)

黎昶，号爱亭，清嘉应州人。优廪生。工词章，门人杨懋建刊存其《丛兰书屋赋钞》，尚有《左国挈要》《经腴试帖》未梓。诗篇甚富，经兵燹了无所存。(《梅水诗传》卷三)

黎贯，字伯通，梅县人。民国间任金山中学校长、驻巴西使臣、龙川县县长、揭阳县县长。与黎璿潢辑《梅州岭东黎氏族谱》。编有《县财政概要》。著有《豁庐笔记》《豁庐诗钞》。(《梅州客家历代乡贤著述目录》《历代咏梅州诗选注》)

黎惠谦，字意庵，一字叔瞻，清嘉应州人。优廪贡生。著有《毛诗笺注举要》《馀庆书屋诗文钞》等。(《续梅水诗传》卷二，《馀庆书屋诗存》卷一)

黎济榜，字怡亭，嘉应州人。诸生。聪睿有才，长于诗、古文词，遍历台澎。著有《海天游草》《勉甘草庐文集》，均未见。(光绪《嘉应州志》卷二十九，《梅水诗传》卷一)

黎景鸾，字少瞻，清嘉应州人。黎惠谦

子。著有《蟫馀草》一卷。(《续梅水诗传》卷二)

黎蓬仙，字超凡，清嘉应州人。诸生。著有《盥兰馆诗钞》。(《续梅水诗传》卷一)

黎全懋，嘉应州（后改梅县）人。编有《梅城黎氏家传》《历代纪年表》(民国十年印行)。(《梅州客家历代乡贤著述目录》)

黎尚桓，嘉应州（后改梅县）人。早年旅居印度尼西亚。民国间任《梅县日日新闻》记者、梅县《正报》社社长。后居香港。编有《汉字六部编检法》。著有《新蕊集》《浪游吟草》《爱月楼随笔》《养拙居杂记》等。(《梅州报刊志1906—2002》《香港古典诗文集经眼录》)

黎绍高，兴宁人。清道光五年（1825）乙酉拔贡，分纂《(咸丰)兴宁县志》。(咸丰《兴宁县志》卷八)

黎双懋，清嘉应州人。著有《许学群书辨正》四卷，首有光绪二十年（1894）自序。(《贩书偶记》卷四)

黎璿潢，字茂仙，嘉应州（后改梅县）人。清末廪贡生。终身致力于行医与教学，余暇为诗及篆刻。与黎贯合辑《梅州岭东黎氏族谱》。著有《茂仙诗存》。(《广东历代诗钞》卷七，《梅州客家历代乡贤著述目录》，《梅花端的种梅州》)

黎尧熙，字穆如，清嘉应州人。诸生。曾从戎南徼，历览名山。著有《啸剑山房诗钞》。(《梅水诗传》卷八)

黎应期，嘉应州人。清嘉庆十二年（1807）丁卯副贡。著有《四书读解》，未见。(光绪《嘉应州志》卷二十九)

黎玉贞，字宁淑，嘉应州人。工部七品小京官黄廷选之妻。著有《柏香楼文集》一卷、《柏香楼诗集》二卷，均未见。(光绪《嘉应州志》卷二十九)

黎昱，字竹园，嘉应州人。清道光十二年（1832）壬辰举人，官大田、宁洋、宁化知县。门人范希溥太史、梁铿三孝廉曾为其编定《[竹园]遗稿》，未梓。(《梅水汇灵集》卷七)

黎毓熙（1909—1982），兴宁人。民国十八年（1929）入读杭州国立艺术学院，师承林风眠、潘天寿。毕业后在广西师范学院、上海美专、新华艺专等院校任教。1959年移居香港，在新亚书院艺术系、香港中文大学艺术系任教。逝世后香港中文大学为其出版《黎毓熙水彩画集》。（1992年《兴宁县志》卷六）

黎桢，字次磐，清嘉应州人。廪生，襄理军务，由教谕历保中翰，直至广西候补同知。归田后，主凤山书院讲席。著有《崇德堂诗文集》。(《梅水诗传》卷六)

李白华（1898—2000），又名李日华，日名木村哲夫，笔名一枝、果垂，兴宁人。民国十九年（1930）毕业于日本帝国大学，任北京大学、中山大学教授。著有《物心相依论》、诗集《歧路》、《印度哲学史》、《印度佛教概论》、《范缜——南北朝反对佛教斗争中长大的唯物论者》、《范缜破除迷信的理论与实践》、《批判梁漱溟的宗教思想》、《化书》。（1992年《兴宁县志》，《兴宁文史》第十六辑）

李白华，字笙宾，清嘉应州人。增生。诗才飘逸，早年受知于学使全小汀。壮年幕游，与友人唱和之诗颇多。著有《笙宾诗

集》，未梓散佚。(《梅水诗传》卷六)

李栢龄，字寿卿，清嘉应州人。增生。著有《笔花楼诗》。(《梅水诗传》卷六)

李潮淑，字心如，清嘉应州人。考供事，得官县尉。著有《听雨楼诗稿》。(《梅水诗传》卷四)

李琛，字少游，程乡人。清康熙三十二年（1693）癸酉举人，任井陉知县，授刑部主事。以母老，告假归养。著有《西园文集》、《一草庐集》（未见）、《凌风楼赋》。(光绪《嘉应州志》卷二十三，《潮州志·艺文志》)

李淳，《明史·选举志》作李焞，字文和，号完朴，长乐人。明万历二十八年（1600）庚子贡生，授官福建永福知县，曾议造浮桥，开辟古松路，建文昌书院，辑修县志等。著有《永福政书》（未见）、《鸣调琴》、《北游草》（未见）、《南鲲洞集》（未见）等藏于家。(道光《长乐县志》卷九，《梅水汇灵集》卷一，民国《五华县志》卷十七)

李大超（1900—1984），五华人。毕业于北京大学，曾任国民革命军第十七军第二师国民党党代表、政治部主任，国民党福建省党部委员兼宣传部部长，福建兵工厂国民党党代表兼政治部主任，福建《国民日报》社社长，烟台警备司令部政治部主任，广东省参议，国民党广东省党部委员，交通部广东省电政管理局局长，国民党中央委员，国民党港澳总支部主任委员等职。1951年前往台湾。与同乡李际明、李奏南等拟定《五华锡坑乡新村建设计划》一书。主编出版《我的母亲》。(民国《五华县志》卷十七，《客家名人录》)

李大痴，梅县人。编有《梅江风月》与侯剑合著《嘉应奇闻》，民国二十年（1931）由梅县民风社出版。(《梅州客家历代乡贤著述目录》)

李玳馨，字荆而，长乐人。十八岁补博士弟子，后由附贡生援例捐纳知县。清乾隆二十二年（1757）拣发山西，历任泌水、壶关、长治知县。二十四年（1759）补任左云县，有惠政。二十九年（1764）调平遥。四十二年（1777）选任湖南安福知县，两年后调清泉县。五十年（1785）调任湘乡。六十五岁时升为永绥同知，因事离任，百姓挽留，有"铁知县"之誉。著有《岳游倡和诗》一卷。(道光《长乐县志》卷九，《五华文史》第二辑)

李铠，字允求，程乡人，清雍正十一年（1733）改县为州，遂为嘉应州人。诸生。诗法晦翁、白沙，有灵奇之气。著有《五峰草堂诗钞》，未见。(《粤东诗海》卷七十四，光绪《嘉应州志》卷二十九，《潮州志·艺文志》)

李端，字山立，嘉应州人。李象元长子。清康熙五十年（1711）辛卯举人，雍正元年（1723）癸卯恩科进士，选翰林院庶吉士。出任江苏荆溪知县，在任凡三载，年四十以勤劳卒。著有《松磁公遗集》。(光绪《嘉应州志》卷二十三，《梅州文史》第十六辑)

李敦化（1893—1985），原名伴昆，字意吾，兴宁人。清光绪三十二年（1906）考入两广高等工业学堂，宣统三年（1911）毕业后考取官费生留学日本。民国十年（1921）毕业于东京帝国大学工学部，回到广州后任教于省立工业专门学校、广州市民大学。次年广州市教育局特派其赴日本考察教育，回国后曾任广东省教厅督学，广东大学理科教授，梧州硫酸厂总工程师、厂长，粤北坪石狮子冲省营化工材料厂厂长，广东省工业试验所所长。著有《钨冶金法的研究》（民国九年日文版）、《硝酸制造法》、《硫酸制造法》、《碱工业》、《梧州硫酸厂办理经过报告》及译著日本《最新化学工业大全》（合译）、苏联《硫酸工学》。（1992年《兴宁县志》，《客家名人录》）

李方荣，字显斋，兴宁人。清道光间诸生。著有《左传集腋》四卷。（《兴宁县文化艺术志》，《兴宁文史》第三十三辑）

李逢祥，字瑞其，长乐人。清顺治十一年（1654）甲午登贤书第三。康熙十三年（1674）潮州发生动乱，粤东秩序混乱，逢祥纠集众人护卫水寨，帮助官府防御。纂辑《（康熙二年）长乐县志》。（道光《长乐县志》卷九，《广东方志要录》）

李凤辉，字宏度，嘉应州（后改梅县）人。旅泰华侨。编有《雪鸿吟社诗选》。著有《爪泥集》。（《梅花端的种梅州》《梅州客家历代乡贤著述目录》）

李凤耀（1881—1958），字玉成，嘉应州（后改梅县）人。毕业于两广方言学堂大学部，民国四年（1915）赴北京应第四届县知事试，分发四川，历任华阳、綦江、江北、巴县、郫县等县知事。编有《郫县钱行录》，著有《玉庐诗草》，均毁于"文化大革命"时期。（《客家名人录》）

李黼平（1770/1771—1832/1833），字绣子，别字贞甫，号著花居士，嘉应州人。先世饶平人。清嘉庆三年（1798）戊午举人，十年（1805）乙丑进士，授翰林院庶吉士。乞假南还，主讲广州越华书院两年。十三年（1808）入都，散馆，改用江苏昭文知县。被参落职，入狱七载始归粤。受阮元之聘，授诸公子以经，评定学海堂课艺。后主讲于东莞宝安书院，教育士类，人咸爱重之。治汉学，工考证，精通乐律音韵。年六十三卒。著有《易刊误》二卷、《文选异义》二卷（以上未见）、《毛诗紬义》二十四卷、《读杜韩笔记》二卷、《堪舆六家选注》八卷、《著花庵集》八卷、《吴门集》八卷、《南归集》四卷、《南归续集》四卷、《［绣子］赋》二卷、《［绣子］诗集》二十四卷、《［绣子］制艺》四卷、《小学樗言》二卷、《说文群经古字考》二卷。（咸丰《嘉应州志增补考略》卷三十二，光绪《广州府志》卷一一一，光绪《嘉应州志》卷二十三）

李黼章，字锡侯，嘉应州人。清嘉庆十三年（1808）戊辰恩科举人，官仁化教谕。著有《定园诗稿》，未梓。（《梅水诗传》卷二）

李光彦，初名炽昌，字子迪，嘉应州人。清道光元年（1821）辛巳恩科举人，考取教习，留京满归。二十一年（1841）辛丑成进士，任庶吉士，散馆授翰林院检讨。丁外艰，归里。主讲于潮州韩山书院、广州越华书院。服甫阕，遽卒。著有《易钥》四卷、《职思斋文集》（未见）。（咸丰《嘉应州志增补考略》卷三十二，光绪《嘉应州志》卷二十三）

李光昭，字秋田，一字闇如，清嘉应州人。廪膳生。与同里颜崇衡、徐青合称为"一龙"，南海谢澧甫称为"程乡三友"。尝辟"海声堂"，祀粤北诗人张曲江以下至黎二樵二十六人。辑近代名媛诗曰《鸳鸯绣谱》。著有《南汉小乐府》、《铁树堂文集》、《铁树堂诗钞》四卷、《霜灯八影集》、《聊复尔尔草》、《鸿雪一痕集》，均未见。其妻号"红兰主人"，亦能诗。（咸丰《嘉应州志增补考略》卷三十二，光绪《嘉应州志》卷二十三，《岭南群雅二集》，《梅水汇灵集》卷五）

李闳中，字秋畬，一字企韩，嘉应州人。清道光五年（1825）乙酉举人，曾任阳江、电白、三水教谕，琼州府教授。著有《榕屋诗钞》四卷、《琼南百咏》一卷（未见）。（光绪《嘉应州志》卷二十九，《梅花端的种梅州》）

李虎炳，长乐人。清乾隆十五年（1750）庚午举人。著有《中庸说》二卷，未刻。（道光《长乐县志》卷七）

李怀禹，嘉应州（后改梅县）人。肄业于广东省立勷勤大学，曾任梅县中医公会董事、救护队队长、光华医药社梅县分社社长、平民医院医师、梅县国医专科学校教师。著有《现代药物学》一册，民国十九年（1930）印行。（《汕头卫生志》《岭南医学史》）

李惠堂（1905—1979），字光梁，号老惠，别署鲁卫，五华人，出生于香港。民国十年（1921）毕业于香港皇仁书院。酷爱足球运动，民国十二年（1923）作为南华队主力前锋随队远征澳大利亚。民国十四年（1925）秋，赴上海加入乐群足球队。次年受聘为上海复旦大学体育系主任。率队赴菲律宾、新加坡、印度尼西亚出访比赛，被誉为"亚洲球王"。香港沦陷后返回原籍。日本投降后复去香港，仍效力于南华足球队。晚年退出足坛，从事笔耕。著有《足球技术》《足球经》《足球规则诠释》《球圃菜根集》《足球裁判》《鲁卫吟草》《离开母胎到现在》等。（《客家名人录》《五华人物》）

李季子（1883—1910），原名玉官，号朝露，嘉应州人。少时以书画闻于乡，弱冠益以诗鸣，其诗初步温李，继瞻陶谢。清光绪三十三年（1907）与曾伯谔、钟动、古直、曾謇、曾涌甫、黄慕周等结冷圃诗社，被推为社主。宣统二年（1910）任梅州高等小学首任校长。著有《泫然初集》一卷。（《客家名人录》）

李家修，字心梅，清嘉应州人。诸生。著有《得见楼诗钞》（一作《得月楼诗钞》），未见。（光绪《嘉应州志》卷二十九，《梅水诗传》卷三）

李珏临，字柱才，一作桂才，字淡斋，清嘉应州人。李致临弟。布衣。著有《自在居集》三卷，未见。（光绪《嘉应州志》卷二十九，《续梅水诗传》卷一）

李洁之（1900—1994），原名清廉，兴宁人。毕业于陆军步兵军事教练所、陆军步兵学校将官研究班。历任粤军营长、平南盐务总局局长、独立第四旅少将旅长、虎门要塞少将司令、广东省会警察局局长、第四战区兵站中将总监、第七战区军粮计核委员会中将副主任、广东省第九区行政督察专员兼保安司令。新中国成立后，曾任广东省水利厅副厅长、广东省人民政府参事室主任、广东省政协副主席兼文史资料研究委员会主任。著有《粤军史实纪要》（与郭翘然合著）、《两年来之改革》、《孙中山先生在庆祝俄国十月革命七周年大会上演讲的片断回忆》。整理出版有《李洁之文存》。（《客家名人录》，1999年《梅州市志》）

李金发（1900—1976），原名权兴，字遇安，又名淑良，梅县人。少时赴香港在罗马书院攻读英语。民国八年（1919）自上海赴法、德等国学习雕塑。五年后回国，任教于上海美术专科学校，后受聘为国立中央大学、杭州国立艺术学院教授，广东美术学院院长。曾创办《美育》杂志。因通晓外语，被国民政府调到外交部任职。民国三十四年（1945）出任中国驻伊朗大使馆一等秘书，两年后转为驻伊拉克大使馆代办。解放战争后期息政，长期寓居美国，病逝于纽约。其著作主要有《为幸福而歌》、《岭东情歌》、《微雨》、《食客与凶年》、《意大利及其艺术概要》（论著）、《梭米顿夫人传》、《肉的图圈》、《艺术论文集》、《德国文学ABC》、《异国情调》、《伊朗文学》、《飘零闲笔》、《鬼屋人踪》（与他人合著）等及译著《雕刻家米西盎则罗》《北京的最后勾留》《古希腊恋歌》《托尔斯泰夫人日记》。(1994年《梅县志》，《客家名人录》)

李晋寿，清嘉应州人。著有《中庸说》，未见。(光绪《嘉应州志》卷二十九)

李景山，平远人。清乾隆五十七年(1792)壬子岁贡生。分纂《(嘉庆)平远县志》。(嘉庆《平远县志》修志姓氏)

李驹(1900—1982)，字超然，嘉应州(后改梅县)人。毕业于法国高等园艺学校、巴黎热带植物学院。曾任中山大学园艺科、中央大学农学院、重庆大学农学院、四川大学农学院教授。新中国成立后任北京林学院教授。编有《苗圃学》。(《中国近现代人物名号大辞典》)

李巨栋，字让斋，清嘉应州人。绝意仕进，教授终老。著有《乐律汇考》八卷、《历算书》三十卷，均未见。(道光《广东通志》卷三〇五，咸丰《嘉应州志增补考略》卷三十二)

李铿载，原名龙孙，字湘宾，嘉应州人。清咸丰元年(1851)辛亥恩科举人。先后主韩山、培风、榕江、东山书院讲席。著有《绿云山馆诗钞》四卷、《绿云山馆词钞》四卷、《蕉鹿梦传奇》四卷。诗稿毁于兵燹。(光绪《嘉应州志》卷二十三，《梅水汇灵集》卷七，《梅水诗传》卷五)

李澜，字达五，清嘉应州人。壮游台湾，恒春县知县蔡麟祥、章瑞垣聘其讲授义塾。著有《经畬诗钞》。(《梅水诗传》卷九)

李阆中，字香田，清嘉应州人。诸生。游幕楚疆，保举教谕。清同治元年(1862)主持编修《阴那山志》。(《梅水诗传》卷九)

李纶光，字芸斋，号笠山，嘉应州人。清咸丰元年(1851)辛亥恩科举人，加内阁中书衔，官南海县教谕，加内阁中书衔。曾主讲韩山书院。著有《笠山诗草》一卷。(光绪《嘉应州志》卷二十九，《梅水汇灵集》卷七，《梅水诗传》卷五)

李培元，字心根，清嘉应州人。诸生。著有《海天游草》。(《梅水诗传》卷七)

李霈霖，字雨苍，清嘉应州人。诸生。著有《鹄起山房文稿》一卷、《鹄起山房诗稿》三卷。(光绪《嘉应州志》卷二十九，《梅水诗传》卷八)

李楩，字其础，一作其楚，程乡人。李士淳子。明崇祯十二年(1639)己卯举人。淡于仕进，嗜古好学，工书法。与张琚等人为"烟霞四友"。著有《溪声堂法帖》、《函秘斋诗文集》二卷，未见。(乾隆《嘉应州志》卷六，光绪《嘉应州志》卷二十三，《梅水汇灵集》卷一)

李杞芳(1883—?)，字柳汀，长乐(后改五华)人。毕业于广东两广师范学堂、上海法律专门学校、日本东京早稻田大学法学科。清宣统元年(1909)回国后，任知事。辛亥革命爆发后，辞职返回广东，寓居汕头。民国八年(1919)任云南陆军讲武堂韶关分校经济教员，主讲《世界经济》课程。著有《经济财政合编》、《焦桐备忘录诗稿》一卷。(民国《五华县志》卷十七，《云南讲武堂将帅录》)

李清奎，字子韶，清嘉应州人。诸生。著有《蕙轩居士偶吟草》。(《梅水诗传》卷六)

李仁初，民国梅县人。著有《莱阳山庄诗草》。（《梅县历代诗选》）

李瑞贤，字信使，清嘉应州人。增生。诗学苏东坡。与徐又白善。著有《尚友堂诗集》十三卷。（光绪《嘉应州志》卷二十九，《梅水诗传》卷二）

李善邦（1902—1980），兴宁人。民国十四年（1925）毕业于南京东南大学物理系，任中央地质调查所地震研究室主任。先赴日本东京帝国大学地震研究所，继赴德国波茨坦地球物理研究所学习。民国三十二年（1943）夏，制成水平向机械记录地震仪，定名为"霓式地震仪"。新中国成立后，任中国科学院地球物理研究所代理所长、地震研究室主任，中国地震工作委员会委员，中国地震历史资料编委副主任委员，中国地震学会常务理事等职。1956年参与《中国地震资料年表》的编辑工作。1960年主编《中国地震目录》第一、二集。著有《中国地震》。（1992年《兴宁县志》）

李上珍，字方晋，号待儒，嘉应州人。清乾隆十五年（1750）庚午举人（道光《新会县志》作副贡），二十八年（1763）任新会教谕。著有《丛桂山房全集》（一作《丛桂山房诗集》）四卷，未见。（道光《新会县志》卷五，光绪《嘉应州志》卷二十九，《梅水诗传》卷一）

李尚志，长乐人。清顺治十二年（1655）乙未岁贡，任潮州府训导。康熙十年（1671）任石城训导，重订梁之栋主修之《石城县志》。（康熙《长乐县志》卷四，乾隆《潮州府志》卷三十一）

李士淳（1585—1665），字仲垒，号二何，程乡人。明万历三十七年（1609）己酉解元，崇祯元年（1628）戊辰中进士。任山西翼城知县，捐俸建翔山书院，一时文风丕振。八年（1635）调曲沃，捐俸建乔山书院，讲学课文，人称"岭南夫子"。十一年（1638）以治行卓异，入都对策，授翰林院编修，任东宫讲读。晚年回乡，创设耆英书院以造就人才。年八十一卒。清顺治间纂辑《程乡县志》。著有《绷庵先生年谱》、《阴那山志》二卷、《古今文范》《质疑十则》《诗艺》《燕台近言》《燕台素言》《燕台逸言》《三柏轩文集》四卷、《三柏轩诗集》、《李二何文存》（又名《三柏轩文存》）等。（乾隆《嘉应州志》卷六，道光《广东通志》卷三〇五，光绪《嘉应州志》卷二十三、卷二十九）

李松庵，梅县人。与张谭生合著《四邑会战拾零》，民国三十年由台山同文印甸公司印行。（《梅州客家历代乡贤著述目录》）

李嵩仑，字譬堂，嘉应州人。清乾隆五十七年（1792）壬子举人，官乐昌训导。文思敏捷，质朴无华。著有《四书读》十九卷。（光绪《嘉应州志》卷二十三，《梅水汇灵集》卷三）

李肃度（1875—1956），字道谦，名庆贵，镇平（后改蕉岭）人。清末生员。民国初期，曾任蕉岭县立中学校长及蕉岭县公署视学。民国九年（1920）夏，被蕉岭县参议会推举担任县知事，岁末辞职。离任后，仍任蕉岭中学校长。著有《听涛望月楼存草》。（1999年《梅州市志》）

李素英（1903—1986），又名李素，字飞琼，嘉应州（后改梅县）人。李季子之女。毕业于燕京大学文学院，后留校任教。曾任北京《歌谣周刊》、重庆《妇女新运》月刊编辑。晚年居香港等地。病逝于美国。与曾特合译《世界史》。著有《逆流集》《心籁集》《燕京旧梦》《读诗狂想录》《窗外之窗》《生之颂赞》《容的一生》《街头

《远了，伊甸》《被剖》等。(《梅县文史资料》第二十七辑，《寻韵攀桂坊》)

李坛，字道登，号杏墅，嘉应州人。清乾隆三十九年（1774）甲午顺天乡试举人，历官开建、徐闻教谕。以子仲昭赠翰林院编修。博通天文、乐律、谶纬、医书、绘画、篆刻等。著有《退学轩诗文集》（一作《退学轩诗文稿》）二卷，未见。（光绪《嘉应州志》卷二十三，《粤东诗海》卷八十六，《梅水汇灵集》卷三）

李铁夫，嘉应州（后改梅县）人。著有《州戟马烦集》。（《梅州客家历代乡贤著述目录》，1994年《梅县志》）

李维源（1868—1948），字崧圃，号沤舫，别号味渊，嘉应州（后改梅县）人。清光绪二十四年（1898）弃学纳粟，援例捐县丞，嗣后捐升知县，曾任安徽泾县、来安、怀远、合肥知县，宿州、六安、亳州知府。后调金陵、淮泗等府道尹。民国十年（1921）起历任安徽省政府代理主席、江苏省政务厅长、厦门海关监督、国民党中央主计处秘书长及国府顾问、军委会桂林办公厅中将顾问、广东省主席参议。著有《沤庐诗存》四卷、《南归诗草》，存诗四百五十多首。（《梅县文史》第十五辑，《广东历代诗钞》卷六）

李翔枢，字孟庚，清嘉应州人，寄籍台湾。诸生。平生以诗自雄，常与诸名士唱和。著有《浣香诗钞》。（《梅水诗传》卷七）

李象元（1661—1746），字伯猷，号惕斋，程乡人。清康熙三十年（1691）辛未进士，选翰林庶吉士，授检讨。三十八年（1699）典试山东，多得名士。好读书，寒暑无间。解组归，犹力学。精于理学，摒斥佛道。晚岁卜筑城中，建御书楼。著有《赐书堂集》（未见）、《赐书堂文集》一卷。（乾隆《潮州府志》卷二十九，乾隆《嘉应州志》卷六，道光《广东通志》卷三〇五，光绪《嘉应州志》卷二十三）

李星楼（1828—1907），名兆庚，以字行，别号西垣居士、醉月楼居士，长乐（后改五华）人。贡生。清同治间在归善设帐授徒。光绪二十年（1894）倡建三江书院，并教授其间。著有《醉月楼诗钞》。（民国《五华县志》卷十七，《读志明邑札记》）

李性，清嘉应州人。著有《捡花馆诗文钞》二卷。（光绪《嘉应州志》卷二十九）

李修梅，号次生，嘉应州人。清同治二年（1863）署理甘泉邑篆，四年题补实授。三年后，因公被议去，先后在任凡五年。著有《诚求实纪》一卷。（光绪《嘉应州志》卷二十三）

李一楫，字巨川，程乡人。嗜古文词，淹贯经史。明万历三十八年（1610）庚戌贡生，任晋江训导，升高要教谕，再升广州府教授。著有《月令采奇》《咏史约言》《帝王歌》，均未见。（乾隆《嘉应州志》卷六，光绪《嘉应州志》卷二十三，《潮州志·艺文志》）

李以贞，家名在信，号石圹，程乡人。明末不乐仕进，康熙初仍为布衣，以孝义著称乡里。能诗，人称其诗"浸淫骚选，大类《峤雅》《莲须》诸集"。著有《石圹集》。（光绪《嘉应州志》卷二十三，《粤东诗海》卷五十一，《梅水汇灵集》卷二，《石圹之源》）

李翼中（1896—1969），名朝鎏，嘉应州（后改梅县）人。同邑古直弟子。毕业于中山大学，历任国民党青岛特别市党部宣传部长、江苏省政府第二科科长、交通部秘书等职。后赴台湾。工诗，善书法。曾漫游泰国、菲律宾。著有《社政忆述》，述其创劳工保险制度甚详。此外还有《帽檐诗钞正续》《游方吟草》。(《广东历代诗钞》卷九，《民国人物大辞典》)

李于钰，字朗山，程乡人。清康熙间结庐于高峰下，读书不倦。年八十四卒。著有《溪声堂集》，并参与编修《程乡县志》。(乾隆《嘉应州志》卷六、光绪《嘉应州志》卷二十三)

李曰巽，又名李肖峰，字顺之，长乐人。明嘉靖三十七年（1558）戊午进士，万历十一年（1583）任广西苍梧知县，十六年（1588）升任江西广信府同知。未几，迁沈府长史，以病免。嘉靖三十六年（1557）知县张炎道延聘其编纂《海丰县志》。(道光《长乐县志》卷九，光绪《惠州府志》卷三十四)

李檩，字子高，嘉应州人。清康熙十一年（1672）壬子岁贡，任琼州训导。著有《卧游草》。(光绪《嘉应州志》卷二十，《续梅水诗传》卷一)

李载熙（？—1859），号采卿，嘉应州人。清道光十九年（1839）己亥恩科解元，次年庚子成进士，授编修。咸丰三年（1853）升御史，任国史馆协修、实录馆纂修。转左春坊左赞善，迁任广西提督学政，升翰林院侍讲，补詹事府右春坊右庶子。以积劳卒于官，赠太仆寺卿。著有《争坐位集字联》二卷。(光绪《嘉应州志》卷二十三，《梅水汇灵集》卷七，《梅水诗传》卷四)

李在中，字乐山，清嘉应州人。监生，即用县少尉。著有《铁桥诗稿》。(《梅水诗传》卷九)

李则芬（1909—2004），字虞夫，兴宁人。民国十四年（1925）考入黄埔军校第五期。参加过北伐战争、淞沪抗战。民国二十九年（1940）考取重庆陆军大学特别班，毕业后曾任九十四军第五师副师长、师长，"总统府"战地视察官，九十八军副军长，李弥兵团副总指挥等职。著有《元史新讲》《中外战争全史》《先秦及两汉历史论文集》《三国历史论文集》《两晋南北朝历史论文集》《隋唐五代历史论文集》《宋辽金元历史论文集》《成吉思汗新传》《战争史话》《文史杂考》《中日关系史》《泛论司马光资治通鉴》《虞夫诗集》《哀乐平生词集》《八十自选诗词》。(1992年《兴宁县志》，《兴宁文史》第二十六辑)

李占芳，字麓樵，清长乐人。庠生。著有《吟花小阁诗钞》，未刻。(《五华诗苑》卷四)

李璋，字辉山，清嘉应州人。李光昭父。著有《红豆山房集》(未见)、《丛桂山庄吟草》。(光绪《嘉应州志》卷二十九)

李贞，清嘉应州人。诸生。著有《萃编卧龙集》，未见。(光绪《嘉应州志》卷二十九)

李志敏（1907—？），梅县人。著有《志敏诗选》。(《梅风诗集》)

李致临，字柱华，一作桂华，又字缵亭，清嘉应州人。诸生。著有《自怡集》，未见。(《粤东诗海》卷八十一，《续梅水诗传》卷一)

李中培，字根五，号耕坞，清嘉应州人。年十六补弟子员。阮元见其对策博洽，深为赞赏。尝讲学于羊城书院。著有《四书集注文献考略》四卷、《朱子不废古训说》十六卷、《朱注引用文献考略》四卷。

(光绪《嘉应州志》卷二十九,《梅水汇灵集》卷五)

李仲昭,字次卿,又字守谨,号次星,嘉应州人。清嘉庆五年(1800)庚申恩科举人,七年(1802)登进士,授翰林院编修,迁御史。到任十天,即上疏皇帝,陈述盐政利弊,弹劾盐商查氏,升为给事中。不久遭报复,罢官归田。十八年(1813)受聘主惠州丰湖书院讲席,历时六年。爱西湖山水,辟今是园于湖之南。著有《河槽利弊书》(未见)。(光绪《嘉应州志》卷二十三,《梅水诗传》卷二)

连卓琛,清长乐人。擅技击。辑《跌打方书》二十卷。(道光《长乐县志》卷十)

梁伯聪(1871—1945),名纪恩,号酣雪楼主人,嘉应州(后改梅县)人。生于书香世家,家学渊源深厚。清末贡生。曾任嘉善女子学堂、梅州女子师范学校、省立梅州中学教员。诗书画兼擅。著有《梅县风土二百咏》《酣雪楼主人自寿诗联》。(1994年《梅县志》,《梅县历代诗选》)

梁伯强(1899—1968),嘉应州(后改梅县)人。民国十一年(1922)毕业于上海同济大学医学院,荐赴德国留学,专攻病理解剖学,获慕尼黑医科大学博士学位。历任上海同济大学医学院病理学副教授、病理学研究所主任、院长,中山大学医学院教授、院长等职。新中国成立后,曾任华南医学院与中山医学院教授、副院长,中华医学会广东分会副会长,中华病理学会副理事长等职。与杨简合译《军用毒气病之病理及治疗法》。主编教材《病理解剖学总论》、《病理解剖学各论》、《病理解剖学各论插图》、《新体德文教科书》(与梁仲谋合编)。著有《病理尸体解剖手册》、《广东中国瓜仁虫症的病理解剖研究》(与杨简合著)。(1994年《梅县志》)

梁崇,字德斋,嘉应州人。而官陕西咸宁县典史,清嘉庆四年(1799)官军驻镇安,征剿教匪,崇领兵镇安,被俘,不屈而死。著有《灞陵小草》二卷,未见。(道光《广东通志》卷三〇五,咸丰《嘉应州志增补考略》卷三十二,光绪《嘉应州志》卷二十三)

梁登瀛,嘉应州人。清乾隆五十四年(1789)己酉举人,官连州学正。著有《空谷集》。(光绪《嘉应州志》卷二十九)

梁恩纶,字镜人,清嘉应州人。诸生。著有《安砚斋诗钞》。(《续梅水诗传》卷二)

梁国基,字子侨,嘉应州人。清光绪三年(1877)丁丑岁贡生,任从化教谕。著有《绍衣堂诗草》。(《梅水诗传》卷七)

梁国璋,字璧人,清嘉应州人。诸生。著有《绿腊山庄诗草》。(《梅水诗传》卷七)

梁璜,字少玉,清嘉应州人。著有《秋爽轩诗草》二卷,光绪间印行。(《清人诗文集总目提要》)

梁居实(1843—1911),字诗五,又字仲遂,嘉应州人。梁光熙子。清光绪十五年(1889)己丑恩科举人。受聘于广州菊坡书院、应元书院,任教十四年。二十九年(1903)起,历任驻日使馆参赞兼商务官、驻日本长崎领事、驻德使馆参赞、驻比利时使馆参赞。以功绩卓著奖掖选用知府,加盐运使衔,赐宝星勋章。分纂《(光绪)嘉应州志》,负责撰写山川、水利、物产、方言、礼俗、古迹等十四卷。著有《梁诗五先生遗稿集》等。(光绪《嘉应州志》卷二十,《客家名人录》)

梁烺皓（1910—1968），梅县人。民国二十三年（1934）毕业于广州中山大学医学院，留校任医学院小儿科助教。民国二十六年（1937）考取德国维尔茨堡大学医学院儿科研究生奖学金，获医学博士学位。曾任广西柳州第三防疫大队技士、第四战区少将参议兼长官部卫生处诊疗所主任、广西省立柳州医院院长兼儿科主任。后回广州主持复办光华医院。与邓金鉴等合编《基础儿科学》一书。编写《中国儿科学》（书稿），未完成而辞世。（《客家名人录》）

梁留生（1903—1990），梅县人，居于汕头。师从北京画家胡佩衡，擅长国画、山水、花鸟，精鉴赏。曾任教于汕头画院。著有《山水画笔法墨法及其它》。（《潮州人物辞典》）

梁龙（1893—1967），字云松，又作云从，嘉应州（后改梅县）人。清光绪三十二年（1906）就读于松口初级师范，加入中国同盟会。次年春，参加潮州黄冈起义。同年夏，在岭东同盟会创办的军事干部学校松口体育传习所学习，旋又加入松口体育会。辛亥革命胜利后，被广东军政府公派赴英国剑桥大学留学，专攻法学。历任国立广东大学法学院院长、中华民国驻德大使馆参赞、驻捷克公使馆代办、驻罗马尼亚公使、外交部欧洲司司长、驻瑞士公使及驻捷克大使、台湾大学校长等职。著有《苹庐诗稿》。（《客籍志士与辛亥革命》，《广东历代诗钞》卷九）

梁纶恩，号念直，嘉应州人。清光绪二十一年（1895）患病，生魂入冥，时往时还，复苏后记其入冥情状成《入冥记》二卷，刻于光绪二十二年。（《入冥记》卷上）

梁奇定，程乡人。清顺治十四年（1657）丁酉举人，康熙二十四年（1685）任连州学正。同修《（康熙四十九年）连州志》。（乾隆《连州志》卷五）

梁实珍，字穀亭，嘉应州人，移居河源。清乾隆三十五年（1770）庚寅恩科举人。与徐友白善，常相唱和。有《稻香楼遗诗》。（《梅水诗传》卷九）

梁荧，字星楼，清嘉应州人。诸生。著有《焚馀小草诗集》。（《梅水诗传》卷八）

梁楒，清嘉应州人。岁贡生。著有《瑶圃草诗集》。（光绪《嘉应州志》卷二十九）

梁云骞，字秋薇，清嘉应州人。诸生，保举教谕。工吟咏，尤善古体。著有《山中天诗草》，未梓。（《梅水诗传》卷五）

梁柘轩（1862—?），字希曾，嘉应州人。精研医典，擅内外科。曾游历上海、香港、新加坡、北京、汕头等地。清宣统元年（1909）回国，任职于汕头检察验病所。著有《疬科全书》一卷。（《广东文物特辑》，《中医大辞典·医史文献分册》（试用本），《岭南中医》第八章）

廖安仁（1881—?），号学林、习儒，别号三亦山人，清长乐人。肄业于教会大学，历任李朗传道书院，古竹、梅县乐育中学教员，神道大学教授。著有《儒教论衡》一卷、《易学探幽》（原名《易学辨正》）一卷、《五华乡土地理志》一卷、《圣门演义》、《三亦山房诗草》等。（民国《五华县志》卷十七）

廖苾光（1902—1993），曾用笔名璧光、碧光、观古等，梅县人。民国十四年（1925）考入上海复旦大学中文系。民国十九年（1930）赴日本，先后入读日本外国语学校、日本法政大学。民国二十七年

（1938）回国后，历任梅县东山中学、广东法商学院教员，华南财经委员会财经干部训练班主任，华南师范学院中文系主任等职。著有《聊话〈聊斋〉》，及译著《苏联经济地理》（与陈此生合译）、《文学论》等。（《民国人物大辞典》《客家名人传》）

廖秉权，字定初，长乐（后改五华）人。就学于梅县省立中学。民国间任县立第三中学教员。著有《箓竹山房诗草》。（《五华诗苑》卷六）

廖道传（1877—1931），字叔度，又字梅峰、梅垞，晚号三香居士、三香山人，嘉应州（后改梅县）人。清光绪十九年（1893）生员。二十八年（1902）入读京师大学堂，毕业后，奉清廷学部之命赴日本考察教育。归国后，任广西优级师范学堂监督、广东高等师范学校校长、广西督军秘书、广西统税局局长、梅埔蕉平公路总办等职。曾创筹办嘉应大学，任义务教员。著有《三香片羽集》《三香山馆集》《梅峰时文》《滇游草诗集》《金碧集》《京师集》《桂林集》《浔州集》《武鸣集》《平乐集》《国学集》《军府集》等。（《客家名人录》，1994年《梅县志》）

廖凤文（1853—1910），字梧村，长乐人。诸生，任邑劝学员。著有《小岐山房诗集》，未刻。（《五华诗苑》卷三）

廖化机，五华人。民国十五年（1926）赴苏联留学。著有《金融市场得失针言》一卷。（民国《五华县志》卷十七）

廖纪，字秋乔，一字子侨，清嘉应州人。太学生，一说诸生。弱冠即游省城，尝就学于学海堂，以梅花影诗为时所称。与杨炳南（字秋衡）、李光昭（字秋田）并称"梅州三秋"。著有《万树松斋诗稿》（一作《万树松斋诗钞》）一卷、《（续和）南海百咏》（未见，学海堂仅刻二十首）。（光绪《嘉应州志》卷二十三，《国朝诗人徵略二编》卷六十二，《梅水诗传》卷四，《广东历代诗钞》卷三）

廖立民（1910—1985），兴宁人。民国二十六年（1937）起参加抗日救亡宣传工作。曾任延安中央印刷厂工会主席、中央机关直属党委秘书、热河区党委秘书处长、合江省委秘书处长等职。1949年随人民解放军南下广州，任广州市军管会秘书长、广州市总工会主席、中华全国总工会执行委员、广东省总工会主席、中共广东省委第一办公室副主任、广州对外贸易中心副总经理等职。著有《廖立民诗集》。（1992年《兴宁县志》）

廖容，字实甫，长乐人。清道光五年（1825）乙酉举人。道光二十五年分纂《长乐县志》。（道光《长乐县志》卷三）

廖淑伦（1894—1985），长乐（后改五华）人。毕业于黄埔军校第五期，历任湖北秭归县县长、浙江警官学校政治指导员、国民党中央军委上校秘书、"忠义救国军"少将政训处长、"中美合作所"南岳训练班政训组长、第十三军高级参谋、广东军训委员会秘书、军统局上校主任、第十三军驻广州接运处处长等职。后居台湾。主编《广州大观》。著有《修养的原理和方法》《处世要诀》《人生的认识》《青年处世态度》《女青年的修养》《医德》《生存哲学》。（民国《五华县志》卷十七，《五华人物》，《五华文史》第二十五辑）

廖云飘，字明扬，镇平人。清乾隆间廪生。与修《（乾隆）镇平县志》。（乾隆《镇平县志》重修姓氏）

廖云涛（1860—1931），号雨初，兴宁人。清光绪十九年（1893）癸巳恩科举人。

曾任本邑墨池书院、丰顺鹅湖书院主讲，汕头同文学堂总监等职。著有《懿庐诗文集》。（1992年《兴宁县志》，《广东兴宁廖氏族谱·首卷》）

廖衷赤，字莀孟，程乡人。南明隆武元年（1645）乙酉举人。食贫力学，诗酒自娱。文章渊雅，援笔立就，邑中文章多出其手。著有《五园集》等，已佚。（乾隆《嘉应州志》卷六，光绪《嘉应州志》卷二十三，《梅水汇灵集》卷一）

廖子东（1909—1993），原名宝鎏，家名保仁，别名廖浏心，笔名大孤、上官锦、孔栋、朴庵、朱子东、孜兰等，兴宁人。民国十九年（1930）考入广州南堤新闻学院，毕业后又赴日本东京中央大学学习。回国后定居香港，民国二十九年（1940）离开香港从事抗战宣传工作。新中国成立后，任华南师范学院中文系教授、系主任。著有《中日八年战争回顾》《小说艺术法则与教学问题》《中学语文教学法大纲》《中国现代文学教学大纲》《中国现代文学斗争史》《鲁迅研究新论》、文集《八千里路》《籁杜鹃集》，编有《写作讲话》《现代散文》《现代小说》等教材。（1992年《兴宁县志》，《中国近现代人物名号大辞典》）

林百举（1881—1950），原名林钟镁，号一厂，亦作一庵，又号伯杞，别署老举，嘉应州（后改梅县）人。清光绪二十七年（1901）投考汕头岭东同文学堂，以成绩优异留校任教。三十三年（1907）冬，由谢逸桥介绍加入同盟会，任岭东同盟会机关报《中华新报》主笔。宣统三年（1911）年底与姚平、柳亚子在上海创办《太平洋报》。应谢逸桥之聘任中国国民党汕头分部秘书，旋与谢逸桥、古直等创办《大风日报》。二十世纪三十年代，任南京国民政府党史编纂委员会委员，负责编写《孙中山先生年谱》。另编有《三民主义简本》。（《潮州志·艺文志》《客籍志士与辛亥革命》《客家名人录》）

林伯坚（1908—？），蕉岭人。民国二十六年（1937）毕业于日本九州帝国大学工学部土木科。抗日战争期间，曾任大学专科学校教授、技正、主任工程师等职。1949年应聘任台湾省立台南工学院土木工程系教授。著有《结构学》等。（《民国人物大辞典》）

林承儁，字彦卿，清嘉应州人。廪贡生，官候选训导。著有《著香居诗草》。（《梅水诗传》卷六）

林承藻，字采辰，清嘉应州人。诸生。家贫，游幕于省垣。著有《求愈昨斋诗草》，不存。（《梅水诗传》卷六）

林丹九（1591—1647），原名际亨，字一桂，以号行，镇平人。南明隆武元年（1645）乙酉举人。清兵入镇平，丹九率乡兵抗击。顺治四年（1647）投长潭石厓而死，门人私谥"文节"。友人搜辑遗文重订为《林节士集》。（道光《石窟一徵》卷九，《梅水汇灵集》卷一）

林丹云（1780—1839），字绚阶，又字端甫，嘉应州人。清嘉庆十三年（1808）戊辰恩科举人，道光三年（1823）癸未进士，官四川大竹知县，署越巂厅同知。卒于福建寓所，寿六十，谥敏惠。著有《涤冰斋诗文集》。（《梅水诗传》卷二，《梅州进士录》）

林斐，字淇瞻，嘉应州人。清嘉庆五年（1800）庚申举人。著有《半耕堂诗草》一卷，未见。（光绪《嘉应州志》卷二十九，《梅水汇灵集》卷四）

林风眠（1900—1991），名绍琼，又名

凤鸣，梅县人。民国六年（1917）考入上海图画美术院，次年赴法国勤工俭学，毕业于法国巴黎美术专门学校。民国十四年（1925）冬回国，任国立北平艺术专科学校校长、教务长及西画系主任等职。后又创办杭州西湖国立艺术学院，任院长。抗日战争期间，执教于重庆国立艺术学校。抗战胜利后，在杭州西湖国立艺术学院任教。新中国成立后，任浙江美术学院院长、教授，中央美术学院教授，上海中国画院画师，上海文史馆馆员。著有《中国绘画新论》《林风眠画集》等。（《民国人物大辞典》，1999年《梅州市志》）

林汉乔，字星舫，嘉应州人。清嘉庆二十四年（1819）己卯举人，官江西广丰知县。署莲花厅同知，卒于官。著有《古香堂诗存》。（《梅水诗传》卷三）

林翰，字西园，镇平人。清嘉庆间岁贡。著有《四书学解》。（道光《石窟一徵》卷九）

林君勋（1896—1965），原名盛传，镇平（后改蕉岭）人。毕业于云南讲武学堂。抗日战争期间，先后任十九路军七十八师教导队教官、六十二军少将参谋、第七战区韩江挺进纵队司令。民国三十七年（1946）任兴梅专区保安司令。1949年五月起义，配合粤闽边纵队解放梅县、蕉岭、平远、兴宁、五华等县。新中国成立后，任广东省交通厅公路处处长、省参事室参事。著有《抗日战争南线巡回》《从第一次东征到讨伐南路军阀》。（1999年《梅州市志》）

林孔焕，字尧文，号健斋，镇平人。清康熙五十九年（1720）庚子举人，乾隆七年（1742）壬戌进士。任潮州教授，卒于官。博通经史，教人先重识而后文艺。著有《四书讲义》《五经批评》。（乾隆《镇平县志》卷五）

林浪（1904—1984），原名呈祥，又名耀庭、与可，兴宁人。民国十七年（1928）毕业于上海艺术大学绘画科西洋画系，毕生从事教育工作。著有《秋叶集》。（1992年《兴宁县志》，《兴宁县文化艺术志》第十一章）

林良铨（1700—?），字衡公，又字朝京，号睡庐，平远人。清雍正二年（1724）由岁贡生保举贤良正科，历任四川大竹、大邑、渠县、成都等县知县，后升崇庆知州，调滁州直隶州知州。以政绩卓异，受乾隆皇帝召见和赏赐。后调升江苏淮安知府、云南楚雄知府、苏州知府。著有《睡庐诗草》（一作《睡庐诗选》）二卷。（嘉庆《平远县志》卷三，《粤东诗海》卷七十二，《梅水诗传》卷十，《贩书偶记》卷十五）

林伦彦（1910—1993），梅县人。民国二十二年（1933）就读于日本明治大学，习哲学和政治史，毕业后又学习俄语和研究农业经济。民国二十六年（1937）十一月上海沦陷后回国，曾任南宁健中中学校长、桂林国民党军委会办公厅主任随从室机要秘书、江西泰和中正大学政治系、广西大学政治系和经济系教授。1950年后，历任广州中山大学经济系主任，西北大学、华南师范学院历史系教授。著有《现代英国政治文学》《农业经济学教程》《古代东方史》及译著《从欧战到世界大战》《月下人影》《列宁论土地问题》《农业中的资本主义》《巴比伦公主》《地狱与钟摆》等。（《客家名人录》）

林乃幹（1907—1992），原名泮桥，号逸雅，别署林省，蕉岭人。民国十八年（1929）上海艺术大学毕业后，于次年考入日本东京美术学校，民国二十四年（1935）毕业，被选为该校研究生，留校从事研究工作两年。因抗日战争爆发回国。历任北京京华美术学校、北平艺术职业学校、国立北平

艺专教授。1956年调至北京中央工艺美术学院任教。有《林乃幹富家珍画集》。(《客家名人录》)

林钦明，清平远人。廪膳生。嘉庆间分纂《平远县志》。(嘉庆《平远县志》修志姓氏)

林让昆，又名大松，号岱青，平远人。清道光二十九年(1849)己酉拔贡，历任竹山、保康、黄冈知县。著有《补斋诗集》。(《平远名人诗词选》《梅花端的种梅州》)

林如勋，平远人。廪贡生，清嘉庆十九年(1814)署始兴教谕。分纂《(嘉庆)平远县志》。(嘉庆《平远县志》修志姓氏)

林孝图(1893—1949)，字桥生，号兰陔室主，镇平(后改蕉岭)人。清宣统三年(1911)师范毕业后，致力于地方教育，先后在家乡创办白马村三仁学校、白马乡第五、第六国民学校，私立新民学校(后改名为蕉岭县白马乡中心国民学校)。曾任蕉岭县议会副议长、国民革命军东路指挥部参谋处代理书记长、淮盐平市局秘书、代理广宁县县长、蕉岭县抗敌后援会主任委员等职。著有《兰陔室选钞》。(《客家名人录》)

林友珩，明末清初程乡人。平远籍庠生。世其家学，究心于皇极天官诸书。手纂《易隐》《史评》《[林友珩]诗钞》等集。(乾隆《嘉应州志》卷六，光绪《嘉应州志》卷二十三)

林遇春(1776—1819)，字铁山，平远人，寄籍江苏吴县。监生。清嘉庆二年(1797)投效东河，以承办汛堤工叙劳得官，授直隶宛平石港口巡检，转南宫典事，署武邑、新河、定兴、丰润、无极县尉。著有《妙香庵诗存》。(《读岭南人诗绝句》卷十)

林元蕃，号酿素，平远人。二十岁时补为博士弟子员，设帐讲学三十余载。尝谓："士先器识而后文艺，少年轻薄吾不取也。"明崇祯间以岁荐授琼州昌化司谕，兼管信宜吴川讲学。著有《小学注疏》二卷、《忠孝注疏》二卷行世。(嘉庆《平远县志》卷三，《潮州志·艺文志》)

林垣，字紫君，平远人。清康熙十七年(1678)戊午岁贡，任新安训导。博学能文，著有《金台随笔》《体记翼注正解》《文漪园集》。邑令延辑《平远县志》。(嘉庆《平远县志》卷三，《岭南五朝诗选》卷十一)

凌朝荐，平远人。清嘉庆十五年(1810)庚午举人，道光十七年(1837)任昌邑知县。分纂《(嘉庆)平远县志》。编有《采芹录》一卷(与谢廷杰等合编)。(嘉庆《平远县志》修志姓氏)

凌化育(1903—1966)，平远人。民国十二年(1923)考入广东公立农业专门学校，次年转入广东大学农学部农艺系。毕业后在茂名公馆圩南路育种场工作。民国二十一年(1932)调往广州石牌稻作试验总场，佐助丁颖进行稻作栽培研究。后遭遇不幸，身患多种疾病，兼精神略有失常。有多篇论文发表于《农声》及《农艺论丛》。编有《水稻人工杂交"体温催花法"研究总结》。(1993年《平远县志》)

刘伴松(1908—2004)，名春茯，以号行，五华人。民国间任揭西龙潭龙光学校教员、校长，广东保一团一营营本部书记，天寨公平粜会主任。著有《芸窗诗联选》。(《古今揭阳吟》卷三)

刘保寰，兴宁人。早年赴法国勤工俭学，获里昂中法大学文学博士学位。民国间投笔从戎，任国民党云南保安司令部少将参议。译有《西班牙民主政治》一书。（《兴宁县教育志史料汇编》第四辑）

刘伯芙（1814—1872），字实吾，一作石吾，镇平人。清咸丰五年（1855）乙卯举人，官刑部福建司主事，居官期间，曾调解过广东、江西、福建等地的多起民间械斗案。创办地方团练，镇压太平军。后与镇平知县邹芝麟不和，缠讼不已，同治八年（1869）被流放至江西九江，道经浔阳，卒。著有《小铁楼烬馀杂著》数卷、《烬馀拾草》、《史赞》。（《梅水汇灵集》卷七，1992年《蕉岭县志》）

刘炽章（1911—1996），平远人。民国十七年（1928）自北京大学化学系考入日本东京工业大学，毕业后又入读东京帝国大学研究院，专攻颜料和炸药，获硕士学位。回国后任军政部兵工署驻广西柳州四十兵工厂检验科长，兵工署宜昌办事处、湘西办事处主任，湖南湘西运输处长，台南樟脑厂副厂长，私立逢甲工商学院纺织工程系研究所硕士班指导教授等职。著有《电池学》《染料化学》《纤维之物理化学》等书。（《平远名人传略》）

刘道南，清兴宁人。著有《四书刊谈》一卷。（《兴宁县文化艺术志》）

刘道源，号恕堂，又号药亭，嘉应州人。清乾隆五十九年（1794）甲寅恩科举人，大挑一等，历任江西永宁、奉新、弋阳、桂溪等县知县。辞官后主讲于扬州梅花书院。未几卒。著有《药亭诗钞》，未梓。（光绪《嘉应州志》卷二十三，《梅水诗传》卷二）

刘玑，字印祖，别号兰林主人，平远人。刘瑛兄。清末附学生员，入赘为监生。著有《盆瓴诗钞》九卷、《瑶华录》。（《平远文史》第四辑）

刘鉴仁（1879—1930），后更名刘鉴伯，字应凤，兴宁人。热衷测量技术，自学成才。著有《兴宁治水计划》。（1992年《兴宁县志》，2006《径南风采》）

刘启英，字迪斋，兴宁人。清道光六年（1826）丙戌贡生。著有《崇正论》、《字学音义》一卷、《四书增删合讲》（一作《增删四书讲义》）一卷、《五礼乡约》五卷。（《兴宁县文化艺术志》，《兴宁文史》第三十三辑）

刘庆绅（1769—？），字銮球，号梅冶，嘉应州人。年二十六领清乾隆五十九年（1794）甲寅恩科举人，历署贵州都匀、清镇、永宁等州县，补普安知县，兼掌都匀府印。丁内艰，服阕选甘肃文县知县。擢升狄道州，未任而卒。著有《紫藤花馆诗钞》（一作《紫藤书屋诗钞》），未见。（光绪《嘉应州志》卷二十三，《梅水诗传》卷一）

刘汝棣，字蕚楼，嘉应州人。清道光二年（1822）壬午优贡生，任镶蓝旗官学教习。卒于官，年三十四。著有《丛桂山房诗钞》，未见。（光绪《嘉应州志》卷二十九，《梅水汇灵集》卷六）

刘尚一，梅县人。民国三十五年（1946）二月任新兴县县长。主修《新兴县志稿》。（民国《新兴县志》重修职名）

刘绍武（1899—1974），别号天任，兴宁人。毕业于黄埔军校第六期步科、陆军大学将校班第三期。曾任第六十四军参谋处处长，第六十六军一五九师师长、参谋长，广州警备指挥部指挥官，国防部少将部员等职。1950年任广州市政府参事。著有《粤

军部队第六十四军始末记》。(《民国广东将领志》)

刘师敬,字简堂,清嘉应州人。廪生。品端学粹,教授生徒甚众。著有《三亦书室诗草》。(《梅水诗传》卷三)

刘士木(1889—1952),又名志权,字更生,兴宁人。十四岁到广州就读黄埔陆军小学。后赴南洋,在棉兰任华商小学校长。加入同盟会,筹办《光华日报》。继而留学日本大学经济系。民国十六年(1927)任暨南大学南洋文化教育事业部主任,创办《南洋研究》,筹组侨务促进会、大南文化协会,发起成立南洋学会。编有《日本海外侵略与华侨》、《南洋各属学校注册条例》、《华侨参政权全案》、《华侨概观》(与徐之圭合编)。译有《南洋荷属东印度之教育制度》《南洋荷属东印度之实业教育》《南洋荷属东印度之经济》。著有《南洋华侨教育论文集》、《南洋荷属东印度之教育制度》、《南洋地理》(与沈厥成合著)等。(1989年《兴宁县志》)

刘世铨,清嘉应州人。著有《春酒堂集》,未见。(光绪《嘉应州志》卷二十九)

刘述元(1714—?),号铁峰,平远人。清乾隆九年(1744)甲子举人,次年(1745)乙丑进士,任四川通江知县。著有《铁峰吟草》一卷、《六有堂稿》等。(嘉庆《平远县志》卷三,《平远文物志》)

刘淞简,原名湘简,字筠卿,嘉应州人。工诗文,兼精韵学。清道光二十年(1840)庚子举人,后屡次会试不售,卒于都门。著有《诗绳前后集》《诗韵正》。(《梅水诗传》卷五)

刘统(1890—1932),又名宜敬,号铁予,嘉应州(后改梅县)人。毕业于保定军校,任工兵营长、教育副官、参谋长。遗诗被编为《刘统诗选》。(《梅花端的种梅州》《梅县历代诗选》)

刘统基(1746—1810),名国俊,以字行,一字末山,长乐人。弱冠时冒归善籍补弟子员,后家羊城。清乾隆五十一年(1786)丙午举人,官阳江训导。博学能文。寓广州授徒,四方从游者岁数百人。著有《乙照书阁制义》《南石山房经义》四卷、《四书隅见录》一卷、《南石山房诗钞》二卷、《玉壶山房诗话》。(《国朝岭海诗钞》卷十三,光绪《惠州府志》卷三十五)

刘祥集(1899—1940),平远人。毕业于广东大学农学部农艺系,师从水稻专家丁颖。著有《茂名县稻作检定报告》。(《平远县志1979—2000》)

刘燕勋,字少蕚,号鹿樵,清末嘉应州人,生于满洲。刘汝棣子。年十九补博士弟子员。著有《秋声堂诗钞》《曼陀居士诗钞》《三斛珠传奇》。(《续梅水诗传》卷二)

刘耀曾(1901—1982),名谦荣,梅县人。民国十一年(1922)考入南京公立东南大学,民国十五年(1926)毕业。曾任梅县县立师范教导主任,印度尼西亚雅加达中华会馆学校教务主任,雅城联合中学教导主任、副校长、校长,中华侨团总会文教部长、副主席、主席。1968年回梅县定居,任梅县侨联主席。著有《旅居印尼回忆录》,刊于《梅县文史资料》第二辑。(1994年《梅县志》,《客家名人录》)

刘瑛(1836—1923),字紫岩,又字子岩,平远人。清同治十二年(1873)癸酉拔贡生。初创立蒙馆,任塾师。光绪十年(1884)倡设东南书院。民国五年(1916)参与筹设平远官立中学堂,被委任为首任监督。民国七年（1918）为平远首任劝学所总董。与同乡将东南书院改为景贤后期小学堂，任堂长。倡设振东小学校，任校长。著有《泛游草》《如是集》。（《平远文史》第四辑）

刘元度，字芷汀，清嘉应州人。诸生。工书法，擅画兰，诗才敏茂。著有《定静安室诗钞》，未梓。（《梅水诗传》卷六）

刘云山，清兴宁人。重修《刘氏族谱》，道光八年（1828）戊子孟冬作谱序。（《刘氏族谱》序）

刘志陆（1890—1942），字伟军，嘉应州（后改梅县）人，生于广西龙州。清光绪三十三年（1907）考入虎门陆军学校，毕业后曾任讨袁护国军第三军军长，粤军第二军军长，直鲁豫联军第三路军总司令，胶东防守总司令兼第七集团军总司令，苏浙皖行动别动队总指挥，广东省政府委员兼第五区行政督察专员、保安司令等职。著有《养气斋集》二卷、《试政录》五卷、《三山运动》一卷。（《客家名人录》，1999年《梅州市志》）

刘竹林（1897—1969），字劲，嘉应州（后改梅县）人。自幼随父习医，民国十九年（1930）独立执业。曾任梅县国医支馆馆长、梅县人民医院副主任、梅县中医院副院长等职。编有《梅县中医验方交流集》。（1994年《梅县志》）

刘子芬，号竹园居士，嘉应州（后改梅县）人。著有《竹园陶说》，成书于民国十四年（1925）。（《中国古代陶瓷文献辑录·7》）

刘子瑜，又名刘焕奎，兴宁人。清末廪生。著有《匡正蜗庐杂著》，民国二十四年（1935）由兴宁书店隆记印务公司出版。（1992年《兴宁县志》）

卢耕甫（1870—1943），名文铎，字钦长，嘉应州（后改梅县）人。入读韩山书院，习文学。毕业后赴印度继承父业，经营皮革药材生意。加入兴中会、中国同盟会，追随孙中山，从事革命活动。辛亥革命后，任梅州市长，梅县、饶平县县长，高阳县执法处长，广东省参议员，潮梅镇守使顾问，嘉应大学校长。生平雅好山水。工诗文，晚年潜心《周易》。著有《卢文铎诗集》一卷。（《客家名人录》）

卢锦芳，字云舫，清嘉应州人。布衣。著有《蕉窗吟草》。（《梅水诗传》卷八）

罗蔼其（1868—1942），字翱云，号退圃，兴宁人。早年入县学，三十五岁中清光绪二十九年（1903）癸卯恩科举人，任兴宁县学务公所总董。三十二年（1906）与友人创办兴宁简易师范科。三十三年（1907）钦点内阁中书，在北京设立兴宁邑馆，以方便应考同乡寄宿。辛亥革命爆发后返里，民国四年（1915）筑"遁夫山房"，聚徒讲学，从学者众。后受命主持修志局，继修兴宁志，后因志局停顿，所编县志未能付梓。民国十六年（1927）应聘至中山大学，任文学教授。著《客方言》十二卷、《尔雅注》一卷、《京音准》一卷、《遁夫山房诗文集》、《［罗蔼其］日记》等。（1992年《兴宁县志》，《客家名人录》）

罗虫天，兴宁人。曾任兴宁县立一中教员、兴宁县女子中学校长。民国二十二年（1933）与罗元贞等人创办《微光》刊物。著有《孝经批判》。（1992年《兴宁县志》）

罗丹（1911—1995），原名士桓，兴宁人。民国间曾任龙田仁孝小学、居公桥小学教员，潮汕战时文化协会理事长，《大连日报》社长兼总编辑，鞍钢铸管厂厂长，鞍钢炼钢厂副厂长等职。曾编辑《海岸线》《新世界》刊物，主编《星华日报》专栏周刊《黎明》《火炬》，主持出版《战时文化》。热爱写作，创作出《闲居随笔》以及大量小说、剧本。出版有《罗丹诗选》、三幕话剧《在敌人后方》、话剧剧本《秘密的斗争》、长篇小说《风雨的黎明》《秘密情报员》《战斗风云录》《严峻的岁月》、短篇小说集《小号手》《薛秀明》《飞狐口》《南沙壶之夜》。(1992年《兴宁县志》)

罗鸿诏（1897—1956），原名康禄，兴宁人。少时求学于罗斧月、罗蔼其。民国十五年（1926）毕业于日本东京帝国大学，回国后曾任中山大学讲师、南京金陵大学教授、上海暨南大学教授、国防部第三厅设计委员、兴宁《时事日报》社社长。病故于台湾。其著述多为大学讲义，如《哲学导论》《伦理学》。(1992年《兴宁县志》)

罗煌，清兴宁人。罗学旦孙。著有《台湾赋》一卷。(1992年《兴宁县志》)

罗孟郊，字耕甫，号休休，兴宁人。幼年丧父，事母孝。家贫，少时聪颖，精通经史。弱冠结庐于罗岭，读书其中兼教授乡子弟。北宋天圣八年（1029）进士第三人，累官谏议大夫、翰林学士，掌制诰文词。年七十卒。著有《学士集》，已佚。(咸丰《兴宁县志》卷九，《兴宁县文物志》)

罗孟玮（1898—1986），原名倬汉，字幹青，兴宁人。民国八年（1919）考入北京大学哲学系，攻读外国哲学，民国十二年（1923）毕业后，曾任北京一中、兴民中学、兴宁高级中学、广州广雅中学教师，兴宁县县长。民国二十二年（1933）赴日本留学，入东京帝国大学研究院习历史和哲学。历任桂林师专、广州中山大学、金陵大学、广东省立文理学院教授，华南师范学院教授兼历史系主任。著有《我国民族倾向之一瞥》《青塘诗》《史记十二诸侯年表考证》《诗乐论》。(1992年《兴宁县志》，《客家名人录》，《兴宁文史》第五辑)

罗明光，兴宁人。清咸丰二年（1852）壬子副贡。分纂《(咸丰)兴宁县志》。(咸丰《兴宁县志》卷八)

罗清熙，原名清史，字愚谷，兴宁人。清道光十四年（1834）甲午举人，官清远训导。咸丰四年（1854）寇陷清远，弃官奉母归。著有《思藻楼集》二卷，顺德罗椒生为之序。(《梅水汇灵集》卷七，《广东历代诗钞》卷三)

罗清英（1722—1763），字贞毓，号松亭，兴宁人。清乾隆二十一年（1756）丙子举人，二十六年（1761）辛巳进士。淹贯经史，博洽群书，尤精三礼。著有《周礼六官序》以及月令、词曲、诗集、赋集、四书文、性理集、论试策法程。罗香林辑其著作编成《松亭诗文钞》二卷、《松亭删稿》一卷。(咸丰《兴宁县志》卷九，《梅水汇灵集》卷三，《广东历代诗钞》卷二)

罗清桢（1905—1942），兴宁人。民国十一年（1922）就读于兴民中学，毕业后在新陂小学、城南小学教书。民国十五年（1926）考入上海新华艺术专科学校西画系。民国十九年（1930）毕业后，先后在梅县丙村中学、松口中学、大埔百侯中学任美术教员。民国二十一年至二十四年（1932—1935），陆续出版《清桢木刻画》第一集、第二集、第三集。民国二十六年（1937）成立"百侯战时美术研究会"，开展抗日宣传活动。1958年上海人民出版社编辑出版《罗清桢木刻作品选集》。(《兴宁县文化艺术志》《客家名人录》)

罗庆辉，兴宁人。清康熙间师从京城钦天监天象大师，习天文、星象、仪度、六壬吉凶及预测祸福之术。同时，潜心研读历学著作、研究西洋历法。康熙三十八年（1699）告病还乡。雍正五年（1727）编成《广东省兴宁县罗家推算通书》（即《罗家通书》）。七年（1729）获上恩准颁行。（1992年《兴宁县志》，《客家名人录》）

罗师扬（1866—1931），字幼山，一字曜生，以号行，晚号希山老人，兴宁人。清光绪十五年（1889）补博士弟子员，次年，被推选入读广雅书院，二十八年（1902）援例入贡。倡导新学，先后创办兴民学堂、相植小学，宣传民族民主思想，策动革命。宣统元年（1909）任教于两广方言学校。民国元年（1912）步入仕途，历任广东省临时议会代议员，广东省政府陆军司令部秘书兼稽勋局文牍主任、琼崖镇守使秘书、援闽粤军司令部秘书，海南临高县、福建连城县知事，兴宁县县长。民国十五年（1926）归里，与族人纂修族谱。晚年兼治音律词曲，倡导方言文学。著有《国史概》四卷、《东亚各国史》二卷、《亚洲史》、《中国近代史》（自编教材）三卷、《革命先烈稽勋传》、《兴宁东门罗氏族谱》二十五卷附《年谱》一卷、《兴民学校小史》一卷、《赌海升沉》一卷、《官场况味》一卷、《阋墙记》一卷、《洪承畴传奇》一卷、《客话剧本》、《山庐诗钞》一卷、《山庐文钞》五卷、《希山老人遗诗》。殁后，遗著由其幼子香林编成《希山丛著》。（《广东历代诗钞》卷八，1992年《兴宁县志》，《客家名人录》）

罗世彝（约1878—?），嘉应州（后改梅县）人。早年寓居常德。民国初期任黔阳县知事。著有《螺庵诗集》（一名《螺庵遗稿》）十四卷。（《梅州文史》第十辑，《常德德山山有德》）

罗献修（1857—1942），字黼月，一作斧月，又字孝博，兴宁人。清光绪十一年（1885）乙酉膺选拔，二十五年（1899）选入广雅书院深造，专攻三礼，颇得两广总督张之洞赏识。历任廉州味经书院山长、兴宁师范简易科监督、兴宁官立公学堂监督、广东谘议局议员，旋受京师大学堂聘授三礼。宣统三年（1911）参加举贡考试，任京师大学堂经学教习。辛亥革命后，任兴宁县立中学校长、中山大学文学院教授。民国二十二年（1933）辞职返里，任兴宁修志局总纂。光绪末年编《兴宁乡土志》二卷。著有《荀子讲义》、《三礼讲义》四卷、《尚书大义述》、《周礼学》一卷、《修身学》一卷、《螺庄诗稿》等三十余卷。（《广东历代诗钞》卷五，《兴宁县文化艺术志》，1992年《兴宁县志》，《客家名人录》）

罗香林（1906—1978），字元一，又字符一，号乙堂，别署香灵、一之、汉夫、罗汉，兴宁人。罗师扬子。民国十三年（1924）入读上海政治大学。两年后考取清华大学史学系，先后师从王国维、梁启超、朱希祖、陈寅恪、顾颉刚及美国人韩廷敦等名家治史学。民国十九年（1930）夏毕业并留校。翌年春，兼读燕京大学研究院，获哈佛燕京学社奖学金，赴华南考察民间问题及客家源流。曾任广州中山大学校长室秘书兼广东通志馆纂修、中山大学副教授兼学校《文史研究所月刊》编辑、南京国立中央大学教授、上海暨南大学教授、广州中山图书馆馆长、重庆国民党中央专门委员、广东省政府委员兼省立文理学院院长、香港《星岛日报》文史副刊主编兼广州文化大学研究所史学部主任、中山大学教授。曾创办《广东建设研究》季刊。后移居香港，任教于香港文化专科学校、香港大学等校。编有《高级中学本国史》《刘永福历史草》《明清实录中之西藏史料》《唐代三教讲论考》《鸦片战争粤东义民抗英史料叙录》《粤东之风》《客家史料汇编》《兴宁先贤丛书》《兴宁二十五家诗选》《香港崇正总会三十周年纪念特刊》《广州市立中山图书馆方志目录》《中国与南海关系论文集》《荔垞文存》《希山丛著》等。著有《百越源流与文化》、《中夏系统中之百越》、《客家研究导论》、《客家源流考》、《大地胜游记》、《岭南诗人林睡庐考》、《国父的高明光大》、《国父在香港之历史遗迹》、《国父之大学时代》、《国父之家世与学养》、《国父与欧美之友好》、《颜师古年谱》、《国父家世源流考》、《胡晓岑先生年谱》（未刊手稿）、《先考幼山府君年谱》、《蒲寿庚传》、《傅秉常与近代中国》、《历史之认识》、《中国族谱研究》、《宗部左人趣慕宾民汇考》、《梁诚的出使美国》、《罗芳伯所建婆罗洲坤甸兰芳大总制考》、《攘倭先烈传》、《隋唐五代史讲义》、《唐代文化史研究》、《唐代波罗球戏考》、《唐代广州光孝寺与中印交通之关系》、《唐代桂林之摩崖佛像》、《唐代桂林西域人摩崖题刻考》、《宋宝文阁待制蒋公之奇武溪深诗之行草石刻》（未刊手稿）、《唐元二代之景教》、《藩镇制度沿革考》（抽印合订本）、《一八四二年以前之香港及其对外交通：香港前代史》、《香港与中西文化之交流》、《中国通史》、《中国民族史》、《中国宪政之进程》、《民俗学论丛》、《中国文化论丛》、《民间的几种信仰》、《流行于赣闽粤及马来西亚之真空教》、《西婆罗洲罗芳伯等所建共和国考》、《学术论文作法与读古书作札记法》、《史馆论议》、《续修广东通志拟目并说》（未刊手稿）、《罗香林论学书札》、《乙堂文存》、《乙堂文存续编》、《乙堂文录》等。（《广东历代诗钞》卷十一，1992年《兴宁县志》，《香港古典诗文集经眼录》）

罗雄才（1903—1993），兴宁人。民国九年（1920）毕业于日本东京帝国大学理化研究所。回国后，任中山大学理工学院教授、工学院院长。新中国成立后，历任中山大学工学院副院长、华南工学院副院长、华南化工学院院长、中山大学副校长。译有《无机化学》，《电化学》，《最新化学大全》第二、第三分册（合译）。（1992年《兴宁县志》，《广州百科全书》）

罗学旦，字次周，号鲁亭，兴宁人。清雍正十三年（1735）乙卯拔贡，官八旗教习。期满，出任四川蓬溪、大成等地知县。年七十八卒于家。分纂《（乾隆）兴宁县志》。为文渊博瑰丽，其《乌鲁木齐赋》和《台湾赋》均两千余言。著有《鲁亭诗钞》一卷、《鲁亭文钞》一卷。（咸丰《兴宁县志》卷九，《梅水汇灵集》卷二，《兴宁县文化艺术志》）

罗尧翼，民国兴宁人。清末附生。与罗振勋、罗兆逵纂修《兴宁高车罗氏家谱》八卷（民国二年刊行）。（《兴宁高车罗氏家谱》）

罗翼群（1889—1967），原名道贤，字逸尘，晚号东樵，兴宁人。清光绪三十二年（1906）考入两广测绘学校，随后加入中国同盟会。民国元年（1912）任广东陆军测量局局长兼广东陆军测量学校校长。讨袁失败，遭通缉，流亡南洋等地。云南起义后，经新加坡返回香港，任中华革命军第七路军副司令，中华革命军东江总司令部参谋长，护法军政府少将参军、援闽粤军总部代理副官长、第二军参谋长兼第九师师长，大本营兵站总监，广东省筹饷总局总办，建国军潮梅军军长，国民革命军总指挥部总参议，国民政府西南政务委员会委员，粤省政府委员兼广东省党部特派员，军委会第四战区党政分会委员，广东省政府委员兼南路行署主任，广东省粮食和水灾救济协会委员。广州解放后，先后任广东省文史馆馆员、省人民委员会参事室副主任等职。有《罗翼群诗集》、《梦痕剑影》、《罗翼群自传》一卷、《西南反蒋的回忆》、《孙中山三次在广东建立政权》。（1992年《兴宁县志》，《广东历代诗钞》卷六，《客家名人录》）

罗元贞（1906—1993），原名元真，字季甫，别号远征，兴宁人。民国十八年（1929）考入上海社会主义学院，参加第三国际之红色国际互济会。民国二十四年（1935）赴日本留学，入早稻田大学文学院。毕业回国后，历任北京大学文学院副教授、教授，长春大学文学院教授，后任教于长春师范大学、山西大学历史系。编辑《隋唐史资料汇编》、《武则天集》（合著）。著有《错字考查》《通用诗韵》《中国古代史讲义》《唐太宗评传》《武则天研究》《武则天评传》《诗词漫谈》《龚自珍之情诗》《难老园诗词选诗丛》等。（1992年《兴宁县志》，《民国人物大辞典》）

罗兆逵，兴宁人。清末附生。与罗振勋、罗尧翼纂修《兴宁高车罗氏家谱》八卷。（《兴宁高车罗氏家谱》）

罗振勋，兴宁人。清末岁贡生。与罗兆逵、罗尧翼纂修《兴宁高车罗氏家谱》八卷。（《兴宁高车罗氏家谱》）

罗震恒，号晓东，兴宁人。民国间就职于五华监狱。著有《海天楼诗草》二十卷，民国二十四年（1935）印行。（《海天楼诗草》自叙、卷一）

罗之濯，原名之汉，字修园，兴宁人。清乾隆十八年（1753）癸酉举人。著有《修园诗草》一卷。（《广东历代诗钞》卷二，《梅水汇灵集》卷三）

罗志甫（1898—1988），字东杰，号浮生，兴宁人。民国十二年（1923）以北京世界语专门学校教员身份赴法国勤工俭学，先后获得里昂大学文科硕士学位、图卢兹大学法科硕士学位。民国十八年（1929）因父丧回国，历任浙江大学、北平中法大学讲师，中法大学、中山大学、贵阳师范学院、重庆国立女子师范学院、北平中国大学、厦门大学、北京师范大学教授。编著有《罗浮生诗集》、《西洋史》、《西洋文明史》、《西洋美术史》、《法国大革命史》、《罗马帝国史略》、《法学通论》、《希腊神话与中国神话之比较》（散失）。翻译法国科学院院士让·力舍伴主编的《古希腊神话》、法国外交部的《法国黄皮书》、瓦郎所著《古代奴隶制度史》、莫泊桑的长篇小说《兄与弟》。（1992年《兴宁县志》，《客家名人录》）

罗志渊（1904—1976），字孟浩，兴宁人。民国二十一年（1932）夏毕业于中央政治大学，曾任广州市政府稽核主任，贵州民政厅主任，政治大学副教授、教授、教务长、法学院院长等职。著有《中国地方行政制度》《行政管理》《中国宪政发展史》《中国宪法释论》《怎样读书》《中国宪法的理论体系》《美国的国会》《实施耕者有其田条例详解》《地方自治原理》《日本国会制度》《论责任内阁制》《各国地方政府》《美国国会立法程序研究》《美国政府及政治》。（1992年《兴宁县志》，《兴宁兴民中学校志》）

罗仲达，梅县人。民国间任连平、龙门县县长，连平、龙门县立初级中学校长，梅县国医专科学校校董。编有《建国潮梅军军政治部日记》。（《梅州客家历代乡贤著述目录》）

马特（1910—1968），原名梁笃文，曾用名梁劲夫、梁嘉，梅县人。早年就读于上海浦东中学、上海复旦大学、上海东亚同文书院、广州学海书院。民国三十二年（1943）起，先后任桂林广西大学专修班、贵州赤水大夏大学副教授，重庆乡村建设学院、香港达德学院教授，北京师范大学哲学系教授。著有《哲学的学习与运用》《哲学初级研习提纲》《论逻辑思维的初步规律》《形式逻辑中唯物主义对唯心主义的斗争》

《形式逻辑问题论辩集》等。(《民国人物大辞典》)

马杏春，民国兴宁人。著有《东亚一粟斋诗集》二卷。(1992年《兴宁县志》)

缪培南（1895—1970），字经成，别号育群，长乐（后改五华）人。毕业于广东黄埔陆军小学第三期、武昌陆军第二预备学校、保定陆军军官学校第六期步科。曾任国民革命军第四军副军长兼第十二师师长、第八路军总部上将总参议、第一集团军参谋长、广东第三军区司令、第四路军参谋长兼广州警备司令、第六十五军军长、第九集团军总司令、东江行政公署代主任、广州绥靖公署副主任等职。后定居香港。著有《治兵谈话录》《医学简要》《药性新编》等。(《民国广东将领志》)

缪任衡（1898—1972），别名琼安、李华，长乐（后改五华）人。民国七年（1918）考入广东省高等师范学校。民国十五年（1926）赴苏联莫斯科中山大学留学。历任少校、中校、上校军需主任、处长等职。新中国成立后，任广东省参事室助理员。纂修《缪氏族谱》。(《缪氏源流志》，《五华文史》第十辑)

潘允中（1906—1996），字尹如，别号殷庵，兴宁人。幼习经史和词章，成年后就读厦门大学国文系。民国十六年（1927）前往南洋群岛，曾任槟榔屿《南洋时报》总编辑。抗日战争期间，先后任韶关《北江日报》社副社长、浙江丽水《民生日报》社经理兼代总编辑等。抗战胜利后，任广州文化大学新闻系副教授。新中国成立后，历任梅县南华大学教授兼副校长、中山大学中文系语言学教研室教授。编有《古汉语基础知识》（合编）。著有《古代汉语》（合著）、《汉语语汇史概要》、《汉语语法史概要》、《客家方言考》。(《兴宁文史》第十

六辑，1992年《兴宁县志》，《民国人物大辞典》)

彭鄂如，嘉应州（后改梅县）人。民国间在梅县国医专科学校任党义教师。著有《鄂如自传》（民国二十九年稿本）、《大彭名士录》（民国三十七年刊行）。(《民国时期总书目1911—1949》《梅州客家历代乡贤著述目录》)

彭炜瑛（1859—？），字少颖，嘉应州人。清光绪十四年（1888）戊子举人，供职于工部。曾任长乐书院院长、南雄中学堂教习、广东高等巡警学堂校长。著有《涉趣园诗钞》二卷、《趣园诗钞初集》。(《梅花端的种梅州》)

彭致达，嘉应州（后改梅县）人。毕业于德济医院，民国间开设在家乡培元医院。为梅县中西医公会会员。编有《快乐应战歌声集》。(《梅县市工商史料》第一辑)

蒲风（1911—1942），原名黄日华，又名黄飘霞、黄蒲芳，笔名蒲风、百灵、黄风，梅县人。民国十四年（1925）入读梅城学艺中学，民国十六年（1927）加入中国共产主义青年团，不久避居印度尼西亚爪哇一带。后回国，民国二十年（1931）入上海中国公学学习，加入中国共产党。民国二十三年（1934）避居日本，入东京大学文学系学习，与雷石榆等创办《诗歌生活》。民国二十五年（1936）回国，任福建学院附中高中国文教员，国光中学教员，厦门文化界抗敌后援会执行委员，厦门、广州诗歌会理事，广州文化界抗敌协会理事等职。病逝于安徽。著有《现代中国诗坛》、《抗战诗歌讲话》、《序评集》、《黑陋的角落里》（一作《黑暗的角落》）、《茫茫夜》、《母亲》、《武装田地山河》、《摇篮歌》、《生活》、《可怜虫》、《取火者颂》、《在我

们旗帜下》、《鲁西北的太阳》、《戎装前奏》、《真理的光泽》、《儿童赤卫队》、《林肯，被压迫民族救星》（一作《林肯，被压迫的太阳》）、《六月流火》、《钢铁的歌唱》、《抗战三部曲》等。（1994年《梅县志》，《民国人物大辞典》，《客家名人录》）

濮九娘，字香畹，号艺兰，清嘉应州人。海阳谢安臣（字锡勋）侧室。著有《鹦鹉螺室诗存》。（《潮州诗萃》）

秦元邦（1899—1991），嘉应州（后改梅县）人。民国九年（1920）在印度尼西亚坤甸华学校任教时，因响应五四运动，遭荷兰殖民政府逮捕，次年被驱逐出境。回国后先后参加北伐战争、南昌起义。新中国成立后，任广东省人民政府委员、广东省教育厅副厅长等职。著有《经济研究》《西洋经济史》《原始社会之土地形态的研究》《第一次全国工农教育会议的传达报告》《报告参加工农教育会议的经过》《长行庐诗词选》等。（《梅县历代诗选》）

丘逢甲（1864—1912），又名秉渊，字仙根，又字吉甫，号蛰庵、蛰仙、仲阏、华严子，别署海东遗民、南武山人，晚号仓海君，笔名仓海。原籍镇平，生于台湾苗栗县。清光绪十五年（1889）己丑进士，授工部虞衡主事。不乐仕途，告归台湾，主讲于宏文、罗山、崇文书院。后入巡抚唐景崧幕府。甲午战争后离台内渡，先后受聘主讲于韩山书院、东山书院、景韩书院。二十六年（1900）赴南洋筹集资金，在汕头创办岭东同文学堂，并在家乡创办多所学校。曾任两广学务处视学兼广州府学堂监督、两广方言学堂监督、广东教育总会会长、广东谘议局议长。著有《台湾竹枝词》《柏庄诗草》《蛰庵诗存》《罗浮诗草》等诗集。其胞弟瑞甲、兆甲将其遗稿辑成《岭云海日楼诗钞》；其子丘琮精选诗钞中三百首，编印为《仓海先生丘公逢甲诗选》。（《潮州府志略》，《蕉岭文史》第三、第七辑）

丘秀兰（1905—？），梅县人。毕业于岭南大学，民国间任县长。后赴印度尼西亚经商。著有《梅园吟稿》。（《梅县历代诗选》）

丘哲（1885—1959），原名竞荣，字映芙，嘉应州（后改梅县）人，生于福建漳州。清光绪二十八年（1902）考入梅州务本中学堂，后转入松口初级师范讲习所，毕业后任松口公学教员。三十二年（1906）加入同盟会，从事革命活动。民国元年（1912）被派往日本公费留学。次年入早稻田大学，攻读政治经济学。回国后任漳州警务处处长、广东省银行行长、中国民主同盟南方总支部副主委、《人民报》副总编辑。曾开办启智书局和启智印刷公司，发行《自卫》杂志；在上海创办《行动》刊物，从事反蒋抗日活动。新中国成立后，担任广东省农林厅厅长、广州市人民政府副市长等职。民国十六年（1927）游历欧洲，后他将在此期间与邓演达的通信电函编成《断金零拾》一书。（《梅州人物传》《客家名人录》）

丘镇英（1911—1963），字百刚，笔名辛芒，蕉岭人。民国二十年（1931）考入厦门大学政治经济系，民国二十四年（1935）毕业。次年入日本早稻田大学专修政治思想史，卢沟桥事变后，辍学回国。曾任第九集团军总司令部秘书，福建战时省府参谋兼经济计划委员会宣传处第一、第二组组长，驿运处长汀总站站长，香江书院中国文学系主任。著有《国际贸易概论》《社会调查》《新哲学大纲批判》和手稿《西洋哲学史》及诗二百三十余首。（《客家名人录》）

丘竹屏，号竹庵，嘉应州人。丘哲父。清末诸生。同邑古直为辑《竹庵诗存》。

（《读岭南人诗绝句》卷十四）

邱仑泰，字旋仰，嘉应州人。补博士弟子员，清康熙二十年（1681）辛酉举人，任河南唐县知县。著有《保族良鉴》一卷，未见。（乾隆《嘉应州志》卷六，光绪《嘉应州志》卷二十三）

邱起云，原名泰，字东麓，镇平人。清道光五年（1825）乙酉拔贡，中本科举人，官清流、建安知县。三十年（1850）调任长汀。著有《笛声楼诗集》六卷。（《梅水汇灵集》卷六，《梅水诗传》卷十，《蕉岭文史》第七辑）

邱万尚，清平远人。庠生。著有《十哀词》。（嘉庆《平远县志》卷三）

邱锡畴，字诗廷，嘉应州人。清乾隆九年（1744）甲子顺天举人。著有《古史断》一卷，未见。（光绪《嘉应州志》卷二十九）

邱锡蕃，字子厚，清嘉应州人。布衣。著有《惜阴斋诗钞》。（《梅水诗传》卷四）

邱益，字补思，镇平人。邱起云弟。清咸丰八年（1858）戊午岁贡。著有《补思遗草》。（《梅水汇灵集》卷七）

饶宝书（1858—1912），字经衡，号简香，兴宁人。曾任外交部主事。清光绪十五年（1889）己丑举人，十八年（1892）壬辰进士，殿试三甲第一名，授户部主事，二十二年（1896）考为总理各国事务衙门章京。二十五年（1899）任京师大学算学教习。二十七年（1901）调任外交部主事。二十九年（1903）因功补授外交权算司主事。三十二年（1906）升任和会司员外郎。三十四年（1908）擢权算司郎中。著有《壬辰殿试策》。（1989年《梅州人物志》，1992年《兴宁县志》）

饶芙裳（1857—1941），原名赵曾，又名集蓉，别号松溪老渔，嘉应州（后改梅县）人。清光绪十一年（1885）乙酉举人。拥护孙中山推翻帝制，积极参加反袁护国斗争。民国五年（1916）被选为国会议员。任广东教育司司长、琼崖道尹。辞官归里后在家乡松口创立兴学会，任会长。又倡办松口公学、松口初级师范讲习所。参与编纂《（光绪）嘉应州志》。著有《辛庐吟稿》《超庐诗稿》。（1994年《梅县志》，《梅县历代诗选》）

饶光辅，号玉屏，兴宁人。清咸丰间优廪生。同治六年（1867）副榜，钦加同知衔，授肇庆府训导兼署高明教谕，四会、鹤山、封川、新兴、开平等县及德庆州训导。分纂《（咸丰）兴宁县志》。（咸丰《兴宁县志》续编姓氏，《兴宁县文化艺术志》）

饶甲，长乐人。清康熙二十九年（1690）庚午贡生。为庠生时同辑《（康熙二十六年）长乐县志》。（康熙二十六年《长乐县志》重修姓氏）

饶谦，字益斋，嘉应州人。清乾隆十二年（1747）丁卯举人，次年联捷进士，官肇庆府、广州府教授。著有《左传要铨》。（光绪《嘉应州志》卷二十九）

饶轩（1824—？），字辀史，嘉应州人。清咸丰六年（1856）丙辰进士，官内阁中书，改广州府教授。在任十年，卒。著有《周易意言》《易杂说》《难易居齐诗文集》，俱未付梓，未见。（《梅水汇灵集》卷七）

饶应坤（1810—？），字复甫，又字桂槐，嘉应州人。清道光十二年（1832）壬辰举人，十五年（1835）乙未成进士，官户部主事。著有《易经说》《难易居诗钞》

一卷。（光绪《嘉应州志》卷二十九，《清人诗文集总目提要》卷四十三）

饶轸（1842—1895），字辅星，嘉应州人。师事象州郑小谷、番禺陈东塾，笃好经术，为学海堂专课生。清光绪十五年（1889）己丑举人，十八年（1892）壬辰进士，任吏部主事。所编《学海堂菊坡精舍课卷》，为番禺陈兰甫先生所推崇。（光绪《嘉应州志》卷二十三）

饶缵扬，字绪堂，嘉应州人。清乾隆三十六年（1771）辛卯举人，官福建安溪知县。著有《书经旁训》二卷。（光绪《嘉应州志》卷二十九）

任钧（1909—2003），原名卢奇新、卢嘉文，笔名森堡、孙博等，梅县人，生于印度尼西亚帝汶。毕业于日本早稻田大学文学部，民国二十一年（1932）回国，任教于上海大夏大学、戏剧学院等校。曾参加太阳社、中国左翼作家联盟。出版有诗集《冷热集》《战歌》《后方小唱》《为胜利而歌》《十人桥》《新中国万岁》，诗论集《新诗话》，独幕剧集《中华女儿》，人物传记《大隈重信》。译著有《俄国文学思潮》《乡下姑娘》《托尔斯泰最后的日记》《爱的奴隶》等。（1994年《梅县志》，《客家名人录》）

申时雨，嘉应州（后改梅县）人。著有《中药学概要》一卷，民国二十三年（1934）印行。（《汕头卫生志》）

石娥啸，字铁霁，兴宁人。石咏竹长子。清康熙二十三年（1684）甲子举人，四十六年（1707）任香山教谕。为文奇岩古峭，课士之暇，集博雅者校雠古籍，讲明而切究之。四十七年（1708）应粤西同考之聘，分校乡闱，所拔皆知名士。首议兴修莲峰学宫，凡有关风化者，亟撰文以表彰之。在任十年，致仕。著有《小匡庐诗文钞》一卷、《静山堂类书》一卷。（光绪《广州府志》卷一一〇，《梅水汇灵集》卷二，《广东历代诗钞》卷二）

石咏竹，字道野，号随园处士，兴宁人。清顺治初布衣。鼎革之际，战乱不止，乃建马祖山道场。就瀑布间筑溪月草堂，聚书蓄琴，啸咏其间。著有《菜根谭注》二卷、《随园文集》、《随园手札》一卷、《随园类书》一卷。（《梅水汇灵集》卷二，《广东历代诗钞》卷二）

释法宣，镇平人。明洪武永乐间说法于少林寺。著有《无闻和尚诗集》。（《潮州志·艺文志》）

释怡光（约1862—1930），俗姓余，饶平人。于南澳叠石岩落发为僧。民国初期，率众僧赴潮州开元寺，讲经弘法，以正寺风。其与众徒所作之诗，由弟子林圣锦结集，以《座莲佛话》为书名出版。（2000年《南澳县志》）

宋翰，字易梧，程乡人。家贫好学，年十三游闽从学。明万历间年方十八，受知于郡守郭青螺，以童子试拔第一，屡试冠军。后隐居山中，究心理学。著有《五经疏义》《四书管窥》，均未见。（乾隆《嘉应州志》卷六，道光《石窟一徵》卷九，光绪《嘉应州志》卷二十三）

宋蕙谦，字海荪，嘉应州人。清咸丰三年（1853）癸丑岁贡生。七年（1857）岁歉，赈济灾民。著有《唾馀集诗草》。（《梅水诗传》卷四，光绪《嘉应州志》卷二十、卷二十三）

宋菘谦，一作宋淞谦，字次修，清嘉应州人。廪生。著有《铁梅山庄吟草》，《莫如轩文集》一卷，《莫如轩诗集》一卷，均

未见。(光绪《嘉应州志》卷二十九,《梅水诗传》卷五)

宋松香（1910—?），字访梅,长乐（后改五华）人。著有《天柱钟灵草》,未刻。(《五华诗苑》卷六)

宋下山,原名张狂涛,兴宁人。编著《廖坤玉的故事》,民国间由兴宁书店隆记印务公司出版。(《兴宁文史》第二十四辑)

宋湘（1756—1826）,字焕襄,号芷湾,嘉应州人。清乾隆五十七年（1792）壬子解元,嘉庆四年（1799）己未成进士。选翰林院庶吉士,授编修,历任文渊阁校理、咸安宫总裁、国史馆总纂、教习庶吉士。曾任广州粤秀书院、惠州丰湖书院学长。十二年（1807）秋主四川乡试。次年秋,主贵州乡试。十八年（1813）起历任云南曲靖知府,迤西、迤南道尹,凡十三年。道光五年（1825）升任湖北督粮道,次年奉旨统筹漕河全局,卒于任。工诗,精书,擅绘。与李黼平、叶均、梁念祖、李汝谦合称嘉应"五虎"。与番禺张维屏称莫逆。辑《史传事略》一卷。著有《红杏山房诗钞》十三卷（含《燕台賸沈》一卷、《南行草》一卷、《滇蹄集》三卷、《红杏山房试诗初集》一卷、《[红杏山房]试帖诗》一卷、《同馆赋钞》一卷、《丰湖漫草》一卷、《丰湖续草》一卷、《不易居斋集》一卷、《汉书摘咏》一卷、《后汉书摘咏》一卷）、《楚艘吟》一卷、《红杏山房时文》等。(咸丰《嘉应州志增补考略》卷三十二,光绪《嘉应州志》卷二十三,《梅水汇灵集》卷四,《梅水诗传》卷一,《贩书偶记》卷十六)

宋莹（1843—1903）,字琼石,长乐人。清同治七年（1868）以县考第一入学。著有《竹渡山房诗集》。(《五华诗苑》卷三)

孙恒亨,字西胐,兴宁人。清嘉庆十五年（1810）庚午举人。著有《西胐文稿》。(《兴宁文史》第三十三辑)

孙金声（1872—1955）,字波庵,号莲洲沓香子,嘉应州（后改梅县）人。清末毕业于两广师范学堂,任梅城城西小学校长,梅州中学、东山师范学校教师。遗作编为《孙波庵诗文集》。(《梅县历代诗选》)

孙亢曾（1898—2002）,字侃争,嘉应州（后改梅县）人。民国十三年（1924）毕业于上海大夏大学。民国二十三年（1934）留学英国利兹大学,获硕士学位。曾任大夏大学教育系教授、教务长,台湾省立师范学院教育系教授,台湾师范大学校长。著有《教育概论》《教育经纬》《民族主义与国民教育》《计画教育与教育计画》《现代教育论丛》等。(《中国近现代高等教育人物辞典》)

孙天麒（1863—1942）,字碧湾,兴宁人。清光绪二十七年（1901）辛丑副贡。潜心中西学术,尤精研时务,以致用为极。游历京、鄂,卒无所遇。还乡讲学,成就甚众。著有《粤游草》一卷、《宦鄂集》四卷、《燕汴纪行集》一卷、《吟古今史诗》二卷、《咏女史诗》一卷、《志觥集》一卷、《归回集》、《竹枝词》一卷、《咏新机器诗》一卷、《说文字谱》及各种经说、杂著、诗集不下数十百卷,题《铁雷山人丛著》。(《广东历代诗钞》卷五,1992年《兴宁县志》)

汤铉,字经,又字邦鼎,镇平人。清康熙十七年（1678）戊午贡生。著有《云房诗集》《铉外音》。(《潮州志·艺文志》)

汤用巨（1831—?）,原名华才,镇平人。清咸丰五年（1855）乙卯举人,次年授恩例进士,钦加翰林院待诏,诰授奉政大

夫。著有《赤岭吟草》。(《蕉岭县志1979—2000》)

唐陶华（1907—1979），兴宁人。民国二十三年（1934）毕业于中央大学历史系，在兴宁县立一中任文史教员。民国二十七年（1938）考入中央政治学校附设的地政学院进修，一年半后，留任该校任助理研究员、讲师、副教授等职。民国三十三年（1944）自费赴美国留学，入读威斯康星大学研究所，获得硕士学位后，又攻读世界政治思想史、政治经济专业。民国三十七年（1948）回国，任南京建国法商学院教授、政治大学副教授。几个月后辞职回乡。1950年在广州南方大学学习。次年春，任广东省文理学院历史系教授。与朱杰勤教授合译过《关岛全史》等书。著有《现代欧美政治思想史》（初稿）、《土地行政概论》、《美国历史上的黑人奴隶制》。(1992年《兴宁县志》，《客家名人录》)

田星，明末长乐人。诸生，鼎革时隐居。著有《闲窗野草》一卷。(道光《长乐县志》卷七)

涂宽（1905—1989），家名金琴，字远程，蕉岭人。民国十三年（1924）考入黄埔陆军军官学校第三期步兵科，曾任十九路军总指挥部少校参谋，山西太原四省边区总部参谋处中校参谋，广东省保安处上校科长兼团长，第六区上校保安副司令，三民主义青年团主任，东江高中学生集训区团长，第九战区兵站总监部上校参谋处长，第六战区检验委员会少将副司令兼巴东指挥官，第六战区长官司令部军务处少将处长，国民政府国防部副官局少将副局长、人事处处长，第九十九军少将副军长，台湾省保安司令部保安干部总队少将总队长等职。著有《燕山吟草》一书。(《客家名人录》)

涂启贤（1879—1952），字镜溪，嘉应州（后改梅县）人。清末廪生。精算术、历法。著有《涂氏集吉通书》《镜溪论说》《镜溪诗赋》《求多闻斋诗草》。(《梅州客家历代乡贤著述目录》《历代咏梅州诗选注》)

涂思宗（1897—1981），字负我，镇平（后改蕉岭）人。民国八年（1919）冬毕业于许崇智援闽粤军第十二统领关国雄部随营训练班。曾任杨锦龙第四独立旅余鹰扬团第一营营长，大埔县县长，新编第一军第三师少将副师长、第二十二师中将师长、第三师师长，北平军分会委员长行营参谋团高级参谋兼第六十三军副军长，潮惠师管区司令，第九集团军总司令部参谋长，军政部桂林办事处中将主任，军总部高级参谋，国防部中将部员。1949年冬撤往台湾。次年赴香港隐居。著有《梦影尘痕录》《梦影尘痕诗稿》。(《客家名人录》)

万鹭洲（1903—?），名守一，以字行，长乐（后改五华）人。就读于国立中山大学，曾任国民革命军第六十一师特别党部秘书、政训处训育科长、县立一中教员、广州市政府保甲处总务股股长。喜游历，足迹遍粤、赣、湘、鄂、豫、鲁、苏、闽等地。卒于二十世纪三十年代。有《荔红池馆诗钞》，未刻。(《广东历代诗钞》卷九，《五华诗苑》卷五)

王朝仕，字皎斋，清嘉应州人。著有《莲社诗存》。(《梅水诗传》卷九)

王辰海，字中山，清嘉应州人。廪生。能属文，兼精岐黄之术。其诗清远有致。著有《近光堂诗草》。(《梅水诗传》卷六)

王辰枢，字筱航，清嘉应州人。王利亨子。监生，幕游为业。著有《元岭山庄吟草》。(《梅水诗传》卷七)

王恩翔（1850—1905），字晓沧，号鹧鸪邨人，嘉应州人。诸生，捐贡为训导，在海南、潮汕、福建等地任职。清光绪二十六年（1900）春，为筹办岭东同文学堂事赴南洋，次年方归。与丘逢甲唱酬甚密，有二百余首唱和诗，编为《金城唱和集》。著有《鹧鸪邨人诗稿》《庚辛南游诗纪》。（《客家学研究》第二辑，《澳门诗词笺注·晚清卷》）

王惠琛，字蒂珊，清嘉应州人。增生，官广西主簿。著有《七琴山房诗集》。（《梅水诗传》卷七）

王惠深，清嘉应州人。著有《探骊集》，未见。（光绪《嘉应州志》卷二十九）

王利亨（1762—1837），字寿山，一字襟量，又字汉衢，号竹航，嘉应州人。清乾隆五十四年（1789）己酉举人。嘉庆六年（1801）辛酉成进士，授翰林院庶吉士。散馆后，出任山西广灵知县，升忻州知府。中年解组归乡，主讲于潮州韩山书院。善诗词书画，兼善琴，工篆刻。著有《琴籁阁诗钞》七种（内有《宦游诗钞》四卷、《咏古诗钞》二卷、《咏物诗钞》三卷、《游仙诗》一卷、《韩山诗钞》六卷、《新旧诗补钞》一卷、《初学诗钞》一卷）。（咸丰《嘉应州志增补考略》卷三十二，光绪《嘉应州志》卷二十三，《梅水汇灵集》卷四）

王琏，字廷器，兴宁人。明正统九年（1444）甲子举人，次年登明通进士，官南京工部员外郎，以疾致仕。著有《王员外集》一卷。（《梅水汇灵集》卷一，《广东历代诗钞》卷一）

王嵘，字晓园，兴宁人。清道光初举荐孝廉方正。因南中音学颇鲜师传，故发愤取百数十种韵书钩考排纂，阅三十寒暑，积二十余万言，定为《切韵条贯审体正编发用》三卷。著有《增删韵府》《方音指讹》。（《梅水汇灵集》卷六，1992年《兴宁县志》）

王漱薇，又名王宝慈，嘉应州（后改梅县）人。清末贡生。民国间任梅县东山中学教员。辑《梅联最话》，民国二十八年（1939）出版。（《梅州客家历代乡贤著述目录》）

王天与（1475—1519），字性之，号东郭，兴宁人。明正德二年（1507）丁卯举人，九年（1514）甲戌成进士，十一年（1516）任江西宁都知县，有政声。因镇压农民起义有功，擢浙江道御史。十四年（1519）从王守仁讨伐叛乱，得疾，卒于南昌。著有《平寇录》一书，湛若水序之，已佚。（咸丰《兴宁县志》卷九）

王献瑞（1909—?），平远人。毕业于中山大学工学院、同济大学医学院。曾任广东陆军军医学校少校军医、中校教官、翻译，军医署昆明军医学校上校主任教官，中国远征军第六军暂编第五十五师军医处处长兼军野战医院院长，上海军医院医务长，汉口海军第六医院院长。新中国成立后，任海南大学医学院药理系主任、教授。著有《药理学读本》。（《民国广东将领志》）

王峋，一作王恂，嘉应州人。清嘉庆五年（1800）庚申举人，任定安教谕。嘉庆二十四年（1819）纂修《定安县志》。（咸丰《嘉应州志增补考略》卷二十七，光绪《定安县志》旧志同修职名）

王寅燿，字义宾，嘉应州人。清光绪二十二年（1896）丙申岁贡生。著有《梅麓居诗草》。（《梅水诗传》卷八，光绪《嘉应州志》卷二十）

王越（1903—2011），字士骦，兴宁人。民国十五年（1926）毕业于南京东南大学教育系。民国十九年（1930）入燕京大学研究院研究教育心理学，再入北京大学国学研究所研究中国学术史。曾任中山大学教授、系主任、教务长，蓝田师范学院、华南师范学院教授，暨南大学副校长，中国第一届教育会副会长等职。著有《风沙集》《南楼诗钞》《人格测量》《教学原理》《桑榆集》。与人合著《中国古代教育史》《中国近代教育史》。（1992年《兴宁县志》，《客家名人录》）

王粤麟，字仁甫，号兰斋，兴宁人。清雍正十年（1732）壬子举人，任湖南桂东知县，调武陵。擢贵州永宁知州。丁内艰，服阕，任江夏知县，任满三载，补荆门知州。乾隆十八年（1753）充湖南同考官。主修《普安州志》二十六卷。分纂《（乾隆）兴宁县志》。（咸丰《兴宁县志》卷九）

魏成汉（1704—1785），字云倬，别字星垣，长乐人。十九岁为县学生员。清雍正十三年（1735）乙卯拔贡，廷试一等一名。历任湖北房县，湖南安乡、衡阳、祁阳、平江、临湘、善化，直隶庆州蔚县，云南永平等地知县，升任云南蒙化，四川达州、资州、酉阳、龙安、潼川、成都等地知府、知州，陕西淳化、澄县知县，汉中知府。任官前后三十八年。乾隆三十八年（1773）以年老辞归。著有《易经要义》（未刻）、《五经传说钞》（未刻）、《浮萍草》四卷等。（道光《长乐县志》卷九，《梅水汇灵集》卷二，民国《五华县志》卷十七）

魏鉴贤（1907—1994），五华人。毕业于陆军大学特六期，曾任国民革命军第四军十二师政治部组织科上尉科员、第十二师上校参谋长、第四战区第二十三兵站少将副监，湖南省公路局局长、广东省水利厅副厅长、广东省人民政府参事室参事、中国农工民主党广东省委主任委员等职。著有《回忆铁甲车队》《从北伐到广东起义》《北伐战争中的张发奎》等书。（《五华人物》）

魏静远，字殿康，一字致庵，长乐人。壮岁补弟子员，尝游太守李煨幕八年。后归家，手定《纂要》一书。清乾隆四十年（1775）大水坏屋，书亡其七八，《纂要》只存八九本，嘉庆间又失之。年八十三卒。（道光《长乐县志》卷九）

魏觉中（1899—?），又名国中，长乐（后改五华）人。曾在印度尼西亚、马来亚任小学教师、校长和报社记者。回国后历任小学教师、县政府科员、区署职员、文化馆干事、中学教导主任等职。著有《南荒民族》一册，民国十九年（1930）于上海北郊书店刊行。（民国《五华县志》卷十七，《横陂诗歌选》）

魏揆天（1911—1940），又名魏雄杰，字照民，长乐（后改五华）人。魏天钟族弟。就学于广州中国新闻学校。著有《驶溪书室吟草》、《揆天集》（魏天钟、魏秉元序之）。（《五华诗苑》卷六）

魏天钟（1868—1955），字毓卿，一作毓馨，长乐（后改五华）人。清末附生，曾任五华县立第一中学、私立崇文中学校长、教员。著有《瑞莲堂诗文集》（一作《瑞连堂诗草》），未刻。（《五华人物》，《五华诗苑》卷四）

魏维新，长乐（后改五华）人。著有《无线电概要》二册，民国三十三年（1944）初版。（民国《五华县志》卷十七）

魏雄武（1900—1959），长乐（后改五华）人。毕业于上海中华艺术大学，任县立第一中学校长，河口第二中学、横陂私立

崇文中学教员，《五华日报》社、嘤鸣诗社社长。著有《读画楼诗草》，未刻。（《五华诗苑》卷六）

魏中天（1908—2010），字旭日，五华人。毕业于上海艺术大学文学系。民国二十三年（1934）留学日本，入东京早稻田大学研究员。民国二十五年（1936）回国，历任上海文化馆总编辑，中央出版事业委员会总干事，香港海外通讯社社长，广东省文史研究馆副馆长，香港中国文化馆馆长等职。著有《污泥集》（散文）、《半年来》（散文）、《论青年生活的态度》、《盛世才如何治新疆》（专著）、《皇亲国戚及其他》、《晚晴拾拙》、《回顾集》、《魏中天文选》等。（民国《五华县志》卷十七，《客家名人录》）

温德基（1894—1966），字佩根，长乐（后改五华）人。温训族孙。毕业于广东高等师范学校。民国间任河源县立第三中学教员，普宁、河源两县县立第一中学校长，五华县教育科长，参议会副参议长，国民党五华县党部执行委员会书记长。著有《川行纪事诗》《违难集》《佩根剩稿》。（《五华诗苑》卷五）

温德玄（1904—1976），笔名慕由，祖籍梅县，生于新加坡。毕业于雅加达中华会馆中华学校。曾任印度尼西亚《首都日报》社长助理等职。著有《西加的公司组织》《海外洪门组织：天地会》等。（《20世纪中华人物名字号辞典》）

温定澜，程乡人。温镇子。清康熙四十一年（1702）壬午举人，三赴公车不第。后以谒选授亳州同知，卒于官。著有《韵学经纬》五卷，未见。（咸丰《嘉应州志增补考略》卷三十二，光绪《嘉应州志》卷二十三）

温健公（1908—1938），原名文淦，曾用名杰雄、湘萍，梅县人。民国十五年（1926）自广州南武中学毕业，当年考入中山大学预科班。思想激进，从事革命活动。民国二十三年（1934）赴北平，在民国学院、中国大学、朝阳大学任讲师，并组织骆驼丛书社。译著《马克思列宁主义经济学教程》（合译）、小说《赤恋》。著有《现代哲学概论》。（1994年《梅县志》）

温俊彩，字巨星，晚自号甘泉老人，兴宁人。清乾隆间增生。著有《甘泉诗集》一卷。（《梅水汇灵集》卷三）

温纶涛，字瀚秋，晚号卧云子，长乐人。温缵绪从子。庠生。著有《卧云草堂诗钞》。（《五华诗苑》卷二）

温鸣泰，字一斋，长乐人。清嘉庆三年（1798）戊午举人，官花县训导。著有《一斋诗集》二卷，未刻。（道光《长乐县志》卷七，《梅水汇灵集》卷三）

温盛刚（1907—1934），笔名文莎诃，梅县人。民国十三年（1924）考入北京师范大学。民国二十年（1931）参加中华学生留日同学会，任秘书；民国二十二年（1933）成立文总广州分盟，任宣传部长。译著《新俄游记》《俄国资本主义发展史》等。（《20世纪中华人物名字号辞典》）

温涛（1907—1950），梅县人。民国十八年（1929）入读上海人文艺大，后转入上海艺术大学图音系。民国二十年（1931）因上海艺术大学停办而辍学，遂前往香港，参与成立深刻木刻社，又参与组织铁马版画社，出版《铁马版画》。后辗转北平、延安、武汉、湖南衡山、广西桂林等地。创作出版的木刻画单行本有《毁灭》《她的觉醒》《五叔之死》《香港之劫》。二十世纪四十年代起开始研究木偶戏，抗战胜利后，他

将编写的部分剧本汇编成《乐园的创造》一书出版。(《客家名人录》)

温腾翱,字定英,长乐人。清道光间廪生。喜治《易》,工制艺。著有《[定英]诗草》、《周易察疑》一卷,均未刻。(民国《五华县志》卷十七)

温文桂,字屹庵,嘉应州人。任山东平度州同知八年、北城兵马司四年。清乾隆七年(1742)复办松源义学。著有《心远斋梦艺集》。(《续梅水诗传》卷一)

温训(1788—1851),字宗德,号伊初,别号登云山人,长乐人。二十岁为县学生员。清嘉庆二十三年(1818)入羊城粤秀书院,肄业三年后入学海堂。道光五年(1825)乙酉拔贡,十二年(1832)壬辰中举人。十五年(1835)会试不第,受聘为顺天府尹私人塾师,与黄爵滋、张际亮等名士结古文诗社,倾动京都。十八年(1838)因母丧辞归,继而父又病逝,遂在家筑"梧溪石屋",又称"登云山房"。十九年(1839)总纂《新宁县志》。二十四年(1844)在惠阳任教。二十五年(1845)总纂《长乐县志》。著有《登云山房文稿》四卷、《梧溪石屋诗钞》六卷(一作四卷)、《登云山房时艺》二卷。(道光《长乐县志》卷三,《国朝岭南文钞》卷十六,《梅水诗传》卷十,民国《五华县志》卷十七)

温荫槐(1882—1925),字彬南,别号息六庐主人,嘉应州(后改梅县)人。毕业于两广师范学堂。民国初任广东省议会议员。著有《息六庐吟草》,未刻。(《古今揭阳吟·补遗篇》卷三)

温造英(1894—1981),学名竟时,又名梅祥,笔名轩裔,号夏阁主人,嘉应州(后改梅县)人。毕业于梅州中学。民国七年(1918)任丙村同化小学校长、丙镇三堡公学教员兼学监、丙镇中学教务主任、汕头正始学校教务主任、汕头市教育会秘书长、《汕报》主笔。曾创办丙镇图书馆。著有《现代书信》《丙中沿革概况专号》《名媛记》《新闻社论文存》《夏阁诗存》等。(《群星灿烂:梅州中学部分校友业绩介绍·二》)

温章衡,字汝浩,一字凤书,清长乐人。温纶涛孙。廪贡生。工诗文、词赋,应州、县试,皆第一。光绪间卒。著有《第一峰山房诗钞》六卷、《小阮山房诗话》若干卷。(民国《五华县志》卷十七,《梅水汇灵集》卷七)

温仲和(1849—1904),字慕柳,号柳介,嘉应州人,晚居潮州。陈澧门生。清光绪十四年(1888)顺天乡试举人,次年成进士,钦点翰林庶吉士,散馆授翰林院检讨。二十年(1894)任潮州金山书院学长、潮州中学堂总教习,力主改良教育、提倡西学。与丘逢甲等人创办岭东同文学堂,开岭东考据学风气。精诗文,善书法。光绪十六年(1890)任州志总纂,历时八载,终成《嘉应州志》三十二卷。著有《求在我斋经说》《三礼经纂》《读春秋公羊札记》《春秋三传兴废考》《代数几何稿》《为学通义》《求在我斋集》七卷等。(《广东历代诗钞》卷五,1994年《梅县志》,《客家名人录》)

温缵绪(1781—?),字承武,清长乐人。筑庐于云溪旁,自号云溪居士。布衣。嗜山水,耽吟咏。著有《云溪居士诗钞》一卷。(民国《五华县志》卷十七,《五华文史》第一辑)

巫灿,字文垣,清嘉应州人。布衣。著有《止止庵草》。(《续梅水诗传》卷三)

巫敬谦(1905—1976),兴宁人。出身贫苦,以出卖劳动力为生。擅长创作民歌及

歌唱。有《农民巫敬谦山歌集》。(1992年《兴宁县志》卷六)

巫子肖（1574—1653），字孝元，别号霞仙，长乐人。其父巫彦新初为龙川人，后迁居长乐。明万历三十一年（1603）癸卯举乡荐，初为顺德、增城县教谕，升新喻知县，因催科不及，降一级，遂拂袖而归。以子三祝贵，封承德郎、户部湖广清吏司主事。著有《巫子咏言》、《劝惩八鉴》（一作《劝惩八戒》）、《蓬然集》，均未见。（嘉庆《龙川县志》卷三十六，道光《长乐县志》卷九）

吴渤（1911—1984），又名吴钦宏，笔名白危，兴宁人。二十世纪三十年代，参加左翼新兴木刻运动，编译了中国版画史上第一本木刻讲义《木刻创作法》，由鲁迅亲自校阅并写序言。抗日战争初期，进行抗日宣传工作，曾主编《战号》周刊。后从事文学创作活动，著有报告文学《延安印象记》，中篇小说《渡荒》《过关》，短篇小说《夏徵》《被围困的农庄主席》。出版了《垦荒曲》第一、二部。（1992年《兴宁县志》）

吴恩纶，字竹君，一字菊裳，嘉应州人。清嘉庆十八年（1813）癸酉优贡。著有《其山草庐诗录》。（《岭南群雅初补》）

吴凤声，字幼初，嘉应州（后改梅县）人。民国二十一年（1932）任清远县长，继前任主修完成《清远县志》二十一卷。（民国《清远县志》卷九，《广东方志要录》）

吴公辅（1880—1951），镇平（后改蕉岭）人。清末生员。早年参加中国同盟会，光绪末侨居南洋，任《天声日报》第一任社长。民国十四年（1925）开会追悼孙中山先生，被荷印政府驱逐出境。回国后，任蕉岭县教育局局长、晋元中学校长。著有《芳园诗草》。（《客家名人录》）

吴继岳（1905—1992），笔名珊珊、陈琼、胡图、沉戈等，梅县人。曾在泰国多家华文报纸任摄影记者、编辑等职。后赴新加坡任《星洲日报》社内外勤记者。著有《侨领正传》《海外五十年——一个新闻记者的回忆》《六十年海外见闻录》以及中篇小说集《风云儿女》《浮沉》等。（《20世纪中华人物名字号辞典》，1995年《东南亚历史词典》）

吴剑青（1908—1974），笔名邈厂，梅县人。历任广东文理学院、华南师范学院教授。著有《邈厂诗钞》《旮旯集》。（《二十世纪中国诗人辞典》《梅县历代诗选》）

吴敬纶，字菊裳，嘉应州人。清嘉庆十八年（1813）癸酉优贡，历任广西阳朔知县、奉天辽阳知州、昌图厅判。著有《怡云堂诗选》（一作《怡云堂诗稿》）五卷，鸿胪黄树斋为之序。（光绪《嘉应州志》卷二十九，《梅水汇灵集》卷五）

吴康（1895—1976），字敬轩，号任韦，别署锡园主人，平远人。民国九年（1920）毕业于北京大学哲学系，获文学学士学位，任广东大学（中山大学前身）中国文学系教授兼图书馆主任、文学院院长。民国十四年（1925）冬，率领学生赴法国留学期间，获巴黎大学文学博士学位。民国二十年（1931）回国，任中山大学文学院教授、文学院院长兼研究院文科研究所所长。民国二十五年（1936）应邀赴法国讲学，被聘为巴黎大学中国学院客座文学教授，同时赴比利时布鲁塞尔做题为《中国大学教育》的演讲，并在捷克布拉格查理大学讲授中国文化。次年春回国，任中山大学中国文学系教授、研究院文科研究所主任。1949年后赴台湾，先后任台湾大学、台湾师范大学教授，政治大学文学院院长。编有《抗战史料》。著有《西洋哲学史》、《尚书大纲》、《周易大纲》、《老庄哲学》、《宋明理学》、《黑格尔哲学》、《哲学大纲》、《锡园哲学文集》、《庄子衍义》、《柏格森哲学》、《孔孟荀哲学》、《康德哲学简编》、《人文教育哲学概论》、《新人文教育论》、《邵子易学》、《诸子学概要》、《康德哲学》、《孔子哲学思想》、《近代西洋哲学要论》、《文学概论》、《西洋古代哲学史》（遗著）、《吴康先生全集补篇》（遗著）、《哲学概论》（与周世辅合著）、《董仲舒〈春秋繁露〉的三大政治思想》（或译作《董仲舒的天人三策》，法文）、《汉籍考原》（法文）、《中华文化学会概览》（与罗镇欧合著）及译著《近代教育史》《中世教育史》等。（1993年《平远县志》，《客家名人录》）

吴兰修（1789—1839），原名诗捷，字石华，嘉应州人。清嘉庆十三年（1808）戊辰举人，官信宜训导，监课粤秀书院。道光六年（1826）任学海堂学长。通经史，工诗文，精算学，长于词。番禺张南山称赞其"南唐北宋，出以天然；词笔天生，一时无两"。道光间纂修《封川县志》十卷。编《学海堂二集》二十二卷。著有《桐花阁诗集》不分卷、《桐花阁词钞》一卷、《桐花阁集外词》《荔村吟草》三卷、《南汉纪》五卷、《南汉地理志》一卷、《南汉金石志》二卷、《砚谱》（亦名《端溪砚史》）三卷、《宋史地理志补正》（未见）、《考定南汉事略》（未见）、《石华文集》、《方程考》。（咸丰《嘉应州志增补考略》卷三十二，《国朝岭南文钞》卷十四，光绪《嘉应州志》卷二十三，《梅水汇灵集》卷五）

吴鸾藻，字小园，清嘉应州人。廪生。著有《毋自欺斋诗草》。（《续梅水诗传》卷一）

吴梦孔，清嘉应州人。著有《中庸说》。（光绪《嘉应州志》卷二十九）

吴乔翔，字恕夫，清嘉应州人。布衣。著有《三声堂草》一卷，未见。（光绪《嘉应州志》卷二十九，《梅水汇灵集》卷三）

吴三立（1897—1989），曾用名山立，字辛旨，平远人。师从黄节。民国十年（1921）考入广东高等师范学校文史部，毕业后即考入北京师范大学研究院国文研究科（所），民国十六年（1927）毕业。历任北京师范大学国文系讲师，广东勷勤大学教育学院、文理学院，中山大学文学院教授和中文系系主任，华南师范大学中文系教授。著有《中国文字学》《中国文字学史导论》《甲骨铜器文字研究》《音韵沿革》《声韵学丛稿》《经学通论》《词学通论》《词史稿》《苏辛词笺证》《唐宋词选注》《五代词选注》《诗经新诂》《杜诗研究》《白居易诗研究》《麋骋集》《辛旨近诗》《辛旨诗集》等。（1993年《平远县志》，《客家名人录》）

吴绍东（1883—1910），字浩生，号癯仙，长乐人。世居番禺，遂入籍。应县试不售，适废科举，抑郁牢骚辄托于诗。入读于两广方言学堂。著有《味庄骚斋吟稿》《三十六天消夏词》，殁后其友邹庆时辑以付梓。（《番禺河南小志》卷六，《读岭南人诗绝句》卷十四）

吴苏海，兴宁人。清乾隆三年（1738）戊午举人，初任灵山教谕，升任山西汾西知县。主纂《灵山县志》十二卷。（1992年《兴宁县志》，《广东方志要录》）

吴维德，字慎斋，清嘉应州人。著有《庸言录》一卷，未见。（光绪《嘉应州志》卷二十九）

吴熙乾（1760—1837），字弼昊，又字自园，号战马，兴宁人。清乾隆时武秀才，善诗、词、古文。其七律《战马诗》一百三十首，闻名于时，本邑知县新城罗后轩刊之，民国十八年（1929）兴宁书店出版《战马诗集》。此外，还撰有《岭南咏古》七律三十六首。（《梅水汇灵集》卷三，《客家名人录》）

吴浊流（1900—1976），原名吴建田，笔名吴饶耕，祖籍蕉岭，生于台湾新竹。少年时受日语教育。毕业于台湾总督府国语学校师范部，历任台湾公学教谕、新埔公学校分校主任。因撰写《论学校教育与自由》，遭殖民当局压制，辗转迁入苗栗四湖公学校、五湖分校任职，历十五年。民国二十六年（1937）始调出山区。民国三十年（1941）起历任台湾《日日新报》《台湾新闻》《台湾新生报》《民报》记者。1964年创办《台湾文艺》。著有长篇小说《亚细亚的孤儿》（又名《胡太明》《孤帆》《孤帆小影》）、《遥远的路》、《无花果》、《台湾连翘》，短篇小说集《功狗》《泥泞》《疮疤集》《波茨坦科长》《泥沼中的金鲤鱼》，诗集《浊流千草集》《蓝园集》《浊流诗草》，游记《谈西说东》《东南亚漫游记》《万里游踪恋故乡》，散文集《风雨窗前》《南京杂感》，评论集《黎明前的台湾》《台湾文艺与我》，以及《晚香》《吴浊流选集（小说）》《吴浊流选集（汉诗·随笔）》《吴浊流作品集》《吴浊流小说选》等。（《中国现代文学词典》《民国人物大辞典》等）

吴子光，字芸阁，嘉应州人，寄籍台湾。清同治三年（1864）甲子举人。著有《一肚皮集》十二卷、《经馀脞说》八卷、《三长赘笔》八卷，均未见。（光绪《嘉应州志》卷二十三）

伍明郎（1901—1961），字东白，梅县人。早年入广州岭南大学就读，毕业后赴法国攻读法语，后赴德国攻读工业化学。毕业后，陆续在泰国曼谷创办伍东白洋行、东升米业公司、东南木业公司、东暹树胶公司、厚生实业有限公司、厚华制冰厂有限公司，并在香港、汕头、梅县松口及泰南合艾、泰北清迈、泰东北呵叻创办伍东白分公司。经商之外，亦从事社会活动，曾任泰国客属总会教育股股员、第六届候补评议员、第七届副主席、第八届和第九届主席，泰国华侨客属会所主席，泰国华侨客属总会理事长，中华总商会常务执行委员，《世界日报》副董事长等职。1955年，应美国国务院邀请赴美观光，游历美国、南美洲、澳大利亚、欧洲。著有《美欧观光记》。（《客家名人录》）

夏心根，字仙洲，清嘉应州人。增贡生。著有《铜弦阁诗稿》。（《梅水诗传》卷五）

萧葆华，清嘉应州人。著有《听雨楼草》。（光绪《嘉应州志》卷二十九）

萧诚（1882—1942），一作肖诚，字汉夫，兴宁人。留学于日本帝国大学、农科大学。曾任南京农林学校校长，中山大学、广西大学教授。抗战期间死于日机轰炸。著有《测量学详解》三册、《简易测量学》、《实用测量学》。（《兴宁县教育志史料汇编》第四辑，1992年《兴宁县志》）。

萧大澍，字子善，清兴宁人。太学生。久客湘楚，寓居长沙。曾从军黔南，有功。著有《稣风斋集》二卷。（《梅水汇灵集》卷七）

萧汉申（1770—1815），字绍嵩，又字天锦，号银槎，平远人。清嘉庆六年（1801）辛酉拔贡，为顺天府实录馆誊录。十年（1805）中进士，任甘肃古浪知县。

著有《银槎诗稿》。(《平远名人诗词选》)

萧惠长（1876—1949），字整文，兴宁人。清光绪二十年（1894）膺嘉应州生员。二十八年（1902）入读丘逢甲等主办的岭东同文学堂。热心教育事业，发起创办兴民学堂，创办清丈（测量）学校、叶塘大路村彦俊小学，又与他人创办叶塘宁西学校。三十二年（1906）加入中国同盟会，为兴宁、五华、龙川三县同盟会主盟。宣统元年（1909）与张花谷等创办《别溪杂志》。三年（1911）武昌起义成功后，曾任兴宁县县长，广东经略使署参议。后响应孙中山讨袁号召，组织讨袁军，事泄被通缉，避走南洋。民国六年（1917）回国，历任熊略军部参赞，顺德县县长，兴宁民营电话公司董事长，吴川县县长，李振球军部秘书，兴宁县修志馆馆长。晚年积极筹办叶塘卫生院。著有《离骚直解》《无尽庐集》。(1992年《兴宁县志》，《客家名人录》，《兴宁县文化艺术志》)

萧冀勉（1902—1987），兴宁人。毕业于黄埔军校第一期步科、中央训练团将官班第十六期、台湾陆军参谋大学将官班第四期。参加过东征与北伐。曾任第八十八军、第九战区第四军副军长，第四编练司令部副司令官等职。后赴台湾。著有《南方抗战回忆录》等。(《民国广东将领志》)

萧启冈，嘉应州人。清光绪间廪生。光绪三十四年（1908）与杨家鼎合编《学部审定新体嘉应乡土地理教科书》。(《古氏族谱·革公系二·第32～35世》)

萧树，字滋圃，清嘉应州人。监生。工诗，风神婉约，善于言情。与张雁南、李必梅号为三家。著有《听雨楼删存诗》。(《梅水诗传》卷三)

萧斯，字蓼洲，嘉应州人。清嘉庆六年（1801）辛酉举人，十六年（1811）辛未进士，历任福建永福、尤溪知县。后辞官归乡，主讲培风书院近三十年，门生登科者众。年八十六卒。著有《晚香堂稿》(一作《晚香楼诗草》)，未见。(咸丰《嘉应州志增补考略》卷三十二，光绪《嘉应州志》卷二十三，《梅水诗传》卷二)

萧廷发，字亦斋，嘉应州人。博通经史，主讲东山书院。清乾隆三十九年（1774）甲午举人，五十五年（1790）庚戌进士，以亲老，改就韶州府教授。博通经史，早年曾主讲东山书院。著有《植兰斋诗稿》二卷，未见。(光绪《嘉应州志》卷二十三，《粤东诗海》卷九十四，《梅水汇灵集》卷三)

萧希颜，字子铸，清嘉应州人。诸生。著有《味腴书屋诗钞》，散佚。(《梅水诗传》卷七)

萧向荣（1910—1976），原名萧木元，梅县人。民国十五年（1926）加入中国共产党，历任中共东江特委秘书长，中共闽粤赣苏区省委秘书长，中共永定县委书记兼县苏维埃政府军事部长，红一军团宣传部《战时报》编辑，红军总政治部宣传部秘书长，红三军团政治部秘书处长，红一军团政治部宣传部长，八路军一一五师政治部宣传部长，延安军委总政治部宣传部长兼《八路军军政杂志》主编，十五兵团政治委员，中央人民政府人民革命军事委员会办公厅主任，国防部办公厅主任等职。病逝于北京。主编《战士课本》三册。遗著《萧向荣诗词集》。(《客家名人录》)

萧隐公，原名炎，以字行，嘉应州人。诸生。清宣统间以考职任法厅推事。著有《大学讲义》、《中庸释义》一卷、《论语释微》。(《续修四库全书提要·二》)

萧元虎，嘉应州人。清道光六年（1826）丙戌岁贡，十八年（1838）任新宁训导，同年参与编纂《新宁县志》。（道光《新宁县志》卷二）

萧肇川，嘉应州（后改梅县）人。毕业于广东大学，曾任梅北中学教员。著有《罗芳伯传略》。（《梅州客家历代乡贤著述目录》）

谢沧期，字可斋，清同治光绪间嘉应州人。性高雅，好工部诗，泛览诸家，尤好王孟，所交多知名士。早卒。著有《红叶山庄诗钞》一卷。（光绪《嘉应州志》卷二十九，《梅水诗传》卷八）

谢东祥（1885—1942），号东庐，嘉应州（后改梅县）人。著有《东庐咏史诗钞》。（《梅县历代诗选》）

谢奋程（1899—1941），原名钜龄，字英士，嘉应州（后改梅县）人。清华学校毕业后，赴美国哈佛大学金融系留学，获硕士学位。曾任中央财政组副组长、铁道部总务司司长、新路建设委员会代委员长、国立交通大学校务委员、交通部参事兼购料审标委员会驻港委员。被日军杀害于香港。著有《最近七年来中国财政之兴革》《从财政学观察中国现代之财政》等。（《梅县文史资料》第十八辑）

谢复生，又名沫祥，嘉应州（后改梅县）人。著有《梅县要览》，民国三十年（1941）印行。（《梅州客家历代乡贤著述目录》）

谢国宝（1709—1780），字完卿，又名周书，平远人。三十九岁选廪贡生。精研医典，医书精湛。仗义轻财，医德高尚。清乾隆三十一年（1766）邑令授其"功侔杏林"匾额。编有《会经阐义》二十一卷。（嘉庆《平远县志》卷三，《梅州人物传》）

谢国珍，号聘三，一作品三，嘉应州人。清同治十二年（1873）癸酉岁贡。著有《味腴山房文集》、《味腴山房诗钞》四卷、《［味腴山房］续钞》一卷（未见）、《嘉应平寇纪略》。（光绪《嘉应州志》卷二十九，《梅水汇灵集》卷七）

谢晖亮，字实庵，清初嘉应州人。投笔从戎，官东海窑参将。著有《东皋草堂诗集》，佚。（《梅水诗传》卷九）

谢健弘（1909—2001），梅县人。民国二十二年（1933）考入中山大学中文系，两年后入读日本东北帝国大学，攻读社会学。回国后任私立南华学院社会学教授、广东省立勷勤大学商学院教授、广东省立法商学院社会学系教授、中山大学历史系教授等职。译著《日本共产党纲领集》。著有《社会学概论》《社会学史》《日本史讲义》《日本现代史稿》《乡情集》《涵庐诗抄》《江南游笔》等。（《中山大学专家小传》《梅县历代诗选》）

谢卿谋，字其渊，嘉应州人。清嘉庆二十一年（1816）丙子举人，道光十二年（1832）壬辰恩科进士。授陕西定边知县。著有《心易发微》二卷、《达善堂诗集》四卷，均未见。（光绪《嘉应州志》卷二十九，《梅州进士录》）

谢清高（1765—1821），嘉应州人。十八岁时乘船到海南岛谋生，中途遇风覆舟，被葡萄牙商船救起，遂乘其船从东南亚出发，经印度到欧洲、美国、非洲和大洋洲。每到一处即学习当地语言，记其岛屿、港湾、要塞、风俗、物产等。年三十一岁双目失明，遂结束海上生涯，定居澳门，靠口头翻译以自给。清嘉庆二十五年（1820）儒生杨炳南据其口述，写成《海录》一书。

（光绪《嘉应州志》卷二十三，《梅州文史》第三辑）

谢锡琛（1846—1902），字式南，嘉应州人。清末诸生，光绪间在镇平教书十余载。壮年出游广西金、陈二明府幕。后游南洋，终于槟榔屿。其诗得山川清淑之气，淡而腴，洁而精。著有《漱芳斋诗集》。（《梅水诗传》卷八，《梅花端的种梅州》）

谢锡朋，嘉应州人。清同治十三年（1874）甲戌贡生，任番禺训导。著有《雪月双清楼诗》四卷，未见。（光绪《嘉应州志》卷二十九）

谢逸桥（1874—1926），家名锡元，学名延懿、元骥，以字行，原籍嘉应州，旅居马来亚。与其弟谢良牧在日本留学期间，加入同盟会，并为革命慷慨捐款，在南洋等地宣传革命，策划潮州、黄冈、广州起义。中华民国成立后，孙中山多次敦请其赴南京、广州任职，均辞谢。晚年家居，以诗、书、画自娱。著有《谢逸桥诗钞》。（《客家名人录》）

谢英伯（1882—1939），原名华国，字抱香，笔名大舞台中一少年、枝头抱香客，嘉应州（后改梅县）人。清光绪二十四年（1898）入读香港皇仁书院。曾任《亚洲日报》《开智日报》《时事画报》《讨袁报》总编辑，《时敏报》《拒约报》撰述人，《中国日报》第三任社长兼中国同盟会香港支部主盟人，香港安怀女校、圣约翰学校、圣保罗书院及檀香山华文学堂教员，《自由新报》撰稿人，孙中山大元帅府秘书，众议院议员，大本营参谋，西山会议派国民党中央监察委员，上海、广州执业律师，广东省博物馆馆长，广东省高等法院首席检察官。病故于高明。著有《人海航程》《中国古玉时代文化史纲》等。（《民国人物大辞典》）

谢应魁，字乾山，嘉应州人。清康熙五十九年（1720）庚子举人，历任赵州知州、保定知府。著有《学语草诗集》，佚。（《梅水诗传》卷九）

谢永存（1906—1947），梅县人。民国十六年（1927）入读中央党务学校，毕业后历任国民党芜湖、滁县等市县党部委员兼芜湖《民国日报》社社长，国民党安徽省党部书记长，国民党胶济铁路特别党部委员兼《胶济日报》社社长，中央调查统计局科长、专员、组长，国民党中央执行委员会视察委员，国民党新疆省党部委员兼组训处处长，新疆省图书杂志审查处处长、省党部书记长等职。因军机失事遇难。著有《中国国民革命之前途》《如何实现民生主义》等初稿。（《民国人物大辞典》）

谢幼伟（1905—1976），字佐禹，梅县人。毕业于东吴大学。后赴美国哈佛大学留学，获哲学硕士学位。历任军事学校教官，浙江大学教授兼哲学系主任。新中国成立前，南渡印度尼西亚，任雅加达八华中学校长，雅加达《自由报》总编辑。后去台湾，任《中央日报》总主笔，侨大先修班主任兼华侨中学校长、中国文化学院及香港中文大学哲学研究所主任。译著有《忠之哲学》。著有《现代哲学名著述评》、《思想界的出路》、《孝与中国文化》、《伦理学大纲》、《哲理与心理》（合著）、《当代伦理学说》、《人生哲学》、《西洋哲学史》、《怀黑德哲学》。（《民国人物大辞典》）

谢诏桢，清平远人。廪膳生。嘉庆间分纂《平远县志》。（嘉庆《平远县志》修志姓氏）

谢贞盘，字慧僧，号中晦，嘉应州（后改梅县）人。民国间任中山大学、南华学院教授，广东通志馆纂修，梅县修志局局长。编有《梅县新志拟目及序例》、《梅州

文徵》、《客人骈文选》（与人合编）。(《梅州客家历代乡贤著述目录》《寻韵攀桂坊》)

熊瑸，字玉瑸，清嘉应州人。承袭云骑尉，署镇平营都司。著有《玉英馆诗稿》。(《梅水诗传》卷九)

熊采彬，嘉应州（后改梅县）人。著有《登高杂咏》，民国十二年（1923）刊行，光绪举人张衡皋为之题诗。(《梅县历代诗选》)

熊理（1889—?），字衡三，号恒心，嘉应州（后改梅县）人。毕业于两广方言学堂。曾任印度尼西亚华校视学员、广东经济设计委员会委员、梅县县长。译述《美法宪法释义》。主编《广东财政纪实》。著有《论语管窥》《尚书的政治学说》《华侨教育鉴》《策广东》《广东省地方财政》《广东财政概况》等。编有《嘉应乡土地理教科书》不分卷。(1994年《梅县志》，《20世纪中华人物名字号辞典》)

熊锐（1894—1927），原名新寿，别名维新，号君锐，嘉应州（后改梅县）人。中学毕业后任梅县桂里小学教员、汕头《大风日报》编辑。民国七年（1918）赴日本东京大学留学，次年回国。民国九年（1920）入读法国巴黎大学，后考入德国弗莱堡大学。回国后担任广州政治讲习所、广东大学专修学院社会学系、广州劳动学院、中山大学社会学系教授，国民革命军第三军政治部副主任兼黄埔军校政治教官，广东大学附中校长。译著有《唯物史观》。(《南粤英烈传》第一辑)

熊瑜，字耨春，嘉应州（后改梅县）人。民国十二年（1923）任梅县县长。著有《拙庐诗草》。(《羊城禅藻集》)

熊志一（1901—1982），字放青，嘉应州（后改梅县）人。毕业于黄埔军校第三期步科、中央军校高等教导班第一期、中央训练团党政班和兵役班。曾任新编第十三师独立旅旅长、中央军校学员总队少将总队兼高级教官、前敌总指挥突击兵团参谋长、第七补给区运输司令、梅县团管区司令。著有《带兵之道》《岭海楼诗钞》。(《民国广东将领志》)

徐殿英，字峤云，清嘉应州人。诸生。著有《绿玉斋诗草》。(《梅水诗传》卷八)

徐方铭（1902—?），长乐（后改五华）人。民国间任县立河口中学、三江中学教员。著有《[徐方铭]诗草》，未刻。(《五华诗苑》卷五)

徐华清（1861—1924），号静澜，长乐人。少时赴香港寻父。工余就读于皇仁书院。毕业后考入香港大学医科，因成绩优异，被选派赴德国习西医。民国间任陆军军医总监，中国红十字会总会理事长，山东德州临清关、黑龙江多伦关监督。因脑溢血病逝于天津法租界。著有《变死检查法》。(《客家名人录》)

徐焕麟（1797—1866），字子训，一字玉甫，清长乐人。著有《小蓬山房诗钞》，未刻。(《五华诗苑》卷二)

徐琚清（1908—1998），家名易霖，字易庵，蕉岭人。民国间毕业于北平燕京大学、日本明治大学。抗战爆发后，旅居印度尼西亚，任《天声日报》主笔、《自有报》社社长。1959年移居台湾。著有《荆花吟屋诗存》《易庵诗词稿》《云城吟草》。(《徐氏古今诗文选》《蕉岭人新传》)

徐俊鸣（1910—1989），梅州人。民国二十四年（1935）毕业于中山大学地理系，并任教于该系。编有《东北新六省地理》、

《战后新世界地理》、《战后新中国地理》、《战后新中国地理总论》、《本国地理总论》、《战后中外地理问题》、《高中本国地理华中华南分论》、《世界地理》（合编）、《古代广州及其附近地区的手工业（初稿）》（与郭培忠合编）、《海南岛地理》、《梅县乡土地理》、《梅县城市地理》，参加编写《广东省地图集》（古代部分）、《中国地理》（中学教材）。著有《国防地理导论》、《中国历代统一之地理观》、《广州史话》、《岭南历史地理论集》、《广州古代对内交通和贸易初探》（与郭培忠合著）、《珠江三角洲》、《珠江》、《两广地理》、《广东自然地理特征》、《富饶的华南》、《人民新中国地理（上）》、《军事地理学》（与孙宕越合著）、《广东古代农业生产发展初探》。(《客家名人录》)

徐铿，号幼林，原籍镇平，后迁程乡。明嘉靖二十八年（1549）己酉举人，任罗城知县。丁内艰，服阕出任浙江分水知县。纂修《徐氏族谱》。(光绪《嘉应州志》卷二十三，《蕉岭县志1979—2000》)

徐兰馨，字芳谷，号伯迁，镇平人。清康熙间岁贡，任海丰训导，调清远。年八十八卒。续修《徐氏族谱》。著有《垂青堂文集》。(乾隆《镇平县志》卷五，《蕉岭县志1979—2000》)

徐青，又名友白，字又白，清嘉应州人。廪生。其诗专学韩昌黎，得其神髓。与李秋田、颜湘帆齐名，有"程乡三友"之称，又有"程乡一龙"之誉。补弟子员，诗名益噪。著有《聿修堂诗稿》（一作《聿修堂稿》）。(咸丰《嘉应州志增补考略》卷三十二，光绪《嘉应州志》卷二十三，《梅水汇灵集》卷五)

徐庆超（1776—1833），字星溪，镇平人。武艺超群，以"狮子滚球"一艺，中清乾隆六十年（1795）乙卯武进士，授殿前蓝翎侍卫。嘉庆五年（1800）选授闽浙督标右营守备，十七年（1812）调台湾北路左营都司，次年升陆路提标右营游击，二十二年（1817）补提标中军参将。道光朝历署兴化城守营副将、浙江绍兴协副将、杭州协副将、福建建宁镇总兵。喜书法，尤擅写"寿"字。著有《字林便览》。(《国朝耆献类徵初编》卷三二〇，《蕉岭文史》第七辑)

徐韶奏，字九仪，镇平人。明天启七年（1627）丁卯领岁荐，任增城训导。归田后，手不释卷，著述甚富。年七十六无疾坐逝。崇祯十年（1637）邑令胡会宾延其主编《镇平县志》，未梓。(康熙《镇平县志》卷四，《石窟河史话》)

徐省吾（1855—1941），家名省贤，字信麟，晚号城北老人，镇平（后改蕉岭）人。清光绪十年（1884）甲申拔贡，任江西宜春通判、桂岭书院镇雅堂山长、乡团练局局长、潮汕铁路局主任秘书。辛亥革命后寓居印度尼西亚万隆。后返乡创办城北学校。续修《徐氏族谱》。著有《葆真庐诗钞》。(《蕉岭文史》第七辑，《蕉岭县志1979—2000》)

徐世馨，字咏兰，嘉应州人。清末廪贡生。著有《养性斋拾馀草》。(《续梅水诗传》卷三)

薛瓘，字崇文，号清野，人称"清野翁"，原籍福建诏安，明正德嘉靖间落籍饶平。薛雍父。喜读书，居潮三十年足不履城市。著有《饶平薛氏谱系》、《家诫》、《清野集》（即《清埜集》）三卷。(乾隆《潮州府志》卷三十，光绪《海阳县志》卷二十九，《潮州志·艺文志》)

严寅宾（1692—?），号同川，平远人。

博学能文，清康熙四十九年（1710）庚寅岁贡，任化州训导。著有《罔极篇》。（嘉庆《平远县志》卷三）

颜崇衡（？—1837），字湘帆，又字药孙，嘉应州人。清嘉庆二十一年（1816）丙子优贡生。因其诗与李秋田齐名，温谦山订为《程乡二妙集》，继因秋田得交徐又白，合刻《程乡三友诗》一帙。著有《绿萍山馆诗钞》（一作《绿萍吟馆诗钞》）、《虹桥草庐诗钞》，未见。（咸丰《嘉应州志增补考略》卷三十二，光绪《嘉应州志》卷二十三，《岭南群雅二集》）

颜崇图，字鹤汀，号平畿，嘉应州人。清嘉庆十二年（1807）丁卯岁贡生。书法酷肖颜欧，诗格在白陆之间。著有《芝园吟稿》，未见。（《粤东诗海》卷九十五，《梅水汇灵集》卷五）

颜琏，字新岑，长乐人。年十四县试文章第一。明嘉靖四十年（1561）辛酉登贤书。五上公车，寓金陵五年，司寇朱镇庵延课其子。因肺病回家乡。定安王忠铭、归善杨复所劝其就博士，遂任灌阳教谕，后升兴业知县。解组归，遍游罗浮、霍鳌。有《[颜琏]诗文集》，未见。（道光《长乐县志》卷九，道光《广东通志》卷三〇五）

杨炳南，字秋衡，嘉应州人。清道光十九年（1839）己亥恩科举人。晚年总理保安局事务，聚合乡民团练，保卫乡邦。嘉庆二十五年（1820）邑人谢清高口述，炳南笔录其见闻，成《海录》若干卷，刊入《学海堂丛书》及《海山仙馆丛书》。（光绪《嘉应州志》卷二十三，《梅水汇灵集》卷七，《广东历代诗钞》卷三）

杨承谟，字次典，号藕塘，嘉应州人。清咸丰二年（1852）壬子举人。工诗兼精制艺，平生好山水。淡泊荣利，于罗阳授徒为业，栽培甚众。著有《友石山房诗钞》。（《梅水诗传》卷五）

杨大荣，字桂生，清长乐人。诸生。著有《冬吟小草》。（《续梅水诗传》卷三）

杨鼎秋，字寄尘，镇平（后改蕉岭）人。早年加入中国同盟会，曾任党代表、改组委员、指导委员、中央党部情报处情报员等职。喜吟咏。著有《不系舟诗钞》，刊印于民国三十六年（1947）。（《不系舟诗钞》黄序）

杨方岳（1724—1805），字聿参，号静堂，镇平人。清乾隆十八年（1753）癸酉举人，次年成进士，初任三台知县，补长沙，历署永、桂、沅、蓝四县。年近六旬致仕归里。与修《（乾隆）镇平县志》。著有《宦馀稿》《应试稿》《慎怀堂前后集》。（乾隆《镇平县志》卷五，《蕉岭文史》第十二辑）

杨高士，字谦航，号实夫，程乡人。清康熙五十六年（1717）丁酉举人，历任湖北竹溪、松滋知县，汉阳同知。著有《松滋公遗集》。（道光《广东通志》卷三〇五，光绪《嘉应州志》卷二十三，《梅水诗传》卷一）

杨恭桓，字穆吾，清嘉应州人。著有《一日通韵》一卷、《客话本字》二卷、《韵学汇要》一书（未刊）、《毛诗古音谐读》五卷、《杨族清贵仕宦录》一卷。（《贩书偶记》卷四，1994年《梅县志》）

杨鸿光，清嘉应州人。著有《铭心斋经说》六卷。（《广东文献综录》）

杨鸿举，字翼江，嘉应州人。清嘉庆三年（1798）戊午举人。著有《耕书堂诗草》二卷，李黼平为之序，潘飞声跋。（光绪

《嘉应州志》卷二十九,《梅水诗传》卷二)

杨家鼎(1882—?),号子立,嘉应州人。清宣统元年(1909)己酉拔贡。光绪三十四年(1908)与萧启冈合编《学部审定新体嘉应乡土地理教科书》。(《惠东文史》第三辑)

杨嘉树,字南棠,嘉应州人。清乾隆四十八年(1783)癸卯举人,大挑授教谕。与宋湘时相唱和。著有《[南棠]诗集》一卷。(《续梅水诗传》卷一)

杨简(1911—1981),原名杨维升,梅县人。民国二十三年(1934)毕业于中山大学医学院,获医学学士学位。曾任中山大学医学院病理学研究所教授、美国费城宾夕法尼亚大学医学院病理学部研究员、癌瘤研究实验室研究员、中山大学医学院副院长、代理院长,北京流行病学研究所病理研究室主任、中国生理科学会副主任委员、中国医学科学院实验医学研究所病理学系病理学教授兼副主任、四川简阳中国医学科学院基础医学研究所病理学教授兼病理学研究室主任等职。译有《癌的病理生理学》(与王薇文合译)、《军用毒气病之病理及治疗法》(与梁伯强合译)、《肿瘤的科学基础》(合译)。著有《实用肿瘤学》、《病理学》、《癌瘤知识》(与吴阶平合著)、《广东中国瓜仁虫症的病理解剖研究》(与梁伯强合著)、《食管癌的实验研究》(与高进合编著)等。(《广州百科全书》《民国人物大辞典》)

杨劼士,嘉应州人。清乾隆十五年(1750)庚午贡生,候选训导。清乾隆十五年分编《嘉应州志》。(乾隆《嘉应州志》卷五)

杨揆叙,字鄂臣,嘉应州人。杨高士子。清乾隆四十八年(1783)癸卯举人。以文行称,著有《废我草》一卷(未见)、《可远堂文钞》(未见)、《可远堂诗钞》(未见)、《宋系纪略》。(光绪《嘉应州志》卷二十三,《梅水汇灵集》卷三)

杨亮生,名瑛,字守璞,嘉应州人。清光绪二十七年(1901)辛丑举人。三十二年(1906)成立自西公司,种植经济林木。曾任官立东山初级师范学堂监督。著有《守璞斋诗选》《[守璞斋]文集》若干卷,由其子惟徽抄订。(《一粟集》《梅花端的种梅州》)

杨懋建(1807—?),字掌生,号尔园,别署蕊珠旧史,嘉应州人。受知阮文达,肄业于学海堂。清道光十一年(1831)辛卯恩科举人,十三年(1833)癸巳成进士,官至国子监学正。工诗、古文词,精通天学、地学、国书、掌故及中西算法、历代乐律。晚归粤东,与方梦园、方伯最为莫逆交。主阳山讲席,优游终老。编有《岭南唱和诗》。著有《禹贡新图说》二卷、《留香小阁诗钞》一卷、《留香小阁词钞》一卷、《实事求是斋文钞》、《京尘杂录》。(光绪《嘉应州志》卷二十三,《梅水汇灵集》卷六)

杨懋修,字卓生,清嘉应州人。杨懋建弟。诸生。年二十七捐馆词垣。著有《梦梅仙馆诗钞》。(《梅水诗传》卷四)

杨宁道,字耐庵,清初嘉应州人。年十六补博士弟子员。著有《爱吾庐诗钞》若干卷。(《续梅水诗传》卷一)

杨启宦,字柳泉,嘉应州人。清咸丰二年(1852)壬子举人,叙选知县。咸丰九年(1859)率团丁及弟侄数十人与太平军巷战,力竭阵亡。著有《诒燕堂诗草》,散佚。(光绪《嘉应州志》卷二十三,《梅水诗传》卷五)

杨启源，字孟九，清嘉应州人。诸生。咸丰间参与编纂《嘉应州志》。(《梅水诗传》卷五)

杨千五（1891—1989），别号杨铮，嘉应州（后改梅县）人。民国间先后在丙村中学、梅州中学、学艺中学等校任教三十余载。1952年至广州，受聘为广东省文物保管委员会研究员，次年任广东省文史研究馆馆员。家人和学生辑其诗词，成《摘藻室诗存》一书。(《客家名人录》)

杨绍徽，字诗屏，清嘉应州人。布衣。因病不能赴试，赍志而殁。著有《阴骘文试帖诗》二卷、《读花书屋诗存》。(《梅水诗传》卷七)

杨师时，字企斋，嘉应州人。清嘉庆三年（1798）戊午举人，官德庆州学正。敦品励学，工古文。与宋湘交最笃。著有《爱日堂存稿》。(《梅水诗传》卷二)

杨世烈，字半亭，清嘉应州人。诸生。励志勤学，应京兆试，留都门十余载，卒不遇而归。诗多感慨悲壮之音。著有《都门偶存草》。(《梅水诗传》卷二)

杨惟徽（1874—1951），字徽五，别号佣子，一作镛子，嘉应州（后改梅县）人。杨亮生子，黄遵宪门人。清末生员。光绪三十年（1904）由嘉应兴学会议所派往日本弘文学院师范科理化班学习，回国后任东山师范学堂工程监督、教育学等课程教员。民国间曾任梅县督学局长、东山中学教员及校务委员、梅县民众教育馆馆长、梅县县立图书馆馆长、南华学院中文教授。著有《仪礼郑著汉制疏证》一卷、《曼谷杂诗》一卷、《丁丑诗存》、《榕园续录》四卷、《榕园三录》、《榕园琐录》十卷、《大慧禅师语录辑补》四卷。译作《暹罗国情》。编订《经史百家简编演释》《清代文选》等。(《梅州客家历代乡贤著述目录》《一粟集》)

杨效先，清嘉应州人。著有《梦香亭诗集》。(《梅水诗传》卷八)

杨鑫，字羡吾，清嘉应州人。诸生。编纂《梅城杨氏族谱》。著有《蕉琴小筑诗钞》。(《梅水诗传》卷九)

杨秀拔，镇平人。清嘉庆十二年（1807）丁卯举人，道光三年（1823）任恩平训导，纂辑《恩平县志》十八卷。(民国《恩平县志》卷二十一)

杨勋，字云亭，嘉应州人。清乾隆四年（1739）己未进士，官刑部主事，升光禄寺少卿。出任福建江南道监察御史，工、礼、刑科给事中，鸿胪寺少卿。十七年（1752）典试四川。著有《皇华杂咏》、《入蜀纪程诗》一卷、《爱日堂诗存》十二卷，均佚。(光绪《嘉应州志》卷二十三，《梅水汇灵集》卷二)

杨以敬，字心湖，清嘉应州人。生员。其祖其父其子俱能诗。知县印江王竹村选辑《心湖遗草》八卷，半多散佚。(《梅水诗传》卷二)

杨逸棠（1902—1982），又名伯恺、翼棠、伯概、伯侃，梅县人。毕业于北京法政专门学校。民国十五年（1926）参加省港大罢工和北伐。民国十九年（1930）后任广东南华学院、香港达德学院教授，农工民主党中央执行委员，中国民主同盟中央执行委员、南方总支常委。新中国成立后，任交通部办公厅副主任、参事室参事、农工民主党中央委员、农工民主党中央联络工作委员会主任委员、交通部行政管理局顾问、民盟中央常务委员等。逝世于北京。著有《邓演达》《太平天国研究》

《黄琪翔传略》等。(《客家名人录》《中国民主党派名人物》)

杨沅(1870—?),小名侃能,号季岳,嘉应州人。清光绪十七年(1891)辛卯举人,二十四年(1898)戊戌成进士,四川即用知县。著有《梅谚汇笺》《海隅诗草》《假中杂咏》《询尧录》等。(光绪《嘉应州志》卷二十,1994年《梅县志》)

杨元儒,字雨人,又字清一,程乡人。明崇祯十六年(1643)癸未拔贡,授福建汀州知府。明末鼎革,遂隐而不仕。著有《悼钗吟集》。(光绪《嘉应州志》卷二十,《续梅水诗传》卷一)

杨鋆,字桐石,清嘉应州人。著有《浣薇小阁诗草》。(《梅水诗传》卷九)

杨长盛,字子均,清嘉应州人。世袭云骑尉杨启宦之子。著有《剑心阁诗钞》四卷、《剑心阁诗词钞》(一作《西鸢小阁词钞》)一卷、《影园杂稿》、《影园随笔》。(《续梅水诗传》卷二,《梅县历代诗选》)

杨兆清,字问渠,号矩园主人,嘉应州人。清光绪八年(1882)壬午举人,任福建漳平、龙溪、松溪、海澄知县。纂修《梅县东江杨氏族谱》二十四卷。(《梅县历代诗选》)

杨兆彝,字铭庵,兴宁人。清道光九年(1829)己丑岁贡。著有《消炎录》,记兴宁山川、宦绩、人物、地产七律三百余首。(《梅水汇灵集》卷六)

杨照,字简亭,嘉应州人。清乾隆十三年(1748)戊辰举人,任贵州清平知县,所作《黔中纪程诗》,不存。著有《爱日堂诗存》十二卷,佚。(《梅水诗传》卷一,光绪《嘉应州志》卷二十)

杨仲兴(1694—1775),字闿安,一字直庭,号讱庵,嘉应州人。清雍正八年(1730)庚戌进士,历任福建清流知县、广西兴安知县、湖北按察使、刑部郎中。因病乞归。平生经济文章卓然超绝。辑《诸子文钞》《唐宋八家文钞》,均未见。著有《性学录》一卷、《四馀偶录文集》二卷、《读史提要》四卷、《观察纪略》二卷。(道光《广东通志》卷三〇五,光绪《嘉应州志》卷二十三,《梅水诗传》卷一)

姚宝猷(1901—1951),谱名良珍,字健生,平远人。民国九年(1920)考入广东高等师范学校文史系。曾任广东农工局科长、汕头农工局局长兼《汕头日报》社社长、中山盐务局局长、《岭东民国日报》社社长兼中山大学副教授。民国十八年(1929)赴日本东京文理科大学(后改为明治大学)研习历史。回国后,历任中山大学文学院副教授、研究院指导教授,广东省财政厅参议兼秘书,国民政府交通部总务处长、工程委员会专门委员,广东省政府委员、教育厅厅长等职。著有《日本神国思想的形成及其影响》《日本帝国主义的特性》《我们的认识与决心》《中国丝绢西传史》《日本史研究法》《日本近百年史》《中国基督教史》《西汉货币之研究》等。(《客家名人录》)

姚碧澄(1904—1966),平远人。民国十四年(1925)毕业于国立广东大学农学专门部农艺系畜牧门,留校升入本科。次年被派往法国里昂大学医学院,专攻医学,获博士学位。曾任中山大学医学院内科教授兼附属第一医院院长、云南大学教授兼医学院院长。后辞职,自办碧澄医院。新中国成立后,任广州市卫生局副局长兼市第一医院院长、广州医学院院长。著有《内科学》上下册、《溃疡病》。(1993年《平远县志》)

姚定尘(1905—1965),原名鉴明,

平远人。民国十六年（1927）肄业于南京国立东南大学，任中国国民党中央执行委员会组织部助理干事、南京《市民日报》总编辑、英属南洋总支部党务指导委员。奉派赴法国巴黎大学、格勒诺布尔大学留学，获法学博士学位。民国二十三年（1934）回国，历任江苏省政府秘书兼侨务委员会委员、驻德国大使馆额外二等秘书、代驻维也纳总领事馆总领事、驻约翰内斯堡总领事馆领事、驻塔希提总领事、代理驻多哥大使馆代理参事、代驻希腊大使馆参事等职。病逝于台北。著有《中国的中央政府与地方政府》（出版于南京）、《英国与其殖民地》（英文，出版于巴黎）、《溪山吟》。（《平远名人传略》）

姚冠，号弗尘，平远人。明崇祯元年（1628）以明经高等授学正，隐居不仕，教授生徒，多所造就，门下称其为"文穆先生"。著有《四书注解》及《［弗尘］诗集》行世。（嘉庆《平远县志》卷三，《潮州志·艺文志》）

姚蒗承（1908—1967），又名焕尹，平远人。民国十七年（1928）考入上海沪江大学，攻读英国文学及教育学。毕业后曾任广益中学校长，平远中学教务主任，中央侨务委员会南洋研究所副研究员，广东省立法商学院、广州法学院、文化大学、中山大学英语教授。喜收藏，善书法、篆刻和诗词。译著有《现代之南洋》及英文剧本《前前后后》。（《客家名人录》）

姚维锐（1899—1935），字蓄园，号剑南生，平远人。毕业于广东高等师范学校，曾与同学合力创办广州知用中学。民国十三年（1924）后在东山中学、平远中学、惠州中学等校任教。著有《百感集》一卷，收古今体诗一百余首及《古书疑义举例补》等文十一篇，由其族人和长子编辑为《养志堂诗文集》。（1993年《平远县志》，《客家名人录》）

姚希明（1898—1986），平远人。民国十五年（1926）毕业于南京国立东南大学，曾任中山大学讲师、新丰县长、和平县长、国民党广东省党部宣传科主任、乐会县长、广东省政府咨政、广东省物价管制委员会督察、广东省政府巡回督导、广东省民众教育馆秘书、广东省人民政府参事室研究员等职。著有《汕头市市政》。（《平远名人传略》）

姚宇陶（1876—1939），又名菊隐，字菊存，号潜园居士、潜园主人，平远人。清宣统元年（1909）己酉拔贡，赴京甄选，分发为湖南知县。见时局可危，遂辞不赴任。宣统三年（1911）自南洋回国，两任广东北伐军总司令、潮汕卫戍司令姚雨平秘书。淡泊名利，学识广博，喜吟咏。著有《潜园诗草》《小隐庐诗集》《诗联检存》《平远妇女俗咏》等。（1993年《平远县志》，《客家名人录》）

姚瞻（1908—1978），又名克刚、士哲，平远人。民国二十三年（1934）毕业于国立北洋大学工学院土木系。曾任云南大学工学院土木系教授，昆明工学院基础部教授，中国土木建筑工程学会理事等职。编有《铁路测量》《土木建筑》等著作。（《客家名人录》）

叶璧华（1844—1915），字润生，别号婉仙，自号古香阁主人，嘉应州人。叶曦初之女，名士李蓉舫之妻。深通经史，尤精诗词，曾讲学于广州广雅书院。戊戌变法失败后返乡，竭力推行新学。光绪三十二年（1906）在邑城创办懿德女学堂任总教习。著有《古香阁诗集》二卷（黄遵宪序之）、《羊城闲咏集》。光绪二十五年（1899）同邑张煜南为其刻《古香阁全集》四卷。（《梅水汇灵集》卷八上，1994年

《梅县志》)

叶承立（1704—1784），讳东清，字奕华，别号谦实，程乡人。清乾隆六年（1741）辛酉举人，十年（1745）乙丑进士。任广西富川、贺县知县。为文武闱同考试官，后敕封文林郎。卒谥孝献。十五年（1750）分编《嘉应州志》。主修《(乾隆)富川县志》。著有《水南集》、《水南续集》、《饮冰斋诗草》、《麟经撮要》、《左腋左传类编》（一作《左传左腋汇编》，皆散佚。(光绪《嘉应州志》卷二十三，《粤东诗海》卷八十一，《续梅水诗传》卷一）

叶公武（1907—1970），字维淳，梅县人。毕业于黄埔军校第六期经理科及中央陆军军需学校。曾任国民革命军第四军第四十三师、第十二集团军暂编第二军、青年军总监部军需处处长，广东省保安司令部总经理处主任，广东省国营顺德糖厂厂长，广东省商联会理事等职。后定居香港。著有《发展本省蔗糖事业刍议》《发展广东实业问题》。(《民国广东将领志》)

叶虎文，清嘉应州人。增生。著有《麒麟围诗草》。(《梅水诗传》卷九）

叶剑英（1897—1986），原名宜伟，号沧白，嘉应州（后改梅县）人。民国十三年（1924）参与创办黄埔军校，任教授部副主任。参加第一、第二次东征。后陆续参加和领导北伐战争、广州起义、三次反"围剿"战役、抗日战争、解放战争。著有《远望集》《叶剑英文集》《叶剑英诗词选集》《目前抗战中的几个主要问题》《叶剑英抗战言论集》等。(1994年《梅县志》，《民国广东将领志》）

叶钧，字贻孙，号石亭，嘉应州人。清乾隆五十九年（1794）甲寅解元，历任曲阳、肥乡知县，祁州知州。卒于官。南海桂文灿采辑其作品，刻入《重订三家诗拾遗》。著有《义民纪略》（未见）、《南田吟舍遗草》二卷（未见）、《石亭诗文集》。(同治《番禺县志》卷二十五，光绪《嘉应州志》卷二十三，《梅水汇灵集》卷三）

叶兰成，字子信，一字秋岚，嘉应州人。清嘉庆九年（1804）甲子举人，官合浦训导。著有《听泉小草》，未见。(《岭南群雅二集》，《梅水汇灵集》卷四）

叶轮，字曦初，嘉应州人。清嘉庆二十一年（1816）丙子举人，官广州府教授，钦加同知衔。道光十四年（1834）任钦州训导时纂修《钦州志》十二卷。著有《松窝赋存》《松窝诗存》《松窝文存》。(道光《钦州志》卷六，《梅水诗传》卷三）

叶培英，字淑明，号一阳子，清嘉应州人。诸生。著有《森宝书》《三教玄真篇》《四焉诗草》。(《梅县历代诗选》)

叶鹏枝，字英生，嘉应州人。清初庠生。著有《杨梅轩诗集》。(《梅水诗传》卷九）

叶其性，号两存，清嘉应州人。附贡生。著有《就正轩诗草》。(《梅水诗传》卷九）

叶其英，字蓉史，嘉应州人。清道光二十年（1840）庚子恩科举人，主讲培风书院。著有《稻香诗集》十卷（一作《稻香诗》一卷），未见。(光绪《嘉应州志》卷二十九，《梅水诗传》卷五、卷九）

叶世琅，字君达，清嘉应州人。诸生。淹博群籍，工书画，尤善诗词。著有《我我斋诗集》《我我斋词集》。(《续梅水诗传》卷二）

叶受菘，字鹤珊，清嘉应州人。诸生。著有《守真山房诗草》。（《梅水诗传》卷八）

叶应魁，字星初，嘉应州人。清咸丰元年（1851）辛亥举人，未得一官，掌教江西、广西、潮州府各书院。著有《击蒲集诗钞》九卷。（《梅水诗传》卷九）

叶应尧，字唐阶，嘉应州人。清乾隆三十九年（1774）甲午举人，历署浙江湖州、台州通判。著有《松云文稿集》。（《梅水诗传》卷九）

叶著，字䌹中，程乡人。明崇祯九年（1636）丙子解元。因母父继亡，遂辍会试。著有《学一斋诗草》。（光绪《嘉应州志》卷二十三，《梅水诗传》卷九）

殷舆，兴宁人。明成化末年自京师返邑，奉命纂辑《兴宁县志》五卷，已佚。（《广东方志要录》）

余俊贤（1901—1994），家名其英，别号一帆，平远人。民国十五年（1926）毕业于中山大学，任中国国民党中央组织部干事。次年年底，奉派南洋，筹组荷属东印度总支部，当选为委员兼宣传部部长及《民国日报》总编辑。民国十八年（1929）起，历任国民党中央组织部总干事、海外党务组织主任、国民党中央候补委员、广州市党部主任委员、重庆侨务委员会常务委员兼教育处处长、广东省党部主任委员、广东省参议会参议员等职。著有《杜甫研究》等。（《平远名人传略》）

余慕陶（1903—1968），原名桂生，又名余永陶，字景渊，梅县人。任教于广州中山大学附中、华南大学、上海建设大学、东亚大学、艺术大学等校。译著《波斯顿》《近代西洋文化革命史》《科学社会主义底理论体系》《野性之呼声》《酒的赛会》等书。著有《世界文学史》《春泥》《晚霞》《出路》《朝阳集》。（《中国近现代人物名号大辞典》）

余鹏举，平远人。清嘉庆十五年（1810）庚午举人，分纂《（嘉庆）平远县志》。（嘉庆《平远县志》修志姓氏）

余森文（1903—1992），又名余兴邦，梅县人。民国十一年（1922）考入金陵大学农林系，毕业后曾任梅州师范教务长、校长，汕头金山中学高中部主任，浙江民政厅科长，上海同济大学注册部主任，交通部职工事务委员会主任。民国二十三年（1934）由交通部派驻英国伦敦，任电讯专员兼伦敦经济学院研究员，攻读政治经济管理学。历任同济大学教务长，南京中央政治会议经济委员会委员，武汉中央军委政治部设计委员，国民党广东省党部书记长，浙江丽水、温州、淳安专员，浙江省府考核委员兼同济大学教授。新中国成立后，任杭州市工务局副局长、建设局局长、园林局局长，浙江省建筑工业厅副厅长，杭州市副市长，中国园林学会副会长等职。著有《余森文园林绿化论文集》。（《梅县文史资料》第二十四辑）

余效班，字五衣，嘉应州人。廪膳生。家贫力学，手不释卷，凡读书皆有札记，每得一义，辄援引详博，考证深通，尤肆力小学音韵之书。清光绪十三年（1887）学使汪鸣銮案临嘉应，得其卷即大予奖励。惜年未四十而卒。著有《谐声表》十六卷（饶集蓉为之序）、《汉书古义考》一卷、《说文经字考证》一卷（饶集蓉为之序）、《学庸问答》二卷。（光绪《嘉应州志》卷二十九）

袁文殊（1910—1993），别名文枢，笔名舒非，兴宁人。民国十九年（1930）考入广东戏剧研究所戏剧文学系，习编剧。曾任鲁迅艺术文学院戏剧系、东北大学鲁迅文艺学院戏剧系主任，鲁艺文工团团长，中共中央文化部电影事业管理局电影编剧，文化部电影局剧本创作所所长，上海电影制片公司经理兼党委书记，中共上海市委宣传部副部长，中国电影工作者协会书记处第一书记，中国电影家协会常务副主席兼书记处书记等职。创作了独幕剧《东海之光》《出路》《高压下》等、四幕剧《死角》、剧本《军民一家》《辽远的乡村》等。著有戏剧集《前进戏剧集》、独幕话剧集《民族公敌》、讲义《剧作教程》《电影中的人物性格和情节》、论文集《电影求索录》《影坛风云录》及译著《苏联演剧体系》《舞台艺术论》等。（1992年《兴宁县志》，《客家名人录》）

曾保臣，长乐人。庠生。康熙二年同辑《长乐县志》。（康熙二年《长乐县志》重修县志姓氏）

曾传诏，号绣屏，清末长乐人。年三十六卒。著有《绣吟楼诗草》，陈培琛序之。（民国《五华县志》卷十七）

曾纯雪（1904—1961），原名曾纯燮、曾炳康，改名曾鲁，笔名鲁丁、韩江，长乐（后改五华）人。毕业于广州国民大学，民国二十三年（1934）赴日本明治大学留学。任五华中学教员、副校长，也曾供职于老隆师范、北海中学、县第一中学以及国民党政府部门、军队。著有《广省斋诗集》，未刻。（《五华诗苑》卷六，《五华文史》第三辑）

曾固庵（1901—1975），五华人。民国间在揭西保萃学校任国文教师二十余载。著有《洛阳集》《固庵诗集》。（《古今揭阳吟》卷三）

曾翰鸿，字少卿，长乐人。清道光间廪生，以教授生徒为业。年七十余卒。著有《鹅峰山房五言试帖诗》（已刻）、《梅州古迹杂咏》一卷（未刻）。（《五华诗苑》卷三）

曾驾南，长乐（后改五华）人。辑有《医案全书》。（民国《五华县志》卷十七）

曾骞（1881—1940），谱名广衡，字赳伯，号晚归、晚节，自号梅山道人，别署断魂，嘉应州（后改梅县）人。清光绪三十一年（1905）入读日本东京帝国大学，攻读文哲兼政治经济。次年加入中国同盟会。回国度假期间，与友人在梅城组织"冷圃诗社"。辛亥革命爆发后，回国任同盟会本部总干事。民国间任南雄县县长、广东南区善后公署政务处处长、广东省民政厅厅长、广州市政府秘书。民国二十七年（1938）年底告病还乡。分纂《海南岛志》。（《梅州文史》第三辑《同盟会梅州人物志》）

曾景行，字仰山，嘉应州人。与曾祖禹合修《梅城凤尾阁曾氏大宗祠谱》，有清乾隆四十七年（1782）刻本。（《曾氏大宗祠谱》叙）

曾举直（1894—1981），名纪铍，字天声，嘉应州（后改梅县）人。民国九年（1920）毕业于云南陆军讲武堂第十三期炮科，曾任广东第一集团军独立第一师司令部参谋长、第九战区司令长官部兵部总监、百色警备司令部司令官、军事委员会广州行营参议、广东第六区行政督察专员兼该区保安司令部司令官。重视家乡教育事业，早年倡建会文学校，被推举为董事长。民国三十八年（1949）因车祸赴香港就医，次年迁居台湾。著有《曾举直军中日记》。（《云南讲武堂将帅录》）

曾觉之（1901—1982），原名展谟，字居敬，笔名解人，兴宁人。民国九年（1920）赴法国留学，先后在里昂大学、巴黎大学文科攻读文学与哲学。民国十八年（1929）回国后，历任南京中央大学教授、北平中法大学文学系主任兼《中法大学月刊》主编。抗战期间，转入汉学研究所，从事《中国思想》翻译工作。抗战胜利后，回中法大学任教。1952年任北京大学西方语言文学系教授。著有散文集《归心》，诗词集《幻》。译有《罗丹美术论》《中国文化》《王港逻辑学》《心战情变曲》《海底两万里》《十五岁的小船长》《无线电广播的文化教育作用》《高特谈话：高特忌辰百年纪念》等。(1992年《兴宁县志》，《民国人物大辞典》)

曾澜（1860—?），号菊坡，清长乐人。增贡生。毕业于省城自治学堂，任兴宁坪塘神道大学教员。著有《东山居士诗钞》。(民国《五华县志》卷十七)

曾绮春（1902—1958），兴宁人。民国十三年（1924）秋入读广州政法专科学校。民国十八年（1929）春赴上海、南京求学，次年春转入中国大学法律系。曾任揭阳、饶平区长，兴宁一中文史教员，维新小学董事长，黄陂区委书记兼黄陂区区长，兴宁县人民政府秘书，兴宁师范学校支部书记。译著《经济学》（合译）。(1992年《兴宁县志》，《兴宁县教育志史料汇编》第三辑)

曾荣科，字文开，号玉峰，兴宁人。清顺治十四年（1657）丁酉举人，康熙六年（1667）丁未进士，任江苏昆山县令。博览群书，尤长于考据。解组归，著述自娱。著有《制义古文》一卷、《玉峰删稿》一卷。后人辑《曾玉峰先生文存》，收入《兴宁先贤丛书》。(咸丰《兴宁县志》卷九，《梅水汇灵集》卷二，《广东历代诗钞》卷二)

曾榕，字鲁堂，清嘉应州人，徙居四川绵竹。生员。工诗，善琴。著有《南游草》十余卷。(《惠州诗词选编》)

曾拾青，字芥如，清长乐人。监生。著有《春风别墅诗草》。(《续梅水诗传》卷三)

曾士梅，字聘棠，兴宁人。清咸丰二年（1852）壬子举人，官海康训导。同治四年（1865）选授雷阳司训。著有《秋梦集》二卷、《救荒权略》。参与编纂《兴宁县志》。(《梅水汇灵集》卷七，《广东历代诗钞》卷四，1992年《兴宁县志》)

曾叔儒（1911—1996），五华人。任教职。遗有《曾叔儒诗选》一卷。(《古今揭阳吟·补遗篇》卷三)

曾树寰（1911—1941），笔名殷红，兴宁人。民国十六年（1927）起，投身革命运动以及随后的抗日救国宣传活动。曾任刁坊庆平小学校长。著有诗集《远征行》。(1992年《兴宁县志》，《兴宁年鉴2011》)

曾苏（1828—1905），字朝龙，号绍坡，晚号渊然老人，长乐人。清同治九年（1870）庚午举人，长金山书院。光绪九年（1883）选顺德教谕。二十二年（1896）晋授广州府教授。著有《铎馀集》二卷、《地理辨惑》二卷、《历学指迷》二卷、《论说》二卷、《杂著》二卷。(民国《五华县志》卷十七，《广东历代诗钞》卷四)

曾廷秦，又作曾廷泰，长乐人。清道光十一年（1831）辛卯举人，二十五年分纂《长乐县志》。(道光《长乐县志》卷三)

曾问吾（1900—1979），别字学之，兴宁人。民国二十年（1931）毕业于南京中央大学政治学系，曾任兴宁县立一中文史教师、香港南华学院教务长。后出任湖南省政府设计委员会教育委员、国民政府国防部二厅五处边务研究室少将主任、新疆吐鲁番县长兼国民党县党部书记、龙光中学校长等职。著有《中国经营西域史》、《新编针灸手册》（未出版）。(1992年《兴宁县志》，《客家名人录》)

曾宪立（1904—1998），平远人。曾养甫弟。十六岁考入上海同济大学，民国十七年（1928）赴德国慕尼黑大学留学，获医学博士学位。回国后曾任江苏省立医政学院教授、中央卫生部技正、广州市立医院院长。创办广州市戒烟医院、广州市平民医院。1950年卜居马来亚沙巴州亚庇市，行医近三十年。后迁居加拿大温哥华。著有《近道居诗稿选集》。(《平远名人传略》)

曾晓峰（1903—？），蕉岭人。毕业于上海大夏大学，获政治经济学士学位，曾任华文日报《吻报》总编辑、广东省侨委会侨务处长、暨南大学旅泰校友会顾问、曼谷新产品供应有限公司董事长。著有《晓峰旅泰诗草》。(《客家名人录》)

曾衍宗，字行万，长乐人。清康熙三十三年（1694）甲戌岁贡。同辑《（康熙二十六年）长乐县志》。(道光《长乐县志》卷九)

曾养甫（1898—1969），名宪浩，以字行，平远人。曾宪立兄。毕业于国立北洋大学矿冶学系、美国匹兹堡大学研究院。曾任国民革命军总司令部后方总政治部、军官团政治部少将主任，铁道部政务次长，广州特别市市长，西江八属游击总指挥，交通部长，公路总局局长等职。后定居香港。著有《五十自述》。(《民国广东将领志》)

曾逸山（1911—1985），梅县人。早年赴印度教书，抗日战争时期返乡任中学教师。著有《暖庐诗钞》。(《梅县历代诗选》)

曾友豪（1900—1973），家名赓元，梅县人。于清华学校毕业后赴美国留学，入约翰·霍普金斯大学，获文学博士学位，又入哥伦比亚大学，获哲学博士学位。民国间历署安徽省、甘肃省高等法院院长。著有《近代中国法政哲学》（英文）、《英国宪法政治小史》、《婚姻法》、《中华民国政府大纲》、《中国外交史》、《国际公法例案》、《中国外交史上基督教问题》等。(《民国人物大辞典》《客家名人录》)

曾曰唯，字道生，明末程乡人。诸生。著有《纺授堂诗集》。(《续梅水诗传》卷一)

曾月根（1872—1931），长乐（后改五华）人。二十二岁学医，精研《内经》《伤寒》《医宗金匮》《金匮要略》等书，善治内科，对伤寒、温病等有独到见解。行医四十年，医术高明，医德高尚，有"再世华佗"之誉。主编《全国名医验案汇编》，由上海大东书局出版。(民国《五华县志》卷十七，《五华文史》第四辑)

曾越，长乐（后改五华）人。民国间任五华、罗定等县县长。主修《罗定县志》。(民国《罗定志》修志职名)

曾祖禹，字雍伯，嘉应州人。与曾景行合修《梅城凤尾阁曾氏大宗祠谱》，有清乾隆四十七年（1782）刻本。(《曾氏大宗祠谱》叙)

张葆能，字子俊，清嘉应州人。考授国子监太学生。著有《游燕诗草》。(《梅水诗传》卷四)

张弼亮，字子颖，嘉应州人。清光绪五年（1879）己卯岁贡生，后屡荐不售，设塾授徒为业。其诗多亢壮激越之音。著有《吟秋阁诗钞》。（《梅水诗传》卷六，光绪《嘉应州志》卷二十）

张炳坤，字香圃，晚号归耕老人，清嘉应州人。官贵州候补知府，历任永宁、威宁、镇远、铜仁等州县之长。解组后，绘《万里归舟图》，同人题咏之。著有《一柏双桂轩诗钞》，毁于兵燹。（《梅水诗传》卷六）

张伯海，字琴山，清嘉应州人。廪生。其诗格律精细，兼以跌宕取致。著有《心弦馆诗草》。（《梅水诗传》卷五）

张伯滔，清末嘉应州人。著有《东塘别业吟草》。（1994年《梅县志》，《梅州客家历代乡贤著述目录》）

张丹崑，字绮园，嘉应州人。清乾隆三十三年（1768）戊子副贡，官江西万安知县，补授广西义宁知县。去官后，授徒于邑。著有《心远楼诗草》，兵燹后无存。（光绪《嘉应州志》卷二十三，《梅水诗传》卷一）

张道亨，字荫南，嘉应州人。清咸丰六年（1856）丙辰补行五年乙卯科举人，官福建沙县知县。寓居京师数载，与同人唱和诗作甚富。著有《紫藤花馆诗》。（《梅水诗传》卷六）

张杜鹃（1874—1943），原名清源，字伟吾，兴宁人。清光绪三十一年（1905）考入广东将弁学堂。经姚雨平介绍加入同盟会。宣统二年（1910）领导广东庚戌新军起义，失败后经香港前往新加坡。曾任《兴中报》《华侨日报》《中华日报》主笔。民国间任儋县县长，在家乡倡办灌新学校。自订《［张杜鹃］诗文集》若干卷，未梓，后毁于人祸。（1992年《兴宁县志》）

张敦道，原名敦元，字厚斋，嘉应州人。清嘉庆六年（1801）辛酉举人，道光三年（1823）癸未成进士，官靖江、常熟、青浦知县，署海防同知。卒于任。著有《石溪草堂诗草》，毁于兵燹。（《梅水诗传》卷三，《梅州进士录》）

张凤诏，清嘉应州人。曾任官立东山初级师范学堂监督。著有《国朝名家史论》六卷。（《梅州客家历代乡贤著述目录》）

张纲（1426—1457），字东常，号三峰，程乡人。明景泰元年（1450）庚午举人，天顺元年（1457）丁丑进士，旋病逝。著有《三峰集》，由其弟编订成集，早佚。（《梅州进士录》）

张公让（1904—1981），原名其升，以字行，梅县人。早年考入北京大学，师从画家胡佩衡。不久转入北京协和医学院攻读医学。两年后又转入广州中山大学医学院，不久因肺病退学。病愈后在梅县松口镇平民医院任院长七年。后在广州行医，曾任总统府特约医师，国史馆、中央党部医事顾问，《广东日报》医事顾问等职。主编杂志《中国新医药》和《医药文摘》，同时任香港《天天日报》副刊中医专栏长期撰稿人。行医之余，潜心撰述。著有《中西药典》、《肺病自医记吐血治验记》、《伤寒金匮评注》、《医案医话治医杂记》、《医药杂谈》、《医学衷中参西录选评》、《杨氏儿科经验述要评注》、《公让选方》三集、《医学杂谈》二集、《新医学实在易》、《癌》、《辨证与论治》、《食色论》、《家庭临症中西医典》、《中西医学比观》、《药物篇》等书。（《梅县文史资料》第十七辑，《客家名人录》，《岭南医籍考》）

张恭文（1900—?），梅县人。博通医籍。曾任梅县怀济医院院长，梅县中医学校教务主任、研究主任兼教员，梅县医师公会干事，梅县中医学校校长等职。著有《实用诊断学》《实用生理学》《中医病理学》。（1931年《医药月刊》第二十期，《岭南医徵略》）

张国威（1907—？），字健华，号慧斋，长乐（后改五华）人。毕业于广州法学院新闻专修科，任县第三中学教员。著有《隐庐诗草》，未刻。（《五华诗苑》卷六）

张鸿书，字香田，清兴宁人。曾任诏安、政和等县知县。著有《箓竹山房诗稿》一卷。（《续梅水诗传》卷三）

张瑚，字铁珊，长乐人。清道光间庠生。著有《铁珊诗稿》，未刻，多散佚。（民国《五华县志》卷十七）

张花谷（1878—1966），字毅公，又字警铺，晚号南邨老人，兴宁人。清光绪二十四年（1898）生员，翌年补廪生。二十六年（1900）就学于同文学堂。二十九年（1903）冬参与创办兴民学堂，并任文史地科主任。三十二年（1906）加入中国同盟会，创办《别溪杂志》，从事革命工作。民国三年（1914）召集同盟会员商议组织讨袁军，事泄被通缉，逃亡苏门答腊。回国后，历任潮汕卫戍司令部秘书、第八路总指挥部行营处民政秘书、汕头市府秘书等职。后辞去军政职务，从事桑梓教育事业。新中国成立后，曾任兴宁县副县长等职。擅长书法，亦工诗词。著有《宁水杂诗百首》一卷。（1992年《兴宁县志》，《客家名人录》）

张怀真（1871—1941），名榦生，以字行，嘉应州（后改梅县）人。清末廪生。清光绪三十二年（1906）加入同盟会。曾任三角地蒙养学校校长，汕头《中华新报》主笔，《大风报》《岭东日报》《新岭东日报》《平报》《民报》《汕报》社社长兼总编辑。编著《汕报七周年纪念刊》一册。（《梅县文史资料》第二十辑）

张慧（1906—1990），原名伟贤，字小青，笔名柳青、丰弦、尉迟等，兴宁人。民国十三年（1924）考入上海艺术大学西画系，毕业后在兴宁县立第一中学、梅县松口中学、大埔县立中学任教。1949年后在广州海员医院从事财会工作。有木刻集《张慧木刻画》三集、《乞丐生活》、《群众》、《张慧木刻画选》、《我们要选择战》等。著有艺术理论《艺术之话》、诗集《野有死麇》、旧体诗词《颓唐集》、散文集《东海归来》、《风雨斋诗词钞》。（《兴宁县文化艺术志》《兴宁兴民中学校志》）

张继善，梅县人。民国间任梅县图书馆馆长。编有《梅县历代乡贤事略》，邑人黎贯序之，民国三十四年（1945）印行。（《梅县历代乡贤事略》）

张嘉洪，字玉年，清嘉应州人。诸生。著有《四馀书室賸稿》，钦州冯鱼山为之序，明经李秋田、待诏黄香铁评骘，经寇变，遗稿散失。（《梅水诗传》卷三）

张嘉谟，字莫如，清嘉应州人。著有《容膝轩诗集》四卷，未见。（光绪《嘉应州志》卷二十九，《梅水诗传》卷三）

张嘉谋（1911—1985），五华人。民国二十一年（1932）就读于北京大学。毕业后赴德国汉堡大学留学，研究哲学和德国文学，获哲学博士学位。曾任中山大学、中央大学等校教授。著有《生存哲学》《德语句子结构与功能》等。译著《浮士德》《大钟歌》《社会主义通史》等。（《五华人物》）

张嘉猷，字石缘，清嘉应州人。附贡生。著有《谦谦堂诗草》。（《梅水诗传》卷九）

张京泰，字香谷，兴宁人。清嘉庆十四年（1809）己巳恩科进士，官琼州府、肇庆府教授。道光间参与增修《肇庆府志》。（道光《肇庆府志》重修职名，《梅水汇灵集》卷五）

张敬存（1904—1990），兴宁人。因家境贫寒，辍学于厦门大学。半生执教。著有《敬存诗词一百首》。（《敬存诗词一百首》）

张炯（1892—1966），字公略，平远人。清光绪三十四年（1908）毕业于岭东商业学校。辛亥革命时加入中国同盟会，参加潮汕光复斗争。民国间历任汕头正始学校校长、岭东高校教员、国民政府国库审计室主任等职。1950年赴台，在台湾银行、台湾艺术馆、侨生大学供职多年。喜吟诵，为青溪、白门两社社友。著有《十三经注疏》《沧海一粟楼诗集》，未见。（《广东历代诗钞》卷九，1993年《平远县志》）

张琚（1608—？），字居玉，程乡人。张玿弟。七岁即成咏鹦鹉诗三十首。明崇祯十二年（1639）己卯举人。辟"双峰斋"于城东三里许，日与诸昆季弹琴赋诗。鼎革后，隐居梅城东郊之周溪畔，与李楩等人为"烟霞四友"。学者称"旋溪先生"。著有《旋溪集》，未见。（乾隆《嘉应州志》卷六，光绪《嘉应州志》卷二十三，《梅水汇灵集》卷一）

张钜（1734—1823），字锡卿，清长乐人。年十七为附生。家贫，无力赴省城应试，为求活计，于"金昌书舍"设帐教学。学子来自各方，名满本邑，进士赖鹏翀即其学生。著有《掷馀书集》《香雪诗集》。（民国《五华县志》卷十七，《五华文史》第五辑）

张麟安，字贞子，嘉应州人。清光绪九年（1883）癸未岁贡生，主讲于崇实书院，以古学授生徒。其诗格律精细。著有《真吾斋诗草》。（《梅水诗传》卷七，光绪《嘉应州志》卷二十）

张麟宝，字稼孙，号拙庵，嘉应州人。张其翰子，张麟定兄。清咸丰二年（1852）壬子举人，任侭先知县，后以直隶州同知用。曾创建崇实书院，仿学海堂专课经史。著有《拙庵诗草》、《劝戒纪实》五卷。（光绪《嘉应州志》卷二十三，《梅水诗传》卷五）

张麟定，字眉叔，嘉应州人。张其翰子，张麟宝弟。清道光二十九年（1849）己酉举人，官湖北京山知县，升直隶州同知，加知府衔。著有《亦傭賸草》、《谈梅》二卷、《楚香室杂缀》。（光绪《嘉应州志》卷二十三，《梅水诗传》卷五）

张麟宿，字升嘏，号潢石，清嘉应州人。张麟定、麟宝之胞弟。著有《待获书庄存草》。（《梅州客家历代乡贤著述目录》，《潮学研究》第九辑）

张其翱，字瘦梅，清嘉应州人。监生。终生抱恙，晚年穷病而殁。诗才绮丽，长于五古，冲淡闲远。著有《养真斋诗集》。（《梅水诗传》卷七）

张其畴，字寿田，清嘉应州人。监生。善诗赋，兼工画，壮岁幕游珠江垂三十年。著有《务劳心暇斋诗钞》。（《梅水诗传》卷四）

张其翰，字凤曹，号榕石老人，嘉应州人。清道光二年（1822）壬午举人，官陕西富平等县知县。改官广西柳州、浔州知府。积劳成疾，病殁。著有《仙花吟馆诗文稿》《咏花书屋赋钞》《左氏撷腴》。（光绪《嘉应州志》卷二十三，《梅水汇灵集》卷五，《梅水诗传》卷三）

张其翔，字雁南，清嘉应州人。诸生。著有《蛾述堂拾遗诗草》。（《梅水诗传》卷三）

张其翻，字凤孙，嘉应州人。清咸丰八年（1858）戊午岁贡生。著有《桐华馆诗钞》，经两次寇变，几无存。（《梅水诗传》卷四，光绪《嘉应州志》卷二十）

张其翼，字凤笙，清嘉应州人。诸生。中年为崔敬修赏识，延其课子。晚在潮州开散馆，从游甚众。著有《师竹山房诗钞》。（《梅水诗传》卷四）

张其翻，字彦高，晚号砚农老人，嘉应州人。清道光十四年（1834）甲午举人，以大挑官陕西知县，历署永寿、富平、韩城等县，题补紫阳知县。咸丰元年（1851）、咸丰八年（1858）两充陕西乡试同考官。将调署临潼先，引疾归。奉旨以同知直隶州归陕补用。光绪十三年（1887）历主韩山、培风书院讲席，兼学海堂学长。光绪八年（1882）编纂《潮阳县志》。著有《两汉提要札记》《三国志讨论》《南汉读书杂记》《两汉日月徵信》《两汉朔闰表》二卷、《算法统宗难题衍术》《方程正负定式》《量仓八法》《星学入门》《军帐从事》《辨真亮室文稿赋钞》《入陕归田记》《春秋长历三统校勘表记》。（光绪《嘉应州志》卷二十三，《梅水诗传》卷四，《广东书院制度》）

张乔森，字荔襟，清嘉应州人。诸生。工吟咏，兼善岐黄之术，就聘南洋医院，殁于旅邸。著有《味腴斋诗钞》，散佚。（《梅水诗传》卷八）

张任寰（1907—1990），又名国材，号昙花室主，五华人。民国十二年（1923）毕业于广东法政学校，继赴日本明治大学学习法律，获法学士学位。民国间任湘粤桂等省政府、民政厅秘书室主任，平远县、大埔县县长，台湾苗栗、新竹县府主任秘书，台湾省民政厅专门委员。著有《昙花吟草》。（《广东历代诗钞》卷九，《埙篪集》）

张如心（1908—1976），原名恕安，又名张恕，兴宁人。民国十四年（1925）在广州参加革命活动。次年，受组织委派到苏联莫斯科中山大学学习。回国后，在上海从事新文化运动。不久加入中国共产党。民国二十年（1931）到江西中央苏区参加中国工农红军，任中国工农红军后方总政治部宣传部长、《红军报》主编。抗日战争时期，先后在抗日军政大学、延安大学、中央研究院、中央党校工作。抗日战争胜利后，历任张家口华北联合大学教务长、《北方文化》副主编，佳木斯东北大学校长、东北师范大学校长、北京中央党校党史研究室主任等职。著有《哲学概论》一卷、《无产阶级底哲学》、《辩证法学说概论》、《苏俄哲学潮流概论》、《毛泽东同志对马克思主义唯物论的贡献》、《毛泽东同志对马克思主义辩证法的贡献》、《斯大林对中国革命理论的伟大贡献》、《批判胡适实用主义哲学》、《毛泽东思想方法论》、《毛泽东论》、《毛泽东思想与作风》、《毛泽东的人生观与作风》、《关于毛泽东同志在第一次国内革命战争时期的两篇著作》、《萧军思想批判》、《论共产党的群众路线》、《论我国过渡时期的经济基础与上层建筑》。（1992年《兴宁县志》）

张汝霖，字绍庭，清嘉应州人。监生。赴京应试不第，遂出游南洋。著有《袭溪居小草》。（《续梅水诗传》卷三）

张世韩，长乐人。清康熙十九年（1680）庚申贡生。康熙二年（1663）、康熙二十六年（1687）两次同辑《长乐县志》。（康熙二年、康熙二十六年《长乐县志》重修县志姓氏）

张煜，程乡人。清康熙三十九年（1700）庚辰贡生，五十二年（1713）任归善训导。同修《（雍正）归善县志》。（乾隆《归善县志》纂修姓氏）

张思齐，号湘孙，清嘉应州人。增生。己卯秋赴试，卒于省城。著有《碧桃花馆诗集》一卷。（《梅水诗传》卷八）

张天赋（1489—1555），字汝德，自号爱梅道人，兴宁人。少负才名，尝游学于湛甘泉之门。明嘉靖十一年（1532）壬辰选贡。精研文史，才华出众，邑令祝枝山对其评价甚高；督学魏庄渠委其讲学于广州崇正书院；曾三修《兴宁县志》，一修《广东通志》。嘉靖十七年（1538）第三次参与编纂《兴宁县志》，工毕，调入南京编修《武宗实录》。后肄业于南京国子监。父殁后，任湖南浏阳县县丞，因病致仕。与南海伦以训、番禺李义壮、东莞王希文友善。著有《叶冈集》（一作《叶冈诗集》）四卷。（咸丰《兴宁县志》卷九，《梅水汇灵集》卷一，《广东历代诗钞》卷一）

张廷栋，原名锡祉，字伯蘩，清嘉应州人。诸生，游于郭葵圃幕。其诗格律严谨、韵度弥长。著有《绿榕书屋賸草》（《梅水诗传》作《绿榕书屋诗草》）。（《梅水汇灵集》卷七，《柳堂师友诗录》）

张炜镛，字吉笙，嘉应州人。清末诸生。民国初任梅县萃英小学校长。编《乔云楼嘉言择要》二卷、《嘉应乡土格致教科书》、《新章小学报告表说明》。著有《乔云楼近体诗存》《乔云楼仙馆外集》。（《梅州客家历代乡贤著述目录》《梅花端的种梅州》）

张文（1887—1960），原名芹元，字香池，嘉应州（后改梅县）人。早年毕业于韩山师范学校，并留校任教。清政府兴办新军，遂应征入伍，先后入读云南讲武堂、保定军官学校，在校期间参加同盟会。历任同盟会保定支部军事部长、粤军总司令部参谋长、陆军部编译处副处长、北路军总指挥部参谋长代行总指挥、广东非常会议天津办事处主任、第四战区东江游击挺进纵队惠阳指挥所参谋长、张发奎中将顾问、干部训练团教育长等职。抗战期间，积极从事抗日救亡运动。新中国成立后，任广东省人民政府委员、省政协副主席、省人民政府副主席等职。病逝于广州。与刘光合著《军事学》一书。（《梅州人物志》《客家名人录》）

张锡田，字寿眉，清嘉应州人。布衣。著有《砚耕堂诗钞》。（《梅水诗传》卷七）

张锡禧，字仲纯，清嘉应州人。游幕为生。晚年归里，筑勺亭，邀诸名士唱酬。娴书画，尤长于诗。著有《师云山馆诗草》。（《梅水诗传》卷六）

张言，字省吾，清嘉应州人。宿儒。著有《晚香堂诗集》。（《梅水诗传》卷八）

张燕，字香史，清嘉应州人。诸生。著有《桃溆渔叟杂诗賸稿》。（《续梅水诗传》卷一）

张养重，字威伯，清嘉应州人。诸生。工诗，兼及词赋。壮年而殁。著有《聊自娱草》。（《梅水诗传》卷八）

张珆（？—1647），字台玉，程乡人。明崇祯十七年（1644）甲申选贡，授东莞教谕。南明绍武元年（1646）清总督佟养甲率军入粤。次年，张家玉聚众于东莞，以珆摄县篆，共谋拒守。大兵至，义军战败，珆殉节。著有《寓闽录》《苍苍亭集》等，前两书未见。（乾隆《嘉应州志》卷六，光绪《嘉应州志》卷二十三）

张映乾（1907—2003），五华人。曾任万安乡苏维埃政府主席、乡长、镇长，中学语文教研组长，五华县党史研究学会顾问。著有《鹅峰诗词选集》二卷。（《中华当代绝句选粹》第一卷，《古今揭阳吟·补遗篇》卷三）

张裔生（1851—1924），原名张务彩，嘉应州人。清光绪间于梅城开设启新、中华、明星、新人书店及新群印刷厂；于兴宁开设启新、新民书店。总编《最新梅县历史》一书。（《梅县文史资料》第二十七辑，《梅州客家历代乡贤著述目录》）

张煜南（1851—1911），名榕轩，嘉应州人。年少时只身漂泊印度尼西亚谋生。清光绪四年（1878）与张振勋（字弼士）在苏门答腊岛棉兰合资创办笠旺公司，经营橡胶、椰子、咖啡和茶叶。后二人又创办一家日里银行，历经十余载经营，成为当地华侨首富，被荷兰殖民当局委任命为"雷兰珍""甲必丹"等职，任内竭力维护华人权益，保护华人不受苛虐。经驻新加坡总领事黄遵宪举荐，二十一年（1895）被清政府委任为驻槟榔屿副领事。赞助清廷扩充海军和筹办京师医局，捐巨款赈济灾荒，其义举受到清廷褒奖，授以三品卿衔。二十九年（1903）与其弟耀轩合力兴建潮汕铁路，升任考察南洋商务大臣。后与其弟捐献巨款，支持孙中山革命，孙中山亲自手书"博爱"匾额答赠。捐赀刊刻《（光绪）嘉应州志》三十二卷、《梅水诗传》十三卷。著有《海国公馀辑录》、《海国公馀杂著》三册。

（1994年《梅县志》，《客家名人录》）

张云翮，嘉应州人。清乾隆三年（1738）戊午举人，次年登进士，官四川射洪知县。著有《棘闱吟草》。（《梅州进士录》）

张钊元（1910—1977），蕉岭人。民国二十七年（1938）毕业于南京军医学校，任广州陆军总医院医师、国民党第十二军教导团主任军医、贵州省安顺军医学校研究员、国民党第六十二军野战医院院长、广东省汕头市第一人民医院内科主任、汕头市第一工人医院内科主任医师。著有《临床中毒手册》等。（《汕头卫生志》）

张芝田（1826—?），字仙根，嘉应州人。清光绪间校书于广雅书院。宣统间贡生，以明经终老。著有《榕阴山房诗赋》、《张仙根稿》、《四馀堂试草》、《历代宫闱杂事诗》、《梅州杂事诗》一卷、《梅州竹枝词》一卷。编有《梅水诗传》十卷（合编）、《嘉应乡土志》等。（《广东历代诗钞》卷五，《梅花端的种梅州》）

张重枢，字陶素，清嘉应州人。诸生。著有《冰雪集诗钞》。（《续梅水诗传》卷一）

张卓华（1877—1967），字茂先，长乐（后改五华）人。毕业于医科大学，曾任国民革命军中校医官。著有《诊馀吟楼诗词选抄》。（《岭雅》《五华张氏族谱》）

张资平（1893—1959），原名张星仪，曾用名张伟民、张星海，笔名秉声、维祖、敏君等，嘉应州（后改梅县）人。清宣统二年（1910）考入广东高等巡警学校。民国八年（1919）入读东京帝国大学地理部地质科，民国十一年（1922）获理学学士学位。回国后，历任武昌大学岩石矿物学教授,武昌第四中山大学地质学系主任,上海新宇宙出版社编辑,武昌师范大学矿物学教授、地质系主任,暨南大学、大夏大学教授,中央研究院博物委员会委员。曾开办乐群书店,出版《乐群》半月刊。1958年,因"汉奸文人"之罪行被判处有期徒刑二十年。次年病故于劳改农场。著有《普通地质学》《地质学者达尔文》《石油与碳》《自然地理学》《人类进化论》《地球史》《人类的起源》《地图学及地图绘制法》《地形学》《地质矿物学》《民族生物学》《人兽之间》《人文地理学》等自然科学著述,小说《绿霉火腿》《末日的受审判者》《性的屈服者》《公债委员》《晒禾滩畔的月夜》《三七晚上》《性的等分线》《爱之焦点》《雪的除夕》《鼷鼠先生》《约伯之泪》《小教员之悲哀》《梅岭之春》《欢喜陀与马桶》《盖基传》《上帝的儿女们》《飞絮》《寒流》《密约》《植树节》《苔莉》《最后的幸福》《冰河时代》《兵荒》《长途》《群犬》《残灰里的星火》《寒夜》《露草》《明珠与黑炭》《爱力圈外》《青春》《糜烂》《冲积期化石》《不平衡的偶力》《石榴花》《天孙之女》《跳跃着的人们》《结婚的爱》《红雾》《爱的涡流》《群星乱飞》《北极圈里的王国》《紫云》《无灵魂的人们》《恋爱错综》《时代与爱的歧路》《红海棠》《爱的交流》《她怅望着祖国的天野》《约檀河之水》《张资平选集》《资平小说集(三卷)》《资平自选集》等,自传《资平自述》《资平自传》。翻译有《化石人类学》、《海洋》(与蔡源明合译)、《矿物与矿石》、《矿床生因论》、《空虚》(合译)、《近世社会思想史纲》、《结晶体》、《衬衣》、《生物地理概说》(与黄嘉今合译)、《世界地体构造》、《岩矿化学》、《石油及页岩油工业(附土沥青工业)》、《人造液体燃料工业(附木材干馏工业、酸性白土及活性炭)》、《文艺新论》、《资平译品集》、《日本现代科学论文集》、《素描种种》等,编有《欧洲文艺史大纲》《社会学纲要》《外国地理》《文艺史概要》《文章构造法》。(1994年《梅县志》,《客家名人录》)

张资溥,字元博,号稚威,清嘉应州人。张其翰孙。受知于张之洞,入广雅书院,肄业。清光绪十五年(1889)己丑恩科举人。工诗词、骈文,善书画,兼通算学。著有《瀹泉山馆诗草》。(《梅水诗传》卷八)

张资颂,嘉应州(后改梅县)人。民国间任河口中学教师。著有文集《零零碎碎》。(《梅州客家历代乡贤著述目录》)

张自铭(1897—1959),镇平(后改蕉岭)人。民国间历任蕉岭县议会议员、中国国民党广东支部蕉岭分部财政科长、国民党蕉岭县党部筹备委员、国民党蕉岭县党部指导委员会常务委员、国民党驻荷属东印度总支部执行委员兼总干事、国民党驻雅加达直属支部执行委员等职。1958年年底,去往台湾。著有《客族文献》《碎金》《六十寿辰唱酬集》《深室诗存》《蕉岭先达诗话》等。(《革命人物志》第六集)

张祖基,兴宁人。自清光绪二十七年(1901)神学院毕业后,即在东江、韩江各地传道。著有《谚语格言韵编》一卷,对客家民俗颇有研究。(1992年《兴宁县志》、《兴宁县文化艺术志》)

郑鸣冈,兴宁人。清乾隆四十五年(1780)庚子举人,任吴川训导,升东莞教谕。分纂《(嘉庆)兴宁县志》。(咸丰《兴宁县志》卷八)

郑任良,原名郑平波,嘉应州(后改梅县)人。早年加入中国同盟会,参加广州黄花岗起义。官派赴日本明治大学读经济学,回国后在中山大学经济系任教。大革命时期,与中山大学其他教授抵琼考察。随后组织成立琼崖华侨实业团，在海南开银行、办农场。抗日战争期间，参加中共府海特区党委领导的革命活动。分纂《海南岛志》。（《海南岛志》编纂者姓名，《琼岛星火》第十一期）

郑兆振，程乡人。清康熙五十三年（1714）甲午举人，任南陵知县。乾隆十五年（1750）分编《嘉应州志》。（乾隆《嘉应州志》卷五）

钟彬（1900—1949），字中兵，号炽昌，兴宁人。民国十三年（1924）毕业于黄埔军校第一期，继考入陆军大学第九期，毕业后历任第八十七师团长、第三十六师参谋长、第三十八师副师长兼安卢师管区司令、中央军校第二总队总队长、第八十八师师长、中央军校汉中分校主任、第十军军长、第七十一军军长、青年军第九军军长、国民政府参军处参军、第二十六师师长、国防部第九陆军训练处处长兼一〇九军军长、川陕湘鄂边绥靖公署副主任兼第十四兵团司令等职。著有《龙陵会战》。（《民国人物大辞典》《客家名人录》）

钟诚卿，清嘉应州人。著有《竹园漫录》。（1994年《梅县志》）

钟动（1882—1937），原名用宏，字季通，更名动，字天静，更号辟生，嘉应州（后改梅县）人。附生。清光绪三十一年（1905）赴日本留学，加入中国同盟会。三十四年（1908）春，在广州城组织"冷圃诗社"。宣统三年（1911）春，在东京组织嘉应五属留东学生同乡会。武昌举义，归国回邑。与曾晚节等疏通防军，光复嘉应州。随后赴上海，与叶楚伧等创办《太平洋报》，并加入南社。讨袁护法期间曾任护国军总参议、云南教育司司长。民国十五年（1926）冬，任建设处处长。次年隐居上海。著《失败》一书，综二次革命失败之教训，又有《天静楼诗存》一卷、《钟季子文录》一卷、《天静楼诗文选》。（《客籍志士与辛亥革命》《民国人物大辞典》）

钟淦秋（1907—2004），梅县人。曾任教育局督学、小学校长、中学教导。著有《晚晴存稿》。（《梅县历代诗选》）

钟公任（1882—1947），镇平（后改蕉岭）人。清廪生。在日本早稻田大学学习期间加入中国同盟会，曾任同盟会印度尼西亚巴达维亚支部评议部长，印度尼西亚《华铎报》《天声日报》总编辑。回国后，历任中学校长、东江行政视察专员、国民党中央党史会会员。著有《公任文存》二集、《孙中山先生著述生涯》、《救国津梁》、《三民主义理论的研究》等。（1992年《蕉岭县志》）

钟冠群，清兴宁人。著有《虔舫吟草》。（1992年《兴宁县志》）

钟光（1905—1975），家名长发，梅县人。早年远赴南洋、缅甸任教。回国后在瑶上中学、南口中学任教。抗日战争胜利后，复出缅甸。1964年回国，就职于蕉岭华侨农场。著有《朱波吟草》《南天诗钟》等诗集。其子整理出版，题名《钟山吟草》。（《梅县历代诗选》）

钟国楼（1902—1955），字清玉，号梅山，五华人。民国十四年（1925）考入中山大学文学院，毕业后曾任防城县立中学、五华县立一中教师，国民党广东省党部秘书，五华县立一中校长，五华县参议会秘书，五华编志局秘书兼编纂，南方大学图书馆馆长，惠阳平凤中学、五华县安流中学校长等职。编著有《杜甫研究》（民国二十二年出版）、《五华县志》十一册。（民国《五华县志》卷十七，《客家名人录》）

钟汉翔，字竹田，清嘉应州人。诸生。著有《仙花书屋诗钞》二卷，多为唱和之作。（光绪《嘉应州志》卷二十九，《梅水诗传》卷四）

钟惠澜（1901—1987），嘉应州（后改梅县）人，生于东帝汶呐利岛。民国六年（1917）回国，入读梅县广益中学。民国十年（1921）被保送到上海沪江大学理学院，次年考入北京协和医学院。民国十八年（1929）毕业后留院任职，考获美国纽约州立大学研究院医学博士学位。民国二十三年（1934）赴美国考察热带医学及寄生虫学，后在英国伦敦卫生与热带医学学院、德国汉堡热带医学及卫生学院进修。历任北京协和医学院内科副教授兼热带病研究室主任，北平中央医院医监兼内科主任及儿科、皮花科主任，中和医院院长，北京大学医学院、协和医学院内科临床教授，中央人民医院院长兼内科主任，中苏友谊医院院长，北京热带医学研究所所长等职。主编出版《热带医学》一书。（1994年《梅县志》，《客家名人录》）

钟介民（1893—1964），原名建闳，家名纯颖，镇平（后改蕉岭）人。民国四年（1915）毕业于上海复旦大学文科，继而又自美国拉萨尔函授大学法律科毕业，历任北平大学、北平女子大学、沈阳东北大学、广州中山大学教授，广东省政府主任秘书，广州学海书院教务长，广州市政府兼任参事，广东省商学院教授，印度尼西亚《天声日报》、新加坡《南洋商报》主笔，南洋大学教授兼中文系主任。著有《欧洲近代文学史》等及译著《世界政治概论》《国际关系论》《国际公法要备》《名学入门》《政治中之人性》《政论与物理》《法律论史》《思想术》《古代法》《近代人物与近代思想》《首领论》《群众》《霸术书评》《马来西亚各邦之法律地位》《马来西亚公司法》《欧洲近代文化史》《介庵文集》等。（《客家名人录》）

钟鲁斋（1899—1960），嘉应州（后改梅县）人。由广益中学保送上海沪江大学，民国十二年（1923）获学士学位，次年返回梅县，任广益中学教务主任，并协助黄墨村等创办嘉应大学。民国十五年（1926）重返上海沪江大学攻读教育学，获硕士学位。随后赴美国留学，入斯坦福大学，获教育学博士学位，又周游英、美、法、瑞士、意等国考察教育。回国后历任上海沪江大学国文系主任兼教授、清华大学文学院院长、中山大学教育研究所教授、厦门大学教育学院教授等职。后定居香港。著有《小学各科新教学法之研究》、《中学各科教学法》、《教育之科学研究法》、《比较教育》、《中国近代民治教育发达史》、《现代中国民治教育史》（英文版）、《维特嘉系统之实施》、《中国国语教育选择》（英文版）、《现代心理学与教育》、《德国教育》、《华侨教育之改进》、《教育法之改进》、《战时教育问题》《用实验法去选择中学国文之教育法》（英文本）、《两性学习差异之调查与研究》、《文纳特卡制实验报告》、《爪游三月记》等著作。（1994年《梅县志》，《客家名人录》）

钟伦五（1895—1964），字韵梧，镇平（后改蕉岭）人。考入广州师范学校，师从高奇峰习画，为天风画楼入室弟子。画、诗、书皆工，尤擅绘花鸟。著有《竹溪诗集》《韵梧画册》，均散佚。其子将其部分作品整理成《钟伦五诗书画遗集》出版。（《蕉岭县志1979—2000》）

钟孟鸿（1823—？），字遇宾，家名博贵，镇平人，生于博罗。钟颖阳父。清道光二十六年（1846）丙午举人，咸丰六年（1856）丙辰中进士，官福建道监察御史，以直谏著称，被誉为"铁笔御史"。善书法。与宋湘齐名。晚年主讲于韩山书院。著

有《柳风馆存稿》，未见。(《梅水汇灵集》卷七，《梅水诗传》卷十，《蕉岭文史》第四辑)

钟庶熙，字辅臣，清嘉应州人。诸生。著有《松风阁诗草》。(《梅水诗传》卷八)

钟挺秀（1910—?），梅县人。毕业于上海复旦大学，任广东嘉属学艺中学校长。辞职后考入南京中央政治学校计政学院，习会计审计学，毕业后，历任阳春县政府财政局局长，青岛市政府会计主任，国民政府军军政部潮惠师管区司令部军需主任，行政院主计处专门委员兼科长。后前往台湾，任大学教授兼会计主任等职，著有《主计概论与实务》《现代会计》《税务会计理论与实务》等。(《民国人物大辞典》)

钟问陶（?—1950），又名耀焜，长乐（后改五华）人。民国十三年（1924）毕业于广东公立法政专门学校，曾任台山县法院法官、五华县县长、五华县参议会副参议长兼五华县修志局副局长等职。参与编纂《（民国）五华县志》。(《五华人物》)

钟兴（1889—1958），字兢生，长乐（后改五华）人。毕业于广东医科学堂、日本东京帝国大学医科。曾任广东陆军总医院副院长、第七战区兵站总监部卫生处少将处长、野战总医院院长。民国三十四年（1945）退役还乡。新中国成立后，任华城卫生院医生。著有《恶性疾病的诊断和治疗》《第四性病研究》等。(《五华文史》第七辑)

钟一鸣（1880—1952），字梦翼，嘉应州（后改梅县）人。民国六年（1917）任澄海县长。著有《翔庐诗草》。(《化碧集注释》《梅花端的种梅州》)

钟颖阳，字紫华，镇平人。钟孟鸿长子。以廪膳生岁贡成均，后入读国子监。清同治九年（1870）游罗浮，自号四百峰头采芝客。著有《大学纬注》一卷、《大学纬注卷浅语》十二卷、《史汉管窥》八卷、《錬雪小房文集》四卷、《[錬雪小房]诗集》六卷、《庄子解》八卷。(《潮州志·艺文志》《广东通志稿》)

钟应梅（1908—1985），号藥园，梅县人。早岁问学于杨惟徽先生。民国十九年（1930）毕业于厦门大学，获文学学士学位，历任中山大学预科国文教员，广东省立勷勤大学讲师，中山大学中文系副教授、教授。1949年移居香港，曾任香港崇基学院中国语文系教授、香港能仁书院中国文字研究所所长、能仁书院院长。著有《客人先正诗传》《厦门大学七牖》《文论》《藥园说词》《弱冠集》《老子新诠》《易辞衍义》《周易简说》《论诗绝句甲乙集》《读庄子》《陶诗新论》等。邓仕梁等刊印其诗词稿为《藥园诗词集》。(《民国人物大辞典》《香港古典诗文集经眼录》《梅县历代诗选》)

钟用和（1863—1923），原名应荣，字履崔，号独佛，嘉应州人。潜心教育，不涉政途。病逝于广州。著有《土客源流考》、《客家考源》、《粤省民族考原》一卷等。(《梅县历代诗选》《客家的源流与文化研究》)

钟毓华（1846—1929），字莲生，嘉应州人。清同治七年（1868）庠生。在澳门、梅城等地任教数十年。创办鲤溪小学，任校长。民国十八年（1929）出洋至马来亚，当年病逝于此地。著有《莲生诗存》。(《群星璀灿：西阳、白宫知名人士录》第二集，《梅花端的种梅州》)

钟毓灵（1897—1969），长乐（后改五华）人。毕业于日本帝国大学造兵科，曾任汉阳、广州兵工厂厂长,第一集团军总司令部军械处少将处长。著有《水雷》(民国二十五年出版)、《字典检字法》(未刻)。(民国《五华县志》卷十七)

钟毓元(1879—1933),字季祁,长乐(后改五华)人。清末增贡生。毕业于广东官立政法学堂。宣统三年(1911)策动琼州知府莫棠起义。历任汕头地方法院书记,广东新宁、直隶容城、深县县长,台山县法院检查官、广东财政厅土地局局长、田亩呈报处处长等职。著有《守玄庐丛牍》。(民国《五华县志》卷十七,《客家名人录》)

钟珍儒(1881—1971),名国振,字科祥,以号行,嘉应州(后改梅县)人。清光绪三十二年(1906)考入韩山师范插班生。曾在西阳高等小学、梅县师范、东山中学、西阳中学、乐育中学等校任教。著有《珍儒诗抄》。(《梅县历代诗选》《群星璀灿:西阳、白宫知名人士录》第一集)

钟仲鹏,字云扶,镇平人。清道光二十六年(1846)丙午副榜,候选教谕。著有《镇雅堂稿》及《咏史绝句》二百余首,未见。(光绪《镇平县志》卷九,《梅水汇灵集》卷七)

周瀚,长乐人。清乾隆四十五年(1780)庚子副贡,任会同县儒学教谕。嘉庆间同修《会同县志》。(嘉庆《会同县志》卷七)

周辉甫(1872—1942),嘉应州(后改梅县)人。早年远走南洋,加入中国同盟会,宣传和从事革命活动、募集经费,不遗余力。九一八事变爆发后,积极从事抗日救国活动。著有《韬庐吟草》。(《客家名人录》)

周士文(1905—1936),长乐(后改五华)人。毕业于县立河口第二中学,任揭阳南山道南高等小学代理校长兼教员。有《[周士文]遗诗》二卷,未刻。(《五华诗苑》卷六)

周勋臣,嘉应州人。精武术,工诗文。年十八投笔从戎,清咸丰、同治间官至副总戎,治军二十年。后以亲老,年四十弃官归养。卒年八十。遗作由其子辉甫编成《周勋臣先生诗存》一卷。(《客家名人录》)

朱浩怀(1900—1985),谱名恭芳,字晚庆,平远人。民国十六年(1927)毕业于北京民国大学经济系。曾任南京国民党中央干事、湖北省党部党务指导委员兼书记长、中央军事委员会第六专员、广东省财政厅参议、平远县长、蕉岭县长、顺德县长等职。后迁居台湾,任台中市、台湾省政府秘书长。编有《朱夫人蔚宣逝世纪念》《广东省蕉岭县概况》。著有《辛亥革命广东北伐军始末记》《平远之历史与人物》《姚雨平先生革命史》《姚德胜传记》《平远疆域》《平远县志续编资料》等。(1993年《平远县志》)

朱任宏(1900—1998),兴宁人。早年任教于暨南大学附中、中法大学。民国二十一年(1932)起在中央研究院化学研究所、中国科学院上海药物研究所从事中草药化学研究。著有《朱任宏论文集》,译著有《药物定量分析》《化学与近代生活》《化学元素发现史》。(1992年《兴宁县志》,《兴宁市志1979—2000》)

朱芝秀,嘉应州人。编有《五峰仙馆徵联录》一卷,民国九年(1920)刊行。(《岭南文献综录》)

卓宏,长乐人。明崇祯五年(1632)壬申岁贡生。著有《二十四孝诗》一卷。

（道光《长乐县志》卷三、卷七）

卓有瑞，字子应，长乐人。卓光谟次子。明万历三十二年（1604）甲辰岁贡，授曲江县学训导，被誉为君子儒。四十二年（1614）迁任新安教谕，温良和易，博通群籍，与诸生讲学不倦。年七十一卒。著有《四六集》、《字学集》、《闇然集》（佚）、《鸡肋集》、《问奇集》（佚）。（道光《长乐县志》卷九，光绪《广州府志》卷一○七）

邹家骥（1874—1929），字如特，长乐（后改五华）人。清末廪生。曾任两广盐运使公署秘书、平南盐务局局长、县第一区区长、潮梅游击第三支队秘书等职。著有《存诚轩文集》。（《五华人物》，《古今揭阳吟·补遗篇》卷三）

邹谦，清兴宁人。著有《语韵汇编》一卷。（《兴宁县文化艺术志》）

邹涛，字慕山，一字峒史，兴宁人。清康熙三十七年（1698）戊寅旧程乡学岁贡。尝与海盐查继佐互为酬唱。参与纂辑《（康熙）惠州府志》。著有《诗经韵读》《四书问字》《耕馀杂记》《如兰集》《知古集》等书，俱未见。又纂《古今名将录》九卷，亦佚。（《梅水汇灵集》卷二）

邹震岳（1904—1983），字耿和，五华人。清末庠生。毕业于陆军军官学校高级班，曾任中央直属装甲部队指挥官、陆军第九十七军副军长兼第三十三师师长、广州港口司令部中将司令等职，还曾在国立艺专、外语学校留德学员班任教。逝世于加拿大。著有《德式体育教范》《德式筑城教范》《德式师战术》《北婆罗洲华侨史话》《巴拿马地志》《西德土地规程》等。（《五华人物》）

左必达，字成材，镇平人。清乾隆三十七年（1772）壬辰岁贡生。与修《（乾隆）镇平县志》。（乾隆《镇平县志》卷五）

惠 州 府

白绍拔，清和平人。国学生。乾隆间与修《和平县志》。（乾隆《和平县志》序）

蔡锦青（1813—1876），字春山，号芥舟，归善人。监生。清道光、同治间，历官都昌知县、江西广饶九南兵备道、云南迤南兵备道，加布政使衔，诰授资政大夫，赏戴花翎。著有《宦游诗草》。（《柳堂师友诗录》）

蔡应嵩，字岳生，一字少彭，归善人。清道光二十七年（1847）丁未进士。历官江西安义、临川知县。监造战舰，手自绘图。制成，悉协于用。知丰城，倡修陂堤。旋知袁、赣二府，授山东登州知府。未任，被两江总督曾国藩调粤襄办厘金。同治三年（1864）署吉南赣宁道，任广饶九南道。仍留赣防堵太平军，并遣兵解宁都围。卒年五十。著有《少彭文集》。（光绪《惠州府志》卷三十三）

车鹤年，博罗人。少有才名，不修边幅。补郡庠生。明万历元年（1573）以贡生任肇庆训导，参与编修《（万历）端州志》。后迁恩平教授。（乾隆《博罗县志》卷十二，光绪《惠州府志》卷三十八）

车鸣时，字宜仲，号羊鹤山人，归善人。明万历四年（1576）丙子举人，历官顺天府文安县教谕、政和知县、广西永安知州。晚年归隐。著有《梅花集古诗》。（雍正《归善县志》卷十七，道光《广东通志》卷二九一）

陈昌言，归善人。明万历二十四年（1596）丙申贡生。参与纂修《（万历）惠州府志》。（万历《惠州府志》修纂姓氏）

陈常，字皆人，一字勋伦，河源人。清乾隆十七年（1752）壬申恩科举人。著有《安园外集》。（同治《河源县志》卷七）

陈德涵，和平人。民国二十七年（1938）纂修《陈氏族谱》。（民国《和平县志》卷十八）

陈殿元，字瀛宾，归善人。清乾隆三十年（1765）乙酉拔贡。精篆隶石刻，善琴。晚官合浦教谕，竭诚课士，邻县重其学行，多从之游。数年后，卒于官。五十九年（1794）与弟鼎元同修《（乾隆）归善县志》。（光绪《惠州府志》卷三十三，民国《惠阳县志》）

陈鼎元，字铁崖，归善人。廪生。清乾隆五十九年（1794）与兄殿元同修《归善县志》。（民国《惠阳县志》）

陈端蒙，归善人。清崇祯六年（1633）癸酉举人，十五年（1642）任定安教谕。弘光二年（1645）纂修《定安县志》。（光绪《定安县志》旧志同修职名）

陈二南（1823—?），字炎章，海丰人。清同治元年（1862）壬戌恩科经魁，十年（1871）大挑二等，选任翁源教谕。在任十载，升直隶赤峰知县，上任次年即上疏乞归。任莲峰书院山长二十余年。参与编纂《海丰县志续编》。著有《汝为轩稿》，已佚。（同治《海丰县志续编》选举、2005年《海丰县志》）

陈非羆，清和平人。生员。雍正间参与编纂《和平县志》。（乾隆《和平县志》旧序）

陈复正（约1736—1795），号飞霞，归善人。清乾隆间儿科名医、道士。居罗浮山。幼年多病，遂留心医学，习道家丹鼎、气功术，擅治幼科病。后云游四方，以医药济世。著有《幼幼集成》六卷。（2008年《惠州市志》，《中医古籍珍本提要》）

陈刚夫，和平人。民国二十二年（1933）任下车公安二分局局长。次年任和平县第二届参议会副参议长。民国二十六年（1937）续修《陈氏族谱》。（民国《和平县志》卷十八，《和平文史》第三辑）

陈国材，字蔚然，龙川人。清光绪间诸生。著有《养怡室诗草》。（民国《龙川县志》）

陈恒昌，字圣基，归善人。陈熙昌弟。清雍正中以贤良方正荐司刑曹，监仓场，弊绝风清。捐俸百三十金，于京城创置惠州会馆。卒年八十一。著有《澹宁诗》四卷、《澹宁文稿》二卷。（乾隆《归善县志》卷十四，光绪《惠州府志》卷三十二）

陈洪（1907—2002），又名陈白鸿、作猷、肇尧，海丰人。早年就学于上海美术专科学校。后入法国国立音乐学院南锡分院深造。回国后，任广州音乐学院副院长、上海国立音专教授。新中国成立后任南京大学教授、南京师范大学音乐系主任。著有《对位化和声学》《小提琴教学》《曲式与乐曲》等。（《海丰县志1988—2004》《20世纪中华人物名字号辞典》）

陈焕，字少微，博罗人。宋绍兴五年（1135）以特科授高要主簿，秩满不仕。著有《陈少微诗集》。（乾隆《博罗县志》卷十二，光绪《惠州府志》卷三十五）

陈济卿，清和平人。例贡生。乾隆间与修《和平县志》。（乾隆《和平县志》卷五）

陈建家，和平人。民国二年（1913）任县议会议长。清宣统元年（1909）重修《陈氏族谱》。（民国《和平县志》卷十八）

陈经合，字大纶，陆丰人。清康熙五十六年（1717）与修《钦定古今图书集成》，雍正三年（1725）告竣，考授州同。奉旨议叙即用知县。丁艰，卒。（乾隆《陆丰县志》卷七）

陈炯明（1878—1933），原名捷，字赞三，又字竞存，海丰人。毕业于广东法政学堂。清宣统元年（1909）加入中国同盟会。曾任广东都督府代理都督，广东总绥靖经略，广东护军使，广东共和军、援闽粤军总司令，广东省省长，陆军部、内务部总长。病逝于香港。著有《中国统一刍议》。（《民国广东将领志》）

陈楠（1169—1213），名辅，字南木，号翠虚，博罗人。著有《翠虚篇》一卷、《翠虚妙悟全集》《罗浮翠虚吟》。（《岭南医学史》第三章，《惠州诗词选编》）

陈青槐（1809—1872），字铭三，一作铭生，归善人。增贡生，捐光禄寺署正衔。屡黜于有司，出而襄治江右，以母老归。博学多闻。分纂《（光绪）惠州府志》，未终事。著有《罗浮纪游》《有声树斋诗文集》。（光绪《惠州府志》卷三十五，民国《惠阳县志》）

陈瑞元，字锡恒，一作锡桓，号辑庵，清归善人。增贡生。卒年七十九。著有《当山草堂诗稿》。（光绪《惠州府志》卷三

十八，民国《惠阳县志》）

陈士龙，和平人。清康熙六十一年（1722）壬寅贡生，任文昌训导。参与编纂《（雍正）和平县志》。（乾隆《和平县志》旧序）

陈寿祺（1825—?），字仁山，归善人。少时师从舅父韩荣光。岁贡，清咸丰十年（1860）官新兴训导。著有《护萱草堂诗钞》四卷、《护萱草堂赋钞》。（光绪《惠州府志》卷二十七，民国《惠阳县志》）

陈昙，字爱绮，博罗人。明万历、天启间廪生。著述甚富，有《揣摩制义》、《邝斋随笔》四卷、《云山诗集》、《论史异同》等藏于家。（乾隆《博罗县志》卷十二，光绪《惠州府志》卷三十七）

陈廷谔，字忠孺，归善人。明万历二十八年（1600）庚子举人。因次子正蒙成进士，始选澄海教谕。迁衡山知县，逾年，卒于官。著有《瀛海吟》《青毡事纪》《澹宁集》《白沙先生虚无辨》。（雍正《归善县志》卷十七，光绪《惠州府志》卷三十四）

陈廷泰（?—1939），字履谙，归善人。清光绪岁贡。著有《游学纪闻》一卷、《国文学》一卷、《修身讲义》一卷、《联语》等。工诗词，民国二十年（1931）与南海桂坫、区大原，清远朱汝珍，增城赖际熙等旅港耆宿结正声吟社。（《晚清民国词人结社与词风演变》）

陈熙昌，字仲晦，归善人。清雍正初，举贤良方正、博学鸿词，俱不就。以贡授平远训导。参与纂修《（雍正）归善县志》。曾辑格言、懿行二十四类，命名为《伍伦范》。著有《四书约解》《西华近稿》《治湖大略》。（乾隆《归善县志》卷十四，光绪《惠州府志》卷三十二）

陈新铨，归善人。清光绪五年（1879）己卯恩贡。分纂《（光绪）惠州府志》。（光绪《惠州府志》修纂职名）

陈应时，长宁人。清乾隆间增贡生。为生员时分编《（雍正九年）长宁县志》。（乾隆《长宁县志》旧修姓氏）

陈允谦，长宁人。清嘉庆六年（1801）辛酉举人，任新会教谕。尝掌教贵峰、博罗书院。分纂《（道光）长宁县志》。（道光《长宁县志》重修职衔姓名）

陈运，字于昌，归善人。明万历四十三年（1615）乙卯举人，官长沙府浏阳知县。著有《左传特删》《皇明文正》《惠西湖志》《潇湘草》《披云草》。（雍正《归善县志》卷十七，道光《广东通志》卷二九一）

陈兆检，号宝符，清和平人。庠生。著有《德星堂吟草》一卷，有宣统元年（1909）兴宁孝廉陈慕瀛序。（民国《和平县志》卷十八）

陈振声，龙川人。毕业于北京辅仁大学。著有《中国长城之研究》《康居史地考》。（民国《龙川县志》）

陈之璘，字翛侗，一字非赤，博罗人。精通经史诸子百家之言。清乾隆间举博学鸿词。性好山水，游遍罗浮山名迹。工诗，吟咏罗浮、西湖诗甚多，诗风雄浑清丽。年七十二卒。著有《翛侗子诗文集》（一作《翛侗集》）。（《粤东诗海》卷七十八，《宝安诗正续集》）

戴锦，字至文，永安人。明万历三十六年（1608）戊申岁贡，初授高州训导，升连州学正，转江西石城王府教授，年七十以老告归。尝与叶春及、黄宏恕同修《永安县志》，以博治称。（康熙《永安县志》卷

十二,道光《永安县三志》卷五、卷末,光绪《惠州府志》卷三十八)

邓承修(1841—1892),字铁香,小字德安,号伯讷,又号梅生,归善人。清咸丰十一年(1861)辛酉举人,历官刑部四川司郎中、浙江道、江南道、云南道监察御史。与张佩纶等主持清议,屡疏言澄清吏治,整顿科场,严核关税,禁收赌捐。为官刚直不阿,不畏权贵,曾弹劾贪官污吏数十人,号曰"铁汉"。第二次鸦片战争后,任总理衙门行走。同治七年(1868)与修《玉牒》;十三年(1874)以御史充任会试磨勘官、殿试分卷官、考试内阁中书及八旗教习监试官。光绪十一年(1885)以鸿胪寺卿任勘定中越边界大臣,虽清廷屡让于法人,仍据理力争权利。曾奏请疏浚惠州西湖,设浚湖公局。与侍郎徐小雪、尚书孙毓汶不协,于十四年(1888)乞病归西湖。主讲丰湖书院,倡建淡水崇雅书院,士风一变。平时论学,以宋儒为宗,砥砺名节。书法由北碑入,参以篆隶,瘦硬自成一家。著有《语冰阁奏议》八卷、《中越勘界往来电稿》四卷、《邓铁香奏稿》六卷、《铁香遗诗》一卷。(《清史稿》卷三三一,民国《惠阳县志》,《广东历代诗钞》卷四)

邓际昌,字亦樵,永安人。清嘉庆二十三年(1818)戊寅举人,任大埔训导。著有《菊人诗钞》《菊人杂存》。(光绪《惠州府志》卷二十七)

邓抡斌,归善人。清道光二十九年(1849)己酉举人,官至内阁中书。分纂《(光绪)惠州府志》。(光绪《惠州府志》卷二十一)

邓抡芳,归善人。附贡,江西候补同知。分纂《(光绪)惠州府志》。(光绪《惠州府志》修纂职名)

邓演存(1888—1966),字竞生,归善(后改惠阳)人。邓演达兄。毕业于保定北洋军官学堂、保定陆军军官学校第一期炮科。民国九年(1920)起,历任广东炮兵学校副校长、广东石井兵工厂少将副厂长、国民革命军第四军参谋长、武昌攻城总指挥部炮兵指挥、汉阳兵工厂厂长兼陆军部汉阳兵工专门学校校长、武汉国民政府军事委员会兵工局副局长、第一集团军总司令部参议、广东琶江兵工厂建厂办事处主任、国民政府军事委员会兵工署中将专职委员等职。著有《民国兵工纪略》《琶江兵工厂建立始末》等。(2008年《惠州市志》)

邓演达(1895—1931),字择生,号策成,又号仲密,人称"矛盾先生",化名石生登,归善(后改惠阳)人。先后入广东陆军速成学校步兵科、武昌陆军第二预备学校、保定军官学校工兵科第六期,历任援闽粤军宪兵连连长,粤军第一师部参谋兼步兵独立营营长、工兵营营长,黄埔军校训练部副主任兼学生总队长,黄埔军校教育长,国民革命军总司令部政治部主任、中央农民部长等职。曾参加讨伐沈鸿英、陈炯明的战斗。"四·一二"政变后,主张东征讨蒋。因形势不利,离开武汉,流亡莫斯科。又前往欧亚一些国家游历、考察。民国十九年(1930)到上海,成立中国国民党临时行动委员会,任中央干事会总干事。次年被捕,在南京遇害。著有《我们的思想系统及主张根据》、《断金零拾》二卷(丘哲编)、《邓演达先生遗著》、《邓演达先生遗著选集》、《邓演达遗札》、《邓演达文集》等。(《广州百科全书》《民国人物大辞典》《惠州志·艺文卷》)

邓雠昌,字鹭宾,永安人。清道光五年(1825)乙酉拔贡。著有《尘中草》。(光绪《惠州府志》卷二十七)

邓鑽先(1870/1868—1933),号苣

洲，永安人。清宣统元年（1909）己酉拔贡，任县立高等小学校长，县议会副议长，新疆叶城、迪化、乌苏、墨玉县县长。博通经史，尤工诗词。纂修《叶城县志》《乌苏县志》。著有《叶迪纪程》《毳庐诗草》三卷、《毳庐续吟》三卷、《毳庐诗草三编》。（《惠东文史》第三辑，《庭州古今诗词选》）

刁临云，字吾洋，又字吸川，清龙川人。增生。著有《远山草堂诗钞》。（民国《龙川县志》）

刁显扬，清龙川人。著有《刁显扬日记》，记咸丰八年（1858）至光绪四年（1878）间事。（民国《龙川县志》）

杜林芳（1853—1933），号翰笙，永安（后改紫金）人。清末岁贡。尝两任紫金县县长。有《杜林芳公遗作拾零》。（《紫金历代诗联选》）

杜乃文（1855—1938），号节香，永安（后改紫金）人。清光绪十一年（1885）乙酉拔贡，官直隶州州判。著有《四书题窍管窥》《草茅坐论》《蓉江杜氏族谱》等。（《紫金历代诗联选》）

杜仰甫（1766—1832），号浣馀，永安人。清嘉庆十九年（1814）甲戌拔贡，官训导。著有《岸舫斋诗文集》。（《紫金历代诗联选》）

杜钟南（1848—1899），号日华，永安人。清末监生。幼患足疾，诗酒为娱，自称癯仙。著有《癯仙诗草》。（《紫金历代诗联选》）

方光，字大玄，号南华居士，民国惠阳人。著有《国学别录篇释》《庄子天下篇释》《艺文要典》《文乘》。（《惠州志·艺文卷》）

方雪香，清海丰人。廪膳生。乾隆间纂辑《海丰县志》。（乾隆《海丰县志》纂修职名）

冯宝瑛（1887—1978），字玉衡，号达庵，归善（改惠阳，今惠州）人。毕业于广东高等师范学校数学系，执教于廉州中学、广东甲种工业学校。短任漳州煤炭局局长。辞归后，寓居广州芳草横街，讲学著述。民国十一年（1922）转而学佛，并自学梵文。初习净土宗，后修密宗。著有《佛法要论》《八识规矩颂释》《波罗蜜多心经广义》《金刚经大义》《金刚经编订、提纲、简注》《佛教真面目》《佛学源流》《大乘起信论疏注》《佛学起源》《人死问题》《东方佛学与西方哲学》《法华特论》《学密须知》《新时代的佛法》《天眼通原理》《宿命通原理》《心经大义》《广东佛教史》《博罗佛教志》《惠州西湖佛化史》等二十余种。（2008年《惠州市志》）

冯铭思，民国惠阳人。著有《冯氏诗存》。（《惠州志·艺文卷》）

冯伊湄（1908—1976），笔名秋子，惠州人。司徒乔之妻。早年入南京美术专科学校习国画，擅长花卉禽鸟。继入上海大学文学系就读，毕业后赴法国留学。民国十九年（1930）回国，任教于广州中山大学。抗日战争初期远赴南洋，在仰光、槟榔屿、新加坡等地华侨学校和华文报社工作。太平洋战争爆发后回国，前往重庆任教。民国三十五年（1946）随司徒乔赴美国。1950年回国后，任人民出版社编辑。编有《中国美术史》。著有《未完成的画》（亦名《我的丈夫司徒乔》）等。（2008年《惠州市志》，《民国人物大辞典》）

冯重熙（1880—1959），名宝璠，以字

行，归善（改惠阳，今惠州）人。冯宝瑛之兄。毕业于上海中国公学。回乡兴学，在惠州创办昌明小学堂和振坤女子小学堂。历任惠州、惠阳、博罗、东莞、汕头、福建漳州等地中小学校和专科学校教师、校长，漳州市官产事务所所长、漳厦海军司令部厦门堤工处秘书兼统计科科长。中年学佛，修净土宗和密宗。先后在厦门、惠阳创设佛学会，主编厦门《佛学会刊》，在厦门大学、南普陀闽南佛学院、越南岘港华人学校讲授佛学。博学多才，贯通文理，兼工绘画、音律。著有《瓷粹》《聊自娱斋笔记》《觉园文钞》《密宗仪轨》《学佛心传》《博罗佛教志》等。（2008年《惠州市志》）

甘永焕（1909—1990），名观荣，号彩南，永安（后改紫金）人。民国间曾任河塘培英小学、龙门县潞溪甘坑教员，龙头乡中心小学校长。后代将其作品整理成《荒草》一书出版。（《紫金历代诗联选》）

龚章（1637—?），字惕恃，一字于天，号含五，归善人。清顺治十七年（1660）庚子解元，康熙十二年（1673）癸丑成进士。官检讨，不事干谒，读书自娱。二十六年（1687）典试江南，多拔名士。参与纂修《（康熙十四年）归善县志》。著有《澹宁堂集》八卷、《晦斋集》、《纲鉴捷录》等。（雍正《归善县志》卷十七，道光《广东通志》卷二九一，《广东历代诗钞》卷二）

古成之（947—1007），字亚奭，别号紫虚先生，河源人，后迁居增城。于罗浮山结庐读书十余载，淹贯群籍。宋雍熙二年（985）应进士，因被人暗用哑药陷害，不能金殿应对而被斥出。端拱元年（988）再登进士，历任河北元氏县尉、山东益都知县，秘书省校书郎，四川魏城、绵竹知县。卒于官。著有《古成之集》三卷、《删易注疏》（一作《易疏删定》）十卷、《[紫虚]文集》三卷。（康熙《河源县志》卷六，同治《河源县志》卷十三，《粤东诗海》卷五）

关文运，字庆昌，河源人。清乾隆二十一年（1756）丙子举人。著有《丙峰诗草》。（同治《河源县志》卷七）

官清，长宁人。清乾隆元年（1736）丙辰岁贡，任临高训导。为生员时分编《（雍正九年）长宁县志》。（乾隆《长宁县志》卷六）

韩璧如，名聘姑，清博罗人。韩荣光女，进士张蔚增之母。著有《写韵楼诗集》。（1988年《博罗县志》）

韩朝芳，字介如，博罗人。清乾隆二十四年（1759）己卯举人。主讲登峰书院。尝居罗浮山华首台三年。著有《易经析微》《诗经正解》。（1988年《博罗县志》）

韩晃（1568—1644），字宾仲，号青屿，博罗人。明万历二十八年（1600）庚子举人，授浙江青田知县。任满归休，杜门著述。著有《罗浮野乘》六卷、《梦游唱和集》一卷、《拙修堂竹素园诗文集》二十卷等。（乾隆《博罗县志》卷十二，光绪《惠州府志》卷三十二）

韩履泰（1629—1709），号十洲，博罗人。清顺治二年（1645）乙酉选贡。有诗行世。奉县令陶敬之命，辑成《博罗县志》。（乾隆《博罗县志》卷十二，民国《博罗县志》卷七）

韩鸣金，字伯声，博罗人。博洽经史，工于诗文。明万历元年（1573）癸酉举人，初官桐柏教谕，移任琼州教授。升宣化知县，二十一年（1593）校修郡志。以事罢官归。著有《寓桐录》《五柳园集》。（乾隆

《博罗县志》卷十二，《粤东诗海》卷三十六，光绪《惠州府志》卷三十二）

韩鸣鸾，字伯雏，博罗人。明万历十年（1582）壬午举人。纂辑《罗浮图志》《韩氏宗谱》，均散佚。（乾隆《博罗县志》卷十二，光绪《惠州府志》卷三十五、卷三十七）

韩曼，博罗人。明崇祯间恩贡，历官福建长汀县丞、江西兴安知县、浙江衢州府同知。有《五经经纬昌言》行世。（乾隆《博罗县志》卷十二，光绪《惠州府志》卷三十六）

韩绮如，清末博罗人。韩荣光之女，适新会容左卿。其稿初名《研露轩诗集》，后人广加搜辑，于民国十六年（1927）刊印，题名《容韩女士诗钞》一卷，集诗二百四十余首。（《广东历代诗钞》卷三，《广东古代女诗人诗选》）

韩日缵（1578—1635），字绪仲，号若海，博罗人。明万历三十五年（1647）丁未进士，选庶吉士。历官翰林院检讨、会试同考官、左春坊左赞善、两朝实录纂修官、经筵讲官、右春坊右庶子、礼部右侍郎兼侍读学士、协理詹事府事、两朝实录副总裁、南京礼部尚书、京畿礼部尚书、教习馆员。纂修实录，撰次讲章，积劳致病而殁。赠太子太保，谥"文恪"。辑首部《博罗县志》。有《询尧录》、《［若海］文集》二十卷、《［若海］诗集》十卷行世。（乾隆《博罗县志》卷十二，《粤东诗海》卷四十四，光绪《惠州府志》卷三十二）

韩荣光（1791—1859），字祥河，一字珠船，博罗人。未冠补诸生，年二十拔贡，以吏部小京官升文选司。清道光八年（1828）戊子中举人，擢郎中，转监察御史，署刑科检事中。年四十辞官归里，主讲龙溪书院及登峰书院。晚居黄花圃，号称"黄花老人"。善诗书画，人称"三绝"。著有《黄花诗集》十二卷。（光绪《惠州府志》卷三十五，民国《博罗县志》卷七）

韩如璜，字姬命，博罗人。韩晟子。明天启四年（1624）甲子举人。清顺治四年（1647）与东莞张家玉结乡兵，复东莞。籍前尚书李觉斯等家资以犒士，奉表南明永历帝，授兵部主事。无何兵败，家玉走西乡，如璜战死。清赐谥"烈愍"。长期从事教育。著有《文兹集》《筑笔集》《姬命集》《韩文删》等。（光绪《惠州府志》卷三十六，民国《博罗县志》卷七）

韩绍兴（1904—2000），原名耀汪，笔名远源，博罗人。长期从事教育。著有《绍兴诗稿》。（《惠州志·艺文卷》）

韩晟，字寅仲，号嵩少，博罗人。韩鸣金长子。明万历二十九年（1601）辛丑举人。任浙江遂安知县，撰《遂安政论》，凡纲纪节目，因革利弊，一本经术。上计，需次长安，献《万寿赋》，能以诗谏，颂不忘规。辞官归，隐城东别墅，感时寄兴，往往托之诗歌。著有《书云台稿》《雁木稿》《燕市稿》《罗浮副墨》等。（乾隆《博罗县志》卷十二，光绪《惠州府志》卷三十五）

韩寅光（1650—1723），字伯虎，号颐斋，博罗人。清康熙二十年（1681）辛酉举人，官象山知县，兼篆奉化。著有《易经管见》二十卷、《［颐斋］诗文》八卷。（乾隆《博罗县志》卷十二）

何淙，字厚宣，清连平州人。纂辑《光孝寺志》十二卷。（道光十五年《南海县志》卷二十五）

何俊傅，长宁人。清道光间岁贡生。分

纂《（道光）长宁县志》。（道光《长宁县志》卷六）

何南钰（1756—1831），字相文，博罗人。清乾隆五十四年（1789）己酉举人，嘉庆四年（1799）己未进士。改翰林院庶吉士，充实录馆纂修、会试同考官，擢河南监察道御史，转掌浙江道。授云南临安知府，署迤东道。辞官归里，任粤秀书院主讲。著有《范经堂文集》、《燕滇雪迹集》六卷。（光绪《惠州府志》卷三十三，民国《博罗县志》卷七，《贩书偶记续编》卷十六）

何深（1678—?），字顷波，别字让川，连平州人。清康熙三十五年（1696）丙子举于乡，四十五年（1706）丙戌进士。历任河南扶沟、山东高苑、湖南长沙知县，颇有政声。莅长沙任月余即谢病归里。分纂《（雍正）广东通志》《（雍正）连平州志》。著有《顷波四书文稿》《出塞吟》《晴窗偶录》等。（雍正《连平州志》卷六，《国朝岭海诗钞》卷三）

何寿康（1909—?），又名宇仁，字曲盦，号雪琼楼，惠阳人。广州中山大学肄业后，先后入读上海光华大学、上海中国公学大学部。返乡后任宝安李朗乐育中学、惠阳横岗惠侨中学校长。民国二十七年（1938）于乡间设文苑专修学校授课。抗日战争时期，潜心医术。民国三十六年（1947）移居香港，历任惠阳商会、崇正会秘书。1950年在九龙创办惠侨学校，自任校长。著有《雪琼楼诗草》。（《惠阳华侨志》《香港古典诗文集经眼录》）

何廷楠（1712—?），字鹤巢，又字松亭、乔林，连平州人。何深长子。清乾隆元年（1736）丙辰恩科举人，七年（1742）壬戌进士。历任甘肃庄浪知县、壬申恩科乡试陕西同考试官、平凉府通判、宁夏府通判、保定知县、甘肃平凉府盐茶厅同知署平凉知府。著有《四书文稿》《怡情集》《打渔歌》等诗文集。（2001年《连平县志》，《连平州历科文武科甲词林侍卫官宦钞》，《中国第一历史档案馆藏清代官员履历档案全编·十八》）

何显祖，清和平人。国学生。乾隆间与修《和平县志》。（乾隆《和平县志》序）

胡深，清长宁人。生员。分编《（雍正九年）长宁县志》。（乾隆《长宁县志》旧修姓氏）

胡世祥，字光甫，博罗人。明嘉靖三十一年（1552）壬子乡荐。数举礼部，不第，以乙科授湖广光化教谕，襄阳太守汪道昆嘱修《襄阳志》。光化令调省，世祥署县事，擢户部司务。丁内艰，起补刑部司务，代司寇告禅西山。改南京工部司务，擢户部湖广司员外郎、山东司员外郎。归里，与叶春及同入罗浮，人称"罗浮二高"。著有《曙庵藏稿》《青溪社草》，藏于家。（乾隆《博罗县志》卷十二，光绪《惠州府志》卷三十四）

胡天铭，归善人。业医，尤精针法。年八十四卒。著有《金针撮要》《拣炼五瘟丹方略》等。（道光《惠州府志》卷四十，《岭南中医》第七章）

胡元文，清归善人。生员。雍正间参与纂修《归善县志》。（雍正《归善县志》纂修姓氏）

黄安澜，字澜洲，一作澜州，归善人。博览惠州西湖旧迹，兼考旧志，著成《西湖苏迹》一书，清乾隆四十五年（1780）刊印。其叙述以东西南北为纲，异于《西湖纪胜》。（民国《惠州西湖志》卷八，民国《惠阳县志》）

黄步蟾，字月林，归善人。清乾隆六十年（1795）乙卯副贡生。著有《左传要编》。（光绪《惠州府志》卷二十二、卷二十七）

黄宸，字拱宸，一作拱辰，龙川人。黄缙孙。明正德十四年（1519）己卯贡生，授洛容知县，补仙游，有惠政。嘉靖间辞官家居。尝修《仙游志》《和平志》。（乾隆《和平县志》卷五，嘉庆《龙川县志》卷三十六，光绪《惠州府志》卷三十四）

黄德燝，字贤仲，号霭云，又作蔼云，海丰人。少时博览群书，文行兼优，蜚声艺苑。明崇祯十二年（1639）己卯举人，博学娴吟，尤善书，隶草遒劲俊逸，世雅重之。晚年构伊园别墅，读书谈道，时人称为伊园先生。著有《伊园集》。（乾隆《海丰县志》卷七，光绪《惠州府志》卷三十八）

黄服尧，和平人。清光绪二十八年（1902）生员。宣统元年（1909）续修《黄氏族乘》。（民国《和平县志》卷十八）

黄根培，和平人。明万历十三年（1585）初修《黄氏宗谱》。（民国《和平县志》卷十八）

黄冠，清龙川人。廪生。嘉庆间分纂《龙川县志》。（嘉庆《龙川县志》重修姓名）

黄贯中，清和平人。国学生。乾隆间与修《和平县志》。（乾隆《和平县志》序）

黄洪桂，清和平人。庠生。编纂《（康熙十一年）和平县志》，志虽成而未付梓。（民国《和平县志》卷十五）

黄鸿文，和平人。清光绪二十五年（1899）廪生。民国十年（1921）任县议会议长。续修《黄氏家谱》。（民国《和平县志》卷十八）

黄晃，字瑞甫，归善人。明万历三十八年（1610）庚戌岁贡，任高州训导，迁瑞昌教谕。归筑丰湖庭。著有《忠孝录》，藏于家。（雍正《归善县志》卷十七，光绪《惠州府志》卷三十四）

黄嘉树，字立人，归善人。清雍正二年（1724）甲辰贡生。参与纂修《（雍正）归善县志》。（雍正《归善县志》纂修姓氏）

黄介，和平人。民国间任龙川县公署总务科长。参与编纂《（民国）和平县志》。（民国《和平县志》卷首）

黄金济（1759—1824），字仁甫，号春浦，别号春舫，和平人。清乾隆五十四年（1789）己酉登贤书，任灌阳、兴业知县，新宁知州。嘉庆二十三年（1818）掌教龙溪书院。协修《（嘉庆）和平县志》。（民国《和平县志》卷十六）

黄金阶，和平人。曾任县浰东中学董事。民国十年（1921）续修《黄氏家谱》。（民国《和平县志》卷十八）

黄金台，字贤初，和平人。清光绪二十八年（1902）附生。民国十年（1921）续修《黄氏家谱》。民国三十一年（1942）参与编纂《和平县志》。（民国《和平县志》卷十八）

黄锦，字伯荣，清博罗人。著有《乐善堂诗草》。（《岭南五朝诗选》卷十一）

黄缙，字朝用，龙川人。明正统十年（1445）教谕熊大观器重之，作《春晖堂记》以扬其孝。天顺四年（1460）庚辰贡生，授温州府推官。屡忤权贵，几陷不测。致仕归，居家淡如。成化末编纂《龙川县

志》。(乾隆《和平县志》卷五，嘉庆《龙川县志》卷三十六，光绪《惠州府志》卷三十七)

黄麟书（1893—1997），名凌翔，别号檖园，以字行，龙川人。民国六年（1917）毕业于日本东京中央大学，历任龙川县县长，广东省教育厅厅长，国民党第六届中央监察委员、立法院立法委员、立法院教育文化委员会委员，国民政府考试院考试委员，广州中山大学董事，广东文献委员会副主任委员，香港中国文化协会主席等职。创办广州珠海中学、广州珠海大学、台北珠海中学等多所学校。病逝于香港。著有《边塞研究》《秦皇长城考》《唐代诗人塞防思想》《家学录》《家学录续集》《九十又三自述》。编有《宋代边塞诗钞》、《考察南洋华侨教育意见书：附考察南洋华侨教育日记》、《紫金周肖岐翁八秩开一仁寿大庆徵诗文集》（合编）。(《龙川文史》第三辑，《民国人物大辞典》)

黄梅庚，龙川人。清道光四年（1824）甲申恩贡，次年任电白教谕。协修《（道光）电白县志》。(道光《电白县志》衔名、卷二)

黄墨园，清陆丰人。著有《陆丰乡土志》。(2007年《陆丰县志》)

黄南伟，字英罗，号粤峰，龙川人。清乾隆二十四年（1759）己卯举人，借补东莞教谕，授新宁训导。二十七年（1762）龙川知县书图延其掌教书院。参与修纂《龙川县志》。(嘉庆《龙川县志》卷三十六)

黄平辉，清归善人。著有《麻痘辑要》一册，刊于光绪二十九年（1903）。(《岭南中医》第一章)

黄其升，和平人。民国十年续修《黄氏家谱》。(民国《和平县志》卷十八)

黄其章，陆丰人。清嘉庆二十二年（1817）以拔贡任增城教谕。主修《（嘉庆）增城县志》。(嘉庆《增城县志》纂修姓氏)

黄琦才，号仿魏，和平人。清光绪二十七年（1901）辛丑生员。民国五年（1916）毕业于广东公立法政专门学校法律本科，历任广东高等审判厅推事，广东高等检察厅检察官，大理院推事，总检察厅检察官，海甲盐场知事，潮梅、揭阳、潮阳各地方法院庭长、院长。民国十年（1921）续修《黄氏家谱》。参与编纂《（民国）和平县志》。(民国《和平县志》卷十八)

黄启祥，和平人。清雍正六年（1728）戊申贡生。参与编纂《（雍正）和平县志》。(乾隆《和平县志》旧序)

黄强（1888—1972），字莫京，龙川人。毕业于保定陆军速成学堂第一期炮科、法国巴黎农业学校、英国航空学校。历任北伐军少校参谋、广东省长公署咨议兼广东公立农业学校校长、虎门要塞司令、潮州海关监督兼汕头交涉员、粤军第七路军少将司令、广东省保安处长、第十九路军参谋长、中国战区昆明指挥部高级参谋。后到台湾，任高雄市长。分纂《海南岛志》。著有《台湾研究》《马来雪鸿录》《五指山问黎记》。(民国《龙川县志》，《民国广东将领志》)

黄清渭（1773—1847），字磻溪，和平人。增生。幼贫苦志学，年四十始进庠。清嘉庆二十四年（1819）分修《和平县志》。(民国《和平县志》卷十六)

黄荣广，和平人。明万历十三年（1585）初修《黄氏宗谱》。(民国《和平县志》卷十八)

黄榕增（1899—1971），原名道生，龙川人。民国十六年（1927）自上海同济大学医学院毕业后，赴德国柏林大学留学，获医学博士学位。历任同济大学医学院外科主任、广西省立医院外科主任、中山大学医学院院长兼外科教授、澳门镜湖医院外科主任、广州市立医院外科主任等职。著有《外科学》《手术室学》《骨折脱臼学》《神经外科学》《包扎学》等。(1994年《龙川县志》)

黄如兰，和平人。民国十年（1921）续修《黄氏家谱》。（民国《和平县志》卷十八）

黄汝隆，字公大，博罗人。明成化十三年（1477）丁酉举人，任长汀知县，秩满告归。著有《耆乐集》《归田稿》。（光绪《惠州府志》卷三十四，民国《博罗县志》卷七）

黄汝瀛（1874—?），字仙舫，龙川人。毕业于广东法政学堂，民国初任国会众议院议员，后任廉江、海丰等地方法院院长。民国十九年（1930）任廉江县长，主修《石城县志》。（民国《石城县志》重修衔名，《龙川文史》第六辑）

黄商霖，龙川人。清嘉庆十七年（1812）壬申贡生。分纂《（嘉庆）龙川县志》。（嘉庆《龙川县志》重修姓名）

黄树华，字秀林，清和平人。筑"寻乐书室"以自适。年三十四援例入太学。不久病逝。著有《寻乐斋文稿》《寻乐斋诗稿》。（嘉庆《和平县志》卷六，光绪《惠州府志》卷二十七）

黄树棠（1875—1944），字伯毅，号召民，归善（后改惠阳）人。清光绪二十九年（1903）癸卯举人。复游学日本，任福建漳浦知事。民国间历任革命军师司令部秘书、县长秘书、图书馆长等职。年七十卒。编有《丰湖图书馆书目》二册。（《惠城文史资料》第十四辑，《惠州志·艺文卷》）

黄舜相，和平人。明万历十三年（1585）初修《黄氏宗谱》。（民国《和平县志》卷十八）

黄伟明，和平人。清光绪二十七年（1901）四修《黄氏宗谱》。（民国《和平县志》卷十八）

黄武城，清和平人。例贡生。乾隆间与修《和平县志》。（乾隆《和平县志》卷五）

黄烯，字初陵，清归善人。游太学，试列高等，声名大噪。归而杜门著述，善为诗、古文辞，尤精音韵之学。冯敏昌称其为"天下奇士"，诗尤见赏。年八十余卒。著有《丛珠堂集》《维扬怀古诗》。（光绪《惠州府志》卷三十五）

黄享吉，清和平人。国学生。乾隆间与修《和平县志》。（乾隆《和平县志》序）

黄学序，字循五，明博罗人。隐居罗浮，励志讲学，教授生徒，馆谷悉以周济邻里乡党。乐善好施，老而弥笃。著有《主一衍集》。（乾隆《博罗县志》卷十二，光绪《惠州府志》卷三十八）

黄仰贤，字翚兹，号心芸，清归善人。官江西，升用知县。著有《投笔闲吟》。（《读岭南人诗绝句》卷十二）

黄钥，字鱼门，清归善人。与翟泉、赵念同以画名，独工篆隶，尤精刻石，刀法逼近汉人。集吾子行、甘寅东、朱怡轩、周亮工诸名言，著《鱼门印论》二卷，惠州知

府伊秉绶为之序。（光绪《惠州府志》卷三十九）

黄耀菱，字梓如，龙川人。清康熙间诸生，以抗丈田，谪永春州。著有《诸艰集》。（民国《龙川县志》）

黄英焕，字未文，和平人。博学通经，清康熙十七年（1678）戊午贡生，任镇平教谕。为庠生时编纂《（康熙十一年）和平县志》，志虽成而未付梓。（乾隆《和平县志》卷五，民国《和平县志》卷十六）

黄用德，和平人。明万历十三年（1585）初修《黄氏宗谱》。（民国《和平县志》卷十八）

黄玉清（1825—1897），号荆山，和平人。清廪贡生，历任广宁、始兴教谕，南雄州学正。著有《黄荆山遗诗》。（民国《和平县志》卷十六）

黄濂，归善人。清康熙二十五年（1686）丙寅贡生，任海康教谕。纂辑《（康熙）海康县志》。（嘉庆《海康县志》卷三，民国《海康县续志》卷二十五）

黄振成，字韶九，归善人。清道光二十六年（1846）丙午举人，授教职。因功荐授吴城镇同知，义宁知州，瑞州、建昌、九江等府同知。同治八年（1869）以道员留江西补用，加三品衔。因母老归里，筑怡园居室于惠州西湖北岸，撰《修永福寺记》。工诗文，善书画。年六十一卒。著有《怡园诗集》（含《军中草》《宦游草》《北游草》）。（《柳堂师友诗录》，光绪《惠州府志》卷三十三）

黄植文（1908—?），惠阳人。肄业于中山大学英语系。曾任独立第三师政训处中校科长。考入日本东京帝国大学，攻读经济学。回国后历任中山大学经济系教师、新兴县县长。晚年辞去香港教席，赴美定居。编著《新兴四年》。（《惠阳文史资料》第四辑，1993年《新兴县志》）

黄治鉴，字敬寰，龙川人。清末岁贡生。民国间任龙川县长。著有《习经楼诗文集》《习经楼联语录存》。（民国《龙川县志》）

黄仲濬，字秋浦，和平人。民国间历任新会分庭监督推事、灵山分庭检查官。参与编纂《（民国）和平县志》。（民国《和平县志》卷首）

黄子猷（1837—1903），字竹筠，和平人。清光绪十年（1884）甲申岁贡生，选明经，后掌教龙溪书院。光绪二十七年（1901）四修《黄氏宗谱》。（民国《和平县志》卷十六）

黄足临，和平人。清康熙二十年（1681）辛酉贡生，官广西合浦训导。编辑《（康熙十九年）和平县志》。（乾隆《和平县志》卷五，《广东方志要录》）

江逢辰（1860—1900），字雨人，号密弇，又号孝通，归善人。清光绪十八年（1892）壬辰进士，官户部山西司主事。二十一年（1895）充会试弥封官，拒受贿金。二十四年（1898）主讲赤溪遵义书院。母病告假归省，奉母命，不许教徒改苏祠为教会学校。工诗词，词近宋人白石、碧山，故号所居为"追白揖碧之居"。诗学苏，卓然成家。梁鼎芬以"行尽江山见此才"赠之。著有《尔雅郭注未闻笺》《赤溪文集》一卷、《赤溪诗集》一卷、《江孝通遗集》十九卷、《孤桐词》、《华鬘词》等。（民国《惠州西湖志》卷八，民国《惠阳县志》，《岭南画徵略》卷十）

江鸣鹤（约1832—1883），字文彦，清归善人。江逢辰父。曾与陈寿祺等结海天诗社于白鹤峰招鹤庐。著有《梦花吟馆随笔》七卷、《芸砚随笔》、《绯云先生诗集》四卷、《绯云文集》四卷、《绯云外集》十四卷、《唐诗评》三卷。（《惠州志·艺文卷》《惠州诗词选编》）

江鹏矗，字南溟，归善人。江逢辰曾祖，江元麟从弟。清嘉庆二十三年（1818）戊寅岁贡生，任合浦县训导，卒于官。著有《春秋要义》一卷、《四书求甚解录》一卷、《古柏山房诗文集》四卷。（光绪《惠州府志》卷三十八，《惠州志·艺文卷》）

江任之（1906—1942），小名梦麒，连平县人。毕业于本县高等小学堂。曾任小学教员、银梅区立高等小学校长、广东省立仲元图书馆馆员。尝主编连平地方性刊物《铅刀》，是当时"连平三怪"之一。著有诗稿《思母篇》。（2001年《连平县志》）

江汝为，清归善人。江逢辰祖父。廪贡生。著有《孝经辑注》三卷、《紫霞存稿》四卷。（《惠州志·艺文卷》）

江绍仪（1801—1841），字德隅，号觉生，河源人。二十岁为生员，在县属康禾、观音阁、河岭等地教书。后又考进咸安宫教习，半教半读。清道光十六年（1836）丙申登恩科进士，廷试所作《所宝惟贤》甚得道光皇帝赞赏，钦点翰林院庶吉士，两年后改任刑部四川主事。著有《江绍仪诗集》、《瑶草分题诗集》二卷、《里头吟诗稿》《四书题解》及律赋杂体古文词集，均未付梓。（同治《河源县志》卷十三）

江有灿，字桓叔，号镜河，又号琴史，连平州人。清咸丰十一年（1861）辛酉拔贡，任会同县教谕，加五品。光绪十年（1884）升广西平南知县。增修《平南县通志》。著有《海岳堂诗稿》五卷。（《柳堂师友诗录》《连平州历科文武科甲词林侍卫官宦钞》）

江元麟，字冠陵，归善人。清乾隆间岁贡生。学粹品端，授徒数十年。年六十卒。著有《四书解注》。（光绪《惠州府志》卷三十八，《惠州志·艺文卷》）

江仲纶，民国间惠阳人。著有《悟园诗集》四卷。（《惠州志·艺文卷》）

姜绚，字汝尚，明陆丰人。好古博闻，师事万历进士杨起元。由明经任阳山训导，后任定安教谕，升浔州教授。著有《奚囊集》。（乾隆《海丰县志》卷七，乾隆《陆丰县志》卷八）

孔学周，字宪卿，明归善人。诸生，潜心理学，兼精医术。结庵罗浮，缮性修道。著有《太极辨疑》。（雍正《归善县志》卷十七，光绪《惠州府志》卷三十四）

邝世熊，号渔溪，河源人。清乾隆三十五年（1770）庚寅举人，五十二年（1787）截选知县。因父母年老，不赴，主讲槎江书院。后任潮州府揭阳县教谕。著有《五经外语》《增补类编》《音韵切脚》。（同治《河源县志》卷十三，光绪《惠州府志》卷三十八）

邝永锴，号则亭，河源人。清乾隆十七年（1752）壬申恩科举人，历任开平教谕，安徽和州同知，含山、来安、全椒知县，太平府同知等职。著有《笃辉堂文稿》。（同治《河源县志》卷十三）

赖朝侣，永安人。清嘉庆二十四年（1819）己卯恩贡。道光初年协修《永安县三志》。（道光《永安县三志》卷五）

赖心亨，河源人。清同治元年（1862）壬戌恩贡，选儒学训导。参与编纂《（同治）河源县志》。（同治《河源县志》卷七）

赖新科，永安人。清顺治五年（1648）戊子岁贡，康熙七年（1668）任翁源训导，纂辑《（康熙）翁源县志》。（同治《韶州府志》卷三十九）

赖以平，号弼侯，河源人。清道光十五年（1835）乙未恩科举人，分发南河知县，历任安徽宿州州同，江苏徐州府砀山、丰沛、萧县知县，邳州知州，因军功保举，即补知州兼赏戴蓝翎，诰授奉直大夫。总纂《（同治）河源县志》。（同治《河源县志》卷七）

黎晖吉，河源人。清康熙十九年（1680）庚申贡生，任琼山训导，二十六年（1687）同修《琼山县志》。（康熙二十六年《琼山县志》卷八）

黎纶芳，字元叙，号西斋，归善人。黎同吉长子。清康熙十二年（1673）癸丑拔监，任连州、罗定州训导。卒于官。与修《（康熙二十六年）罗定州志》。（民国《罗定志》卷五、卷八）

黎同吉，字二陟，号似仲，归善人。黎遵指次子、黎纶芳父。清康熙五年（1666）丙午举人，官四川中江知县，卒于官。参与编纂《（康熙十四年）归善县志》。著有《资治通鉴节要》三十卷、《灼霞亭唱和诗集》。（道光《广东通志》卷二九一）

黎衍曾，号子千，清河源人。岁贡。著有《片月集》。（同治《河源县志》卷十三）

黎应谋，博罗人。清嘉庆六年（1801）辛酉举人。著有《茨园诗文集》。（1988年《博罗县志》）

黎应时，字时可，归善人。清康熙元年（1662）壬寅恩贡。参与纂修《（康熙十四年）归善县志》。（康熙《归善县志》纂修姓氏）

黎遵指，字是因，号哲求，归善人。明万历四十三年（1615）乙卯举人，历官德庆州学正、邵武府推官，摄府篆。以严介忤时，去官。崇祯十五年（1642）荐边材，以母老辞。年五十四卒。辑刻《苏文忠先生寓惠全书》（又名《东坡寓惠集》）四卷。（乾隆《归善县志》卷十四，道光《广东通志》卷二九一）

李宝芳，原名冠芳，字春甫，博罗人。清咸丰十一年（1861）辛酉举人。历官长宁、封川、长乐教谕，德庆学正。性旷达，工诗。晚居寄园，常为文宴。论者称其诗在杜少陵、陆放翁之间。著有《退思轩诗钞》。（民国《博罗县志》卷七）

李斌，字盛堂，归善人。清康熙十一年（1672）壬子举人。十四年（1675）任福建同考官，调任潮阳教谕。升山东城武知县。著有《养和斋诗钞》。（乾隆《归善县志》卷十四，光绪《惠州府志》卷三十二）

李崇纲（1896—1944），字立之，归善（后改惠阳）人。毕业于广东黄埔陆军小学堂第九期、武昌第二陆军预备学校。曾任第一集团军独立第四师少将副师长、第四路军一五七师四七一旅少将旅长、第四战区司令部长官部少将高参兼军官教导大队教官。民国二十六年（1937）五月授陆军少将。戎马之间不废吟咏，著有《词学发凡》，未梓行。（《广东历代诗钞》卷七，《民国广东将领志》）

李聪彝，原名鸿仪、翰宾，博罗人。弱冠补廪生，清光绪三十二年（1906）丙午岁贡。屡试不第，遂居家授徒。尝遍游吴越，购书数十种以归。废科举后，倡办福田小学。三登罗浮山顶，补《罗浮志》，未成。（民国《博罗县志》卷七）

李大有，字子树，归善人。明嘉靖二十五年（1546）丙午举人。博涉文史，下笔千言。官永福知县，迁温州州同，调端州。后归家孝养继母以终。编有《惠志略》不分卷。（雍正《归善县志》卷十七，乾隆《归善县志》卷十四）

李丹麟，字星麟，又字星阁、仁薮，别署罗浮琴客，归善人，祖籍博罗。清光绪十年（1884）以县丞候补于福州，任澎湖南路粮台事务兼总查。十七年（1891）由知府杨霁推荐，随其弟杨儒出使秘鲁，得保知县。是岁，在福建谒选，署永定县，移署宁德。十九年（1893）充译员出使美国。晚年居住于鹤峰下，倾心于画，善绘花鸟人物。游欧洲、东南亚、美洲诸国时绘有《游历图记》，收图二百零五幅。另有《南洋风土画集》。著有《六雅堂诗集》。（民国《博罗县志》卷七）

李冠礼（1903—1990），惠州府城人。毕业于中山大学法科，复留学日本。曾任国民党中央总政治部少将部附，台湾《中华日报》社社长，日本东京华校、台湾高雄工业学院教师，台南大学教授。编纂《佛法初阶易知录》。与萧品超合译《读书三昧》。著有《诗人元遗山研究》《新陆军知识》《新海军知识》《日本经济现势》《工业经济导论》《三迁诗草忆存》等。（《惠州诗词选编》）

李亨（1385—1461），字嘉会，博罗人。明永乐十二年（1414）甲午举人。十六年（1418）会试乙科，授广西博白教谕，丁艰归。起改四川珙县教谕。宣德元年（1426）聘为云南考试官，迁国子监学正。因累谪荆州，税课司大使，兼有足疾，致仕归。著有《麟经管中豹》《青史节要》。（乾隆《博罗县志》卷十二，光绪《惠州府志》卷三十四）

李可成，河源人。李少怀长子。清末生员。纂修《李氏开先祠族谱》九卷。（《河源文史资料》第三辑）

李起鸿，清归善人。著有《医宗辑要》。（光绪《惠州府志》卷二十七）

李绮青（1857—1925），字汉珍，晚年改汉父，别号倦斋老人，归善（后改惠阳）人。少时就读丰湖书院，弱冠拔贡。选肄广雅书院，师从梁鼎芬。清光绪十六年（1890）庚寅进士，历任福建安溪、惠安，吉林榆树，河北武邑知县，吉林宁安知府。晚年旅居北京。工诗词，能为旧诗骈文，尤善词，有"岭表词场之射雕手"的美誉。著有《草间词》《听风听水词》《倦斋诗文集》《倦斋吟稿》《秦淮八艳图咏》《遣怀轩杂著》。（民国《惠阳县志》）

李少怀（1850—1931），字朋杜，河源人。少时考中生员，设馆教学。诗词书画，颇负盛名。不久考入广州公办政法学校，学习成绩优异。攻读之余兼学画艺，所作《松鹤中堂》最为有名。清宣统元年（1909）钦点广西候补知县，翌年授广西龙胜厅分府知事，创办学校，建立图书馆，改革民间习俗，发展农业和卫生医疗事业，成绩显著。宣统三年（1911）因病辞官。著有《知守轩诗词集》，分前后两集，收诗词千余首。（《河源文史资料》第三辑）

李绅，字亦书，清河源人。岁贡，淹通子史。年四十卒。著有《宁澹斋文集》《宁澹斋诗集》。（同治《河源县志》卷十三）

李绶青，清末龙川人。著有《尧山草堂诗集》《种桐刍议》。（民国《龙川县志》）

李树东，字定仲，号瀫泷，河源人。都御史李涛次子。明天启七年（1627）丁卯岁贡，崇祯间任四会训导。受业归善杨起元之门，以道学自任，创设新芝社，晨夕讲诵。著有《四书训义》。（同治《河源县志》卷十三，光绪《惠州府志》卷三十四）

李嗣钰，字砺侯，博罗人。清康熙十四年（1675）乙卯贡生，二十二年（1683）官连州训导，升化州学正。同修《（康熙四十九年）连州志》。重编《罗浮山志》十二卷。著有《桂阳课士录》《一敬亭全稿》。（《岭南五朝诗选》卷十）

李覃量，字晦若，归善（后改惠阳）人。生于清末。民国十二年（1923）为友人叶秉机绘《梅隐山房图》，并作序。卒年三十。著有《李覃量遗诗集》。（《惠州志·艺文卷》）

李天瑞，字仁仲，清归善人。茂才。著有《丰湖集》。（《岭南五朝诗选》卷十一）

李文杰，字汝与，又字汝南，归善（今惠州）人。明嘉靖三十九年（1560）庚申岁贡，历延平、侯官训导，迁韶州教授。老而致仕，犹好学不倦。年七十九卒。著有《太极卮言》。（雍正《归善县志》卷十七，光绪《惠州府志》卷三十四）

李文起，字绅斋，归善（今惠州）人。李斌次子。清乾隆二十五年（1760）庚辰进士。历官汾阳、寿阳、文水、太谷、静乐、芮城、平陆、广灵、右玉等县知县。主讲惠阳书院，乐育英才。年七十卒。主修《汾阳县志》。参与纂修《（乾隆）归善县志》。（乾隆《归善县志》卷十四，光绪《惠州府志》卷三十三）

李欣，民国和平人。续修《李姓族谱》。（民国《和平县志》卷十八）

李煦寰（1896—1989），字彦和，归善（今惠州）人。民国十年（1921）于天津北洋军医大学毕业后，赴法国里昂大学留学，获药物学博士学位。民国十五年（1926）回国，在上海开办西药房。两年后从政，历任北平政治分会机要秘书，国民党军第五十九师政治部主任，第一军政治部主任，第四、第七战区政治部主任，国民党粤桂选区监察委员。1949年夏，多次劝谏余汉谋起义，策反失败后，逃往香港定居。先后执教于九龙华仁书院、香港中文大学夜校。著有《李煦寰文存》。（2008年《惠州市志》）

李学一（1534—?），字万卿，归善人。明隆庆二年（1568）戊辰进士，选庶吉士，以外艰归。起复，历官刑科给事中、吏科左给事中、湖广参议、贵州督学、广西副使、苑马寺卿。著有《李文轩文集》三卷、《李文轩诗集》一卷。（雍正《归善县志》卷十七，道光《广东通志》卷二九一）

李允庄，字端穀，清博罗人。咸丰举人李宝芳之孙。著有《寄园山主人诗》。（1988年《博罗县志》）

李庄，字德容，清龙川人。少尝与两弟业举子，咸以科名显。明成化二十二年（1486）丙午贡生，授广西永福知县，闻讣归。博学好古，垂耄不倦。著有《澹庵诗集》。（嘉庆《龙川县志》卷三十六）

李作舟，河源人。清同治十三年（1874）甲戌岁贡，候选儒学训导。参与编纂《（同治）河源县志》。（同治《河源县志》卷七）

利宾，字用卿，归善人。明嘉靖元年（1522）壬午举人。历官新化知县、刑科给事中、南京道和江西道监察御史、福建按察司佥宪、贵州布政司右参议、湖广参议。年七十四卒。著有《宦游草》《治安要略》。（光绪《惠州府志》卷三十二）

练恕（1821—1838），字辛福，号伯颖，清连平州人。太学生。七岁随父至江浙读书，九岁读完五经，尔后攻读《史记》《汉书》等史学名著及诸子，十二岁已通诸经及三史，十四岁读完《资治通鉴》。年十八病卒。编著有《后汉公卿表》、《五代地理考》、《北周公卿表》、《西秦百官表》、《后汉书注刊误》、《明谥法考》、《多识录》四卷、《伯颖杂文》一卷等。（光绪《惠州府志》卷三十五，《贩书偶记》卷五）

练廷璜（1798—1850），字宜献，号笠人，连平州人。清道光二年（1822）补诸生，五年（1825）乙酉拔贡，分发江苏。历署阳湖、丹阳、元和、上海、长洲、嘉定、宜兴、常熟知县，加知州衔，升授江苏松江府事、朝议大夫，例晋中宪大夫。著有《希郑斋古文稿》《嘉定守城记》。（2001年《连平县志》，《连平州历科文武科甲词林侍卫官宦钞》）

梁昌甲，和平人。生员。清光绪末续修《梁氏宗谱》。（民国《和平县志》卷十八）

梁朝捷，和平人。职监生。清乾隆间与修《和平县志》。（乾隆《和平县志》序）

梁窗达，和平人。武生。清嘉庆五年（1800）续修《梁氏宗谱》。（民国《和平县志》卷十八）

梁国壮，和平人。清康熙二十三年（1684）甲子岁贡。续修《梁氏宗谱》。（民国《和平县志》卷十八）

梁浩文（1872—1950），字直之，号雪亭，归善（后改惠阳）人。清末优贡生。民国初在广州广雅学堂接受小学校长培训，民国三年任惠阳县第一高等小学校长。民国二十八年（1939）退休后，又任马安乡第五保国民小学、共和乡国民小学校长。重修《（惠州）梁积庆堂族谱》。著有《答问离骚骈文诗学》三卷、《[雪亭]诗稿》二卷。（《惠城文史资料》第十一辑，《惠州志·艺文卷》）

梁甲兴，和平人。清光绪末续修《梁氏宗谱》。（民国《和平县志》卷十八）

梁润玉，和平人。清乾隆五十七年（1792）壬子贡生。嘉庆五年（1800）续修《梁氏宗谱》。（民国《和平县志》卷十八）

梁身洞，字友仙，清和平人。廪生。著有《省心录》《眼科撮要》。（嘉庆《和平县志》卷六，民国《和平县志》卷十八）

梁展蕴，和平人。明天启元年（1621）辛酉恩贡。创修《梁氏宗谱》。（民国《和平县志》卷十八）

廖承志（1908—1983），又名何承志，化名何柳华、何礼华，惠阳人，出生于日本东京。廖仲恺、何香凝之子。曾任中华全国总工会宣传部长、全国海员总工会党团书记、红四方面军总政治部秘书长、中央出版局局长、中共南方工作委员会海外部部长、统战部副部长、中华全国总工会宣传部长等职。逝世于北京。著有《廖承志文集》。（《惠州华侨志》）

廖恩焘（1864—1954），字凤舒，号忏盦，又号珠海梦余生，别署忏绮庵主，归善（后改惠阳）人。廖仲恺兄。留学美国加州攻读英文。民国间任驻古巴领事、代驻朝鲜总领事、驻日本使馆一等秘书代办使事、驻智利使馆代办领事、古巴领事兼驻巴拿马使馆公使、驻马尼拉总领事。民国二十四年（1935）回国任金陵监督。抗日战争期间任汪伪"国民政府"委员会委员。晚年寓居香港。著有《忏盦词》八卷、《［忏盦］续稿》四卷、《半舫斋诗馀》、《嬉笑集》、《新粤讴解心》、《扪虱谈室词》、《影树亭词集》、《广东俗话七律诗》、《午社词附半樱翁挽词》（合著）等。（2003年《惠阳县志》第三十八篇，2008年《惠州市志》，《广东历代诗钞》卷六）

廖辅叔（1907—2002），原名尚棐，曾用名黎斐，笔名居甫，惠阳（今惠州）人。民国十六年（1927）入读广东法官学校习法律，同年十二月参加广州起义，失败后赴上海。在上海音乐专科学校任图书管理员、文牍等职，并从音专教授舍甫磋夫习大提琴。抗战胜利后，转任南京国立音乐学院教授。新中国成立后，任中央音乐学院教授。翻译有《瓦格纳论音乐》《西洋音乐发展史论纲》《音乐与现代社会》《博马舍》《日内瓦湖畔的插曲》《阴谋与爱情》《玛格达莲》《饭桶生涯的片段》《小彼得云游记》等。著有《中国古代音乐史》《中国文学欣赏初步》《乐苑谈往》《萧友梅传》《谈词随录》《兼堂韵语》《大音乐家及其名曲》等。（《民国人物大辞典》）

廖计百（约1872—1942），名植年，以字行，又字树人，归善（后改惠阳）人。民国间任福建安溪县县长、东江白沙厘金局局长。民国三十一年（1942）日军侵略惠州时，不屈殉难。著有《味道腴斋日记》、《［计百］杂著》、《传奇》、《适园文存》、《适园诗存》、《系剑簃长短句》。（《惠州志·艺文卷》）

廖静波，清连平州人。生员。精于养蚕，著有《课蚕要录》。（《中国农学书录》）

廖鸣球，号韵坦，河源人。清康熙二年（1663）癸卯举人。善诗能文，省府提学翁覃溪、李雨村嘉之，旋登贤书。十四年（1675）大挑一等，授江苏扬州宝应知县，后宰如皋。充十七年（1678）戊午江南同考官。调署南京北捕通判，寻调江宁府督粮同知。后辞官归里，辟梦草堂。晚年掌教槎江书院。年八十卒。著有《梦草堂诗稿》。（同治《河源县志》卷十三，《广东书院制度》）

廖尚果（1893—1959），笔名青主，别名黎青，又称黎青主，归善（后改惠阳）人。清光绪三十四年（1908）考入黄埔陆军小学堂。宣统三年（1911）武昌起义时，赴潮州参加革命军进攻潮州府衙门。民国元年（1912）赴德国留学，入柏林大学攻读法学，兼学钢琴和作曲理论，获法学博士学位。历任广州国民政府大理院推事、黄埔军校校长室秘书、国民革命军总政治部秘书、广东省立法官学校校务委员会副主席、同济大学教授等职。新中国成立后，转任复旦大学及南京大学艺术系教授。逝世于上海。译著《海涅最著名的爱诗》、安娜·西格斯《一个人和他的名字》《豪福童话》、丽莎《音乐美学问题》、迈耶尔《德国民歌的音调》等。著有音乐理论《乐话》《音乐通论》、诗集《诗琴响了》及评传《歌德》《诗歌集》《音境》等。（《民国人物大辞典》，2008年《惠州市志》）

廖绳祖，和平人。清同治十年（1871）廪生。咸丰十一年（1861）重修《廖氏族谱》。（民国《和平县志》卷十八）

廖售，字储阁，博罗人。清道光五年（1825）乙酉举人。家贫，课徒为生。生平束修自爱，教以敦行励品为先。著有《读史随录》《味学轩文稿》。（光绪《惠州府志》卷三十八，民国《博罗县志》卷七）

廖廷翰，归善人。清咸丰十一年

(1861）辛酉补行戊午科举人，官至内阁中书。分纂《（光绪）惠州府志》。（光绪《惠州府志》卷二十一）

廖贞，字廷幹，一字亭立，归善人。清康熙五十三年（1714）甲午举人，雍正八年（1730）庚戌进士，历官贵州平越、锦屏知县。丁父艰归，不仕。逍遥湖上，吟咏以终。年六十三卒。著有《易经讲义》《礼经讲义》《诗经讲义》《书经讲义》《四子书讲义》《离骚注释》《杜诗注释》《撷秀楼诗》《黔游草》《罗浮唾语》。（乾隆《归善县志》卷十四，道光《广东通志》卷二九一）

廖仲恺（1878—1925），原名恩煦，又名夷白，字仲恺，以字行，归善（后改惠阳）人，生于美国旧金山。清光绪十九年（1893）回国，二十二年（1896）入香港皇仁书院读书。次年在广州与何香凝结婚。二十八年（1902）赴日本留学，入早稻田大学经济预科，毕业后转入中央大学政治经济本科。宣统元年（1909）毕业回国，在吉林巡抚陈昭常幕府做翻译，从事秘密革命活动。武昌起义后，历任广东都督府总参议、广州民国政府财政部次长、广东省财政厅厅长、广东省省长、财政部部长、工人部部长等职。遭国民党右派开枪暗杀，身亡。著有《廖仲恺集》《双清文集》《双清词草》。（民国《惠阳县志》）

廖祖季，明末归善人。邑诸生，以贡授武英殿中书。著有《西北游草》。（乾隆《归善县志》卷十四，光绪《惠州府志》卷三十七）

廖缵先，清和平人。生员。乾隆间与修《和平县志》。（乾隆《和平县志》序）

林晒开，又作林昺开，字捷玲，海丰人。恩贡生，就职直隶州知州。清咸丰四年（1854）、六年（1856）守城，著有劳绩，叙选直隶州州判。续编《（同治）海丰县志》。（同治《海丰县志续编》）

林丹香（1788—1870），号月卉，和平人。清嘉庆道光间增生。手抄五经，博学兼精医术。同治五年（1866）重游泮水，次年重修《林氏宗谱》。（民国《和平县志》卷十六）

林德馨，字惟吾，和平人。清道光七年（1827）丁亥岁贡生，学有根柢，为文理法周密。纂修《林氏宗谱》，分修《（嘉庆）和平县志》。（民国《和平县志》卷十六）

林丁峰，字岘若，海丰人。清乾隆三年（1738）戊午优贡生，任教习。参与纂辑《（乾隆）海丰县志》。（乾隆《海丰县志》卷五）

林光斐，清海丰人。附贡，官光禄寺良醖署署正。咸丰四年（1854）、六年（1856）连年防剿出力，经毛督宪、郭抚宪奏准，钦加员外郎。同治间纂辑《海丰县志续编》二卷。（同治《海丰县志续编》）

林光政，字亦农，海丰人。清末贡生，任训导。著有《芥轩吟草》二卷。（同治《海丰县志续编》，《羊城禅藻集》）

林国枌（1790—1835），字丰园，清连平州人。增生。著有《浮山草堂诗钞》。（《国朝诗人徵略二编》卷六十二，《中国历史人物生卒年表》）

林京元，海丰人。府学生员。参与纂辑《（康熙）惠州府志》。（康熙《惠州府志》卷首）

林来祥，字仪九，别字凤巢，和平人。邑廪贡生。国子监肄业，历署长乐教谕、乳源训导、乐昌教谕兼训导。清乾隆四十八年（1783）、五十一年（1786）顺天乡试荐卷。好古博雅，学有根柢，诗文风骨秀整。嘉庆间纂修《林氏宗谱》，协修《和平县志》。（民国《和平县志》卷十六）

林莲香，和平人。清同治六年重修《林氏宗谱》。（民国《和平县志》卷十八）

林铭华，和平人。清光绪三年（1877）武生。宣统元年（1909）续修《林氏宗谱》。（民国《和平县志》卷十八）

林善儒，字弥衡，归善（后改惠阳）人。清末生员，曾任广东省立第三中学校长。抗战期间病逝于连山。著有诗集《玄墅积墨》。（《惠州志·艺文卷》《惠州楹联集锦》）

林树声，字晋亭，海丰人。同盟会会员。清光绪末年毕业于海丰师范学院。曾任中学校长、海丰县教育会会长、戒烟局董事、陈炯明秘书。著有《香狱吟》诗集。（《惠州诗词选编》）

林衍宗，和平人。清宣统元年（1909）续修《林氏宗谱》。（民国《和平县志》卷十八）

林彦，清陆丰人。廪膳生。乾隆初期分纂《陆丰县志》。（民国《陆丰县志》卷十二）

林英，连平州人。清顺治间贡生，历任新安训导、东莞教谕、肇庆府教授、东阳县丞。纂修《（光绪）德庆州志》。著有《［林英］诗集》。（雍正《连平州志》卷六）

林玉衡，字埈南，号璿台，清连平州人。附贡生。历官曲江、花县、龙门训导、阳山教谕，同治十一年（1872）署嘉应州学正。因军功加六品衔。著有《荣宝堂诗钞》十卷、《荣宝堂文钞》十二卷。（《柳堂师友诗录》，《寿苏集初编》卷一）

林玉树，和平人。清光绪三年（1877）生员。宣统元年（1909）续修《林氏宗谱》。（民国《和平县志》卷十八）

林玉叶，字云崖，陆丰人。清乾隆九年（1744）甲子举人，明通榜，任化州学正。协修《化州志》十卷。（光绪《化州志》卷十一，乾隆《化州志》卷三）

林振雄（1888—1964），字毅强，归善（后改惠阳）人。先后入读虎门讲武堂、保定陆军军官学校、日本陆军士官学校、日本军事大学。曾任粤军海军处处长、虎门要塞司令、黄埔陆军军官学校管理部主任、东江警备司令、国民革命军第二十师代理师长、黄埔长洲要塞司令、国民革命军总司令部海军处处长、黄埔军校第七期教育长、东江警备司令、军事参议院中将参议、国民政府参谋本部高级参谋、中央军法总监、国防建设委员会主任等职。南京沦陷前离职，返惠闲居。编有教材《射击教范》四册。著有《蒋介石之失败》。（2008年《惠州市志》）

凌汉皋（1777—1857），和平人。清嘉庆十六年（1811）进庠，生员。道光十三年（1833）创修《凌氏族谱》。年八十一卒。（民国《和平县志》卷十八）

凌汉明，和平人。清道光十七年（1837）丁酉贡生。十三年（1833）创修《凌氏族谱》。（民国《和平县志》卷十八）

凌汉翔（1803—1877），号鹗秋，和平人。清咸丰十年（1860）庚申恩贡，岁科考一等。道光十三年（1833）创修《凌氏族谱》。（民国《和平县志》卷十六）

凌俊章（1856—1917），号德□，和平人。增贡生。清光绪十四年（1888）续修《凌氏族谱》。民国初年创设植纪两等小学，任校长。（民国《和平县志》卷十六）

凌开蔚，字秀峰，和平人。清光绪二十八年（1902）附生，曾任和平县劝学所长、龙川县政府秘书、沾明高等小学教员。民国十五年（1926）续修《凌氏族谱》。民国三十一年（1942）总纂《和平县志》。（民国《和平县志》卷十八，《和平文史》第六辑）

凌开先（1871—1928），号梅春，和平人。清宣统元年（1909）己酉拔贡，任湖南试用府经历。工诗善书，深研历代典章制度。入民国，历任县督学局、县立师范讲习所所长、县志局编辑主任。民国十五年（1926）续修《凌氏族谱》。著有《鹤守楼集》二卷，诗、文集各一卷。（民国《和平县志》卷十六，《惠东文史》第三辑）

凌联章，和平人。清光绪六年（1880）生员，十四年（1888）续修《凌氏族谱》。（民国《和平县志》卷十八）

凌心亨（1808—1856），号惺泉，和平人。凌汉翔子。由廪生选清道光十七年（1837）丁酉拔贡，就职直隶州州判。醉心典籍，所藏经、史、子、集皆手加批点。二十九年（1849）掌教龙溪书院。创修《凌氏族谱》。著有《惺泉集》二卷。（民国《和平县志》卷十六）

凌心焕，和平人。凌汉翔子。清光绪二十九年（1903）癸卯举人。续修《凌氏族谱》。（民国《和平县志》卷十六）

凌用章（1866—1919），号子宾，别号舒堂，和平人。清光绪十九年（1893）学院取其为冠军，文章入选《岭南校士录》。次年奉调赴省复试。善书法，骨立挺拔，结构精研。宣统元年（1909）己酉选恩贡，就职直隶州州判。著有《舒堂遗稿》一卷。（民国《和平县志》卷十六）

刘尔题（1901—1998），又名应男，永安（后改紫金）人。毕业于法国图卢兹大学农学院。曾任中山大学、广西大学、四川大学、广东勷勤大学、广东文理学院教授，海南岛农林试验场场长等职。著有《植物病理学讲义》《农业昆虫学讲义》《植物形态学讲义》《植物分类学讲义》《紫金参考资料》《访古寻胜记》等。（《紫金县志1979—2004》）

刘光奕，字居谦，归善人。明嘉靖三十七年（1558）戊午举人，历官同安教谕、清流知县、亳州知州。以母老，不习水土，乞归。后举乡饮大宾。参与修纂《（嘉靖）惠州府志》。（乾隆《归善县志》卷十四，光绪《惠州府志》卷三十二）

刘国贤（1820—1894），字礼岩，和平人。弱冠进庠，清道光二十九年（1849）己酉拔贡，官直隶州州判。掌教本邑龙溪书院。善诗，流婉雅练。书法王右军，兼有灵飞之致。著有《有清音斋诗钞》一卷，载古今体诗一百九十余首。（民国《和平县志》卷十六）

刘国璋，和平人，原为河源人。清康熙十七年（1678）例贡生，二十四年（1685）任新兴教谕。编辑《（康熙二十六年）新兴县志》。（康熙二十六年《新兴县志》卷一）

刘渐造，字道克，归善人。明隆庆元年（1567）丁卯举人。与杨起元齐名。数上春官不第，文日益富。年七十卒。著有《史馀录》、《学思录》三十卷。（雍正《归善县志》卷十七，光绪《惠州府志》卷三十五）

刘孟纯（1904—1982），学名豫通，

以字行，又字粹文，惠阳人。毕业于中山大学政治经济科。民国间曾任湖南省政府办公厅副主任、少将秘书处长，三青团中央团部秘书处处长，西北军政长官公署少将秘书长，新疆省政府委员兼秘书长等职。新中国成立后，任政务院参事。逝世于北京。著有《回忆新疆和平解放》等。（《民国广东将领志》）

刘名载（1769—?），字其舆，号竹湄，永安人。清乾隆六十年（1795）乙卯恩科举人，嘉庆元年（1796）丙辰进士，任吏部主事、员外郎、郎中，河南道监察御史，山东武定知府。著有《两寒文集》一卷。（道光《永安县三志》卷五，1994 年《紫金县志》）

刘奇，字抡三，归善人。清康熙二十二年（1683）癸亥贡生，府学考选训导。参与编纂《（康熙二十六年）归善县志》。（雍正《归善县志》卷五）

刘润远，字雨村，清龙川人。岁贡生，任南海教谕。著有《聊尔山房诗集》。（民国《龙川县志》）

刘挺莘，字亦侔，归善人。明天启元年（1621）辛酉举人。著有《四书正音》《书经正音》。（乾隆《归善县志》卷十四）

刘万章，海丰人。二十世纪二三十年代任教于中山大学。曾任《民俗周刊》主编。编有《广州儿童歌甲集》、《广州民间故事》、《广州谜语（第一集）》《苏粤的婚丧》（与顾颉刚合编）等。辑注《兰亭集》一卷。著有《广东民俗杂写》《澳门考略》《木兰歌注》《古诗选注》等。（2005 年《海丰县志》）

刘维诚，河源人。清道光二十二年（1842）壬寅岁贡，候选儒学训导。参与编纂《（同治）河源县志》。（同治《河源县志》卷七）

刘梧，字继美，号古狂，明归善人。著《诞言》十六卷，携至广州投詹事黄佐，佐得之大惊，以书招之。尝与薛侃辩心性十余书，侃不能难。嘉靖间参修《惠州府志》。（雍正《归善县志》卷十七，光绪《惠州府志》卷三十四）

刘渊，字圣泉，号伏龙山人，归善人。生活于清康雍乾间。自幼习武，兼好医术。著有《集验良方》《医学纂要》六卷，广东布政使王恕序其书。（光绪《惠州府志》卷二十七，1998 年《新丰县志》）

刘智，清和平人。国学生。乾隆间与修《和平县志》。（乾隆《和平县志》序）

刘子龙，字司源，明归善人。诸生，因不肯附离麦登而削籍。与邑人杨天祺、刘梧、叶天祐相友善。在郡东四十里结屋读书。著有《东莘十咏》。（乾隆《归善县志》卷十四，光绪《惠州府志》卷三十九）

刘作桢，字幹臣，和平人。清末附生。参与编纂《（民国）和平县志》。（民国《和平县志》卷首）

卢功名，陆丰人。明建文元年（1399）己卯举人，授江西南城知县。以亲老，解组归。著有《经史汇纂》《郁林石诗文集》。（乾隆《陆丰县志》卷八）

卢琯，字呈珍，博罗人，明嘉靖二十五年（1546）丙午举人，署江西零都教谕，以文藻行谊称。擢国子学正，转户部司务，进工部虞衡司员外郎。因上疏陈安攘大略，不见用，乞休归。著有《礼经讲意》《罗浮志草》等。（乾隆《博罗县志》卷十二，光绪《惠州府志》卷三十二）

卢国维，一作卢国雄，字观海，博罗人。卢振寰弟。工花鸟，宗宋院画法。年未及四十卒。著有《四季之花》，民国十五年（1926）广东国画研究会出版。（《岭南花鸟画流变1368—1949》）

卢瑀，字展度，归善人。明天启元年（1621）辛酉举人。以弟早逝，兄卒于官，奉母不仕。著有《自知草》《雁字诗集》。（雍正《归善县志》卷十七，光绪《惠州府志》卷三十五）

卢湛，清陆丰人。廪膳生。乾隆初期分纂《陆丰县志》。（民国《陆丰县志》卷十二）

卢振寰（1889—1979），又名镇寰，字国隽，一字国安，号浮山人、浮山居士、浮山老人，博罗人。年十四随母往广州谋生，业余潜心书画，兼得行家指导，遂自成风格。与赵浩公等创设山南画社、癸亥画社、广东国画研究会，同时兼任广州市美术学校国画系教授。新中国成立后，历任全国文联广东分会副主席、全国美协广东分会副主席等职。病逝于广州。著有《北派微言》《北派画萃》《北宗画法》《中国近百年画人史》《传统国画技法》等。（2001年《博罗县志》）

罗澄，一作罗程，龙川人。清康熙十七年（1678）戊午岁贡，任茂名训导署教谕事。与知县周振声同修《（康熙）茂名县志》。（康熙《茂名县志》初修县志姓氏）

罗敬时，字月樵，龙川人。清光绪间岁贡，任从化教谕。著有《月樵诗钞》。（民国《龙川县志》）

罗应亨，长宁人。清道光间附贡生。分纂《（道光）长宁县志》。（道光《长宁县志》卷六）

骆逢时，和平人。清嘉庆十六年重修《骆氏族谱》。（民国《和平县志》卷十八）

骆缉宾，和平人。清道光四年重修《骆氏族谱》。（民国《和平县志》卷十八）

骆□奎，清龙川人。著有《口头吟诗草》。（民国《龙川县志》）

骆鸣雷，字乃震，号殷郎，归善人。明崇祯十二年（1639）己卯举人，任藤县教谕、内秘中翰。遇国变，退而讲学于惠州西湖。四方负笈者众，翰林龚章、进士陈芳胄皆其高足。卒年七十八，学者私谥"文恭先生"。著有《四子尚书解义》。（雍正《归善县志》卷十七，光绪《惠州府志》卷三十四）

骆万护，字布叔，号裕洲，龙川人。清康熙三十一年（1692）壬申贡生。学问渊博，与修《龙川县志》。（民国《龙川县志》）

骆万禧，和平人。增生。清雍正二年（1724）纂修《骆氏族谱》。（民国《和平县志》卷十八）

吕必名，海丰人。清嘉庆六年（1801）辛酉拔贡，任肇庆府学训导。参与增修《（道光）肇庆府志》。（道光《肇庆府志》重修职名）

吕龙光，字慕津，号宾南，归善人。博通经史，文思敏捷。清道光二年（1822）壬午进士第一，历官四川永宁、峨嵋知县。捐金创置峨山书院膏火。八年（1828）、二十九年（1849）充四川同考官。编《峨山志》，搜残补缺，始成全书。（光绪《惠州府志》卷三十三）

马采（1904—1999），字君白，别号采

真子，海丰人。民国十年（1921）留学日本，毕业于京都帝国大学文学院美学美术史专业、东京帝国大学文学院。历任中山大学哲学系教授、北京大学哲学系教授、中国社会科学院哲学研究所兼职研究员等职。编有《哲学概论》《美学概论讲义：第一、二章》。著有《原哲》、《论美》、《画鉴》、《写山水诀》、《世界哲学史年表》、《世界美学艺术史年表》、《艺术学与艺术史文集》、《中国美学思想漫话》、《哲学美学论文集：哲学原始》、《哲学与美学文集》、《顾恺之研究》。译有《日本近代思想史》《社会主义神髓》《基督抹煞论》《二十世纪的怪物——帝国主义》《告德意志国民》《萨摩亚史》等。（《民国人物大辞典》）

马逢蕃，字一佐，海丰人。清咸丰元年（1851）辛亥恩科举人，任电白县教谕。同治间续编《海丰县志》。（同治《海丰县志续编》）

麦葆荣，和平人。民国二十三年（1934）编修《麦氏族谱》。（民国《和平县志》卷十八）

麦翘荣，和平人。民国二十一年（1932）第一届县参议会参议员。民国二十三年（1934）编修《麦氏族谱》。（民国《和平县志》卷十八）

麦庆年，和平人。民国二十三年（1934）编修《麦氏族谱》。（民国《和平县志》卷十八）

梅蟠，字子升，人称梅夫子，归善人。宋元丰八年（1085）乙丑进士。晚居丰湖，号罗浮山人。著有《罗浮山人诗集》。（嘉靖《惠州府志》卷十三，《惠州志·艺文卷》）

苗致信（1884—1967），字作云，归善（改惠阳，今惠州）人。清末生员。考入广东省高等师范学堂，专修数学。民国间历任省立第三中学校长兼数学教师，省教育厅一等科员兼省立女子师范学校教师，私立广州大学附中教务主任，惠阳良井中学校长，持平中学、粤秀中学教师。新中国成立后，曾任惠州师范学校代理校长、东江人民图书馆馆长、广东省文史馆研究员。编著有《几何学》《三角函数》《解方程式》等。（2008年《惠州市志》）

欧榘甲（1870—1911），字云高，号云樵，又号太平洋客、伊文、云台、伊庵、伊厂、无涯生、海天等，归善人。清光绪十三年（1887）补博士弟子员。入读广州长兴里万木草堂，康有为誉其为"经世宰物才"。二十四年（1898）任湖南时务学堂中文分教习。戊戌政变后，康有为派其前往旧金山主持《文兴日报》。后赴新加坡创办《总汇报》。宣统元年（1909）回国，参与开发广西贵县天平山矿，未成。著有《新广东》《环球日记》。（《广东文徵续编》卷四，2003年《惠阳县志》第三十八篇）

潘世岱，清长宁人。生员。乾隆间同辑《长宁县志》。（乾隆《长宁县志》姓氏）

潘勋，字勉甫，博罗人。明正德十四年（1519）乡荐，以乙科授泗洲学正。嘉靖间，升福建崇安县。搜集往籍，撰《崇安县志》。因不能善事上官罢归。卜居东郊伏颜园，作《居易所赋》《潘氏宗谱》。著有《浮碇集》《罗浮山图记》。（乾隆《博罗县志》卷十二，光绪《惠州府志》卷三十二）

彭湃（1896—1929），乳名天泉，原名彭汉育，化名王子安、孟安等，海丰人。民国六年（1917）入读日本早稻田大学经济科。回国后，与郑志云等创办社会主义研究社。出任县教育局局长，因倾向革命被撤职。开展并领导海陆丰农民起义，在海陆丰建立全国第一个红色政权。因叛徒出卖,被捕就义。著有《海丰农民运动》。后人辑其论著编成《彭湃文集》出版。(2005年《海丰县志》)

彭上拔,字东樵,陆丰人。清雍正三年(1725)以贡生任会同训导,寻以引年乞休。著有《鹰顶山房集》《祇今集》《漫兴编》《海外编》《格言编》等。(乾隆《陆丰县志》卷八,光绪《惠州府志》卷三十五)

彭元藻,陆丰人。民国二十三年(1934)四月任儋县县长。纂修《(民国)儋县志》十八卷。(《广东方志要录》)

秦咢生(1900—1990),幼名寿南,又名岳生,字古循,别号路亭,惠阳(今惠州)人。早年向骆瑞征、梁燮亭问学古文、诗词及书法。民国二十二年(1933)任中山大学法学院助教,业余钻研碑帖。新中国成立后,任广东省书法篆刻研究会副会长、中国书法家协会理事、广东省书法家协会副主席、广东省书协主席、广东省文史馆副馆长兼省文联委员。有《秦咢生石头记》《秦咢生行书册》《秦咢生手书宋词》《秦咢生自书诗》《秦咢生诗书篆刻选集》等。(2008年《惠州市志》)

丘东平(1910—1941),谱名丘谭月,又名席珍,以号行,海丰人。考入海丰县陆安师范,不久投笔从戎。曾参加淞沪抗战、福建人民政府事变。民国二十二年(1933)到上海,加入"左联"。次年东渡日本,成为东京"左联"领导人。抗战时期,任陈毅支队政治部敌工科科长、战地服务团记者、鲁迅艺术学院华中分院教导主任。在反日军扫荡中以身殉国。卒后由胡风编辑出版《东平短篇小说集》(后更名为《第七连》),周而复编辑出版《茅山下》。新中国成立后,由彭柏山编辑出版《东平选集》,于逢编辑出版《沉郁的梅冷城》。(2005年《海丰县志》)

丘国珍(1894—1979),字聘之,海丰人。丘东平兄。毕业于县立第一高等学校、援闽粤军军官讲习所第一期、日本东京成城军校、日本千叶陆军步兵学校、重庆中央训练团党政高级班第二期。曾任福建省团务处少将主任、福州市公安局局长、国民革命军新编第一师少将参谋长、第十一集团军总司令部参谋处长、第十战区长官部政治部中将主任、第八绥靖区政治部主任等职。著有《锋镝馀生录》《十九路军兴亡史》等。(2005年《海丰县志》)

丘卿云,字春岫,龙川人。清乾隆四十五年(1780)庚子举人,官狄道州知州。年四十七卒于任。著有《重觐诗集》。(民国《龙川县志》)

丘兆琛(1899—1963),字玉林,归善(后改惠阳)人。民国十一年(1922)赴德国留学,毕业于陆军大学参谋班。曾任第十九路军旅长、福州城防司令、闽东警备司令、第三战区中将高级参谋、长沙警备司令兼防空司令、浙江省杭州行政区行政督察专员、南岳建设委员会副主任委员、广东省政府高级顾问。著有《南太平洋游记》《莱茵河前后战役》《兴登堡元帅东征实录》《第二次世界大战西欧战场纪略》等。(2008年《惠州市志》)

丘作宾,字鹭庄,龙川人。丘卿云子。清乾嘉间岁贡生。著有《不远游诗草》。(民国《龙川县志》)

邱对扬,清长宁人。生员。乾隆间同辑《长宁县志》。(乾隆《长宁县志》姓氏)

邱凤鸣,河源人。清同治五年(1866)丙寅恩贡,候选儒学教谕。参与

编纂《(同治)河源县志》。(同治《河源县志》卷七)

邱冠南,河源人。优廪生。清同治间参与编纂《河源县志》。(同治《河源县志》纂修官绅衔名)

裘集裳(1876—1940),名德桢,又名习常,别号昌业,以字行,归善(后改惠阳)人。工书画,善雕刻,精音律。编有《兰言集》。(《惠州诗词选编》)

任鏊,字介仲,归善人。任若埍次子。清康熙三十一年(1692)壬申岁贡。归隐西湖。三十三年(1694)大水,备舟以济,存活甚众。著有《北游草》。(雍正《归善县志》卷十七,乾隆《归善县志》卷十四)

任国荣(1907—1987),归善(后改惠阳)人。毕业于中山大学生物系。民国十八年(1929)留学法国巴黎大学,攻读生物学,获科学博士学位。历任中山大学生物系教授、师范学院博物系主任、理学院院长、大学部训导长、香港中文大学新亚书院生物系主任。翻译《理科季刊》。编纂《中国鸟学丛书》《西花红嘴相思群各属之研究》《伦敦动物园各部详记》。著有《广西瑶山两月观察记》《广西瑶山鸟类之研究续集》《画眉科小眉属之研究》《鸟类迁移之研究》《中国鸟学丛书·第二集》。(2008年《惠州市志》)

任庆晓,民国惠阳人。著有《[任庆晓]诗》一卷。(《惠州志·艺文卷》)

任若埍,字贞卿,号行愿,归善人。清顺治七年(1650)庚寅岁贡。不仕,亦不入公门,与知交作文酒宴为乐。年七十八卒。著有《书经解义》《纲鉴要录》《西湖杂咏》。(雍正《归善县志》卷十七,光绪《惠州府志》卷三十八)

任绍明(1896—1947),字少游,归善(后改惠阳)人。早年就读于陆军速成学校,曾任惠阳县、郁南县、西宁县县长,持平中学教师。纵兴诗酒,以解悲苦。民国二十年(1931)参与主修《西宁县志》。有《任少游先生遗集》,收录诗词近二百首。(民国《惠阳县志》,民国《旧西宁县志》序,《惠城文史资料》第七辑)

任廷桂,字秋崖,归善人。少负经世才,明嘉靖三十九年(1560)向军府进平定两江剧寇之策。著有《图书律历》《尚书解》,邑令董有光为序。(雍正《归善县志》卷十七,乾隆《归善县志》卷十四)

任鏊,字美仲,归善人。任若埍第五子。清康熙三十六年(1697)丁丑拔贡,候选教谕。著有《四书讲义》十余卷。(雍正《归善县志》卷十七,乾隆《归善县志》卷十四)

阮啸仙(1897—1935),名熙朝,字建备,号瑞宗,别号晁曦,化名阮比力、小山、笑仙等,河源人。民国十年(1921)春,加入广州共产主义小组。任国民党中央农民部组织干事期间,组织"反基督教青年大同盟",主编《反基督教青年大同盟特刊》。民国十七年(1928)六月出席中共在莫斯科召开之第六次全国代表大会,被选为中共中央审查委员。奉派至江西,历任中华工农兵苏维埃中央执行委员会委员、中共中央互济总会援救部部长、中央审计委员会主席、中共赣南省委书记兼赣南军区政治委员。民国二十三年(1934)十月中央工农红军开始长征后,留在赣南地区坚持工作。次年三月,在指挥战斗时中弹牺牲。著有《中国农民运动》《阮啸仙文集》。(《广州市志》卷十九)

沙道初,字太始,龙川人。明万历元年(1573)癸酉和平恩贡,授定南知县,升王

府长史。致仕家居，邑侯林庭植聘其修《（万历）龙川县志》。（乾隆《和平县志》卷五，嘉庆《龙川县志》卷三十六）

沙衡，龙川人。增生。嘉庆间分纂《龙川县志》。（嘉庆《龙川县志》重修姓名）

佘圣言（1697—1744），字介侯，号畏斋，陆丰人。清雍正二年（1724）甲辰进士，官宗人府主事、玉牒纂修官。以亲老，解组归，掌教韩山书院。喜吟咏，工书法。著有《眺远楼诗集》《书院学约》。（乾隆《陆丰县志》卷八）

佘玉仁，陆丰人。廪膳生。乾隆初期分纂《陆丰县志》。（民国《陆丰县志》卷十二）

沈龙震，字雷默，号鸥亭，陆丰人。清顺治十四年（1657）丁酉举人，授山西夏县知县。赋性耿介，公余手不释卷，喜接引后学。著有《南安治谱》、《读书符》、《立身符》、《分国左传》、《廿一史纂》（亦名《二十一史纂》）。（乾隆《陆丰县志》卷八，光绪《惠州府志》卷三十五）

沈瑞麟，字二中，清陆丰人。沈龙震子。例贡生，授开平学正。每日酌酒赋诗，课士论文。垂训七载，卒于官。著有《晨钟八警》。（乾隆《陆丰县志》卷八）

沈展才，字其昂，陆丰人。清雍正十三年（1735）乙卯举人，截选知县。乾隆初期分纂《陆丰县志》。（乾隆《陆丰县志》卷七）

石宗汉，又名石潜，字无闷，一字芷叔，清河源人。石宗浦弟。著有《楼居小馆诗钞》。（《国朝岭海诗钞》卷二十三）

石宗浦，字梦冠，一字冠云，清河源人。石宗汉兄。著有《桂山草堂吟稿》。（《国朝岭海诗钞》卷二十二）

释古昱（1650—1701），字融虚，其先高州信宜人，祖姓曾，徙居惠州，弱冠出世于福建上杭。后为海幢寺高僧。有《〔融虚〕遗诗》五卷，藏于山中。（《海云禅藻集》卷三，《羊城禅藻集》）

释函可（1611—1659），本名韩宗騋，字祖心，号剩人。博罗人。韩日缵长子。受业于梁朝钟，有济世之志。崇祯十二年（1639），年二十九岁在曹溪受戒，居华首台为都寺。往来于罗浮、匡庐间。还粤，于广州小北门外筑"不是庵"，招集净侣寄钵此间。崇祯死，偕徒往南京请经。清顺治四年（1647）将返里，守城者检其箧，得福王与阮大铖书及《变记》，被留，酷刑令招党羽，忍死不供。次年其父所得士洪承畴释其徒而避嫌，械送其至京师，得免死，发配沈阳慈恩寺。与谪居诸臣如莱阳左懋泰、寿光魏琯、定州郝浴等三十三人结冰天诗社，为诗文之交。圆寂后葬龙泉寺。传弟子今育等开曹洞北传别派。著有《千山语录》（又名《千山剩人和尚语录》）、《千山诗集》二十卷、《千山诗集补遗》一卷、《普济语录》、《剩人诗》。（同治《番禺县志》卷二十七，《粤东诗海》卷九十八，宣统《番禺县续志》卷二十七，民国《博罗县志》卷七）

释行森（1614—1677），号茆溪，俗姓黎，博罗人。年少以恩荫入国学。明崇祯三年（1630）遁入空门，赴越州云门寺，参拜雪峤圆信。清顺治四年（1647）圆信圆寂后，赴湖州报恩寺，参拜玉林通琇和尚。旋拔居首座，为临济宗传人。十七年（1660）应召入京为顺治帝说法，颇得赏识。康熙十六年（1677）于吴山华严寺圆寂。雍正十一年（1733）追封为"明道正

觉禅师"。有《敕赐圆照茆溪行森禅师语录》（又称《明道正觉行森禅师语录》）。(2008年《惠州市志》）

释元㯷（1614—1683），一作元琈，字石新，俗名叶挺英，字昌裕，号洁吾，清归善人。少为诸生，试必前列。明亡，从雪樋和尚学佛。喜游山水，行走如飞。善画。年七十，灯下犹能作蝇头书。著有《梦馀集》《云水残言》。(光绪《惠州府志》卷四十四)

苏海，清海丰人。廪膳生。乾隆间纂辑《海丰县志》。(乾隆《海丰县志》纂修职名)

谭建基（1886—1945），字孟翊，归善（后改惠阳）人。毕业于广东黄埔陆军速成学校、日本陆军步兵学校第七期。曾任广州大本营军政部参议兼陆军讲武学校高级教官、黄埔军校上校战术教官、军事委员会广州军政分会少将总务处长、陆军大学研究委员。著有《[谭孟翊]诗草》。(民国《惠阳县志》，《黄埔军校将帅录》)

谭经，归善人。明正统六年（1441）辛酉举人，官武缘教谕，补瑞安、衡文、南畿，升南雄教授。未六十，乞归。著有《六经大学纲领》。(嘉靖三十五年《惠州府志》卷十三，乾隆《归善县志》卷十四)

汤相，字少莘，号石埭，归善人。明嘉靖二十二年（1543）癸卯举人。官福建龙岩知县，均地租、商税，以补浮粮。筑新圳以溉民田，修城外堤以捍水患。修《龙岩县志》，称于时。在官九年，擢郧阳同知。(乾隆《归善县志》卷十四，道光《广东通志》卷二九一)

汪少云（1900—1960），归善（后改惠阳）人。其父汪友云乃惠州名医，幼承父业，精通中医理论，为惠州三大名中医之一。著有《中医实用外科学》《中医内科常见疾病》等。(2008年《惠州市志》)

王福康，清博罗人。附贡生。性醇厚，严家政。晚年尤好学，日手一编。著有《家训》一卷。(民国《博罗县志》)

王继文（1860—1934），字子岐，号孝章，归善（后改惠阳）人。选肄广雅书院，受业于梁鼎芬。清光绪十七年（1891）选优贡，朝考第二等，历任正白旗官学教习，新宁训导，昭平、平乐知县，左州知州，全县县长。著有《息影斋诗文存》一卷、《读史摘要》二卷、《霞阁王氏家谱》一卷。(民国《惠阳县志》)

王居正，字京林，清归善人。博闻强记，凡经史过目不忘。累试不得志，遂怡情诗酒。著有《北游草》《辍耕录》。(光绪《惠州府志》卷三十五)

王绍曾，字云之，清陆丰人。廪生。乾隆初期分纂《陆丰县志》。(民国《陆丰县志》卷十二)

王祥云，清末和平人。续修《王氏族谱》。(民国《和平县志》卷十八)

王映楼（1893—1962），名琼燊，以字行，又字伯琚，归善（后改惠阳）人。早年师从秦序东、吴道镕和张卫斋，习诗文、书法。清光绪三十四年（1908）加入中国同盟会。任梅县县长，南山管理局秘书，惠阳县、博罗县政府秘书等职。新中国成立后，任惠州华侨中学校长、广东省文史馆馆员。有《二百四十家书法》《王映楼书法集》。(2008年《惠州市志》)

魏振裘，字鹤氅，龙川人。诸生。清光绪末年，加入中国同盟会。民国间任陆

军少校。著有《竹头木屑》。（民国《龙川县志》）

温梓川（1908—?），原名温玉书，别名温玉舒，梓川为笔名，惠阳人，生于马来亚。曾任马来亚《新报》副刊编辑、《光华日报》副刊主编等职。与陈毓泰合译《南洋恋歌》。著有《恋歌二百首》《山歌选》《梓川小品》《梦呓》《美丽的肖像》《郁达夫南游记》《文人的另一面》《马来亚研究》《作家的学生时代》《咖啡店的侍女》等。（《中国现代六百作家小传》）

翁天祐（1852—?），字嘉林，号应侯，海丰人。清光绪十二年（1886）丙戌进士，任福建浦城知县，主持修纂《（光绪）续修浦城县志》。调同安知县，升福建补用知府。（《汕尾文史》第十辑）

邬保良（1900—1955），龙川人。毕业于美国华盛顿天主教大学，获化学博士学位。民国十七年（1928）回国后，任中山大学、安徽大学教授，武汉大学化学系主任、理科研究所所长、中国化学工会编辑等职。精通英、法、德、俄四国语言。病逝于武汉。著有《静核构造理论》等书。（1994年《龙川县志》）

巫宏峰，号质庵，清龙川人。巫荣父。性恬退，读书训子，生平足不入城市。年七十六卒。著有《东甓诗集》。（嘉庆《龙川县志》卷三十六）

巫荣，字仁伯，号静园，龙川人。清雍正十一年（1733）癸丑进士，初补浙江义乌知县，继授河南西平令。解组回里，掌教三台书院六年。雍正九年（1731）参编《龙川县志》。（嘉庆《龙川县志》卷三十六）

巫三祝，字献一，又字疑始，龙川人。巫子肖长子。明天启七年（1627）丁卯恩贡，崇祯元年（1628）戊辰成进士，授编修。尝任福安知县、吏部观正、户部员外郎。十四年（1641）返桑梓省亲，适逢清兵大举南侵，进逼龙川，遂聚乡间正义之士，于霍山安营抗清，因寡不敌众而失败，不屈而死，时年八十。著有《龙川县志》《霍山志》《蘧园集》。（嘉庆《龙川县志》卷三十六）

巫玗，字雷柱，龙川人。清康熙二十年（1681）辛酉举人。参编《龙川县志》十二卷。（民国《龙川县志》）

吴高（?—1451），字志高，一作尚志，归善人。明宣德八年（1433）癸丑进士，历官刑部主事、员外郎、福建左参政。致仕归，徜徉山水，惠阳风物陶写殆尽。天顺间参与编修《惠州府志》。（道光《广东通志》卷二九〇，光绪《惠州府志》卷三十五）

吴秋宇，民国和平人。纂修《吴氏族谱》。（民国《和平县志》卷十八）

吴升三，龙川人。清嘉庆二十三年（1818）廪贡。分纂《（嘉庆）龙川县志》。（嘉庆《龙川县志》重修姓名）

吴仕端（1910—1987），号忍寒，惠阳（今惠州）人。民国二十三年（1934）在广东国民大学肄业后，曾任惠州《民国日报》总编，惠阳县立女子师范学校、河源县立中学、惠州昌明小学、惠阳县立一中、私立持平中学、香港华侨中学、香港南华学院附中等校文史教员，小学校长，广东第四战区难童收养所所长，惠阳县民众教育馆馆长。新中国成立后，任联合中学教员、广东省文史研究馆馆员。著有《论苏轼岭南诗及其他》《惠州西湖艺文丛谈》《潜珍书屋联话》《潜珍诗稿》等。（2008年《惠州市志》）

吴伟东（1905—?），原名伟，以字行，又字东邨，别号宽夫，晚年皈依佛教，自号"静庵居士"，海丰人。民国三十八年（1949）居香港，任教于西南中学。著有《静庵诗钞》《静庵乐徐诗稿》《静庵诗词续集》。（《香港古典诗文集经眼录》）

吴希仲，字亦孜，清归善人。廪生。著有《一箦山房诗集》。（光绪《惠州府志》卷二十七）

吴职藩（？—1942），字心存，归善（后改惠阳）人。清末生员。废科举后，学法律监狱专业。终生从事教育和著述。惠州城陷，遭日军残杀。著有《鲁论抉微》十余卷，未梓。（《惠城文史资料》第十五辑）

萧传高，和平人。生员。清道光二年（1822）纂修《萧氏族谱》。（民国《和平县志》十八）

萧涵棻，归善人。郡庠生。清同治间参与编纂《河源县志》。著有《匠翘别墅诗集》。（同治《河源县志》纂修官绅衔名）

萧徽章（1853—1912），号云卿，和平人。清光绪二十五年（1899）出丙申岁贡，江西试用府经历。续修《萧氏族谱》。（民国《和平县志》卷十六）

萧居权，河源人。清咸丰八年（1858）戊午岁贡，布政司经历衔。分纂《（同治）河源县志》。（同治《河源县志》卷七）

萧居湘，字邻茝，号邻芷，河源人。清道光十六年（1836）丙申诸生。著有《邻茝遗集》六卷。（同治《河源县志》卷十三）

萧聚崑（1731—?），字玉田，清河源人。捐贡生，任四川绵竹，湖南邵阳、善化知县，直隶州郴州、靖州知州等职。主修《邵阳县志》。（同治《河源县志》卷十三）

萧维藻，号补溪，河源人。清雍正十年（1732）壬子举人，乾隆二年（1737）丁巳明通贡生，授韶州府英德县教谕。荐升知县，不就。编纂《（乾隆）河源县志》十五卷。（同治《河源县志》卷十三）

萧元龙，长宁人。清道光间岁贡，候选训导。分纂《（道光）长宁县志》。（道光《长宁县志》卷六）

萧钟华，字希西，别字谦轩，和平人。邑庠生。清乾隆四十八年（1783）癸卯举人。一上公车不第，不复再试，主讲于龙溪书院。晚筑鲲化书室，啸咏不倦。嘉庆十九年倡修《萧氏族谱》。著有《绳武堂集》、《读孟蠡测》（未梓）。（民国《和平县志》卷十六）

萧钟荃（1761—?），名炎，字涵元，号少轩，和平人。援例授修职郎，候补县丞，署太平府经历，转任建阳卫守备三山巡检。清嘉庆十九年（1814）告假还乡，协修《和平县志》。道光二年（1822）纂修《萧氏族谱》。（民国《和平县志》卷十八，《入粤始祖·萧梅轩宗支统谱》）

萧钟莘，号觉亭，和平人。萧钟华胞弟。廪生。清乾隆四十八年（1783）癸卯、五十三年（1788）任乡试荐卷。道光二年（1822）纂修《萧氏族谱》。著有《正谊堂稿》。（民国《和平县志》卷十六）

谢墀勋，博罗人。谢维植孙。清嘉庆三年（1798）戊午举人。喜藏书，尤嗜印章。著有《[墀勋]印谱》二卷。（1988年《博罗县志》）

谢殿元，和平人。例监。清乾隆十八年

(1753)据连平谢氏四修族谱编修《谢氏族谱》。（民国《和平县志》卷十八）

谢嘉能，长宁人。清康熙五十六年（1717）丁酉贡生，任平远训导。分编《（雍正九年）长宁县志》。（乾隆《长宁县志》卷六）

谢牧，字牧野，号小山，河源人。明天顺元年（1457）诏征天下怀才抱德者，邑令欲举，牧力辞不就，隐于桂山而终，年九十二。通画经史，善鼓琴，勤著述。宣德二年（1427）金宪聘其纂修《惠州府志》。著有《小山集》。（乾隆《河源县志》卷十三）

谢普昌，和平人。清乾隆十八年（1753）据连平谢氏四修族谱编修《谢氏族谱》。（民国《和平县志》卷十八）

谢上牧，清连平州人。州学生员。参与纂辑《（康熙）惠州府志》。（康熙《惠州府志》卷首）

谢师旦，字从周，清博罗人。诸生。邑令王俊称其笃行君子。著有《东山遗草》行世。（民国《博罗县志》卷七）

谢维植，字庭森，号弱庵，博罗人。清乾隆二十一年（1756）丙子副贡。二十八年（1763）县令陈裔虞命修志，维植详为搜辑整理，题曰《博罗賸语》一卷，李铁桥极称之。著有《印谱》。（光绪《惠州府志》卷三十五，民国《博罗县志》卷七）

谢渭澜，长宁人。清道光五年（1825）乙酉拔贡，候补教谕，署琼州府教授。分纂《（道光）长宁县志》。（道光《长宁县志》卷六）

谢宪，字汝慎，号惕斋先生，归善人。明嘉靖十八年（1539）游太学。学宗程朱，尝倚台畔折竹枝濡赤土，注《易经》，名《周易竹书》。薛侃讲学惠州西湖，多与宪辨析。著有《通纪私见》。（道光《广东通志》卷二九〇，光绪《惠州府志》卷三十四）

谢屿，字吉士，博罗人。谢师旦子。清雍正间廪生。著有《至艾集》。（1988年《博罗县志》）

谢徵，字徵古，号大山，清河源人。读书嗜古，高尚其志。著有《大山集》。（乾隆《河源县志》卷十三，光绪《惠州府志》卷三十九）

谢衷寅，字斯亮，陆丰人。录普宁诸生第一，清康熙八年（1669）己酉举人，普宁知县段藻延为子师。十八年（1679）己未进士，不久病卒。著有《四子书》，文字雄浑朴茂。（乾隆《陆丰县志》卷八）

谢周锡，字聘璋，号叟拙，博罗人。清康熙十四年（1675）乙卯举人，任顺德教谕、万州学正、揭阳教谕。四十八年（1709）升潮州府教授。五十七年（1718）擢宰上饶，数月以年老辞官归。著有《尚志斋诗文集》。（乾隆《博罗县志》卷十二）

徐炳堃，字汉廉，和平人。民国间毕业于京师公立第一中学校、北京大学，曾任军事学校教官、银行经理、大学教授。著有《中国文学小史》《银行实务》《开国六十年行政院丛书：全国商业》。（《徐氏古今诗文选》）

徐炳灵，字毓峰，和平人。清光绪间廪生。热心教育，创办岑冈高等学堂。曾任县政府财政科科长、教育科长、广东高等审判厅及司法部主任书记官。著有《岐山诗文集》。（《徐氏古今诗文选》）

徐伯铨，字友屏，博罗人。清光绪末邑庠生，任教乡间。著有《沧桑回忆录》六卷。(《徐氏古今诗文选》)

徐淳，字象伯，号清阳，和平人。清雍正七年（1729）己酉武举人，捐封昭信校尉。官宁阳知县。著有《竹林深处集》。（嘉庆《和平县志》卷五，《徐氏古今诗文选》）

徐达芳（1900—?），字辅全，号达成，博罗人。毕业于某师范学校，曾任乡间小学教员、校长，县九潭墟建设会主任委员，县参议会第一届参议员。著有《抗敌记》。(《徐氏历代名人录》)

徐大鹄，字龙臣，号立庵，博罗人。清康熙二十三年（1684）甲子举人，历官翰林院编修、监察御史、提督学政、延安知府。著有《罗浮雅阁集》。(《徐氏古今诗文选》)

徐大节，字象贞，又字君劲，和平人。清顺治十五年（1658）戊戌贡生，官广州府训导、恩平训导、南海教谕。著有《怡怡斋集》。（乾隆《和平县志》卷五，《徐氏古今诗文选》）

徐蹈，字捷先，博罗人。民国间毕业于广东法政学校。后习武，曾任陆军第一师团长、博罗县长。著有《九潭集》。(《徐氏古今诗文选》)

徐定安（1904—1994），字静山，号向林，和平人。徐傅霖从子、徐定全兄。毕业于务本高等学堂、粤军讲武堂，历任处长、教育长、县长、国民兵团团长、纵队司令等职。1949年迁居香港，晚年移居美国。主编《徐氏古今诗文选》。著有《县政公牍》《地方自治》《静山诗文钞》《静山诗文钞续集》。(《徐氏古今诗文选》《香港古典诗文集经眼录》)

徐傅霖（1878—1958），字梦岩，和平人。徐定安从父。清末廪生。毕业于京师法政学堂。留学日本早稻田大学，获法学学士学位。清光绪三十一年（1905）加入中国同盟会。民国间任第一届国会众议院议员、广东省高等审判厅厅长、司法部部长等职。曾与人在广州创办学海书院。曾赴香港主办《国家社会报》。卒于台北。译有《儿童教育鉴》。著有《中国法制史》《刑事诉讼法》《读史随笔》《梦岩诗文集》《紫云山房诗集》。(《广东历代诗钞》卷六，《广东文徵续编》)

徐归昌，字其五，和平人。民国间毕业于师范学校，任教师。著有《龙吟诗钞》。(《徐氏古今诗文选》)

徐国扬，字应期，号遂昌，别署少虞，博罗人。清光绪二十三年（1897）丁酉举人，次年联捷进士。官宁都副使。著有《少虞集》。(《徐氏古今诗文选》)

徐汉英，字冠宇，和平人。民国间毕业于广东公立政法专门学校，历任高等法院、地方法院推事、检察官，中学校长。著有《宇宙风诗文集》。(《徐氏古今诗文选》)

徐河，字禹功，清和平人。著有《自勉力行集》。(《徐氏古今诗文选》)

徐焕宗（？—1969），字绍庭，号希圣，和平人。民国间毕业于广州法科学院，历任龙川、和平、兴宁、大埔、普宁等县地方法院检察官，广东高等法院检察官，罗定地方法院首席检察官，台中地方法院推事。著有《偷闲诗集》。(《徐氏古今诗文选》)

徐惠仪，字锦文，河源人。毕业于广东省立第一女子师范学院，后获东京日本大学社会教育学士学位。历任河源县立小学、惠阳县立女子师范学校、广州市力行中学、香港永康中学等校校长。新中国成立前去往香港，于九龙钻石山创办永康中学。曾任香港儿童保育协会会长兼理事长、侨务委员会顾问、香港德明书院教授等职。著有《今后妇女动向》一书。（《民国人物大辞典》）

徐嘉泰，字懋初，和平人。明万历二十三年（1595）乙未拔贡，官於潜、江山知县。著有《南州雅堂集》。（乾隆《和平县志》卷五，《徐氏古今诗文选》）

徐价，字超士，和平人。清乾隆十四年（1749）己巳贡生，任连山、英德等县教谕。著有《仁恕草堂集》。（《徐氏古今诗文选》）

徐侃，字子刚，龙川人。清乾隆五十一年（1786）丙午拔贡。著有《植堂集》。（《徐氏古今诗文选》）

徐鸣衢，和平人。清嘉庆十八年（1813）癸酉拔贡。协修《（嘉庆）和平县志》。（嘉庆《和平县志》卷首）

徐荣祖，字君荣，号与耕，龙川人。清顺治二年（1645）乙酉岁贡，任广西苍梧教谕。工文词，以明经隐居。襄建学宫，修辑县志。著有《非病斋文集》《非病斋诗集》。（乾隆《和平县志》卷五，嘉庆《龙川县志》卷三十六）

徐润，字峰玉，和平人。清雍正七年（1729）己酉举人，任阳江教谕，升宁化知县。晚年掌教龙溪书院。乾隆二十七年（1762）冬纂修《和平县志》八卷。乾隆三十年（1765）创修《徐氏族谱》。著有《抱石斋诗文集》。（民国《和平县志》卷十六，《徐氏古今诗文选》）

徐绍尧，字敏生，和平人。民国间毕业于广东公立法政专门学校，历任和平县立中学、浰东中学文史教师，龙川、饶平等县地方法院检察官，县政府秘书。著有《清风阁诗文集》。（《徐氏历代名人录》）

徐声涛（1904—1950），字松坡，和平人。民国间毕业于清华大学，曾任县立中学、南武中学教务主任、校长，救济总署秘书，县政府秘书。著有《松风花影集》。（《徐氏古今诗文选》）

徐树棠（1897—1937），字召周，和平人。清末毕业于两广方言高等专门学校，曾任务本高等学堂、和平县立师范学校校长，和平县教育局局长。著有《教育概论》《教育新编》《教与爱》《是言论集》等。（《徐氏古今诗文选》）

徐斯举，字应聘，和平人。清雍正十一年（1733）癸丑岁荐，历任嘉应、金山、龙溪等书院教授。参与编纂《（雍正）和平县志》。著有《石宝草堂集》。（乾隆《和平县志》卷五，《徐氏历代名人录》）

徐斯连，字子嘉，龙川人。徐荣祖子。清康熙二年（1663）癸卯举人，历任盐城、德化知县。著有《清闲斋集》。（《徐氏历代名人录》）

徐斯适，字即三，又字逸哉，号平川，龙川人。徐荣祖子。清康熙十七年（1678）戊午举人，任江西清江知县，升淮安府河务同知。年八十三卒。著有《玉壶咏》《怀宁斋集》。（嘉庆《龙川县志》卷三十二，民国《龙川县志》，《徐氏古今诗文选》）

徐斯誉，字应隆，一字达轩，清和平人。由监生任县丞。年八十五卒。乾隆间与修《和平县志》。（乾隆《和平县志》序）

徐廷芳，字兰先，一字餤庵，和平人。徐延翰祖。清雍正四年（1726）丙午举人，乾隆七年（1742）壬戌成进士。为诸生时掌教本邑五云书院，邑人朱超玟、曾振登、毛际博从其游。历任新宁教谕，肇庆、南雄教授，扶风知县，以年老归。年九十三卒。参与纂修《（雍正）和平县志》，乾隆三十年（1765）创修《徐氏族谱》。著有《逢源斋集》。（民国《和平县志》卷十六）

徐宪洲，字铭夫，又字仿欧，和平人。徐玉芬子。民国间毕业于广州法科学院，曾任兴宁、丰顺、广州等地方法院推事、检察官，和平县立中学、浰东初级中学教务主任，和平县政府秘书。著有《是与非集》。（《徐氏古今诗文选》）

徐旭曾（1751—1819），字晓初，和平人。徐廷芳曾孙。清乾隆五十七年（1792）壬子举人，嘉庆四年（1799）己未进士，官户部员外郎。十九年（1814）任广州粤秀书院学长，亦曾掌教丰湖、凤山书院。著有《丰湖杂记》《梅花阁吟草》《小罗浮集》。（民国《和平县志》卷十六，《徐氏古今诗文选》）

徐延第，字渠及，一字可亭，和平人。徐廷芳孙。清乾隆十七年（1752）壬申举人，二十六年（1761）中正榜，授官国子监助教。著有《飞霞诗存》四卷。（民国《和平县志》卷十六）

徐延翰，字词甫，号硕三，和平人。徐廷芳孙。清乾隆三十年（1765）乙酉拔贡，历任万州、澄迈、三水、长乐等县训导，桐乡、仙居知县。嘉庆二十四年（1819）续编《和平县志》，任总修。续修《徐氏族谱》。著有《紫兰阁诗草》、《词甫文存》、《小南山堂集》七卷（其中，文集《群生草》二卷、诗集《儿时草》一卷、《忘忧草》一卷、《马头风月草》三卷）。（民国《和平县志》卷十六，《徐氏历代名人录》）

徐延泰，字适哉、瑞生，一字敬轩，和平人。徐廷芳孙。清乾隆三十一年（1766）丙戌进士，历官吏部主事、龙岩知州、延平知府。尝掌龙溪书院。著有《通雅草堂诗草》《搏浪文集》等。（《和平文史》第三辑，《徐氏历代名人录》）

徐玉芬（1870—1932），字琼苑，别号庆远楼主，和平人。清光绪十五年（1889）廪生，曾任"三乎斋"塾师，下车高等小学校长，和平县立高等小学教员、校长，和平县立中学国文教员。著有《徐玉芬诗文集》（一作《庆远楼主集》）。（1999年《和平县志》，《徐氏古今诗文选》）

徐裕玉，字宝珍，和平人。徐斯举曾孙。清咸丰间贡生，官连平教谕。年八十一卒。著有《清溪文集》。（《徐氏历代名人录》）

徐元庆，字荣轩，和平人。清嘉庆十五年（1810）庚午恩贡，官汀州教授。著有《榕荫草堂诗草》。（《徐氏古今诗文选》）

徐元苏，字复庵，和平人。清嘉庆十一年（1806）丙寅贡生，官潮阳教谕。著有《丽山诗文集》。（《徐氏古今诗文选》）

徐元骧，字子良，和平人。清嘉庆七年（1802）壬戌贡生，官增城教谕。著有《尚友诗文集》。（《徐氏古今诗文选》）

徐元兴，字步高，清和平人。著有《风萍集》。（《徐氏古今诗文选》）

徐元祉，清和平人。例贡生。乾隆间与修《和平县志》。（乾隆《和平县志》卷五）

徐肇绪（1902—?），字衍宜，博罗人。民国间毕业于广州法政学校，曾任法官、局长、联防主任。著有《国难流亡记》。（《徐氏古今诗文选》）

徐之凤，字盛瑞，又字梧生，和平人。清雍正四年（1729）己酉举人，官至吏部主事。著有《三友斋诗文集》。（乾隆《和平县志》卷五，《徐氏古今诗文选》）

徐之岐，字秀峰，号凤来，和平人。清乾隆十六年（1751）辛未贡生，任惠来、海丰等县教谕。著有《云霞诗文集》。（乾隆《和平县志》卷五，《徐氏古今诗文选》）

徐植圣，龙川人。清乾隆十八年（1753）癸酉拔贡，任龙门教谕。参与编纂《（乾隆）龙川县志》。（乾隆《龙川县志》纂修姓氏）

徐钟奇，字拔凡，和平人。民国间毕业于广东政法专门学校，曾任昌化、琼山等县地方法院推事，感、昌地方法院检察官，浰东中学教务主任。著有《雪梅随笔》二卷。（《徐氏古今诗文选》）

许帝荣，长宁人。清雍正元年（1723）癸卯贡生，任东莞训导。分编《（雍正九年）长宁县志》。（乾隆《长宁县志》卷六）

许世馥，清末民初龙川人。绘《花果同珍图》一册，由杨壁堂编定，清咸丰五年（1855）稿本。（《花果同珍图》）

许寿田（1869—1929），字鹤俦，号仲毅，归善（后改惠阳）人。早年就读丰湖书院。清光绪二十四年（1898）戊戌拔贡，历任湖北房县、巴东知县。宣统三年（1911）秋升江苏镇江知府，赴任途中，武昌起义爆发，遂返里。民国七年（1918）入粤军司令部为陈炯明幕僚。陈发动叛乱，遂重返故里。著有《静凉轩诗文稿》《鹤俦遗稿》。（2008年《惠州市志》，《惠州诗词选编》）

严对扬（1626—?），字筑公，归善人。清顺治八年（1651）辛卯举人，康熙二十五年（1686）选授四川绥阳知县。参与纂修《（康熙十四年）归善县志》。（雍正《归善县志》卷十七）

严英，字千士，归善人。清康熙五十二年（1713）癸巳恩科举人。参与纂修《（雍正）归善县志》。（雍正《归善县志》纂修姓氏）

严毓元，字始万，号憨园，归善人。清顺治八年（1651）辛卯岁贡，选送国子监。历官始兴训导、海康教谕、潮州教授。迁长兴县丞，以亲丧，归。著有《述梦戒牛录》《游雷录》《韩山菜记》《憨园集》。（雍正《归善县志》卷十七，光绪《惠州府志》卷三十二）

颜伯焘（1788—1855），字鲁舆，号载飘，别号小岱，连平州人。颜检子。清嘉庆十五年（1810）庚午举人，十九年（1814）甲戌成进士，选庶吉士，授翰林院编修。历任陕西按察使，陕西、甘肃布政使，陕西、云南巡抚。道光间官至闽浙总督。著有《回字楼奏议》《求真是斋诗钞》《求真是斋诗馀》等。（《客家史料汇编》，2001年《连平县志》）

颜尔栻，字敬甫，号芎辀，连平州人。清道光五年（1825）乙酉举人，历任咸安宫教习，西华、温县、杞县、鄢陵、光山、商水等县知县。著有《四书典考》《思复时堂诗文》。（《连平州历科文武科甲词林侍卫官宦钞》）

颜尔枢,字荔川,又字用甫,连平州人。清嘉庆十二年（1807）丁卯顺天乡试举人,十四年（1809）己巳会试中恩科进士。历任广西新宁州、东兰州知州等职。纂修《（嘉庆）翁源县志》。(嘉庆《翁源县志》卷九)

颜检（1756—1832）,字惺甫,一字耘圃,别号岱山,连平州人。颜希深子。拔贡,清乾隆四十二年（1777）朝考一等,授礼部七品小京官,旋升仪制司员外郎、御前校射。出任江西吉安知府,云南盐法道,云南兵备道,江西按察使,河南、直隶布政使,河南、贵州、浙江、福建巡抚,顺天府尹,仓场侍郎,工部、礼部、兵部、户部侍郎,闽浙、直隶总督等职,加太子少保衔。著有《衍庆堂奏议》《衍庆堂诗稿》（一作《衍庆堂集》）十一卷、《耘圃疏稿》。(《楚庭耆旧遗诗续集》卷一,《国朝诗人征略二编》卷三十八)

颜纶泽（1890—?）,字綍丹,连平州（后改连平县）人。毕业于北京农政学校。后赴日本留学,入东京帝国大学,获农学士学位。历任北京政府农商、农工、实业部技正、佥事、棉业试验场场长、主任、技师,政报社、砭报社编辑,中南海整理设计委员,河北建设厅技正,河套荒地垦殖设计主任,徐水、永年等县县长,官产局局长,民生银行筹备委员,乡村经济研究会委员,河北农学院教授,国立浙江大学教授兼农场副主任等职。译著《植物病理学及防治学》。编有新学制农业教科书《中等农具学》。著有《农业经济学》《蔬菜大全》《四十五大作物论》。(《民国人物大辞典》)

颜培瑚（1809—?）,原名颜堉瑚,字铁珊,号夏廷,连平州人。清道光十五年（1835）乙未举人,二十一年（1841）辛丑恩科进士,历任翰林院检讨,广西道监察御史,吏科、刑科给事中,工科掌印给事中,扬州、淮安知府,江苏候补道,淮、徐、扬、海兵备道。尝掌教应元书院,主讲惠州丰湖书院。工诗词、书法。著有《自怡斋诗钞》一卷。(《柳堂师友诗录》,2001年《连平县志》)

颜培咸,原名培丰,字来章,号俪方,一号小鲁,又作筱鲁,连平州人。颜伯焘长子。清道光二十九年（1849）己酉拔贡,授浙江候补知县,加同知衔。著有《蛮吟轩咏草》。(《客家史料汇编》《连平州历科文武科甲词林侍卫官宦钞》)

颜其庶,字筱汾,连平州人。清道光二年（1822）壬午中顺天乡试副榜。历任浙江温州通判,署严州、杭州、宁波、台州,江西广信、袁州同知,兼理严州知府印务,江西临江知府,南康知府。著有《予杼轩诗钞》。(《连平州历科文武科甲词林侍卫官宦钞》)

颜世清（1873—1929）,字韵伯,号瓢叟,又号寒木老人,连平州人。足跛,人称"颜跛子"。官至吉林长春兵备道。擅鉴赏,收藏之富为北京之最。作山水、花卉,以古拙胜。辛亥革命后隐居北京。编有《约章成案汇览甲编》十卷、《空言存略》、《宜泉阁诗》。(《岭南画征略》《中国近现代人物名号大辞典》)

颜棠,字兰舫,连平州（后改连平县）人。清嘉庆十八年（1813）癸酉拔贡,叙选州判。著有《闻木樨山房诗集》《朱柏庐治家格言排律》。(光绪《惠州府志》卷三十五)

颜琬,字东篱,清连平州人。著有《东篱词稿》一卷、《东陂渔夫词》二卷。(《贩书偶记续编》卷二十,《词综补遗》第二册)

颜希深（1729—1780），字若愚，一字瀺溪，号静山，连平州人。清乾隆间贡生，任山西太原府同知，山东泰安、济南知府，山东督粮道，四川、江西按察使，福建、江西、河南布政使，湖南、云南、贵州巡抚，兵部右侍郎等职。主修《（乾隆）泰安府志》三十卷。著有《静山奏议》《[静山]诗文集》。（2001年《连平县志》）

颜希圣，字西垫，别字宜药，连平州人。清康熙五十九年（1720）庚子举人，雍正元年（1723）癸卯恩科进士，钦点翰林院庶吉士。与修《（雍正）连平州志》。（雍正《连平州志》卷六）

颜希源，字问渠，号鉴堂，又号梅岭客，连平州人。清嘉庆三年（1798）任仪征知县，十年（1805）复任。订辑《仪征县志》十卷。著有《百美新咏》。（《清人诗文集总目提要》卷三十二）

颜筱园（1787—1879），又名尔梧，字凤甫，号霭人，连平州人。监生，任按察使司照磨。无意功名，潜心医学，尤精眼科。著有《眼科约编》，闽浙总督颜伯焘为之序。又有《眼科备览》，存民国十六年（1927）钞本。（光绪《惠州府志》卷三十九，《中国医籍通考》卷四）

颜子纯，连平州人。颜希深祖父。清康熙四十一年（1702）壬午岁贡，任长宁训导。封通奉大夫。寿达百龄。纂辑《（雍正九年）长宁县志》。（乾隆《长宁县志》卷五）

杨炳奎，清归善人。杨朝枢孙。清乾隆四十五年（1780）庚子举人。与祖、父合著《三世合稿》。（乾隆《归善县志》卷十四）

杨朝枢，字松峰，一作松涛，归善人。教授生徒百余人，乡中举、贡、廪、增，咸出其门。清乾隆十五年（1750）、二十三年（1758）、四十三年（1778），平海饥荒，力谋赈济。著有《诒香集》，与子观奇、孙炳奎合著《三世合稿》。（乾隆《归善县志》卷十四）

杨成志（1902—1991），名浩，字有竞，海丰人。民国十六年（1927）毕业于广州岭南大学。后赴法国巴黎大学留学，获博士学位。任中山大学人类学部和人类学系主任，《民俗季刊》和《民族学刊》主编。新中国成立后，任中央民族学院研究部教授、中央民族学院民族学研究所教授、中国民族研究会理事、中山大学人类学系名誉教授。著有《云南民族调查报告》《广东人民与文化》《人类科学论集》《粤北乳源瑶人调查报告》《瑶族简史简志合编》《我国民俗学运动概论》《云南罗罗族的巫师及其经典》《广东北江瑶人调查报告》《粤北乳源瑶山调查报告》《偶成词草》。译著《民俗学问题格》《人类学与现代生活》《印欧民间故事型式表》（与钟敬文合译）等。（《民国人物大辞典》）

杨传芳，字体晋，号肖斋，明归善人。博学多闻，与修《惠州府志》。讲学里中，生徒数百人，成就甚众。以岁荐任潮州训导，才四十余日，感念先人丘陇，即告归。著有《自鉴录》。（雍正《归善县志》卷十七，光绪《惠州府志》卷三十四）

杨固初（1884—1938），原名杨信恒，以字行，归善（后改惠阳）人。毕业于惠州府中学堂。民国间在惠州创办第一所工读学校，任校长。又与叶史材等创办惠阳县立第一中学，任总务主任。著有《固初射虎录》（灯谜集）、《固初诗词楹联》，均成书于20世纪30年代。（《惠城文史资料》第十九辑，《惠州志·艺文卷》）

杨观奇，清归善人。杨朝枢子。清乾隆二十七年（1762）壬子举人。参与纂修《（乾隆）归善县志》。与父合著《三世合稿》。（乾隆《归善县志》卷十四）

杨俊邦，河源人。清咸丰十一年（1861）辛酉并补行八年戊午科举人，拣选知县。总纂《（同治）河源县志》。（同治《河源县志》卷七）

杨淇隣，清龙川人。生员。嘉庆间分纂《龙川县志》。（嘉庆《龙川县志》重修姓名）

杨起元（1547—1599），字贞复，号复所，祖籍博罗，迁归善。明隆庆元年（1567）丁卯解元，万历五年（1577）丁丑进士，选翰林院庶吉士，授编修，晋修撰。历官国子监司业、司经局洗马、南京礼部右侍郎、南京吏部左侍郎、北京吏部右侍郎兼侍读学士。学宗陈白沙、王阳明，以理学著，但不讳禅，合儒佛而一。建敦仁书院。任广州禺山书院山长。以母丧哀毁，病卒。天启初，赐谥文懿。与修《（万历）惠州府志》。辑《白沙语录》（一作《白沙先生语录》）二卷。著有《书录》《证学编》四卷附《证学论策》一卷、《杨子学解》、《论学存笥稿》、《杨子格言》、《杨子政序》、《证道书义》、《天泉会语》、《平氛外史》、《仁孝训》二卷、《诸经品节》二十卷、《识仁编》二卷、《杨复所文集》（一作《杨文懿集》）十二卷。（雍正《归善县志》卷十七，道光《广东通志》卷二九一，《粤东诗海》卷三十八）

杨绮青（1871—1932），字丹山，龙川人。清光绪间廪生。著有《红杏山房集》。（民国《龙川县志》）

杨寿昌（1866—1938），字果庵，归善（后改惠阳）人。清光绪十四年（1888）入读广州广雅书院，为梁鼎芬门生。二十年（1894）甲午举人，任教于两湖书院。二十八年（1902）秋，因母病回惠州，历任惠州劝学所长，惠州桧山师范学堂校长，两广武备学堂、两广高等学堂、两广陆军学校、两广高等师范教员，广东大学、中山大学、岭南大学教授。著有《果庵学说》《读经问题专论》《大义讲义》《经学大义》《国文》《人伦道德》等。（2003年《惠阳县志》）

杨廷春，字北沾，号泽庵，清归善人。杨起元嫡孙。年十四补博士弟子员。举乡饮宾，年八十卒。清雍正二年（1724）祀忠义孝弟祠。著有《惠郡乡贤考》《村居杂咏》。（雍正《归善县志》卷十七，光绪《惠州府志》卷三十七）

杨廷钊，字邦英，号劭夫，龙川人。清乾隆九年（1744）甲子举人。掌教三台书院十载，邑中名士，多赖栽成。任福建直隶龙岩州州同，修书院以助育才。官十年以疾乞归。年七十卒于家。参与编纂《（乾隆）龙川县志》。（嘉庆《龙川县志》卷三十六）

姚飞熊，字兆渭，又字非渔，归善人。清康熙三十六年（1697）丁丑拔贡。著有《耀真集》。（《清人诗文集总目提要》卷十二，《惠州诗词选编》）

姚璩，清归善人。姚子庄子。国学生，有才名。著有《衎斋文集》。（雍正《归善县志》卷十七）

姚璩，字耳臣，号琢庵，清归善人。姚子庄子。入太学，屡试不第。以四子贵，封中书。著有《灾异录》《善馀堂诗集》。（雍正《归善县志》卷十七，乾隆《归善县志》卷十四）

姚铨，字晓波，清博罗人。诸生。著有《自娱斋诗钞》。（1988年《博罗县志》）

姚祥（1460—1510），字应龙，归善人。明成化十三年（1477）丁酉举人，十七年（1481）辛丑进士，历官新喻、沛县知县，江西道监察御史，云南按察副使。遭刘瑾诬，谪戍铁岭。瑾诛，复官，卒于道。著有《西园漫草》。（嘉靖三十五年《惠州府志》卷十三，道光《广东通志》卷二九〇）

姚绪祖，字燕思，归善人。姚璪第四子。清康熙四十七年（1708）戊子举人，授内阁中书。著有《方山诗草》《北征吟》。（雍正《归善县志》卷十七，乾隆《归善县志》卷十四）

姚育秀，字绍张，号襟湖，明归善人。明万历三十五年（1607）丁未岁贡，任揭阳训导。著有《方山集》《都园稿》。（雍正《归善县志》卷十七，光绪《惠州府志》卷三十五）

姚子萼，归善人。清康熙三年（1664）甲辰岁贡。著有《唤作楼集》。（乾隆《归善县志》卷十四）

姚子敬，字操仲，明归善人。于惠州西湖水帘洞造"洗心台"。著有《黛永楼集》《梅花诗》。（乾隆《归善县志》卷十四）

姚子蓉，字梅长，号晓白，归善人。官兵部司务。明亡，游历于庐山、潇湘间。归里后，筑山庄于西湖清醒泉畔，与骚人墨客饮酒赋诗。精释典，建华严寺。参与纂修《（康熙十四年）归善县志》。著有《醒泉前后集》《南游草》《西湖志》。（乾隆《归善县志》卷十四）

姚子庄（1615—?），字瞻子，号六康，归善人。明崇祯六年（1633）癸酉举人，清顺治十五年（1658）戊戌会试副贡生。康熙间官池州府石埭知县。参与纂修《（康熙十四年）归善县志》。著有《姚六康集》、《祖香橱荔书》、《鹤阴诗选》（《粤东诗海》作《祖香橱鹤阴诗选》《荔书》）、《西湖草》、《简斋诗》、《行路吟》、《陵阳唱和》、《金刚经注解》、《因果录》。（雍正《归善县志》卷十七，道光《广东通志》卷二九一，《粤东诗海》卷五十七）

叶本竣，字邻坡，归善人。清康熙间例贡。著有《葆真堂集》。（《岭南五朝诗选》卷十）

叶炳云，龙川人。清嘉庆十四年（1809）府学贡生。分纂《（嘉庆）龙川县志》。（嘉庆《龙川县志》重修姓名）

叶成英，和平人。民国二十二年（1933）纂修《叶氏族谱》。（民国《和平县志》卷十八）

叶春及（1532—1595），字化甫，号䌹斋，又号石洞，归善人。叶天祐子。明嘉靖三十一年（1552）壬子举人，官福清教谕、惠安知县。擢守宾州，因忤权贵，忌者匿其檄，令不得赴任。挂冠归罗浮，筑"逃庵"以居。著书论道，讲学石洞书院，掌教西樵四峰书院。万历十九年（1591）授兴国知州，未赴。擢郧阳同知，迁户部江西司郎中。著有《䌹斋集》（又名《石洞集》）十八卷、《石洞诗格律》。纂辑《顺德县志》、《肇庆府志》二十卷、《永安县志》二卷、《端州府志》二十二卷等方志。（雍正《归善县志》卷十七，光绪《惠州府志》卷三十四）

叶萼，字抃夫，号浮谷，归善人。叶昚子，薛侃门人。明万历四年（1576）丙子恩贡，官严州教谕，署桐庐。归，掌教天泉书院。卒年八十。著有《合图易疏》、《诗书精释》、《四书合诠》、《方壶漫述》、《广莫游草》、《七子真宗》、《鲁论真诠》

（与薛侃同撰）等书。（雍正《归善县志》卷十七，光绪《惠州府志》卷三十四）

叶惠南（1911—2003），龙川人。肄业于梅县南华学院。加入中国共产党后，曾任东江第二支队司令部秘书、中共龙川县委宣传部部长、龙川县人民政府秘书、龙川县人民政府县长、广州市第四十二中学校长、广东省委党史研究室研究员等职。病逝于广州。编有《广东区党团研究史料（1921—1926）》，《中共广东党史大事记》（合编）。（《龙川县志1979—2004》）

叶举（1881—1934），字若卿，归善（后改惠阳）人。毕业于广东将弁学堂第一期，任广东黄埔陆军学堂、广东法政学堂教习，广东陆军第三混成协参谋长。民国间任北京政府陆军参谋本部咨议、两广护国军第五师师长、两广都司令部参谋长、闽粤军总司令部参谋处长、第二军代理军长、肇庆善后处长、粤军前敌总指挥兼粤桂边防督办、粤军总指挥、粤军总司令部参谋长、广东军务督办、广东省省长。病逝于香港。著有《若卿诗存》。（《惠州志·艺文卷》《民国广东将领志》）

叶联芳，和平人。清乾隆十八年（1753）癸酉岁贡生。晚举乡饮正宾。与修《（乾隆）和平县志》。（乾隆《和平县志》序）

叶萌震，连平州人。清康熙十一年（1672）壬子岁贡，任乐昌训导。纂修《（康熙二十六年）乐昌县志》。（同知《乐昌县志》卷七）

叶梦熊（1531—1597），字男兆，号龙塘，改龙潭，又号华云，归善人。明嘉靖四十四年（1565）乙丑进士。历官富清知县、户部主事、山西道监察御史，以建言谪郧阳县丞。复升赣州知府，历官安庆知府，云南和浙江巡抚副使，永平道兵备，山东按察使，山东布政使，右佥都御史，贵州、陕西、甘肃巡抚，都御史兼兵部左侍郎，赠太子少保、太子太保，升兵部尚书，转南京工部尚书。著有《华云集》《太保集》《五镇奏疏》《筹边议》《关西漫稿》《靖氛外史》《战车录》《运筹纲目》《决胜纲目》《万世文字之祖论》。（雍正《归善县志》卷十七，道光《广东通志》卷二九一）

叶绳□，清龙川人。廪生。嘉庆间分纂《龙川县志》。（嘉庆《龙川县志》重修姓名）

叶岢，字允中，明归善人。年十五为诸生，以不肯附离麦登而削籍，益治其学。著有《大学解》、《阳教书》《阴礼书》。（乾隆《归善县志》卷十四，道光《广东通志》卷二九〇）

叶适（1656—?），字顾吾，号西村，一作西邨，归善人。叶梦熊玄孙，叶挺英子。清康熙四十一年（1702）壬午举人，官海阳教谕。博学能文，长于诗，工书法。参与纂修《（雍正）归善县志》。著有《国朝诗采》《西村诗集》《韩江小草》。（《粤东诗海》卷七十三，光绪《惠州府志》卷三十五）

叶树蕃，字椒田，连平州人。清光绪间附生。著有《四益堂文稿》一卷、《四益堂诗草》一卷。（《清代稿钞本》第二十六册）

叶天祐，字克常，明归善人。少补博士弟子，屡试不第。父死，遂绝仕进。为学宗程朱。著有《闰月解》《正统论》《文论》。（雍正《归善县志》卷十七，光绪《惠州府志》卷三十四）

叶为荣，和平人。民国二十二年（1933）纂修《叶氏族谱》。（民国《和平

县志》卷十八）

叶维城（1621—1683），字宗翼，号犹龙，归善人。叶梦熊孙。袭锦衣卫职。明亡后，归隐乡间，筑泌园于丰湖。康熙间参与编纂《归善县志》。（康熙《归善县志》纂修姓氏）

叶文澜，字景祁，归善（后改惠阳）人。清末诸生，任教于东樵书院。著有《潜园诗集》，未梓。（《惠州志·艺文卷》）

叶秀遴，清和平人。国学生。乾隆间与修《和平县志》。（乾隆《和平县志》序）

叶应，字子唯，归善人。明成化十年（1474）甲午举人，十四年（1478）戊戌进士，初授行人，迁南京工部屯田员外郎、广远知府。著有《易卦方位次序图》一卷、《衍太极图说》一卷、《大学纲领图》一卷。（康熙《永安县志》卷十二，道光《广东通志》卷二九〇）

叶倬传，字道生，号韬生，龙川人。清光绪间诸生。著有《韬生诗集》。（民国《龙川县志》）

易衍嵩（1863—1918），字凤轩，新兴人。聪慧好学，才华超群。著有《白话诗教人学真》《文明杂字》《同音字注释》。（1998年《新丰县志》）

殷师尹，字耕野，清博罗人。恩贡。少孤家贫，然博览群书，留心时务，感发于诗。厄穷不遇，杜门著述。著有《愿学斋文集》二卷、《愿学斋诗集》四卷。（光绪《惠州府志》卷三十五）

余葵阳（1864—1935），号昶阶，和平人。清宣统元年（1909）己酉恩贡生，就职按察司经历。后历任本邑高等小学教员、县立中学教员、校长，致力教育垂三十年。工制艺，文章选入《岭南校士录》。喜吟诗，时与朋辈唱和。著有《留香室诗稿》一卷。（民国《和平县志》卷十六）

余瑞春（1896—1985），归善（后改惠阳，今惠州）人。中医师。著有《惠州西湖新面貌百咏集》。（《惠州志·艺文卷》）

余天遂，本姓卢，陆丰人。清康熙二十六年（1687）丁卯举人。著有《集茧园本艺》。（乾隆《陆丰县志》卷七）

庾楼，字木叔，一作本叔，号筠倩，归善人。庾熙父。南明隆武元年（1645）乙酉举人。读书于永福寺，自经史外，旁及诸子杂家，学问精博。明亡，隐居授徒，生徒半郡城。著有《敦行堂集》十四卷、《西湖志》五卷。（雍正《归善县志》卷十七，《粤东诗海》卷五十五）

庾熙，字辰六，归善人。庾楼子。清康熙二十九年（1690）庚午贡生。县学生员时，参与纂辑《（康熙）惠州府志》《（康熙十四年）归善县志》《（康熙二十六年）归善县志》。（康熙《惠州府志》卷首）

袁士林，清和平人。国学生。乾隆间与修《和平县志》。（乾隆《和平县志》序）

袁维藩，字价夫，和平人。袁经纶子。清末附生。续修《（民国）和平县志》。与兴宁罗冈袁氏合修《袁氏族谱》。（民国《和平县志》卷十六）

袁秀文，字寿毓，号眉峰，清和平人。由弟子员进太学。隐居潜修经史外，增删四书。著有《外学》数卷、《［袁眉峰］制艺》二千余篇。（民国《和平县志》卷十六）

袁扬廷，民国和平人。与兴宁罗冈袁氏合修《袁氏族谱》。(民国《和平县志》卷十八)

袁兆镛（？—1915），号觉庵，和平人。清光绪二十八年（1902）补廪生。民国三年（1914）本邑崇本高等小学创立后，任教员。从事讨袁活动，遇害。著有《立民初稿》一卷。(民国《和平县志》卷十八)

曾冠英（1769—？），字鹏霄，号云峰，和平人。清乾隆六十年（1795）乙卯登贤书。嘉庆十三年（1808）登进士，钦点翰林院庶吉士。出任肥城知县。十五年（1810）、十八年（1813）两科山东乡试同考官。归田后主讲丰湖书院。著有《溯泗斋文稿》，道光九年（1829）刊行。(民国《和平县志》卷十六)

曾广具，号用皆，和平人。清道光元年（1821）辛巳恩贡，历任长乐、仁化县教职。嘉庆二十四年（1819）续修《和平县志》，任分修。(民国《和平县志》卷十六)

曾焕章（1874—1947），字雪凡，自号罗浮子，博罗人。知县试文童，拔第一，时年二十二岁，府试复第一。历任福田小学校长、博罗师范教员。曾为冲虚观道士，久居罗浮。民国二十三年（1934）任博罗修志局长，编纂《博罗县志》，完成十之六七后辞世。著有《罗浮集》，收诗三百七十首。(《博罗文史》第三辑)

曾际平，字揆清，号钧堂，和平人。清乾隆四十二年（1777）丁酉拔贡，考取《四库全书》馆校录。分发云南州同，历署同知、通判、州同、知县，琅井提举，借补布政司经历，升昭通府鲁甸通判。著有《滇游吟草》。(光绪《惠州府志》卷二十七，民国《和平县志》卷十六)

曾克常，字敦五，号梅园，清和平人。清乾隆四十五年（1780）庚子岁贡，官龙门训导。任教五十余载，年七十八卒于任。手注经、史、诗歌，俱以"蠡测"名篇，即《经史蠡测》。(光绪《惠州府志》卷二十七，民国《和平县志》卷十六)

曾迁，字子殷，一字子长，博罗人。明嘉靖三十七年（1558）戊午举人，历任建平教谕、嘉兴府教授、归化知县。以事辞归，里居二十年。好吟诗，著有《漫游草》《罗浮山人集》等。(乾隆《博罗县志》卷十二)

曾三省，归善人。明万历四十四年（1616）丙辰贡生。为生员时参与纂修《（万历）惠州府志》。(万历《惠州府志》修纂姓氏)

曾生（1910—1995），原名振声，归善坪山（今属深圳市）人。毕业于中山大学，任中山大学平民夜校校长。编印《铁轮》杂志，创办《馀闲》刊物。后任广东人民抗日游击队东江纵队司令员、广东军区副司令员兼珠江军分区司令员、中共珠江地委书记、华南军区第一副参谋长、中国人民志愿军第十二军副军长、南海舰队第一副司令员、中共广州市委第三书记、广东省副省长兼广州市市长、广州军分区第一政委、国家交通部部长等职。著有《曾生回忆录》。(2008年《惠州市志》)

曾拾魁（1782—？），博罗人。清道光十五年（1835）乙未恩贡。同治二年（1863）重游泮水，次年钦赐举人。著有《晚秀楼诗集》。(1988年《博罗县志》)

曾舜渔，字泽卿，博罗人。明万历二十五年（1597）丁酉举人，次年成进士，改庶吉士。授山西道监察御史，出视河东盐政。辟育才馆以造士。以不事权贵，谪福宁州判。起南京户部主事,迁福建参议。擢广西按察使,未赴,归里。著有《春秋正义》等书。(乾隆《博罗县志》卷十二,光绪《惠州府志》卷三十二)

曾硕鹏(1772—1830),号瓶城,和平人。清乾隆五十九年(1794)甲寅中副榜,验选南海教谕,乐育为怀,栽培后学。嘉庆二十三年(1819)协修《和平县志》。(民国《和平县志》卷十六)

曾天治,龙川人。民国间在广州光汉中医学校、汉兴中医学校教授针灸学。著有《实用针灸治疗学》《科学针灸治疗学》《针灸治验百零八种》《针灸医学大纲》等。(《岭南百病验秘方精选》,《岭南中医》第一章、第七章)

曾廷玉,字学荄,号荆冈,龙川人。清乾隆十七年(1752)壬申恩科举人。文名播于远近,受聘掌书院,兼请阅卷,有拒金之事,时号"饮水先生"。终年五十六。参与编纂《(乾隆)龙川县志》。(嘉庆《龙川县志》卷三十六)

曾扬举,清和平人。国学生。乾隆间与修《和平县志》。(乾隆《和平县志》序)

曾允升,字元陟,明博罗人。工诗文,精隶草。明万历四十年(1612)壬子贡生,任澄海训导、湘阴教谕。归,吟咏不辍,学者称"碇曦先生"。著有《山藏编》《考盘草》《朱明洞草》等。(光绪《惠州府志》卷三十四,民国《博罗县志》卷七)

曾震登,字东一,自号拙斋,和平人。清雍正十三年(1735)乙卯举人。著有《拙斋文稿》。(光绪《惠州府志》卷二十七,民国《和平县志》卷十六)

翟泉,字在山,号清客,清归善人。诗宗陆游,画则多得于名山水,罗浮、鼎湖、白云、西樵诸山,登陟殆遍。晚居鹤峰翟夫子舍,非高洁者不见。耽玩花卉,栽于殊池墨沼间,与知己赏之。伊秉绶评其诗画卓然成家。年七十余卒。著有《西湖八景图》。(光绪《惠州府志》卷三十九)

翟绍高(1580—1642),字翼明,归善人。翟祖佑父。年二十,博通性理子史,补博士弟子员。明崇祯九年(1636)督学魏浣初拔其为诸生之冠。老犹力学不倦。著有《尚书蔡沈约旨》《焚馀草》。(雍正《归善县志》卷十七,道光《广东通志》卷二九一)

翟祖佑,字宪申,归善人。翟绍高子。南明隆武元年(1645)乙酉举人。参与纂修《(康熙十四年)归善县志》。(雍正《归善县志》卷十七)

张道隆(1901—2002),又名云魁,龙川人。毕业于中山大学,曾任龙川县立中学、龙川县立乡村师范学校、海丰县立中学、梅县乐育中学、广东省立惠州中学、河源蓝口中学、广东省立老隆师范学校等校校长。病逝于广州。著有《九十忆旧》。(《龙川县志1979—2004》)

张凤锵,陆丰人。清乾隆六年(1741)辛酉举人,任海阳教谕。著有《甲子乘》二卷。(《潮州人物辞典》)

张凤子(1904—1972),朋侪呼为"阿咸",归善(后改惠阳,今惠州)人。张友仁从侄。工诗文,尤精于词。著有《宋词纪事》,毁于"文化大革命"期间。(《惠州志·艺文卷》)

张光栋(1829—?),陆丰人。清道光二十六年(1846)丙午举人,官内阁中书、晋江知县。著有《学海堂笔记续记》。

(2007年《陆丰县志》,《谷饶乡志》)

张隽（1846—1904），字少才，又字啸侪，博罗人。优廪生。能诗，工骈文，善音律，尤注意乡土史。清光绪二十五年（1899）荐任东莞训导。著有《罗浮山房诗集》八卷。（民国《博罗县志》卷七，《澳门诗词笺注·晚清卷》）

张可廷（1888—1982），原名张嵩培，归善（后改惠阳，今惠州）人。丰湖书院肄业，北京京师高等学堂毕业。清光绪三十三年（1907）加入同盟会，参加惠州七女湖起义。历任南京临时政府秘书、香港侨风中学校长、国民革命军第六军司令部秘书长、广西省政府代理教育厅厅长、广西大学教授、都匀文化馆馆长、第十八军团及第九集团军总司令部少将秘书长、重庆大学校长、南京金陵大学校长、中央大学教授、《国学周刊》总编辑、国立第二侨民中学校长等职。新中国成立后，任广州市文史研究馆馆员。著有《春秋经传笔记》《左传兵摘要》《历史讲义》《海岳集》等。（《惠州文史资料》第三辑）

张瑞珊，名应奎，和平人。民国间任县议会副议长。参与编纂《（民国）和平县志》。（民国《和平县志》卷首）

张胜懿，清末博罗人。著有《君怡诗存》。（1988年《博罗县志》）

张宋卿，字恭甫，一作恭父，又字商侑，博罗人。尝与留正讲学于罗浮。宋绍兴二十七年（1157）以"春秋魁南省"，擢进士第，除秘书省正字，迁校书郎，正色立朝，不通权贵。胡铨、张浚荐之，出为肇庆守。礼贤兴学，未几卒于官。编有《嵩台志》。（乾隆《博罗县志》卷十二，《粤东诗海》卷五）

张天欣，字眷西，人号"张船"，清博罗人。诸生。性澹逸，无意功名。能诗，工书。郡守修郡城，参与其事。著有《合江楼诗集》。（民国《博罗县志》卷七）

张蔚臻（1855—?），字卫斋，又字瑞云，清博罗人。廪贡。求学于丰湖、端溪、广雅书院，师事梁鼎芬。后从兄入川，得江山之助，诗力益进。著有《慕陶轩诗抄》。（民国《博罗县志》卷七，《惠州诗词选编》）

张萱（1558—1641），字孟奇，号九岳，别号西园，博罗人。明万历十年（1582）壬午举人。屡应进士试，不第。考授内阁制敕房中书，纂修正史，侍经筵。修玉牒称旨，转北户部主事。差榷浒墅关，差满，奉母还里，乞终养。擢贵州平越太守，未任。筑舍榕溪之西，人称"西园公"。临池真、草、篆、隶皆佳，尤善丹青。订《云笈七签》一二二卷，著有《西园存稿》四十三卷、《汇雅前编》二十卷、《汇雅后编》二十八卷、《古韵》《疑曜》七卷、《西园汇史》一〇六卷、《西园闻见录》一〇七卷、《史馀闻见录》一八〇卷、《六书故》、《三朝政要》、《西园题跋》四卷、《心口语》、《苏文忠寓惠录》、《入宅周书》、《阴宅》、《四书大惑具体》、《西园画评》、《西园题跋》四卷、《秘阁藏书录》四卷、《西园全集》三十卷、《五经一贯》、《古文奇字》、《西园类林》、《西园类记》等。（乾隆《博罗县志》卷十二，《粤东诗海》卷三十八）

张衍曾，字敷臣，号怀蓼，归善人。清康熙三十七年（1698）戊寅贡生。参与纂修《（雍正）归善县志》。（雍正《归善县志》卷十七）

张友仁（1877—1974），曾用名张夏、胜初，博罗人，迁居惠州。清光绪三十一年（1905）毕业于两广师范简易科。宣统三年（1911）加入中国同盟会，参加惠州淡水起义。历任北伐军总司令部秘书、海丰县民政局局长、海丰县县长、福建龙溪县知事、东江财政局局长、广东公路处处长、福建福泉公路局局长兼十九路军工程处副处长、博罗县临时参议长等职。民国九年（1920）创建私立丰湖图书馆。新中国成立后，任东江人民图书馆馆长、广东省文史馆副馆长。编纂《（民国）惠阳县志》《（民国）博罗县志》。著有《惠州西湖志》《罗浮山名胜古迹调查》《春秋今释》《丰湖文献录》《荔园诗存》《扶藜集》等。（2001年《博罗县志》，2008年《惠州市志》）

张玉堂（1794—1870），字翰生，号画锦，又号翰墨将军，归善人。屡试不遇，遂投笔从戎。清道光十四年（1834）擢至广东水师提标前营千总，后历官都司、参将、副将。晚岁为总督瑞麟所倚重，同治六年（1867）署广东水师大鹏副将。诗书画兼工。著有《公馀闲咏诗草》。（光绪《惠州府志》卷二十七，《澳门诗词笺注·晚清卷》）

张昭远，归善人。唐乾符四年（877）丁酉进士。历官起居舍人、史馆修撰、判馆事、户部侍郎。撰修《旧唐书》，出力最多。（民国《惠阳县志》）

张镇江（1874—1941），字一飙，龙川人。清光绪二十一年（1895）增生。后毕业于惠州初级师范学堂，任教于通衢明新高等小学堂。民国间，历任龙川县立第一小学校校长、龙川县立中学校校长、县修志馆馆长。以戏剧《烟长末日》讽刺污吏，入狱不屈。晚年勤于著述：编纂《龙川县志》初稿、《楹联辑录》。著有《一飙文存》《一飙诗存》《雷乡野乘》《西湖游记》《戏狱杂咏》《蓝关辨》等。（民国《龙川县志》，1994年《龙川县志》）

张仲正，民国惠阳人。著有《仲正诗存》。（《惠州志·艺文卷》）

张子筠（1837—1878），原名子纯，字竹人，又字兆禧，龙川人。清咸丰九年（1859）己未拔贡，考授四川教谕，未赴任。光绪二年（1876）赴新加坡，转抵巴达维亚。因水土不服病故。著有《竹人诗集》《海游日记》。（民国《龙川县志》，《龙川县志1979—2004》）

章朝赓，字碧江，号夔斋，陆丰人。清乾隆元年（1736）丙辰恩贡生，候选教谕。分纂《（乾隆）陆丰县志》。（乾隆《陆丰县志》卷七，乾隆《海丰县志》卷五）

章经国，明海丰坊廓都赤坎乡（后属陆丰）人。邑庠生，博学善书。著有《白斋传稿》。（乾隆《陆丰县志》卷八）

赵希璜（1746—1806），字渭川，一字子璞，长宁人。早年读书于罗浮山。清乾隆三十九年（1774）以贡生入国子监，四十四年（1779）己亥恩科举人。初充《四库全书》馆誊录，后任陕西延川、永寿知县。调补河南安阳知县，历任十年，主修《安阳县志》。与黄景仁、张问陶、温汝适、吴锡祺等友善，并为黄景仁刻诗集以传。著有《四百三十二峰草堂诗钞》三十卷、《研栎斋文集》二卷、《五经文字通正》、《安阳金石录》、《淇泉摹古录》。（道光《长宁县志》卷七，《粤东诗海》卷八十九）

郑洪猷，字伯升，号彝铭，陆丰人。明天启元年（1621）辛酉登贤书，崇祯元年（1628）戊辰成进士。初任泾县知县，历升刑部主事。丁忧居丧，督子弟耕读。年七十四卒于家。郡聘修《（崇祯）惠州府志》。著有《蓬津类藻》（一作《蓬津汇藻》）等

书。(乾隆《陆丰县志》卷八)

郑绍武，字予纬，归善人。郑维新孙。明万历二十八年（1600）庚子举人，官安溪知县，调临桂知县。因忤上官，谢病归。年八十三卒。崇祯十五年（1642）参与修《惠州府志》。著有《清溪撮要》《掇于杂集》《猗园续录》《四书千灯室》等。（雍正《归善县志》卷十七，光绪《惠州府志》卷三十二）

郑氏，清龙川人。举人郑伟全之女。少读父书，善吟咏。著有《[郑氏]诗集》，未刻，遭毁。（民国《龙川县志》）

郑梯云，清龙川人。廪生。嘉庆间分纂《龙川县志》。（嘉庆《龙川县志》重修姓名）

郑维诜，字岵瞻，号少甫，龙川人。清康熙初由贡生司训雷州，修订《雷州府志》。解绶归，杜门训子孙。年八十余尚健在。（民国《龙川县志》）

郑维新（1485—?），字敬甫，归善人。明弘治十七年（1504）甲子举人。历官东平州学正、浙江道监察御史、湖广按察佥事、广西参议。卒于官。著有《惠大记》六卷。（嘉靖三十五年《惠州府志》卷十三，道光《广东通志》卷二九〇）

郑宗奇，民国惠阳人。著有《崧生诗集》。（《惠州志·艺文卷》）

郑作林，一作郑作霖，字函师，归善人。清康熙七年（1668）以贡生任吉水知县。参与编纂《（康熙十四年）归善县志》。（雍正《归善县志》纂修姓氏）

钟丁先（1613—?），字后觉，永安人。崇祯十五年（1642）壬午解元。次年因清兵南下，遂招义兵数千，屯于永安抗清。永历帝在肇庆即位，时值丁先督军攻闽，被封为督军道，后加升参谋、广东按察司副使。抗清失败后，遣散乡勇兵丁，隐于永安县文笔山天子嶂。晚年编《四书明徵全集》。有《钟义士文集》。（《清史稿》卷二五六，光绪《惠州府志》卷三十六）

钟鼎鸣，号恕峰，龙川人。清乾隆五十一年（1786）丙午举人，任潮阳教谕。著有《恕峰诗钞》。（民国《龙川县志》）

钟敬文（1903—2002），原名谭宗，笔名静闻、静君、金粟等，海丰人。民国十一年（1922）毕业于海丰陆安师范学校，任教十余载。民国二十三年（1934）赴日本留学，入东京早稻田大学文学部研究院。曾任中山大学教授、文科研究所指导教授，香港达德学院文学系教授，北京大学、辅仁大学教授，中国民间文艺研究会副理事长，师范大学民间文学教研室主任等职。译刊增田涉的回忆录《鲁迅的印象》，与杨成志合译《印欧民间故事型式表》。著有《荔枝小品》《西湖漫拾》《民间文艺新论集》《民间文学概论》《民俗学概论》《钟敬文散文选》《湖上散记》《中国地方传说》《近代民间文艺学史略》《钟敬文学述》《钟敬文学术论著自选集》《钟敬文学术文化随笔》《钟敬文教育及文化文存》《钟敬文民间文学论集》《钟敬文民俗学论集》《钟敬文采录口承故事集》《柳花集》《历史的公正》《口头文学——一宗重大的民族文化遗产》《民间文艺谈薮》《民间文艺丛话》《履迹心痕》《民俗文化学：梗概与兴起》《天风海涛室诗词近稿》《天风海涛室诗词钞》《艺术的梦与现实》《新的驿程》《雪泥鸿爪：钟敬文自述》《未寄的情书》《芸香楼文艺论集》《艺术的梦与现实》《歌谣中的醒觉意识》《关于鲁迅的论考与回想》《话说民间文化》《建立中国民俗学派》《沧海潮音》《楚词中的神话和传说》《民间文艺学及其历史：钟敬文自选集》等。（《民国人

物大辞典》《潮州人物辞典》)

钟鸣韶，归善人。明万历三十七年（1609）己酉府学贡生。为生员时参与纂修《（万历）惠州府志》。（万历《惠州府志》修纂姓氏）

钟寅，字允东，清博罗人。好学而无意于功名。能诗，善画竹。著有《允东诗稿》。（民国《博罗县志》卷七）

钟有芳，归善人。清咸丰间因平贼有功，任两广兵马提辖。著有《行军日记》、《军中杂咏》二卷。（《惠州志·艺文卷》）

周彩禄（1842—1925），字寿山，和平人。例监生，初读书应试，以境困改业商。民国初年倡办培文国民学校。民国三年（1914）续修《周氏族谱》。（民国《和平县志》卷十六）

周刚如（1896—1953），名南强，和平人。曾任陆军第六十师三五七团团附兼营长、龙和两县联防主任、和平县抗日自卫军统率委员会主任、县四联中学董事长、县参议员、县参议会副议长。参与编纂《（民国）和平县志》。（民国《和平县志》卷首，《和平文史》第四辑）

周鸣岐，清和平人。生员。道光四年（1824）创修《周氏族谱》。（民国《和平县志》卷十八）

周坦，字仲履，号谦斋，博罗人。明嘉靖二十五年（1546）丙午举人。初署石城教谕，擢瑞昌知县。丁父忧归，起知宁化县。抗志守节，不能自贬，遂致仕归。居家，建社学，筑朗冈堤。著有《山村寱语》《石城教语》《瑞昌会语》《圣学类篇》《易图发微》《存心稿》《论学书》《周氏家训》，凡百余卷。（乾隆《博罗县志》卷十二，光绪《惠州府志》卷三十四）

周昭光，和平人。民国三年（1914）续修《周氏族谱》。（民国《和平县志》卷十八）

朱炳芳，字芷汀，清龙川人。岁贡生。著有《芷汀诗集》。（民国《龙川县志》）

朱超玟，字佩一，和平人。清雍正元年（1723）癸卯举人，乾隆八年（1743）任遵义知县。辞官后，掌教龙溪书院。编集《四书释义》十六卷。著有《学庸阐注》《己巳新稿》《梅花百咏》。参与编纂《（雍正）和平县志》，又补修《（乾隆）和平县志》。（乾隆《和平县志》卷五，民国《和平县志》卷十六）

朱德宣，民国和平人。与人合修《朱氏族谱》。（民国《和平县志》卷十八）

朱德益，民国和平人。与人合修《朱氏族谱》。（民国《和平县志》卷十八）

朱南璋，清和平人。国学生。乾隆间与修《和平县志》。（乾隆《和平县志》序）

朱汝衡（1791—？），字平台，又字均万，博罗人。清嘉庆二十三年（1818）戊寅举人。历任山东观城、邹平、清平、高密等县知县。著有《平台文集》。（民国《博罗县志》卷七）

朱汝南，字肇周，和平人。清光绪十五年（1889）己丑增生。民国间与人合纂《朱氏族谱》，参与编纂《和平县志》。（民国《和平县志》卷十八）

朱文麟，和平人。清雍正四年（1726）丙午优贡，任工部虞衡司观政。为生员时参与编纂《（雍正）和平县志》。（乾隆《和

平县志》旧序）

祝鸿文，字石渠，归善人。清嘉庆十五年（1810）庚午举人，主回澜书院讲席。著有《学正声斋诗稿》。（光绪《惠州府志》卷二十七）

庄重（1902—1990），字千里，海丰人。就读于厦门及上海水产学校。又留学日本、法国和西班牙。曾任南京训练总监部编辑。昆明解放后，创办裕丰农场。1974年定居西班牙。译著《茅屋》《寂寞》。著有《西班牙工人运动》。（2005年《海丰县志》）

邹炽昌（1892—1959），字庆之，归善（后改惠阳）人。毕业于广东高等师范学校，历任广东高等师范附中、广雅中学、执信中学、省立女子师范学校、广州市女子师范学校、教忠中学、惠州师范学校等校教员、教导主任，潮州金山中学、惠阳良井中学、河源县立中学校长，李济深部武装人员养成所政治教官，广东省教育厅教育科长，广东第四行政督察专员公署教育科长。喜绘画，精古文，通英语和世界语，兼善文史哲。编著有《荔园杂钞》八卷及《教育学》《教育概论》等。（2008年《惠州市志》）

邹冠翔，河源人。清同治六年（1867）丁卯副榜，叙选儒学教谕。分纂《（同治）河源县志》。（同治《河源县志》卷七）

邹渐鸿（1826—?），字仪可，博罗人。清咸丰十一年（1861）辛酉并补戊午科举人，官内阁中书、方略馆校对、福建鹿港同知，光绪十三年（1887）辞官归里。分纂《（光绪）惠州府志》。（光绪《惠州府志》修纂职名，2001年《博罗县志》）

韶 州 府

白符丁，乐昌人。廪生。与修《（康熙二十六年）乐昌县志》。（同知《乐昌县志》历修姓氏）

白符乙，乐昌人。清康熙二十三年（1684）甲子岁贡。纂修《（康熙二十六年）乐昌县志》。（同治《乐昌县志》卷八、卷十一）

白乐英，乐昌人。清康熙间岁贡。纂修《（康熙五十八年）乐昌县志》。（同治《乐昌县志》卷八、卷十一）

白世泰，乐昌人。清康熙二十一年（1682）壬戌贡生。与修《（康熙二十六年）乐昌县志》。（康熙五十八年《乐昌县志》卷七）

白思谦（？—1428），乐昌人。明洪武二十九年（1396）丙子应天府乡试举人，历官兵部主事、广西左参政。擢山西布政使。纂修《白氏族谱》。（同治《乐昌县志》卷九）

白莹（1413—1458），字润禧，乐昌人。白思谦孙。明正统三年（1438）戊午进士，官至户科给事中。著有《白给谏遗集》。（同治《乐昌县志》卷九）

包三易（1907—1960），又名权鉴，翁源人。民国间毕业于中山大学文学院英语系，任广州市培正中学教师、翁源翁北中学校长。新中国成立后，历任翁源县立二中校长，粤北专署秘书处秘书，韶关师范、始兴中学、北江中学教师。病卒于韶关。译著《欧美十人集》。著有诗集《春》。（《韶关文史资料》第十四辑，《翁源文史资料》第十辑）

蔡邦基，曲江人。生员。分修《（康熙二十六年）韶州府志》。（康熙二十六年《韶州府志》重修职名）

蔡侯绶，曲江人。清康熙间贡生。分修《（康熙二十六年）韶州府志》。（康熙二十六年《韶州府志》重修职名）

蔡熙俊，字简千，翁源人。清康熙十二年（1673）癸丑拔贡。参与编纂《（康熙十三年）翁源县志》《（康熙二十五年）翁源县志》。（康熙二十五年《翁源县志》编纂姓氏）

曹濬来，清乐昌人。读书于山寺，遇异人，授以《龙宫方脉》，遂精医术。著有《医法心传》。（同治《乐昌县志》卷九）

陈金阊，字昆圃，曲江人。清康熙十四年（1675）乙卯举人，四十三年（1704）授直隶肃宁知县。分修《（康熙二十六年）韶州府志》及《（康熙二十六年）曲江县志》。著有《启贤堂诗集》。（光绪《曲江县志》卷十四）

陈璘（1543—1607），字朝爵，号龙崖，翁源人。明嘉靖间因功授韶州指挥佥事，移守英德，擢柘林守备。万历元年（1573）从征归，进广东都司。晋肇庆游击，改高州参将。十二年（1584）擢狼山副总兵，被逸罢归。后复原官，调漳潮。未几，谢事家居。再起用，挂印广西总兵，移镇湖广提督。屡立军功，晋左都督，特进光

禄大夫，调广东总兵，赠太子太保。著有《罗旁善后记》，颜尔枢跋。（嘉庆《翁源县志》卷十二，民国《翁源县志稿》卷十三）

陈元震，曲江人。清顺治间岁贡。著有《［陈元震］诗集》一卷。（《二十七松堂文集》卷十六）

陈宗器，翁源人。清顺治间贡生。参与编纂《（康熙十三年）翁源县志》。（康熙二十五年《翁源县志》原修姓氏）

邓克修，英德人。清道光五年（1825）乙酉拔贡。分纂《（道光）英德县志》。（道光《英德县志》卷九）

邓抡英，曲江人。清同治六年（1867）丁卯举人，保举州同衔。纂修《（光绪）曲江县志》。（光绪《曲江县志》修志职名）

邓士芬，原名维璠，字蛰农，一字琼史，英德人。清光绪十二年（1886）丙戌进士，历任安徽凤台县、全椒县知县，补授绩溪知县，加同知衔。主修《（宣统）英德县志》十七卷。（民国《英德县志》续修职衔姓名）

邓嗣玥，乐昌人。清康熙五十二年（1713）癸巳恩贡，任潮州澄海教谕。纂修《（康熙二十六年）乐昌县志》。（同治《乐昌县志》卷八、卷十一）

邓学恭，字笃平，号澹埜，乐昌人。清康熙初岁贡，任琼州教授。著有《燕游草》《三槐集》。（同治《乐昌县志》卷九）

邓瑗（1432—1496），字良璧，乐昌人。明景泰七年（1456）丙子举人，成化间官大理寺评事，擢寺副，迁湖广按察司佥事。弘治二年（1489）致仕归。著有《灵江集》一卷。（同治《乐昌县志》卷九）

邓允燧，字宁极，英德人。明天启元年（1621）辛酉贡生，官单县知县。崇祯末纂辑《英德县志》。（道光《英德县志》卷十一）

邓直，字天性，号塔山，乐昌人。岁贡，任广西永福训导，迁教授。致仕归，著述自娱。分纂《（嘉靖）韶州府志》。（同治《乐昌县志》卷九）

范煊，英德人。明万历间任北流县典史。著有《法家筌蹄》。（同治《韶州府志》卷三十九，道光《英德县志》卷十四）

方均，仁化人。清同治元年（1862）壬戌岁贡生。分纂《（同治）仁化县志》。（同治《仁化县志》卷五）

冯晦，字文显，北宋浈阳（今英德县）人。工诗赋，设帐授徒。著有《南山杂咏》一卷。（同治《韶州府志》卷三十九，道光《英德县志》卷十一）

冯翼之，曲江人。清同治十二年（1873）癸酉拔贡，候委训导。纂修《（光绪）曲江县志》。（光绪《曲江县志》修志职名、卷二）

甘松生（1883—?），号梅友，翁源人。清宣统元年（1909）己酉拔贡，分发湖南直隶州判。著有《汰馀集》。（《翁源文史资料》第一辑，《惠东文史》第三辑）

高遴，字升斋，曲江人。清乾隆四十二年（1777）丁酉拔贡，由四库馆议叙州同，分发广西。丁父艰，服除，署南丹州同。越三年，母卒，守制，起署布政司经历，调补全州西延州同。擢知西隆州，转知宾州。卒于任所，年六十一。著有《望云集》二卷。（光绪《曲江县志》卷十四）

龚楚（1900—1995），字鹤村，别字福昌，后改名松庵，乐昌人。毕业于滇军讲武堂韶关分校第一期步科。参加过南昌起义。曾任红军总部代理参谋长、赣南军区司令员、江西中央军区参谋长。民国二十四年（1935）春被捕变节后，任南宁市公安局局长、第七战区第一挺进纵队司令、军事委员会少将参议、徐州市市长、广州行辕少将高参、仁化县长、广东第四区行政督察专员兼保安司令、曲江县县长等职。著有《我与红军》《龚楚将军回忆录》。（《民国广东将领志》）

郭大章，翁源人。清乾隆元年（1736）丙辰贡生，任合浦训导。参与编纂《（乾隆）廉州府志》。（民国《合浦县志》卷首）

郭廷翰，翁源人。清顺治间贡生。参与编纂《（康熙十三年）翁源县志》。（康熙二十五年《翁源县志》原修姓氏）

郭廷相，翁源人。清康熙十五年（1676）丙辰贡生。参与编纂《（康熙十三年）翁源县志》。（康熙二十五年《翁源县志》原修姓氏）

郭一骅，翁源人。明崇祯八年（1635）乙亥贡生，初选连山训导，升崖州学正，继升柳州府照磨。参与纂修《翁源县志》。（康熙二十五年《翁源县志》原修姓氏）

郭一骝，号空群，翁源人。明泰昌元年（1620）庚申拔贡，初任寿州同知，因功擢湖辰通判，年高不仕。参与纂修《（崇祯）翁源县志》。（嘉庆《翁源县志》卷十二）

郭正嘉，翁源人。清雍正十二年（1734）甲寅拔贡，任江西新县县丞、四川保守府经历，署万县、江安等县知县。后告归，优游林下十余载。分纂《（乾隆）翁源县志》。（嘉庆《翁源县志》卷十二，民国《翁源县志稿》卷十三）

何汝坚（1897—1976），翁源人。毕业于南京国立中央大学农科系，先后任高州省立第一农业职业学校教员、翁源抗日自卫团第四大队大队长、翁源蓝李乡中心小学校长、私立南浦中学教员、国民党翁源县党部书记长。民国三十七年（1946）定居台湾，在台开办"石华庄农场"。编纂《续修翁源县志》。著有《普通蔬菜园艺学》《南洋木材》。（1997年《翁源县志》）

何天龙，清翁源人。拔贡，选用教谕。同治间分纂《韶州府志》。（同治《韶州府志》修志职名）

何廷赞，清乐昌人。纂修《何氏族谱》，汪大源为之序。（民国《乐昌县志》卷二十一）

侯遇南，曲江人。清咸丰十一年（1861）辛酉府学拔贡，任增城教谕。分纂《（同治）韶州府志》《（光绪）曲江县志》。（光绪《曲江县志》卷二）

胡宾王，字时贤，曲江人。南汉时进士，累官中书舍人、知制诰。时南汉主淫虐，辞官归里，撰著《南汉国史》。后上其书于宋，题为《南汉刘氏兴亡录》，以明经授著作郎。复登咸平三年（1000）庚子进士第，累迁翰林学士。致仕归，卒于家。（道光《广东通志》卷二八八，同治《韶州府志》卷三十九）

胡来臣，翁源人。明万历二十二年（1594）甲午举人，任高要教谕。编纂《翁源县志》。（康熙二十五年《翁源县志》原修姓氏）

胡懋，翁源人。明万历间贡生，任武平

训导。纂修《翁源县志》。（嘉庆《翁源县志》卷十二）

胡之宾，乳源人。邑庠生员。清顺治十八年（1661）随邑令裘秉钫迁建学宫，担任建学首事。参与编修《（康熙二年）乳源县志》。（康熙二年《乳源县志》卷十二）

黄城，曲江人。明嘉靖十九年（1540）庚子举人，曾官知县。归籍后，与曾旦合著《重修南华志》。（同治《韶州府志》卷三十九，《粤东诗海》卷二十四）

黄慈孙，曲江人。元至元间任南雄路教授，主修《南雄路志》（已佚）。（《广东方志要录》）

黄建爵，翁源人。清康熙九年（1670）庚戌贡生。纂辑《（康熙十三年）翁源县志》。（康熙二十五年《翁源县志》原修姓氏）

黄器先，翁源人。明崇祯间岁贡，任建宁府训导，年余即告归，隐居青龙、玉华二山间。著有《儒颐集》十二卷、《两京赋》二卷。（嘉庆《翁源县志》卷十二，同治《韶州府志》卷三十九）

黄尚选，仁化人。廪生。编次《（嘉庆）仁化县志》。（嘉庆《仁化县志》续修姓氏）

黄象金，翁源人。明崇祯间贡生。参与纂修《翁源县志》。（康熙二十五年《翁源县志》原修姓氏）

黄遥，字少崦，曲江人。清康熙三十五年（1696）丙子举人。为生员时，分修《（康熙二十六年）韶州府志》及《（康熙二十六年）曲江县志》。著有《梅癖》《谥法通古》《竹窗杂记》《见亭集》。（康熙二十六年《曲江县志》卷十四）

黄诏年，民国翁源人。编纂《蛇郎：中国民间故事汇编》。著有《文学的散步》、小说集《挑拨之夜》、童谣《孩子们的歌声》。（《翁源文史资料》第十辑，《广州市志》卷十四）

蓝梦潮，仁化人。明嘉靖三十六年（1557）为附学生员时，与修《仁化县志》。（嘉靖《仁化县志》修志氏族）

李伯芳，字廷实，号肖松，英德人。明嘉靖四十三年（1564）甲子举人，隆庆二年（1568）戊辰进士，历官两京刑部郎中、兴化知府。致仕归里，闭门著书。纂辑《（万历）英德县志》。（道光《英德县志》卷十一）

李绰，乐昌人。廪生。与修《（康熙二十六年）乐昌县志》。（同治《乐昌县志》历修姓氏）

李刚，清乐昌人。纂修《户昌山李氏族谱》，欧堪善为之序。（民国《乐昌县志》卷二十一）

李家修，仁化人。民国二十年（1931）编纂《仁化县志》。（民国《仁化县志》续修职名）

李孔明，翁源人。学生员。明嘉靖三十六年（1557）参与编纂《翁源县志》（不分卷）。（《广东方志要录》）

李林（1656—1735），字培生，一字韶石，翁源人。清康熙三十六年（1697）丁丑进士，授翰林检讨。参与编修三朝国史和《大清一统志》。四十四年（1705）御试词臣第一，才名溢于京师。次年任礼部会试同考官。未几请归，杜门著述。著有《纪恩

诗》一卷、《南巡赋》一卷、《玉署偶吟草》一卷、《时艺》四卷。(同治《韶州府志》卷三十九,嘉庆《翁源县志》卷十二)

李三近,字预凡,乐昌人。李相孙,李延大次子。明万历间岁贡。著有《谦受集》、《静观集》、《甓斋集》、《菜根斋集》(民国邑志作《菜根集》)。(同治《乐昌县志》卷九)

李盛萃,清仁化人。善技击术,精外科治疗。年八十八卒。著有《日新验方新编》。(《中国医籍大辞典》)

李式准,乐昌人。李三近孙。清康熙十七年(1678)戊午岁贡,二十年(1681)廷试,任遂溪训导。康熙二十六年(1687)分修《韶州府志》《曲江县志》及《乐昌县志》。(同治《乐昌县志》卷八、卷十一)

李树岩,清乐昌人。廪贡。纂修《(康熙五十八年)乐昌县志》。(康熙五十八年《乐昌县志》重修职名)

李心钧(1904—1959),字少白,翁源人。年十八考入中山大学文学院,与徐尚同、张清水等编辑出版《燃犀》杂志。毕业后,历任翁源县立中学教员、县五区区立高等小学校长兼县立中学历史科老师、南浦初级中学首任校长、连平县银梅中学首任校长、县参议会议长。译著有《海涅诗选》《自然神话》等。(1997年《翁源县志》)

李延大,字四馀,乐昌人。李相子。明万历二十年(1592)壬辰进士,历任柳州、镇州推官。入为工部主事,擢吏部稽勋司郎中。补湖广江防道,未到任而卒。与修《(万历十四年)乐昌县志》。著有《修齐人鉴》《皇明定纪》《岭表人文》《通意轩稿》《李杜诗意》《粤政略》《四书人物志》《吴中六草》《考古录》。(同治《乐昌县志》卷九)

李英铨(1877—?),字镜衡,英德人。毕业于广东法政学堂政治科,民国成立后任广东省议会议员、国会参议院议员、"护法国会"参议院议员等职。纂修《英德黄田峒李氏族谱》。(《挽孙中山先生联选》《岭南姓氏族谱辑录》)

李仲生(1911—1984),仁化人。民国二十年(1931)入上海美专绘画研究所,同年结识日本油画家太田贡,次年参与"决澜社"。后东渡日本,入东京日本大学艺术系西洋画科学习,学习期间组建中华独立美术协会,加入东京黑色洋画会。抗日战争爆发后回国,曾任国立杭州艺专讲师、国民党国防部新闻局教育专员、国立杭州艺专教授、广州艺专教授。1949年赴台湾。编著有《廿世纪绘画总编》等。(2001年《韶关市志》)

李滋达,字晓人,乐昌人。清雍正七年(1729)己酉选拔廷试一等,历署内乡、荥阳等县。题补罗山县,积劳成疾,卒于官。编纂《飯塘下楼李氏族谱》,庄有恭为之序。(同治《乐昌县志》卷九)

梁维鞏,仁化人。清康熙二十五年(1686)为生员时,编次《仁化县志》。(民国《仁化县志》卷八)

梁修作,清曲江人。著有《槐堂杂录》。(道光《新会县志》卷十一)

廖必攀,字仲良,翁源人。清康熙二十三年(1684)甲子贡生,考授训导。参与编纂《(康熙二十五年)翁源县志》。(康熙二十五年《翁源县志》编纂姓氏)

廖廷纶,翁源人。明万历二十二年(1594)甲午举人,官滁州知州。参与编纂

《(万历)翁源县志》。(康熙二十五年《翁源县志》原修姓氏)

廖燕(1644—1705),初名燕生,字人也,号梦醒,后改名燕,号柴舟,曲江人。诸生。不事科举,隐居于武水之西,居所名"二十七松堂",闭户著书。郡守陈廷策去职返京,偕其北游。因病滞留金陵,纵览江山之胜。归里后,究通儒之学。工诗古文词,善草书。分修《(康熙二十六年)韶州府志》及《(康熙二十六年)曲江县志》。著有《二十七松堂集》二十四卷。(光绪《曲江县志》卷十四,《粤东诗海》卷六十三)

廖振,翁源人。明隆庆间贡生,官南直隶太仓州同知。纂修《(万历)翁源县志》。(嘉庆《翁源县志》卷十二)

林蔼春,翁源人。清康熙十三年(1674)甲寅贡生。参与编纂《(康熙十三年)翁源县志》。(康熙二十五年《翁源县志》原修姓氏)

林昌源,英德人。清道光十五年(1835)乙未拔贡。分纂《(道光)英德县志》。(道光《英德县志》卷九)

林蔚春,字季豹,翁源人。清顺治康熙间三中副榜。由恩拔入国子监,授咸安宫教习,升山东兖州府曹县知县。纂辑《(康熙二十五年)翁源县志》。(嘉庆《翁源县志》卷十二)

林耀东(1861—1926),字藻生,号蓉初,英德人。早年就读于广雅书院。清光绪二十三年(1897)韶州府拔贡第一名。三十一年(1905)官派赴日考察学务,次年创办北江书院。历任韶州府中学堂监督、英德县官立小学堂监督、溪板乡龙屋学校教员。宣统三年(1911)分纂《英德县志》。著有《东园丛草》《东园续草》《东园馀草》《东园诗文遗稿》《崇尚学校丛草》《雅益学校吟草》《进修学校吟草》《瘦叟消愁草》等。(《广东历代诗钞》卷八,2001年《韶关市志》)

林璋器,字玉甫,晚号玉道人,英德人。清道光十七年(1837)丁酉拔贡。随父宦游,曾肄业于学海堂。长于诗文,尤善乐府。工楷草,擅画梅及木棉。著有《玉道人诗集》一卷。(民国《英德县志》卷十)

林中高,翁源人。明天启间贡生,任吴县主簿,迁参军。丁母艰归里。值鼎革,遇贼围城,率子弟御敌,通邑得以保全。纂修《(万历)翁源县志》。(嘉庆《翁源县志》卷十二,《胜朝粤东遗民录》卷三十八)

凌云,字澹瘿,号髭放,仁化人。明天启七年(1627)丁卯举人,崇祯十三年(1640)庚辰会试副榜。授河南府推官,莅任年余。明亡,遁迹于蔚州、固始十余载。清顺治九年(1652)乃归故里。杜门读书,居室名伞居。著有《集陶集杜乐此吟》。(同治《仁化县志》卷六,同治《韶州府志》卷三十九)

刘朝钥,字雪珂,曲江人。刘启钥弟。清顺治八年(1651)辛卯举人,任睢宁知县。未满任,致仕归。纂修《(康熙十二年)韶州府志》。(光绪《曲江县志》卷十四)

刘道觉,仁化人。明崇祯间年末二十膺拔贡。早卒。著有《鉴评》六卷、《廉山诗集》一卷。(同治《仁化县志》卷六,同治《韶州府志》卷三十九)

刘复余,韶州府人。生员。分修《(康熙二十六年)韶州府志》。(康熙二十六年

《韶州府志》重修职名）

刘刚德（1896—1973），仁化人。民国八年（1919）考入广东省立甲种工业学校习美术，毕业后任教。后赴上海美术学校深造，师从黄宾虹、丰子恺。任教于始兴县立中学、仁化县立乡村师范学校、广东省立韶州师范学校、越南堤岸穗城学校、仁化中学、翁源二中。上海商务印书馆出版有《王人九刘刚德字画》。（1992年《仁化县志》）

刘轲，字希仁，曲江人。幼年到罗浮、九嶷，读黄老之书，学轻举之道。于曹溪出家，释名溢纳。北至筠川方山寺、庐山东林寺，研习佛典。精于儒学，白居易、马植称其文章与韩愈、柳宗元齐名。唐元和十三年（819）末举进士。大和初年，为弘文馆学士，累迁侍御史。出为洺州刺史，卒于任。著有《翼孟》三卷、《三传指要》十五卷、《汉书右史》十卷、《黄中通理》三卷、《隋鉴》一卷、《三禅五革》一卷、《十三代名臣议》十三卷、《蕤龙子》十卷、《帝王历数歌》一卷、《唐年历》一卷、《帝王镜略》一卷、《牛羊日历》一卷、《刘希仁文集》一卷。（同治《韶州府志》卷三十九，光绪《曲江县志》卷十四）

刘沛然，仁化人。明嘉靖三十六年（1557）为增广生员时，与修《仁化县志》。（嘉靖《仁化县志》修志氏族）

刘普凝，字朝点，清仁化人。廪贡生。博涉经史，善书画。著有《真赏集》。（同治《仁化县志》卷六）

刘启钥，字洞如，号横溪，清初曲江人。刘朝钥兄。由选贡入都，不第南归。遂绝意仕进，专事吟咏，学者称为"横溪先生"。著有《淮游草》、《楚游草》、《横溪诗集》四卷。（同治《韶州府志》卷三十九，光绪《曲江县志》卷十四）

刘琴仙，翁源人。民国十六年（1927）与陈应期创办翁源县中医研究社，主编出版《医学丛书》第一集、第二集。与子刘星璜合办"乐善堂"诊所。著有《乐善堂医案》。（《翁源文史资料》第六辑，《岭南医徵略》）

刘时化，仁化人。生员。明万历二十一年（1593）编次《仁化县志》。（嘉庆《仁化县志》明修姓氏）

刘思桢，仁化人。清道光二十九年（1849）己酉拔贡生。分纂《（同治）仁化县志》。（同治《仁化县志》卷五）

刘天然，号中江，仁化人。选明经，不仕。明万历二十一年（1593）为生员时，纂修《仁化县志》。（同治《仁化县志》卷六）

刘廷谋，号介园，仁化人。清康熙二十年（1681）辛酉举人，任安徽颍上知县。纂修《（康熙）仁化县志》。（同治《仁化县志》卷六，民国《仁化县志》卷六）

刘文树，字墨山，仁化人。清末附贡生。民国初期任仁化警察第四区区长、县立长江高等小学校长。总纂《长江刘文渊公家谱》四卷。编著有《白云山房文稿》，上卷录父师所作，中卷录己作及子作，下卷录杂选。（《长江镇志》，《刘文渊公家谱》上卷）

刘锡龄，字眉公，仁化人。清康熙九年（1670）庚戌府学岁贡，任西宁教谕。续编《（康熙二十六年）西宁县志》。（康熙二十六年《西宁县志》重修姓氏）

刘学礼，清曲江人。道光十六年

(1836)重修《曹溪通志》八卷。(同治《韶州府志》卷三十九)

刘应时,仁化人。明嘉靖三十六年(1557)为附学生员时,与修《仁化县志》。(嘉靖《仁化县志》修志氏族)

刘永芬,字苾馨,仁化人。毕业于仁化县立乡村师范学校。抗战期间,任长江国民党区分部书记。分纂《(长江)刘文渊公家谱》,民国二十四年(1935)作谱跋。(《刘文渊公家谱》上卷)

刘油然,仁化人。生员。明万历二十一年(1593)与修《仁化县志》。(康熙《仁化县志》明修志姓氏)

刘玉堂,字金声,仁化人。毕业于两广高等工业学堂。民国七年(1918)任仁化警察第四区分所长。此后历任教育局局长、中学校长、仁化分庭推事官。分纂《(长江)刘文渊公家谱》。(《刘文渊公家谱》上卷)

刘泽大,英德人。明万历二十五年(1597)丁酉举人,历官广西桂林府全州知州、南京户部员外郎、四川叙州知府。升叙泸道副使,晋参政陪叙,加按察使。明崇祯十年(1633)纂辑《英德县志》。(道光《英德县志》卷十一)

刘志信,清仁化人。职员。编次《(嘉庆)仁化县志》。(嘉庆《仁化县志》续修姓氏)

刘作桃(1896—1974),又名刘新根,仁化人。精研脉理,尤擅儿科、妇科。参编广东省《中医研究验方》一书。(1992年《仁化县志》)

龙文,字化成,清英德人。诸生。著有《妇科要诀》。(宣统《英德县续志》卷十)

龙章(1821—?),字黼唐,英德人。清光绪五年(1879)己卯岁贡。设教二十余载。著有《卧子诗文集》四卷。(民国《英德县志》卷十)

罗文灿,英德人。清光绪三十二年(1906)丙午优贡,宣统二年(1910)举孝廉方正。民国间分纂《英德县志》。(民国《英德县志》卷八)

骆基(1366—?),字韶广,乐昌人。明洪武二十年(1387)丁卯举人,任广西忻城县教谕。时流寇马雄陷城,基率乡勇击之,被执遇害,赠奉直大夫、鸿胪寺右少卿。景泰七年(1456)赐谥"文恭"。纂修《骆氏族谱》。(民国《乐昌县志》卷十六)

骆尧知,字君举,乐昌人。明正德十四年(1519)己卯举人,嘉靖七年(1528)上春官祭酒。分纂《(嘉靖)韶州府志》。(同治《乐昌县志》卷九)

梅鼎臣,翁源人。梅佐父。北宋天圣二年(1024)甲子进士,官至殿中丞。与子合著《学庸讲义》一卷,已佚。(同治《韶州府志》卷三十九,嘉庆《翁源县志》卷十二)

梅佐,翁源人。梅鼎臣子。北宋天圣五年(1027)丁卯进士,历官藤州知州。与父合著《学庸讲义》一卷。(嘉庆《翁源县志》卷十二)

蒙仁章,仁化人。生员。明万历二十一年(1593)编次《仁化县志》。(嘉庆《仁化县志》明修姓氏)

莫雄(1891—1980),原名莫仁,乳名莫寅,字志昂,英德人。清光绪三十三年

(1907）加入中国同盟会，宣统元年（1909）参加新军。曾任梧州卫戍司令、粤军第二师第三旅旅长、第四路军少将参议、广东第二十三区游击司令兼南雄县县长、广东第二区行政督察专员兼保安司令、第四战区北江挺进纵队司令、广东绥靖公署参议、广东省政府顾问等职。著有《莫雄回忆录》等。（《民国广东将领志》）

欧鸿庥，字碧汉，乐昌人。博通经史，清顺治十一年（1654）甲午举人，因亲老终养不仕。与修《（康熙二十六年）乐昌县志》。（同治《乐昌县志》卷九）

欧鸿仪，乐昌人。清康熙间恩贡。与修《（康熙五十八年）乐昌县志》。（同治《乐昌县志》卷八）

欧堪善，字韶又，号眉庵，乐昌人。清雍正四年（1726）丙午举人，乾隆二年（1737）丁巳成进士。官编修，供馆职十余载，擢御史。升刑科给事中，巡视中城。晋太仆寺少卿，丁艰归。旧疾时发，乃告休，主讲昌山书院，年六十三卒。著有《泷涯诗集》三卷、《泷涯文集》二卷。（同治《乐昌县志》卷九）

欧堪瞻，字又轼，乐昌人。肄业于粤秀、羊城书院。以子焕舒官赠朝议大夫。著有《思齐堂文集》。（同治《乐昌县志》卷九）

欧樾华，号蓉冈，曲江人。清同治三年（1864）甲子举人。分纂《（同治）韶州府志》，纂修《（光绪）曲江县志》，时称其精核。（1999年《曲江县志》）

欧震（1899—1969），字雨辰，曲江人。民国初年考入省立韶州中学。受革命思想影响，投笔从戎。民国十三年（1924）毕业于粤军讲武堂，官第十集团军总司令、第三兵团司令官、第四编练司令部司令官、广州绥靖公署副主任兼广东省保安司令、海南防卫副总司令等职。年七十一卒，追赠陆军上将。著有《雨辰诗集》，其子维纲梓行。（《广东历代诗钞》卷八，《民国广东将领志》）

欧钟铭，乐昌人。清康熙五十八年（1719）己亥岁贡，当年纂修《乐昌县志》。（同治《乐昌县志》卷八、卷十一）

欧钟谐，字维汝，乐昌人。清康熙五十九年（1720）庚子举人，次年辛丑中进士，授福建顺昌知县。著有《维汝文集》。（同治《乐昌县志》卷九）

丘慎吾（1905—？），乐昌人。民国十六年（1927）入读上海震旦大学。曾任县教育局局长、县临时参议会议长。后赴港定居。著有《乐乐诗草》。（《高校古文献资源库》）

邵谒，本清远人，后徙曲江，最后徙翁源。少为本县衙吏，不受县令私役被逐，截发悬县门，在县东罗江水中巨屿筑室苦读。博通经史，善吟咏，尤长于乐府，以诗名世，五岭以南与张九龄齐名。为有司所举，入国子监。作诗多刺时事，故不第甲科。唐咸通七年（866）试官，温庭筠以其久居不仕，榜示其所作诗三十二篇，以振公道。乃释褐赴官，后不知所终。著有《邵谒集》一卷。邑人夏云曾辑《邵太学遗集》一卷。（康熙元年《清远县志》卷九、卷十一，乾隆《清远县志》卷九、卷十，光绪六年《清远县志》卷十、卷十三）

沈世魁，清翁源人。著有《沈母李太君节孝实录册》，张立诚为之序。（民国《翁源县志稿》卷十三）

石汝砺，字介夫，号碧落子，浈阳人。

逾岭至江西等地，从名人游，精通五经。后归里，讲学于南山圣寿寺。精于易及乐律。北宋绍圣初年，东坡谪惠州，舟至英德，遇之，称其为"隐者"。景德间掌教涵晖书院。著有《乾生归一图》二卷（一作十卷）、《碧落子斫琴法》一卷、《易图解》，均佚。（同治《韶州府志》卷三十九，道光《英德县志》卷十一）

释法广，南宋浈阳人。儒释兼通，住金山。著有《会要录》。（同治《韶州府志》卷三十九、道光《英德县志》卷十一）

释法海，字文允，俗姓张，曲江人。于鹤林寺出家，为禅宗六祖惠能弟子。唐天宝年间预扬州法慎律师讲席。著有《六祖坛经》二卷（一作三卷）。（同治《韶州府志》卷三十九，光绪《曲江县志》卷十六，道光《广东通志》卷三二八）

释惠能（638—713），又作慧能，号六祖大师、大鉴禅师。禅宗南派开创者。俗姓卢，先世河北范阳人。唐初其父谪官至岭南新州，遂为新州（今新兴县）人。幼年丧父，家贫，卖柴养母。一日闻人诵《金刚经》，颇有悟，遂北上寻师。初至韶州曹溪，后至乐昌西石窟。咸亨三年（672）至黄梅东山，从弘忍受学。得弘忍衣钵后，遵师嘱南行，于四会、怀集二县间隐遁十年。后至广州法性寺，得遇印宗法师，遂出示五祖衣钵，剃发受戒。武后时，往韶州宝林寺，御召不赴，诏赐衣钵。著有《法宝坛经》二卷、《金刚经口诀》（一作《金刚般若经口诀正义》）一卷、《六祖坛经》（一作《六祖戒坛经》）二卷、《诸寺说法集》、《顿教理法经》、《六祖解心经》一卷、《金刚大义诀》一卷、《仰山辨宗论》一卷、《六祖解金刚经》一卷等。（道光《肇庆府志》卷二十一，同治《韶州府志》卷三十九）

释可相，字敬止，韶州人。为曹溪监院。著有《南华草》，未刻。（《岭南五朝诗选》卷十三）

释晞赐，南宋浈阳人。禅学甚博，曾与洪迈游处。著有《禅宗蒙求》《捉虱轩记》。（道光《英德县志》卷十一，同治《韶州府志》卷三十九）

苏向荣，乐昌人。廪生。与修《（康熙二十六年）乐昌县志》。（同知《乐昌县志》历修姓氏）

苏巽，明乐昌人。纂修《苏氏族谱》。（民国《乐昌县志》卷二十一）

谭邦臣，仁化人。明嘉靖三十六年（1557）为增广生员时，与修《（嘉靖）仁化县志》。（嘉靖《仁化县志》修志氏族）

谭凤仪，仁化人。民国间参与编纂《仁化县志》。（民国《仁化县志》卷四）

谭福元，仁化人。附贡。清嘉庆间编次《仁化县志》。（嘉庆《仁化县志》续修姓氏）

谭广抡，字厚夫，仁化人。清乾隆三十三年（1768）戊子举人，授湖北通山知县。诰授奉直大夫。著有《公馀四书文》一卷。（同治《仁化县志》卷六，民国《仁化县志》卷六）

谭良卿，曲江人。清乾隆五十四年（1789）己酉拔贡，嘉庆二十一年（1816）任高明教谕。分纂《（道光）高明县志》。（道光《高明县志》卷五）

谭深绣，清乐昌人。纂修《谭氏族谱》，乔琬为之序。（民国《乐昌县志》卷二十一）

谭士昌，韶州人。生员。分修《（康熙二十六年）韶州府志》。（康熙二十六年《韶州府志》重修职名）

谭世芳，仁化人。清同治十三年（1874）甲戌恩贡生，铨选儒学，未任而终。分纂《（同治）仁化县志》。（同治《仁化县志》卷五）

谭寿镜（1894—1969），字佩仁，英德人。清宣统三年（1911）就读于韶中附设甲种农校。辍学回乡，任乡村塾师、小学教员，边教学边习医。习成后，行医十一年。新中国成立后，供职于县中医联合诊所、县人民医院中医部、县中医院留医部。工诗文，善书法。有《十三经集字》一卷、《[谭寿镜]医案》一册。（2006年《英德县志》）

谭檟，仁化人。廪生。编次《（嘉庆）仁化县志》。（嘉庆《仁化县志》续修姓氏）

谭正蒙，仁化人。生员。明万历二十一年（1593）与修《仁化县志》。（康熙《仁化县志》明姓氏）

谭中孚，仁化人。职员。清嘉庆末编次《仁化县志》。（嘉庆《仁化县志》续修姓氏）

涂宪泗，字观涛，翁源人。清康熙二十五年（1686）丙寅岁贡生，任恩平训导，参与编纂《（康熙二十五年）翁源县志》。（康熙二十五年《翁源县志》编纂姓氏）

万青钱，又名万瑞明，号一笑子，英德人。清道光三十年（1850）庚戌恩贡。著有《一笑子语录》。（同治《韶州府志》卷三十九，民国《英德县志》卷八）

王开运（？—1952），字人九，仁化人。擅长书法。曾任长江小学校长、长城扶联防处副主任、仁化县参议员。新中国成立后，移居香港。上海商务印书馆出版有《王人九刘刚德字画》。（1992年《仁化县志》）

王元正，广东人。约生活于唐末以后。著有《六祖达摩真诀》一卷。（同治《韶州府志》卷三十九，光绪《曲江县志》卷十六）

邬强（1911—1992），原名邬泉玖，英德人。毕业于国民党中央军校广西分校。参加曲江马坝中共广东省委举办之训练班。任两广纵队参谋处处长。新中国成立后，任广东省军区副司令员等职。著有《烽火岁月：革命回忆录》。（2006年《英德县志》）

巫天衢，字子彦，明末英德人。弱冠补弟子员。邑令屡延乡宾，婉辞不就。著有《经书子史选粹录》。（同治《韶州府志》卷三十九，道光《英德县志》卷十一）

吴继宁，字木斋，乐昌人。清康熙元年（1662）壬寅拔贡。潜心理学，乐道不仕。著有《四书体注可言》（未梓）。（同治《乐昌县志》卷八、卷十一）

吴云鸾，乳源人。明万历间贡生，历任南雄教授、儋州学正。编次《（万历）儋州志》。（万历《儋州志》天集）

吴中龙（1643—？），字元跃，曲江人。清顺治十一年（1654）甲午贤书，人视为神童。分修《（康熙二十六年）韶州府志》。授东安知县，抵任旬日而卒。（光绪《曲江县志》卷十四）

萧服，字叙礼，乐昌人。宋崇宁二年（1103）癸未进士，历官永州府新田知县，擢广西思恩知府，未赴任。升江南道，内

召,授礼部侍郎、都察院监御史。著有《萧氏源流支派考》一卷。(民国《乐昌县志》卷十六)

萧汉翔,清乐昌人。廪贡。纂修《(康熙五十八年)乐昌县志》。(康熙五十八年《乐昌县志》重修职名)

萧九程,明乐昌人。纂修《萧氏族谱》。(民国《乐昌县志》卷二十一)

萧远,字槐徵,曲江人。明崇祯九年(1636)丙子举人,十三年(1640)会试乙榜。通经史,工诗,擅绘,精篆刻。著有《萧远诗集》一卷,已佚。(《二十七松堂文集》卷十六)

徐科陞,清乐昌人。纂修《九峰徐氏族谱》,周世焕为之序。(民国《乐昌县志》卷二十一)

许炳章(?—1866),字九霞,曲江人。清道光二十四年(1844)甲辰顺天举人,充咸安宫官学教习。工书善画,精诗文。咸丰三年(1853)分发湖南任知县。请假回籍,太平军至,与知府筹划守城,组织团练,保荐为湖南新宁知县。八年(1858)丁忧归。同治元年(1862)主讲相江书院。筑园东南隅,取名"遁园",蒔花种竹,歌咏自娱。著有《兰秘阁北游诗草》一卷。(同治《韶州府志》卷三十九,光绪《曲江县志》卷十四)

许赓梅(1881—1952),又名雪平,号燮廷,翁源人。许龙昭弟子。早年受教于新丰举人梁守诚。清宣统元年(1909)己酉拔贡,授补从七品江西直隶州通判,在南昌候官,半年不遂。后考取两广优级师范学堂简易科。民国五年(1916)年底,在家乡创办敬业小学。曾任县立中学首任校长、广东省参议员。晚年,集历年书信编成《孤鸿》一书,由翁源中学图书馆印行。(《惠东文史》第三辑,1997年《翁源县志》第七编)

许龙昭,翁源人。清末生员。著有《最易感人至善录》。(《翁源文史资料》第十辑)

许浈阳(1889—?),翁源人。民国间考入岭南大学,不久赴美留学。毕业于里士满大学,继入芝加哥大学,获理科硕士。曾任培正中学物理教师,岭南大学物理教师、物理系主任,西南联大教授。著有大学讲义《物理学概论》。(《韶关文史资料》第六辑,《翁源文史资料》第一辑、第十辑)

薛岳(1896—1998),又名仰岳,乳名孝松,字伯陵,乐昌人。清宣统三年(1911)考入广东黄埔陆军小学第一期。民国间自武昌陆军第二预备学校毕业,保定陆军军官学校第六期炮科肄业。曾任柳州军校校长,第五军军长,第六陆军总指挥,贵州省、湖南省、广东省政府主席,第一战区第一兵团总司令,第九战区司令长官,国民政府、"总统府"参军长,海南防卫总司令等职。著有《抗战八年回忆记》、《剿匪纪实》等。(《民国广东将领志》《乐昌市志1988—2000》)

严远,字守一,清曲江人。茂才。著有《西爽园集》。(《岭南五朝诗选》卷九)

杨模(1843—1902),字曙升,号曙洲,英德人。清同治元年(1862)壬戌中顺天乡试举人。主会英书院讲席十年。历任四川纳溪、昭化、荣县等地知县。光绪二十一年(1895)致仕家居。分纂《(同治)韶州府志》。著有《文泽堂诗集》一卷。(民国《英德县志》卷十)

杨王休,明翁源人。庠生。万历间参与

草创《翁源县志》。（康熙二十五年《翁源县志》原修姓氏）

杨锡福，字小田，英德人。早年就学于番禺廖云氅。清光绪十一年（1885）乙酉举人，主讲会英书院，后任顺德教谕。上任年余卒，年仅三十八。著有《一鹤堂集》四卷。（民国《英德县志》卷十、卷十四）

杨锡猷（1864—1949），字允卿，英德人。清末优增生。民国间任县劝学所所长、督学，县参议长，英德中学筹备委员。分纂《（民国）英德县志》。（《英德文史资料》第三辑）

叶华国，仁化人。清光绪元年（1875）乙亥恩贡生。分纂《（同治）仁化县志》。（同治《仁化县志》卷五）

叶联芳（？—1854），字蓉镜，曲江人。清道光五年（1825）乙酉拔贡。二十一年（1841）奉檄督修省城镇远炮台，工竣，署安徽阜阳县丞。历任泗州通判，太和、阜阳知县。咸丰元年（1851）辛亥因军功保升加五品衔，赏戴花翎。檄署无为州，病卒。著有《棣华书室稿》。（光绪《曲江县志》卷十四）

叶鸾，字子和，仁化人。明嘉靖三十六年（1557）为廪膳生员时，与修《（嘉靖）仁化县志》。曾任贵池县主簿，迁唐府典宝正，引退归里。（康熙《仁化县志》卷下，同治《仁化县志》卷六）

叶萌楷，字文范，明仁化人。以岁贡任遂溪训导，迁阳山教谕。致仕归里，以琴书自娱。后以子贵，赠奉政大夫。著有《自镜录》（一作《自鉴录》）一卷。（同治《仁化县志》卷六，同治《韶州府志》卷三十九）

叶梦熊，字海阳，仁化人。明万历十三年（1585）乙酉举人，任江西定南、福建建宁、浙江仁和知县。升绍兴府通判，旋升知府。年六十告归，授奉政大夫。与修《（万历）仁化县志》。（同治《仁化县志》卷六）

叶惟松，字大节，仁化人。从王守仁门人钱德洪，讲学于曹溪。以岁贡任大田训导，擢上犹教谕，升楚岷府教授，即辞官归里。明嘉靖三十六年（1557）为廪膳生员时，与修《（嘉靖）仁化县志》。著有《宦游稿》一卷。（同治《仁化县志》卷六，同治《韶州府志》卷三十九）

叶馨霄，仁化人。明嘉靖三十六年（1557）为增广生员时，与修《（嘉靖）仁化县志》。（嘉靖《仁化县志》修志氏族）

叶之英，仁化人。清康熙八年（1669）己酉贡生。编次《（康熙）仁化县志》。（嘉庆《仁化县志》重修姓氏）

余经盛，字醉卿，乐昌人。清道光十七年（1837）丁酉拔贡，候选教谕。著有《桐香阁诗集》。（同治《韶州府志》卷三十九）

余靖（1000—1064），初名希古，字安道，号武溪，曲江人。北宋天圣二年（1024）甲子进士，初为赣县尉，改将作监丞，知新建县。迁秘书丞，擢集贤校理。景祐三年（1036）因范仲淹事遭贬。庆历三年（1043）起为谏官右正言，屡奏安边之策。三次奉使辽国，皆不辱使命。受命知制诰、史馆修撰，仍知谏院。迁太常博士，复为校理。五年（1045）为人所劾，出知吉州。改将作少监，分司南京。迁卫尉卿，知虔州。丁父忧，归里。皇祐四年（1052）广州告急，起为秘书监，知潭州，改桂州，经制广南西路。嘉祐六年（1061）以尚书右丞知广州。英宗即位，拜工部尚书。北上卒于金陵，年六十五，赠刑部尚书，谥"襄"。著有《余襄公奏议》五卷（一作《[余襄公]谏草》三卷）、《三史刊误》四十五卷、《汉书刊误》三十卷、《庆历正旦国信语录》一卷、《圣宗掇遗》一卷、《契丹官仪》、《隆兴奉使审谕录》、《武溪集》二十卷及《新建图经》若干卷。（康熙《香山县志》卷八，同治《韶州府志》卷三十九，《粤东诗海》卷五，光绪《曲江县志》卷十四）

曾湛光，清乐昌人。廪生。与修《（康熙二十六年）乐昌县志》。（同知《乐昌县志》历修姓氏）

张景徽，英德人。张君玉子。清光绪元年（1875）乙亥恩贡。著有《寸知堂稿》一卷。（民国《英德县志》卷十四）

张景阳，字宗咏，又字梦协，号春台，英德人。张君玉子。清咸丰十一年（1861）辛酉优贡，任增城训导、东安训导兼教谕。著有《一得山房诗草》四卷及《续集》一卷。（同治《韶州府志》卷三十九，《柳堂师友诗录》，民国《英德县志》卷十）

张九龄（678—740），字子寿，一名博物，曲江人。唐景龙元年（707）丁未进士，历任校书郎、右拾遗、左补阙、司勋员外郎。开元十一年（723）拜中书舍人，后改太常少卿。出为洪州都督，转桂州都督，兼岭南道按察使。召为秘书少监，集贤院学士、副知院事。迁中书侍郎，丁母丧，归里。二十一年（733）起复，拜中书侍郎同中书门下平章事。次年迁中书令，兼修国史，修撰《唐六典》三十卷。因事贬为荆州大都督府长史。卒赠荆州大都督，谥"文献"。著有《唐初表草》一卷、《朝英集》三卷（佚）、《姓源韵谱》一卷（佚）、《千秋金鉴录》五卷（一说为后人伪托，佚）、《珠玉钞》一卷（佚）、《曲江集》十卷及《附录》一卷。（康熙《始兴县志》卷十，乾隆《南雄府志》卷十三，道光《广东通志》卷三〇四）

张君玉，字嘉穀，号麓湄，英德人。清同治元年（1862）壬戌恩贡，设家塾授徒。著有《嘉穀山房诗草》四卷。（同治《韶州府志》卷三十九，民国《英德县志》卷十）

张立诚，清翁源人。由廪贡任顺德训导，升连平州学正。抵任后因病回籍，卒于家，年八十。著有《胡孺人节孝录》，何毅夫为之序。（嘉庆《翁源县志》卷十二，民国《翁源县志稿》卷十三）

张洛，翁源人。清嘉庆三年（1798）戊午贡生，任新安教谕、高明训导。分纂《（嘉庆）翁源县志》。（嘉庆《翁源县志》卷九）

张清水（1902—1944），原名景优，笔名愚民、钦佩、轶帆、油槌、鱼迅、青水等，翁源人。民国十三年（1924）考入广东大学预科，创办《燃犀》杂志；加入中山大学民俗学会。历任广州市一中国语教师、《广州日报》副刊主编、翁源县第五区高等小学校长。在南京加入文艺团体"潮声社"、青年文艺作家协会。回广州后，加入全国文艺界抗敌协会广东分会、中国诗坛社。著有民间故事集《海龙王的女儿》《伯公衣》《狗耕田的故事》《新年风俗法》《魔术师》《太阳和月亮》《宝盒》，民间传说集《农麻家的故事》《孟娥郎叫书》，诗集《一只手》，《诗人黄公度》。（《韶关文史资料》第六辑）

张日麟，曲江人。著有《增补亦园家庭怀荫诗续集》，刊印于民国十年（1921）。（《亦园家庭怀荫诗续集》）

张日星，乐昌人。张九龄后裔。清顺治十四年（1657）丁酉举人，十八年（1661）辛丑进士，授湄潭知县。编纂《（康熙五年）乐昌县志》《（康熙二十六年）乐昌县志》。（同治《乐昌县志》卷八、卷十一）

张始然，翁源人。清嘉庆十八年（1813）癸酉优贡生。年未三十而卒。著有《若耶诗钞》二卷。（同治《韶州府志》卷三十九）

张远观，英德人。清道光十七年（1837）丁酉拔贡。分纂《（道光）英德县志》。（道光《英德县志》卷九）

张昭芹（1873—1962），字鲁恂，晚号卷葹老人，乐昌人。清光绪二十六年（1900）庚子举人，任阳春训导，升四川阳德知县。民国间历任大名、龙图、汉阳等县县长，国民政府司法部总务司科长，直隶督军公署秘书长，广东高等法院书记长，国民革命军第七战区司令部少将秘书长，国民政府考察委员会委员。晚年东渡台湾。辑梁鼎芬、曾习经、黄节、罗惇曧遗稿为《岭南近代四家诗》梓行。著有《薪梦草堂诗集》。（1994年《乐昌县志》卷二十八，《广东历代诗钞》卷八）

钟元鼎，曲江人。明万历间岁贡。著有《见华堂集》一卷。（同治《韶州府志》卷三十二）

周廷望，曲江人。清顺治间岁贡。著有《周廷望诗集》一卷，已佚。（《二十七松堂文集》卷十六）

朱观泰，号静山，英德人。清道光二十一年（1841）辛丑岁贡，授徒二十余载。分纂《（道光）英德县志》。（道光《英德县志》卷九，民国《英德县志》卷十）

朱可权，仁化人。明崇祯八年（1635）乙亥举人，任南直隶丹徒知县，调潜山，行取兵部车驾司主事。著有《历试草》《劝民歌》《守城十则》等书。（同治《仁化县志》卷六，民国《仁化县志》卷六）

附：连州

蔡齐基，字梦得，连州人。宋嘉定八年（1215）授琼州户录。著有《周易述解》九卷、《蔡齐基集》五卷。（乾隆《连州志》卷七，道光《广东通志》三〇三，同治《连州志》卷七）

陈松年，字秀三，连州人。清末岁贡生。科举废后，致力于办学。民国七年（1918）督率壮丁抵御土匪，积劳成疾，病卒，年七十。著有《连州乡土史》一册。（民国《连县志》卷六）

陈耀堂（1863—1923），名咸熙，以字行，晚号谷魂，连州人。清末诸生。信奉基督教，与美国教士交游。知科举将废，乃致力于西方政治、经济之学。又潜心研究医学以济世。民国元年（1912）任连山县知事。病卒于家。著有《谷魂笔记》一册。（民国《连县志》卷六）

陈用拙，名拙，以字行。南汉连州人。唐天祐元年（904）甲子擢进士，授著作郎。南汉时为吏部郎中，知制诰。著有《陈拙诗集》八卷、《大唐正声琴籍》十卷、《补新徵音》，均佚。（乾隆《连州志》卷七，《南汉书》卷十）

陈运棠，字甘泉，阳山人。清末儒学生

员。民国二十七年（1938）分纂《阳山县志》。（民国《阳山县志》续修职名）

陈植隆，字士培，阳山人。清末儒士。民国二十七年分纂《阳山县志》。（民国《阳山县志》续修职名）

成兆侯，号康锡，连州人。清咸丰四年（1854）创办团练，督率乡勇协助州官收复城池。累功以直隶州知州留湖南补用。著有《红军寇连日记》一册。（民国《连县志》卷六、卷七）

邓光衢，连山人。增贡生。清康熙三十二年（1693）知县刘允元聘其纂修《连山县志》。著有《博异集》十六卷、《糊檽滕墨》《西游草》。（民国《连山县志》卷十三）

邓懋宣，字日三，连山人。民国间任省议会议员、连山县地方财政管理委员会委员。民国十七年（1928）协修《连山县志》。（民国《连山县志》增修姓氏）

邓卿云，字祥甫，阳山人。清末儒学生员。民国二十七年（1938）分纂《阳山县志》。（民国《阳山县志》续修职名）

邓廷球，号侗庵，连山人。廪生。清康熙间知县张化凤、刘允元聘其纂修《连山县志》。知县李来章聘其主讲桂阳书院。年八十七卒。（民国《连山县志》卷十三）

邓元玮，连州人。清康熙间贡生。参与纂修《（康熙四十九年）连州志》。（康熙四十九年《连州志》续修姓氏）

冯祖尧（1874—？），号耀宇，连州人。清宣统元年（1909）己酉拔贡。民国十九年（1930）编纂《连县志》，任副总纂。（《广东方志要录》，《惠东文史》第三辑）

何保之，字子孚，阳山人。清末儒学廪生。民国二十七年（1938）分纂《阳山县志》。（民国《阳山县志》续修职名）

何诗迪，连县人。毕业于广东高等师范学校，曾任连县县长、连县教育局局长兼连县县立乡村师范学校校长、连县修志委员会副主任。民国间总纂《连县志》。（民国《连县志》修志人员表）

何永盛，民国连县人。著有《乱世记》十册。（民国《连县志》卷七）

胡君防，一作胡君昉，字朝宗，五代末宋初连州人。著有《蘖川诗集》一卷。（乾隆《连州志》卷七，道光《广东通志》卷三〇三）

黄代垣，民国连县人。著有《小儿麻痘歌括》一卷。（民国《连县志》卷七）

黄德溥，字朴斋，连州人。附生。清咸丰四年至九年间（1854—1859）盗贼蜂起，德溥督办团练，募兵筹饷，登城守御不遗余力。同治三年（1864）进京朝考，历署赣县、贵溪、安远、建昌四县知县。特授瑞州府高安知县。后以母老辞官归里。著有《判案记》一卷、《朴斋家诫》一卷。（民国《连县志》卷六）

黄损，字益之，南汉连州人。筑室于静福山，室名天衢，读书吟咏其中。博学多才，尤工诗。遍游洞庭、匡庐诸名胜。梁龙德二年（922）中进士，任永州团练判官。避乱于广州，仕南汉，累进尚书左仆射。与郑谷等人合著《三要》（《崇文总目》载《三要》中《射法》一卷）。还著有《桂香集》十卷，已佚。（乾隆《连州志》卷七，同治《连州志》卷七）

黄先芹，字春波，连山人。曾任连山

县总务科科长。民国十七年（1928）协修《连山县志》。（民国《连山县志》增修姓氏）

简耀宗，阳山人。清康熙二十五年（1686）以岁贡任化州训导，同年同修《化州志》。（康熙二十五年《化州志》卷五）

李蔚然，民国连县人。毕业于日本陆军士官学校，任中山大学军训少将主任、浙江温台四属主任。译著有《步兵教练必携》《小部队攻防指挥法》等。（民国《连县志》卷七，《连南瑶族自治县志1979—2004》）

李学，连州人。清乾隆间岁贡，任灵山训导。参与编纂《（乾隆）廉州府志》。（民国《合浦县志》卷首）

李毓清，字秀英，阳山人。乾隆末庠生李履和女、贡生王驷妻。少从父受《孝经》《列女传》，旁及诗。诗格朴老，书法遒劲。年六十余卒。著有《一桂轩诗钞》二卷。（民国《阳山县志》卷十二，《广东历代诗钞》卷二）

李在沐，连山人。庠生。清康熙十一年（1672）编纂《连山县志》。（《广东方志要录》）

梁得所（1905—1938），连县人。民国十四年（1925）考入山东齐鲁大学，攻读医科，不久辍学习画。次年任上海《良友画报》主编。民国二十二年（1933）八月与黄式匡创办大众出版社，主编《良友画报》《良友图画杂志》《上海战事画刊》《大众画报》《时事旬报》等。因肺病逝于家乡。学识广博、著作丰富，辑《成功之路：现代名人自述》；著有散文集《得所随笔》、小说集《女贼》、童话《失去的指环》以及《猎影记》《前后五十年》《未完集：梁得所随笔第三辑》；译著有《人生的把握》、《医院中的基督》、《凯亚》（与余季美合译）；编译《西洋美术大纲》《音乐辞典》《近代中国绘画》《土耳其民间故事》等。（2001年《韶关市志》）

梁登甲，连州人。清康熙间贡生。参与纂修《（康熙四十九年）连州志》。（康熙四十九年《连州志》续修姓氏）

梁日新，民国连县人。著有《应用文法举隅》一册。（民国《连县志》卷七）

廖文英，字百子，一字昆湖，连州人。明崇祯十二年（1639）由选贡官江西南康司理，康熙七年（1668）擢南康知府。著有《石林堂前后集》。（《粤东诗海》卷五十七）

龙超然，连县人。民国间任县长李楚瀛助理秘书。分纂《（民国）连县志》。（民国《连县志》修志人员表）

龙裔刚，字柔仲，连州人。清光绪十二年（1886）选入广州广雅书院，肄业。授徒六七年，卒于家。著有《经解刍言》、《读史摘要》三卷。（民国《连县志》卷六）

罗克敬，连州人。以岁贡官乐昌训导。明万历十四年（1586）与修《乐昌县志》。（康熙五年《乐昌县志》明修姓氏）

罗史（1874—1936），字信初，阳山人。清光绪间儒学廪生。毕业于广东公立法政学校，历任粤海关委员、连县法庭推事。分纂《（民国）阳山县志》。（民国《阳山县志》卷七，《中华罗氏通谱》第四册）

马体益，字长裕，连州人。明崇祯十一年（1638）以序贡北上，考授河源司训，中道病卒。著有《闰月诗集》。（民国《连

县志》卷六、卷七）

马象乾，本姓曾，字体良，号连城，连州人。明嘉靖四十年（1561）辛酉举人，万历五年（1577）丁丑进士，授翰林院庶吉士。典试山西，擢福建巡按御史。迁南京学政，升河南道都察院佥都御史。二十年（1592）致仕。归里后，闭门谢客，以图史自娱。著作甚丰，然多散佚。年六十余卒。编纂《（万历）连州志》。著有《中秘课程》一卷。（乾隆《连州志》卷七，道光《广东通志》卷三〇三）

孟宾于，字国仪，五代连州人。后晋天福九年（944）中进士。历任湖南、江南知县，水部员外，终官郎中。与同年进士李昉友善。后隐玉笥山，号群玉山叟。江南平后，告老还乡，年八十七卒。著有《金鳌集》一卷、《湘东集》《金陵集》《玉笥集》《剑池集》。咸平二年（999）其子将其诗合为一集，名为《孟水部诗集》。（乾隆《连州志》卷七，2001年《韶关市志》）

莫宏龄，连州人。清康熙十五年（1676）丙辰贡生，任文昌训导。参与纂修《（康熙四十九年）连州志》。（乾隆《连州志》卷五）

莫如龙，阳山人。清咸丰间庠生。以医为业，长于痘科。撰《痘科新书》，未竟而逝。（民国《阳江县志》卷三十六）

莫与齐（1560—1627），字元慎，号苍屏，连州人。年五十岁序贡国学，益加勤奋。明天启二年（1622）壬戌登进士第。初授南直隶太平府推官，因病致仕。著有《曙先斋诗集》。（乾隆《连州志》卷七，同治《连州志》卷七）

欧阳昊，民国连县人。分纂《（民国）连县志》。著有《咏归诗稿》二册。（民国《连县志》卷七）

欧阳祐，字力忠，连州人。宋绍兴二年（1132）壬子登第，旋引疾归，吟咏自适。工书翰。有《[欧阳祐]集》藏于家。（道光《广东通志》卷三〇三）

彭徽朝，字鸾卿，连山人。任连山县署教育兼实业科科长。民国十七年（1928）协修《连山县志》。（民国《连山县志》增修姓氏）

彭丽贞，字蕙谷，清连山人。乾隆间举人彭凤尧之女，幼年随父宦游湖南。适黄桃，五年后卒。著有《梦梨阁诗草》。（民国《连山县志》卷十三）

彭镗，字述古，连山人。清顺治十三年（1656）丙申岁贡。康熙十年（1671）任澄迈县训导，次年监修《澄迈县志》。年八十余卒。（民国《连山县志》卷十三）

彭统见，连山人。清光绪三十二年（1906）丙午岁贡，以府经历注册选用。民国间任省众议院议员、县修志局局长。著有《孝经讲义》。（民国《连山县志》卷十三）

单兴诗（1798—1877），字藻林，连州人。清道光十五年（1835）乙未进士，历任户部浙江司郎中、江西临江知府等职。同治六年（1867）奉诏入京，以病乞归。掌教北江书院。总纂《（同治）韶州府志》《（同治）连州志》。（民国《连县志》卷六，新编《连县志》第六编）

石光祖，字翼子，连州人。石文德后裔。与弟超祖、扬祖兄弟三人同年参加廷对，时人称为"石家三凤"。清康熙十二年（1673）州守延其纂修《韶州府志》。（乾隆《连州志》卷七，同治《连州志》卷七）

石扬祖，字贻书，号澹庵，连州人。石光祖弟。清康熙十三年（1674）甲寅贡生，任灵山训导。参与纂修《（康熙四十九年）连州志》。（《连州古村遗韵》）

石文德，五代连州人。楚王马希范器重之，授水部员外郎。因才名遭诸学士嫉妒，出为融州副使。著有《唐朝新纂》三卷（初为七卷）。（乾隆《连州志》卷七，道光《广东通志》卷三〇三）

唐昺南，字星垣，连州人。清咸丰十一年（1861）辛酉拔贡，候选连州直隶州州判。同治九年（1870）分纂《连州志》。编有《唐氏宗谱》。（同治《连州志》卷四，民国《连县志》卷六）

韦子荧，字星斋，连山人。民国二年（1913）任县议事会参事员，后任连山县地方财政管理委员会委员。协修《（民国）连山县志》。（民国《连山县志》增修姓氏）

吴恩炽，清连州人。与吴体亮、吴恩智合著《辅善新编》一卷。（民国《连县志》卷七）

吴恩智，清连州人。与吴恩炽、吴体亮合著《辅善新编》一卷。（民国《连县志》卷七）

吴体亮，清连州人。与吴恩炽、吴恩智合著《辅善新编》一卷。（民国《连县志》卷七）

吴骧，字鹤亭，清连州人。设帐授徒，从游者众，道光间进士单兴诗即出其门。曾任始兴、博罗、龙门等县儒学正堂。著有《梅竹山房诗集》二卷。（民国《连县志》卷六、卷七）

杨标，连州人。清康熙间贡生。参与纂修《（康熙四十九年）连州志》。（康熙四十九年《连州志》续修姓氏）

杨义正，连州人。清道光二十九年（1849）己酉拔贡，任湖南武冈州州同。同治间分纂《连州志》。（同治《连州志》卷四）

杨芝泉（1897—1967），名瑞祥，连州（后改连县）人。民国五年（1916）毕业于广东高等师范学校图工科，曾任台山县立中学、广东高等师范学校附属中学、省立小学教员补习函授学校等校图画教员，中山大学文学部画史画论讲师，连县燕喜小学、燕喜中学校长。新中国成立后，任广州博物馆科员、广州市文史馆馆员。有《燕喜述略》一册、《青灯课子图》画册。（民国《连县志》卷七，1996年《连南瑶族自治县志》）

杨仲修（1881—1939），字进祥，别字伯吕，阳山人。清宣统元年（1909）己酉拔贡。民国初年任湖南武冈州、分州警察署长，四川省眉山县县长，广东省饶平、高要等县的总务科长。民国二十七年（1938）分纂《阳山县志》。（民国《阳山县志》卷七，2003年《阳山县志》）

虞琼芳，清连山人。龙川教谕彭佩英外孙女，虞世联姊。年二十三适莲塘生员彭世琨。佩英任龙川教谕，琼芳幼随任从学，习经史。年未及笄，已明诗习礼，斐然成章。著有《玉雪楼诗草》一卷。（民国《连山县志》卷十三）

虞世联，字季芳，连山人。彭佩英外孙，虞琼芳弟。廪生，清咸丰间组织团练御寇有功，保奖训导。著有《季芳诗草》一卷。（民国《连山县志》卷十三）

虞泽润，字沛之，连山人。清光绪间拔贡。尝代理连山县知事。民国十七年

(1928）协修《连山县志》。编有《连山乡土记》。(民国《连山县志》增修姓氏)

曾庆襄，号次皋，阳山人。清咸丰五年（1855）太平军围攻邑城，庆襄与姚拱辉等率乡勇驰援，击退太平军。同治六年（1867）丁卯举人，任本邑韩山书院教谕。次年出任和平县训导。光绪间卒，年五十六。著有《养志山房诗文集》《江河图考》《春秋评说》诸书，佚。(民国《阳山县志》卷十一、1996年《连南瑶族自治县县志》)

曾樱，连州人。清康熙四十二年（1703）癸未贡生。参与纂修《(康熙四十九年）连州志》。(康熙四十九年《连州志》续修姓氏)

詹泰，字泰之，号章水，连州人。明洪武初，以明经入太学。曾任广西南宁府武缘县令、江西赣州府瑞金县令、卢州府别驾等职。洪熙元年（1425）致仕归里。著有《古松集》。(乾隆《连州志》卷七)

詹於淳，阳山人。清康熙间贡生，任灵山教谕。参与编纂《(康熙六十年）廉州府志》。(民国《合浦县志》卷首)

张鸿，连州桂阳人。唐天祐二年（905）乙丑进士，隐居不仕。著有《张鸿集》十二卷。(乾隆《连州志》卷七，道光《广东通志》卷三〇三)

张家齐（1866—1932），字梓修，晚号苍松子，连州人。清光绪二十年（1894）入庠。宣统元年（1911）任连州自治研究所监学。后任燕喜高等小学校长、第四区保卫团团总区长等职。著有《十三经春秋学庸书后》十五篇、《讲学记》一册、《诗稿集成》一卷、《骈体文》一卷、《官判释义》一卷、《读书记》一卷、《新学提要》、《政治专书》一卷、《中西哲学问答》二卷、《中国教育名家》一卷、《圣学研究法》一卷、《大学大纲八目纂》一卷、《性理汇纂》一卷、《性理问答》一卷、《作文法》一卷等。(民国《连县志》卷六)

张惟勤，原名大业，号梅琴，连州人。清道光三年（1823）癸未进士，任山西五台知县，调阳曲县，升代州直隶州署大同府事。染病殁于太原。著有《惜阴斋见闻录》四卷。(同治《连州志》卷七)

周濆，五代连州人。周渭弟。有诗名。著有《[周濆]集》一卷，已佚。(《粤诗搜逸》卷一，《粤东诗海》卷四)

周渭（923—999），字得臣，连州人。五代入宋，时州隶长沙，楚与南汉相持，渭为广人俘获，妻子流离昭州。后脱身走汴京。建隆初赐同进士出身，授白马主簿。上书陈时务，擢右赞善大夫。历官广南诸州转运副使、益州转运使等职。因从子违诏市马，黜为彰信军节度副使。咸平二年（999）召还复用，未赴而逝。著有《弹冠必用》一卷，已佚。(《宋史》卷三〇四，乾隆《连州志》卷七，《粤东诗海》卷四)

南 雄 府

曹愼，字万为，别号柱峰，保昌（今南雄市）人。广读经史百家，清雍正元年（1723）癸卯副榜。乾隆元年（1736）荐试博学鸿词科，力辞。旋掌教肇庆端溪书院，精研经学。十五年（1750）选授四会教谕，以笃实执教为训。后主持南雄凌江讲席。年七十七卒。编辑《王新城集》。著有《四书详说》《十三经解》《订正古诗解》《历代诗选随笔》《柱峰制艺》《天镜阁集》等，均失传。（道光《直隶南雄州志》卷七，1991年《南雄县志》）

陈昌誉，清南雄州人。附贡。道光间纂辑《直隶南雄州志》。（道光《直隶南雄州志》纂修职名）

陈琮，字玉山，始兴人。博学能文，以监生应举，屡试不中。筑云山书院一所，聚书数千卷，朝夕诵读。经史之外，旁及天官、卜筮、刑名、医药诸学。虽弱不胜衣，而击技冠一时。清道光间，尝率数百人捕贼，亲手格杀匪首谢某，邑令赠诗以奖。著有《左传必读》、《史汉丛钞》、《唐宋诗醇节本》、《云山书院课草》、《伤寒述》二卷、《地理折中》。（民国《始兴县志》卷十二）

陈及时（1870—1942），字能忠，号梅雨，始兴人。清光绪三十年（1904）甲辰拔贡，铨选县丞。清末废科举，与邑人陈模、李玉勋等积极创办新学。民国初年起，历任始兴县教育会会长、教育局局长，并亲任教员，被誉为始兴新学的启蒙者。抗日战争爆发后，告老乡居。从宣统三年（1911）至民国十五年（1926），先后四次担任《始兴县志》总编辑。主编《始兴县乡土志》一卷、《始兴县志》十六卷、《始兴乡土教科书》二卷。（民国《始兴县志》卷八，1997年《始兴县志》）

陈美济，始兴人。清光绪末年毕业于始兴简易师范学堂、崇阳小学师范速成科。后又考入广东高等师范学校。曾任始兴县劝学所所长。参与编辑《（民国）始兴县志》。（民国《始兴县志》纂修职名）

陈模（1866—1938），原名茂鉴，号觉先，始兴人。优廪生。就读于广州广雅书院，因成绩优等被选派到日本明治大学学政科深造。回国后，初在南安府中学任教。后于始兴县文明书院设学务公所，历任董事、劝学员、所长。曾任墨江艺苑简易师范学堂学监。参与编纂《始兴县乡土志》。编撰《（民国）始兴县志》之舆地略。（民国《始兴县志》卷八，1997年《始兴县志》）

陈旭初，字耀东，清末始兴人。廪生。弱冠博通经史，文工骈体，诗尚性灵，名闻于时。著有《春晴诗草》二卷。（民国《始兴县志》卷八）

戴家驹，字逢伯，号良策，保昌人。戴纶长子。清雍正十三年（1735）乙卯中举，累官至云南马龙知州。辞官归里后，清贫自守，闭门著述，数十年如一日。乾隆二十二年（1757）随胡定往杭州迎驾，呈献《五经管》，得嘉奖。年七十五卒。著有《梅峤书屋手定经传诗文集》，包含《易经管》《书经管》《诗经管》《左传管》《周礼管》《礼记管》《孝经管》《蟋蟀吟初集》《蟋蟀吟二集》《蟋蟀吟三集》等二十七种。（民国《南雄府志》卷七）

戴纶，保昌人。清康熙四十四年（1705）乙酉举人，累升蓬州知州、泸宁同知、宁波知府。调真定，致仕归。著有《红药轩诗集》。（道光《直隶南雄州志》卷七、卷十七）

戴熙，号穆斋，始兴人。清嘉庆十九年（1814）甲戌贡生。教授生徒，不辞艰辛。参与编辑《（嘉庆）始兴县志》。（民国《始兴县志》卷十二）

邓必昌，字希文，号春台，始兴人。明嘉靖三十五年（1556）丙辰选贡，任浙江秀水县丞。居官三年，致仕归养。著有《家训》一册，以遗子孙，已佚。（康熙《始兴县志》卷十一，道光《广东通志》卷三〇四）

邓序铭，始兴人。清末附生。广东陆军速成学堂步兵科毕业。曾任始兴县团局总团长、始兴县代理县长。参与编辑《（民国）始兴县志》。（民国《始兴县志》卷三）

官焕扬，字达化，号文墅，清始兴人。诸生，授江西候补县丞，不乐仕进，时以吟咏遣兴。著有《桐桂轩课孙草》（一作《桂桐轩诗集》）一卷。（《柳堂师友诗录》，民国《始兴县志》卷十二）

官桢扬，字达朝，号玉山，清始兴人。官焕扬弟。监生。多病，筑庐山，半栽紫薇十余株，终日卧啸其中。著有《紫薇山馆遗稿》（一作《紫薇山馆诗稿》）一卷，附刻于其兄所撰《桐桂轩课孙草》后。（《柳堂师友诗录》，民国《始兴县志》卷十二）

官政仪，一名政儒，号凤阿，始兴人。清光绪二十七年（1901）辛丑岁贡。民国十一年（1922）任始兴县县长。参与编辑《（民国）始兴县志》。（民国《始兴县志》纂修职名，《始兴文史资料》第三辑）

官志春，字贤任，号煦轩，清始兴人。官焕扬长子。弱冠补弟子员，受知于学使吴南池。后任训导。善吟咏，娴绘事。著有《绿云山房遗草》（一作《绿云山房诗集》）一卷，附刻于其父所撰《桐桂轩课孙草》后。（《柳堂师友诗录》，民国《始兴县志》卷八、卷十二）

郭凌霄，字士鹏，号虚平，始兴人。在庠学二十余载，又尝负笈数千里，从学于江南名士。清康熙二十二年（1683）任南海训导。年七十一卒于官。著有《善过格》《寿世金丹》《成人指南》《儒修懿矩》等，皆劝善之书，均佚。（乾隆《南雄府志》卷十四，道光《直隶南雄州志》卷二十五，道光《广东通志》卷三〇四）

何庆龄，始兴人。清光绪三十年（1904）甲辰州学岁贡，任始兴县劝学所劝学员兼官立高等小学校校长。参与编纂《（民国）始兴县志》《始兴县乡土志》。（民国《始兴县志》卷八）

何士墉，清南雄州人。儒士。纂辑《（道光）直隶南雄州志》。（道光《直隶南雄州志》纂修职名）

胡定（1709—1787），字敬醇，号静园，保昌人。清雍正四年（1726）丙午中式，次年会试，中明通榜，八年（1730）庚戌进士，授翰林院庶吉士。乾隆元年（1736）授检讨，充《大清一统志》纂修官。主试广西。预修《八旗通谱》。五年（1740）转陕西道监察御史。转兵科给事中，以母老乞归终养。服阕，补福建道监察御史，以劾内务府郎中剥削伤民，罢归。掌教瑞州凤仪书院，又主韶阳、道南两书院。著有《御纂通鉴纲目测义》《双柏庐文集》十卷。（道光《直隶南雄州志》卷二十五）

胡寿颐，始兴人。清末附贡生，任始兴

官立高等小学校校长。编辑《(民国)始兴县志》《始兴县乡土志》。(民国《始兴县志》卷八)

黄炳,字文光,始兴人。明嘉靖二十年(1541)辛丑贡,任南安府通判。有政声,挂冠而归,诗酒自娱。为庠生时辑录《(嘉靖)始兴县志》。(康熙《始兴县志》卷十一)

黄士锟,字震宇,保昌人。清雍正元年(1723)癸卯拔贡,乾隆元年(1736)丙辰乡试举人。次年母丧,以哀毁致疾,年未五十而卒。著有《四书贯珠》、《怡恬斋诗文稿》(道光府志作《怡怡斋诗文稿》)。(乾隆《保昌县志》卷十一,乾隆《南雄府志》卷十四)

黄惟濂,保昌人。清乾隆三十三年(1768)戊子岁贡,主凌江书院讲席数年。晚年选新兴训导,因失明致仕。著有《三礼大登精义》《左传疏》《学庸贯珠》《宛溪诗草》。(道光《直隶南雄州志》卷二十七,《广东书院制度》)

蒋勋,字伊濯,保昌人。清康熙五十三年(1714)甲午荐登贤书,以额满落名。设帐乡间,受业者百余人。一时知名之士多出其门。五十九年(1720)庚子岁荐,雍正十年(1732)任增城训导。年七十九卒。著有《知心集》。(乾隆《保昌县志》卷十一,乾隆《南雄府志》卷十四)

赖圣召,字效孔,始兴人。明天启七年(1627)丁卯岁贡,授东莞司训,迁长乐教谕,复迁琼州教授。纂修《长乐县志》,已佚。(乾隆《南雄府志》卷十四,民国《始兴县志》卷十二)

赖堂,保昌人。清乾隆十九年(1754)甲戌进士,二十年(1755)任廉州府教授。参与编纂《(乾隆)廉州府志》。(民国《合浦县志》卷首)

李贤伟(1856—1927),字子英,号隽卿,始兴人。清光绪十七年(1891)补博士弟子员。屡试不第,宣统元年(1909)始成恩贡。后与邑人陈模、陈及时等结社办学,设馆授徒。民国九年(1920)首任始兴县议会议长。南北军阀激战时,县长出逃,被公推为临时县长。后退隐闲居,息影家园。终年七十二。参与编辑《(民国)始兴县志》。参与编纂《始兴县乡土志》。(民国《始兴县志》卷八,1997年《始兴县志》)

李燮,字赞卿,始兴人。清咸丰十一年(1861)辛酉拔贡,任儋州、化州学正,感恩、信宜教谕。终身布衣蔬食,居官不改其常。晚年拟修县志,撰稿未竟而卒。子墀于宣统三年(1911)出其遗稿,民国《始兴县志》所载职官、贡举及编年大事记等,多以其稿为本。(民国《始兴县志》卷十二)

李玉勋(1859—1925),字颂唐,始兴人。清末生员。光绪三十三年(1907)与陈模等创办私立崇阳学堂,任舍监兼教员。参与编纂《始兴县乡土志》。(民国《始兴县志》卷八,《始兴文史》第五辑)

李孜,字日孜,保昌人。博学好古,工于词藻,尤邃于书。明正统六年(1441)辛酉举人。历任南靖、宁远、丰城三县教谕,迁淮安教授。历典四省总裁,拔擢名士任高官者数十人。著有《林塘集》(一作《林塘诗集》),已佚。(乾隆《保昌县志》卷十一,乾隆《南雄府志》卷十四,道光《广东通志》卷三〇四)

林明伦(1723—1757),字敬熙,号穆安,一作穆庵,始兴人。清乾隆十二年

(1747)丁卯举人,次年成进士,钦点翰林院庶吉士,散馆授编修。出任浙江衢州府知府,在任三年。适值新易巡抚,因病未即上省谒见,被劾奏降调。进京不久,病逝。生平留心正学,工古文辞,以宋儒为宗。著有《读书通言》一卷、《时习录》十卷、《学庸通解》二卷、《大学古本通解》一卷、《[穆庵]诗集》一卷、《泽山堂文集》、《穆庵遗文》一卷《续刻》一卷。又有《泽山堂制义》《韩文公文钞》,均佚。(嘉庆《始兴县志》卷十二,道光《直隶南雄州志》卷二十五、卷二十七,《国朝岭南文钞》卷二)

凌应劭,始兴人。附生,毕业于本邑高等师范。民国四年(1915)筹办始兴县立中学,任首任校长。参与编辑《(民国)始兴县志》。(民国《始兴县志》纂修职名)

凌元驹,始兴人。凌先飓孙。清乾隆五年(1740)庚申拔贡,举优行。二十八年(1763)任惠来教谕。纂辑《(乾隆)始兴县志》十六卷。著有《球山草堂制义》《凌氏族谱》。(道光《直隶南雄州志》卷二十七,民国《始兴县志》卷八)

刘德风,号薰亭,始兴人。清嘉庆七年(1802)壬戌贡生,候选教谕。参与编辑《(嘉庆)始兴县志》。(民国《始兴县志》卷八)

刘理培,保昌人。清嘉庆二十二年(1817)丁丑岁贡。纂辑《(道光)直隶南雄州志》。(道光《直隶南雄州志》纂修职名)

刘权,保昌人。清乾隆三十九年(1774)甲午举人,会试两次不售,遂绝意进取。授徒二十余载,从游者多有成就。嘉庆七年(1802)借补直隶长芦兴国盐场大使,未几,致仕归。著有《存恕堂文稿》二卷、《通鉴节略》二卷。(道光《直隶南雄州志》卷二十七)

刘诗海,始兴人。毕业于广东教忠师范学堂,任始兴县立第一高等小学校校长。参与编辑《(民国)始兴县志》。(民国《始兴县志》纂修职名)

卢道南(1883—1949),始兴人。清光绪三十年(1904)附生,曾任始兴县县团局文牍、始兴中学教师。参与编辑《(民国)始兴县志》。(民国《始兴县志》纂修职名,《始兴文史》第三辑)

卢庆元,始兴人。清嘉庆十八年(1813)癸酉拔贡。参与编辑《(嘉庆)始兴县志》。(民国《始兴县志》卷八)

卢章甫,始兴人。清末岁贡,始兴县教育会会长、始兴县团防总局局长。参与编辑《(民国)始兴县志》。(民国《始兴县志》纂修职名)

罗赞勤(1872—1944),南雄人。清光绪间廪生。民国二年(1913)春,任县立第一高等小学第一任校长。民国九年(1920)考入北京国语研究委员会,受聘为研究员二年。回南雄后,历任南雄县国音字母讲习所所长、第一任女子小学校长。著有《校正国音汇编》《韵府音切编次》。(1991年《南雄县志》)

麦文贵,元保昌人。笃志力行,博通经史。荐为湖广行省检校,后任中奉大夫、集贤学士,与修《辽史》《金史》《宋史》。(道光《直隶南雄州志》卷二十七,道光《广东通志》卷三〇四)

莫开瑶(1870—1952),字次昆,号鹤亭,南雄州人。清光绪二十九年(1903)癸卯举人。次年出任两淮盐运使协理,历任审计院协审官。民国十四年(1925)冬署理南雄县县长；民国二十三年（1934）当选为南雄县第一届参议会议长；民国二十九年（1940）出任省参议员，在任期间为地方出力颇多。著有《浈江备志》一卷（早佚）、《蠿睫庐集》四卷、《诵芬纪略》不分卷。(1991年《南雄县志》，《南雄市志》)

欧阳梧，保昌人。清乾隆四十二年（1777）丁酉举人，五十三年（1788）任吴川教谕。纂修《吴川县志》。（光绪《吴川县志》卷九）

欧阳羽文，保昌人。清顺治十四年（1657）丁酉岁贡，康熙五年（1666）任香山教谕。官至兰溪知县。十年（1671）参与纂辑《香山县志》。（康熙《香山县志》卷一，道光《直隶南雄州志》卷七）

裴唐，字肇虞，别号际宇，保昌人。少时随父宦游闽清、江淮之间。明万历十一年（1583）癸未以贡谒选，得安庆司训。补常熟教谕，转儋州学正。年八十三卒。纂修《（万历）南雄州志》。（乾隆《保昌县志》卷十一，乾隆《南雄府志》卷十四）

邱家楡，字纯一，保昌人。邱学琼父。清嘉庆九年（1804）甲子岁贡生，授徒自给，州中知名人士多出其门。年七十八卒。著有《娱老集》。（道光《直隶南雄州志》卷二十七）

邱学琼，保昌人。邱家楡子。清嘉庆二十一年（1816）丙子举人。纂辑《（道光）直隶南雄州志》。（道光《直隶南雄州志》纂修职名）

饶显君（1868—1942），字宣廷，始兴人。清宣统元年（1909）己酉拔贡，历任小学校长，中学、小学教员。因失足骨折，辞教归里。参与编辑《（民国）始兴县志》。（民国《始兴县志》纂修职名，1997年《始兴县志》）

谭大初（1504—1578），原名大本，十六岁改大初，字宗元，号次川，谥"庄懿"，始兴籍保昌人。北宋大观状元谭焕之后裔。明嘉靖十七年（1538）戊戌进士，历任工部观政、工部营缮主事、户科给事中，迁兵、刑左右给事。擢江西按察副使，秩满，擢广西参政。任事二年，上疏乞归，不待报而行，奉旨得以致仕。筑"拙逸轩"，读书其中。四十五年（1566）召用耆硕，连擢河南右参政、南京右通政、应天府尹。三奉诏书，不敢复辞。隆庆元年（1567）召拜工部右侍郎，迁户部左侍郎，总督仓场。累乞休，不许。转南京户部尚书，终以疾致仕。与修《（嘉靖）南雄府志》。著有《次川存稿》八卷、《谭氏族谱》五卷（佚）、《自叙年谱》一卷。（康熙《始兴县志》卷十，乾隆《保昌县志》卷十一，乾隆《南雄府志》卷十三，道光《广东通志》卷三〇四）

谭侁，始兴人。宋皇祐四年（1052）壬辰进士。博通经史。著有《罗浮志》，已佚。（乾隆《南雄府志》卷十四，嘉庆《始兴县志》卷十二）

唐春，明始兴人。庠生。辑录《（嘉靖）始兴县志》。（嘉靖《始兴县志》卷上）

温作宾，始兴人。清嘉庆四年（1799）己未贡生，任博罗训导。参与编辑《（嘉庆）始兴县志》十六卷。（民国《始兴县志》卷八）

吴国霖，始兴人。清康熙二十七年（1688）戊辰贡生。康熙五年为庠生时编纂《始兴县志》，已佚。（《广东方志要录》）

吴勋，始兴人。清末附生。任始兴县城区警察所巡官、始兴商务分会会长。参与编

辑《(民国)始兴县志》。(民国《始兴县志》纂修职名)

吴作霖(1878—1930),字惠泉,号志一山人,南雄人。曾任县立第一高等小学教员。精书法、绘画及篆刻。有《[惠泉]印谱》一册。(民国《始兴县志》卷八)

徐锡元,名万善,字学展,始兴人。清雍正十三年(1735)乙卯举人,任广东盐大使。辞官归,教授生徒。著有《徐锡元文稿》五十篇,已佚。(道光《直隶南雄州志》卷二十七)

许牧,始兴人。宋大观元年(1107)应八行科,政和六年(1116)丙申成进士。著有《广州记》(一作《广州志》),已佚。(乾隆《南雄府志》卷十四,嘉庆《始兴县志》卷十二,道光《广东通志》卷三〇四)

叶德全,清南雄州人。生员。纂辑《(道光)直隶南雄州志》。(道光《直隶南雄州志》纂修职名)

叶孟昭,字文明,保昌人。明永乐二十一年(1423)癸卯举人,授浔州京卫教职,迁临江教授。胸怀磊落,文思敏捷,议论英发,为学者敬仰。曾主试山东,迁鲁府左长史。屡有规正,皆见嘉纳,为贤王所重。每乞归不许,终于任。有《[孟昭]遗文》若干卷。(道光《直隶南雄州志》卷二十五,道光《广东通志》卷三〇四)

张报和,字慕琴,号会通,始兴人。清同治十二年(1873)癸酉拔贡,任龙门县教谕。博学善文,性尤刚介。科举废后,充劝学所董事,创办学堂最为得力。总纂《始兴县乡土志》。(民国《始兴县志》卷十二)

张发奎(1896—1980),字向华,始兴人。毕业于广东黄埔陆军小学第六期、武昌第二军官预备学校。曾任国民革命军第四军军长、第八集团军总司令、第九战区第二兵团总司令、第二方面军司令官、广州行营主任、陆军总司令等职。后寓居香港。著有《民主与自由的保证》《抗日战争回忆记》《第四军纪实》等。(《民国广东将领志》)

张渐,保昌人。北宋熙宁九年(1076)丙辰进士,历官朝议大夫。博学能诗,著有《沙田集》,已佚。(乾隆《南雄府志》卷十四,道光《广东通志》卷三〇四)

张清,始兴人。清嘉庆六年(1801)辛酉府学岁贡,任海阳、永安训导。道光三年(1823)任高明训导,分纂《高明县志》。(道光《高明县志》卷五,道光《直隶南雄州志》卷八)

张中和,字介石,保昌人。清康熙初,由监生任韶州府经历。时曲江、仁化、乳源瑶族起义,郡守遣其前往招安。中和以一子为质,携瑶首一人而出。时文武大员竟杀瑶首,瑶民亦杀其子。而上官则以激变之罪罢其官。入狱三年,始获昭雪。隐不复仕。精通医术,多神效。著有《西来集》《知蒙医镜》。(乾隆《南雄府志》卷十四,道光《直隶南雄州志》卷二十九)

张仲方(766—837),字靖之,始兴人。张九龄从孙。唐贞元六年(790)庚午进士,任集贤校理。丁母忧,服阕,补秘书省正字,调授咸阳尉,出为邠州从事。入都历任侍御使、仓部员外郎,出为金州刺史。入为度支郎中,再贬为遂州司马,迁河东少尹、郑州刺史。敬宗即位,召为右谏议大夫。大和初,出为福州刺史兼御史中丞、福建观察使。三年(829)入为太子宾客,转右散骑常侍。出为华州刺史。开成元年(836)入为秘书监。次年四月卒,谥"成",赠礼部尚书。著有

《张仲方集》三十卷（佚）。编纂《制诏》一百卷（佚）。（康熙《始兴县志》卷十一，道光《广东通志》卷三〇四，同治《韶州府志》卷三十九）

钟继光，始兴人。庠生，清康熙五年（1666）编纂《始兴县志》，已佚。（《广东方志要录》）

钟献评，字花使，始兴人。清咸丰元午（1851）辛亥恩贡。于经史子集，洞贯无遗，时人称异。晚年著《梦花小楼文集》，佚。（民国《始兴县志》卷十二）

朱灿然，号复齐，保昌人。明万历十二年（1584）以恩选授乐昌县学训导。历任开建教谕、桂林教授，主持教育十三载。荐擢富川知县，有政绩。与修《（万历）乐昌县志》。（康熙《乐昌县志》明修姓氏，道光《广东通志》卷三〇四）

肇 庆 府

敖雍鸣，号琴泉，阳春人。清咸丰十一年（1861）辛酉府学拔贡。朝考报罢，取道河洛、江汉、洞庭以归，吟咏不辍。年五十卒。著有《浣香斋诗钞》一卷。（民国《阳春县志》卷七、卷十、卷十四）

鲍作梁，广宁人。清嘉庆十四年（1809）己巳恩贡。参与编纂《（道光）广宁县志》十七卷。（道光《广宁县志》卷十）

蔡家驹，字爱□，清高要人。监生。精天算、舆图之学。与梁佩兰友善，常合作。光绪间分纂《德庆州志》。著有《天算捷表》一卷、《西域舆图辑略》一卷。（宣统《高要县志》卷二十一）

曹梓材（1881—1974），字春荣，号梦江，阳江人。清光绪二十三年（1897）弃举子业而专志习医。民国二十一年（1932）参加广州市医学机构考试，获国医资格。旋受聘于广州慈善赠医所。抗日战争期间，回阳江行医。新中国成立后，任阳江县中医进修班教师、广东省卫生厅中药研究所特约编审。著有《医林闲话》（存）、《医学淘沙集》《后昆必读集》及读书笔记、手稿等，多焚毁于"文化大革命"中。（2000年《阳江县志》）

曹子材，民国阳江人。著有《畏玄诗集》。（2000年《阳江县志》）

岑文光，清广宁人。廪贡生，署花县、兴宁、永安训导。参与编纂《（道光）广宁县志》。（道光《广宁县志》卷十）

岑一麒，字兆祥，封川人。明万历十九年（1591）辛卯贡生，授平远训导，再补肇庆府训导，擢电白教谕。平居木讷，或论古今人物及时事得失，则口若悬河，尤喜激励后学。著有《地方议》。编著《临封野志》六卷，佚。（道光《封川县志》卷七，道光《肇庆府志》卷十八）

陈保定，字而静，号德山，高要人。清康熙十一年（1672）壬子举人，官湖广、直隶、湖南郴州知州。著有《川游偶集》。（《粤东诗海》补遗卷四，宣统《高要县志》卷二十一）

陈本，字仲该，阳江人。陈奇弟。清顺治九年（1652）壬辰岁贡，康熙十一年（1672）廷试，十六年（1677）署新会教谕。读书砥行，为人以雅驯称，邑令范士瑾延课义塾。纂修《（康熙二十年）阳江县志》。辑《十六代帝统纂略》《续小学外编》《小学或问》《宗儒世纪》五卷。著有《如是居诗稿》。（康熙二十年《阳江县志》卷一、卷二，乾隆、道光《阳江县志》卷六）

陈秉彝，阳春人。清末附贡生。同辑《（民国）阳春县志》。（民国《阳春县志》重修衔名）

陈炳光，清新兴人。著有《迩言录》。（民国《新兴县志》卷二十五）

陈炳章，清新兴人。著有《述录史》。（民国《新兴县志》卷二十五）

陈朝珍，号冰秋，高要人。清顺治八年（1651）辛卯恩贡。生平以朱子小学教授生

徒，谓圣贤之学，此为权舆云。分辑《（康熙）高要县志》。（宣统《高要县志》卷十八下）

陈翀凤，清高要人。著有《峦头举要》一卷、《理气举要》一卷。（宣统《高要县志》卷二十一）

陈旦，字孟晨，号扶初，清高要人。府学生员。三次应乡试不中，遂绝意科举，其门生拟为之捐纳出贡，坚拒之。一生耿介，淡于名利。纂修《沙浦陈氏族谱》。著有《读我书堂诗钞》二卷、《［读我书堂］文钞》二卷。（宣统《高要县志》卷十八下、卷二十一，《端人集》第四册）

陈德彬（1882—1950），字涤吾，肇庆人。清同治间府试补庠生。光绪三十三年（1905）任肇庆府中学堂校长、高要县宾兴局董事。五四运动中辞职，任广东省长公署督学，代理南雄县知事。民国二十二年（1933）任高要县教育局局长，筹创湖山简易师范，重修肇庆城文庙。抗日战争胜利后，任高要县文献委员会副主任委员、星岩管理委员会副主任。编纂《（宣统）高要县志》，负责编订"经政篇"。（宣统《高要县志》卷八、卷九，1999年《肇庆市志》）

陈德鑫（1864—1925），字文台，别号愚谷，阳江人。清光绪二十九年（1903）癸卯举人，授广东试用县丞。三十一年（1905）官派赴日本考察教育，后于本邑推行新学。民国十一年（1922）升补省会议员兼任阳江议会议长。著有《愚园诗集》一卷。（民国《阳江志》卷二十七、卷三十五，2000年《阳江县志》）

陈迪，字保中，四会人。博学能文，明洪武十七年（1384）甲子举人，次年联捷进士。任湖广江陵县丞，有政声，坐事谪戍辽左。以明经荐为国子助教，仁宗在东宫时，召入文华殿，四试之，欲授他职，迪以疾辞。又选入文渊阁同修《永乐大典》，居馆职二十余载，卒。著有《诗文类集》一百二十卷，藏于家。（康熙十一年《四会县志》卷十五，道光《肇庆府志》十八，道光《广东通志》卷二九六，光绪《四会县志》编七）

陈锭，字国珍，封川人。明正德八年（1513）癸酉举人，授荥泽教谕，历桐庐、晋江教谕，迁兴化府教授，秩满告归。撰有《封川县志》，佚。（道光《封川县志》卷七，道光《肇庆府志》卷十八）

陈桂芳，字秀甫，一作秀父，阳江人。明正德十四年（1519）以乡荐游太学，名动京师，史馆聘修《一统志》。后任清流知县，居官五年，恒以图书数百卷自随，刻意著述。纂修《（嘉靖）清流县志》五卷。著有《黄钟考》《参同契转解》《山居日录》等。（乾隆、道光《阳江县志》卷六）

陈国本，清新兴人。著有《读易管见》十二卷、《解亭医录》四卷。（民国《新兴县志》卷二十五）

陈国儒，字去疑，开建人。清顺治十五年（1658）题荐任巩昌通判，转温州同知，升汉阳知府。订辑《（康熙十二年）开建县志》。（康熙三十一年《开建县志》卷五）

陈和乐，广宁人。清嘉庆六年（1801）辛酉拔贡，授候补直隶州州判，署陕西陇州州同。参与编纂《（道光）广宁县志》十七卷。（道光《广宁县志》卷十）

陈龢兆，清高要人。摹刻叶梦龙所辑《风满楼集帖》六卷。（《中华书法篆刻大辞典》）

陈衡，字祖平，阳江人。明永乐十五年

(1417)丁酉举人,补上舍生,授工部主事。丁艰告归,服阕转南京户部。景泰元年(1450)督徐州百步洪。为官三十年。著有《潭底月诗》一卷。(康熙二十七年《阳江县志》卷三,道光《广东通志》卷二九六)

陈鸿炎(1903—1988),号戟如,阳春人。北平私立华北大学预科毕业后,赴日本留学,就读于日本明治大学政治经济科,民国十九年(1930)秋毕业回国。曾任阳春县教育局局长、县教育科科长、县党部常务委员、县参议会参议长。1949年旅居香港,任中学教师二十余载。著有《昆仑诗抄》。(1996年《阳春县志》)

陈焕章(1880—1933),谱名嘉让,字重远,高要人。清光绪十八年(1892)庠生,十九年(1893)入广州万木草堂师事康有为。后任澳门《知新报》主笔,广州时敏学堂教习、监督。二十九年(1903)癸卯举人,次年进士,授内阁中书。次年赴美国留学,入哥伦比亚大学经济科,宣统三年(1911)获哲学博士学位。民国元年(1912)回国,曾任袁世凯总统府顾问、国会参议员、私立北京孔教大学校长。创办《孔教会杂志》《经世报》,任总编辑。民国十八年(1929)在香港创立孔教学院,任院长。又开办孔教中学,任校长。病逝于香港。纂辑《(宣统)高要县志》。著有《儒行浅解》一卷、《孔教经世法》二十四卷、《孔教论》、《孔教教规》、《存伦篇》、《孔教史》、《至圣本纪》、《训童三字经》、《宋之学案节本》、《今文诗经读本》、《今文尚书读本》及《孔门理财学》(英文本)三十六卷等。(《广东文徵续编》第二册,《康门弟子述略》)

陈家骥(1896—1975),字壮立,肇庆人。民国十二年(1923)毕业于广东省高等师范学校文史部,曾任省高等师范附属中学、省女子师范、省函授学校教员,开平私立开侨中学校长,广东省中区临时中学校长,广东省教育厅秘书,广东文理学院教授,省立肇庆中学校长,开平县副县长。著有《广东省地理》。译著《西藏》。(1999年《肇庆市志》)

陈九成,字子韶,高要人。明嘉靖十九年(1540)庚子举人,任英山教谕,转应天府教授,迁国子监助教,召拜山西道监察御史,出按甘肃,罢归。尝修《(嘉靖)肇庆府志》。(道光《肇庆府志》卷十八,宣统《高要县志》卷十六、卷十八上)

陈立仁,高要人。清咸丰五年(1855)乙卯岁贡,任广州训导。著有《沙浦中西堡团练纪事》《弭盗议》。(宣统《高要县志》卷十六、卷二十一)

陈爃,字九二,号云岩,新兴人。清嘉庆六年(1801)辛酉拔贡,以教学为生。著有《乡党典故口义》二卷、《欸青山房诗初钞》六卷。(民国《新兴县志》卷二十三)

陈琏,新兴人。清康熙五十四年(1715)援例贡生,授儒学训导。孝友慈良,才堪任事,乐善好施。与族兄珝同修《卢溪志》。(乾隆《新兴县志》卷二十三)

陈纶,德庆人。清康熙三十五年(1696)丙子岁贡。著有《碎琴集》,佚。(光绪《德庆州志》卷十三)

陈培桂,字香根,高要人。清道光二十六年(1846)丙午举人,咸丰三年(1853)考取咸安官学教习。以办团练功选授福建永福、福鼎、沙县、龙溪等县,南平通判。升台湾府淡水厅同知,纂辑《淡水厅志》十五卷。著有《奇门述要》。(宣统《高要县志》卷十八下、卷二十一)

陈其章，字琢山，清高要人。性狷介。工诗，尤长于集古。著有《澹如斋集》。（《国朝岭海诗钞》卷十一）

陈奇，字伯平，阳江人。陈本、陈要兄。弱冠为邑庠生。清顺治十一年（1654）奉母避乱，值海寇掠其所，遂隐居逃禅，舍石觉书馆改建大士禅堂。次年领岁荐。辑《易经旨》《四书说》。（乾隆、道光《阳江县志》卷六）

陈祺谦，字简叙，高要人。清光绪间东渡日本，任神户同文学校校长。民国初期历任罗定、定安县知事。主修《罗定县志》。（《端州文史》第六辑）

陈钦（约前34—15），字子佚，广信（今封开县）人。习《易》《诗》《书》《礼》《春秋》，尤精《左传》。汉成帝（前32—前7）时举贤良方正。曾向王莽传授《左氏春秋》，与刘歆同时而名。莽登帝后，封钦为厌难将军，驻守塞北云中抵御匈奴。天凤元年（14），因诛人质单于子登事件下狱，自尽。著有《陈氏春秋》，已佚。（《广东新语》卷七，道光《封开县志》卷八，道光《肇庆府志》卷二十一）

陈荣基，高要人。清光绪二十六年（1900）庚子岁贡。著有《养真小筑诗存》《养真小筑诗话》。（宣统《高要县志》卷二十一）

陈上达，广宁人。清康熙十三年（1674）甲寅贡生，二十四年（1685）任仁化训导。协纂《（康熙）仁化县志》。（嘉庆《仁化县志》重修姓氏）

陈绍箕（1870—1952），字业裘，阳春人。晚清监生。曾就读于瑞云书院、肇庆东岳学院。民国初年参与创办博爱善堂。精通医术，著有《名医汇案》《活动心法》《妇科脉理精微》等，均未梓。（1996年《阳春县志》）

陈绍熊，广宁人。清嘉庆十八年（1813）癸酉拔贡，二十四年（1819）己卯举人。参与编纂《（道光）广宁县志》十七卷。（道光《广宁县志》卷十）

陈时，高要人。明崇祯间府学选贡，任廉州府训导。著有《桐川文集》《药瓿滕墨》《亦素篇诗集》。（宣统《高要县志》卷二十一）

陈树邦，清新兴人。著有《阴阳断注》《地理握要》《地理秘诀》《外科选集》《兽医秘集》。（民国《新兴县志》卷二十五）

陈图，新兴人。明崇祯间岁贡。通群经，精易学。明亡后隐居县南二十里之大岗岩，民国间岩内尚留有"明陈图读易处"六字。著有《月窗文集》，训导何雅为之序。修有《陈氏宗谱》。（民国《新兴县志》卷二十三）

陈万言，封川人。唐乾符二年（875）乙未进士，官歙州刺史。晚年归隐渔村。著有《［陈万言］诗稿》。（《端溪诗述》卷一）

陈伟，字如人，阳江人。明永乐举人陈衡七代孙。清顺治十四年（1657）丁酉举于乡，康熙十二年（1673）任河北南皮知县。辑《古今纪略》二十五卷，分辑《（康熙二十年）阳江县志》。（乾隆、道光《阳江县志》卷六）

陈西园，清开平人。修有《开平陈氏谱》。（民国《开平县志》卷三十八）

陈显，开建人。博通典籍。明嘉靖三十四年（1555）乙卯贡生，任迁江知县。

著有《梅花百咏》。（道光《开建县志》卷十）

陈祥泮，字香泉，号芸池，又号芸痴、幻痴、鼍山樵隐，阳江人。清光绪十一年（1885）乙酉拔贡。历主台山广海书院、溽海义学讲席。年五十九卒。著有《息园賸稿》一卷。（民国《阳江志》卷三十五，《粤诗人汇传》第四册）

陈相才，字翰山，清封川人。附贡，候选县丞。著有《翰山遗草》一卷，已佚。（道光《封川县志》卷八）

陈珝，清初新兴人。邑廪生。存心正直，读书自爱。与族弟璡同修《卢溪志》。作族谱，笔法谨严。（乾隆《新兴县志》卷二十三）

陈宣，字汝为，高要人。明成化间以乡荐授江阴教谕，改灵璧教谕。与江浦庄㫤、番禺崔廷圭等友善。有《[陈宣]集》，藏于家。（道光《肇庆府志》卷十八，道光《高要县志》卷二十）

陈学湛，清新兴人。著有《六祖渊源录》。（民国《新兴县志》卷二十五）

陈尧，字轶轮，自号愚谷子，高要人。清道光十四年（1834）甲午举人。著有《观妙堂集》四卷。（《端人集》第二册，宣统《高要县志》卷十八下、卷二十一）

陈要，阳江人。清康熙十一年（1672）壬子贡生。著有《读朱子小学外篇》。（民国《阳江志》卷三十五）

陈元，字长孙，苍梧郡广信（今封开）人。陈钦子。少习父业，潜心研究注释《春秋左传》。汉光武帝建武（25—56）初年，举孝廉，以父任为郎。倡议在太学增设《左传》学，设左传博士。明帝（57—75）诏立《左传》，陈元位居四《左传》博士之首。官至议郎。晚年所议不为帝用，遂称病辞官。病卒家中。著有《左氏同异》《司徒椽陈元集》一卷，均佚。（道光《封川县志》卷七，道光《肇庆府志》卷二十一）

陈元辉（1886—1949），号焜南，阳春人。废科举后，赴肇庆中学堂求学，清宣统三年（1911）毕业，奖优贡。历任县立高等小学校校长、县立师范讲习所所长、阳春县代理县长。同辑《（民国）阳春县志》。（民国《阳春县志》卷七，《阳春文史资料》1988年第二辑）

陈在谦（1782—1838），字六吉，号雪渔，新兴人。清嘉庆九年（1804）甲子举人，道光六年（1826）大挑二等。六上礼部不第，授清远教谕，不得志而罢归。后监越华书院事。自少往来南北，游迹所及，多见于诗、古文。善书画，画学元人。纂修《（道光）肇庆府志》。著有《新兴志略》六卷、《松枝管谈》、《六帖馀波》、《南朝清言》四卷、《梦香居诗钞》（又作《梦香居诗集》）十五卷（包括《梦香居诗钞初集》四卷、《二集》四卷、《三集》三卷、《四集》四卷）、《七十二峰堂文匃》四卷。选辑《国朝岭南文钞》十八卷、《国朝岭南文续钞》三卷。（《端人集》第三册，民国《新兴县志》卷二十三）

陈徵兰，号春浦，清高要人。诸生。性恬淡，屡试科举不第，遂教授于乡。纂修《砚洲陈德星堂家谱》。（宣统《高要县志》卷十八下、卷二十一）

陈植森，清新兴人。著有《裁云轩诗稿》。（民国《新兴县志》卷二十五）

陈志远，字霖敷，广宁人。清雍正十三年（1735）乙卯拔贡，充八旗官学教习三

年。乾隆十四年（1750）后任江西靖安县丞。暇时喜作诗文。著有《学庸精义》一卷。（道光《广宁县志》卷十一）

陈子桧，字孔培，新兴人。清乾隆十三年（1748）戊辰进士，授浙江富阳知县。丁艰服阕，补河南郏县，分赈睢阳，后调鄢陵。任河南四科乡试分校。秩满，迁四川崇庆州知州。年八十七卒。著有《尚书注释》三卷、《诗经注释》《礼记注释》五卷、《四书注释》三卷、《唐诗注释》三卷、《庭闻录》一卷、《征西纪略》一卷。（道光《肇庆府志》卷十九，民国《新兴县志》卷二十三）

陈子玑，字佩璿，号月珊，清德庆人。廪生。受知于学使胡筱泉，补博士弟子员。著有《揽香阁诗稿》。（《柳堂师友诗录》，光绪《德庆州志》卷十三）

陈子杏，字孔设，一字毓峰，新兴人。清乾隆十九年（1754）甲戌举人，联捷进士，授石城教谕。丁艰，起补饶平教谕。主讲三饶书院十一年。升为广州教授，前后为教官二十年。著有《爱饶录》。（道光《肇庆府志》卷二十一，民国《新兴县志》卷二十三）

陈宗锡，号乐静，元德庆人。为抚瑶舍，率瑶人入贡。因事之辽，遂不返。著有《乐静遗稿》，佚。（道光《肇庆府志》卷十八，光绪《德庆州志》卷十一）

陈作栋，号松云，清封川人。生员。著有《松云吟草》《松云吟草续钞》一卷。（《寿苏集初编》卷一）

程德恒（1821—1908），字康圃，高明人。世代行医，尤精儿科。弱冠业医，历五十年。著有《儿科秘要》（亦名《小儿科家传秘录》），成书于光绪十九年。（《广东文物特辑》《岭南中医药名家》）

程天瑜，广宁人。清道光二年（1822）壬午恩贡。参与编纂《（道光）广宁县志》十七卷。（道光《广宁县志》卷十）

程祥，高明人。清乾隆五十三年（1788）戊申副贡，序选教谕。分纂《（道光）高明县志》。（道光《高明县志》卷十二）

程榛，一作程臻，高明人。清嘉庆二十四年（1819）己卯廪贡生。道光三年（1823）任化州训导。次年及十一年两次以训导兼任教谕。协修《（道光）化州志》。分纂《（道光）高明县志》。（光绪《化州志》卷十一）

崔成达（1864—1937），字贯之，又字通约，号洞若，笔名沧海，高明人，生于广州。清光绪二十年（1894）问学万木草堂，师事康有为。翌年参加孙中山组织的农学会。戊戌维新期间赴吉隆坡创办《南洋进务报》。回国后加入兴中会，历任《羊城日报》撰述，香港《世界公益报》总编辑，加拿大《华英日报》、美国《中西日报》《少年中国晨报》记者、编辑。其间于三十一年（1905）加入中国同盟会。民国间在广州参与创办《国是周报》。民国十七年（1928）赴旧金山主持《中西日报》。次年任《公论晨报》总编辑。民国二十一年（1932）回上海自办学校，并在暨南大学任教。病逝于上海。著有《虚字作法》《草堂零拾》《沧海生平》《史坚如传略》等。（《中国近现代人名大辞典》《康门弟子述略》）

崔有玲（1684—？），字怀长，高明人。弱冠补弟子员，设帐讲学五十余载。清乾隆三十一年（1766）丙戌岁贡，年已八十三。著有《易经讲义》《稼石堂四书集注》（一

作《石稼堂四书集注》）。（道光《肇庆府志》卷十九，光绪《高明县志》卷十三、卷十四）

戴裔煊（1908—1988），阳江人。民国二十三年（1934）毕业于中山大学历史系，任教于广东省立两阳中学，课余翻译詹姆士《人类学导论》。民国二十九年（1940）入中山大学研究院攻读硕士学位。毕业后，在重庆北碚中山文化教育馆研究部民族组任研究员，编辑《民族学研究集刊》。后任中山大学、广东法商学院教授。著有《宋代钞盐制度研究》、《西方民族学史》、《〈明史·佛郎机传〉笺正》、《关于澳门历史上所谓赶走海盗问题》、《明代嘉隆间的倭寇海盗与中国资本主义的萌芽》、《世界古代史纲要》、《澳门历史纲要》（与钟国豪合著）等。（2000年《阳江县志》）

邓飞鹏（1906—1976），字万齐，别号羽丰，德庆人。毕业于广东法政专门学校、广东军事政治学校政治深造班高级组，曾任第一五六师政训处上校处长，第四路军政治部科长，第四战区政治部视察专员、少将参议，广东省县政人员训练所训育长，广东省地方行政干部训练团训导处处长，花县县长，广东省政府参议，连平县县长，阳春县县长等职。后定居台湾。著有《总理遗教述要》《县乡政制议》等。（1999年《肇庆市志》）

邓建信，清四会人。生员。道光间汇订《（道光）四会县志》。（道光《四会县志》卷首）

邓金銮（1908—1973），开平人。毕业于燕京大学物理系、北京协和医学院，任协和医学院儿科医师、儿科助教。民国三十年（1941）冬，协和医院遭日军封闭，遂与诸福棠、吴瑞萍等组建北京私立儿童医院，任副院长。1952年起，历任北京儿童医院副院长，北京医学院第一附属医院一级教授、儿科主任、儿科研究室主任。著有《育婴指南》《儿科学》《基础儿科学》《实用儿科学》《体液平衡与输液》等。（《民国人物大辞典》）

邓琳（1829—1893），字文石，号鼍阳居士，阳江人。清道光二十六年（1846）丙午举人，后屡试不第。主讲濂溪、南恩书院多年。生平笃爱孙过庭草书，光绪二年（1876）作碑刻草书《神思帖》。辑《诗学便读》三卷，与人合著《育婴堂诗赋》一卷。（民国《阳江志》卷三十）

邓荫南（1843—1923），又名邓三，原名松盛，以字行，开平人。肄业于开平公学堂及檀香山华文学校。清光绪二十年（1894）加入兴中会。与李纪堂等在香港共创《中国日报》。曾参与谋划惠州起义、广州起义，参加讨袁、护法活动。民国间任陆海军大元帅府军事委员会委员，广州大总统府咨议，内政部农务局局长，东莞、开平县县长。病逝于澳门。有《荫南文存》。（《民国广东将领志》）

邓銮中，字宝臣，清阳春人。诸生。著有《秋芳园诗钞》二卷。（道光《肇庆府志》卷二十一）

邓元光，清阳春人。贡生。道光间纂修《肇庆府志》。著有《端州小纪》四卷。（道光《肇庆府志》重修职名，《贩书偶记续编》卷七）

邓元勋，高要人。清光绪三十四年（1908）戊申岁贡。参与纂辑《（宣统）高要县志》。（宣统《高要县志》卷二十二）

邓展骢，清开平人。道光举人邓拔蒸子。著有《绮楼遗诗》一卷。（民国《开平县志》卷三十九）

邓卓能，清鹤山人。著有《怡怡诗集》。（民国《鹤山县志》卷十五）

邓子宾，字寅谷，清开平人。于五经各有解义，尤精研《周易》，以汉学训诂为宗。著有《周易解》二十二卷、《尚书解》、《诗经解》、《大学解》一卷。（民国《开平县志》卷三十四）

杜如曦，字德贻，高明人。清康熙十一年（1672）壬子岁贡生，二十二年（1683）任乳源训导。纂修《（康熙二十六年）乳源县志》。（光绪《高明县志》卷十三）

范贵春，字名魁，一字芗蘛，高要人。清同治九年（1870）庚午举人，大挑二等，授定安县训导。后主讲西宁之甘棠、锦江、桂河诸书院。著有《修来堂诗草》一卷、《读毛诗识小》二卷、《毛诗述》二卷、《史汉异同》一卷、《汉书注订误》一卷、《宋儒语录类钞》若干卷，未付梓。（宣统《高要县志》卷十八下、卷二十一，民国《旧西宁县志》卷二十五）

范丕和，字醇士，一字厚庵，阳春人。清嘉庆六年（1801）辛酉钦赐副榜，九年（1804）甲子又赐举人。嗜学不倦，年近八十犹手不释卷。著有《诗经汇录》六卷、《通鉴纲目辑要》九卷。（道光《肇庆府志》卷二十一，道光《阳春县志》卷十）

范锡谋，高要人。清末廪生。民国六年（1917）任交通部主事，又曾任郁南、茂名、电白等县政府秘书，高要文献委员会委员。覆订《（宣统）高要县志》人物篇。（宣统《高要县志》卷十八）

冯□倍，清新兴人。著有《兵占秘旨》。（民国《新兴县志》卷二十五）

冯璧，号醉六，清鹤山人。著有《随缘福地诗集》《随缘福地文集》。（民国《鹤山县志》卷十五）

冯博，号仁轩，清鹤山人。著有《鸿若诗稿》二卷。（民国《鹤山县志》卷十五）

冯昌平，阳江人。清乾隆四十四年（1779）己亥恩科、四十五年（1780）庚子两科副贡。同辑《（嘉庆）阳江县志》。（民国《阳江志》卷三十五）

冯典夔，字开萧，号次臭，恩平人。清咸丰五年（1855）乙卯举人，官刑部主事。博通经史，所交游者皆知名士。屡试不售，年四十八卒于京。同年何如钢整理其遗稿付梓，题名曰《赏芳堂文集》。（民国《恩平县志》卷十九）

冯汇，新兴人。清康熙十三年（1674）甲寅贡生，中五十年（1711）辛卯副榜。编辑《（康熙十一年）新兴县志》《（康熙二十六年）新兴县志》。旧志系其自修。著有《橘园四书》（一作《桔园四书》）、《诗经橘园解》（一作《诗经桔园解》）。（乾隆《新兴县志》卷二十九）

冯汇文，新兴人。民国间编纂《新兴县志》。（民国《新兴县志》重修职名）

冯锦，字绅亭，封川人。清乾隆二十七年（1762）壬午恩贡生。著有《南游草》一卷、《北游草》二卷。（道光《封川县志》卷八）

冯九章，字君容，清鹤山人。精研《易》及《春秋》。善属文，然屡试不第。著有《懿行录》《蓬莱集》《鸳帏恨谱》。（道光《鹤山县志》卷十，道光《肇庆府志》卷二十一）

冯奎显（？—1800），字文思，号松山，恩平人。清乾隆十八年（1753）癸酉举人，四十七年（1782）任山西夏县知县，在任十年。归里八年而卒。分纂《（乾隆）恩平县志》。（道光《广东通志》卷二九七，民国《恩平县志》卷十九）

冯兰阶，阳江人。清末廪生。馆于林宅，常与林乙莲唱酬。有《漏月山庄宾主酬唱集》。（《阳江诗钞》，2000年《阳江县志》）

冯胪高，字公章，清鹤山人。著有《螺翠诗文集》。（道光《鹤山县志》卷十，道光《肇庆府志》卷二十一）

冯弥光，清鹤山人。著有《淘钝庵诗集》。（民国《鹤山县志》卷十五）

冯霈，字霖若，鹤山人。毕业于日本明治法科大学，任司法司典狱课长。译有《教育学问答》，收入清光绪二十九年（1903）上海广智书局《教育丛书》中。（《近代汉译西学书目提要》）

冯启蓁（？—1849），字绣谷，号晋渔，鹤山人。清嘉庆十五年（1810）庚午举人，历官咸安宫教习、内阁中书、山西知州。著有《小弇山堂诗草》二卷。（《贩书偶记》卷十八，《清人诗文集总目提要》卷四十）

冯劭峻，高要人。清光绪工部屯田司冯咏蒨之子。裒辑冯三世遗诗成《清芬集》三卷附一卷，民国十年南海谭祖任、关赓麟等序之。（《清芬集》）

冯师韩（1875—1950），原名汉，以字行，号邓斋，晚号无沙老人、竹林舞叟，别号半亩竹园居士，鹤山人。早岁负笈天津习工科，旋南归香港，遂终老于此。专攻英文。暇则研究古籍、碑帖。富收藏，喜绘兰，工书法，善篆刻。著有《汉字易检》《粤音依声检字》《书法阐微》《书法相人术》《半亩行园》等。遗有《百古镜斋印存》。帅铭初等将其作品编为《冯师韩先生书画集》。其印模编入《近代广东印人遗作汇辑》。（《广东历代诗钞》卷八，2001年《鹤山县志》，《香港鹤山同乡会会刊》）

冯师元，恩平人。生员。清道光间分纂《恩平县志》。（道光《恩平县志》修辑姓氏）

冯星行，号斗南，开平人。清咸丰九年（1859）己未举人，历任番禺、新宁、增城、香山、化州儒学教谕。精研古今兵法、中外舆图。著有《红匪纪略》（一作《红变纪略》）、《似园诗草》、《犹寇日记》。（民国《开平县志》卷三十四）

冯璿乾，鹤山人。清光绪十七年（1891）游泮后，补学海堂专课生。二十四年（1898）入读广雅书院。著有《与古居漫存正集》四卷、《外集》二卷。（民国《鹤山县志》卷十五）

冯一夔，字尧章，号天来子，鹤山人。冯宽子。年十三工诗赋。父宽携至南京官舍，刑部尚书白昂见而器重之，命作《游春》等赋，千言立就。人皆以其才为天来，故号其"天来子"。年十七卒。著有《苏壤遗稿》，佚。（道光《肇庆府志》卷十八，2001年《鹤山县志》）

冯以锡，字杰士，清鹤山人。著有《读礼发明》《览史摘辨》《尚志堂言行日录》。（道光《鹤山县志》卷十、卷十一，道光《肇庆府志》卷十九）

冯益昌，清新兴人。吏员，候选经历。援例授修职郎。慷慨有志，奋勇剿贼，屡建

奇功。著《平寇志》三篇（一作三卷）。（乾隆《新兴县志》卷二十三，道光《肇庆府志》卷二十一）

冯咏蒨，字秀如，高要人。冯誉驹子。清光绪元年（1875）以主事观政工部屯田司。著有《双翠阁诗钞》一卷。（《清芬集》）

冯咏芝（？—1921），字诵芬，高要人。冯咏蒨四弟。授江苏候补知县。著有《耐庵诗钞》一卷。（《清芬集》）

冯誉骢，字叔良，号铁华，高要人。冯誉骥弟。清道光二十四年（1844）甲辰举人。初任博罗县教谕，后任浙江衢州、处州、金华知府。著有《说文谐声表》、《广韵切语双声叠韵谱》、《钝斋诗钞》二卷（番禺陈澧序而传之）。（宣统《高要县志》卷十八下、卷二十一）

冯誉骥（1822—？），字展云，号仲良，高要人。少时肄业于广州学海堂。清道光二十年（1840）庚子举人，二十四年（1844）甲辰中进士，授翰林院编修。历官山东、湖北学政，吏部左侍郎。尝主应元书院讲席。光绪五年（1879）任陕西巡抚，九年致仕。后居扬州而终。善诗文，工书画。编《楹帖新华》五卷。辑《经文读本》、《江南乡试闱墨》一卷、《应元书院课艺》、《两章题文集成》四卷。著有《高要两丈（冯景千、冯誉骥）遗墨》一卷、《崧湖时文》一卷、《显志堂文钞》《绿迦楠馆诗存》一卷、《绿伽楠馆草稿》。（宣统《高要县志》卷十八下）

冯誉驹，字景千，高要人。冯咏芝父。清咸丰元年（1851）辛亥举人，官武进知县。著有《眠琴阁诗钞》。（《清芬集》）

冯元钊，字西愚，清鹤山人。布衣。著有《剔蠹堂文集》二卷、《剔蠹堂诗集》二卷。（道光《鹤山县志》卷十，道光《肇庆府志》卷二十一）

冯钺，字锡珍，号勋侯，鹤山人。清道光十一年（1831）辛卯举人，任大埔教谕。尝掌教鹤山书院。著有《易经庭训》、《地球图说》、《夷鳌赘言》、《敬业堂集》六卷、《茶阳草》二卷。（民国《鹤山县志》卷十五，民国《新修大埔县志》卷三十五，2001年《鹤山县志》）

冯昭文，号礼甫，清鹤山人。著有《棣华小庐诗钞》四卷。（民国《鹤山县志》卷十五）

冯植森，字香厓，鹤山人。清咸丰间任信宜教谕。工诗文。著有《窦江吟草》《鹤琴诗草初集》《鹤琴诗草二集》《高凉吟草》《鹤琴书航诗钞》《贵本色斋诗钞》《冯香厓诗》。（民国《鹤山县志》卷十五，2001年《鹤山县志》）

冯祖昌，字石农，高要人。冯咏芝祖父，清末诸生。著有《萃香草堂诗钞》。（《清芬集》）

冯祖禧，字季俊，高要人。少时肄业于广雅书院，游学朱鼎父、梁节庵之门。清宣统元年（1909）任东莞训导，旋升教谕。民国间任肇庆中学教师。著有《文字学述》二卷。（民国《高要县志初编》卷二十一）

傅理光，字季璠，别字玉舟，清初高要人。县学生员。著有《高葵阁诗存》。（宣统《高要县志》卷十八下、卷二十一）

傅作霖，号雨岩，四会人。清道光二十年（1840）庚子恩科举人。次年英军入侵，因守城有功，保举知县。留心经济之学，凡史鉴中政治得失，人品优劣，兵事成败，以

及山川险易，灾祥征应，皆分类手抄以备稽览。著有《五经类记》、《读史类抄》二卷。（光绪《四会县志》编七）

甘大昕，字蓉江，清新兴人。诸生。著有《聚仙楼集》。（道光《肇庆府志》卷二十一，民国《新兴县志》卷二十五）

甘清芬，新兴人。邑廪生。寄情诗酒，不求仕进。清康熙九年（1670）庚戌当序贡，以疾辞。时称"义隐先生"。著有《南郭隐居诗钞》。（乾隆《新兴县志》卷二十三，民国《新兴县志》卷二十三）

龚朝伸，四会人。清雍正七年（1729）以例任南海训导。参与编纂《（乾隆）南海县志》。（乾隆《南海县志》卷五）

龚朝佽，清四会人。由廪贡生捐教职，历任龙门训导、饶平教谕。升湖广钟祥知县，甫下车即注释《圣谕十六条》。因审盗迟延，被劾降调，士民吁留，报可。卒于官。著有《教民俗语》。（道光《肇庆府志》卷二十一，光绪《四会县志》编七）

古大鲲（1721—1811），字功鳌，鹤山人。清乾隆四十一年（1776）丙申岁贡，嘉庆四年（1799）任南海训导，负笈从学之人有相随十余载不去者。立学约八则，并颜其斋曰"课勤"。五年（1800）年八十应乡试，钦赐举人。著有《课勤斋制义》《课勤斋四书讲义》藏于家。（道光《肇庆府志》卷十九，光绪《广州府志》卷一〇八）

古尧民，清鹤山人。著有《寄鸣集》《袖中天》《管见论》。（道光《鹤山县志》卷十，道光《肇庆府志》卷二十一）

顾锦泮（1885—？），字香璧，号少鲁，新兴人。清宣统元年（1909）己酉拔贡。毕业于两广师范简易科，曾任新兴中学校长、县教育局局长。工诗文，善书法。民国间编纂《新兴县志》。（1993年《新兴县志》）

顾鸣鸾，字汉望，号端所，新兴人。明崇祯二年（1629）己巳府学贡生。淳和清雅，以诗经教授生徒近二十年。晚年建宗祠，置义田。辑《顾氏渊源录》，冯祖望、薛寀为之序。（乾隆《新兴县志》卷二十三，民国《新兴县志》卷二十三）

顾云龙，新兴人。清光绪十九年（1893）癸巳恩科举人，新兴县官学堂教习。三十年（1904）编纂《新兴县乡土志》。（1993《新兴县志》第七编）

顾兆桢，一作顾兆，号濠西，新兴人。清康熙三十六年（1697）以岁贡任澄迈训导，参订《（康熙四十九年）澄迈县志》。著有《琼海词宗》。（民国《新兴县志》卷二十五）

关景熹，高明人。清嘉庆十五年（1810）庚午岁贡，序选训导。分纂《（道光）高明县志》。（道光《高明县志》卷十二）

关培萱，号六池，清开平人。恩贡生，历署澄迈、儋州、文昌、临高、会同、昌化儒学训导。工楷法，尤喜吟咏，与澄迈知县秦廷英、文昌知县黄桢等相唱和，有"词坛飞将"之称。年七十解组归。著有《经义信古录》八卷、《前后汉书备览》八卷（一作二卷）、《经史胜录》二卷、《慈行斋诗集》二十二卷。（民国《开平县志》卷三十四）

关文清（1896—1995），号山月，开平人。毕业于美国加州大学文学系，曾任好莱坞电影制片机构东方文化顾问、广州岭南大学图书馆副馆长，香港民新演员养成所教员、开平中学英文教师。执导《添丁发财》《生命线》《复原泪》等五十余部影片。创办山月演员训练班、关文清英文学校，培养人才。著有《中国影坛外史》、《中国历史浅论》、英文诗集《华盖集》、中文诗集《自鸣集》。（《港澳大百科全书》）

关振宗，高明人。明万历三十四年（1606）丙午举人，官建宁府同知。辑有《学海连珠》。著有《口南小隐集》十卷、《拾沈草》四卷。（康熙八年《高明县志》卷十八）

郭焕，高要人。清道光八年（1828）戊子解元。纂修《南海大同郭氏族谱》。（宣统《高要县志》卷二十一）

郭永镳（1904—1952），德庆人。毕业于黄埔军校第四期工兵科、国民革命军第四军军官教导队、南京陆军大学第八期。曾任广东第五军区司令部作战科科长、广东保安第二旅四团上校团长、第十二集团军游击挺进纵队副司令员、高雷指挥所指挥官、第六十六军上校参谋处长、闽粤赣边区总司令部参谋长兼韶关警备副司令、第一六〇师副师长、第六十五军一五四师师长、整编第六十三师副师长、第七兵团第六十三军副军长。淮海战役中被俘，病逝于广州看守所。著有《步兵与炮兵协同之研究》一书。（《民国广东将领志》）

郭永达，字德彰，四会人。明嘉靖初岁贡，任浙江严州府训导，迁福建沙县教谕。诲必先德行，不专以文艺角长，士类多宗之。著有《训蒙须知》。（道光《肇庆府志》卷十八，光绪《四会县志》编七）

何彬（1764—1825），字公度，号秋客，高要人。读圣贤书，外通星算，娴熟丝竹，尤精鼓琴。善为诗，通脱善言论，钦州冯敏昌极称赏之。清嘉庆二十二年（1817）丁丑得岁贡。未几，卒。诗篇随作随散，其《三十六洞天草堂诗存》二卷，乃亲友所辑遗诗，仅二百余篇。（道光《高要县志》卷二十，《端溪诗述》卷六，宣统《高要县志》卷十八下、卷二十一）

何斌，清末开平人。著有《药性实录》，光绪三十二年刊印。（《广东文物特辑》）

何秉鉴，字镜台，开平人。民国间分纂《开平县志》。（民国《开平县志》重修职名）

何传瑶，字石卿，高要人。清乾隆间诸生。著有《宝砚堂砚辨》一卷。（宣统《高要县志》卷二十一）

何冠梧，号凤霄，高明人，寄籍苍梧。清道光二十九年（1849）己酉举人，大挑一等，历任文县、礼县、安定等县知县。因功加知府衔。年七十五卒。著有《竹醉山房吟草》。（光绪《高明县志》卷十三）

何宏京，字远猷，号星查，又号瘦狂，高要人。清道光间恩贡生。能诗善书，擅篆刻。其诗畅达通脱，隶事典韵，妙趣横生。著有《一粟斋诗钞》二卷。（宣统《高要县志》卷十八下、卷二十一，《端溪诗述》卷六）

何基祺（1803—1874），字介山，阳江人。清道光十七年（1837）丁酉拔贡，历任商城、南阳、祥符、尉氏、孟县、泌阳、林县等县知县，河南府通判，光州直隶州知州，代理兰仪、固始知县，山东东昌知府、道员加盐运使等职。服官三十余载，俸入悉购书画。著有《务时敏轩诗文钞》一卷，藏于家。（民国《阳江志》卷三十）

何锦华，高明人。清嘉庆九年（1804）

甲子廪贡，历任三水训导，潮阳、清远教谕。分纂《（道光）高明县志》。（道光《高明县志》卷十二）

何俊，恩平人。清康熙间纂辑《恩平县志》。（民国《恩平县志》卷二十一）

何昆玉（1829—1896），字伯瑜，清高要人。斋堂名为"百举斋""吉吉金斋""乐石斋"。性嗜古，喜收藏古铜印。曾客著名收藏家陈介祺家，赏奇析疑，见闻日广，遂精鉴别。善墨拓彝器、与吴中李锦鸿并称。工刻印，宗法汉人。参与编次钤拓《十钟山房印举》。刻有《乐石斋印谱》一卷、《百举斋印谱》十二卷、《端州何昆玉印稿》、《端州何昆玉印谱》。又与其弟瑗玉合辑《吉金斋古铜印谱》六卷续一卷。（1996年《高要县志》）

何瑯，高明人。清顺治十一年（1654）甲午拔贡。分辑《（康熙八年）高明县志》。（康熙八年《高明县志》卷一、卷四）

何其钫，字介臣，号勷平，四会人。清同治十二年（1873）癸酉拔贡生，任四会县教谕。光绪间分纂《四会县志》。（光绪《四会县志》编六）

何其谋（1811—1857），字贻益，号郑野，高要人。清道光十五年（1835）乙未举人。历署仁化、三水两县训导，升增城教谕。重修《桃溪何氏家谱》。著有《含清阁诗钞》。（宣统《高要县志》卷二十一，《高要前人名人著述汇钞》）

何铨鼍（1866—1936），字史华，阳江人。清光绪二十七年（1901）辛丑举人，拣选知县，授云南试用盐运使。三十一年（1905）赴日本考察教育，且自日本明治大学分校教育法制讲习所毕业。曾任阳江县劝学所总董、阳江中学堂建校总理。民国间历任阳江县教育会会长、阳江红十字会分会会长、省参议会议员、阳江县临时议会副议长。民国十二年（1923）入京，任众议院议员兼众议院内行政委员。参加编修《阳江县志》。著有《笑庵诗集》。（2000年《阳江县志》）

何榕年（？—1858），字寿愚，一字荫南，清高要人。优贡生。从事教学，苦研文史，工于诗。著有《[何榕年]诗钞》《何氏杂言》《菜根录》。（《海天琴思续录》卷八，《诗义堂后集》）

何汝聪，高明人。清嘉庆二十四年（1819）己卯恩贡，序选教谕。分纂《（道光）高明县志》。（道光《高明县志》卷十二）

何氏，高要人。陈健图妻。性温惠，解吟咏。著有《苹香集》《藕香消夏篇》。（宣统《高要县志》卷十九上、卷二十一）

何适（1908—？），乳名汝衡，字宇恒，恩平人。国立北平大学毕业后，赴法国留学，入国立南锡大学，获法学博士学位。曾任国立广东法科学院、私立广州大学等校教授，宪政实施促进委员会宣传委员会委员、立法院立法委员。后定居台湾。著有《社会学学说概论》《各派社会主义之分析》《法学概论》《政治学概论》《国际私法》《国际私法研究》《国际公法》《法学诸论》《国父思想概要》《大时代纵横谈》等。（《恩平文史》第十二辑）

何文英，号蕴溪，高明人。工楷法，善诗文。清嘉庆六年（1801）辛酉拔贡，序选教谕。分纂《（道光）高明县志》。（光绪《高明县志》卷十三）

何星，号明魁，明开平人。诸生。纂修《龙塘何氏谱》。（民国《开平县志》卷

三十八）

何熊贞，号腾虚，开平人。明万历四十一年（1613）癸丑进士，官云南副使。著有《腾虚遗稿》。（道光《肇庆府志》卷十八）

何衍璿（1901—1971），高明人。民国十年（1921）考入法国里昂大学，获硕士学位。任上海大厦大学（后改名大夏大学）、广州中山大学、云南大学教授、系主任、教务长等职。著有《解析几何》、《近代几何》、《微积概要》（合著）、《矢之理论与运动学》。与他人合译《富利叶变换》《重刚体绕不动点运动方程的积分法》等。（1995年《高明县志》，《高明文史》第十三辑）

何一麒，字文明，高明人。博学能文，明嘉靖末为诸生时，邑令徐纯聘其纂辑《高明县志》。隆庆元年（1567）丁卯举人，任兴业教谕，升龙安知县，晋大理通判。（光绪《高明县志》卷十三）

何异鹏，开建人。清乾隆十五年（1750）庚午岁贡，三十六年（1771）任清远训导。辑《神圣宝训行善录》二卷。著有《困知入门》一卷、《训徒规条》一卷。（道光《开建县志》卷十）

何永泰，字道宜，号乐轩，清四会人。同治拔贡何其钫之父。邑增生。著有《嘉树轩诗草》二卷。（光绪《四会县志》编八）

何勇仁（1901—1987），四会人。留学美国哥伦比亚大学，攻读哲学。曾任国民政府外交部派驻广西省特派交涉员、国民革命军第十五军司令部秘书长、广西省政府政治视察团秘书长、广西省工商博物馆馆长、江西省工商博物馆馆长、第三战区长官部文化指导处少将总干事、军委会编练总监部文化训练班主任、广东省政府宣导科科长、中山大学教授、时事新闻社董事长等职。后移居台湾。著有《国防文艺论》《人类战争哲学》等。（1999年《肇庆市志》）

何元（1766—1825），字叔度，号玉屏，一号琴心，高要人。清嘉庆十九年（1814）甲戌府学岁贡。博览群书，善诗文，与仲兄彬齐名。参与纂辑《（道光）高要县志》。辑《五律权舆》四卷。著有《江上万峰楼诗钞》四卷、《高要金石志》、《红兰江馆文集》一卷、《清晖阁诗钞》等。（道光《肇庆府志》卷十九，宣统《高要县志》卷十八下、卷二十一，《端溪诗述》卷六）

何瑷玉，号蘧庵，又号莲身居士，清末高要人。何昆玉弟。曾游历吴、越、冀、鲁诸省，登临罗浮、泰华、天台、天目等山绝顶，见多闻广。富于收藏，精鉴别，工绘画。与其兄昆玉合辑《吉金斋古铜印谱》。著有《书画所见录》。（《岭南画徵略》卷十）

何曰珮，一作何曰佩，字缙华，号苍水，德庆人。少年失怙，庐墓三月，人称所居为"孝子庐"。清乾隆九年（1744）甲子举人，次年登进士。由翰林院庶吉士授检讨，历京畿道、河南道御史，补礼科掌印给事中，擢鸿胪寺少卿。五十年（1785）除通政司参议，寻转太常寺少卿，次年转大理寺少卿。旋以疾乞归，前后在官凡三十年。著有《何苍水奏疏》八卷、《西游诗集》四卷赋一卷，均佚。（道光《肇庆府志》卷二十一，道光《广东通志》卷二九七，光绪《德庆州志》卷十一）

何佐治（1904—1962），字秉伦，高要人。毕业于上海复旦大学文学院政治系，又获东吴大学法学硕士学位。历任广州市商会常务理事，广州《民族日报》经理，香港《时事晚会》经理，"制宪国民大会"代表，宪政实施促进委员会考察委员会委员，全国商会协会常务理事，港、澳、沪新亚酒店总经理，"行宪"后任立法院立法委员，立法院商事委员会委员。后定居台湾。著有《最新海商法释义》。(《民国人物大辞典》)

侯鼎芬（1863—1932），字芗田，鹤山人。清末岁贡生，未仕。游历京、津、沪、宁、香港等地。擅岐黄。在乡设馆授徒，兼行医。著有《左传惩劝》二卷、《敬义堂诗集》九卷。(民国《鹤山县志》卷十五，《高鹤县志》第二编)

侯藩，号西屏，清鹤山人。著有《花萼轩诗集》。(民国《鹤山县志》卷十五)

侯世禄，开建人。清康熙九年（1670）庚戌贡生，任饶平训导。订辑《(康熙十二年)开建县志》。(康熙十二年《开建县志》原修姓氏)

侯文邦，字绳武，开建人。清康熙元年（1662）壬寅岁贡。博雅好诗，其志、跋、桥记、八景题咏俱有可观。修辑《(康熙十二年)开建县志》。(道光《肇庆府志》卷十九)

胡惠德（1888—1964），鹤山人，生于香港。民国二年（1913）毕业于英国伦敦大学，任伦敦医院眼科助手、葛雷扶散医院外科科长、伦敦公济医院助产医生、伦敦热病医院副医官及白郎东肺痨病医院医官、密特赛司医院妇产科教授、伦敦总邮局医官。回国后，任北京政府陆军名誉医官、北京协和医院妇产科副医官、外交部名誉医官、大总统名誉医官。民国十二年（1923）冬，被举为香港中华医学会会长。著有《白带三百医案》、《外科妇科用药研究》、《中国之胎学》、《在中国发生之子宫外孕》、《伊弗般麻药 100 医案》、《戒烟血清治疗 1000 医案》、《产妇科六医案》（与人合著）等。(《民国人物大辞典》)

胡景苹（1904—1965），名应钟，号兆鸣，以字行，鹤山人。为"硕果社"社友。年轻时南游香港，执教香港汉文师范。日军犯港，遂回乡。日本投降后，重返香港。与高剑父昆仲、陈树人、鲍少游等交游。受知于冯师韩，习大小篆及汉碑等书体。卒于香港。有《胡景苹遗集》。(《广东历代诗钞》卷九，《二十世纪中华词选》)

胡敬业，字乐培，号辑亭，一作缉亭，高要人，原籍浙江余姚。清嘉庆五年（1800）庚申举人，十三年（1808）大挑一等，署山东高苑知县。后补任雷州府学训导，在任十五年。尝主讲雷阳书院。著有《乐群堂诗集》（一作《乐群堂集》）四卷。(道光《肇庆府志》卷十九，宣统《高要县志》卷十八下、卷二十一，《端溪诗述》卷六)

胡泰来，号秋帆，清光绪间四会人。邑庠生。著有《寄梦草堂诗集》一卷。(光绪《四会县志》编八)

胡夏瑚（？—1921），字椒坪，号螺阳山人，鹤山人。清光绪十五年（1889）己丑举人，在广州设馆授徒。著有《螺阳诗集》二卷、《螺阳文钞》二卷、《螺阳杂著》一卷。门人陆宗宣、温宪章搜辑遗佚，成《螺阳先生遗著》五卷。(民国《鹤山县志》卷十五，2001 年《鹤山县志》)

黄邦镇，字廼康，高明人。明崇祯三年（1630）庚午岁贡，任雷州府训导，转信宜教谕。代知县守城有功，升湖广荆州府松滋知县。才识武备皆通。著有《平寇集》一卷、《醉翁集》二卷、《梅花集》一卷（一作《和督学吴贞启梅花诗》）。(康熙八年、

康熙二十九年《高明县志》卷十三,道光《肇庆府志》卷十八)

黄秉勋(1900—1977),字心尧,开平人。毕业于北京政府内务部高等警官学校、中央训练团党政高级班。曾任德庆县县长,广东省沙田清理处处长,全省土地局局长,广东省财政厅科长,茂名、鹤山、揭阳县县长,汕头市市长,广东第一区行政督察专员兼少将保安司令,广东省田赋管理处处长等职。后移居美国。著有《鹤山县田亩调查及评价统计表》《考查日本地租改正事业纪要》。(《民国广东将领志》)

黄炳垣,号星谱,鹤山人。清光绪二十三年(1897)丁酉拔贡生,授直隶州州判。不乐仕宦,以诗酒自娱。后修道,常往罗浮山中。著有《拔萃集》。(民国《鹤山县志》卷十五)

黄澄,清四会人。邑庠生。年逾古稀,尚常出诊。著有《醒医条辨》一卷、《医门十戒》一卷。(光绪《四会县志》编八)

黄德峻,字景崧,号琴山,高要人。清嘉庆十八年(1813)癸酉举人,道光二年(1822)壬午进士。历任户部主事、福建泉州知府,署福建粮道、延建邵道。道光末年卒。著有《樵香阁诗钞》《三十六鸳鸯馆词》。(《岭南历代词钞》《澳门诗词笺注·明清卷》)

黄登瀛,字液洲,原名耆香,高要人。清嘉庆十八年(1813)癸酉府学拔贡。道光间参与纂辑《高要县志》,咸丰间又纂修《续修高要县志稿》二卷。编有《端溪书院志略》《端溪诗述》六卷、《端溪文述》六卷、《端溪经述》,著有《圣庙辑略》《六榕书屋诗集》五卷。(宣统《高要县志》卷十八下、卷二十一,民国《高要县志初编》卷二十一)

黄鼎可,高要人。曾任西宁县知事、《民族日报》政治负责人。民国二十年(1931)参与主修《西宁县志》。(民国《旧西宁县志》序)

黄奋昌,恩平人。清道光十二年(1832)壬辰岁贡。道光五年分纂《恩平县志》。(民国《恩平县志》卷十七)

黄凤祯,高要人。明崇祯九年(1636)丙子举人。分辑《(康熙)高要县志》。(康熙《高要县志》卷九)

黄衮,字仲宪,高明人。明嘉靖十三年(1534)甲午由岁贡选拔为福建晋江训导,升广西怀远教谕。淹博古籍,课士有方。著有《鸣真集》。(道光《肇庆府志》卷十八,光绪《高明县志》卷十三)

黄汉光,字棣珊,开平人。清宣统二年(1910)毕业于广东陆军测量学校,奖优贡。分纂《(民国)开平县志》。(民国《开平县志》重修职名)

黄河源,字龙门,开建人。清顺治十五年(1658)戊戌贡生,历任罗定州及廉州合浦训导。订辑《(康熙十二年)开建县志》,参与编纂《(康熙十二年)廉州府志》。(康熙十二年《开建县志》卷五,民国《合浦县志》卷首,1998年《封开县志》)

黄淮,字泓秋,号柏峰,高要人。清乾隆三十九年(1774)甲午岁贡生,选宝山主簿,不就。嘉庆中选龙川训导,以病自免。著有《春秋传解》(又作《春秋传意解》一卷)、《黄柏峰诗文稿》。(道光《高要县志》卷二十,宣统《高要县志》卷十八下、卷二十一)

黄鲲翔,字鹏翼,高明人。清顺治十一年(1654)甲午岁贡,任万州训导,转长宁教谕，升广州教授，迁安肃县丞。辞官归里，辟"金城塘"，延师以教宗族子弟。设"金城塘八景"，吟咏以乐。年八十八卒。分辑《（康熙八年）高明县志》。著有《燕游草》一卷（梁炳宸序）、《山东集》一卷（陈邦简等序）、《番山集》一卷（谭甲魁序），藏于家。（道光《肇庆府志》卷十九，光绪《高明县志》卷十三）

黄㻞，字仲瑚，开建人。明万历九年（1581）辛巳选贡，任临高训导，升福建兴化教授。篡写《射礼仪注》，为督学所识。转贵阳，修《黔志》；署州篆，创学宫。著有《借壶轩诗》、《莆口麦新》二编、《华阳洞稿》、《开建八景题咏》。（道光《肇庆府志》卷十八）

黄培南，号荫棠，四会人。清同治五年（1866）丙寅拔贡。以古学见赏于历任学政，而所为诗，多散失。著有《荫堂诗草》一卷。（光绪《四会县志》编八）

黄士贵，高要人。清康熙二十五年（1686）丙寅岁贡。为生员时分辑《（康熙）高要县志》。（康熙《高要县志》卷一）

黄世慈（1910—1993），广宁人。早年参加学生运动，并加入中国共产党。后入读广西大学，边读书边参加革命工作。曾任广宁中学教导主任、广宁县人民政府秘书、郁南县水利科科长等职。有《黄世慈诗文选》。（《广宁县志 1979—2000》）

黄守谊，字屺依，阳春人。由岁贡授福建古田训导，后弃官归，林居十余载。明末授国子监学正。年七十三卒。著有《燕京兴》《五华风韵》《荔枝集》。（康熙《阳春县志》卷十三，乾隆《阳春县志》卷十一）

黄文衮（1908—？），开平人。民国二十二年（1933）毕业于美国底特律科技大学，获科学管理硕士学位。任广州大学教师兼会计学系主任、计政班主任，香港平正高级会计专科职业学校校长，美国底特律科技大学客座教授，平正商学院院长。1958年5月，获美国底特律科技大学授予荣誉法学博士学位。著有《战时之广东经济政策》《社团会计》《会计与职业》《会计与企业管理》《结算秘诀》《会计制度设计之研究》《记账方法》《会计学》《张字之商榷》等。（《民国人物大辞典》）

黄许嵘，高要人。清顺治十六年（1659）任清远教谕，篡辑《清远县志》，已佚。（光绪《清远县志》卷七、卷十二，民国《清远县志》卷十八）

黄瀛洲，号秋帆，清鹤山人。著有《应验良方》，成书于光绪十六年。（《广东文物特辑》《岭南医籍考》）

黄应虬，阳春人。清康熙二十七年（1688）戊辰贡生。篡辑《（康熙）阳春县志》。（民国《阳春县志》卷七）

黄有凤，字邦杰，清鹤山人。补从化诸生。授经羊城，敦尚宾行，老于场屋。晚年日坐小石渠，课子孙及乡里之秀者。著有《石渠集》五卷。（道光《鹤山县志》卷十、卷十一，道光《肇庆府志》卷十九）

黄约，四会人。清雍正十二年（1734）以拔贡入都朝考。旋充八旗官学教习，为期三年。秩满返乡，设馆授徒。乾隆十四年（1749）任江西靖安县丞，署知县事兼理两学司训。年八十卒。著有《学庸精义》一卷。（1996年《四会县志》，1999年《肇庆市志》）

黄之璧，高明人，清康熙二十年（1681）辛酉举人。分辑《（康熙二十九年）高明县志》。（光绪《高明县志》卷十二）

简携魁（1786—?），字协元，号梅峰，新兴人。清道光二年（1822）壬午举人，二十年（1840）授花县教谕，在任年余，以父母年老告养归里。四主古筠书院，增建明伦堂，创兴贤书塾，竭力于文教事业。母亡后，以年逾六十而不就铨，沿例请京衔，遂以翰林院典簿老于家。著有《大学□义》二卷（一作一卷）、《诗韵辨讹》一卷、《乐贤堂课艺》四卷。（光绪《广州府志》卷一一〇，民国《新兴县志》卷二十三）

简惺中，清新兴人。著有《龙宫真本》一卷。（民国《新兴县志》卷二十五）

简于言，字时可，号鉼斋，清新兴人。编辑《（康熙二十六年）新兴县志》。著有《荔香堂诗》，毛际可为之序。（民国《新兴县志》卷二十五）

姜辉岳，字伯隐，阳江人。清康熙十三年（1674）甲寅岁贡。分辑《（康熙二十七年）阳江县志》。（康熙二十七年《阳江县志》卷三）

姜业新，阳江人。姜浚子。清嘉庆十四年（1809）己巳恩贡。嘉庆间同辑《阳江县志》。（民国《阳江志》卷三十五）

姜自驹（1859—?），字芸史，又字季良，号芝眉，阳江人。光绪翰林姜自驹弟。清同治十二年（1873）癸酉拔贡，光绪元年（1875）乙亥举于乡，十二年（1886）成进士。任嘉应训导、翰林院编修。主讲濂溪书院。废科举兴学堂后任学务公所及师范传习所所长。倡设官立初等小学，又与杨荫廷、梁庭楷设蚕桑局。辑《蚕桑考实》一卷。（民国《阳江志》卷三十）

孔繁枝，高要人。民国间任肇庆中学校长、钦县县长、郁南县县长。主修《（民国三十六年）钦县志》。（民国《钦县志》卷首、卷九）

孔傅睿，字作圣，一字思庵，清德庆人。诸生，任孔庙四品执事官。纂修《德庆封川孔氏家谱》，嘉庆十八年（1813）刻。著有《学闻堂诗草》。（《国朝岭海诗钞》卷十九）

孔庆枢，字机波，号耀垣，清末民初广宁人。监生。与人合编《（广宁）孔氏家谱》。（《（广宁）孔氏家谱》）

孔学礼，字立之，封川人。明嘉靖年间以贡生任睢宁主簿。时值荒岁，台使趋至，急于催科。学礼不忍，遂弃官归，读书终老。著有《礼经要旨》《仕进录》，均未见。（道光《封川县志》卷七，道光《肇庆府志》卷二十一）

孔昭爌，字竹村，又字丽南，清封川人。廪生。著有《玉辉堂诗集》一卷。（道光《封川县志》卷八，《羊城禅藻集》）

孔仲南，字绂庵，笔名酒中冯妇，民国高要人。著有《广东俗语考》八卷（后更名《广东方言》十六卷）、《广东俗语考残》一卷暨《分韵广州入声谱》、《分韵广州同音字汇》《粤语正字》《孔夫子周游记》等。（丁介民著《方言考》，《南方语言学》第十辑）

邝达卿，又名殿卿，艺名新华，开平人。为粤剧武生，兼擅编写剧目。清同治七年（1858）被公推为八和会馆会首。编有《苏武牧羊》《李密陈情》《太白和番》等剧本。（《中国文学家大辞典·近代卷》）

邝道行，明开平人。修有《邝氏宣城谱》。（民国《开平县志》卷三十八）

蓝荣熙，号缉光，阳春人。清附生。民

国间任阳春县第四区区长、阳春县长,主修《阳春县志》十四卷。(民国《阳春县志》重修衔名,1996年《阳春县志》)

劳士祯,开平人。清顺治间岁贡,初任程乡训导,升南阳府经历。公余与同僚唱和为乐。后告归,卒于家,年九十六。著有《程南诗稿》(一作《程南诗集》)。(民国《开平县志》卷三十三)

劳世选,字纬孟,号梦庐,鹤山人。清末增生。民国初当选本省议员。曾任香港《华字日报》总编辑。民国十六年(1927)参与创办香港南社书画社。年八十余卒。著有《五十年人海沧桑录》,由门人莫冰子笔录,刊于报章。(《广东历代诗钞》卷八)

劳肇光(1845—?),字少芗,一字仲澧,鹤山人。清光绪二年(1876)丙子举人,十五年(1889)己丑进士,官翰林院庶吉士,散馆授检讨。十七年(1891)十二月充国史馆编修。历充广西、贵州等省副主考。尝任安徽庐州知府。编有《乡居浅说》。(民国《鹤山县志》卷十五,《中国第一历史档案馆藏清代官员履历档案全编·5》)

劳忠彧,字秋田,开平人。清道光十五年(1835)乙未恩贡,邑令冒芬延其课子。任临高教谕,晚年称病归。著有《学庸义引》二卷、《论语义引》十一卷。(民国《开平县志》卷三十三)

黎炳真,号丽南,清鹤山人。著有《医学精粹》十卷。(民国《鹤山县志》卷十五)

黎嘉谋,新兴人。清康熙四十三年(1704)例贡,授儒学训导衔。著有《得素园集》。(乾隆《新兴县志》卷二十)

黎杰,字汉杰,高要人。梁佩兰子。毕业于上海中华艺术大学,工绘事,为文清雅有法。著有《星岩今志》六卷、《国学纲要》一卷、《诸子集说》一卷。(民国《高要县志初编》卷二十一)

黎锦文,高要人。清宣统元年(1909)己酉优贡。光绪二十一年(1895)任德庆州把总。参与编纂《(宣统)高要县志》。(宣统《高要县志》卷十、卷十一、卷十六)

黎佩兰,字咏陔,高要人。清光绪十七年(1891)辛卯举人。早年肄业于端溪和广雅两书院。究心于自然科学,精通医术、天文、数学和地理。尝制作天体仪、地球仪、测量度板以及其他仪器模型。惜其中年逝世,才华未展。分纂《(光绪)德庆州志》。著有《天体仪说》一卷、《制日晷法》、《算日晷法》(含《周髀算经》研究)、《鼠疫良方释疑》(亦名《时症良方释疑》)、《切音字谱》、《测量法要》、《经纬线发凡》、《造晷景法》、《志陶轩算述》一卷、《志陶轩诗文存》一卷。辑有《端溪书院志》七卷、《告蒙编》十卷、《肇庆城街道图》。(宣统《高要县志》卷十八下、卷二十一)

黎为熙,字缉斋,封川人。清乾隆三十三年(1768)戊子举人,官灵山教谕。著有《缉斋诗草》二卷。(道光《封川县志》卷八)

黎文典,清恩平人。廪贡,任罗定、翁源等县训导。道光间分纂《恩平县志》。(民国《恩平县志》卷二十一)

黎翔凤,字文卿,高要人。清道光二十七年(1847)丁未岁贡,同治二年(1863)举孝廉方正。笃行嗜学,教书自给。著有《四书萃精》(一作《四书讲义粹精》)、

《听鹤山房诗集》（一作《听鹤山房诗钞》）、《训俗语类》等。（宣统《高要县志》卷十八下、卷二十一）

黎雄才（1910—2001），高要人。民国十五年（1926）师从高剑父，入春睡画院学习。民国二十一年（1932）得高剑父资助，赴日本东京美术学校留学。曾任广州市立美术专科学校教师、重庆国立艺术专科学校副教授、广州市立艺术专科学校教授。新中国成立后，历任华南人民文学艺术学院、中南美术专科学校、广州美术学院教授、副院长等职。擅长巨幅山水，精于花鸟草虫。著有《黎雄才山水画谱》《黎雄才花鸟草虫》。（《广州百科全书》）

黎彦堃，德庆州人。生员。同订《（康熙）德庆州志》。（光绪《德庆州志》卷十三）

黎在寅，号伯宾，鹤山人。清道光二十四年（1844）甲辰恩贡，候选直隶州判。著有《四书说钞》六卷、《伦常鉴》十卷、《涵养性情制义》二卷、《为学须知》一卷、《续师说》一卷、《涵养性情歌集》、《白诗偶评》一卷、《近体诗读本》二卷、《时文读本》四卷、《鸳鸯谱》一卷、《晓溪吟草》四卷、《晓溪文稿》四卷。（民国《鹤山县志》卷十五）

黎知逢，高要人。清康熙十年（1671）辛亥岁贡，任乐会训导。康熙二十六年（1687）编纂《乐会县志》。（道光《高要县志》卷十七）

李邦俊，鹤山人。清同治元年（1862）壬戌补行咸丰九年（1859）己未科举人。著有《双槐轩诗钞》。（民国《鹤山县志》卷十五）

李炳（1897—1959），又名炳霖，广宁人。外科名医，民国间开设私人中医外科诊所。新中国成立后，任广宁县医药筹委委员。著有《临床实践验方》。（1994年《广宁县志》）

李伯震，号巢翠，德庆州人。李质次子。明洪武间举怀才抱德科，初授容县知县，永乐二年（1404）改顺天大兴知县。后以父任，迁光禄寺丞。著有《巢翠集》，已佚。（道光《广东通志》卷二九六，光绪《德庆州志》卷十一）

李畅馥，号蕴亭，鹤山人。清乾隆三年（1738）戊午举人，联捷明通榜进士，任新安县教谕。丁艰服阕，署番禺学，再署遂溪，以病告归。倡建崑阳义学、蟠光义学。年四十五卒。著有《学庸讲义》《论孟笔录》。（乾隆《鹤山县志》卷十，道光《肇庆府志》卷二十一）

李畅学，四会人。清嘉庆十一年（1806）丙寅岁贡。汇订《（道光）四会县志》。（光绪《四会县志》编六）

李成秀，明开平人。与从昆兄李泰同游黎贞门下。纂修《古周李氏谱》。（民国《开平县志》卷三十二）

李呈采，四会人。清康熙二十五年（1686）丙寅贡生，候选训导。与李连、吴国玕、林廷桓纂辑《（康熙二十七年）四会县志》。（康熙二十七年《四会县志》卷六）

李乘运，阳春人。清康熙十七年（1678）戊午贡生。参与纂辑《（康熙）阳春县志》。（康熙《阳春县志》卷一、卷八）

李初荣，高要人。明万历二十二年（1594）甲午举人，任义乌知县。忤权贵，罢归，绝迹公庭，结"南濠社"谈艺。著有《家训颜甲集》。（道光《高要县志》卷

二十）

李春山，清鹤山人。与南海谭元憬同辑《俗音字辨幼学信札》一卷。（《俗音字辨幼学信札》）

李春元（1818—1878），字雪村，号培三，又号裴山，阳江人。清同治十二年（1873）癸酉恩贡。淡泊荣利，授徒讲学，造就颇多。咸丰四年（1854）主办合山局务，为地方治安筹策。著有《雪村吟草》。（《阳江文史资料》第二辑，《阳东县志1988—2000》）

李大性，字伯和，四会人。与弟大异、大东，并为宋名臣。少力学，习本朝典故。以父任入官，历任太府寺丞，迁大宗正丞兼仓部郎，寻改工部。迁军器少监，权司封郎，提举浙东常平，改浙东提刑兼知庆元府。召为吏部郎中，四迁为司农卿，次年兼户部侍郎，出知绍兴府。甫一年，召为户部侍郎，升尚书。忤韩侂胄，出知平江，移知福州，又移知江陵。除刑部尚书，兼详定敕令，寻迁兵部。以端明殿学士再知平江府，引疾归，卒于家，年七十七。赠开府仪同三司，谥"文惠"。著有《典故辨疑》二十卷、《艺祖庙谟百篇》及公私利害百疏。（康熙十一年《四会县志》卷十五，道光《肇庆府志》卷二十一，道光《广东通志》卷二九六，光绪《四会县志》编七）

李峰，字云崖，又字锐高，德庆人。清乾隆四十四年（1779）己亥举人，官常山知县。著有《因游诗草》四卷（未刻）、《湖山歌咏集》（佚）。（道光《肇庆府志》卷二十一，光绪《德庆州志》卷十三）

李拱辰，号星垣，民国鹤山人。著有《惺惺斋诗草》二卷。（2001年《鹤山县志》，《香港鹤山同乡会会刊》）

李国京，号郇两，民国鹤山人。著有《双松阁诗钞》。（2001年《鹤山县志》，《香港鹤山同乡会会刊》）

李鸿荃，清鹤山人。著有《友兰草堂医案》十种。（民国《鹤山县志》卷十五）

李化龙，德庆人。廪贡，任石城训导。清嘉庆二十四年（1819）分纂《石城县志》。（嘉庆《石城县志》卷三）

李焕燊（1902—1998），又名颖吾，阳江人。广州私立光华医学专门学校毕业后，返阳江城开设泽群医社。后任广州私立光华医学院药理学教授，南京国民政府卫生部《中华药典》复审委员，广州光华医学院教务长、代理院长。其间于民国二十四年（1935）公费赴德留学，获肠虫学医学博士学位。1949年离职迁居香港，又转往台湾定居。著有《李氏疗学》、论文集《医药论丛》。（2000年《阳江县志》）

李家翰，字德豪，阳春人。清乾隆五十九年（1794）甲寅岁贡生，任清远、增城训导。年七十二卒。同辑《（道光）阳春县志》。（道光《阳春县志》卷十）

李镜池（1902—1975），字圣东，开平人，生于广州。广州协和神学院毕业后，考入燕京大学国学研究所，师从陈垣。曾任广州岭南大学、华南师范学院教授。著有《周易探源》《周易通义》《周易类释》《周易今证》《周易卦名考释》《周易筮辞的类别与其构成时代》等。（《中国近现代人物名号大辞典》）

李坤培，清广宁人。生员。雅度温良，见推当道。著有《爱月楼诗集》。（乾隆《广宁县志》卷七，道光《肇庆府志》卷十九）

李连，字三联，四会人。明崇祯九年（1636）丙子举人，拣选知县。与吴国玕、林廷桓、李呈采纂辑《（康熙二十七年）四会县志》。（康熙二十七年《四会县志》卷六）

李梅（1813—1883），字香岭，清德庆人。监生，加署正衔。意趣冲淡，不营仕进。工诗文，著有《友竹轩集》，未见。（光绪《德庆州志》卷十一）

李穆，字文昭，明德庆人。李质仲弟。读书谈道，学识优长，不乐仕进。尤有诗名。著有《牧隐集》，佚。与其兄质及侄伯震吟咏甚富，时人合而刻之，题曰《三李集》。（光绪《德庆州志》卷十一，《粤东诗海》卷十一）

李楠（1659—1742），自号介石，广宁人。诸生。操履朴直，与物宽和。居恒洒落，唯吟咏自怡，乡里重之，号曰"贞庵"。年八十四卒。著有《介石公诗集》。（乾隆《广宁县志》卷七，道光《肇庆府志》卷十九）

李能发，字侣皋，四会人。清乾隆十八年（1753）癸酉廪贡，朝考二等。授澄迈县教谕，调万州学正，又调新会县教谕，选授直隶威县知县。藏书甚富。编选《试帖笺注》若干卷。著有《簪缨集》。（光绪《四会县志》编七）

李其蕃（1630—？），字巽苑，高明人。李翘楚子。少有才名，清顺治十四年（1657）丁酉举人，任江南舒城知县。分辑《（康熙八年）高明县志》。（道光《肇庆府志》卷十九，光绪《高明县志》卷十三）

李仁，字孝先，清初四会人。李恕子。太学生。著有《借堂偶编》。（《粤东诗海》卷六十九）

李日修，字省三，清四会人。以布衣从戎，在广西十余载，保举六品顶戴。晚年将其平生所著诗文删存编集，成《剑花室文集》一卷、《剑花室诗集》二卷。（光绪《四会县志》编八）

李润林，字悦生，号陶冈，阳春人。诸生，毕生授徒课生，从其学者多所成就。清康熙四十一年（1702）岁荐，被誉为岭表文豪，未任而终。晚年闭户著书，有《四书要领》《诗经要领》《性理录》《苏文笺》等藏于家。（乾隆《阳春县志》卷十一，道光《肇庆府志》卷十九）

李润垣，号星池，清鹤山人。著有《详注鉴史》二十卷。（民国《鹤山县志》卷十五）

李善元，字积诚，号健庵，四会人。清道光十二年（1832）壬辰恩科举人。十三年（1833）会试后，以母老不再赴礼闱。设教省垣，从游者甚众。著有《健庵讲义》十八卷、《四书讲义》三十八卷、《寄愁集》十二卷。（光绪《四会县志》编七）

李恕，字相如，号十潭，四会人。清顺治初岁贡，仕至云南鹤庆知府。与陈恭尹等交友。生当乱世，饥驱奔走。康熙十六年（1677）、十七年（1678）间，奔走于燕赵、吴楚，终无所遇。旅食于江宁，返棹江州，皆感而有诗。著有《鹤归堂诗草》十二卷（又作《鹤归堂草》四卷）。（光绪《四会县志》编七，《粤东诗海》卷六十一）

李太垣，字台门，四会人。清咸丰六年（1856）丙辰举人。著有《易学心源》六卷（传抄本）。（光绪《四会县志》编八）

李铁夫（1869—1952），原名玉田，号昭龙，鹤山人。清光绪十三年（1887）入加拿大阿灵顿美术学院习西洋画。后入英国皇家艺术学院学画九年。三十年（1904）结识孙中山，协助孙中山在英国、加拿大筹建兴中会，致力于民主革命运动。辛亥革命成功后，孙中山电邀其回国任职，坚辞。民国二年（1913）入美国纽约美术大学，师从著名画家威廉·切斯和约翰·萨金特十九年。回国后长期流寓香港。编有《松口民锋报周年纪念册》。著有《李铁夫画集》。（2001年《鹤山县志》）

李惟扬（1683—1756），字修光，号崧台，阳春人。幼习文尚武，春夏攻读，秋冬射猎。清康熙五十年（1711）辛卯乡试武科，登解元。次年赴京都会试，登武进士。殿试榜眼及第，钦赐殿前侍卫，授狼山游击。雍正元年（1723）提为涿州参将，升任浙闽督标中军副将，调福建延平城守副将。累迁广东左、右翼镇总兵官，赏戴花翎。乾隆元年（1736）任福建澎湖水师副将，十五年告老归。晚年工吟咏，著有《崧台集》。（道光《肇庆府志》卷十九，道光《阳春县志》卷十）

李希果（1911—1964），笔名竞能，阳春人。酷爱音乐，精通世界语。著有《阳春方言拉丁化拼音方案》一书，未刊行。（1996年《阳春县志》）

李燮垣，号星杰，鹤山人。清光绪二十七年（1901）辛丑补行庚子科贡生。常住新会城内。著有《菱溪小庐文集》一卷、《小颠山房诗集》四卷。（民国《鹤山县志》卷十五）

李秀文，清四会人。生员。道光间汇订《四会县志》。（道光《四会县志》卷首）

李延祥，清鹤山人。郡庠生。著有《感怀诗集》。（道光《鹤山县志》卷十，道光《肇庆府志》卷二十一）

李耀祥（1883—1959），别号显庭，鹤山人。毕业于美国哈佛大学铁路专科。民国元年（1912）回国，曾任京张铁路工程师、粤滇铁路勘测总工程师、株韶铁路工程局副总工程师、广梅铁路局长、军事委员会工程委员会少将顾问、铁道部广东区铁路接收委员、粤汉铁路管理局长。后移居美国。著有《战时滇缅国防公路修筑回忆》《中国铁路小史》。（《民国广东将领志》）

李一韩，德庆州人。官武靖州同知。清康熙十一年同订《德庆州志》。（光绪《德庆州志》卷十三）

李一龙，字体乾，一作体元，高要人。明嘉靖十三年（1534）甲午举人，任石城教谕，继升枣阳知县，以兴学、均徭、省刑、恤孤为务。居六年调宜城令。告归，与士大夫结社赋诗。著有《盎吟稿》（一作《盎吟集》）。（道光《高要县志》卷二十，道光《广东通志》卷二九七）

李英元（1871—1944），号艾邻，阳春人。清宣统元年（1909）已酉拔贡生。赴京考选湖南省补用直隶州州判，未赴任。任合水集英高等小学堂教员、阳春县立第一小学校长、阳春县志局编纂，同辑《（民国）阳春县志》。（民国《阳春县志》卷七，1996年《阳春县志》）

李犹龙，清德庆州人。著有《北游诗草》一卷，未见。（光绪《德庆州志》卷十三）

李雨堂，清鹤山人。斋名"寸雨堂"。著有《万花楼杨包狄演义》十四卷等。（《中国近代文学史》上）

李钰琳（1889—1980），开平人。少从罗浮山道士等习医。民国四年（1915）毕业于广州医学卫生社，在台山中医学社任教三年。后在台山、广州、香港等地执业行医。新中国成立后，任职于广东人民医院。擅长中医妇科、儿科及内科。著有《血证指南》《国医内科学讲义》《妇科经病十八种》《小儿病丛谈》等。（《中医人物词典》《岭南中医药名家》）

李元茂，清新兴人。著有《学庸遵注解》三卷、《文理解》四卷、《文体》十则。（乾隆《新兴县志》卷二十九）

李元英，字拔千，号迹樵，德庆人。清雍正元年（1723）癸卯岁贡。植品纯正，学尤渊博。与广文谢国光、文学戴廷玙、廷璪同学于青云书院，时称"康州四杰"。著有《丛窗集》（亦名《丛窗诗文集》），佚。（光绪《德庆州志》卷十一，《粤东诗海》卷八十一）

李岳，号崧甫，阳春人。李惟扬曾孙。附贡。工书法，诗文有奇气。清咸丰同治间为剿匪复城屡出奇策。与刘德琯同修《阳春县志》，未刊而卒，年七十二。著有《崆峒倚剑草堂诗》四卷。（民国《阳春县志》卷十）

李云鸾，字应枢，一字啸台，德庆人。清道光元年（1821）辛巳举人。读书以古人为范，工诗。著有《香草山房诗钞》十四卷，编分为《草庐集》三卷、《北征集》三卷、《南旋集》二卷、《献荆集》二卷、《抱璞集》三卷、《栽兰集》一卷。卒后，其兄秋宾整理编成《花萼园诗钞》（又作《花萼园集》《花萼山房诗钞》）十四卷。（道光《肇庆府志》卷十九，《国朝岭海诗钞》卷二十三，光绪《德庆州志》卷十一）

李云鹏，鹤山人。清光绪三十年（1904）甲辰岁贡，试用盐经历。著有《协一斋诗稿》。（民国《鹤山县志》卷十五）

李云翘，民国鹤山人。著有《诵读草堂诗钞》《诵读草堂文钞》《诵读草堂杂著》。（民国《鹤山县志》卷十五）

李兆蓉，鹤山人。清咸丰七年（1857）丁巳优贡，特授嘉应州训导。著有《四书讲义》三十卷、《六十四卦》四卷、《梅州賸稿》一卷。（民国《鹤山县志》卷十五）

李震华，新兴人。清康熙五十九年（1720）庚子贡生，任澄海县训导。学深养粹，以德行文。雍正五年（1727）掌教古筠书院三十年，一时名宿多出其门。生平著作甚富，贫不能梓。与简柱删补《重修卢溪志》。著有《四书□义》。（乾隆《新兴县志》卷二十三，民国《新兴县志》卷二十五，《广东书院制度》）

李正纲，阳春人。清嘉庆十九年（1814）甲戌岁贡生。同辑《（道光）阳春县志》。（道光《阳春县志》卷七）

李质（1316—1380），字文彬，号樵云，德庆晋康人。元末为广东枢密院同佥。时地方大乱，乃挺身经画，募乡兵二万余讨诸贼，遂平德庆、封川。明洪武元年（1368）明军略地至德庆，授中书省断事，五年（1372）迁刑部侍郎，进尚书，治狱平允。迁浙江行中书省参知政事，离职居京师。复起为靖江王右相。靖江王因罪被废，质受牵连而死。《新元史》《明史》卷一三八有传。著有《樵云集》（一作《樵云诗集》），佚。其弟李穆、侄李伯震，皆吟咏甚富，时人合而镌之，题曰《三李集》。（道光《广东通志》卷二九六，光绪《德庆州志》卷十一，《粤东诗海》卷十一，《端溪诗述》卷二）

梁隆，阳春人。清康熙十二年（1673）癸丑拔贡。纂辑《（康熙）阳春县志》。（康熙《阳春县志》卷一、卷八）

梁炳汉，号星池，高要人。清咸丰元年（1851）辛亥举人，六年（1856）丙辰成进士，分充刑部主事。红巾军、太平天国义军起时在籍，广西大吏委之以劝说军中肇庆籍人投诚。以累功知泗城府。又与冯子材友善，越南之役，被邀助军谋，以克复凭祥之功，调四川任道员、知府，中途病逝。著有《省心录》八卷，刊行于四川。（宣统《高要县志》卷十八下、卷二十一）

梁炳云，号樵石，开平人。清咸丰二年（1852）壬子举人，后至他郡授徒。年五十四卒。著有《红叶山房遗稿》。（民国《开平县志》卷三十四）

梁伯鸿，字仲毛，高要人。吴赴岳父。明成化间府学岁贡，任温州训导。解官归，徜徉山水，吟咏自适。与吴尚质并知名于时。著有《浮山集》。（道光《广东通志》卷二九六，道光《肇庆府志》卷十八，道光《高要县志》卷二十）

梁伯谦，名梁全，号野泉，以字行，德庆州人。元至正十四年（1354）甲午举人，历官广西太平路同知、德庆路总管。元亡，与弟惠州路总管子谦弃官隐居。明洪武二年（1369）荐为四海都巡，不就，谪居陕西。著有《野泉集》。（咸丰《顺德县志》卷十、卷十八，光绪《德庆州志》卷十一）（注：《广东历代著者要录（广州府部）》误作顺德人，今据光绪《德庆州志》订正。）

梁曾龄（1775—?），字跻彭，自号鞠泉，一作菊泉，德庆人。清嘉庆六年（1801）辛酉举人。与新兴陈在谦、东安叶荆往还山水间，饮酒赋诗，互相唱酬为乐。二十二年（1817）钦取觉罗教习，母老归养。丁内艰，以疾卒。著有《露桃山馆诗文集》（又作《露桃山馆诗钞》四卷）、《寓桂小草》（未见）。（道光《肇庆府志》卷十九，光绪《德庆州志》卷十一，民国《旧西宁县志》卷二十五）

梁曾秀，字雁峰，德庆人。清道光时从征八排，辞职不受。性好吟咏，著有《补云山馆诗钞》，未刻。（光绪《德庆州志》卷十一）

梁曾膺，字松崖，德庆人。清道光五年（1825）乙酉拔贡。著有《读易杂志》一卷，未见。（光绪《德庆州志》卷十三）

梁晨栋，字启垣，号匪我，高明人。顺治十三年（1656）丙申岁贡，授海南文昌训导，升罗定州学正。捐俸倡修学宫，勤于教学，终日与诸生谈文赋诗。卒于任。著有《小草集》二卷。（康熙八年、康熙二十九年《高明县志》卷十三，光绪《高明县志》卷十三）

梁俌，阳春人。生员。清康熙间纂辑《阳春县志》。（康熙《阳春县志》卷六）

梁大同，号念勋，德庆人。明万历五年（1577）丁丑岁贡生，任金溪县丞。何绸牧荐于朝，适父讣至，即奔丧守礼，遂不复仕。纂辑《德庆州志》。著有《四礼末论》，佚。（道光《肇庆府志》卷十八，光绪《德庆州志》卷十一）

梁登印，一作梁登允，高要人。清顺治十一年（1654）甲午拔贡。分辑《（康熙）高要县志》。（道光《肇庆府志》卷十五，宣统《高要县志》卷二十一）

梁锷，字式鸣，清高要人。著有《剑啸草堂诗》一卷。（《剑啸草堂诗》卷端）

梁而珊，字紫佩，高要人。清雍正七年（1729）己酉拔贡，乾隆元年（1736）举孝廉方正。授徒为业。著有《南溪制艺》各体诗、《南溪馀韵》一卷。（道光《高要县

志》卷二十，道光《肇庆府志》卷十九，道光《广东通志》卷二九七）

梁发（1789—1855），又称梁亚发，字济南，号澄江，别号学善居士，高明人。清嘉庆二十一年（1816）受基督教洗礼。道光三年（1823）任澳门基督教传教士，为中国第一位华人牧师。编有《劝世良言》九卷、《救世录撮要略解》、《真道寻源》、《灵魂篇》、《异端论》、《塾学原理略论》、《真道问答浅解》、《祈祷文赞神诗》、《救世之神谕》等书。（1995年《高明县志》）

梁焯，字真俨，号遁庵，阳春人。清康熙四十五年（1706）丙戌贡生。因爱冠溪山水之奇胜，遂筑屋而居。纂辑《（康熙）阳春县志》。（民国《阳春县志》卷十）

梁耿光（1796—1851），字景文，四会人。由监生捐中书衔。乐善好施，热心公益。道光间屡次捐资赈灾。汇订《（道光）四会县志》。（道光《四会县志》卷首，1996年《四会县志》）

梁观喜（1871—1951），字雨林，阳江人。清光绪三十二年（1906）丙午优贡，考取直隶候补知县，未赴任。任阳江初级师范（简易科）学堂监督、中学堂监督、劝学所所长。民国间任阳江县立中学国文教员、广州勷勤大学讲师、广东国民大学教授。民国五年（1916）参与编纂《阳江县志》。著有《左传礼徵》《诗郛臆》《易学管窥》《旧雨庐随笔》。（民国《阳江志》卷二十七，2000年《阳江县志》）

梁寒操（1898/1899—1975），原名翰藻，号均默、君默，别署伏龙，后以字行，高要人，生于三水。民国十二年（1923）毕业于广东高等师范学堂，任广州培正中学教员。不久加入国民党，历任国民党中央党部书记长、国民政府财政部参事、铁道部总务司司长、立法院第三届立法委员兼立法院秘书长、国民政府军事委员会桂林行营政治部中将主任、军事委员会总政治部中将副部长、国防最高委员会副秘书长等要职。民国三十八年（1949）秋，迁往香港，任教于培正中学、新亚书院。后去台湾，任国民党中央评议委员、东吴大学教授等职。病逝于台北。工诗文、善书法。著有《世界新秩序与三民主义》、《中苏问题丛论（第一集）》（与人合著）、《求学做人做事》（与储景良合著）、《胡汉民先生》（与萧次寅合著）、《三民主义理论之探讨》、《总理学说之研究》、《总理遗教研究七讲》、《西行乱唱》、《梁寒操先生文集》。（《民国人物大辞典》，1996年《高要县志》）

梁焕乾，高要人。覆订《（宣统）高要县志》营建篇。（宣统《高要县志》卷六、卷七）

梁经，新兴人。明崇祯六年（1633）癸酉广东武场武举人。著有《松麓文集》。（乾隆《新兴县志》卷二十三）

梁菊东（1886—1964），又名廷芬，字昌品，恩平人。清末生员。旋受友人资助赴美国纽约谋生，被华文《大同日报》聘用，后为该报总编辑。孙中山来美与晤，入同盟会，以日报宣传革命。民国十四年（1925）返乡，筹办学校和图书馆。参与编修《（民国）恩平县志》。（《江门五邑名人传》第一卷，《海外恩平人》）

梁匡时，高要人。梁挺芳子。南明弘光元年（1644）甲申恩贡，国子助教，封赠礼部仪制司主事。著有《金萱秀集》。（《高要县志》）

梁夔，字典韶，德庆人。清末拔贡生。民国间任德庆、儋县县长。著有《巅啸诗存》。（《德庆县志1979—2000》）

梁鸾翔（1848—1932），字梓献，阳江人。屡试不遇，遂授徒课子垂五十年。纂修《龙门平阳区氏族谱》。著有《虫鸣集》。（《澳门诗词笺注·晚清卷》）

梁冕，字式周，新兴人。清乾隆四十六年（1781）以拔贡任保昌训导。著有《左国摘要》《古文详说》。（道光《肇庆府志》卷二十一）

梁敏（1354—1450），字以讷，高要人。明洪武五年（1372）壬子举人，历任清远县教谕，繁昌、宛平县丞。以文学擢左春坊左赞善。奉帝命作《午门观灯》诗，赋《朝阳鸣凤图》，操笔立就，成祖称赏之。寻以乞休忤旨，谪辽阳苑牧、枝江训导。屡次上疏，始得复原官致仕。卒祀乡贤。著有《云萍集》。（道光《高要县志》卷二十，道光《肇庆府志》卷十八，道光《广东通志》卷二九六）

梁培桂，清四会人。梁耿光子。著有《仙林诗集》二卷、《仙林词集》一卷，毁于兵燹。（光绪《四会县志》编八）

梁普，字继初，德庆人。梁全裔孙。读书循理，隐居自乐，不求仕进。居乡教学二十余载。明永乐时辑《德庆州志》。（道光《肇庆府志》卷十八，光绪《德庆州志》卷十一）

梁奇通，字希颜，号豁堂，德庆人。少颖异，年十五以第一名入州学。清乾隆六年（1741）辛酉拔贡，寻充镶黄旗教习。十二年（1747）中顺天乡试举人。教习期满，分发广西雒容县试用，旋补兴安。工书法，七十二岁犹能作蝇头小楷。著有《读史管论》十二卷、《［豁堂］文集》一卷。（光绪《德庆州志》卷十一）

梁清平，高要人。清末附生，曾任广西横县知事、高要县政府秘书。覆订《(宣统)高要县志》食货篇、金石篇。（宣统《高要县志》卷十）

梁瑞山，清高要人。纂修《大蕉园梁氏族谱》。（宣统《高要县志》卷二十一）

梁少航（1909—1975），高要人。毕业于广州东南美术学院，继入香港万国美术学院专习西画。有《南秀画集》。（《岭南画派》）

梁绍凤，恩平人。清道光间分纂《恩平县志》。（道光《恩平县志》修辑姓氏）

梁绍桀（1884—1958），字嗣元，号方度，阳江人。清光绪三十四年（1908）入读两广师范学堂。毕业后，从事商业兼治学。民国七年（1918）与兄弟将其父所办阳江图书馆改名为阳江孝则图书馆，以纪念其父。精训诂，善书法，尤工汉隶。编有《段注说文解字说文通训定声索引合编》。著有《阳江土音同音字汇》《妙明室诗文钞》《妙明室日记》。（2000年《阳江县志》）

梁士贤，字子瑜，号存庵主人，清末高要人。宣统间辑《全图易筋经》一卷，著《存庵文集》四卷。（《存庵文集》）

梁式英，高要人。清宣统元年（1909）己酉恩贡。参与编纂《(宣统)高要县志》。（宣统《高要县志》卷八、卷十三、卷十六）

梁滔，字东注，德庆人。明嘉靖十一年（1532）壬辰岁贡生，任永康丞，廉介持正。居乡，仗义轻财。工诗，性嗜吟咏，纂有《古诗辑》数卷。（道光《肇庆府志》卷十八，光绪《德庆州志》卷十一，民国《罗定志》卷七）

梁天桂，字香邻，一作香轮，开平人。清同治六年（1867）丁卯举人，大挑一等，候补河东知县。善画梅。纂修《长沙梁氏谱》。（民国《开平县志》卷三十八，《广东画人录》）

梁廷栋，高明人。梁嵘椿子。清同治十三年（1874）甲戌进士，选翰林院庶吉士，候选郎中，官至工部主事。光绪二十年（1894）参与编纂《高明县志》。著有《易解图说》。（光绪《高明县志》卷十二，1995年《高明县志》）

梁廷赓（1865—1933），号卉荪，德庆州人。清光绪二十三年（1897）丁酉拔贡，授直隶州判。后任广西同风书院山长。分纂《（光绪）德庆州志》。著有《读经札记》等。（光绪《德庆州志》卷十，《德庆县志1979—2000》）

梁庭楷，阳江人。清同治间官户部郎中，光绪三十四年（1908）任广东咨议局议员。著有《地理辨正疏集注》七卷。（民国《阳江志》卷三十五）

梁霆亨，高要人。南宋宝庆元年（1226）丙戌岁贡。咸淳元年（1265）春三月创建树德学堂。纂辑《渡头梁氏族谱》。（宣统《高要县志》卷二十一）

梁挺芳，高要人。明万历三十一年（1603）癸卯举人，任旌德知县，以忤直罢官。家居，建护城塔。卒祀乡贤。著有《清敲集》。（宣统《高要县志》卷十八上）

梁维城，字沚沅，德庆人。清道光十二年（1832）壬辰举人，一试礼部，未中，遂绝意进取。晚掌东城书院。其学深于经史，工诗赋词曲，尤精骈俪。年八十五卒。著有《苹野山房集》，未见。（光绪《德庆州志》卷十一）

梁维栋，字完太，恩平人。明万历间贡生。时境内多乱，慨然有经世志。李公材备兵岭西，乃以书生入谒，抵掌论事，李深器之。后以贡佐同州，两视州篆，政绩大著。将不次擢，遽谢病归。崇祯间参与草创《恩平县志》。著有《水阁诗钞》。（道光《恩平县志》卷十八，民国《恩平县志》卷十九）

梁维梓，广宁人。明万历十六年（1588）戊子岁贡，授福建漳州判。归里居家建"五柳堂"以自娱。博览群书，工词赋。著有《善性编》《瑶溪文集》。（乾隆《广宁县志》卷七、道光《肇庆府志》卷十八）

梁玮，字剡子，新兴人。清康熙三十九年（1700）庚辰岁贡。著有《寄庐文集》《寄庐诗集》。（道光《肇庆府志》卷二十一）

梁燮唐（1876—1941），字廓如，号确愚，又号愚公，四会人。清光绪二十一年（1895）进县学。师事顺德简岸简竹居先生，正志读书，专心研究经史，所撰《春秋大谊论》深得简先生赞赏。因感于八股文窒碍人思，非古贤正道，极恶之，遂尽焚平日所作八股文，绝意科举，不复应考。终身以执教为业。著有《正志草堂稿》五卷（已刻）、《正志草堂讲义》五卷（未刻）。（1996年《四会县志》）

梁心海，明鹤山人。著有《梁氏元洲祖族谱》。（道光《鹤山县志》卷十）

梁型，阳春人。生员。清康熙间纂辑《阳春县志》。（康熙《阳春县志》卷十六）

梁修（1859—1898），字少游，号梅想，又号锦石山人，清末德庆人。梁溢孙。工诗文，博学多才。二十六岁中举人，以诗名闻于省垣。终生掌教端山书院、锦石义学。广州花地纫香园园主慕其名，请为园中群芳各题诗一首，修应允，数日成诗百首，即《花地百花诗》。其侄孙祖诒辑《锦石集》十卷，惜毁于洪水。（1996年《德庆县志》）

梁崖，号鹤洲，德庆人。梁全七世孙。明嘉靖间岁贡生，任永嘉县丞，署县事。解组归里，因郡乘淹没，乃汇集各志重纂修之，成《（万历）德庆州志》。年八十三卒。（道光《肇庆府志》卷十八，光绪《德庆州志》卷十一）

梁尧龄，字祝廷，清德庆人。监生，授按察司照磨衔。擅小儿科，通颅囟经，自制治惊风丸散，活孩婴无算。凡诊视，无论贫富，悉却其金。著有《小儿科摄要》一卷。（光绪《德庆州志》卷十一）

梁宜中，阳春人。清康熙四十七年（1708）戊子贡生。纂辑《（康熙）阳春县志》。（民国《阳春县志》卷七）

梁溢，字珠池，清德庆人。增贡生，光绪间以孙加级貤赠朝议大夫。著有《翠柏山房诗钞》二卷。（光绪《德庆州志》卷十三）

梁楹材，字南桥，清四会人。布衣，好吟咏，潜心古近体诗，真性流露，时有佳句。著有《蝉鸣集》二卷。（光绪《四会县志》编八）

梁芸，字祝南，德庆人。清光绪二十四年（1898）戊戌岁贡。毕生从事邑中教育，任德庆县教育会会长。工书法。编录《德庆县征访册》，与同邑举人覃乔芬合编《德庆乡土地理志》《德庆乡土历史志》。（《德庆文史》第九辑）

梁鋆元，高要人。清宣统元年（1909）己酉府学岁贡。著有《修竹山房文集》。（宣统《高要县志》卷二十一）

梁赞燊（1874—1961），字粹珊，高要人。清光绪二十三年（1897）丁酉举人。三十一年（1905）起，历任肇府中学、广州两广方言学校、两广高等工业学校、两广高级师范学校教员。民国间任广肇罗甲种农业学校校长、广东省立肇庆师范学校校长、高要县修志馆馆长、文献委员会主任委员。新中国成立后，任高要县文化馆文物保管员、广东省政协委员、高要县特邀人民代表、高要县政协委员。覆订《（宣统）高要县志》。（民国《高要县志初编》纂修职名，1996年《高要县志》）

梁兆亨，清高要人。著有《近思录续集》十四卷。（宣统《高要县志》卷二十一）

梁振鳌，高要人。清道光二年（1822）壬午举人。参与纂辑《（道光）高要县志》。（道光《高要县志》卷十七）

梁振芳，号芷生，清高要人。工书善画。编纂《怡园集帖》。（宣统《高要县志》附志下）

梁正宸，德庆州人。清康熙元年（1662）壬寅岁贡。同订《（康熙）德庆州志》。（光绪《德庆州志》卷十）

梁之栋，字跃龙，高明人。淹博古籍，以理学为宗。增生，明崇祯三年（1630）庚午中副榜。博通古籍，以理学为宗。卒年七十四。著有《易图解说》。（道光《肇庆府志》卷十九，光绪《高明县志》卷十三）

梁致育（1363—1458），字遂初，高要人。明洪武二十六年（1393）举人，任绍兴府建昌学训导。通五经，志行高洁。致仕后家居上莲塘村。天顺二年（1458）遇贼劫持，投渊而死。参修《肇庆府志》。著有《竹屏稿》《礼经题意》《春秋发题》。（道光《高要县志》卷二十，道光《广东通志》卷二九六）

梁卓成，清恩平人。廪贡，任增城、东莞、南海、永安、化州、石城、兴宁等县教谕。道光间纂辑《恩平县志》。（民国《恩平县志》卷二十一）

梁卓英，字爱莲，高明人，初寄籍平乐，及第后归本籍。清道光十一年（1831）辛卯举人，次年成进士。补文选司，改任云南盐提举，因病归里，诗文自娱。著有《耐轩诗文集》《耐轩集句诗》。（光绪《高明县志》卷十三）

梁作楼，高明人。清道光二年（1822）壬午岁贡，序选训导。分纂《（道光）高明县志》。（道光《高明县志》卷十二）

廖正亨，字匡渠，高要人。清咸丰三年（1853）癸丑举人，联捷进士，授户部主事。著有《逊敏堂文集》《爱吾庐吟草》。（宣统《高要县志》卷十八下、卷二十一）

林葆莹（1839—1897），字季石，一字稺雪、春和子，阳江人。其学以词章称著，尤究心于金石碑帖，善书法，以隶书著名。早岁应试，久而未遇。后以《观风卷》为学使汪鸣銮赏识，对其所作素馨花七言排律和钟鼎文绝句极为赞赏，因而岁试第一。后入广雅书院。清光绪二十三年（1897）以拔贡应朝考，卒于京师，年五十九。著有《字林考正》一卷、《韵要备检》一卷、《四硿峒游记》一卷、《稺雪诗集》一卷等。（民国《阳江志》卷三十）

林春和，阳江人。清道光二十三年（1843）癸卯优贡，历任平远训导、巴陵县丞。著有《红棉馆诗稿》四卷、《绣江阁吟草》三卷。（民国《阳江志》卷三十五）

林丛郁（1896—1986），字增华，小名茂生，阳春人。早年参加革命活动，晚年撰写文史资料。著有《南路特委工作》《参加南昌起义回忆录》。（1996年《阳春县志》）

林德骥，号玉泉，清阳春人。附贡生。好山水，工书画。年七十三卒。著有《梅鹤集遗稿》。（民国《阳春县志》卷十）

林某，民国鹤山人。著有《粤东蚕病学》。（《香港鹤山同乡会会刊》）

林泮芳，字璧泉，清阳江人。幼苦多病，力学不辍，授徒自给。年四十贡太学，二年后卒。著有《碧溪草堂诗集》二卷。（民国《阳江志》卷三十）

林丕洲（1897—1980），原名肇基，阳春人。民国六年（1917）考入广东省立肇庆中学。民国十一年（1922）开始行医。编有《中医入门要诀》。（1996年《阳春县志》）

林世恩（1892—1960），字星甫，高要人。毕业于广东省公立法政专门学校，曾任财政部广州特派员公署总务科长，广东西区善后委员公署参议，省立肇庆中学校长，饶平、兴宁、廉江、番禺及高要县县长，广东省政府行政效率考核委员会委员，第二方面军司令部及广东绥靖公署少将高级参议，军事审判委员会委员，广东省政府设计考核委员会委员。著有《泛论吏治问题》《高要景福围志》《五五宪章》等。（1999年《肇庆市志》）

林世远，字思绍，四会人。博洽经史，长于词咏。明成化十七年（1481）辛丑进士，历任福建莆田、南直隶芜湖、北直隶魏县知县。擢监察御史，按滇南。出守苏州府，在任六年卒。正德间纂修《姑苏志》（即《苏州府志》）。（道光《肇庆府志》卷十八，道光《广东通志》卷二九六，光绪《四会县志》编八）

林廷桓，四会人。清康熙二十三年（1684）甲子贡生，候选训导。与李连、吴国玕、李呈采纂辑《（康熙二十七年）四会县志》。（康熙二十七年《四会县志》卷六）

林廷枚，四会人。清康熙五十七年（1718）戊戌贡生。撰有《地理研几》一卷。（光绪《四会县志》编八）

林闻誉（1696—？），字体仁，号静山，阳春人。清康熙五十九年（1720）庚子举人，次年成进士。雍正元年（1723）任清苑知县，升霸州知州兼摄南北两岸河员。曾任瑞云书院山长。居家怡情诗酒，纂辑邑志。著有《唐人试帖注》三卷、《花笑轩诗文集》十余卷、《[花笑轩]排律》二卷、《[花笑轩]杂著》十余卷等。（道光《肇庆府志》卷十九，道光《阳春县志》卷十）

林贤辅（1864—1899），字佐三，清阳江人。少时有志医学，搜罗医术，夙夜攻读，久而有得。及长，在家悬壶，诊室名"意也山房"。著有《霍乱良方》、《意也山房医书》十八卷。（民国《阳江志》卷三十五，2000年《阳江县志》）

林宣铎，阳春人。清嘉靖十三年（1808）戊辰举人。同辑《（道光）阳春县志》。（道光《阳春县志》卷七）

林勋尧，号慕唐，鹤山人，寄居新会城。清光绪二十七年（1901）辛丑补行庚子科举人。任昆山中学首任校长。著有《中国历史讲义》上下二卷、《孔子社会学》。（民国《鹤山县志》卷十五，《高鹤县志》第二编）

林乙莲，字桓宇，民国阳江人。有《漏月山庄宾主酬唱集》。（2000年《阳江县志》，《粤诗人汇传》第四册）

林振寰（1896—1977），字复真，阳江人。入读广东省高等师范学校一年，考入北京大学哲学系。曾任阳江县立中学英语教师、校长，广州广雅中学教师，阳江县立中学校长。民国二十二年（1933）赴日本东京帝国大学研究所攻读哲学。抗日战争爆发，回国参加"广东抗日动员委员会"，不久改任广东省文理学院教授。新中国成立初，入南方大学学习，并留校任教。继任广东工学院哲学教授。于广州师范学院退休。与李康武合著《逻辑学》一书。（2000年《阳江县志》）

林植棠，高明人。林宜烜长子。清道光二十九年（1849）己酉拔贡生，官山西五台知县。光绪十五年（1889）分纂《高明县志》。（光绪《高明县志》卷十三）

林中梅，广宁人。清乾隆十三年（1748）戊辰贡生，选长乐训导，未任。分辑《（乾隆）广宁县志》。（乾隆《广宁县志》重修名氏）

林钟秀，清阳江人。庠生。就聘于海陵司私塾。辑有《史记识小》二卷、《两汉辑要》八卷。（民国《阳江志》卷三十五）

林钟英（1869—1935），字少琼，号拙庵，又号拙诚。其先籍福建海澄，官迁阳江，遂入籍。清光绪三十二年（1906）丙午岁贡。废科举后，历任阳江第一高等小学校长，县立中学堂、师范学校国文教员，从教二十余载。民国间与何史华、梁观喜纂辑《阳江县志》三十九卷。著有《读左拙记》二十九卷、《拙庵文集》十卷、《拙庵诗集》

四卷、《拙庵耕录》十八卷、《拙庵易抄》十卷、《［拙庵］杂抄》八卷、《诗音》三卷、《修身教授》三卷、《乡土地理》一卷等，均佚。(2000年《阳江县志》)

林子云，号云逵，清四会人。候选光禄寺署正。著有《崎阳杂咏》。(《柳堂师友诗录》)

刘承辇，字鸣驺，号銮坡，阳春人。刘荣玠季子。清道光二十六年(1846)丙午进士，官刑部主事，改江西候补同知，历任广丰知县、瑞州府同知。解组归，主讲瑞云书院及罗阳书院。年七十三卒。著有《经经堂制艺》。(民国《阳春县志》卷十)

刘传羑，阳春人。清光绪间附贡生。民国十四年(1925)任县修志局局长。同辑《(民国)阳春县志》。(民国《阳春县志》重修衔名)

刘大镜，字若水，号澹庵，别号重明，阳春人。清康熙十三年(1674)甲寅贡生。晚年患眼病，至八旬双眸自开，故别号重明。参与纂辑《(康熙)阳春县志》。(道光《肇庆府志》卷十九，道光《阳春县志》卷十)

刘德琯，字子韶，号小夔，阳春人。清同治二年(1863)癸亥举人。善属文，兼工诗赋，博通经史百家，主讲瑞云书院十年。同治十三年(1874)部选司训，任三水教谕，年六十五卒于任。续修《(光绪)阳春县志》，稿成，未付梓。著有《射木山房诗集》八卷。(民国《阳春县志》卷十，1996年《阳春县志》)

刘东父，又名广焯，字广欧，又字东甫，官名东父，肇庆人。曾任两粤医药学校植物科教员、南胜寺清真小学校国文教员、国民政府财政部广东卷烟统税局课员、财政部粤桂闽区统税局课员。重修《刘氏家谱》，刊印于民国二十年(1931)。(《刘氏家谱》列传)

刘凤翔，高明人。清道光元年(1821)辛巳府学岁贡，序选训导。分纂《(道光)高明县志》。(道光《高明县志》卷十二)

刘玹，字伯度，阳江人。刘芳子。明弘治十七年(1504)甲子举人，次年成进士。历任如皋知县、兵部主事，光禄寺丞。时严嵩专政，以玹名重，欲罗致之，玹托疾告归。构亭城畔，岁时宴集，谈经赋诗，调琴舞鹤，有靖节之风。年七十一卒。正德间博采上下数百年群籍，辑《阳江县志》(已佚)，阳江文献赖以保存。(乾隆、道光《阳江县志》卷六，道光《肇庆府志》卷十八)

刘际盛，高明人。清嘉庆十五年(1810)庚午廪贡，任惠州府训导，补曲江训导。分纂《(道光)高明县志》。(道光《高明县志》卷十二)

刘家埈，阳春人。生员。清康熙间纂辑《阳春县志》。(康熙《阳春县志》卷十六)

刘介玉，恩平人。清康熙间纂辑《恩平县志》。(民国《恩平县志》卷二十一)

刘景廉，字孟循，明阳江人。南宁知府刘芳孙。谦退敦笃，攻苦自甘，墨妙笔精。著有《尚友稿》《信安稿》，高明区大伦、外史邓全慎为之序。(乾隆、道光《阳江县志》卷六)

刘璟，字完璧，清封川人。清乾隆三十五年(1770)庚寅恩科举人。著有《完璧诗草》一卷。(道光《封川县志》卷八)

刘梦赐，一作梦锡，字良弼，一字传名，新兴人。明隆庆四年（1570）庚午举人，授连城知县。兴利革弊，卓有政声。著有《维俗家礼》《［刘良弼］诗集》。（乾隆《新兴县志》卷二十三，道光《肇庆府志》卷十八，民国《新兴县志》卷二十三）

刘启铤，字肇兼，号和轩，阳春人。刘家坡仲子。清乾隆三十一年（1766）丙戌岁贡生。博览群书，工吟咏，为文力追唐宋。以经义见赏于督学王安国。十七年（1752）随父宦琼山，遭变故，哀伤几殒。年七十三卒。辑有《经义博说》《诗文词赋选》。（道光《肇庆府志》卷十九，道光《阳春县志》卷十）

刘荣珩，阳春人。清嘉庆元年（1796）丙辰恩贡生。同辑《（道光）阳春县志》。（道光《阳春县志》卷七）

刘荣玠（1773—1836），字介佩，又字锡亭，晚号南屏，阳春人。清嘉庆十二年（1807）丁卯举人，十六年（1811）辛未中进士。授浙江孝丰知县，调乐清，加通判衔。历任乍浦、玉环同知，嘉兴、严州、虔州知府。居官二十余载，朝廷赠奉政大夫、朝议大夫。晚年捐资兴建义学。修《（道光）乐清县志》十六卷。著有《以约堂文稿》《重订左传记事本末》。（民国《阳春县志》卷十）

刘时可，字志孔，高明人。明隆庆四年（1570）庚午举人，初授南直隶徽州府黟县教谕，升浙江奉化知县，又改惠州府及镇江府教授，迁楚府纪善。著有《群书拔萃》、《分门玉屑》、《梁湖集》一卷，藏于家。（康熙八年《高明县志》卷十三，道光《肇庆府志》卷十八）

刘世探，字步云，号蟾阶，阳春人。清嘉庆五年（1800）庚申举人，任连州学正，历任始兴、香山教谕。同辑《（道光）阳春县志》。（民国《阳春县志》卷十）

刘世馨（1752—1837），字德培，号眉翁，一号芎谷，又作香谷，阳春人。清乾隆四十五年（1780）庚子优贡生，授长宁训导，调钦州，历任署番禺、龙门、和平、新安、东安、西宁、翁源、清远、丰顺、龙川、陆丰教谕，署雷州府教授。工吟咏，善书画，尤以墨兰卓绝。终年八十六。著有《粤屑》六卷。（民国《阳春县志》卷十，《端人集》第一册）

刘廷辅，新兴人。庠生。著有《情言集》。（乾隆《新兴县志》卷二十九）

刘文澜，字墨池，清高明人。精象数之学。辑《中星全表》二卷。著有《阳宅紫府宝鉴》三卷、《太阳选择全表》、《奇门纂图钩原》、《奇门行军要略》四卷、《读易释文通义》、《洗冤录集证补注》、《使事均知录》、《奇门皇极汇纂》。（王伟勇《中越文人"意外"交流之成果——中外群英会录述评》）

刘显楣，字采章，号次云，阳春人。刘荣玠孙。清咸丰二年（1852）壬子乡试，已取中亚魁，因犯讳字被除名。侍御同郡苏廷魁颇器重之。九年（1859）己未岁贡，供职内阁中书。卒于京邸，年五十五。著有《诗经音训摘钞》《易经音训摘钞》。（民国《阳春县志》卷十）

刘星潢，字玉峰，号云舫，新兴人。清嘉庆十五年（1810）庚午举人。以大挑二等授乳源县学教谕，未一年卒。著有《海松阁诗钞》八卷。后第七、八两卷佚，其后人重刻之，题名《海松阁诗存》。（道光《肇庆府志》卷十九，《端人集》第二册，民国《新兴县志》卷二十三）

刘裔炫（1627—1698），字嗣昭，号绮

园，阳春人。清顺治十七年（1660）庚子举人，康熙二十八年（1689）授山东济阳知县。性耽林泉，不欲久仕。效东坡，和陶诗以见志。未几，谢病归，居家课子。经史百家无不淹贯，暮年犹手不释卷。总纂《（康熙）阳春县志》。著有《述古家训》、《赏奇轩集》五卷、《绮园诗钞》。（乾隆《阳春县志》卷十一，道光《肇庆府志》卷十九）

刘裔端，阳春人。清康熙二十二年（1683）癸亥贡监。纂辑《（康熙）阳春县志》。（康熙《阳春县志》卷六、卷八）

刘元淞，阳春人。廪生。同辑《（民国）阳春县志》。（民国《阳春县志》重修衔名）

刘泽荣（1892—1970），又名绍周，化名廖超，高要人。刘峻周子。民国三年（1914）毕业于俄国圣彼得堡大学。与旅俄华侨创办中华旅俄联合会，任会长。民国九年（1920）年底回国，曾任中俄交涉委员会秘书，哈尔滨市自治会监察委员长，东省铁路理事会财务处副处长、稽核局局长、监事会监事长，中俄会议专门委员，北平大学法商学院和西南联合大学俄语教授。新中国成立后，历任新疆临时外交办事处处长、外交部条约委员会委员、外交部顾问、商务印书馆副总编辑等职。著有《领海法概论》。主编《俄汉大辞典》、《俄汉新辞典》（合编）、《俄文文法》等书。翻译多种俄文著述，如吉谢列夫所编《苏联的考古研究》（合译）、吉谢列夫所撰《苏联的历史科学与历史教学：吉谢列夫讲演集》（合译）等。（1996年《高要县志》）

刘志高，字淡庵，德庆人。清道光十四年（1834）甲午举人，大挑二等，任兴宁教谕。咸丰四年（1854）以奉养归里。生平敦孝，友重名节，好学深思，手不释卷。著有《崇让堂诗集》二卷、《浣香亭词钞》一卷、《北行日记》四卷、《州志辑略补遗》二卷、《补辑古悦城县志》一卷，均未见。（光绪《德庆州志》卷十一）

刘卓崧，清新兴人。著有《敦说斋文集》。（民国《新兴县志》卷二十五）

刘子忠，高明人。刘冠英次子。清光绪十四年（1888）戊子岁贡，序选训导。分纂《高明县志》。（光绪《高明县志》卷十二）

刘宗瀜，字津观，号青岳，阳春人。少颖悟，通诗文词赋，为知学使刘星炜、督学翁方纲所器重。清乾隆三十五年（1770）庚寅乡荐，官化州学正。辑《四书精义》《青岳制义》以训后进。著《经学指要》藏于家。（道光《肇庆府志》卷十九，道光《阳春县志》卷十）

刘宗湘（1700—1759），字亦广，号曲水，阳春人。清雍正四年（1726）丙午举人，任刑部湖广司主事，升江苏司员外郎。乾隆二十二年（1757）特授朝议大夫，诰赠中宪大夫。参与纂辑《（雍正）阳春县志》。（道光《肇庆府志》卷十五、卷二十一，1996年《阳春县志》）

龙凤章，号斐裳，高要人，清光绪二十六年（1900）庚子岁贡。为廪生时分纂《（光绪）德庆州志》。著有《德庆州金石略》《讯兰轩赋稿》《诵芬堂读书记》《槐香书屋诗文集》。（宣统《高要县志》卷二十一、附志下）

龙仁寿，清四会人。县学生员。以守城功被保为训导，六品顶戴。以授徒自给。著有《饮鲁录》一卷，咸丰六年（1856）毁于兵燹。（光绪《四会县志》编七）

卢男侣，字肖许，四会人。清乾隆三十九年（1774）甲午举人。著有《四书精言》《含英草堂集》藏于家。（道光《肇庆府志》卷十九，光绪《四会县志》编八）

卢宅仁，字伯居，四会人。明弘治十二年（1499）己未进士，授都水主事。任云南副使，以边功受赏，转任福建按察使、广西按察使。授云南右布政使，未赴任，自请致仕。工词赋，富于著述，时称"博雅君子"。参与编修《（嘉靖）四会县志》。（康熙十一年《四会县志》卷十五，道光《肇庆府志》卷十八，道光《广东通志》卷二九六）

陆逢宠，字云舒，号秋錂，高要人。清康熙三十二年（1692）中举，四十五年（1706）丙戌成进士。历任江西定南、长宁知县。聪敏好学，贯通古今。晚年讲学于阅江楼。著有《鹅湖家学全集》（又作《鹅湖家塾诗文卷》《鹅湖家塾诗文稿》《鹅湖家塾诗文集》）。（宣统《高要县志》卷十八下、卷二十一，《粤东诗海》补遗卷四）

陆敬科（1863—1945），又名礼初，高明人。少时随叔父去香港《循环日报》当徒工。年十五考入皇仁书院，专修英语，毕业后留校任教。后追随孙中山参加民主革命，任南京临时政府外交署署长、护法军政府大元帅府顾问、广东大元帅府外交部第二局局长、广州国民政府外交部第一局局长、驻桂专员、粤海关监督等职。民国十六年（1927）辞官，在广州开设商号。被推举为广州方便医院董事长。二十七年（1938）返乡居住，直至病逝。著有《东游纪略》（一作《东洋游记》）一卷、《英文文法》、《华英文法捷径》。（1995年《高明县志》，《高明文史》第十三辑）

陆乃翔，又名劼夫，号道安先生，鹤山人。康有为弟子。香港格致书院毕业后赴海外游学。与陆敦骙合编《康南海传·上编》。著有《医林正规》等。（《康门弟子述略》）

陆绥荣，号介眉，鹤山人。清光绪二十六年（1900）庚子岁贡。著有《凝馥山房诗集》一卷。（民国《鹤山县志》卷十，《高鹤县志》第二编）

陆树英，一作陆树瑛，字恒芳，一字春圃，高要人。陆文祖子。清乾隆四十五年（1780）庚子举人，任江苏盐城知县，有惠政。因失察命案谪戍伊犁，后遇赦归。著有《醉霞山房诗钞》、《塞嘤诗集》（《岭南诗存》作《塞上集》）、《宦游草》、《春圃诗草》、《墨华轩集》。（《端人集》第一册，宣统《高要县志》卷十八、卷二十一，《岭南群雅二集》）

陆文祖，字作图，号羲华，晚号屏山，高要人。清乾隆二十七年（1762）壬午举人。四十七年（1782）选任始兴教谕，升四川屏山知县，调黔江，转署井研。所至有贤能声。主修《（嘉庆）井研县志》十卷。著有《宦学课草》《宦学课艺》《宦学杂文》《四书讲义》《官箴要录》《宦蜀草》等。（《粤东诗海》补遗卷五，宣统《高要县志》卷十八下、卷二十一）

陆裔繁，清新兴人。监生。著有《客鄢近草》《诗法纂览》。（道光《肇庆府志》卷二十一）

陆永恒，民国鹤山人。著有《中国文学概论》。（《香港鹤山同乡会会刊》）

陆赞成，清高要人。参与编纂《（宣统）高要县志》。（宣统《高要县志》卷十四、卷十五、卷十六）

陆致云（1793—1882），字石帆，清德

庆人。以廪贡生服官，累任至惠州教授，监丰湖书院，主讲莲峰书院。著有《爱庐诗集》二卷、《爱庐文集》二卷，均未见。（光绪《德庆州志》卷十一）

陆卓昭，清高要人。著有《河洛理数指南》。（宣统《高要县志》卷二十一）

罗本元，高要人。清嘉庆二十一年（1816）丙子副贡，道光二年（1822）壬午举人。纂修《砚洲罗氏家谱》。（宣统《高要县志》卷二十一）

罗功武（1878—1935），别号勇忠，高明人。清末生员。曾任广西苍梧中学、广西省立第一师范学校、广西省立第一女子师范学校、梧州培正中学国文教员，《广西新报》《广西商报》《西南日报》等报记者和主笔。病逝于梧州。善书法及篆刻。晚年受聘主编《高要县志》之地理篇和民族篇，未完成。著有《蛰庐诗草》五卷、《蛰庐文集》十卷、《粤故求野记》二卷、《庄子发微》一卷、《孝经通论》一卷、《邓析子校注》一卷、《马氏陆氏南唐书合钞校注》二卷、《广西文献纪闻》五卷、《文法举隅》一卷。（1995年《高明县志》，《高明文史》第十三辑）

罗海空（1890—1943），名品葵，字玄同，笔名落花、痴尘、楚云，以号行，开建人。就读于广州广雅书院，课余从潘达微习国画。与陈树人、邹鲁等人交好。追随孙中山，加入中国同盟会。清宣统三年（1911）秋冬间，回县组织反清武装队伍，一举攻破县署。民国间任首任开建县知事、开建县民团总局局长。民国十五年（1926）旅居香港，任长城、华侨、南方等中学教师，香港大学预科汉文教授，香港《南方日报》总编辑，《新中日报》副刊编辑。主办《非非画报》《南洋画报》《天荒月刊》。工书，善绘，亦能为诗词及古文辞。弟子钟毅弘等辑其所作，编辑出版《罗海空落花文集》一卷。（1998年《封开县志》）

罗焕章（1514—1595），字美充，又字汝弼，高明人。明嘉靖二十八年（1549）己酉举人，历任福建寿宁、浙江山阴、江西宜春教谕，福建龙溪知县，荆府正审理。著有《家录》《仕学类编》。（道光《肇庆府志》卷十八，道光《广东通志》卷二九七，光绪《高明县志》卷十三）

罗冕（1865—1923），又名罗次唐，高明人。清光绪二十三年（1897）丁酉举人，曾任高明县立高等小学、高明县师范传习所、高要县立高等小学、高要县立中学、琼崖中学教师。宣统三年（1911）被举为高要县第一任民选县长，主修《高要县志》。（1995年《高明县志》）

罗升棓（1793—?），字瑄琳，号次桓，阳春人。清嘉庆二十一年（1816）丙子举于乡，二十四年（1819）己卯进士，授浙江常山知县。历任钱塘、石门知县，玉环、温台、乌镇同知，甘肃循化同知，泾州知州，平凉、庆阳知府，四川酉阳知州，潼川、重庆、夔州知府。年六十九致仕归，建半山书院及观察第，著书吟读以度晚年。著有《兀兀集诗钞》。（民国《阳春县志》卷十）

罗守昌，高明人。清康熙元年（1662）壬寅恩贡生。分辑《（康熙八年）高明县志》。（康熙八年《高明县志》卷四）

罗晓枫（1877—1953），字道照，又字世熙，高明人。清光绪间贡生。早年参加三合会、中国同盟会。民国元年（1912）任广东第一届参议会议长。后历任肇庆公路处长、李济深高级参议、陈铭枢粤军西路司令部总参议。民国二十一年（1932）在上海组织同乡支持十九路军抗日，同年筹建高明

海口引航塔。后去香港。纂修《罗氏族谱》。(《高明文史资料》第五辑)

罗俨，明高明人。著有《鲁得斋稿》二卷，区大伦为之序。(康熙八年《高明县志》卷十八)

罗衍年，清高要人。著有《知不足斋诗文集》。(宣统《高要县志》卷二十一)

罗一中，字致吾，号元山，高要人。少时从湛若水游学。明嘉靖十年(1531)辛卯举人，初官江西乐安知县。丁内艰，服阕，补湖广石门县。以劳瘁患末疾，遂致仕，筑馆聚徒研讲性学。以子颜诰赠儒林郎、光禄寺署正。年七十四卒。著有《躬行日省录》、《草元讲义》、《元山集》五十卷、《念山小集》、《诗坛元览》。(道光《肇庆府志》卷十八，道光《高要县志》卷二十，宣统《高要县志》卷十八上、卷二十一)

罗元音，高明人。清嘉庆十七年(1812)壬申岁贡，序选训导。分纂《(道光)高明县志》。(道光《高明县志》卷十二)

罗源，号星海，高明人。清道咸间数次乡试，仅得副榜。著有《学庸日讲》《周易日讲》《纲鉴批点》等。(光绪《高明县志》卷十三)

罗云，高明人。清嘉庆二年(1797)丁巳岁贡，序选训导。分纂《(道光)高明县志》。(道光《高明县志》卷十二)

罗在田，高要人。清咸丰二年(1852)壬子岁贡。著有《湄西草堂诗集》。(宣统《高要县志》卷二十一)

吕本，鹤山人。清乾隆四十八年(1783)癸卯副贡，任陵水教谕。升四川大邑知县，加捐同知。乾隆末年分纂《陵水县志》。(民国《鹤山县志》卷十)

吕伯埙，号蕚楼，清鹤山人。著有《棣华轩诗钞》四卷。(雅昌艺术网)

吕灿铭(1892—1963)，字智帷，号禅侣，鹤山人，世寓佛山。早年就读于佛山书院、两广优级师范。民国间任龙门县长。后定居香港，任教于联合书院。善书画。居所名"鸿变斋"。著有《复灵楼集》《中国画学纵谈》。(《香港鹤山同乡会会刊》《岭南画派》《香港古典诗文集经眼录》)

吕冠雄，字襄武，鹤山人。清宣统二年(1910)任广东鹤山县协群商业研究社员、鹤山商务分会任事员。民国十四年(1925)任鹤山中学筹委会委员。编有《实用文教授案》。著有《铸强斋稿》、《读书随笔》一卷、《见闻杂记》一卷、《吕冠雄日记》、《文法表解》、《花片》五卷、《草痕》五卷。(《中南、西南地区省、市图书馆馆藏古籍稿本提要》等)

吕洪，字福瑜，号拔湖，鹤山人。清道光十九年(1839)己亥举人。著有《拔湖词稿》《竹林词钞》二卷(与吕鉴煌合著)。(民国《鹤山县志》卷十五，2001年《鹤山县志》)

吕鉴煌(1830—1897)，字海珊，又字嘉树，鹤山人。清同治元年(1862)壬戌举人，任甘肃通渭、靖远知县。辑《文澜众绅录》一卷，重辑《文澜众绅总录》一卷。著有《调琴饲鹤斋诗集》、《金霞仙馆词钞》一卷、《海珊词稿》、《竹林词钞》二卷(与吕洪合著)。(民国《鹤山县志》卷十五，2001年《鹤山县志》)

吕兰芳，字猗谷，鹤山人。清雍正六年

(1728)戊申,一作乾隆八年(1743)癸亥由从化学岁贡,官训导。著有《兰谷子集》。(道光《鹤山县志》卷九,道光《肇庆府志》卷二十一)

吕澜,字运斯,号墨海,清鹤山人。以童试冠军游郡庠,以正人心、厚风俗为己任。困于场屋,十五试均不遇。年六十五卒。著有《文癖子稿》《学庸杂俎》二卷、《潄芳诗集》若干卷。(道光《鹤山县志》卷十,道光《肇庆府志》卷十九)

吕绍珩(1869—1942),号楚白,鹤山人。民国二年(1913)在广州医学卫生社学医。曾任广东光汉中医专门学校、广东中医药专门学校教师。著有《幼科要旨》《儿科讲义》《妇科纂要》《内科纂要讲义》等。(民国《鹤山县志》卷十五,《岭南医徵略》)

吕夏松,清鹤山人。著有《栖栖馆诗草》。(民国《鹤山县志》卷十五)

吕元勋,鹤山人。清咸丰二年(1852)壬子举人,同治四年(1865)乙丑进士,钦点六部主政,签分刑部山东清吏司。著有《红杏轩集》《渭南红杏轩骈体序》一卷。(民国《鹤山县志》卷十五)

吕祖海,字齐杨,号竹溪,清封川人。布衣。著有《丰寿山樵诗钞》一卷。(《柳堂师友诗录》)

马呈图,高要人。清光绪二十三年(1897)丁酉拔贡。入读广雅书院。宣统初年纂修《高要县志》。民国间总纂《罗定县志》。(宣统《高要县志》卷十六)

麦安,新兴人。明万历四十六年(1618)戊午举人,同修崇祯《新兴县志》。(乾隆《新兴县志》卷二十九)

麦而炫(?—1648),字章闇,一字炫人,谥烈愍,高明人。嗜学博古,长于诗赋。明崇祯三年(1630)庚午举人,次年进士。任南直隶松江府上海尹、北京保定府安肃知县,公正廉明,遭上司忌而降职。后辞官归里,居邑之太康山。唐王时升任御史,隆武二年(1646)唐王败亡;桂王即位于肇庆,走广西,广州、肇庆、高明为清兵所占。而炫毁家聚兵,收复高明,迎陈子壮等入于高明。而炫被派攻新兴,兵败被俘,在广州不屈而死。嗜学博古,工书,长于诗。著有《康山集》四卷。(康熙八年《高明县志》卷十三,道光《广东通志》卷二九七)

蒙瀚,字涵堂,清封川人。廪贡生。著有《槐园诗钞》。(道光《封川县志》卷八)

蒙樑,字任大,封川人。清嘉庆十八年(1813)癸酉拔贡。著有《对山轩遗草》一卷。(道光《封川县志》卷八)

蒙芝遴(1674—?),字拔献,又字瑞馨,封川人。清乾隆十五年(1750)庚午恩贡,官兴宁教谕。著有《慎独斋诗集》一卷。(道光《封川县志》卷七)

明昶,字仲阳,封川人。清乾隆六年(1741)辛酉拔贡。著有《谦受书屋诗草》一卷。(道光《封川县志》卷八)

莫汝醇,字瑾圃,高要人。莫元伯子。清嘉庆十二年(1807)丁卯副贡,历任龙门、和平、揭阳、灵山等县教职。善吟咏,山川所历,均有所作。著有《红棉山馆诗钞》。(宣统《高要县志》卷十八下、卷二十一,《端溪诗述》卷六)

莫若之,号芳洲,高明人。清乾隆六十年(1795)乙卯恩科举人,任三水教谕,

兼理花县学事。分纂《(道光)高明县志》。(道光《高明县志》卷十二)

莫世忠，改名莫如忠，字健辉，高明人。清雍正十三年（1735）乙卯举人，乾隆二年（1737）丁巳进士。任甘肃成县知县，以振兴礼教为务。升洮州抚番同知，调顺天南路同知，再升郎中。年近八旬辞官归里。为文雄浑，自成一家。著有《见性诗集》《端溪书院课艺》。(道光《肇庆府志》卷十九，光绪《高明县志》卷十三)

莫休符，封川人。莫宣卿族人。受知于开成进士郑愚。唐昭宗时（889—904）任融州刺史，权知春州。著有《桂林风土记》一卷，已佚，仅存序文。(道光《封川县志》卷七，道光《肇庆府志》卷十八)

莫宣卿（834—868），字仲节，封川人。早年建书屋于麒麟山下，奋志诵读。唐大中五年（851）辛未进士第一名，入翰林。以母老，乞补外以便奉养。授台州别驾，归省迎母，未至官所而卒。谥孝肃。著有《莫孝肃诗集》，佚。(道光《封川县志》卷七，道光《肇庆府志》卷十八，道光《广东通志》卷二九六，《粤东诗海》卷三)

莫应龙，号蜇池，高明人。清道光元年（1821）辛巳恩科举人，拣选知县。分纂《(道光)高明县志》。(道光《高明县志》卷十二)

莫元伯，字台可，号善斋，又号癯山，一作臞山，高要人。清乾隆四十四年（1779）己亥举人，嘉庆十七年（1812）截取知县，以母老辞。铨授番禺训导，后以病假归，卒于家。讲学数十年，弟子多达两千人，及卒，学者私谥孝文先生。喜读史，以学行闻于时。工诗善文，与冯敏昌、张维屏相唱和。著有《四书讲义》、《四书绎旨》二卷、《读史摘要》、《四书史证》、《柏香书屋诗钞》六卷等。(道光《肇庆府志》卷十九，道光《高要县志》卷二十，《端溪诗述》卷六，宣统《高要县志》卷十八下、卷二十一)

莫子捷，一作莫捷，号远崖，高明人。莫世忠长子。清乾隆三十六年（1771）辛卯举人，历任湖北麻城、蕲水、黄州通判，沔阳州同，应山知县。分纂《(道光)高明县志》。(道光《肇庆府志》卷十九，光绪《高明县志》卷十三)

倪端，号荆仙，新兴人。郡庠生。清咸丰间创建"文蔚社学"，购置甘棠院产。以谋恢复县城有功，晚年得赏六品顶戴。年八十卒。著有《释易》一卷、《疑难帖式》二卷。(民国《新兴县志》卷二十三)

聂崇一，恩平人。清光绪三十年（1904）两广将弁学堂毕业生，奖五品顶戴。派往安徽募兵，回驻北较场新军营训练。宣统初年派往中协带座驾船，兼教练第七八两营巡防营。著有《恩平县志补遗》《王虎贲将军事迹类纂》一卷、《聂氏抗节堂藏书记》等。(民国《恩平县志》卷十八)

区拔熙（1789/1791—?），字理魁，号谷樵，高明人。区灿如长子。清嘉庆十五年（1810）庚午举人，二十四年（1819）己卯进士。历任四川珙县、双流、彭县、巴县知县，河南信阳、安阳、睢州、淅川知州。道光十四年（1834）大饥荒，捐俸千两赈济。卒于官。著有《见吾善者机轩诗文集》、《麟经记珠》。(光绪《高明县志》卷十三，《端人集》第三册)

区灿如，号晦亭，高明人。清乾隆五十七年（1792）壬子举人，大挑一等，改任教席，历任连山、海阳、崖州教谕，陕西榆林知县。著有《养云庐稿》。(光绪

《高明县志》卷十三）

区昌应，字彭斋，高明人。南明隆武元年（1645）乙酉举人。分辑《（康熙八年）高明县志》。（康熙八年《高明县志》卷四）

区大伦（1549—1628），字孝先，高明人。明万历十七年（1589）己丑进士，任山东东明知县。谏神宗"不亲郊祀"，遭削职归里。辟"烟霞圃"，灌园读书；建蓬山、沧溪书院，聚徒讲学。光宗即位，起为光禄丞，转尚宝南太常少卿署南祭酒，掌翰林院事。熹宗时，升大理左少卿入侍经筵，党人侧目，改南户部侍郎。为权奸中伤，复夺职归。崇祯即位，复原职，未几，病逝于家。著有《罗阳四书翼》六卷、《大学定本》一卷、《经说》一卷、《两朝疏稿》一卷（一作《区大司徒疏稿》）、《南都讲录》、《端溪日录》一卷、《崇正辟邪录》一卷、《天文地理》一卷、《杂记》一卷、《南雍会语》一卷、《端溪游稿》《端溪诗草》一卷（一作《端溪诗稿》）、《江门游稿》一卷（一作《江门诗稿》）、《江潮存稿》（一作《江州存稿》）八卷等。（康熙八年《高明县志》卷十三，道光《肇庆府志》卷十八，道光《广东通志》卷二九七）

区大枢，字用环，高明人。明万历元年（1573）癸酉与弟大相同举孝廉，谒选郡丞不就；征召为内阁中书，亦不就。晚年任江西安远知县，转任岳州副督饷，在官数月卒于任。嗜学博古，性喜山水，多题咏。著有《振雅堂稿》、《廉江稿》、《岳阳稿》（一作《岳阳存稿》）二卷。（康熙八年《高明县志》卷十三，道光《肇庆府志》卷十八、道光《广东通志》卷二九七）

区大相（1549—1614），字用孺，一作用儒，号海目，高明人。明万历元年（1573）癸酉举人，十七年（1589）己丑成进士，选庶吉士，授翰林院检讨，同修国史。历赞善中允，掌制诰、文书凡十五年。自给谏调南太仆丞，两年后因病辞官，归里八年，卒。著有《内外制诰稿》、《区太史诗集》二十七卷、《前使集》四卷、《后使集》五卷、《图南集》四卷、《濠上集》二卷、《玉堂课草》二卷、《［玉堂］杂文》二卷、《［玉堂］尺牍》三卷、《外制视草》十一卷、《区太史文集》十二卷等。（康熙八年《高明县志》卷十三，道光《肇庆府志》卷十八，道光《广东通志》卷二九七）

区辅臣，清高明人。任吴川、化州训导。著有《字义约记》二卷。（《字义约记》）

区怀嘉，高明人。辑《皇舆胜览》五十卷、《山川小记》二十二卷。著有《小蓬洞集》三十五卷。（康熙八年《高明县志》卷十八）

区怀年，字叔永，高明人。区大相次子。明天启间以恩选入太学，考通判职，后授翰林孔目。归里，以山水为乐，以撰述为事。诗文有馆阁气，与伯兄怀瑞齐名。著有《湖草》一卷（黄儒臣、梁稷序）、《楚芎亭稿》十卷（欧必元、韩上桂、熊若龙序）、《石洞游稿》、《一啸集》、《击筑吟》、《燕邸旅言》一卷（陈子壮、姚启芝等序）、《金陵怀古诗草》一卷（卓发之、黄圣年序）、《元超堂藏稿》二十二卷（薛始亨、黎遂球等序）等。（康熙八年《高明县志》卷十三，道光《肇庆府志》卷十八）

区怀瑞，字启图，高明人。区大相子。明天启七年（1627）丁卯举人。郡守陆鏊慕其才，聘辑《肇庆府志》，精核大备，为一郡良书。授湖广当阳知县，转直隶平山知县。未几，丁内艰。后补直隶平山知县。不足二年辞官归里。著有《游滁草》三卷、《二岳游稿》三卷、《游燕草》、《续燕吴游稿》四卷（《燕吴游稿正续集》七卷）、

《瀚云楼稿》三卷、《玉阳稿》八卷、《趋庭稿》《琅玕巢稿》（一作《琅玕集稿》）三卷、《廓然堂稿》、《证往堂稿》四卷、《双源洞稿》、《碧山草堂稿》三卷、《南帆稿》三卷等。辑《峤雅》二十四卷。（康熙八年《高明县志》卷十三，道光《肇庆府志》卷十八，道光《广东通志》卷二九七）

区基绪，高明人。清嘉庆十八年（1813）癸酉拔贡，序选教谕。分纂《（道光）高明县志》。（道光《高明县志》卷十二）

区基贞，高明人。清嘉庆二十五年（1820）庚辰岁贡，序选训导。分纂《（道光）高明县志》。（道光《高明县志》卷十二）

区嘉元，字子起，高明人。区简臣子。清康熙二十四年（1685）乙丑拔贡，任灵山、龙川教谕。孝友力学，首辅黄士俊题其读书处曰"山天堂"，并以幼女嫁之。与修《（康熙）高明县志》。（道光《肇庆府志》卷十九，光绪《高明县志》卷十三）

区兼善，高明人。清嘉庆二十一年（1816）丙子府学岁贡，序选训导。分纂《（道光）高明县志》。（道光《高明县志》卷十二）

区简臣（1632—？），字卜徵，号愿良，高明人。清顺治八年（1651）辛卯举人，十八年（1661）辛丑成进士。任湖广江华知县，后辞官归里。居乡淡泊，耕读度日。分辑《（康熙）肇庆府志》。（道光《肇庆府志》卷十九，光绪《高明县志》卷十三，《天山草堂稿》李韫庵先生传）

区缙，明高明人。著有《一亩宫稿》十卷。（康熙八年《高明县志》卷十八）

区慕濂，字周翰，号静斋，高明人。清道光元年（1821）辛巳解元，大挑第一，任乐昌教谕，兼掌府学。因才以知县用。分纂《（道光）高明县志》。著有《敦雅堂诗钞》。（光绪《高明县志》卷十三，《端人集》第三册）

区启科，字棉埜，阳江人。清乾隆五十三年（1788）戊申举人。好善乐施，重学能文，授徒不倦，门下多名士。嘉庆十七年（1812）同辑《阳江县志》。著有《四书绪言》。（道光《肇庆府志》卷十九，民国《阳江志》卷三十）

区为樑，高明人。区拔熙次子。清咸丰十一年（1861）辛酉举人，任顺德、潮阳教谕。光绪十五年（1889）分纂《高明县志》。（光绪《高明县志》卷十三）

区夏卿，号赞平，高明人。清乾隆四十八年（1783）癸卯举人，任兴宁教谕。分纂《（道光）高明县志》。（道光《高明县志》卷十二）

区翔凤，高明人。明嘉靖四十年（1561）纂辑《高明县志》。（光绪《高明县志》卷十四）

区益，字叔谦，高明人，明嘉靖十九年（1540）庚子举人，历官江西都昌、浙江泰顺知县，广西庆远府、浙江温州府同知。惠政于民，有政声，因忤权臣，罢官归里。博通经史，善诗文。著有《岩居集》四卷、《阮溪草堂集》。（康熙八年《高明县志》卷十八，道光《广东通志》卷二九七）

区郁如，号卿圃，高明人。清乾隆五十四年（1789）己酉拔贡，历任龙川教谕、福建大田知县。工楷书，善诗赋。著有《疆东草堂诗文集》。（光绪《高明县志》卷十三）

区准高，字德园，清高明人。龙门教谕区式金长子。颖悟博学，十七岁成廪生，每试高等，名噪诸生。游历中原、秦、晋、燕、赵、三楚、邹鲁。潜心理学，崇陈白沙。能诗文，善议论。斥浮华，力倡务实之学。著有《清溪小集》四卷、《四书格》六卷。（道光《肇庆府志》卷十九，光绪《高明县志》卷十三）

区准亮，字扩元，高明人。勤学好古，吟咏不辍。弱冠补弟子员，授徒讲学，远迩信从。清乾隆六年（1741）辛酉拔贡。著有《日间诗集》三卷。（道光《肇庆府志》卷十九，光绪《高明县志》卷十三）

区子琏，号彬山，清四会人。优廪生。其子康年汇辑其作，成《彬山诗草》一卷。（光绪《四会县志》编八）

欧宝，清广宁人，生员。参与编纂《（道光）广宁县志》十七卷。（道光《广宁县志》卷十五）

欧日章，新兴人。明万历二十七年（1599）己亥选贡，任茶陵州同知。致仕后，授徒为乐，邑中才彦，多出其门。著有《抒素稿》（一作《竹素稿》）十二卷。（乾隆《新兴县志》卷二十九）

欧阳敬，四会人。清顺治十七年（1660）庚子岁贡，任文昌训导。纂修《（康熙十年）文昌县志》。（康熙《文昌县志》修志姓氏）

欧阳振时，广宁人。清嘉庆十三年（1808）戊辰岁贡。道光初年编纂《广宁县志》十七卷。（道光《广宁县志》卷十五，《广东方志要录》）

欧阳志学，阳春人。清康熙十五年（1676）丙辰贡生。参与纂辑《（康熙）阳春县志》。（康熙《阳春县志》卷一、卷八）

潘嘉璧，字圆子，号瓿园，新兴人。清康熙三十一年（1692）壬申岁贡，候选训导。博学多能，工诗文，善书，楷行草篆均自成一家。著有《烬鸣草》《笑鸣草》《蝇笑集》《印谱参微》《删补古今棋萃》《周易会通删补》《醒世文》。（民国《新兴县志》卷二十三）

潘世德，新兴人。清康熙五十三年（1714）甲午贡生。资性敏捷，学力专勤。九战棘闱，以明经老。著有《古处堂诗集》《古处堂文集》。（乾隆《新兴县志》卷二十三，道光《肇庆府志》卷十九，民国《新兴县志》卷二十五）

潘庭楠，高要人。明嘉靖十三年（1534）甲午举人，四十一年（1562）九月官河南邓州知州，岁革二千余金，置学田。续修《（嘉靖）邓州志》。（道光《高要县志》卷二十）

潘衍琳，一作潘衍霖，字瑚洲，清新兴人。诸生。著有《西园诗集》（《端溪诗述》作《西园诗钞》）。（道光《肇庆府志》卷二十一，民国《新兴县志》卷二十五）

潘毓珩，字葱石，号他山，新兴人。明崇祯十二年（1639）己卯举人。性嗜古，藏书万卷。熟娴韬略。居乡之时，纂辑群书，刻成《国恩寺志》（亦名《卢溪志》），陈图、张嵩为之序。同修《（康熙）新兴县志》，为编写县志，足迹踏遍县内山水，起伏去来，夷险远近，无不洞悉。著有《诸史摘要》《古文摘选》。（民国《新兴县志》卷二十三）

潘毓瑄，新兴人。清顺治九年（1652）壬辰岁贡，任仁化训导，摄理乐昌教谕。年六十解组归田，吟咏自适。同修《（康熙）

新兴县志》。(乾隆《新兴县志》卷二十九,民国《新兴县志》卷二十三)

彭津,字济之,新兴人。明万历十九年(1591)辛卯举人,历官户部主事,升户部郎中。尝与赵良诜同修《新兴县志》。(乾隆《新兴县志》卷二十三)

彭辂(1751—1806),字敬舆,一字东郊,高要人。彭泰来父。清乾隆四十一年(1776)丙申拔贡,充《四库全书》馆校录。授英德教谕。知韶州府章铨,权英德县。引疾归里,优游田园。年五十六卒。著有诗集《就删草》二卷,冯敏昌改名为《诗义》,重刊时遂名《诗义堂集》。(道光《肇庆府志》卷十九,道光《高要县志》卷二十,《粤东诗海》卷八十六,宣统《高要县志》卷十八下、卷二十一)

彭泰来(1790—1867),字子大,号春洲,又称昨梦生,高要人。彭辂子。年十四与阳春谭敬昭相酬唱。清嘉庆十八年(1813)癸酉以拔贡入太学,罢归,遂绝意仕进。仰慕赵邠卿,故私印曰"赵斋"。工诗,善属文,兼工隶草,精篆刻。有《天问阁印谱》一卷。参与纂辑《(道光)高要县志》。纂修《彭氏族谱》。辑录《端人集》四卷。著有《诗义堂后集》六卷、《昨梦斋文集》四卷、《天问阁外集》一卷、《高要金石略》四卷、《读史雠笔》六卷等。(《清史列传》卷七十三,宣统《高要县志》卷十八下、卷二十一)

戚勋,字乐天,号竹君,德庆人。清光绪八年(1882)壬午恩贡生。因平乱有功,加六品衔,以教谕选用。能文,工书。晚岁奉母家居,莳花蔬以娱乐。年六十九卒。著有《蒲拜山房集》藏于家。(光绪《德庆州志》卷十一)

邱云鹤,号邴君,高要人。清光绪二十年(1894)甲午举人。民国元年(1912)任广肇罗中等实业学堂校长。工诗赋、书法。书室名"端雅斋""问可楼"。著有《问可楼诗集》。所著诗稿颇富,经水灾战乱,散佚殆尽,所存不及原稿十分之一二。(宣统《高要县志》卷十六,民国《高要县志初编》卷二十一)

任毕明(1897—1981),又名大任,鹤山人。民国间任《大众日报》社社长、第九战区长官部参议、广州市立师范学校校长。二十世纪七十年代在香港创办《中国评论杂志》,自任社长。著有《社会大学随笔》《演讲、雄辩、谈话术》《战时新闻学》《乱世哲学》《现代纵横术》《实践生活讲话》《鬼谷子学理讲话》《新社会大学》《龙虎集》《风云集》《闲花集》。(2001年《鹤山县志》,《鹤山华侨志》)

任六推,原名业学,鹤山人。明天启二年(1622)以行伍任本都千总。著有《诗野集》一卷。(道光《鹤山县志》卷九,道光《肇庆府志》卷十八)

阮退之(1897—1979),原名阮绍元,以字行,阳江人。毕业于广东高等师范学校文史系,曾任广州市学生会主席,国民党中央青年部干事、代理秘书,广东省立第二中学学监,广东省肇庆中学校长,江西赣北第四区行政督察专员公署教育科长,上海暨南大学诗学教授。与陈树人、谢无量、周谷城、胡希明、陈曙风、何曼叔等人时相唱和,有"南国诗人"之誉。抗日战争爆发,移居香港。后历任广东省政府参议兼编译室主任、连县《捷报》主笔、阳山县中学校长、广东文史馆馆员。病逝于广州。出版有《阮退之诗初集》《阮退之草书选》《阮退之草书册》《阮退之自书诗》《古诗初选集》《阮退之诗选》。(2000年《阳江县志》,《广东历代诗钞》卷九)

邵彬儒，字纪棠，号荫南居士，清末四会人。患世人多不读书、少明义理，遂弃举子业，游历南海诸名多大镇墟市，到即为人讲善书，听者忘倦，颇受欢迎。会佛山起广善社，闻其善宣讲，遂敦请为社中宣讲生。每日讲《圣谕广训》一条，次及古今人善恶事可法可戒者。继而，省城复初杜、西南敦善社，以及乡场市镇无不延讲。纪棠劳苦不辞，谈论不倦，膳食不计，故远近知名。著有《谏果回甘》、《活世生机》、《俗话倾谈》、《俗语爽心》、《富贵丛谭》四卷、《吉祥花》六卷。（光绪《四会县志》编七、编八）

石处道（1059—?），字元叟，康州（今德庆县）人。筑室笃志读书，宋元丰五年（1082）壬戌进士，任松江知县。官至朝奉郎，以清白著称。著有《松江集》五卷，佚。（雍正《广东通志》卷三十一，道光《肇庆府志》卷十八，光绪《德庆州志》卷十一）

石经，字华九，号佳田，清高要人。诸生。与彭泰来过从甚密，嗜酒好琴，不喜举业，闻人读时文，往往掩耳而走，终以穷困而卒。著有《南雪草堂诗钞》三卷。（宣统《高要县志》卷十八下、卷二十一，《端人集》第四册）

士燮（137—226），字威彦，三国吴苍梧郡广信人。少游学京师，从颖川刘子奇治《左氏春秋》。察孝廉，补尚书郎。丁外艰，服阕。举茂才，除巫令，迁交趾太守。封绥南中郎将、安远将军、龙度亭侯，后加迁卫将军，封龙编侯。撰有《士燮集》（康熙《广州府志》作《交趾太守士燮集》）五卷、《春秋经注》十一卷、《公羊传注》，均已佚。（道光《封川县志》卷七）

释弘赞（1611—1685），又作宏赞，号在犙，称"在犙禅师"，阳江人。原籍新会，俗姓朱，其父游阳江，与李天培善，因入籍阳江。博雅能文，弱冠补县学生员。明崇祯六年（1633）访道端州，于肇庆鼎湖山莲花洞辟地建庵，创立精舍。翌年，礼栖壑大师于蒲涧，剃染受具。服侍二年，以己事未明，乃迎栖壑大师主鼎湖。遂孤笠芒鞋，度岭而北，遍参诸方，后归鼎湖。清顺治十五年（1658）栖壑圆寂，众举其二代主持，号"草堂和尚"。继席后，于南海南奢乡建宝象林。年七十五圆寂。立塔于鼎湖山庆云寺禅院之右。著有《四分戒本如释》十二卷、《归戒要集》三卷、《观音慈林集》三卷、《兜率龟镜集》三卷、《四分律名义标释》四十卷、《沙弥学戒仪轨颂注》一卷、《礼佛仪式》一卷、《供诸天科仪》一卷、《礼舍利塔仪式》一卷、《沩山警策句释记》二卷、《沙门日用》二卷、《比丘受戒录》一卷、《式叉摩那尼戒本》一卷、《比丘尼受戒录》一卷、《七俱胝佛母所说准提陀罗尼经会释》三卷、《佛说梵网经菩萨心地品下力疏》八卷、《沙弥律仪要略增注》二卷、《鼎湖山木人居在犙禅师剩稿》五卷、《鼎湖外集》五卷、《六道集》五卷等。（康熙二十年《阳江县志》卷三，道光《新会县志》卷十一，《粤东诗海》卷九十八）

释相益，字涉川，又字纯谦，俗姓郭，清高要人。主海幢寺法席，居所名"就树轩"。工诗，与张维屏、黄培芳等多所唱和。尝居华首台。清道光二十七年（1847）复集海云、龙藏诸寺僧徒，修空隐、天然、尘异三塔。著有《片云行草》。（同治《番禺县志》卷二十七，《柳堂师友诗录》）

司徒苴，开平人。清光绪十七年（1891）辛卯、二十六年（1900）庚子并科举人。以授徒为业。著有《一得录诗文集》。（民国《开平县志》卷三十四）

司徒翰，清末恩平人。庠生，以其孙

司徒銮诰赠中宪大夫。著有《倚剑堂诗集》二卷。（民国《恩平县志》卷十八、卷二十一）

司徒健，清开平人。廪贡，任信宜、龙川训导。纂修《滘隄司徒氏谱》。（民国《开平县志》卷三十八）

司徒瑾，字鹏秋，开平人。民国间分纂《开平县志》。（民国《开平县志》重修职名）

司徒枚，字牖芸，号东皋，开平人。司徒奇父。清宣统元年（1909）己酉拔贡，任邮传部八品录事。民国间在赤坎司徒濂川公祠设帐授徒。以诗著称，兼善书画，有"开平才子"之誉。分纂《（民国）开平县志》。著有《东皋山房诗钞》四卷。（《司徒氏宗族研究》《地名对联记趣》）

司徒美堂（1868—1955），原名羡意，字基赞，开平人。十四岁到美国旧金山谋生，入洪门致公堂，反清复明。清光绪二十年（1894）成立安良会，任总理。后追随孙中山从事革命活动。民国十三年（1924）通电拥护国共合作北伐。民国三十四年（1945）改组中国美洲洪门致公党，被选为全美总部主席。支持团结抗战，支持解放战争。1949年代表美洲华侨回国参加政协大会。新中国成立后任全国人大常委会委员、政协全国委员、中央侨务委员等职。著有《祖国与华侨》《粤中侨乡土改前后》《旅美七十年回忆录》《我痛恨美帝：侨美七十年生活回忆录》等。（2002年《开平县志》）

司徒奇（1907—1997），又名仕煌，字苍城，开平人。民国十三年（1924）考入广州市立美术专科学校西洋画科，两年后转入上海中华艺术大学。毕业后在广州创办烈风美术学校并任校长。又创办威尼斯美术研究社。民国二十一年（1932）被邀入春睡画院，师从高剑父，与关山月、黎雄才并称"春睡三友"。抗日战争期间，与同门在香港开设再造画社。1976年移居加拿大。出版有《司徒奇画集》。（《广东省志1979—2000》）

司徒乔（1902—1958），小名乔卿，开平人。民国十三年（1924）入读北京大学神学院。民国二十七年（1938）年初，举家迁往缅甸，生活颠沛流离。民国三十一年（1942）到达重庆。新中国成立后，任中央美术学院教授。出版有《司徒乔画集》《司徒乔新疆写生选集》。（2002年《开平县志》）

司徒修，字纳瑞，号则庐，开平人。清嘉庆五年（1800）庚申恩科举人，历任陕西韩城、永寿、安康、宝鸡、平利等县知县。辑有《周礼易读》、《礼记易读》、《春秋左氏传易读》、《春秋公穀传易读》、《孝经易读》、《尔雅易读》、《鉴史择语》（一作《纲鉴择语》）十卷、《性理易读》、《国初名文简摩集》。（民国《开平县志》卷三十三）

司徒赞（1900—1978），开平人。民国间任印度尼西亚巴达维亚八帝贯中华学校语文教师、香港华商总会驻会坐办、荷印华侨学务总会视学、巴达维亚《工商日报》主编、《时报》主编、巴达维亚华校教师公会主席、雅加达华侨团结促进会副主席兼文教部主任。其间与数名教育家创办联合中学（后易名巴城中学）。1960年回国定居，任广州暨南大学东南亚研究所副所长兼校董会董事。著有《南洋荷领东印度地理》《爪哇故事童话集》《司徒赞诗文集》，以及其亲属整理出版的《纪南堂诗词存稿》。（2002年《开平县志》）

司徒照（1803—1858），字子临，一字芝邻，开平人。司徒修子。清道光二年

（1822）壬午举人，九年（1829）己丑中进士，钦点翰林院庶吉士，历任刑部主事、刑部提牢厅四川司郎中、陕西布政使。卒后恩加三级，赏戴花翎，诰授光禄大夫。辑有《平利县知县司徒公崇祀名宦祠录》。著有《羊城诗草》（已刻）、《秋谳提要》、《盐法便览》。（民国《开平县志》卷三十三）

司徒祝，号华封，又号陶隐山人，清开平人。废科举后，以诗自娱。民国后束发为道士。著有《陶隐山房杂稿》（一作《陶隐山房诗集》）。（民国《开平县志》卷三十四）

宋大鹏，字鲲化，清鹤山人。著有《玉壶书屋存稿》一卷，抄本，光绪二十三年（1897）南海刘炳光等序之。（《玉壶书屋存稿》）

宋森（1877—1952），字木林，号华献，鹤山人。清光绪三十二年（1906）毕业于两广初级师范学堂简易科，任教于南雄、恩平。旋赴南洋，任尊孔学校、养正学校、坤成女校教师、校长，广东公署特派南洋视学员，北京政府教育部南洋华侨教育视察员，农商部南洋实业调查员。民国九年（1920）回乡，创办平民学校、淑德女校和《新平冈报》。历任县教育局局长、鹤山苏维埃政府主席。遭国民党当局通缉，离开鹤山。至民国十八年（1929）始返乡，任县教育科长达十年之久。1950年任县立中学校长。纂修《（民国）鹤山县志》（未成稿）。（2001年《鹤山县志》）

宋章郁，鹤山人。清咸丰五年（1855）与易道庸等乡绅于沙坪和平社学、鹤城、宅梧分别等设盆允公局、保安公局、安良公局。纂修《宋氏族谱》二十卷。（《高鹤县志》第二编）

苏乔，字于迁，一作子迁，封川人。以德行举，明嘉靖间贡太学，授清流训导，再补漳平，擢昌化教谕。以父老乞归，教诸生以孝弟为先。性嗜学，手不释卷。年七十一卒。著有《封川野志》二卷，佚。（道光《封川县志》卷七，道光《肇庆府志》卷十八）

苏天木，字戴一，高要人。清乾隆三十三年（1768）戊子岁贡。精究宋五子书，至老，学益苦。年八十三卒。著有《潜虚述义》四卷、《家训》一卷。（道光《肇庆府志》卷十九，道光《高要县志》卷二十）

苏廷魁（1800—1878），字德辅，号赓堂，高要人。清道光元年（1821）辛巳举人，十五年（1835）乙未成进士。选翰林院庶吉士，授编修。后改任都察院御史、给事中，再外任河南省开归陈许道员、布政使。同治间任东河总督。第一次鸦片战争失败时上书力陈时弊，建议修筑虎门、燕塘、沙河、龟岗等炮台。第二次鸦片战争期间联同本省在籍京官罗惇衍、龙元僖等上奏并奉命筹办团练，组织三元里、佛山等地练勇，抗击英法侵略军。编有《[苏河督年谱]》一卷。著有《癸亥北游草》、《息园诗钞》、《守柔斋行河草》二卷、《守柔斋诗钞初集》三卷、《守柔斋诗钞续集》四卷、《读易知惧》、《长利苏氏家谱》。（《清史列传》卷四十七，宣统《高要县志》卷十八下、卷二十一，《柳堂师友诗录》）

苏维熙，字叔明，一字月楼，清高要人。诸生。善诗文。著有《旧雨来斋诗草》二卷。（宣统《高要县志》卷二十一）

苏应祥，字兆泰，号月查，高要人。清道光二年（1822）壬午举人。著有《红蕉阁诗草》一卷。（宣统《高要县志》卷十六）

苏云鹏，字上九，阳江人。清康熙九年

（1670）庚戌岁贡。秉性倜傥，酷爱图书，每典衣购之。年六十二卒。著有《漪园石社诗》。（乾隆、道光《阳江县志》卷六，道光《肇庆府志》卷十九）

苏忠，明四会人。善词咏，以布衣为士大夫所重。著有《苏康谷诗集》二十卷。（道光《肇庆府志》卷二十一，光绪《四会县志》编八）

谈翀霄，德庆人。精堪舆术。著有《挨星秘窍》一卷。（光绪《德庆州志》卷十一）

谈应棠，号雪溪，德庆人。性敏嗜学。补诸生，从温承恭学。清咸丰九年（1859）己未岁贡。晚年著有《易说》一册，不传。（光绪《德庆州志》卷十一）

谭彪，清鹤山人。著有《清泉馆诗钞》。（民国《鹤山县志》卷十五）

谭伯筠，阳江人。谭鸿义子。附贡，清咸丰五年（1855）以花翎题补武定知府，署青州知府。与人合著《登云社诗》一卷。（民国《阳江志》卷三十五）

谭伯鸾，民国开平人。著有《静观草堂诗草》。（《广东历代诗钞》卷七）

谭淳，字朴斋，明高明人。著有《［谭淳］诗集》，藏于家。（《广东历代诗钞》卷一）

谭德章，开平人。清嘉庆二十四年（1819）府学岁贡生。分纂《（道光）开平县志》。（道光《开平县志》重修姓氏）

谭甲魁，高明人。廪生。分辑《（康熙八年）高明县志》。著有《学海初集》四卷，梁炳宸、黄鲲翔为之序。（康熙八年《高明县志》卷十三）

谭敬昭（1773—1830），字子晋，号康侯，又号选楼，阳春人。幼年随父司训乐昌。八岁能属文，十岁以《崆峒赋》及诗见赏文坛，十二岁补邑弟子员，前后郡试凡十四冠军。清嘉庆十二年（1807）丁卯举人，选充武英殿校录官。越十年，成进士，授户部主事。公余辄持卷，潜心自娱。卒于任。淹博群籍，尤深于诗，其功力著称岭表。与张维屏、黄培芳称"粤东三子"，又与番禺段佩兰等称"岭南七子"。著有《趋庭集》、《闻韶集》、《听云楼诗钞》十卷、《听云楼词钞》等。（民国《阳春县志》卷十）

谭驷，高明人。道光元年（1821）辛巳恩贡，序选教谕。分纂《（道光）高明县志》。（道光《高明县志》卷十二）

谭良泰，字来祉，高明人。清顺治八年（1651）辛卯举人，任石泉知县。后辞官归里，分辑《（康熙八年）高明县志》。著有《二莲轩诗集》。（道光《肇庆府志》卷十九，光绪《高明县志》卷十三）

谭凌汉，清阳江人。著有《自怡诗集》四卷。（民国《阳江志》卷三十五）

谭梦蓉，清阳江人。著有《阳江古迹诗》一卷。（民国《阳江志》卷三十五）

谭南昌，字邦献，高明人。师事广西庆远府同知叶祯，穷经博学。由岁贡授长乐县左尹，政声昭彰，为潘南山器重，被荐入名宦之列。致政归里后，请邑侯唐简修建县学。明成化十五年（1497）建成，亲往广西安成向国子监祭酒吴节请序，并刻碑立于县学。年九十卒。著有《青平轩集》（一作《青玉轩集》）四卷。（康熙八年、康熙二十九年《高明县志》卷十三，光绪《高明县

志》卷十三）

谭鹏捷，高要人。清乾隆六十年（1795）乙卯举人，嘉庆十七年（1812）、二十三年（1818）两任澄迈教谕。嘉庆二十五年（1820）协修《澄迈县志》。（光绪《澄迈县志》卷六）

谭平山（1886—1956），又名聘三、平三、祖培，号鸣谦，别号诚斋，高明人。清末毕业于两广优级师范学校，任雷州中学校长、广东省政府参议。民国六年（1917）入读北京大学，毕业后任教于广东高等师范学校。与陈公博、谭植棠合办《广东群报》，任编辑。民国十年（1921）发起组织广州共产主义小组。民国十六年（1927）参加南昌起义，任国民党革命委员会主席。新中国成立后，任中央人民政府委员、政务院政务委员兼人民监察委员会主任等职。其著作被编为《谭平山文集》。（1995年《高明县志》，《广州百科全书》）

谭汝舟，高要人。清同治元年（1862）壬戌副贡，授徒数十载。著有《毛诗述义》十六卷、《学庸通解》三卷、《论语笔述》六卷、《读孟概说》六卷。（宣统《高要县志》卷十八下、卷二十一）

谭三才，高明人。清嘉庆二十一年（1816）丙子武举人。分纂《（道光）高明县志》。（道光《高明县志》纂修职名）

谭韶音，字声行，高明人。清乾隆二十七年（1762）壬午岁贡。嗜读周敦颐、二程诸书，潜心探索，对易学研究尤为精深。著有《易理精义》，藏于家。（道光《肇庆府志》卷十九，光绪《高明县志》卷十三）

谭氏，明高明人。谭惟寅子孙。著有《谭氏家藏集》六卷，区大伦为之序。（康熙八年《高明县志》卷十八）

谭天度（1893—1999），曾用名谭夏声、谭鸿基、伍拜一，字振中，高明人。民国十一年（1922）在广州加入中国共产党。曾在香港、南洋、上海、曲江等地做中共的宣传、统战工作。著有《谭天度诗文集》。（1993年《新兴县志》第五编文化，《广州百科全书》）

谭天任，号啸玩，民国鹤山人。著有《天籁盦诗稿》。（民国《鹤山县志》卷十五）

谭廷坊，一作谭廷芳，高明人。清同治九年（1870）庚午岁贡，钦赐举人。分纂《（光绪）高明县志》。（光绪《高明县志》卷十二）

谭惟寅，字子钦，号蜕斋，高要人。宋绍兴二年（1132）壬子解元，次年联捷进士。学本关洛，讲道于庆林书院。应博学鸿词科，荐除大学士，官广西静江、容州通判。尝主蜕斋书院讲席。淳熙十三年（1186）官广西盐铁提举，迁广东提刑，改江西，卒于官。著有《四书本旨》二十卷、《蜕斋讲学》、《大学义》、《中庸义》及文铭诗赋行世。（康熙八年《高明县志》卷十三，道光《高要县志》卷二十，道光《广东通志》卷二九六）

谭维烈，号丕华，高明人。清嘉庆六年（1801）辛酉举人，拣选知县。分纂《（道光）高明县志》。（道光《高明县志》卷十二）

谭雯汉，清阳江人。著有《縠音阁随笔》四卷。（民国《阳江志》卷三十五）

谭锡蕃，字接斯，高明人。清康熙二十三年（1684）甲子岁贡，任昌化训导，训士有方。告归后，淡泊自甘。年八十三卒。分辑《（康熙二十九年）高明县志》。（道光

《肇庆府志》卷十九,光绪《高明县志》卷十三)

谭锡彝,清开平人。著有《秘溪医集》八卷。(民国《开平县志》卷三十九)

谭英,阳江人。清乾隆五十四年(1789)己酉拔贡。著有《爱日堂诗》一卷、《爱日堂集》二卷。嘉庆间同辑《阳江县志》。(民国《阳江志》卷三十五)

谭谕,高要人。明嘉靖三十七年(1558)戊午举人,官五河知县。协撰《(万历)肇庆府志》。(1996年《肇庆市志》)

谭元飏,字擢臣,一字汝赓,开平人。就学于粤秀书院,有文名。清乾隆二十一年(1756)丙子乡荐,司铎乐会,旋任阜城知县。因病归,改任连平学正。未几去任,家居。著有《易经讲义》三卷、《四书讲义》四卷。(道光《肇庆府志》卷十九,民国《开平县志》卷三十三)

谭震欧,原名日巽,字敷道,又字佛城,开平人。毕业于北京大学,暇时研究中医学,曾任法官、执业律师及中山大学、国民大学、广西大学等院校教师。晚居香港。著有《百尺楼集句诗及其他几种》《多宝楼词》《醉红妆词》《金陵四十八景诗钞》等。(《香港古典诗文集经眼录》,《广东历代诗钞》卷九)

谭宗懿,字德良,高明人。明弘治二年(1489)以岁贡入国子监,列上舍。以省亲为由告假回乡。潜心古籍,尤长诗赋,尝于锦岩胜会与程骥、程辂、熊兆平等互相唱酬。著有《品云集》。(康熙八年、康熙二十九年《高明县志》卷十三,光绪《高明县志》卷十三)

唐千鹭,字序阶,高要人。县学优生,特赐五品职衔。清道光间撰《琼州镇鲍公去思碑》。著有《红雪山峰诗钞》六卷。(宣统《高要县志》卷二十一)

唐汝风,字子和,高要人。清乾隆三十年(1765)乙酉举人。历任直隶卢龙县、武清县知县。善决案辨狱,有"白面包公"之号。年七十七卒。著有《周易探微》十卷、《左传熏香》(一作《左传薰香》)二十卷、《桐封堂诗集》四卷、《桐封堂文集》四卷、《[唐子和]杂作》十卷、《[唐子和]尺牍》四卷。(道光《肇庆府志》卷十九)

汪世铉,阳春人。生员。清康熙间纂辑《阳春县志》。(康熙《阳春县志》卷十六)

汪演忠,阳春人。清康熙二十二年(1683)癸亥贡监。纂辑《(康熙)阳春县志》。(康熙《阳春县志》卷六、卷八)

汪渶,阳春人。岁贡生。时西山不宁,二司举为参赞。平寇有功,初授泰州州判。嘉靖十二年(1533)升福山知县。独修《阳春县志》,百废俱举。(道光《阳春县志》卷十,道光《肇庆府志》卷十八)

王丹溪,清初阳江人。王若霞父。不慕仕途,设帐授徒,兼习医学。著有《灸法医方》。(2000年《阳江县志》)

王殿撰,德庆州人。清康熙三十一年(1692)壬申岁贡。为生员时,同订《(康熙)德庆州志》。(光绪《德庆州志》卷十)

王国宾,字观五,又字介臣,德庆州人。清咸丰三年(1853)癸丑岁贡生。工诗。年八十三卒。著有《天觉楼诗集》二卷。藤县苏氏将国宾与苍梧施彰文诗词合刻,成《王施合刻》。(《柳堂师友诗录》,

光绪《德庆州志》卷十三)

王荣受,清鹤山人。著有《沧台诗集》。(民国《鹤山县志》卷十五)

王汝桢,号时亭,鹤山人。清嘉庆十七年(1812)壬寅岁贡。著有《书经重加旁训》《星学撮要》《所其斋诗集》《所其斋文集》。(民国《鹤山县志》卷十五)

王若霞(1710—1798),阳江人。王丹溪之女。幼承父训,善诗。年二十适同邑张子煜。随后遭遇丈夫、公婆、儿子相继亡故之巨大不幸,遂寄情山水,以诗排解悲苦。有《若霞亭诗稿》行世。(2000年《阳江县志》)

王献猷,字约轩,阳春人。清雍正七年(1729)己酉拔贡,任浙江山阴县丞。乾隆二十二年(1757)任遂溪教谕。尝主瑞云书院讲席。著有《约轩诗稿》(一作《约轩诗集》)。(道光《阳春县志》卷十,民国《阳春县志》卷十)

王秀南(1875—1940),号韶薰,阳春人。清光绪间岁贡生。宣统二年(1910)毕业于两广教忠师范学堂,补用府教授。曾任县教育局局长、阳春师范讲习所所长。同辑《(民国)阳春县志》。(民国《阳春县志》卷七,《阳春文史资料》1988年第二辑)

王玉昆,号伟堂,鹤山人。清咸丰十一年(1861)辛酉优贡。著有《心友堂文集》。(民国《鹤山县志》卷十五)

王元铭,字文铎,广宁人。清嘉庆二十四年(1819)己卯恩贡。参与编纂《(道光)广宁县志》十七卷。(道光《广宁县志》卷十)

王云溪(1869—1953),号松龄,广宁人。清末生员,转攻医学。著有《伤寒论浅释》《金匮浅释》《百病验方》等,毁于洪灾。(1994年《广宁县志》)

王载望,高明人。清康熙二十年(1681)辛酉举人。分辑《(康熙二十九年)高明县志》。(光绪《高明县志》卷十二)

王宗烈,字承甫,号竹垫,一作竹野,高要人。清乾隆五十五年(1790)庚戌岁贡,任端溪义学掌教。勤研学问,潜修艺术。善绘画,所画山水,浑厚精致。著有《撮囊》八卷、《事物权舆》十七卷、《纪龄汇典》十卷、《宝唾山房诗稿》、《宝唾山房文集》、《宝唾山房诗话》、《叶音汇编》、《俪言》、《释雅》等。(道光《高要县志》卷二十,《端溪诗述》卷六,《国朝诗人徵略》卷五十三)

温承恭(1778—1835),字靖闻,一作静闻,号庄亭,德庆州人。温颐子。清嘉庆十二年(1807)丁卯岁贡生,秋闱十八试不售。二十二年(1817)任东城书院学长。年五十八卒。辑《温氏家集》十二卷。著有《蜀游诗草》一卷附《汉台诗》若干首、《蜀游赋草》一卷、《庄亭文存》一卷、《补迂集》六卷(佚)、《随得录》二卷(佚)、《杂论偶记》一卷(佚)。(道光《肇庆府志》卷十九、卷二十一,光绪《德庆州志》卷十一)

温芳植,字挺申,封川人。清雍正十三年(1735)乙卯拔贡,官教习。著有《全史韵要》四卷。(道光《封川县志》卷八)

温凤书,号梧冈,清封川人。著有《封川纪事录》一卷,记咸丰间张黄二知县抗击贼匪,保城卫民之事,于办贼之策、筹饷之方记载甚详。(《封川纪事录》)

温可拔，字卓岸，德庆州人。清康熙二十六年（1687）丁卯举人。三十三年（1694）考取内阁中书，以母老归养，绝意仕进。母殁后，肆志山水，爱青云冈之幽绝，依山筑屋数楹，吟咏其间，自号青云主人。著有《青云集》三卷，藏于家。（道光《肇庆府志》卷十九，光绪《德庆州志》卷十一）

温其濬，字镜仁，鹤山人。民国元年（1912）任县督学局局长。著有《量法》。（《香港鹤山同乡会会刊》）

温且文，字简可，清封川人。廪贡生，福建候补吏目。著有《宦游诗草》一卷。（道光《封川县志》卷八）

温且昭，封川人。清嘉庆十四年（1809）己巳恩贡，任长宁县教谕。分辑《（道光）封川县志》。著有《梓里谈资》一卷。（道光《肇庆府志》卷十五）

温如埙，字应律，封川人。清康熙十七年（1678）戊午贡生。由明经授电白训导，执经问字者常络绎不绝。著有《成庵文集》一卷、《白鹤山樵诗》二卷，藏于家。（道光《封川县志》卷七，道光《肇庆府志》卷十九）

温瑞柏，字茂承，号汉台，清德庆州人。温瑞桃兄。岁贡生。胸中超旷，无所系恋，见于其诗，挥洒少滞碍。尤工文章。著有《温汉台诗集》二卷、《温汉台文集》二卷（府志作四卷），均佚，今仅存诗十首附刻于温承恭《蜀游草》末。（光绪《德庆州志》卷十一）

温瑞桃，字灼坡，又字瑶九，德庆人。温瑞柏弟。清乾隆四十二年（1777）丁酉举人，五十二年（1787）任新会训导，升夏津知县。著《石耕偶存草》，佚。（道光《新会县志》卷五，光绪《德庆州志》卷十一）

温顺，字顺山，清德庆人，温彦、温颐之弟。由廪贡生转州吏。好蓄书。工骈俪之作。著《桂岭八简》一卷、《霏筠学圃诗稿》二卷，均佚。（光绪《德庆州志》卷十三）

温宪章，清末鹤山人。著有《论语衍义》二十篇、《羊石滋兰录》四卷。（民国《鹤山县志》卷十五，《高鹤县志》第二编）

温彦，字峻山，清德庆人。官江西萍乡县安乐司巡检。著有《八揪集》三卷，佚。（光绪《德庆州志》卷十三）

温飏（1794—1833），字仲道，号陶舟，德庆州人。温承恭子。清嘉庆二十三年（1818）戊寅举人。学至精笃，尤嗜研经。四试礼部不第。年四十卒于京师。著有《古本大学解》二卷、《宜善堂诗钞》三卷《[宜善堂]文钞》一卷、《系辞说》一卷、《书序辨》一卷、《经义》一卷、《秦楚之际月表辨》一卷（佚）、《宜善堂集》六卷，未成书者尚多。（《国朝岭海诗钞》卷二十二，光绪《德庆州志》卷十一）

温颐，字巽山，德庆人。清乾隆十八年（1753）癸酉举人，二十二年（1757）丁丑进士，授湖北宜城知县。以讹误去官。寻起复，入都，卒于道，年五十三。著有《温雷斋诗集》一卷、《温雷斋文集》一卷，均佚。（光绪《德庆州志》卷十一）

温用梅（1886—1950），封川人。幼从舅父苏恪甫习读古文。毕业于广州先觉国医速成传习所，留校任教两年。广州沦陷后，与同行在封川江口设立广州先觉国医传习所江口分所，兼行义诊，并招收培养学徒，授中医内科学，兼授古文。民国三十五年

（1946）任封川县中医同业公会理事。著有《温热病摄要》《金匮要略注解》《仲景伤寒论六经管窥》《论语类纂》《闇香斋集》等。(1998年《封开县志》)

温周翰，字兴林，德庆人。清嘉庆六年（1801）辛酉岁贡生。嗜古通经，旁及子史，靡不淹贯。尤精篆隶，工画梅。著有《温岳山诗集》《赋学谭迹》《桐窗诗话》，均佚。(道光《肇庆府志》卷二十一，光绪《德庆州志》卷十三)

文士鳌，清鹤山人。著有《文氏族谱》一卷。（道光《鹤山县志》卷十）

吴楚翘，清末恩平人。优廪贡，授中书科中书，特授番禺教谕。分纂《（民国）恩平县志》。（民国《恩平县志》卷十八）

吴大任（1908—1997），高要人，生于天津。民国十九年（1930）毕业于天津国立南开大学，获学士学位，又获得英国伦敦大学科学硕士学位。任武汉和四川国立大学教授。合编教材《空间解析几何引论》。著有《微分几何讲义》、《教学论文摘要》八篇、《齿轮啮合理论》（合著）。独译《整体微分几何》《布氏高等代数引论》，与妻合译《勃拉舒克微分几何学（第一册）》《克诺普函数论》二册。（民国《高要县志初编》卷二十一）

吴大韶，号季乐，清光绪间四会人。县学生员。著有《左传分国编年抄》。（光绪《四会县志》编八）

吴大猷（1907—2000），别名洪道，高要人。毕业于天津南开大学物理系。民国二十年（1931）赴美国密歇根大学留学，获博士学位。任北京大学、西南联合大学及美国哥伦比亚大学教授。1956年定居台湾，任台湾"清华大学"教授，后任台湾"中央研究院"院长。著有《古典动力学》、《量子论与原子结构》、《电磁学》、《理论物理》、《相对论》、《热力学》、《气体运动论》、《量子力学》（英文版）等。(1999年《肇庆市志》，《20世纪中华人物名字号辞典》)

吴大猷，字子嘉，别字秩卿，号葘圃，四会人。吴国基子。清咸丰十一年（1861）辛酉举人，列为拣选知县。同治二年（1863）入国子监，十年（1871）会试挑取誊录。光绪八年（1882）选授国子监率正堂学正，十年（1884）改授曲江县教谕。后任绥江书院学长。编纂《绥江伟饯集》一卷。总纂《（光绪）四会县志》。著有《医方杂纂》一卷、《堪舆偶记》一卷、《绥江书院章程》、《印金局章程》、《四会窑头吴氏族谱》。（光绪《四会县志》卷六，《广东书院制度》）

吴德元（1871—1944），字功补，高要人。清宣统元年（1909）己酉岁贡。游历日本多年，管理华侨同文学校。回国后任高要县立中学校长。覆订《（宣统）高要县志》学校篇、人物篇、艺文篇、旧闻篇、附志之文征，参与纂辑《（民国）高要县志初编》。著有《草草庐诗稿》（又名《过齐诗稿》）二卷。（宣统《高要县志》卷十九）

吴鼎新（1876—1964），原名旭，字济芳，以号行，又号在民，开平人。清光绪八年（1882）赴广州求学。后考取京师大学堂，奖举人。民国间任广西教育厅厅长、广东省参议会议长、广东国民大学校长。多次出洋考察教育及筹募教育经费。分纂《（民国）开平县志》。著有《开平掌故》等。（《广东历代诗钞》卷八）

吴萼楼（1892—1967），字庆梅，广宁人。两广速成师范馆毕业后任教，后弃教改医，自学医学典籍，并拜名医周集公为师。曾任县民教馆义诊医师。著有《医学秘方》《论大青龙汤治法》《虫蛇论》《临床记录》《膀胱气化论证》等手稿。(1992年《兴宁县志》)

吴鹗，字秋浦，清高要人。援例以县丞需次安徽，累权和州州同，含山泾县篆，升知县，补婺源，卓著政声。捐资修紫阳书院暨朱文公祠。倡修《婺源志》，刊注《双池文集》。创设惠民戒烟、蚕桑各局。著有《惠民纪略》《蚕桑图说》《火药图说》。(宣统《高要县志》卷十八下、卷二十一)

吴尔康，字萧泉，开平人。清光绪元年(1875)乙亥恩科举人，任潮阳儒学教谕。年七十八卒。编纂《重修吴氏家谱》二卷。(民国《开平县志》卷三十四)

吴赴，字允升，高要人。吴尚质子。明弘治二年(1489)己酉乡举，授武宣知县，荐为太平通判，迁思恩同知，又迁南京工部虞衡员外郎，进郎中。乞休，加光禄寺少卿致仕，寻推恩，进阶朝列大夫。著有《交南问答录》，已佚。(道光《高要县志》卷二十)

吴广德，清四会人。著有《星学四要》四卷。(光绪《四会县志》编八)

吴国玶，字木难，号琢山，四会人。吴士耀子。清康熙八年(1669)己酉举人，庚戌会试，登明通榜。协助编纂《(康熙十一年)四会县志》。参与纂辑《(康熙二十七年)四会县志》。(康熙二十七年《四会县志》卷六，光绪《四会县志》编六)

吴翰，号筠庵，清鹤山人。吴廷相叔父。著有《重修延陵世谱》二卷。(道光《鹤山县志》卷十)

吴槐炳(1742—1817)，字耀垣，号植亭，晚号石琴道人，鹤山人。吴应逵父。清乾隆三十五年(1770)庚寅举人，四十六年(1781)大挑一等，署福建宁洋知县，英德、始兴训导，顺德、花县、新会教谕。无病而卒。著有《晚香堂诗稿》(一作《晚香堂集》)四卷、《冈州近稿》一卷、《花峰樵唱》二卷、《晚香堂家训》二卷、《格言汇录》二卷、《梦说》一卷、《张曲江集订讹》一卷、《留香斋诗谈》一卷。(道光《鹤山县志》卷十，道光《肇庆府志》卷十九)

吴恢宗，字宏诒，别字硕甫，清四会人。著有《自娱斋诗集》。(光绪《四会县志》编八)

吴焜元，高要人。清咸丰十一年(1861)辛酉举人，任阳山教谕。纂修《沙浦吴氏族谱》。(宣统《高要县志》卷二十一)

吴儒，开建人。清嘉庆二十五年(1820)庚辰恩科贡生，候选训导。道光初年参与编纂《开建县志》。(道光《开建县志》卷十)

吴尚澄，字如登，号静溪，阳春人。贡生。工诗，学"岭南三大家"而得其趣。著有《松园遗草》(一作《松园遗集》)三十二章。(乾隆《阳春县志》卷十一，道光《肇庆府志》卷十九)

吴尚时(1904—1947)，开平人。民国十七年(1928)毕业于中山大学英语系。同年，考取公费赴法国留学，攻读地理。后任中山大学地理系教师兼系主任。与人合著《云南中部地形》《广东省之气候》《广东南路》《粤北之水力》《曲江之潦患与预防》《滇武二河水文之研究》。译著《水界地理》(与梅甸初合译)、《江河之水文》、《气候

学》。编有《广东乐昌盆地地理纲要》，民国三十年（1941）参与编纂《广东年鉴》。（2002年《开平县志》）

吴尚质，字叔华，高要人。吴赴父。才思俊逸，学问赅博。明成化间府学岁贡，任弋阳训导。以子赴赠工部郎中。著有《解云集》。（道光《高要县志》卷二十）

吴士燿，字雉南，一作治南，四会人。宏才博学，明天启四年（1624）甲子举人。初任福建古田知县，擢工部虞衡司主事，掌郎中印。晚归居乡，绝迹公庭，立心制行，慈让端方，勤课艺，以式后学。年八十六卒于家。著有《春秋决议》《尚书捷览》。（康熙二十七年《四会县志》卷十五，光绪《四会县志》编七）

吴式郡，字观川，清乾隆间高要人。诸生。著有《读易管窥》上下编。（道光《肇庆府志》卷十九，道光《高要县志》卷二十）

吴叔骅，字骏良，清四会人。著有《阴骘文辨疑》一卷。（光绪《四会县志》编八）

吴树华，字坚鲁，开平人。民国间分纂《开平县志》。（民国《开平县志》重修职名）

吴树勋（1882—1960），字纪常，别号深柳，新兴人。民国二年（1913）入读两广方言高等专科学堂。卒业后，历任新兴教育局长、军政机关科长秘书、新兴县立中学校长等职。民国间编纂《新兴县志》。著有《深柳随笔》《深柳文存》《［深柳］诗词钞》。（《新兴县历代诗词选》，《广东历代诗钞》卷七）

吴松，字清彦，号鹤村，恩平人。清嘉庆十二年（1807）丁卯举人，大挑一等，历任河南内乡、河内等县知县，判决案牍皆成信谳，卒于官。著有《清晖阁诗钞》四卷、《垂辉草堂诗》四卷。（道光《肇庆府志》卷十九，民国《恩平县志》卷十九）

吴廷缙，字懋夫，高要人。清顺治间府学岁贡，康熙元年（1662）任文昌训导。次年升海阳教谕。纂修《（康熙元年）文昌县志》。（《浩气长存：历代歌咏文天祥诗钞》）

吴廷相，字佐君，别字东山，清鹤山人。著有《东山别集》。（道光《鹤山县志》卷十，道光《肇庆府志》卷二十一）

吴桐，字凤阿，恩平人。郡庠生。壮岁随其兄鹤村宦游汴梁，浏览名山大川，与中州学士大夫互相唱和。清道光间分纂《恩平县志》。著有《吴凤阿诗集》八卷。（民国《恩平县志》卷十九）

吴文起（1807—1866），字子瑜，一字鹤岑，鹤山人。吴岳子。清道光十一年（1831）辛卯副贡，学海堂初次专课生。咸丰间，以防剿红巾起义叙功，授直隶州判。宗汉学，治《大戴礼记》。著有《西行杂录》《鹤岑诗抄》。（《广东文徵作者考》）

吴显时，字达朝，号宝书，清四会人。好占卜星命，相宅相墓。以子大猷赠奉直大夫。年六十五卒。著有《地理指要》一卷。（光绪《四会县志》编七）

吴延颖，字凯文，阳江人。喜读书，精于文艺。清康熙十五年（1676）丙辰岁贡。遭母丧，哀痛过度，逾年而殁。分辑《（康熙二十年）阳江县志》。（康熙二十七年《阳江县志》卷三）

吴一鸣，字廷谔，清四会人。年十八被知县选入县学,岁科试屡列前茅。尤好读诗,自汉魏诗歌,至杜工部全集,皆通读而自得之。虽深于诗,然不多作,且不自收辑。其孙显时、永汉搜存其诗,成《讷斋诗草》二卷。(光绪《四会县志》编七)

吴英华(1878—1951),号君实,阳春人。清光绪二十三年(1897)丁酉副贡生。宣统元年(1909)毕业于广东法政学堂,授予候补知府,签发广西梧州候缺。民国初期任广东公立法政学堂校长、广东高等审判厅厅长、广东高等审判厅刑庭庭长。编纂《(民国)阳春县志》十四卷。(民国《阳春县志》卷七,1996年《阳春县志》)

吴应逵,别字鸿来,晚号雁山居士,鹤山人。吴槐炳子。清乾隆六十年(1795)乙卯举人。博学工文,嘉庆间任昆旸义学、开平长沙书院主讲。道光初,分纂《广东通志》。随后纂辑《(道光)鹤山县志》十二卷。阮元在广州设学海堂,被聘为学长。著有《雁山文集》四卷、《雁山诗集》(佚)、《岭南荔枝图谱》(一作《岭南荔支谱》)六卷、《谱荔轩笔记》二卷、《书钟锡朋》一卷等。(道光《肇庆府志》卷二十一,《国朝岭南文钞》卷六,《广东书院制度》)

吴应麟,字瑞来,一字石生,清鹤山人。吴槐炳子。诸生。著有《籈经阁诗钞》。(《国朝岭海诗钞》卷十九)

吴远基(1876—1956),字幼航,高要人。清光绪二十三年(1897)丁酉府学拔贡,曾任内阁中书、直隶曲周知县、高要参议会议长、文献委员会委员。病逝于天津。覆订《(宣统)高要县志》地理篇、职官篇、选举篇,参与纂辑《(民国)高要县志初编》。(宣统《高要县志》卷十五、卷十六)

吴岳,字正方,号仁斋,鹤山人。清道光五年(1825)乙酉岁贡生。尝从劳莪野游,博通经史,讲学广州,弟子以千数。一时粤中知名之士,多出其门。著有《易说旁通》十卷,同治十年(1871)刊行。(民国《鹤山县志》卷十五)

吴子复(1899—1979),原名鉴光,又名鉴,学名琬,号沦庐、伏叟、宁斋,四会人,生于广州。居所曰"泷缘轩""怀冰堂""野意楼"。民国十五年(1926)毕业于广州市立美术学校西画系,同年参加北伐军,做战地宣传工作。回穗后,与同学李桦、赵世铭等组织"青年艺术社"。民国二十一年(1932)回母校任教。新中国成立后,历任广州文史研究馆馆员、广东书法篆刻研究会副主任等职。绘有连环画《静物》《鹄》《从猿到人》《太平天国》。著有《吴子复隶书册》《吴子复书好太王碑字》《野意楼印赏》《世界现代绘画概论》《现代绘画概论》《绘画综合教程》《素描技法》及论文讲义《李桦及其创作版画》。(1996年《四会县志》)

吴宗骏,字云襄,清四会人。邑增生。性孝友,好学不倦。卒年未满三十。究心墓书,著有《地理金鉴》一卷(一作《地学锦囊》一卷)。(光绪《四会县志》编七)

吴祖同(1825—1895),字绍存,别字逊生,清四会人。自幼客居上海,好与士大夫交游。闻时贤嘉言懿行,每乐道之。晚年家居,手不释卷。卒后,子侄辈追忆所闻教诲语,成《伦常家训》二卷。(光绪《四会县志》编七)

伍超时,封川人。伍名时弟。清道光八年(1828)戊子副贡,分发候选教谕。分辑《(道光)封川县志》。(道光《封川县志》卷六)

伍梅（1874—1924），字占昌，号小枬，广宁人。年十六就学于肇庆星岩书院，二十四岁考取拔贡。民国初年任元恺高等小学校长、县督学、学务委员、劝学所所长。清光绪间与龚炳章合编《广宁乡土志》。（1994年《广宁县志》）

伍名时，字云轩，封川人。伍超时兄。清嘉庆十五年（1810）庚午举人。专力注疏之学，尤精于周礼。著有《易义菁华》一卷、《周礼类要》二卷、《四书典类》四卷、《乡党典训》二卷、《西游诗草》一卷。（道光《封川县志》卷七）

伍荣軔，字鋆轩，清开平人。著有《大易心义》六卷，成书于道光间。（潘雨廷著《读易提要》）

伍士楷，字石琴，高要人。清同治六年（1867）丁卯举人。著有《一匏居诗钞》。（宣统《高要县志》卷十八下、卷二十一）

伍瑶光，恩平人。清宣统元年（1909）己酉拔贡，次年晋京，考取直隶州州判。民国间任恩平中学第一任校长、省立肇庆中学校长。编有《岭南伍氏合族总谱》。（民国《恩平县志》卷十八）

伍瑶，阳春人。清康熙二十五年（1686）丙寅贡生。参与纂辑《（康熙）阳春县志》。（康熙《阳春县志》卷一、卷八）

伍颛之，一作伍恺之，字洛侯，清开平人。年十五补南海县诸生，屡试不第。早卒。著有《洛侯诗稿》（一作《伍洛侯诗赋遗稿》）。（道光《肇庆府志》卷十九，民国《开平县志》卷三十三）

伍骀（1889—1952），原名于骀，阳江人。广东黄埔陆军小学堂肄业，保定陆军军官学校第二期步科毕业。历任李耀汉肇军司令部参议兼肇军讲武堂监督、粤军阳江别动队司令、总司令部参议、粤军第一师第四团中校团附、大本营江门警备司令、广东警卫军参谋长、中央直辖第五军警备旅长、广东绥靖公署参议、岭南大学中校军训主任、第四战区两阳挺进纵队司令兼两阳联防处主任、第八挺进纵队少将司令、广东省参议。民国三十五年（1946）七月退役。新中国成立后，在土地改革运动时被捕，病死于阳江监狱。编著《步兵操典》一书。（2000年《阳江县志》）

夏值亨，一作夏植亨，高明人。清道光二年（1822）壬午举人，拣选知县。分纂《（道光）高明县志》。（道光、光绪《高明县志》卷十二）

冼维祺（1895—1959），高要人。毕业于广东公立法政专门学校，历任高要县教育局局长，广东护航委员会及省财政厅科长，第一军上校参议，儋县、郁南、封川县县长，第七战区购粮委员会上校组长，少将高级参议，广东临时参议会议员，衢州绥靖公署参议。民国二十年（1931）参与主修《西宁县志》。（民国《旧西宁县志》序，《肇庆文史》第十三辑）

谢炳奎，字星岛，高要人。清光绪十一年（1885）乙酉拔贡。善书，工诗文，尤擅长词章之学。参与纂辑《（宣统）高要县志》。著有《拙寠杂文汇编》三卷、《拙寠诗存》一册。（宣统《高要县志》卷十六、附志上）

谢炽，清开平人。纂修《潭边院谢氏谱》。（民国《开平县志》卷三十八）

谢方端（1724—1813），字小楼，阳春人。谢仲坑长女，适贡生刘宗衍。幼随父宦游，聪颖强记。通鉴史，工诗词，时称"才女"。曾至丰湖、博罗、海口、梅菉、崖州、恩平等地，所至有诗。夫早丧，晚年随子刘世馨居于官署，对慕名造访者，均教授不倦。八十岁归里时，送行满道。著有《小楼吟草》一卷、《[小楼]续草》一卷（一作《小楼诗草》）二卷，学使李调元为之序。（《粤东诗海》卷九十七，民国《阳春县志》卷十一）

谢国霖，高要人。清光绪二年（1876）丙子举人，任增城教谕。著有《拙窠诗集》二卷、《拙窠文集》二卷、《东山草堂诗文集》。（宣统《高要县志》卷二十一）

谢麟阁，号牧田，高要人。清咸丰二年（1852）壬子举人。在红巾军占肇庆时，办团练以抗之。以功举福建莆田知县，改就澄迈教谕。著有《养怡斋诗草》三卷。（宣统《高要县志》卷十八下、卷二十一）

谢茂松，字丽昂，阳春人。明经谢镳子。增广生。纂辑《（康熙）阳春县志》。（民国《阳春县志》卷十）

谢梦豹，德庆州人。明万历二十七年（1599）以岁贡任吴川训导。与修《（万历）吴川县志》。（光绪《吴川县志》卷九）

谢旻禧，字昊相，号澹园，高明人。清康熙十四年（1675）乙卯举人，初任四川中江知县，迁云南宾川知州，卒于官。分辑《（康熙二十九年）高明县志》。（光绪《高明县志》卷十三）

谢鸣皋，高明人。清嘉庆六年（1801）辛酉举人，任龙门教谕。分纂《（道光）高明县志》。（道光《高明县志》卷十二）

谢鹏起，字天池，德庆人。博通经史，尤邃于易。清嘉庆二十一年（1816）丙子举人，历署仁化、信宜、电白教谕，所在能启迪后进。尝掌教东城书院，学者多从之游。道光初元议举孝廉方正，未果而卒。著有《日新堂集》。（光绪《德庆州志》卷十一）

谢启祚（1694—1798），高要人。清乾隆五十一年（1786）丙午乡试注籍，九十四岁中试，翌年会试未第，钦赐翰林院检讨衔。六十年（1795）以百有二岁、五代同堂加编修衔，赐"寿宇昌文"额。著有《瑞应堂录》一卷。（宣统《高要县志》卷二十、卷二十一）

谢荣宴，阳春人。清宣统二年（1910）庚戌岁贡生。同辑《（民国）阳春县志》。（民国《阳春县志》卷七）

谢少梅（1904—1973），改名冯痴畦，高要人。民国十六年（1927）大革命失败后更名去香港，任香港养智中学教员。后随薛觉先粤剧团去南洋，在马来亚、新加坡等地从事粤剧艺术工作。病逝于新加坡。编有《姑缘嫂劫》《薄命红颜》《白金龙》《相思盒》等剧本。（1996年《高要县志》、1999年《肇庆市志》）

谢士矩（1653—?），作谢仕矩，字洁君，广宁人。清康熙四十七年（1708）戊子举于乡，公车屡上，选授福建上杭知县。素性恬淡，苦于吏治。改澄迈教谕，日与诸生讲论经义，暇则旁及诗歌。著有《海南集》藏于家。（道光《广宁县志》卷十一，1994年《广宁县志》）

谢棪，字巍夫，号蒙溪，清阳春人。谢茂松子。邑庠生。博览群书，雅工吟咏，常捐资兴义学。怡情山水，风致翛然。年四十三卒。著有《西园遗集》。（乾隆《阳春县志》卷十一，道光《肇庆府志》卷十九）

谢耀正，字德橹，开平人。工诗，善鼓琴。少游京师，遇佳山水辄登临啸咏。清雍正七年（1729）己酉拔贡，乾隆元年（1736）丙辰举人，次年（1737）中明通榜进士。年三十三卒。著有《云庄遗稿》（一作《云庄诗稿》）。（道光《肇庆府志》卷十九，民国《开平县志》卷三十三）

谢叶辰，号静如，清高要人。著有《离骚经批点》。（《八编清代稿钞本》第374册）

谢有申，号保斋，高明人。选新会训导，清道光三年（1823）与修《高明县志》。（光绪《高明县志》卷十三）

谢震，高明人。清光绪二年（1876）丙子岁贡，序选训导。分纂《（光绪）高明县志》。（光绪《高明县志》卷十二）

谢仲坑（1702—1777），字孔六，号耳溪，阳春人。清雍正元年（1723）癸卯解元，五年（1727）丁未登明通榜。任长宁教谕，纂辑《长宁县志》十卷。乾隆初，擢授湖南平江知县。迁荆州府通判，擢常德府同知，历任长沙、宝庆、永州、襄阳、宜昌、衡州、常德七府知府，护理衡永郴桂道，驭盐长宝道。居官三十余载，所至有政声。乾隆三十七年（1772）在永州议改淮引食粤盐，格于例不行，遂以目疾请告。寓广州越秀书院讲学。卒于家。著有《楚南纪略》《山馀堂诗集》《耳溪稿》。（道光《阳春县志》卷十，道光《广东通志》卷二九七）

谢缵泰（1872—1938），字重安，又字圣安，号康如，开平人。出生于澳大利亚悉尼，年十七返国，居香港，入读皇仁书院。毕业后曾任工务局文员、洋行买办。参与创办英文报纸《南清早报》（后改名《南华日报》）。清光绪二十一年（1895）加入兴中会，两次参与策划广州起义。潜心研制飞艇，二十五年（1899）设计完成航空器"中国号"三桨推进飞艇。被称为"中国飞艇设计第一人"。忧心时政，创作漫画《时局图》，刊于香港《辅仁文社社刊》。著有《中华民国革命秘史》、《南清日俄战日记》（又名《日俄战务日记》）。（《广东历代诗钞》卷六，《民国人物大辞典》，2002年《开平县志》）

谢作高，号蓬山，高要人。清道光十一年（1831）辛卯武举人，历官至顺德协副将。咸丰十年（1860）在籍率乡兵与红巾军作战，死于桥头坑。辑有《兵机纪略》《河洛精萃》。（宣统《高要县志》卷十八）

徐光裕，字奋斋，阳江人。清嘉庆四十八年（1783）癸卯举人，官万州训导、英德教谕。道光二年（1822）纂辑《阳江县志》。（民国《阳江志》卷三十五）

徐光祚，阳江人。清嘉庆元年（1796）丙辰恩贡。同辑《（嘉庆）阳江县志》。（民国《阳江志》卷三十五）

徐士宗，字德辅，德庆人。清康熙三十三年（1694）甲戌岁贡。敦品积学，掌教青云书院，学者称"南亭先生"。著有《南亭集》，佚。（道光《肇庆府志》卷十九，光绪《德庆州志》卷十一）

徐有为，字彦寀，一字养浩，德庆人。明万历四年（1576）丙子举人，历官临安、桐城、繁昌知县，迁武冈知州。考擢靖江王左长史，以老辞。著有《华清集》。（光绪《德庆州志》卷十一，《徐氏古今诗文选》）

徐中运，字文选，号澄清，德庆人。徐士宗孙。清雍正间例贡生，议叙晋州知州，转顺天府南路厅同知，历石景山同知。尝奉檄督捕蝗有绩，总督孙某将荐升，以母老迎养不至，告归，不久辞世。雅好诗，诗在元白之间。书得晋人法。著有《裕文楼诗集》

(佚)、《字法谈》，藏于家。(乾隆《德庆州志》卷十五，道光《肇庆府志》卷十九，光绪《德庆州志》卷十一)

许大任，清恩平人。康熙间纂辑《恩平县志》。(民国《恩平县志》卷二十一)

许良弼，号右屏，清开平人。以增贡生候选训导。著有《拜右山房诗稿》。(民国《开平县志》卷三十四)

许奇嵩（1827—1892），原名其俊，字启世，号竹湖，又号正持，开平人。清同治六年（1867）丁卯举人，援例捐郎中，分兵部武选司行走。同治十年（1871）辛未成进士，分发福建候补知府。历委福宁、厦门、延邵等府榷局，所至皆持宽政。后告归，侨居省城，杜门撰述，时与吕拔湖、何淡腴诸孝廉诗酒酬唱。著有《家礼略》、《乡园梦志》一卷、《尺蠖斋诗文集》五卷。(民国《开平县志》卷三十四，《广东历代诗钞》卷四)

许世庄，字临堂，阳江人。清乾隆五十三年（1788）戊申举人，分和州直隶州，改授归善教谕。嘉庆间同辑《阳江县志》。(民国《阳江志》卷三十五)

许锡醴，字穆泉，开平人。清光绪三十二年（1906）丙午岁贡，签分县丞。分纂《（民国）开平县志》。(民国《开平县志》重修职名)

许振庆（1899—?），开平人。民国十一年（1922）进入广州流水井崇正医馆，师从岭南伤寒名家黎庇留习医四年。曾任广东光汉中医专门学校、广州汉兴国医学校教师，广州中医学院儿科教研室教师、医师。编有《伤寒论讲义》。(《岭南医学史·中》)

严逢，字时鉴，高明人。严缨长子。明弘治十四年（1501）辛酉举人，授湖南龙阳训导，卒于任。著有《记讲绪馀》。(康熙八年，康熙二十九年《高明县志》卷十三，光绪《高明县志》卷十三)

严贯，明高明人。著有《庐居稿》一卷。(道光《肇庆府志》卷十八，康熙八年《高明县志》卷十八)

严焕文，清四会人。生员。光禄寺署正。以子其宽赠奉直大夫，提举衔两淮泰州运判。道光间汇订《四会县志》。(道光《四会县志》卷首)

严既澄（1899—?），原名锲，号镂堂，笔名严素，以字行，四会人。自上海明城中学毕业后赴日本横滨留学。回国后入北京高等工业学校化学科，同时在北京大学旁听英文系、哲学系课程。民国十年（1921）就职于商务印书馆。后任文治大学、上海大学教授，杭州盐务学校及浙江省立第一中学教员，北京大学、北京师范大学讲师，中法大学、岭南大学教授，杭州《三五日报》副刊编辑等职。译有《进化论发见史》《怀疑论集》《现代教育的趋势》《教学的七个法则》《水孩子》。编纂《儿童小说》。著有《苏轼诗选注》、《拊掌录》《初日楼少作》《初日楼诗》一卷、《驻梦词》一卷、《儿童诗歌》。(《广东历代诗钞》卷七，《世界儿童文学事典》，《20世纪中华人物名字号辞典》)

严梦，民国四会人。著有小品文集《美丽的夏天》、独幕剧《曼殊的春梦》《碧血代替唇脂——上海事变中的青年战士日记》、中篇小说《没落的恋人》。(《中国新文学大系1927—1937》，1996年《四会县志》)

严丕扬，高明人。清嘉庆十一年

（1806）丙寅岁贡，道光十五年（1835）任文昌训导，分纂《（道光）高明县志》。（道光《高明县志》卷十二）

严士泰，清四会人。生员。道光间汇订《四会县志》。（道光《四会县志》卷首）

严思本，清四会人。职员。道光间汇订《四会县志》。（道光《四会县志》卷首）

严文楷，字漳滨，四会人。清道光元年（1821）辛巳岁贡。十赴省试，屡荐不售。年五十，屏迹林泉，绝意进取，专以著书赋诗为事。著有《漳滨诗集》四卷，失于兵燹。（光绪《四会县志》编七）

严锡龄，字鹤田，阳江人。清咸丰六年（1856）丙辰补行五年乙卯科举人。著有《医书》，未刊。（民国《阳江志》卷三十）

严缨（1441—?），字宗冕，高明人。明成化二十一年（1485）以岁贡授融县训导，升石城（南京）王府教授。后辞官归里。著有《遗教录》一卷。（康熙八年、康熙二十九年《高明县志》卷十三）

严逾，字时镇，高明人。严缨次子。明弘治十一年（1498）戊午举人，任广西河池知州。逾年，因母老辞官归里。毕生好学，手不释卷。著有《有定集》二卷。（康熙八年、康熙二十九年《高明县志》卷十三，道光《肇庆府志》卷十八）

严贞，字道兴，高明人。明嘉靖四十二年（1563）癸亥岁贡，任长宁教谕。四十年（1561）纂辑《高明县志》。（光绪《高明县志》卷十三）

严中英，字乐吾，清四会人。邑庠生。幼聪慧，尤善应变。十二岁时被广宁县山贼掳去，卒以智脱归。乡人有斗，好排难解纷，乡人多听其言。著有《家训》一卷。（光绪《四会县志》编七）

杨炳勋，字伯庸，号晴帆，清恩平人。著有《问鹏山馆诗钞》一卷、《问鹏山馆续钞》一卷附《试帖诗馀》。（《广东文献综录》，高校古文献资源库）

杨从尧，字中郎，一作仲郎，高明人。十五岁以学行知名。工诗赋，善撰述，尤精楷书。明崇祯十五年（1642）壬午岁贡，名士出其门者百余。著有《梦花窗集》（一作《梦花窗稿》），藏于家。（康熙八年、康熙二十九年《高明县志》卷十三，道光《肇庆府志》卷十八）

杨大和，一作杨太和，高明人。明嘉靖四十年（1561）辛酉岁贡，任武平教谕。纂辑《（嘉靖）高明县志》。（光绪《高明县志》卷十四）

杨迪修，字念将，高明人。杨溥名长子。清康熙五十一年（1712）壬辰岁贡。知县聘修《（康熙二十九年）高明县志》，精核大备。晚年游姑苏，沿途题咏。著有《苇园草前集》《苇园草后集》。（光绪《高明县志》卷十三）

杨蕃，字植卿，四会人。明万历八年（1580）庚辰岁贡，任江西万年训导、福建连江县教谕，迁益府教授。归里后，尤苦志诵读，工图画，以栽花自适。著有《观光草》（一作《观光集》）、《静堂集》。（康熙二十七年《四会县志》卷十五，光绪《四会县志》编七）

杨芳世，字馨甫，高明人。清雍正五年（1727）丁未岁贡，任四川长宁县训导，以德行文章教育诸生，视诸生如子弟。著有《四书讲义》《针文集》。（道光《肇庆府志》卷十九，光绪《高明县志》卷十三）

杨公俊，字丕颟，号应山，阳春人。千户杨巽子。弱冠补弟子员，年四十二岁膺岁荐。颇负经济才，通达时事。清康熙初军事旁午，夫役浩繁。倡照税均摊之议，果使人无偏累，民力以苏。康熙三十年（1691）邑中大饥，出粟平籴。与同志捐金建"尊经阁"及"飞云楼"。所与交皆当世名流，朝夕饮酒赋诗。终年五十二。纂辑《（康熙）阳春县志》。著有《我闻轩稿》（一作《我闻轩集》）。（乾隆《阳春县志》卷十一，道光《阳春县志》卷十）

杨敬修，字日将，高明人。清康熙五十七年（1718）戊戌岁贡。常读小学《嘉言》《善行》两篇，乃摘录遗事，汇成一帙，题曰《小学后书》。（光绪《高明县志》卷十三）

杨开鼎，阳春人。清道光间贡生。为生员时同辑《（道光）阳春县志》。（民国《阳春县志》卷十四）

杨龙，高明人。道光元年（1821）辛巳恩贡，序选教谕。分纂《（道光）高明县志》。（道光《高明县志》卷十二）

杨溥名，字遍德，高明人。杨迪修父。清康熙二十年（1681）由廪生捐贡，历任新宁、徐闻教谕。辞官后，虽年已八旬，犹好学不倦。邑令命制"闻籁草堂"额其居。著有《浣花溪诗集》。（光绪《高明县志》卷十三）

杨绍程，字翠庭，高明人。博通经史，善属文词。以岁贡授清远训导，升揭阳教谕。明嘉靖末，邑令徐纯聘其纂辑《高明县志》。（康熙八年《高明县志》卷十三，光绪《高明县志》卷十三）

杨廷镜，清阳春人。附贡，授即用县丞。同辑《（道光）阳春县志》。（道光《阳春县志》重修衔名）

杨一枝（？—1822），字维纲，号月林，高明人。以主静为宗，手不释卷，人称"书痴"。廪生出身，屡试不第。以明经任河源、揭阳教谕。著有《滴翠山房课稿》。（光绪《高明县志》卷十三）

杨有声，字比雷，高明人。清顺治五年（1648）戊子岁贡，授琼山训导。中十七年（1660）庚子举人，拣选至部，以老致仕。分辑《（康熙八年）高明县志》。（光绪《高明县志》卷十三）

杨遇宠，高明人。清嘉庆二十三年（1818）戊寅岁贡，序选训导。分纂《（道光）高明县志》。（道光《高明县志》卷十二）

姚仲韶，字以高，高要人。十岁为诸生。明嘉靖元年（1522）壬午举人，任永安知县，卒于官。著有《屏桐遗稿》。（道光《高要县志》卷二十，宣统《高要县志》卷十八上、卷二十一）

叶定邦，号屏侯，清新兴人。附贡生。工吟咏，讲学授徒，恬然自乐。晚年与同邑结吟花诗社，互相唱和。年八十五卒。辑有《吟花社诗集》（一作《吟花社遗稿》）。（民国《新兴县志》卷二十三）

叶广祚，字绪维，又字昀倩，号茶山，又号明传，新兴人。清顺治八年（1651）辛卯岁贡。博学能文，尤精针灸之术。编辑《（康熙二十六年）新兴县志》。著有《茶山月令》《诗参》《史参》《荔谱参》《采艾篇》等，尤以《采艾篇》影响最广，潘毓珩为之序。（民国《新兴县志》卷二十三，《岭南医籍考》）

叶会时（1691—？），字正荄，封川人。叶向明子。清乾隆三年（1738）戊午举人，七年（1742）壬戌成进士。以母老改就儒官，迁惠州府教授。未几，卒。编校其父所著《封川县志》。（道光《封川县志》卷七）

叶际时，字宏荄，封川人。叶向明子，叶会时弟，与兄齐名。为文沉雄博大。清雍正十三年（1735）乙卯举人，乾隆二年（1737）丁巳成进士。授番禺教谕，未至官而卒。编校其父所著《封川县志》。著有《玉堂诗钞》一卷。（道光《封川县志》卷七）

叶洁芸（1882—1952），原名毓坤，字光照，以号行，新兴人。清末庠生。毕业于广东法政学堂，历任南海初级检察官、监察检察官，新会商埠地方检察厅检察官，广州地方审判厅民庭推事，广东第八区善后处执法官，新兴县知事，国民党军第八路军总司令部中校军法官，国民党军第一集团军总司令部军法处上校执法官，琼山、阳春、增城、开平等县县长。民国三十六年（1947）回乡，任县修志局局长，总纂《新兴县志》。经定稿而未付印。（1993《新兴县志》第五编、第七编）

叶觐光，更名彝光，字朝康，号亦宾，又号云葆，鹤山人。清咸丰元年（1851）辛亥岁贡，任大埔、遂溪、从化训导，西宁、揭阳教谕，咸安宫教习，湖南龙山、桂阳知县。著有《肄雅堂遗集》十二卷、《叶云葆年谱》一卷等。（民国《鹤山县志》卷十，2001年《鹤山县志》）

叶千章，封川人。叶向明曾孙。增生，编录其曾祖所著《封川县志》。（道光《封川县志》卷八）

叶向明，又作叶向日，封川人。叶会时、叶际时之父。清雍正五年（1727）丁未岁贡。康熙五十七年（1718）纂辑《封川县志》。（道光《封川县志》卷八）

叶雄飞，原名兆兰，字佩芳，号湘南，清新兴人。工诗及古文辞，为文博极幽峭。屡试不售，以授徒为生。年五十六卒。著有《四书辑》五卷、《宝善录》二卷、《愿学斋文集》一卷、《愿学斋诗集》二卷。（民国《新兴县志》卷二十三）

叶勰封，封川人。叶会时子。清乾隆二十七年（1762）壬午举人。墨守程朱，讲学三十年。续辑其祖所著《封川县志》，成《辑补封川县志》三卷。（道光《封川县志》卷七）

叶裕樑，新兴人。民国间编纂《新兴县志》。（民国《新兴县志》重修职名）

叶重华，清初新兴人。辑《叶氏渊源集》，兵宪孙应机、知县李长庆为之序。（乾隆《新兴县志》卷二十九）

易崇端，号若樵，民国鹤山人。著有《浣墨池馆诗草》一卷、《梅兰菊竹百咏》一卷。（民国《鹤山县志》卷十五）

易次乾（1880—1942），鹤山人。毕业于广东黄埔水陆学堂、水雷学校。民国间历任中国同盟会江西支部副会长、北京政府农林部编纂、公报处处长、众议院议员、金星保险公司总理、"护法国会"众议院议员、蒙藏院副总裁等职。与何颖泉合译《英国最近五命离奇案》，清光绪三十三年（1907）由香港小说编译社出版。（《近代汉译西学书目提要》《中国国民党百年人物全书·上》）

易景陶，字守卫，号君山，清鹤山人。易其霈族兄。任官曲阜，历游燕、赵、楚、豫、江淮间。归里后，以诗画自娱。著有

《百石山房诗钞》，佚。(民国《鹤山县志》卷十五)

易巨荪(？—1913)，名易庆棠，以号行，又号巨川，鹤山人。清末执业于广州城西关小半甫。著有《集思医案》《集思医编》(佚)。(《岭南中医》第一章，《岭南医籍考》，《岭南医征略》)

易澜光(1792—1866)，字锦华，号晓川，鹤山人。经商，喜诗文。著有《寄闲堂诗集》二卷。(民国《鹤山县志》卷十五，2001年《鹤山县志》)

易麟阁，鹤山人。毕业于广东高等师范学校，以教学为业。流寓澳门，仍任教席。擅长音乐。著有《啸濠集》《中国抗战大事记》《法学通论》。(《广东历代诗钞》卷九，《澳门诗词笺注·民国卷下》)

易其彬(1837—？)，字麟叔，号渔秋，鹤山人。易澜光子。清同治元年(1862)壬戌贡生，候选教谕。著有《寄闲堂诗后集》八卷(一作《寄闲堂后集》十卷)。(民国《鹤山县志》卷十五，2001年《鹤山县志》)

易其滉，清鹤山人。易澜光子。著有《守恕堂诗钞》。(《清代稿钞本》第42册)

易其霈，字公亮，号蒲香，清鹤山人。增贡生，考选训导。著有《资治通鉴纲目前编窃议》二十五卷、《四益友楼文钞》(一作《益友轩文集》)五卷。(民国《鹤山县志》卷十五，《贩书偶记续编》卷五)

易谦，清鹤山人。著有《金石楼诗钞》。(民国《鹤山县志》卷十五)

易孺(1874—1941)，初名易廷熹，别名大厂、无念、不玄等，字季复、季馥，号魏斋、韦斋、睟民、孺斋、屯公、念公、卫斋等，自号大厂居士，鹤山人。清末就读于广州广雅书院、上海震旦书院，又东渡日本习师范科。尝从杨仁山习禅。博学多才，能诗词，工书画，通音律，精金石治印等。为陈澧再传弟子。民国元年(1912)参加辛亥革命，任胡汉民秘书。后任《冰社》社长，北京高等师范学校、国立音乐专门学校、暨南大学教授，印铸局技师等职。拓《北周要经洞摩崖》一册。辑《唐宋二大诗宗集》《北宋三家词》《幸斋活夏词选》《大厂集宋词帖》。篆刻《诵清芬室藏印》。与萧友梅合作《韦斋新歌曲》《中西音乐溯源》等。著有《双清池馆诗词录》二卷、《大厂词稿》、《宜雅斋词》、《寿楼春课》一卷、《和玉田词》、《韦斋曲谱》、《杨花新声》、《孺斋丁戊稿》一卷、《大厂居士遗墨选刊》、《大厂集宋词联帖》、《守愚斋题画诗词残存录》、《大厂印谱》、《大厂印综》、《大厂印存》、《大厂画集》、《珱亭印谱》、《魏斋钵印集》、《封泥集拓》、《中国金石史》等。(民国《鹤山县志》卷十五，《民国人物大辞典》，《广东历代诗钞》卷七，《岭南历代词钞》)

易学清(1841—1920)，号兰池，鹤山人。清咸丰九年(1859)己未举人，同治七年(1868)戊辰进士，钦点六部主政，签分户部湖广清吏司行走。尝主讲于端溪书院、羊城书院达二十余载。后任广东谘议局正议长。纂修《续广东通志》《易修礼堂家谱》。(民国《鹤山县志》卷十，《广东历代诗钞》卷四)

易友兰，字正卿，号绮石，鹤山人。诸生。清嘉庆十九年(1814)参与集资修建"坡亭"。著有《玉井山房诗钞》、《五百四峰诗选》一卷等。(《岭南群雅初补》，民国《鹤山县志》卷十五)

易钰光，字玉光，鹤山人。清咸丰六年

（1856）丙辰补行乙卯科举人。著有《适愚文诗草法》二卷。（民国《鹤山县志》卷十、卷十五，《香港鹤山同乡会会刊》）

殷鼎，阳春人。生员。清康熙间纂辑《阳春县志》。（康熙《阳春县志》卷十一）

余棨谋，字心符，高要人。民国二十一年（1932）任开平县县长，主修《开平县志》四十五卷。民国二十四年（1935）任清远县县长，继前任审定印行《清远县志》二十一卷。（民国《清远县志》卷九）

袁绍昌，清四会人。副贡。道光间汇订《（道光）四会县志》。（道光《四会县志》卷首）

袁梓贵（1817—1866），字仲芳，一字琴知，高要人。清道光二十四年（1844）甲辰举人。四上公车不第，家居授徒，在城南构"小潜楼"，且耕且读。少即工书，中年益进。工诗文，善为蝇头小楷。研易经天文，尝制天球。著有《小潜楼遗集》十二卷（《诗集》八卷、《文集》四卷）、《舟车汇草》，另有《天文图考》数十万言。（宣统《高要县志》卷十八下、卷二十一，《贩书偶记》卷十八）

源赴期，清鹤山人。著有《重修源氏族谱》一卷。（道光《鹤山县志》卷十）

曾健，清阳江人。增生。授徒谆谆不厌，为文屡易其稿，一丝不苟，劳瘁以至呕血。辑《四书融注萃义》。（道光《肇庆府志》卷二十一，道光《阳江县志》卷六）

曾丰，广宁人。清道光元年（1821）辛巳恩贡。参与编纂《（道光）广宁县志》十七卷。（道光《广宁县志》卷十）

曾利见，高明人。清嘉庆十四年（1809）己巳恩贡，序选教谕。分纂《（道光）高明县志》。（道光《高明县志》卷十二）

曾跃鳞，字子龙，南恩州（今阳江市）人。精通经史，为诗文下笔立就。南宋淳熙五年（1178）戊戌进士，历任罗源主簿、汀州通判、监察御史。著有《曾子龙集》，佚。（道光《阳江县志》卷六，道光《广东通志》卷二九六）

曾云程，字万里，高明人。清乾隆十八年（1753）癸酉选贡。远近之士，钦其行高学博，多受业于门。晚年怡情山水，饮酒赋诗。著有《西山集》，藏于家。（道光《肇庆府志》卷十九，光绪《高明县志》卷十三）

詹致，字和山，广宁人。清嘉庆十九年（1814）甲戌岁贡。参与编纂《（道光）广宁县志》十七卷。（道光《广宁县志》卷十）

张伯璜，号玮轩，清开平人。武举张庆子。增贡生，特授琼州府训导兼署教谕。著有《文庙纪略》六卷、《清河瓣香集》。（民国《开平县志》卷三十八）

张潮，字耀任，号晓江，开平人。入读粤秀书院四年。清道光二年（1822）壬午岁贡，主义学讲席。为廪生时分纂《（道光）开平县志》。（民国《开平县志》卷三十三）

张鼎勋，字鲁安，号量今山人，开平人。清光绪二十七年（1901）辛丑补行庚子恩科举人，签分福建，补用盐大使。民国二十一年（1932）分纂《开平县志》。著有《学疑》一卷、《元学》、《量今诗存》一卷、《量今杂志》一卷。（民国《开平县志》卷二十五）

张敷文，民国鹤山人。著有《秃毫馀藩》。（民国《鹤山县志》卷十五）

张光岳，清开平人。广宁县庠生。分纂《（康熙十二年）开平县志》。（民国《开平县志》卷三十三）

张国祚，字子绵，号飓庵，开平人。清顺治十四（1657）丁酉副贡，任山东阳谷县丞，署阳谷县事。告归，卒于家。参与纂辑《（康熙十二年）开平县志》。（民国《开平县志》卷三十三）

张翚飞，字昭宇，别字寅卿，四会人。清嘉庆二十一年（1816）丙子举人。道光六年（1826）丙戌进士，历任四川荣县、彭水知县。其性和平，文如其人，尤耽吟咏。著有《隆溪草堂诗集》一卷，兵燹后亡佚。（光绪《四会县志》编七）

张鉴，字子慎，号借堂，阳春人。年五十三始成贡生，任信宜训导。解组归，年七十四犹勤学不倦，手辑《文艺删补》《四书大全》《评选唐诗》。纂辑《（康熙）阳春县志》。（乾隆《阳春县志》卷十一，道光《肇庆府志》卷十九）

张矿，阳春人。生员。清康熙间纂辑《阳春县志》。（康熙《阳春县志》卷十六）

张洒瑞，开平人。年十五补诸生，由廪贡生历任龙门、儋州儒学训导。清光绪十七年（1891）辛卯举人，任龙门教谕。著有《松峰草堂诗草》。（民国《开平县志》卷三十四）

张其典，高明人。清道光二十年（1840）庚子举人，任新会教谕，升廉州府教授，授中书内阁衔。光绪间分纂《高明县志》。（光绪《高明县志》卷十二）

张启琛（1872—?），字葩初，开平人。精通古文，清光绪十七年（1891）辛卯副贡。废科举后，宣统二年（1910）礼部举贡会考第一名殿试三等，授江西补用知县。民国三年（1914）任《开平日报》主编。后当选为广东省议会议员。编纂《苍城骊唱集》。光绪间纂修《开平乡土史》。辑有《宋三家经义》。著有《周礼管窥》。（光绪《开平县志稿》，民国《开平县志》卷三十四）

张启煌（1859—1941），字筱峰，开平人。张启琛兄。受业于顺德简岸读书草堂，博通经史。清光绪二十九年（1903）癸卯举人，授山西补用知县。辛亥革命后设帐澳门，旋赴香港创设原道书院。分纂《（民国）开平县志》。编有《帖联汇编》《论学提要》等。著有《晴春阁》五卷、《亦吾师离诗集》、《说文解字汇言》、《学门术要》、《五经述训》、《朱九江先生集注》一卷、《朱九江先生年谱注》一卷、《殷粟斋集》二十六卷等。（民国《开平县志》卷二十五，《广东文徵续编》）

张绶琮，开平人。清乾隆五十四年（1789）己酉恩科举人。纂辑《（道光）开平县志》。（民国《开平县志》卷三十三）

张思浚，开平人。清嘉庆十八年（1813）癸酉拔贡生。分纂《（道光）开平县志》。（道光《开平县志》重修姓氏）

张铦，字孔进，号双峰，清开平人。喜吟咏，以文章、经术自娱。居住双峰寺下，有终隐之志，故以之自号。著有《双峰诗稿》。（民国《开平县志》卷三十四）

张廕星，阳春人。生员。清康熙间纂辑《阳春县志》。（康熙《阳春县志》卷六）

张应龙（1765—1800），字孟仁，号平

渊，开平人。通六经，尤精研易学。卒于端溪书院。著有《读易随笔》二卷。（民国《开平县志》卷三十三）

张云（1896—1958），字子春，号乐鍏，开平人。民国二年（1913）考入武昌高等师范学校，毕业后任菲律宾怡朗华侨商业学校校长。民国十年（1921）赴法国里昂大学留学，获天文学博士学位。任中山大学教授兼天文台主任、校长等职。创建中山大学天文台。民国三十五年（1946）应邀赴美国哈佛大学讲学。新中国成立后，定居香港，任教于香港珠海书院和浸会书院。著有《高等天文学》《普通天文学》《变星研究法》《星球和原子》等。（《民国人物大辞典》，2002年《开平县志》）

赵国柱，字石臣，清高要人。诸生。著有《花南诗草》（一作《花南书屋诗存》）。（宣统《高要县志》卷二十一，《国朝诗人徵略二编》卷五十八）

赵良诜，别号偶峰，新兴人。明万历二十四年（1596）丙申岁贡，任平乐府教授，后摄篆昭平，多惠政。致任归，弹咏自娱，潇洒物外。博学，能诗文。卒年八十余岁。参与编纂《（万历）新兴县志》。著有《长啸集》十二卷。（乾隆《新兴县志》卷二十三，道光《肇庆府志》卷十八，民国《新兴县志》卷二十三）

甄芑，字龙水，开平人。清顺治十四年（1657）丁酉举人，任化州学正，卒于官。参与编纂《（康熙）开平县志》。（道光《肇庆府志》卷十九，民国《开平县志》卷三十三）

郑国一，字惟超，明恩平人。以明经任浔阳教谕，在官六载，深得士心。署湖口县篆，值税赋横暴之后，力为绥辑。当道思以大用之，辄引病归。著有《薄游草》。（道光《肇庆府志》卷十八，道光《恩平县志》卷十四，民国《恩平县志》卷十九）

郑海鲲，高要人。民国十四年（1925）任县景福围副总。著有《妇科辑要略论》《痘疹便览总论》。（《岭南中医》第一章）

郑珊，字瑶轩，一作瑶卿，清恩平人。工诗善文。适同乡举人、山东平原知县冯德潘。著有《三听楼诗钞》一卷，佚。（民国《恩平县志》卷二十一，《广东历代诗钞》卷二）

郑轼，字晋藩，恩平人。博闻强记，淡于名利，邑人称为"郑书匮"。清康熙间（一作顺治初）两中副榜。以岁荐终老。二十七年（1688）邑令佟世男聘修《恩平县志》。（道光《肇庆府志》卷十九，民国《恩平县志》卷十九）

郑嵩京，清恩平人。监生。乾隆间分纂《恩平县志》。（乾隆《恩平县志》修辑姓氏）

郑廷修，清恩平人。道光间分纂《恩平县志》。（道光《恩平县志》修辑姓氏）

郑文锐，恩平人。清光绪十五年（1889）己丑岁贡，咸丰六年（1856）特授河源县儒学训导，连复三任。协修《（同治）河源县志》。（同治《河源县志》纂修官绅衔名、卷四）

郑英兰（1859—1928），字远芳，号芷芗，又号介山樵叟，阳春人。清末监生。宣统间定居苏公祠，行医济世。民国初发动各界人士捐资创办博爱善堂，免费为民众医病。德高行洁，乐善好施，为时人称颂。善画墨竹。著有《芷园兰竹集》。（1996年《阳春县志》）

值匡时，清开建人。辑修《悖通考》五卷。（1998年《封开县志》）

植奇举，开建人。清乾隆七年（1742）进庠，五年后享饩廪。年三十二卒。著有《四言小学》一卷、《勉学要言》一卷。（道光《开建县志》卷十）

钟鼎，号树岚，清鹤山人。著有《小东山房诗集》四卷。（民国《鹤山县志》卷十五）

钟颖明，高要人。生员。清康熙十二年分辑《高要县志》。（康熙《高要县志》卷一）

钟志伊，高要人。清顺治八年（1651）辛卯举人。分辑《（康熙）高要县志》。（康熙《高要县志》卷九）

钟仲裕，字懋亭，鹤山人。清乾隆己卯年（1759）参加县、府、院科举考试，连中三元，人称"小三元"。由拔贡任徐闻教谕，每与生徒讲解经书，剖析奥义，终日不倦。又修缮学舍，建修义学、奎楼、学宫。以劳心学校厥功甚伟，升廉州府学教授，致仕归。著有《易准》二卷、《中庸说略》一卷、《通书说略》一卷、《家规集训》五卷。（道光《鹤山县志》卷十，道光《肇庆府志》卷二十一）

周昌，明开平人。编纂《续修波罗周氏谱》《古周李氏谱》。（民国《开平县志》卷三十八）

周承诰，高要人。参与纂辑《（宣统）高要县志》。（宣统《高要县志》卷二十二）

周殿康（1884—1977），原名以光，字庄勋，别字军表，广宁人。清光绪三十二年（1906）任广宁县劝学所所长、文献会会长。宣统元年（1909）考取第一名拔贡。民国初任广宁县督学局局长、县修志局局长，后在广州广雅中学、广才中学、法商学院、广宁中学附师任教，民国三十四年（1945）任广宁县立简易师范学校校长。病逝于香港。著有《不除窗草斋文选》等。（1994年《广宁县志》）

周敬夫，元开平人。与周谊夫同修《蚬冈周氏谱》。（民国《开平县志》卷三十八）

周明，字亮夫，又字量父，别署量富、疾仇，民国开平人。南社诗人。著有《忆霞忏语》。（《中国近现代人物名号大辞典》）

周南邨（1868—1957），广宁人。清光绪三十四年（1908）弃教改医，民国元年（1912）开始行医。曾任南街广和堂药店常年国医国药顾问、广宁县中医公会第一届常务理事、中央国医馆广宁支馆筹备员。医德高尚，医术精湛。著有《伤寒真谛》六卷、《医馀笔录》三卷、《中医改进概论》一卷、《医学说略易知》二卷。（1994年《广宁县志》）

周燧，高要人。清道光二年（1822）壬午解元。参与纂辑《（道光）高要县志》。（道光《高要县志》卷十七）

周易贞，明开平人。纂修《波罗周氏谱》《古周李氏谱》。（民国《开平县志》卷三十八）

周谊夫，元开平人。与周敬夫同修《蚬冈周氏谱》。（民国《开平县志》卷三十八）

周应星，号庚晃，清初开平人。编纂《续修波罗周氏谱》《古周李氏谱》。（民国《开平县志》卷三十三）

周永镐，号鄂林，高要人，原籍新会，其高祖清初避乱至高要，遂家焉。清道光间岁贡，咸丰元年（1851）举孝廉方正。授徒数十年，与林召棠、苏廷魁、黄登瀛等时以诗文相往还。著有《龙顶山房吟草》四卷。（宣统《高要县志》卷十八下，《高要前代名人著述汇钞》）

周友杰，广宁人。清嘉庆二十三年（1818）戊寅岁贡。参与编纂《（道光）广宁县志》十七卷。（道光《广宁县志》卷十）

周裕琉，字待旃，广宁人。明崇祯十五年（1642）壬午举人，知山东茌平县，升行人司行人。著有《茌山草》、《四书一旨》、《六书考》（一作《六书四考》）等。（乾隆《广宁县志》卷七，道光《肇庆府志》卷十八）

周元高，高要人。清咸丰十一年（1861）辛酉举人，任景山官学教习、番禺训导、广州教授。重修《蛟塘周氏族谱》。著有《尚书批本》二卷、《镜清堂诗文集》四卷。（宣统《高要县志》卷二十一）

周振陛（1763—？），号龙冈，高要人。清乾隆间国学生，敕封文林郎。著有《龙冈遗稿》。（宣统《高要县志》附志上）

周中誉，字燕五，清广宁人。邑庠生。博览群书，善记诵。屡试不售，遂肆志医学。乾隆间分辑《广宁县志》。（道光《广宁县志》卷十一）

周钟岳，字毓初，开平人。民国间分纂《开平县志》。（民国《开平县志》重修职名）

附：罗定州

蔡廷锴（1892—1968），字贤初，罗定人。毕业于广东护国军第二军讲武堂第三期，任粤军第一师第四团连长、大本营补充团营长。参加东征、北伐和南昌起义，历升第十师中将师长、第十九路军总指挥、福建绥靖公署主任。民国二十二年（1933）十一月与李济深等发动福建事变，失败后赴欧洲考察。抗日战争爆发后，历任南京军事委员会上将参议、粤桂边区总司令、中国国民党革命委员会中央常委兼财政部部长等职。授陆军上将。新中国成立后，任中国国民党革命委员会中央委员会副主席。著有《海外印象记》《蔡廷锴自传》。（1994年《罗定县志》）

岑国士，字圣用，号锦江，清西宁人。廪膳生。著有《锦江集》。（道光《西宁县志》卷十，民国《旧西宁县志》卷二十六）

陈球图，字华宗，清罗定州人。著有《得心编》一卷，刊于光绪二十年。（民国《罗定志》卷八）

陈汝松（1855—1951），字墨樵，号娱园老人，一号醉墨，又号龙冈卧月樵者，笔名墨庄，清末罗定人。县学生员，以教学为业。工诗和骈文，与黄元白首倡泷声诗社。分纂《（民国）罗定县志》。著有《课绿簃诗草》《红梅杂咏》《泷州公园杂咏》等，多散佚。（民国《罗定志》，《广东文徵续编》，《罗定历代诗选》）

陈文元，字仁黼，罗定人。清乾隆六年（1741）辛酉岁贡，任封川教谕，署香山教谕，代理香山知县。性喜吟咏，著有《仁黼存草》一卷，未刊。（民国《罗定志》卷六、卷八）

陈异光，号月访，西宁人。清咸同间廪贡生。辑《环竹庄同人唱酬诗集》，未刻。（民国《旧西宁县志》卷二十六）

陈应义，号小朴，罗定州人。清咸丰间附生。以儒医名于时，又精星算之学。时未有电话交通，应义能击竹传声，在一二里内互通消息。编有《日历通书》，未行世。（民国《罗定志》卷七）

陈子锴（1855—1932），字维鑫，号汉臣，罗定州人。早年就读于广雅书院。清光绪二十九年（1903）癸卯优贡，署新兴县训导。升即用知县，分发湖北。亦曾任省立八中语文教师、总统府顾问、中华民国第一届国会第二期常会参议员、广州《越华报》主笔。民国二十年（1931）受聘续纂《罗定志》。（民国《罗定志》卷六，1994年《罗定县志》，陈建炎著《火花》）

邓发（1906—1946），原名元钊，化名邓广铭、邓英明、方林、易林等，云浮人。参加过香港海员大罢工、省港大罢工、广州起义。曾任省港罢工委员会工人纠察队队长、中共广州市委书记、香港市委书记、广东省委组织部长、八路军驻新疆办事处主任、中共中央党校校长等职。因飞机失事遇难。著有《谁爱护青年？谁戕害青年？》，与人合著《论公营工厂》《职工运动问题》等。（《20世纪中华人物名字号辞典》）

邓金蕭，罗定州人。清康熙十四年（1675）乙卯贡生。编辑《（康熙）罗定直隶州志》。（康熙《罗定直隶州志》卷六、卷八）

杜良田，字芷秋，罗定州人。清光绪十一年（1885）乙酉拔贡，官八旗教习。著有《蒙求集》《芝樵四字经》一卷。（民国《罗定志》卷六、卷八，《广东文献综录》）

傅世弼，号亮四，罗定州人。清同治间立军功。业医数十年，以外科著名。著有《外科辨症》，未刊。（民国《罗定志》卷八）

戈息，字东谷，一字牧牛，人称"石楼先生"。原籍广德州建平县人，占籍西宁。十五六岁即出游名山大川，徜徉自适。壮岁入罗浮，继而至西宁，补弟子员。著有《石楼集》四卷。（民国《旧西宁县志》卷二十五）

关世楷，号仰三，清光绪间西宁人。邑增生。少禀庭训，读书敦行，亦能亲接祖传，业医济人。著有《伤寒相舌浅说》一卷、《随所寓斋诗稿》一卷，均未刻。（民国《旧西宁县志》卷二十三）

关信，字近恕，自号新冈山人，清乾隆间西宁人。尝赴学院试，因耻于考场歪风，转而专攻岐黄之术，名噪一时。见微知著，用药如神。年九十四，无病而终。著有《伤寒证治揭要》二卷。（民国《旧西宁县志》卷二十三）

关英贤，字钟秀，清嘉庆间西宁人。关信侄孙。受业于信，而传其术，亦以医擅名于时。年九十二卒。著有《四诊辨证辑要》一卷。（民国《旧西宁县志》卷二十三）

何庚生（1833—1927），字梦星，以字行，号觉盦，西宁（后改郁南）人。有清才，好吟咏，工绘事。不喜举子业，援例捐监生。清同治元年（1862）抗击外匪有功，保举从九品，分发广西。光绪元年（1875）改分浙江。历署钱塘、安溪税课大使，长兴、余杭、兰溪等县典史。淡于荣进，自颜所居曰"安所遇斋"。工书画，辛亥革命后，写字绘画以自给。著有《觉盦诗存》二卷、《觉盦杂记》、《历代画家小史韵编》

（一名《历代画家小史辑览》）四卷，均未刻。（民国《旧西宁县志》卷二十三，《岭南画徵略补遗》）

何其彬（1808—1890），字中山，清西宁人。何庚生父。少习八股文，屡试列前茅不售。性冲淡，善琴，好吟咏，每寄傲山水以适其志，间或雕刻。暇日辄集附城聪俊子弟研究音律，授以制琴之法。尝自制一琴，号"小春雷"，尤为古调独弹。咸丰甲寅之乱，以襄办堵匪有功，褒奖六品顶戴。著有《琴谱》一卷、《何中山诗稿》（一名《中山老人诗稿》）一卷，均未刻。（民国《旧西宁县志》卷二十二）

何其遇，西宁人，原籍顺德。清康熙十九年（1680）庚申贡生，未报部，病故。纂辑《（康熙）西宁县志》十卷，已佚。（民国《旧西宁县志》卷二十、卷二十六）

胡彬然，号伯均，清光绪间西宁人。三水诸生，主桂河螺溪精舍讲席。辑《螺溪诗话》一卷，未刻。（民国《旧西宁县志》卷二十六）

胡其焕（1847—1928），号凤生，一作凤笙，罗定人。县学生员，后进广州广雅书院就读三年。清光绪二十三年（1897）丁酉拔贡。创办县立高等小学、女子高等小学并任校长，又任本县劝学所长，兼任罗定中学教员、罗定修志馆副总纂。精研天文，尝自制天体星宿仪。擅长水墨画。民国间协纂《罗定县志》。（民国《罗定志》卷六，《罗定文史》第九辑）

胡树东，字湘吾，罗定州人。清光绪间增生。以医学名于时，又工画梅、菊。著有《六经治症解》，未刊。（民国《罗定志》卷八）

黄翰元（1855—?），号镜蓉，西宁（后改郁南）人。清宣统元年（1909）己酉拔贡，参加次年庚戌考，分湖南试用直隶州判。民国二十年（1931）分纂《西宁县志》。（民国《旧西宁县志》卷二十，《惠东文史》第三辑）

黄晖吉，字曜圃，罗定人。清乾隆四十二年（1777）丁酉拔贡。嘉庆九年（1804）任河源教谕。著有《曜圃诗钞》一卷，未刊。（民国《罗定志》卷六、卷八）

黄奇勋（1859—1922），又名兆勋，字琴舫，罗定州人。清光绪九年（1883）廪生。世袭云骑尉。设馆授徒，暇时治学。工诗书。晚年分纂《（民国）罗定志》。有《［琴舫］诗稿》若干卷，已佚。（民国《罗定志》卷六，《罗定历代诗选》）

黄权，字庚三，罗定人。谭宝川弟子。清道光十年（1830）庚寅岁贡生。广涉文史，在考证中时露卓见。著有《秋水山房遗稿》二卷，未刊。（民国《罗定志》卷六、卷八）

黄锡圭，字介垣，号禹廷，西宁人。清道光二十九年（1849）己酉岁贡。以砚田为业。留心掌故，重编《惠阳纪胜》，补吴骞《惠阳纪胜》所未备。（光绪《惠州府志》卷三十八）

江心传，清罗定人，流寓吴川。精日家术，时人呼为江半仙。著有《经元造命诀》《造命课格》。（光绪《高州府志》卷五十二，光绪《吴川县志》卷九）

金光绶，字印侯，号鹿亭，祖籍浙江，其父金璨初授顺德教谕，旋改补西宁训导，遂家焉。倜傥负才，好持公论。清雍正四年（1726）以明经贡太学，未报部，病故。康熙五十七年纂辑《西宁县志》。著有《燃灰集》。（民国《旧西宁县志》卷

二十二）

蓝珑，号岐峰，罗定人。清乾隆三十年（1765）乙酉拔贡。著有《学庸简义》，未刊。（民国《罗定志》卷六、卷八）

黎光曦，罗定州人。清康熙三年（1664）甲辰岁贡，六年（1667）任龙门县训导。康熙初年编纂《罗定州志》。（民国《罗定志》卷六、卷八，《广东方志要录》）

黎民望，字应期，号及泉，罗定人。明万历二十五年（1597）丁酉岁贡生，三十年（1602）任饶平县训导，寻补山东邱县知县，倡导道学。后知景州、义宁县，升镇宁知州。著有《请业录》《续太极图说》《鹤村笔谈》。（康熙《罗定直隶州志》卷六，雍正《广东通志》卷四十七，民国《罗定志》卷七）

黎诵尧，字敬斋，罗定人。清乾隆五十三年（1788）戊申岁贡。嘉庆二十年（1815）任阳江训导。著有《艺课诗稿》二卷。（民国《罗定志》卷六、卷八）

黎耀宗（1808—1867），字庭荪，号烟蓬，罗定州人。清道光十九年（1839）己亥举人。次年会试不第，遂以授徒为业。著有《听秋阁诗钞》十六卷、《听秋阁外集》八卷、《膦花唱和集》（未刊）、《听秋阁文集赋集》。（《清史稿·艺文志》，民国《罗定志》卷六、卷七、卷八）

李梅，字雪圃，罗定人。清道光间附生。著有《女子宝训》二卷，未刊。（民国《罗定志》卷八）

李熙载，字伯先，西宁人。博学能文，宋元丰八年（1085）乙丑进士。元符间任广东（一作广南）西路计度转运使，政声显著。官至朝请大夫。乡人称之为"李夫子"，有夫子井及夫子墓存留。著有《李熙载诗词集》（阮元《广东通志》作《李伯先诗词集》），已佚。（道光《西宁县志》卷十，道光《肇庆府志》卷十八，光绪《德庆州志》卷十一）

李友庄（1907—1989），罗定人。毕业于黄埔军校第五期工兵科。曾任汕头市军警督察处主任、第六十三军一五二师四五六团团长等职。1975年定居广州，任广州市政协文史资料专员。著有《罗浮山抗击日军纪略》。（1999年《肇庆市志》）

梁达廷，一作梁廷达，罗定人。清乾隆五十五年（1790）庚戌岁贡。嘉庆二十三年（1818）任会同县训导，同修《会同县志》。（嘉庆《会同县志》卷七）

梁大材，号玄液，罗定人。明万历二十年（1592）壬辰岁贡生。历任四川涪州州判、广西贺县知县、浙江宁波府通判、广西象州知州。回乡后筑"五柳居"，吟咏山水。著有《劭劳集》。（康熙《罗定直隶州志》卷六，民国《罗定县志》卷七）

梁廉夫，字子材，西宁人（一说广西贵县人）。清道光二十六年（1846）丙午科副贡。博学端品，乐行善事，行谊为一邑冠。教授生徒，门多知名士。历任灵川县教谕、百色厅学正、南宁府教授。后归故里，苦读史书，尤精岐黄。著有《不知医必要》《潜斋吟》《见闻录》。（《中药炮制学辞典》《清代医林人物史料辑纂》）

梁清，号渭川，清罗定人。清咸丰八年（1858）戊午岁贡生。著有《中庸阐微》一卷，未刊。（民国《罗定志》卷六、卷七、卷八）

梁树勋（1863—1934），字炳常，东安（后改云浮）人。清光绪二十三年（1897）

丁酉拔贡，历任崖州学正，廉州府、封川县训导。宣统元年（1909）分发江西宁都直隶州州判，辛亥革命前辞官归里。民国元年（1912）任县督学，民国七年（1918）当选广东省议会议员，又为香港中华圣教总会永远名誉会员。后回乡设帐授徒。纂修《泷东云浮梁氏族谱》。著有《双珠吟草》《南昌吟草》《梅花清咏》《姓氏骈锦》《干支纂要》《楹联存粹》及《怡园各体文汇钞》等。（《云浮文史》第四辑）

林朝桢（1859—1944），字柱臣，罗定州人。清光绪间生员。以教书为业。善诗，与泷声诗社陈墨樵、黄元白时相唱和。有《［柱臣］诗集》二卷，已佚。（《罗定历代诗选》）

林启燊，号熙园，清道光罗定州人。精堪舆，著有《率性地学》二卷。（民国《罗定志》卷七）

刘福金，字基生，一字诗樵，清光绪间西宁人。刘日荚长子。著有《观我斋诗钞》，未刻。（民国《旧西宁县志》卷二十六）

刘莲金，号式玉，清光绪间西宁人。刘福金仲弟。有《［式玉］诗稿》藏于家。（民国《旧西宁县志》卷二十六）

刘品金，号兼三，清西宁人。刘日楷子。少孤好学，师事仲父日荚、季父日华。著有《昨是斋诗钞》，未刻。（民国《旧西宁县志》卷二十六）

刘仁守，字诚存，一作诚全，号礼村，西宁人。清嘉庆十五年（1810）庚午岁贡。通六书，工篆刻，尤好吟咏。不喜习举业，闭户潜修，于屋旁建"螺溪书舍"，为藏书课读之所。倡建桂河书院。年七十七岁，无疾而终。分辑《（道光）西宁县志》。著有

《束修圭旨》二卷、《礼村印述》三卷、《静远堂诗草》三卷。（《国朝岭海诗钞》卷二十一，民国《旧西宁县志》卷二十二）

刘日华，号复卿，清咸同间西宁人。援例分发广西候补县丞。善琴，能诗画，兼工篆刻。著有《胸中楼阁诗集》，未刻。（民国《旧西宁县志》卷二十二）

刘日楷，号墨波，清咸同间西宁人，刘慎伯子。少颖悟，为文字好求深刻。累试不售，年四十赍志而殁。著有《蔗境轩诗集》，未刻。（民国《旧西宁县志》卷二十二）

刘日荚，号少韩，清咸同间西宁人，刘慎仲子。县学增生。工诗，《松心诗话》称其"年华鼎盛，汲古綆深，所谓于罗定获交三世诗人者也"。著有《诗芽池馆诗钞》，未刻。（民国《旧西宁县志》卷二十二）

刘慎之，号静甫，西宁人。刘仁守次子。增贡生。性耿介，好施与。清咸丰元年（1851）县令拟举以孝廉方正，慎之力却之。著有《补读书斋诗稿》（又名《补读书斋诗钞》）。（民国《旧西宁县志》卷二十二）

刘友金，字兰谷，清光绪间西宁人。刘福金季弟。有《［兰谷］诗稿》藏于家。（民国《旧西宁县志》卷二十六）

罗大鲲，字徙南，号松亭，西宁人。清雍正七年（1729）己酉举人。好吟咏，以训子读书自娱。康熙五十六年（1717）参与增修《西宁县志》。著有《垂云堂北行诗》一卷、《咏物诗》一卷。（道光《西宁县志》卷十，民国《旧西宁县志》卷二十二）

罗佳，字雅堂，西宁人。罗大鲲曾孙。

清嘉庆十三年（1808）戊辰举人，历任番禺教谕，兼代司训。道光九年（1829）分辑《西宁县志》，独任下乡征访。（民国《旧西宁县志》卷二十二）

莫朝璧，字国珍，号粤石，清道光间西宁人。邑诸生。著有《易学探源》十卷。（民国《旧西宁县志》卷二十六）

莫冈璧（1777—1818），字辉山，西宁人。潜心于经史、古文、性理之学。清嘉庆九年（1804）甲子举人，四上公车不第。与同年友张维屏、黄培芳、陈在谦交往甚密，常以道义相切磋。以疾卒。著有《敬修堂文稿》四卷。（民国《旧西宁县志》卷二十二）

莫晋甫，字接三，西宁人。莫冈璧从子。清道光十九年（1839）己亥岁贡生，以父年逾九秩，不愿荣进，邑宰杨茂材赠以"积学显亲"四字牓其庐。著有《种梧诗钞》一卷。（民国《旧西宁县志》卷二十二）

莫迺邵，字书农，罗定州人。清同治间附贡生。历任英德、新会教谕。家筑"宝墨书阁"，收藏名人字画、彝器古董甚富。著有《宝墨书阁诗稿》一卷，未刊。（民国《罗定志》卷八）

区炳良（1873—1943），字擢岩，原名鹏章，字永程，东安（后改云浮）人。清光绪十一年（1885）生员。废科举时为优廪贡生。曾任南雄县长兼司法官、南韶连镇署顾问、云浮总务科长、县议员、校长、保卫团局长。总纂《云浮区氏族谱》，民国十三年（1924）刊行。暮年编辑自作及亲友和作成《桑榆唱酬诗集》。（《云浮区氏族谱》，《云浮文史》第八辑）

区大安，号石巢，罗定人。区麟光次子。清光绪四年（1878）戊寅岁贡。著有《葆初堂诗钞》一卷，未刊。（民国《罗定志》卷六、卷八）

区大裙，号鹿坡，罗定人。区麟光第六子。清咸丰间积极助其父办团练，亲自率队镇压天地会义军，受赏五品衔。同治四年（1865）丁母艰，哀毁逾恒，因著书排解。著有《庭训》一卷、《咸同兵事记》一卷、《鹿坡笔记》。（民国《罗定志》卷七、卷八）

区大宋（1772—1857），号杏霄，罗定州人。清道光间附生。好读书，至老不倦。以教学为业，所入稍丰，为便乡人出入，遂倾其所入建桥一座，乡人名曰"杏霄桥"。著有《净春池馆诗集》四卷，未刊。（民国《罗定志》卷七、卷八）

区国龙，字引伯，号黄石，西宁人。清康熙三年（1664）获荐明经。鸿才博学，雄于诗文。年四十卒。著有《黄石集》。（道光《西宁县志》卷十，道光《广东通志》卷三〇三）

区翰光，号秋渔，罗定人。清道光二十七年（1847）丁未岁贡。以足疾未仕，娱情诗酒。编有《三泷诗钞》一卷。著有《观海山房诗集》二卷，均未刊。（民国《罗定志》卷六、卷八）

区麟光，号白山，罗定人。清道光二十五年（1845）乙巳恩贡生。以端品励学见重于时。咸丰间组织团练，筹饷用兵，与各地起义军对抗。著有《鹤园诗钞》（亦名《鹤园诗集》）二卷（未刊）、《率意录》一卷。（民国《罗定志》卷六、卷七、卷八）

区煦春（1866—1936），原名霭民，罗定州人。清末廪贡生。民国初年于县城学宫设馆授徒，兼任罗定中学教员。尝参与组成

泷声诗社。分纂《(民国)罗定县志》。(《罗定历代诗选》)

区焱年，字耀之，号叔莹，东安（后改云浮）人。区炳良三子。毕业于法官学校研究班，候补推事。任广东高等法院分院检察官。编辑《云浮区氏族谱》。(《云浮区氏族谱》)

潘世清，字虚谷，号荻舫，清东安人。诸生。著有《云洋山馆诗钞》（一作《云浮山馆诗钞》）。(《柳堂师友诗录》，《读岭南人诗绝句》卷十一)

潘仲彝（1878—1937），字鼎元，罗定人。十五岁入邑庠。清光绪二十年（1894）甲午中日战争后，就学于肇庆武备学校。光绪末年留学日本早稻田大学政治系，加入中国同盟会。民国元年（1912）回国，历任广东陆军一团三营营长，潮梅镇守使司令部上校参谋长，梅县、潮阳县知事，罗定劝学所所长。著有《渔隐诗稿》一卷。(《罗定历代诗选》)

庞遇圣，字聘三，西宁人。先祖庞嵩，南海人。喜读医书，精通医术。清乾隆五十九年（1794）甲寅明经贡生，居乡授徒。嘉庆十三年（1808）举为乡饮正宾。年八十二卒。著有《四诊韵言》一卷、《伤寒脉症指掌》一卷。(民国《旧西宁县志》卷二十三)

彭士仰，字渭彦，号霁山，罗定人。资政大夫彭琛季子。清雍正间任国子监学录，升都察院都事，改补主事。著有《圴堂诗集》。(道光《西宁县志》卷十，民国《罗定志》卷六、卷七、卷八)

彭沃，字秦田，罗定人。资政大夫彭琛孙，彭士仰侄。清乾隆间任陕西延安府同知。编有《三泷诗选》十卷，佚。(民国《罗定志》卷六、卷七、卷八，民国《旧西宁县志》卷二十六)

阮世纲，东安人。清乾隆十五年（1750）庚午岁贡，三十五年（1770）任连州训导。同修乾隆《连州志》。(乾隆《连州志》卷五)

沈凤，字丹山，西宁人。清康熙十一年（1672）壬子举人，授山东沂水知县，考补广西道监察御史。汇辑《(康熙二十六年)西宁县志》。(康熙二十六年《西宁县志》重修姓氏)

沈荣光，罗定州人。清末廪生。民国间任《罗定县志》分纂兼校对。(民国《罗定志》修志职名)

释本传，字中戒，天童木陈和尚法子。为西宁云窝庵住持。著有《云窝集》，未刻。(《岭南五朝诗选》卷十四)

苏汇基，字泽卿，罗定州人。清光绪间增贡。性喜吟咏，遗稿散失颇多。著有《眠琴馆诗钞》一卷，未刊。(民国《罗定志》卷八)

苏子英，字腾子，清罗定州人。著有《简练堂集》。(《岭南五朝诗选》卷八)

谭炳墉，字词垣，罗定州人。清光绪间附生。创建育婴堂、寿世堂及菁莪书院。深谙宋儒西铭之学。著有《劝戒易览编》二卷。(民国《罗定志》卷七、卷八)

谭琼，罗定州人。清康熙初年参与编辑《(康熙)罗定直隶州志》。(民国《罗定志》卷八)

谭虞琛，字宝川，罗定人。清嘉庆二年（1797）丁巳岁贡。浑厚端介，授徒必先讲孝经，使知务本。尤邃于宋五子书，每以日用常行，证圣贤语，务求实践。著有《易义》一卷（未刊）、《四书崇道录》四卷（佚）、《宝川训言》一卷、《絮论》一卷。（民国《罗定志》卷六、卷七、卷八）

王克忠（1867—1935），号朴川，又号两明先生，西宁（后改郁南）人。早年就读于广雅书院。清光绪二十七年（1901）辛丑举人，任工部主事、刑部主事。旋考入北京法律学堂正科，毕业后调大理寺任正六品推事。民国间任大理院推事、黑龙江地方审判厅厅长、天津地方审判厅刑庭庭长。病逝于北平。著有《二十四史拾遗》（未刻）、《判牍汇编》。（民国《旧西宁县志》卷二十六，1994年《罗定县志》）

王铁峰（1881—1939），原名克猷，又名梓林，字继勋，号述尧，西宁（后改郁南）人。少时从举人王克忠习经史，嗜书法。年二十六考入两广优级师范学校理化科，因病辍学，未卒业。曾在家乡设馆授徒，后在广西北流师范任教。民国初背井离乡，辗转十余省，颠沛困顿。通晓史学、文学、绘画、医学，尤精于书法。民国十八年（1929）任郁南县修志局编纂。民国二十年（1931）分纂《西宁县志》。（民国《旧西宁县志》卷二十，《罗定文史资料》第二辑）

吴公毅，西宁人。清末生员。民国间任县第二区区长。民国二十年（1931）分纂《西宁县志》。（民国《旧西宁县志》重修姓名录）

吴泰，字儒先，一字东望，号翠亭，罗定人。清康熙五十二年（1713）癸巳举人，历任山西河津、宁武等县知县，有廉名。雍正八年（1730）纂修《罗定州志》。（民国《罗定志》卷七、卷八）

吴笑生（1909—1960），罗定人。毕业于东吴大学，任教于广州东山培正中学、培联中学及岭南大学。抗日战争初期随校迁于澳门，继迁香港，遂定居于此。藏书甚丰，广州沦陷时散佚。著有《咲唅集》。另有《俪俪集》，辑入《海角吟草》。（《香港古典诗文集经眼录》）

萧九皋，字伯声，号鹤汀，西宁人。康熙间任广西思恩府同知。纂辑《（康熙六年）西宁县志》，已佚。（民国《旧西宁县志》卷二十六）

萧士溶，西宁人。协助纂辑《（康熙）西宁县志》十卷，已佚。（民国《旧西宁县志》卷二十六）

谢鸿（1902—1985），字翼汉，郁南人。民国七年（1918）春入读法国巴黎大学，专攻数学。毕业后，转入法国国立图卢兹大学，改读法科，获法科经济学博士学位。历任广东军事政治学校政治教官兼军法班及高炮营数学教官，广东省立法商学院教授，曲江仲元中学教导主任，广东财政厅整理税务委员，广西省合作金库研究室主任，罗定、云浮、郁南三县联合抗日委员会主任委员，国立广西大学法商学院教授，华南学院教授兼政经系主任，华侨大学教授。1950年赴香港，与友人创办新农中学。后定居台湾。著有《孙逸仙经济思想》（法文）、《漫谈宇宙和周易》等书。（《民国人物大辞典》）

谢年亨，字鹤洲，西宁（后改郁南）人。清宣统三年（1911）辛亥恩贡。民国二十年（1931）参与纂辑《（民国）西宁县志》。（民国《旧西宁县志》序、卷二十）

谢天保，东安人。清嘉庆十八年（1813）癸酉拔贡，道光二年（1822）恩诏考取州判。分辑《（道光）东安县志》。（道光《东安县志》卷三）

辛天祚，罗定州人。清顺治十六年（1659）己亥贡生，任乐昌训导。编纂《（康熙五年）乐昌县志》《（康熙）罗定州志》。（康熙《罗定州志》卷六）

徐逢举，东安人。清雍正四年（1726）丙午举人，乾隆二年（1737）丁巳恩科进士。五年（1740）主讲泷东书院。铨官未赴而卒。分辑《（乾隆）东安县志》。（道光《东安县志》卷三）

杨文晖，号晴村，一作晴川，罗定州人。清光绪二年（1876）丙子岁贡，任吴川县教谕。好吟咏，兼善堪舆。著有《或曰陋山房诗全集》一卷。（民国《罗定志》卷七，《罗定历代诗选》）

叶荆，字东瑜，号璞庵，东安人。清嘉庆五年（1800）庚申恩科举人，二十二年（1817）大挑二等，授嘉应州学正。为人萧淡寡营，喜读书，以授徒为业。遗著《静寄轩诗集》二卷。（民国《旧西宁县志》卷二十五，《国朝诗人徵略二编》卷五十一）

叶九开，东安人。清雍正十年（1732）壬子举人，乾隆二年（1737）丁巳登恩科明通榜，补连平州学正。寻丁艰，补南海教谕。分辑《（乾隆）东安县志》。（乾隆《东安县志》卷三）

叶万枝，罗定人。清康熙三年（1664）甲辰岁贡。六年（1667）参与编辑《罗定州志》。（民国《罗定志》卷七、卷八）

叶颖基（1911—1993），别字君明，郁南人。毕业于广东国民大学，曾任韶关市临时参议会副会长、广州绥靖公署西江指挥所少将参议、封川县长、广东国民大学副教授、中原理工学院教授。病逝于台湾。著有《社会革命与民族革命》《清代政治制度研究》《广东省之合作事业》《中国近代史讲义》等。（《郁南县志1979—2000》）

叶载文，东安人。清道光四年（1824）以廪贡任吴川训导，主修《吴川县志》十卷。（光绪《吴川县志》卷五）

叶泽霖（1886—1953），原名启宗，东安（后改云浮）人。民国五年（1916）毕业于广州韬美医学院，获医学博士学位，留校任医士。次年回云浮县城开办乐善医局。民国八年（1919）再赴广州，历任黄埔海军陆战队、广东陆军医院军医和驻粤滇军医院主任军医、临时病院院长。民国十四年（1925）复回云浮，任东明小学校长、县立平民医院首任院长、县政府教育局局长和地方财务委员会主任。民国三十一年（1942）在乐善医局行医。1951年任从化县卫生院医生。著有《西医内科诊断学》《病理学》等书。（1995年《云浮县志》第二十九篇）

余椿年，号惺厓，西宁人。清光绪十七年（1891）辛卯岁贡生，候选训导。好蓄书，留心宋五子之学。屡主锦江桂河书院，关心文教。卒年七十余。著有《易经来注补释》四卷，未刻。（民国《旧西宁县志》卷二十二）

余至鉴，西宁人。清嘉庆十七年（1812）壬申岁贡。道光八年举乡饮正宾。分辑《（道光）西宁县志》。（道光《西宁县志》修辑姓氏）

袁珣，字印甫，号东溪，清西宁人。附贡生，清康熙六十一年（1722）官电白县教谕，雍正元年（1723）改陕西扶风县丞。著有《刻鹜集》。（道光《西宁县志》卷十，民国《旧西宁县志》卷二十六）

曾受一（1710—1786），字正万，号静庵，东安人。清乾隆三年（1738）戊午举人，初署珙县知县。历署江津、开县、綦江、阆中、广安、长寿、涪州等州县。精研理学。著有《尊闻录》八卷、《学古录》六卷、《四书讲义》、《朱子或问》、《易说》、《春秋解义》。（道光《东安县志》卷三，道光《广东通志》卷三〇三）

张炳瑚（1872—?），号禹樵，西宁（后改郁南）人。张炳璜弟。广雅书院住院生。清光绪三十二年（1906）十一月，由廪生考入广东法政学堂政治别科。宣统元年（1909）十月毕业，同年拔贡，次年考一等第七名，分福建补用知县。十一月奏奖副贡，加同知衔。民国二十年（1931）分纂《西宁县志》。（民国《旧西宁县志》重修姓名录、卷二十，《惠东文史》第三辑）

张炳璜，号渭樵，西宁人。清光绪十一年（1885）乙酉拔贡，授同知衔，湖南试用直隶州判。著有《菉猗草堂述闻》，未刻。（民国《旧西宁县志》卷二十六）

张二仲，名熊飞，号磻访，西宁（后改郁南）人。清光绪间廪贡生。毕业于两广初级师范简易科，倾力于中医之学术，更旁参西医之图籍。著有《中医改进刍论》。（民国《旧西宁县志》卷二十六）

张凤书，罗定州人。清末增生。民国间任《罗定县志》分纂兼采访。（民国《罗定志》修志职名）

张辉，字德溪，罗定人。清道光间增生，与其祖岳清、其父肇楷，其弟焕、灿、燧均为县学生员，家有讲学传统。著有《孝经释义》（亦名《孝经刊误释义》）一卷，未刊。（民国《罗定志》卷七、卷八）

张濂，号莲舫，罗定州人。清光绪间廪贡生。为黎耀宗弟子。著有《史海一勺》，未刊。（民国《罗定志》卷八）

张子京，号小宋金铜人，西宁人。博涉群书，文有根柢，尤工于诗。清乾隆四十八年（1783）癸卯中举人，七上公车不第，留滞都门，几逾十载，颇以文字得知交。讲学授徒于显宦家，酷爱藏书。嘉庆间三任遂溪教谕。晚岁解组归，仍教授乡里。著有《金墨斋诗草》、《诗学声调谱论例》一卷。编有《唐诗引汇读本》二卷。（民国《旧西宁县志》卷二十二）

张梓材，号淑琴，西宁（后改郁南）人。清光绪三十二年（1906）十一月由廪生考入广东法政学堂政治别科，宣统元年（1909）十月毕业，次年十一月奏奖副贡。民国二十年（1931）分纂《西宁县志》。（民国《旧西宁县志》重修姓名录、卷二十）

张最熺，罗定州人。清顺治十八年（1661）辛丑恩贡生。参与编辑《（康熙）罗定直隶州志》。（民国《罗定志》卷六、卷八）

钟时炯，名焕震，以字行，清西宁人。屡应童试，不售。乃弃而学医，受业于邻村庞遇圣。生平为人谨厚，治家有法，尤好睦乡里、恤贫乏，故能以医济世人。著有《经验医案》二十一条。（民国《旧西宁县志》卷二十三）

周达仁，字兼宇，广宁人。明崇祯二年（1629）己巳岁贡。性孝友，风俗赖以式化，诗书望重，后学奉为师型。著有《约旨格言》等书。（乾隆《广宁县志》卷七，道光《广东通志》卷二九七）

高 州 府

陈邦基,石城人。清康熙三十七年(1698)戊寅岁贡生。参与编纂《(康熙)石城县志》。(嘉庆《石城县志》卷三)

陈秉文,字朴初,吴川人。清道光八年(1828)戊子举人。为廪生时分辑《(道光)吴川县志》。(光绪《吴川县志》卷七、卷九)

陈畴,化州人。廪生。协纂《(光绪)化州志》。(光绪《化州志》重修姓氏)

陈春第,字宾廷,吴川人。清顺治间贡生。与修《(康熙八年)吴川县志》。(光绪《吴川县志》卷七、卷九)

陈纯修,吴川人。清雍正元年(1723)癸卯拔贡。与修《(雍正)吴川县志》。(光绪《吴川县志》卷九)

陈道源,字会中,吴川人。潜心理学,得关闽濂洛之奥。清雍正七年(1729)己酉拔贡生,任大埔教谕,任满告休。与修《(雍正)吴川县志》。(道光《吴川县志》卷八,光绪《吴川县志》卷七、卷九)

陈帝诏,吴川人。生员。明万历间与修《吴川县志》。(光绪《吴川县志》卷九)

陈珪(1508—1571),字禹成,号罗江,化州人。明嘉靖四年(1525)乡试名列首榜,六年(1527)丁丑进士。历任瓯宁、元城、德化知县。刚方明敏,三十三年(1554)擢刑部主事。当权严嵩嫉之,谪青州司理。四十年(1561)严嵩败落,起为南京户部,出任江西右布政、浙江左布政。隆庆元年(1567),因忤奸臣少保胡宗宪,奏请归里。著有《罗江集》《化州乐岭陈氏族谱》等。(康熙《高州府志》卷六,乾隆《化州志》卷八,道光《广东通志》卷二九八)

陈国光(1763—1829),字宾之,吴川人。陈秋润孙。清嘉庆十五年(1810)庚午岁贡生。纂修《(道光)吴川县志》。(光绪《吴川县志》卷七、卷九)

陈济,化州人。清顺治间岁贡生。同修《(康熙九年)化州志》。(康熙二十五年《化州志》卷六)

陈家庆,化州人。清同治九年(1870)庚午举人,授工部郎中、虞衡司行走。赏戴花翎,钦加三品衔。纂修《(光绪)化州志》。(光绪《化州志》卷八)

陈鉴(1595—1676),字子明,化州人。左布政陈珪曾孙。博极群书,下笔数千言,横溢豪迈,酷类大苏。明万历四十六年(1618)戊午乡试经魁,崇祯初任江夏教谕,后任贵州考官、南京兵部司务及华亭知县。清顺治元年(1644)因私藏义军首领,并以祭奠颂扬之罪,入狱八年。出狱后与姜曾眉侨居苏州城郊。卒于松江。辑《纲鉴总论》二卷(《高州府志》艺文志注:该书为化州廪生朱绍闻抄袭顾迥澜《纲鉴总论》而成,托名陈鉴)、《州志拾遗》(佚)。著有《天南酒楼诗集》、《癖草文集》、《罗山纪行诗集》、《广骚》、《华蔓楼笔记》、《虎邱茶经注》一卷、《儒学小史》、《江夏史》等。(乾隆《高州府志》卷十二,光绪《化州志》卷九、卷十一,《粤东诗海》卷七

十六）

陈居邦，清石城人。与人合著《惜字轩诗文集》二卷、《惜字轩唱和集》。（光绪《石城县志》卷八，光绪《高州府志》卷五十二）

陈楷，吴川人。清嘉庆十九年（1814）甲戌府学岁贡生，道光十五年（1835）乙未恩赐举人。好程朱之学，辑录《朱子文集节钞》六卷。（光绪《高州府志》卷五十二，光绪《吴川县志》卷九）

陈克恭，字健斋，清吴川人。陈雄略三子。著有《[健斋]诗稿》一卷。（光绪《高州府志》卷五十二，光绪《吴川县志》卷九）

陈兰彬（1816—1895），字荔秋，吴川人。清咸丰元年（1851）辛亥举人，三年（1853）癸丑进士，授翰林院庶吉士。任太常寺卿，出使日、秘、美大臣，宗人府丞，都察院左副都御史，署兵部右侍郎、礼部左侍郎。光绪八年（1882）壬午乡试较射大臣，九年（1883）癸未会试覆试阅卷大臣、武会试较射大臣。晚年告老还乡，主讲高文书院。先后纂修《（光绪）高州府志》五十四卷（与茂名杨颐总纂）、《吴川县志》十卷、《吴川风俗志》一卷、《石城县志》十卷（总纂）。著有《毛诗札记》、《使美记略》、《使美百咏》、《治河刍言》、《泛槎诗草》、《重次千字文》、《古巴各城乡查讯各华工口供清册》（合著）等。（光绪《吴川县志》卷六）

陈李氏，清吴川人。茂才陈玉山之妻。著有《吴阳女士诗》一卷，存抄本。（《吴阳女士诗》）

陈六徵，石城人。清道光二十四年（1844）甲辰岁贡。辑《宋七家制义寻源集》。著有《四书旁沈》一卷。（光绪《石城县志》卷八，光绪《高州府志》卷五十二）

陈侣璿，化州人。清嘉庆间岁贡生。分纂《（道光）高州府志》《（道光）化州志》。（道光《高州府志》卷十）

陈沛（1898—1987），字度侯，茂名人。民国十四年（1925）毕业于黄埔军校第一期。曾任陆军第一师第一团上校团长、第六十师中将师长、第十八军副军长兼第六十师师长、陆军第三十七军军长、中央训练团第三大队大队长、第三十二集团军副总司令、第四十三集团军副总司令兼前敌总指挥、国防部第九训练处处长、首都卫戍总司令部副总司令。1949年定居台湾。著有《当机立断之八战》等。（《民国广东将领志》）

陈其琛，石城人。清光绪十一年（1885）乙酉拔贡，选用直隶州州判。分纂《石城县志》。（光绪《石城县志》卷六）

陈汝霖，石城人。附贡生，授候选训导、选用郎中。清宣统元年（1909）选任广东咨议局议员。后任广东省议会议员、候补参议院议员。民国间参与编纂《重修石城县志》。（民国《石城县志》重修衔名、卷六）

陈瑞昌，清吴川人。著有《围棋局》一卷、《南游诗集》一卷。（光绪《高州府志》卷五十二，光绪《吴川县志》卷九）

陈尚翔，字凤冈，石城人。清道光二十六年（1846）丙午岁贡。辑《周礼易解》二卷、《四书摘要》二十卷、《五经旁注》十卷。（光绪《石城县志》卷八，光绪《高州府志》卷五十二）

陈绍璸，又名南来子，字雁宾，吴川人。陈瑞昌从子。由安南中举，清嘉庆间归吴川。著有《南来诗稿》一卷。（光绪《高州府志》卷五十二，光绪《吴川县志》卷九、卷十）

陈绍选，吴川人。生员。明万历间与修《吴川县志》。（光绪《吴川县志》卷九）

陈圣宗，字统姚，号芷江，吴川人。清乾隆三十三年（1768）戊子举人，四十五年（1780）庚子首次赴会试，即中进士，任惠州府教授。年六十二卒。参与纂修《（乾隆）吴川县志》。著有《四书讲说》、《今古文稿》（或与《芷江文稿》同）、《芷江文稿》一卷。（道光《高州府志》卷十一，道光《吴川县志》卷八）

陈士晟，电白人。明嘉靖间举人，任琼州训导，升建宁王府教授。纂辑《（嘉靖）电白县志》。（光绪《电白县志》卷二十八）

陈首魁，吴川人。清康熙间贡生，任和平训导。与修《（雍正）吴川县志》。（光绪《吴川县志》卷九）

陈寿庚（？—1913），一名禹廷，祖籍化州，后迁居吴川。清末生员，赏花翎二品衔，捐江苏试用道。民国初年任石城县知事。工书画，善作山水、花卉、鸟兽虫鱼，尤以墨竹见称。协纂《（光绪）化州志》。编有《高凉耆旧文抄》。（光绪《化州志》重修姓氏，2001年《吴川县志》）

陈舜系（1618—1682），字□虞，号华封，明末清初吴川人。终生不务科举，多次拒聘，不入官场，以设馆任教、行医、堪舆风水之术为务。著有《乱离见闻录》三卷。（光绪《高州府志》卷五十二，光绪《吴川县志》卷七）

陈斯概，化州人。清康熙间岁贡生。同修《（康熙二十五年）化州志》。（康熙二十五年《化州志》卷六）

陈嵩良，吴川人。陈兰畴子，陈兰彬从子。清同治十二年（1873）癸酉顺天副贡，官日、秘、美参赞，刑部郎中，补用知府，加盐运使司衔。光绪十三年（1887）参与编纂《吴川县志》。（光绪《吴川县志》卷六）

陈廷秀，吴川人。清同治元年（1862）壬戌举人，任高明训导，调补连山、新宁教谕。光绪十三年（1887）参与编纂《吴川县志》。（光绪《吴川县志》卷六）

陈望，石城人。清康熙五十一年（1712）壬辰岁贡生，同年参与编纂《石城县志》。（嘉庆《石城县志》卷三）

陈雄略，清吴川人。著有《东皋寄草》二卷。（光绪《高州府志》卷五十二，光绪《吴川县志》卷九）

陈燕茂（1909—1990），原名祖荣，号中博，以字行，信宜人。毕业于中央军校第九期步科、陆军大学将官班第三期。曾任广东第一军区司令部上校参谋、第三十七军上校参谋处长、第九十二师代理副师长、第七兵团第六十三军少将参谋长。解放战争中被俘。病逝于广州。与黄和春合著《十九路军史略》。（《民国广东将领志》）

陈镒，化州人。明嘉靖间贡生，任光泽县教谕。著有《化州图经》。（光绪《高州府志》卷五十二，光绪《化州志》卷十一）

陈玉表，吴川人。清雍正九年（1731）辛亥贡生，任合浦训导。与修《（雍正）吴川县志》。（光绪《吴川县志》卷九）

陈在宸，吴川人。明崇祯间贡生，任南雄府教授。为生员时与修《（万历）吴川县志》。（光绪《吴川县志》卷九）

陈张元，字肇发，号春林，吴川人。清乾隆五十一年（1786）丙午举人，后三上公车不第。六十年（1795）大挑一等，历任关中孝义川（后名"孝义厅"）军民府抚民同知，汧阳、泾阳、福建安溪知县。因忤上官罢职，二年后卒于寓所。参与纂修《（乾隆）吴川县志》。（道光《吴川县志》卷八，光绪《吴川县志》卷七、卷九）

陈璋润，号方流，吴川人。清乾隆五十四年（1789）己酉举人，历官钦州训导，长宁、琼山教谕。参与纂修《（乾隆）吴川县志》。（道光《吴川县志》卷八，光绪《高州府志》卷三十八，光绪《吴川县志》卷七、卷九）

陈政新，茂名人。清道光间任盐运司提举。成《辛壬日记》一册。（光绪《高州府志》卷五十二、光绪《茂名县志》卷八）

陈治平（1886—1978），别名陈颖文，吴川人。年十三随祖父习医。民国三十七年（1948）通过国民政府中央考试院医师考试。历任广州市高级中医职业学校医师顾问、中医师公会理事长、广东省人民政府文物保管委员会委员、广东省文史馆研究员、广东省人民政府参事室参事、中华人民共和国海军医院中医顾问等职。著有《如何提炼中药注射液方法书册》等。（《岭南医学史》）

陈智乾（1899—1952），别号象天，化州人。民国十五年（1926）毕业于国立广东大学高师部，曾任广东省立罗定中学、省立高州中学、省立庚戌中学、吴川县立中学、县立师范、私立世德农校校长。著有《学校文牍与表式大全》《中小学训育行政》《论种子》《论战争》《日本侵华史略》等。（《化州古今人物》）

陈梓，字汝琴，石城人。清康熙二十一年（1682）壬戌岁贡生，任遂溪、徐闻、东莞训导。参与编纂《（康熙二十五年）石城县志》。（嘉庆《石城县志》卷三，光绪《石城县志》卷七）

陈自杰，石城人。清康熙四十三年（1704）甲申岁贡生。参与编纂《（康熙五十一年）石城县志》。（嘉庆《石城县志》卷三）

陈作新，电白人。民国间任县立一中校长、县党部书记长。参与编辑《（民国）电白县新志稿》。（民国《电白县新志稿》职名表）

程德光，清茂名人。监生。分纂《（嘉庆）茂名县志》。（嘉庆《茂名县志》卷首）

程履祥，号庆甫，茂名人。清同治十二年（1873）癸酉拔贡生，考取国史馆誊录。纂辑《（光绪）茂名县志》。（光绪《茂名县志》卷五）

崔景颢，电白人。民国二十年（1931）倡办电白县立师范学校。参与编辑《（民国）电白县新志稿》。（民国《电白县新志稿》职名表）

崔守大，清电白人。诸生。著有《狂夫闲笔》三卷。（光绪《高州府志》卷五十二，光绪《电白县志》卷二十八）

崔嗣武，字丕承，电白人。诸生。清乾隆五十七年（1718）岁饥，民多劫掠，嗣武赈且戒之而乡安堵。年六十卒。著有《左传手锦》四卷、《浰西文抄》二卷。（道

光《高州府志》卷十一）

崔腾云，号慊窗，电白人。授徒乡塾。晚好道术，经史外，尤究心山经地志、阴阳卜筮诸书。清乾隆五十四年（1789）己酉副贡生，授惠来县教谕，不就。年七十九卒。著有《易观本辞》十卷、《慊窗家训》一卷、《慊窗敦谱》一卷、《律吕课蕴》二卷、《时艺经华集》、《新千字文》等。（光绪《高州府志》卷三十九，光绪《电白县志》卷十九）

崔亚基，电白人。民国间任县立初级中学校长、县临时参议会议长。参与编辑《（民国）电白县新志稿》。（民国《电白县新志稿》职名表）

崔翼周，字会清，号崧楼，电白人。师从族父崔腾云。清嘉庆十八年（1813）癸酉优贡生，二十三年（1818）戊寅恩科亚魁，考授景山教习。俸满补安徽来安知县，有政声。解组告归，以经史授徒。赅博淹贯，尤长于四六骈体。分纂《（道光）电白县志》、《（道光）高州府志》。著有《周易观玩编》三十卷、《崧楼随笔》。（光绪《高州府志》卷三十九，光绪《电白县志》卷十九）

崔云登，电白人。民国三十三年（1944）参与编辑《电白县新志稿》。（民国《电白县新志稿》职名表）

戴尚礼，石城人。清嘉庆九年（1804）甲子举人，任番禺县教谕。分纂《（道光）高州府志》。著有《渔轩遗集》。（光绪《石城县志》卷八，光绪《高州府志》卷五十二）

邓龙光（1896—1979），别号剑泉，茂名人。毕业于广东黄埔陆军小学第六期、武昌陆军第二预备学校、保定陆军军官学校第六期步科。曾任粤军第三师六旅十一团上校团长，国民革命军第四军师长、副军长，第三十五集团军总司令，广州行营副主任，广州绥靖公署副主任，总统府战略顾问等职。参与编著《第四军纪实》。（《民国广东将领志》）

邓茂英，清茂名人。贡生。著有《兰谷诗集》一卷。（光绪《高州府志》卷五十二，光绪《茂名县志》卷八）

邓嗣沅，原名嗣禹，号芷川，电白人。清道光十四年（1834）甲午举人，咸丰三年（1853）大挑一等。以知县发安徽试用，于赴任途中卒。著有《读书撮要录》一卷、《莲峰笔讲》一卷、《不馁轩笔录》一卷。（光绪《高州府志》卷三十九，光绪《电白县志》卷十九）

邓毓洛，清茂名人。增贡，任遂溪教谕、徐闻训导。纂辑《（光绪）茂名县志》。（光绪《茂名县志》卷五）

丁衍镛（1902—1978），又名衍庸，字叔旦，号肖虎、丁虎，中年改名丁鸿，茂名人。早年入日本东京美术专门学校习西洋画，回国后在上海立达学院、神州女学执教。与蔡元培等创办中华艺术大学，任校长。民国十八年（1929）改习中国书画。与陈树人等组织艺术协会，任副会长。民国末年在重庆、广东、香港等地执教。擅长绘画及篆刻。出版有《丁衍镛画册》《丁衍镛画集》《丁衍镛诗书画篆刻集》《丁衍庸印选》等。（《高州文史》第七辑，《中国近现代人物名号大辞典》）

丁颖（1888—1964），字君颖，号竹铭，茂名人。民国元年（1912）毕业于两广高等师范博物科。次年东渡日本，民国十三年（1924）毕业于日本东京帝国大学农学部，获农学学士学位。两次出任中山大学农学院院长。新中国成立初期创建华南农业科学研究所，任所长。1957 年任中国农业科学院首任院长。1963 年筹建中国水稻生态研究室。是我国现代稻作科学主要奠基人，被誉为"谷神"，日本学者称其为"中国稻作学之父"。病逝于北京。主编《中国水稻栽培学》，是我国第一部水稻学著作。编有《稻作学》、《食用作物学》、《特用作物》、《小稻田之实验误差》（与谢焕庭合编）、《中国水稻栽培学》。著有《水稻肥料试验报告》《水稻灌溉水调查报告》《增加稻作收成法之一：选出好谷种法》《中国稻作之起源》《中国古来粳籼稻栽培及分布之探讨与现在栽培稻分类法预报》等。（《广州市志》卷十九）

董晨兴，清化州人。学宗老、庄，修道于州之霞塘山。年七十六卒。著有《霞塘山人存草》。（乾隆《高州府志》卷十二，乾隆《化州志》卷八）

董狐笔，字晋史，化州人。廪生。年十四以冠军补诸生。博通经史，究委穷源。工诗、古辞，下笔数千言。清乾隆间主讲化州罗江书院及信宜书院，教士有方。著有《浣花堂文稿》。（道光《高州府志》卷十一，道光《化州志》卷九）

冯大伟，复姓谢，电白人。清康熙十七年（1678）戊午举人。纂修《（康熙二十五年）电白县志》。（康熙二十五年《电白县志》叙、卷五）

冯泮泗，电白人。清康熙二十年（1681）辛酉举人，官博罗教谕。纂修《（康熙二十五年）电白县志》。（康熙二十五年《电白县志》叙、卷五）

冯奇略，恩平人。清嘉庆二十三年（1818）以岁贡任澄迈训导，协修《澄迈县志》。（光绪《澄迈县志》卷六）

冯媛，唐电白人。冯衡之女，高力士（原名冯元一）之姐。俘没入宫，不肯为才人，乞身为尼。著有《冯媛诗》一卷。（光绪《高州府志》卷五十二，光绪《电白县志》卷二十八）

高式震，石城人。天启进士高魁子。清康熙九年（1670）庚戌岁贡生。沉潜好学，博通经史。为人耿介端方、温恭淑慎。年九十余卒。著有《高子东诗文六集》一卷。（乾隆《高州府志》卷十二，光绪《石城县志》卷七、卷八）

古召保，号芰南，茂名人。清同治十二年（1873）癸酉府学拔贡生，候选教谕。纂辑《（光绪）茂名县志》。（光绪《茂名县志》卷五）

郭秀峰（1904—1985），原名郭忠邦，化州人。民国十五年（1926）考入岭南大学。两年后赴日本，陆续考入日本明治大学、九州帝国大学。曾任《中华日报》总编辑、南京汪伪政府宣传部次长、"国防部"秘书长等职。译著《一个日本侵略者的自供》《日本诱降蒋介石"桐工作"的真相》等书。（《化州古今人物》）

韩悦思，吴川人。明万历二十七年（1599）己亥恩贡，任太和县丞。与修《（万历）吴川县志》。（光绪《吴川县志》卷六、卷九）

何百侯，电白人。民国间参与编辑《电白县新志稿》。（民国《电白县新志稿》职名表）

何玮，电白人。清康熙十一年（1672）壬子武举人。纂修《（康熙二十五年）电白县志》。（康熙二十五年《电白县志》叙、卷五）

何准，字均亭，茂名人。清嘉庆六年（1801）辛酉举人，任翁源教谕。分纂《（道光）高州府志》。（光绪《茂名县志》卷五）

黄充（1357—1428），字虚若，号象先，石城人。明洪武年间，由岁贡任山西道御史。靖难之变后，因上疏逆旨，遭贬斥，临行赋诗，从容就道。著有《[黄象先]奏议》一卷。（光绪《高州府志》卷三十七，光绪《石城县志》卷七、卷八）

黄萃芳，字超颖，化州人。清康熙五十三年（1714）岁荐，任新宁训导。雍正十年（1732）辞官归里。著有《超颖文集》。（《化州古今人物》）

黄大耀，吴川人。生员。明万历间与修《吴川县志》。（光绪《吴川县志》卷九）

黄德传，电白人。民国间任县简易师范督学。参与编辑《（民国）电白县新志稿》。（民国《电白县新志稿》职名表）

黄德厚，吴川人。平远知县黄德屏之兄。廪贡，任新兴教谕。清乾隆十八年（1753）任崖州学正，编纂《崖州志》。（光绪《吴川县志》卷七）

黄典元（1889—1960），字伯谟，石城人。自两广优级师范毕业后，公费留学日本，先后在早稻田大学、东京第一高等学校、京都帝国大学经济系就读。历任广州甲种商业学校校长，广州法科学院、广东大学、中山大学、勷勤大学教授。著有《经济学》《社会学》《经济原论》《社会政策》《论黄金国有及外汇国营》。译著《货币学》《帝国主义殖民政策》等。（1995年《廉江县志》）

黄鹤仪（1817—1908），字可康，又名存初，别号羽仙，化州人。清同治三年（1864）甲子岁贡。主讲石龙书院、碑头书院。远近士徒，多出其门。光绪十二年（1886）因不满知县主持纂修之《化州志》，而自纂《罗江外纪》。辑有《武灵·顽志》《理学商》《自警录》《宗仰录》《皇舆核要》《纸上谈经》《方夏志》《要艺谱》《养蒙韵学》《心耕堂》等。（光绪《化州志》卷八）

黄华信，吴川人。清乾隆间恩贡。为廪生时与修《（雍正）吴川县志》。（光绪《吴川县志》卷九）

黄家汉，吴川人。清乾隆三年（1738）戊午举人。与修《（雍正）吴川县志》。（光绪《吴川县志》卷九）

黄金树，茂名人。清康熙间拔贡，任内廷教习。参与纂修《（雍正）茂名县志》。（光绪《茂名县志》卷五、卷八）

黄景韩，号菊园，清化州人。布衣，安贫自乐，喜吟咏。著有《东篱客诗稿》《晚香集》。（光绪《高州府志》卷五十二）

黄均辕，化州人。清嘉庆十八年（1813）癸酉举人，拣选知县。分纂《（道光）高州府志》《（道光）化州志》。（道光《高州府志》卷十）

黄恺（1903—？），别字秀松，化县人。毕业于广东法政学校，民国二十四年（1935）任高州法官。后移居香港、澳门。二十世纪六十年代病逝于香港。著有《松山诗稿》，载入《景星楼诗文集》。（《香港古典诗文集经眼录》）

黄铿（？—1941），石城（后改廉江）人。民国间任陆军步兵少校、廉江县长、廉江县参议会议长、廉江县政府自卫队队长。

主修《(民国)石城县志》。(《廉江文史》第十六辑)

黄炉,字土熏,茂名人。青年时期游学于梅菉。清光绪末编纂《梅菉志稿》不分卷。(《吴川文史》总第七辑,《广东方志要录》)

黄名世,石城人。清顺治十一年(1654)甲午拔贡。参与编纂《(康熙二十五年)石城县志》。(康熙二十五年《石城县志》下编卷一)

黄培元,清电白人。著有《见天心斋日录》二十五卷。(光绪《电白县志》卷二十八)

黄其昌,电白人。清光绪四年(1878)戊寅岁贡生,内阁中书衔,任侭先训导。分纂《(光绪)电白县志》。(光绪《电白县志》卷十六)

黄铨,化州人。清顺治间岁贡生。同修《(康熙九年)化州志》《(康熙二十五年)化州志》。(康熙二十五年《化州志》卷六,光绪《化州志》卷十一)

黄如栻,号敬溪,茂名人。清乾隆十三年(1748)戊辰进士,任国子监监丞。纂辑《(乾隆)高州府志》。(乾隆《高州府志》卷十一,光绪《茂名县志》卷五)

黄树宾(?—1850),原名之骧、泂、棣昌,字孟腾,号修存,吴川人。清嘉庆二十三年(1818)戊寅恩科顺天副榜,道光十七年(1837)丁酉举人,次年成进士,历官山西大同、太原、灵丘、交城、凤台、介休知县。著有《慎六生斋媵稿》一卷。(光绪《高州府志》卷三十九,光绪《吴川县志》卷七、卷九)

黄廷圭(1443—1513),字朝用,电白人。明成化十年(1474)甲午举人。弘治元年(1488)县尹徐亨聘其纂修《电白县志》。七年(1494)授任广西罗城知县,主修《罗城县志》。丁内艰,后补福建龙岩。十二年(1499)辞职归里守孝。(光绪《高州府志》卷三十七,光绪《电白县志》卷二十八)

黄崝,清吴川人。道光初为生员时分辑《吴川县志》。(光绪《吴川县志》卷九)

黄伟光,清吴川人。道光初为生员时分辑《吴川县志》。(光绪《吴川县志》卷九)

黄位中(1797—1867),字崧岳,化州人。弱冠补弟子员,清道光五年(1825)乙酉举人,后不复赴试。主讲石龙书院,贤俊多出其门。因捐资镇压太平军,保举同知,赏戴蓝翎。同治二年(1863)选授浙江宣平知县,后告归。卒于家。著有《石龙课艺》《位中文集》。(光绪《高州府志》卷三十九,光绪《化州志》卷九,《化州古今人物》)

黄锡冕,茂名人。清嘉庆间恩贡。分纂《(嘉庆)茂名县志》。(嘉庆《茂名县志》卷首)

黄雨滋,化州人。清顺治间岁贡。善诗文,工书法。著有《雨滋集笔》。(光绪《化州志》卷九,《化州古今人物》)

黄玉明(1905—1992),字润国,化县人。毕业于中山大学。曾主持国民党广东省党部组织工作,当选为国民党广东省党部委员。抗日战争期间,任国民政府行政院侨务委员会委员兼赈济委员会委员,并创办《大光报》。抗战胜利后,当选为立法院立法委员。后去台湾。著有《合作经济论》

（与汪洪法合著）、《国事诤言》、《商品地理与经济地理学》、《知人善用之研究》、《八德性能》等。（《民国人物大辞典》《化州古今人物》）

黄元律，清吴川人。廪生。道光初分辑《吴川县志》。（光绪《吴川县志》卷九）

黄泽泉，茂名人。清道光光绪间处士。记何明科、凌十八暴动事，成《平何凌纪略》一卷。（光绪《高州府志》卷五十二，光绪《茂名县志》卷八）

黄之淑（1792—1853），字耕畹，晚年自号兰娖老人，清吴川人。廪膳生洪倬年之妻，年四十守寡。以画自娱，善山水、兰、竹和水仙，尤擅吟咏。年六十二卒。著有《兰娖女史诗》（又名《兰娖老人遗作》）一卷。（光绪《高州府志》卷五十二，光绪《吴川县志》卷九）

黄柱觉，字惺章，号梦庵，化州人。儒学训导黄萃芳之孙。学识精深，古文宗韩欧而出入于柳。清乾隆三十年（1765）乙酉拔贡，任连山训导，未报满即赋归。主罗江书院讲席。著有《梦庵稿》、《梦庵文钞》一卷、《梦庵制艺》。（道光《高州府志》卷十一，光绪《化州志》卷九、卷十一，《化州古今人物》）

黄子平，字观澜，电白水东（后属茂名）人。明洪武十八年（1385）乙丑进士，任山东、云南、京畿三道御史。正色立朝，不畏强御，以激扬著名，时称"真御史"。著有《潘氏三贤记》等。（光绪《高州府志》卷三十七，光绪《电白县志》卷十九）

黄作槐，电白人。民国三年（1914）任县立中学首任校长。参与编辑《（民国）电白县新志稿》。（民国《电白县新志稿》职名表）

江国澄，石城人。清咸丰十一年（1861）辛酉拔贡。著有《尔雅毛传诂异考》一卷、《堂堂堂笔记》四卷、《串珠毯》六卷。（民国《石城县志》卷八）

江家桂，石城（后改廉江）人。清光绪三十二年（1906）丙午岁贡，分发琼州训导，赏戴蓝翎，保举知县。民国时任廉江县立高等小学校校长。为廪贡时分纂《（光绪）石城县志》。民国间参与重修《石城县志》。（民国《石城县志》重修衔名、卷六）

江琼（1888—1929年前），字玉泉，一作玉璟，号山渊，石城（后改廉江）人。廪生。肄业于广东高等学堂，毕业于日本明治大学。历任中华民国国会众议院议员、中国同盟会粤支部廉江分部部长。著有《山渊阁诗草》、《仿庵文谈》、《绿野亭边一草庐诗话》、《诗学史》、《劫馀残灰录》、《旅京一年记》、《楚声录》、《姓名古音考》、《读子卮言》、《经学讲义》、《作文初步》、《庞雄传》、《芙蓉泪》（小说）、《辣女儿》（小说）等。（1995年《廉江县志》，《廉江文史》第三辑）

江慎中，字孔德，号蟫盦，石城人。清光绪十四年（1888）戊子举人。家富藏书，且博览群书，勤于著述。主讲松明、同文两书院十余载，曾任高州府高文书院院长，一时名士皆出其门。治学由博返约，于六籍皆有论述。年五十卒。著有《春秋穀梁传条例》十卷、《春秋穀梁传条指》二卷、《春秋穀梁传笺释》二卷、《春秋穀梁经传解诂》四卷、《用我法斋经说》二卷、《蟫盦论学私记》二卷、《南溪文稿》二卷、《南溪诗稿》四卷等。（民国《石城县志》卷七）

江泰和，清石城人。任崖州学正，授修职郎。以弟江勋和署贵州普安知县，赠文林郎。编有《晨钟录》。（民国《石城县

志》卷八）

江熙和，石城人。清光绪十四年（1888）戊子恩赐副贡，署遂溪训导。编有《圣庙通考》二十卷、《鸾哕重赓唱和集》。（民国《石城县志》卷八）

江珣（1882—1950），字璘如，石城（后改廉江）人。清光绪二十九年（1903）癸卯举人，授同知衔，拣选知县。民国元年（1912）毕业于广东法政学堂法律别科，学部奏奖以知县补用，加一级。曾任石城县民政长、石城县县长、吴川县知事、广州地方审判厅厅长、合浦地方审判厅厅长、广东高等法院推事、广东省政府科长、广东法政学堂编撰讲义教员、石城县劝学所所长、石城官立地方自治研究所所长。抗战爆发后，告老还乡。民国二十年（1931）总纂《石城县志》。（民国《石城县志》卷六，《廉江文史》第三辑）

江应霖，石城人。清道光间附贡，任江西按察司知事兼司狱。编有《岐岭八景诗》一卷。（民国《石城县志》卷八）

江应元，号梅阁，石城人。博通经史，旁究医卜星算。清道光间，以廪贡任灵山县教谕、训导。归里后，凡属义举，均不遗余力。以子孙贵，累赠至资政大夫。著有《伦常楷模》十卷、《环溪书屋诗草》三卷。（光绪《高州府志》卷五十二，光绪《石城县志》卷七、卷八）

江月素，石城人。驾部江莘畔之妹，吴川林熙春之妻。工吟咏，披览群籍。著有《养和堂吟草》一卷。（光绪《吴川县志》卷九）

江宗尧，石城人。清康熙三十三年（1694）甲戌拔贡。筑"蔚竹草堂"，读书其中。晚任归善训导。参与编纂《（康熙五十一年）石城县志》。（光绪《石城县志》卷七）

揭崇莱，石城人。清光绪间为附生时，分纂《石城县志》。（光绪《石城县志》卷六）

揭行源，清石城人。辑有《试帖笺注》二卷。（民国《石城县志》卷八）

康源（1840—1884），原名树兰，号石泉，又号铁仙，清咸同间电白人。于冯子材麾下以军功保举县丞，赏戴蓝翎。分发广西，历署佔伦、镇远州判，左州吏目，隆安典史。积劳成疾，卒于官。著有《雁游诗草》一卷。（光绪《高州府志》卷三十九，光绪《电白县志》卷十九）

柯有遇，电白人。清康熙间由廪生岁贡太学，未仕卒。能诗文，邑中仰为名宿。纂修《（康熙二十五年）电白县志》。（光绪《电白县志》卷十九）

孔芥，号一尘，笔名孤帆，民国信宜人。著有《文学原论》《爱的礼赞》《奈何集》《一尘诗集》。（1993年《信宜县志》，姜德明著《守望冷摊》）

赖斌，石城人。毕业于广东法官学校，任国民党廉江县党部执行委员。参与编纂《（民国）重修石城县志》。（民国《石城县志》重修衔名）

赖蕴山，号橘叟，清化州人。家有赖园，植橘百株。辑《橘中人语》一书，陈兰彬为之序，咸丰十年（1860）刻于羊城。（《柑橘文化》第六篇）

黎民铎，一作黎民驿，字觉于，石城人。明崇祯六年（1633）癸酉举人，次年联捷会试副榜。明亡后家居，著书垂训。

立"聚奎社"，会友课文。年八十六卒。汇编康熙六年《石城县志》。著有《易经旨意》、《道存录》、《怀昱篇》、《尚论录》、《汶塘诗集》一卷、《汶塘填词》一卷等。（乾隆《高州府志》卷十二，光绪《石城县志》卷八）

黎启曙，字旦华，电白人。清乾隆五十七年（1792）壬子岁贡，选琼州教谕，未任。于本邑受聘为子弟师，授徒多所造就。文思清隽，书法秀逸。年七十四卒于家。著有《晓村诗稿》。（道光《高州府志》卷十一，光绪《电白县志》卷十九）

黎日昇，字云章，号莱屿，电白人。清康熙九年（1670）庚戌进士，初任云南省大理府云南知县。丁艰归，补授江南池州府建德知县，有政声。调京师任吏部文选司主事，累升考功司掌印郎中，三十七年（1698）告归。续修《电白县志》。（光绪《高州府志》卷三十八，光绪《电白县志》卷十九）

黎汝梅，字鼎和，民国茂名人。著有《鼎和遗稿》。（《读岭南人诗绝句》卷十一）

黎瑞图，茂名人。清雍正间优贡生，乾隆十一年（1746）任河源训导。分编《（乾隆）河源县志》。（乾隆《河源县志》纂修姓氏）

黎时亨，电白人。清康熙二十三年（1684）甲子岁贡。纂修《（康熙二十五年）电白县志》。（光绪《电白县志》卷十九）

李邦光，茂名人。嘉靖进士李邦直弟。明嘉靖间岁贡，官国子监典籍、归化知县。著有《少洲稿》。（光绪《茂名县志》卷五，《华山李氏世德录》卷二）

李邦直（1482—?），字汝司，号东洲，茂名人。明嘉靖二年（1523）癸未进士，官太仆寺少卿。著有《东洲集》三十二卷。（光绪《高州府志》卷五十二，光绪《茂名县志》卷五、卷八）

李邦柱，茂名人。明嘉靖进士李邦直兄。岁贡，官益府典膳。著有《南洲稿》。（《华山李氏世德录》卷二）

李本清，电白人。毕业于北京大学。民国间任惠来、电白、合浦等县县长。参与编辑《（民国）电白县新志稿》。（民国《电白县新志稿》职名表）

李本卓，吴川人。清乾隆四十五年（1780）庚子岁贡生，研究四书五经数十年，颇有心得。著有《学庸论语注解》，未完而卒。（乾隆《吴川县志》卷八，光绪《吴川县志》卷七）

李炳琨（1845—1932），字宝廷，号少石，化州人。清光绪二十七年（1901）辛丑举人，诰授朝议大夫。后毕业于日本明治大学法科，曾任袁世凯总统府顾问、众议院议员。著有《俄夫谏草》《生还录》。（《化州古今人物》）

李步鳌，清化州人。庠贡。分纂《（道光）化州志》。（道光《化州志》卷八）

李步魁，信宜人。清道光十一年（1831）辛卯贡生，任鹤山训导。著有《养源斋集》。（光绪《高州府志》卷五十二，光绪《信宜县志》卷八）

李曾裕，号远斋，化州人。清乾隆四年（1739）己未恩贡。品端学粹，弟子甚众。分纂《（道光）化州志》。辑有《诗经汇参》《书经直训》等。（光绪《高州府志》卷三十九，光绪《化州志》卷九、卷十一）

李昌泗，吴川人。清道光二十年（1840）庚子贡生。为廪生时分辑《（道光）吴川县志》。（光绪《吴川县志》卷九）

李乘云，字卧斋，化州人。清嘉庆间贡生，道光六年（1826）选授韶州府训导，以亲老致仕归里。置古今书籍近两万卷，被称为"高郡藏书第一"。分纂《（道光）化州志》。著有《卧斋文稿》二卷、《云海诗钞》四卷。（光绪《高州府志》卷五十二，光绪《化州志》卷九、卷十一）

李冲汉，字为章，吴川人。李茐苞子。清康熙间岁贡生，任海康训导，署教谕。博览经史子集，尤究心理学。与修《（康熙二十六年）吴川县志》。（道光《吴川县志》卷八，光绪《吴川县志》卷九）

李充材，字虚竹，吴川人。李伟光弟。由附贡授修职郎。清道光二十六年（1846）任遂溪县教谕，纂辑《遂溪县志》。（光绪《吴川县志》卷七）

李崇忠，字苾臣，又字少朴，信宜人。清咸丰六年（1856）补五年（1855）乙卯举人，以军功保举知县，以同知升用。同治十年（1871）辛未成进士，以知县分四川。因亲老故，改广西雒容县，补授兴业县，调补思恩。丁忧服阕，赴四川芦山县，再署资阳。年老改教职，任肇庆教授。谢病归，年七十六卒。著有《小塔清真》一卷、《鸣凤山房诗集》。（光绪《高州府志》卷三十九，光绪《信宜县志》卷六，1993年《信宜县志》）

李茐苞，字果琼，清吴川人。郡廪生。与修《（康熙二十六年）吴川县志》。（乾隆《吴川县志》卷七，光绪《吴川县志》卷九）

李大幹，字鸣直，清信宜人。乾隆进士李宜昌之孙。增广生。以侄孙增荣赠奉政大夫、同知衔、公安知县；以孙茂荣赠文林郎、候选按经历；以孙再荣赠朝议大夫、知府衔、即选通判。以工诗能赋。年二十余岁卒。著有《植亭遗草》。（光绪《高州府志》卷五十二，光绪《信宜县志》卷六、卷八）

李大枝，字鸣一，清信宜人。李世芳季子。早卒。工词赋，著有《鸣一遗编》。（光绪《高州府志》卷五十二，光绪《信宜县志》卷六、卷八）

李东绍（1699—1760），字见南，号雪溪，信宜人。李乾学长子。清雍正元年（1723）癸卯恩科拔贡，选入京师太学，名噪公卿间。有"岭南醇儒、卓冠群英"之誉。晚选合浦教谕。乾隆间纂辑《信宜县志》和《高州府志》。著有《雪溪子全集》二十二卷，已佚。《高凉耆旧遗集》收其《雪溪集文钞》四卷。（道光《广东通志》卷二九八，光绪《高州府志》卷三十八，光绪《信宜县志》卷六、卷八）

李杜庐，元吴川人。宋淳祐解元李凌云之孙。由岁贡任广西梧州府判官。秩满，辞官归。著有《尚书集解》《诗经集解》。（光绪《高州府志》卷五十二，光绪《吴川县志》卷九）

李逢恩，清信宜人。廪生，以子增荣赠奉政大夫、中议大夫。著有《湛波诗存》。（光绪《信宜县志》卷六、卷八）

李凤文，化州人。李鸿文弟。清光绪二年（1876）丙子举人，同知衔。掌教石龙书院、文光书院多年。纂修《（光绪）化州志》。（光绪《化州志》卷八，《化州古今人物》）

李高鹗，清电白人。诸生。著有《古冈诗钞》一卷。（光绪《高州府志》卷五十

二，光绪《电白县志》卷二十八）

李亘，吴川人。清康熙间贡生，任龙门、翁源训导。与修《（雍正）吴川县志》。（光绪《吴川县志》卷九）

李国香（？—1883），字文畹，吴川人。增生，工诗咏，林召棠激赏之。年四十绝意进取，清光绪元年（1875）任江阳书院学长。著有《实榴斋晚存杂咏》一卷。（光绪《高州府志》卷五十二，光绪《吴川县志》卷七、卷九，《广东书院制度》）

李汉魂（1895—1987），字伯豪，号杰华，又号南华，吴川人。在第一、第二次国共合作时期先后参加统一广东、北伐战争和抗日战争，功绩卓著。喜藏书画，耽于佛学哲理，有"儒将"之称。著有《岳武穆年谱》、《梦回集》、《[李汉魂]日记》上下集、《欧游散记》、《拉丁美洲游记》、《李主席在三十一年行政会议开幕词闭幕词及提示》、《李主席在广东卅二年行政会议暨第三次兵役会议训词及提示》、《李主席在本省参议会第四次大会中致词及报告》、《李主席在本省参议会第三次大会致词与报告》、《李主席言论集》、《政治言论选集》、《政治言论续集》、《李主席训词集》、《李主席训词：检讨过去与计划将来》、《李主席行政会议提示》、《李主席讲：从行政三联制说到本省施政计划》、《李主席对本省中上学校干部训词》、《几个月来广东省政之设施》、《广东政治新阶段》、《广东省振济工作概要》、《告广东青年书》、《勖勉调集讲习的乡镇保甲长书》等。（2001年《吴川县志》）

李翰臣，号橘香居主人，清化州人。园中所植之橘异于他处，声名远播，引无数文人雅士记之颂之。翰臣辑录成《宝山橘话》，光绪二十年刻。（《宝山橘话》序）

李鹤舫（1839—1920），字寿祺，又名粹年，化州人。清同治十二年（1873）癸酉拔贡，历任直隶州州判，从化、香山教谕，万州学正，广州府训导、教授，仁化教谕。诰授奉政大夫、朝议大夫。自江西知县卸任后，曾任石龙书院掌教、化州劝学所总董、崇实学堂监学、化州团防总局局长、化县参议。著有《西湾草堂诗文集》《冷斋清话》《五礼从实考》等。（《化州古今人物》）

李季临，字渊济，号静庵，信宜人。李麟祥季子。清康熙二十三年（1684）甲子岁贡，任新安训导。以孙宜随赠文林郎、宝山知县。善诗、古文词，有声于吴、越间。年六十一卒。著有《云岫山房文集》十卷。（乾隆《高州府志》卷十二，光绪《信宜县志》卷六、卷八）

李葭荣（1874—1950），字怀霜，又字蒹浦，号怀湘，又号装愁庵，晚号不知老翁，信宜人。清光绪二十七年（1901）辛丑举人。加入南社，撰章回小说《炙蛾灯》十八回。民国初年在上海创立《天铎报》。二次革命失败，亡命海外。回国后历佐军政大幕。早年著有《斐然庵集》，晚年改辑为《不知老斋诗集》，稿存于家。同邑李卓立搜其遗稿，编成《歀庵文存》一卷、《歀庵诗辑》三卷，已佚。（《信宜人物传略》，《广东历代诗钞》卷八）

李联蕃，字衍东，号雅林，又号椒伯，信宜人。清咸丰十一年（1861）辛酉补行八年戊午科优贡，选用内阁中书，改任合浦训导。著有《松寿轩诗钞》。（光绪《高州府志》卷五十二，光绪《信宜县志》卷八）

李联薰，又名李联芬，字香东，别字南笙，清信宜人。李联蕃弟。优廪生。著有《陶情小草》。（光绪《高州府志》卷五十二，光绪《信宜县志》卷八）

李联珠，信宜人。清道光二十九年（1849）己酉拔贡生，任翁源教谕，历任儋州、南雄州训导，升知县。著有《小瀛洲仙馆诗钞》《爂馀集》《翁山集》《海南集》《梅关集》。（光绪《高州府志》卷五十二，光绪《信宜县志》卷六、卷八）

李麟祥（1609—1690），字符圣，信宜人。明崇祯元年（1628）以岁贡官高要训导，举贤良，擢户部湖广清吏司主事。慷慨有大略，诗、古文、词，雄视一时。为官刚直不阿，以上书言事忤旨几死。明亡，年未四十，即隐居不出。康熙十三年（1674）总纂《（康熙）信宜县志》十二卷。著有《溪仙诗集》二十卷、《溪仙文集》三十八卷，均佚。（光绪《高州府志》卷三十七，光绪《信宜县志》卷六、卷八）

李履祥，字吉甫，化州人。清康熙十一年（1672）壬子举人。历任西阳、黔江知县，升贵州定番知州。同修《（康熙二十五年）化州志》。（康熙二十五年《化州志》卷六，1996年《化州县志》）

李旻，吴川人。明万历二十三年（1595）乙未选贡，任太仓州判，升州府审理。与修《（万历）吴川县志》。（光绪《吴川县志》卷七、卷九）

李培，吴川人。清乾隆元年（1736）丙辰恩贡，任大埔教谕。为廪生时与修《（雍正）吴川县志》。（乾隆《吴川县志》卷七）

李培芳，字公植，号柏峰，一作柏峰，清茂名人。李一迪元孙。少负文名，以选拔肄业成均。深得祭酒翁叔元赏识，为之延誉，名闻都下。青浦王原与之同学，自叹弗如。及王原任茂名知县，屡邀不肯一谒。年五十一卒。著有《簸月轩内外集》。（乾隆《高州府志》卷十二，嘉庆《茂名县志》卷十二）

李起龙，字云衢，号卧庐，电白人。清咸丰间廪膳生。治学尚根柢，教人务求实学。著有《五经篇目歌括》《家居必读书》（一作《家居必读》《居家必读》）二卷、《地学捷解》、《古今体诗》、《卧庐诗略》一卷、《井田礼器乐律图》等。（光绪《高州府志》卷三十九，光绪《电白县志》卷十九）

李乾学，字式强，号毅甫，信宜人。李季临次子。清康熙四十五年（1706）丙戌岁贡，以孙宜随赠文林郎、宝山知县。年六十二卒。著有《家居世守录》二卷（又作《居家世守录》）。（乾隆《高州府志》卷十二，光绪《信宜县志》卷六、卷八）

李日昌，化州人。清嘉庆六年（1801）辛酉拔贡。分纂《（道光）化州志》。（道光《化州志》卷八）

李若金，吴川人。清同治十二年（1873）癸酉举人，任四会县训导。参与编纂《（光绪）吴川县志》。（光绪《吴川县志》卷六）

李色奇，石城人。清康熙二十五年（1686）丙寅岁贡生。参与编纂《（康熙二十五年）石城县志》。晚年闭户著书。四十四年（1705）举明经，廷试高等，将得司训而卒。（嘉庆《石城县志》卷四，光绪《石城县志》卷七）

李上猷，吴川人，迁居梅菉。清乾隆三十年（1765）乙酉拔贡生，嘉庆三年（1798）戊午举人，任会同教谕。参与纂修《（乾隆）吴川县志》。（光绪《吴川县志》卷九）

李实，字秀夫，石城人。聪颖嗜学，博涉经史。清嘉庆十二年（1807）丁卯举人，署廉州府训导。去职后，归里研读，手辑《学庸解》三卷。分纂《（道光）高州府志》。（光绪《高州府志》卷三十九，光绪《石城县志》卷七、卷八）

李士林，清化州人。增生。李士周兄。分纂《（光绪）化州志》。（光绪《化州志》重修姓氏）

李士忠，字诚卿，号璞山，吴川人。清嘉庆九年（1804）甲子举人，二十二年（1817）大挑一等，发北直里门需次，一病而终。著有《诚卿文稿》一卷。（道光《吴川县志》卷八，光绪《高州府志》卷三十八，光绪《吴川县志》卷七、卷九）

李士周（1840—1888），字廷桢，号济卿，化州人。十五岁被聘为私塾执教，十七岁为庠生。清同治九年（1870）庚午举人，次年联捷进士。钦点吏部主事，后补苏州道台。纂修《（光绪）化州志》。（光绪《化州志》卷八，《化州古今人物》）

李世芳（1757—1842），字仙泽，信宜人。乾隆进士李宜昌子，李锡元祖。清乾隆四十四年（1779）己亥恩科副贡，晚年官广宁教谕，引疾归。道光十九年（1839）重逢己亥恩科乡举周甲。学者称"润庵先生"。邑令韩凤修延其纂修《（道光）信宜县志》，未见。分纂《（道光）高州府志》。著有《青藜阁诗集》十八卷、《青藜阁文集》二十卷。（光绪《高州府志》卷三十九，光绪《信宜县志》卷六、卷八）

李述礼（1904—1984），号陶甄，别名陈桂祥、李文珍，化州人。李士周孙。民国十年（1921）考入北京大学。加入中国共产党，曾任武汉粤汉铁路徐家棚工会秘书，当阳、远安、石首、松滋县县委书记。与党组织失去联系后，边教学边从事翻译工作。七七事变爆发后，任《联合抗战报》《中苏文化》编辑。新中国成立后，历任西北大学教授、民进陕西省委员会副主任委员等职。译著《战斗的唯物论》《伟大的旅程》《长征记》《埃佛勒斯》《亚洲腹地旅行记》《资本论》《马克思夫人燕妮传》等。（《化州古今人物》）

李树苞，电白人。清增生。分纂《（光绪）电白县志》。（光绪《电白县志》重修职名）

李孙虬，字犹龙，吴川人。清康熙间岁贡生。与修《（康熙八年）吴川县志》《（康熙二十六年）吴川县志》。（光绪《吴川县志》卷九）

李天爵，清信宜人。著有《红云轩诗稿》。（1993年《信宜县志》）

李王材，石城人。少好学，筑"迪悔轩"于苍山之阳，杜门研经。清康熙四十七年（1708）戊子岁贡，任定安训导。参与编纂《（康熙五十一年）石城县志》。（嘉庆《石城县志》卷三，光绪《石城县志》卷七）

李惟标，或作李伟标，吴川人。明天启间贡生，任惠州教授。万历间与修《吴川县志》。（光绪《吴川县志》卷九）

李伟光，字奇轩，清吴川人。由增贡生任钦州学正。道光初为生员时分辑《吴川县志》。（光绪《吴川县志》卷七、卷九）

李文淮，号宗莲，更号小莲，吴川人。李玉茗子，李文泰兄。清道光十七年（1837）丁酉拔贡。多次乡试不中，年四十遂绝意功名，闭门不出。卒年五十一岁。诗作多散佚，其弟文泰辑幸存者梓为《醉月山房诗钞》二卷。（光绪《高州府志》卷五

十二，光绪《吴川县志》卷七、卷九）

李文泰（1841—1914），字叔宽，号小岩，一作小严，吴川人。李玉茗子。清同治九年（1870）庚午举人，候选主事，加员外郎衔。淡视宦途，终身不仕。掌教广州书院，又创邑之意园，延师讲学。余暇，潜心著作诗文。著有《海山书屋诗草》《海山书屋诗话》。纂修《（光绪）高州府志》及《（光绪）吴川县志》。民国二十五年（1936）弟子李汉魂将其遗著编成《李小岩诗文集》出版，并为序。1987年其旅居香港裔孙植桢将该集易名为《李小岩（文泰）先生遗著》，在香港再版。（光绪《吴川县志》卷六、卷七，《梅水汇灵集》卷五，《湛江文史》第二十辑，《读岭南人诗绝句》卷十三）

李文沂，字鲁南，清吴川人。廪生。著有《经字正蒙》八卷。（光绪《高州府志》卷五十二，光绪《吴川县志》卷九）

李锡玮，信宜人。清光绪二十九年（1903）由附贡任澄迈教谕。著有《丽庐文存》。（光绪《澄迈县志》卷六，1993年《信宜县志》）

李锡元，字善玉，清信宜人。李世芳元孙。附生。著有《制义稿》、《希范居士遗编》六卷。（光绪《信宜县志》卷六、卷八）

李先茂，清化州人。道光举人李绍侗之子。廪生。著有《字学便览》。（光绪《高州府志》卷五十二，光绪《化州志》卷九）

李新时，信宜人。清嘉庆二十三年（1818）以廪贡任澄迈训导，协修《（嘉庆）澄迈县志》。（光绪《澄迈县志》卷六）

李兴华，号柳盦，化州人。民国间毕业于日本明治大学文学科。著有《柳盦诗集》。（《化州古今人物》）

李勖，吴川人。明万历间岁贡，任番禺训导、灵山教谕、肇庆府教授。与修《（万历）吴川县志》。（光绪《吴川县志》卷七、卷九）

李学曾，字宗鲁，茂名人。明弘治十五年（1502）壬戌进士，由进贤令擢礼科给事中，谢病归。聚徒授《易》，里居十五年。晋吏科都给事中。世宗继大统，议礼，忤旨，遂谢病归。起大理寺少卿，力辞不就。著有《鹤林遗稿》二十卷。（乾隆《高州府志》卷十二，嘉庆《茂名县志》卷十二，道光《广东通志》卷二九八）

李燕昌，字鹿友，茂名人。清嘉庆间岁贡，任德庆训导。性好古籍。年八十卒。分纂《（嘉庆）茂名县志》。编辑《古今孝子所见录》十二卷、《新辑广列女传》二十卷、《敦伦录》、《续高士传》。（光绪《高州府志》卷五十二，光绪《茂名县志》卷八）

李一迪，字君哲，茂名人。李学曾从子。明嘉靖四十四年（1565）乙丑进士，初守彝陵，移杭郡丞。后佥宪粤西，征罗旁八寨有功，升金衢副使。终因不能媚事权贵而致仕。著有《拙宦存稿》四十六卷。（康熙《高州府志》卷六，嘉庆《茂名县志》卷十二，道光《广东通志》卷二九八）

李宜达，字士亨，一字艮斋，信宜人。李东绍长子。清乾隆三十三年（1768）戊子岁贡生，主起凤书院讲席。博极群书，经明行修，负一时重望，历延主讲院席，至老病犹辞不获。以明经终老。著有《群经古义》、《四书质疑》、《艮斋诗集》二十卷、《艮斋文集》三十八卷、《艮斋制义稿》。（道光《高州府志》卷十一，光绪《信宜县

志》卷六、卷八）

李宜相，原名宜突，字士御，学者称双江先生，信宜人。李东绍次子。清乾隆十二年（1747）举于京兆，十九年（1754）甲戌成进士，归主高州敷文书院、信宜同春书院讲席。与修《两广盐法志》。后历任四川昭化、宜宾知县。年四十九卒于官。著有《学庸解义》、《双江文集》二十八卷、《双江制义稿》。（道光《高州府志》卷十一，光绪《信宜县志》卷六、卷八）

李应荐，石城人。清康熙四十五年（1706）丙戌岁贡生。参与编纂《（康熙五十一年）石城县志》。（嘉庆《石城县志》卷三）

李应珏，字玉山，清化州人。其父被同治帝封赠为荣禄大夫，兄弟均为举人，唯独应珏为生员，故得绰号"举人夹"。以庠生署理安徽蒙城、涡阳等县，颇有建树。见知于两江总督刘坤一，分发江西候补道。致仕归里，课子读书，编修宗谱、族志、墓志铭。年八十卒。著有《十三经著疏补》《道德经批解》《广东便览》《广西便览》《浙志便览》等。（《中华古文献大辞典·地理卷》）

李玉蓝，字琼田，清吴川人。李玉茗弟。屡试不第，以布衣终老。著有《鉴史撮要》、《韵语启蒙》二卷。（光绪《高州府志》卷五十二，光绪《吴川县志》卷九）

李玉茗（1777—1851），字伯喦，吴川人。李培曾孙。清嘉庆十三年（1808）戊辰恩科举人，道光二年（1822）任龙门教谕。二十一年（1841）截取知县，改花县教谕。咸丰元年（1851）告归，刚到家卒。善诗及古文辞，惜其遗稿多散佚。道光初纂修《吴川县志》。（光绪《吴川县志》卷七、卷九）

李玉森（？—1863），化州人。廪生。清咸丰间办团练镇压太平军，同治二年（1863）为义军所杀，年四十余。著有《适适斋诗集》一卷。（光绪《高州府志》卷五十二，光绪《化州志》卷九）

李郁，字文山，吴川人。清乾隆十九年（1754）甲戌贡生。与修《（雍正）吴川县志》。（道光《吴川县志》卷八，光绪《吴川县志》卷七、卷九）

李元畅，字惟实，号云泉，茂名人。李一迪次子，李元若弟。明万历十年（1582）壬午举人，授天长知县。居乡，以礼自守，以诗书教子孙，不闻外事。善诗及古文词，风格直追魏晋，论者以为旷代名流。年三十五卒。著有《吹剑编》十卷（一作《吹剑集》）、《前后北征稿》二十卷（一作《前后北征集》）、《药房稿》十六卷。（乾隆《高州府志》卷十二，嘉庆《茂名县志》卷十二）

李元逵，电白人。清顺治间恩贡。纂修《（康熙二十五年）电白县志》。（康熙二十五年《电白县志》叙、卷五）

李元琳，号蓝田，吴川人。清乾隆五十四年（1789）己酉举人，任海丰教谕。参与纂修《（乾隆）吴川县志》。（道光《吴川县志》卷八，光绪《吴川县志》卷七、卷九）

李元若，字惟顺，号带泉，茂名人。李一迪长子，李元畅兄。明万历间由选贡任古田县丞，擢龙南知县。年八十卒。著有《小山稿》。（《华山李氏世德录》卷二）

李元森，字恒庵，吴川人。李元琳从兄。弃举子业，就例明经。喜吟咏，与从兄时有唱和。亦善医。清乾隆四十三年（1778）、四十四年（1779）发粟赈灾。著

有《李恒庵诗稿》一卷。（光绪《吴川县志》卷七、卷九）

李岳亭，清电白人。著有《李氏村言》八卷。（民国《电白县新志稿》第六章）

李允居（1874—1947），原名文治，化州人。清末创办化州开化小学、高等小学堂，兼任教员。辛亥革命后考入广东法政学校。民国八年（1919）开设利东书局。著有《隐愚集》《藏美录》《心德堂主人文稿》《心德堂主人策论》《允居书册》《橘侣文存》《话旧随笔》《橘侣酬唱集》。（《化州古今人物》）

李再荣（1849—1895），字念生，又字学高，信宜人。幼丧父，自小好学，尤精古文。监生，赴乡试不中，随堂兄于外任职，受知府衔即选通判。热心公益，且仗义执言，为世人所重。与梁安甸总纂《（光绪）重修信宜县志》。辑《信宜忠孝节烈录》一卷、《华山李氏世德录》八卷续编一卷附录六卷补遗一卷、《李氏縢馥集》一卷补续一卷）。著有《味道斋文抄》、《求志居存稿》。（光绪《高州府志》卷五十二，光绪《信宜县志》卷八）

李增荣，字益生，号庚仙，信宜人。清同治九年（1870）庚午优贡，任湖北恩施、公安、竹溪、天门、潜江等县知县。著有《森玉堂诗草》《公安治略》四卷，已刊行。另有《公馀杂录》《南平竟陵骊唱集》两稿藏于家。（光绪《信宜县志》卷五，《广东历代诗钞》卷四）

李兆龙，吴川人。明万历间贡生。与修《（万历）吴川县志》。（光绪《吴川县志》卷九）

李正，字履端，一字省斋，茂名人。清乾隆二十一年（1756）丙子举人，赐国子监监丞。读书以躬行实践为本，博通经史，为文顷刻千言，不假思索。授徒六十年，年八十四卒。著有《四书讲义》、《省斋文集》二十四卷。（嘉庆《茂名县志》卷十二，道光《广东通志》卷二九八，光绪《高州府志》卷三十八）

李枝茂，信宜人。清光绪十一年（1885）乙酉拔贡生，选直隶州州判。分纂《（光绪）信宜县志》。著有《松庐文集》。（光绪《信宜县志》卷五，1993年《信宜县志》）

李卓立（1881—1953），字平宇，号匠公，信宜人。清光绪二十二年（1896）生员。随同乡李怀霜游学京沪，受民主革命思想影响，于三十年（1904）在高州城与林云陔等成立新高同志社，传播革命思想。民国间任总统府、国民政府职员，清远县政府秘书，广东省防城县禁烟局局长，广州市自来水公司第一科科长，广东省政府民政科职员，信宜县民众教育馆馆长，广雅中学国文教员，信宜县志常任编纂等职。潜心于古文字学、书法、金石、篆刻。著有古文字学论著《奇文麟爪》六集，随笔《疑暗浪墨》六集，《中国文字考》《畸园诗稿》《沧桑集》《引玉集》《信宜西部风采》，除最后一部，其他均佚。（《信宜人物传略》，1993年《信宜县志》）

李缵昌，化州人。明崇祯六年（1633）以岁贡任新安训导，升琼东教谕，再升四川简州学正。参与编纂《（崇祯）新安县志》。（《广东方志要录》）

李作舟，字巨翼，清吴川人。生员。与修《（康熙二十六年）吴川县志》。（光绪《吴川县志》卷九）

梁安甸，原名安澜，信宜人。清道光二十三年（1843）癸卯举人，补乐昌训导，

选浙江处州府庆元知县，加同知衔。与李再荣总纂《（光绪）信宜县志》。（光绪《信宜县志》卷五）

梁琠（1349—1438），字璧粹，号双江，有"响水进士"之称，化州人。明永乐二年（1404）甲申进士，任福建宁化知县、湖广随州同知。著有《响水文稿》等。（《化州古今人物》）

梁纯素，字云虚，茂名人。清乾隆末生员梁伟雁之女，邹瑞熊之妇。十九岁婚，两年后寡居。读书识理，一生不离笔砚。其诗作质朴自然。年六十九卒。著有《傲霜吟前后集》二卷（未见）。（光绪《高州府志》卷五十二，光绪《茂名县志》卷八，《广东历代诗钞》卷二）

梁达观，字闇斋，清道光咸丰间茂名人。务实学，酷嗜朱子《小学》、周子《太极图说》、张子《正蒙》、刘子《人谱类记》等书，手抄先正格言成帙。年六十二卒。著有《小心学的》《宝善真诠》等藏于家。（光绪《高州府志》卷三十九，光绪《茂名县志》卷六）

梁铎贵（1648—1742），字金瑞，号厦宰，又名醇俭，清化州人。精堪舆学。著有《金瑞文集》《[金瑞]简牍》。（《化州古今人物》）

梁国成（1777—1808），字允中，信宜人。清嘉庆九年（1804）甲子举人。十三年（1808）苦读致疾卒。纂辑《经史子集掇馀》。著有《春秋三传辨异义》《弹琶山房集》。（道光《高州府志》卷十一，光绪《信宜县志》卷六、卷八）

梁国载，清信宜人。梁泰纶子。性颖悟，精研数学。著有《天学随笔》《中星考》《算法问答》。（光绪《高州府志》卷五十二，光绪《信宜县志》卷六、卷八）

梁杰元，字秀岸，清茂名人。庠生。年三十八卒。分纂《（嘉庆）茂名县志》。（光绪《茂名县志》卷六）

梁宽伍（1875—1969），化州人。早年就读于化州石龙书院、广西陆里书院。科举失败后，随父习医。清光绪二十五年（1899）考入广州广雅书院。毕业后任高州中学教员、平太小学校长、凌秀中学校董。任教兼行医。晚年著有《胃病防治选集》《杂气治疗选集》。（《化州古今人物》）

梁丽观，字润宇，清吴川人。生员。与修《（康熙二十六年）吴川县志》。（光绪《吴川县志》卷九）

梁联德，字惇一，号恒峰，茂名人。梁雍郎长子。清雍正元年（1723）癸卯举人，五年（1727）丁未成进士。任江西兴国知县，以卓异荐调宜黄，有政声。丁忧去官，不复仕。年七十六卒。纂辑《（乾隆）高州府志》。著有《恒峰文集》一卷。（嘉庆《茂名县志》卷十二，道光《高州府志》卷十一，道光《广东通志》卷二九八）

梁龙祥，号云岩，茂名人。清咸丰二年（1852）壬子举人。纂辑《（光绪）茂名县志》。（光绪《茂名县志》卷五）

梁梅先，字若冰，信宜人。清道光廪生梁嵘之女，林联杏之妻。年二十七守寡，年七十二卒。著有《凌寒阁诗稿》，李增荣、李再荣编选。（光绪《高州府志》卷五十二，光绪《信宜县志》卷八，《广东历代诗钞》卷三）

梁明沧（1874—1936），字文涵，号铭庵，排行第三，人称"梁三太"，信宜人。少时考中生员，因母疾无意仕途。潜心学医，擅长内、喉、妇、儿诸科，尤精喉科、乳疮及骨伤杂症。著有《方脉发微》《妇儿搜秘》《医通探源》《喉科索隐》《伤科一得》等，均佚。(《信宜人物传略》)

梁汝璠，字鲁侨，茂名人。梁仲光第三子。清道光间岁贡，官鹤山训导。有济世之才，其指陈团练、海防、救荒诸事，多为当道采用。著有《四书便检》三卷、《本学居时务集》《本学居文钞》一卷、《本学居诗集》《本学居骈体文》等。(光绪《高州府志》卷三十九，光绪《茂名县志》卷六、卷八)

梁汝瑛，字竹君，茂名人。梁仲光子。清道光十四年(1834)甲午举人，任新兴训导，内阁中书衔。文名显著，为知府黄安涛所赏识。著有《享帚诗文》二卷(又作《享帚集诗文》、《享帚集》)。(光绪《高州府志》卷三十九，光绪《茂名县志》卷五、卷六、卷八)

梁绍华，石城人。清同治十一年(1872)壬申岁贡，候选训导。著有《鉴塘诗集》一卷。(民国《石城县志》卷八)

梁泰纶，字拙斋，清信宜人。附贡生，候选训导。以子国载赠通奉大夫。著有《蕙风轩诗集》四卷，遭乱散佚。(光绪《高州府志》卷三十九，光绪《信宜县志》卷六、卷八)

梁挺芳，字亶佳，吴川人。梁挺秀弟。清顺治间贡生。与修《(康熙二十六年)吴川县志》。(光绪《吴川县志》卷七、卷九)

梁挺观，号卓亭，石城人。郡廪贡生，清道光间援例任徐闻县训导六年，解组归，杜门家居。著有《卓亭诗文集》一卷。(光绪《石城县志》卷七、卷八)

梁挺秀，字禀佳，吴川人。梁挺芳兄。清顺治间拔贡生。与修《(康熙八年)吴川县志》。(光绪《吴川县志》卷七、卷九)

梁望洵，字悦允，信宜人。清光绪间廪生。民国后橐笔沪宁。著有《梦周草堂诗集》，未见。(《广东历代诗钞》卷八，1993年《信宜县志》)

梁巍，字思焕，信宜人。梁国成子。清道光十七年(1837)选拔朝考，以七品京官分刑部行走。二十年(1840)中顺天举人，升主事。三十年(1850)庚戌进士，改翰林院庶吉士。丁母忧，服阕后卒于家。著有《琉璃仙馆诗文集》四卷。(光绪《高州府志》卷三十九，光绪《信宜县志》卷六、卷八)

梁宣宾，字衍蒲，茂名人。清康熙间岁贡，任三水训导，惟以古道训诸生。好学工文，精研理学，别有深造。其恬淡高趣，萧然物外，发为诗歌，有晋人风味。归里后，娱志溪山。著有《易通》《极通》二书。(乾隆《高州府志》卷十二，嘉庆《茂名县志》卷十二)

梁耀金(1796—1871)，字玉闱，号玉闱女史，茂名人。赠职梁彦琦女，适信宜岁贡李树滋。性温良，善琴工诗。著有《玉闱女史诗选》(原名《绣馀吟草》)一卷，由李再荣编选。(光绪《高州府志》卷五十二，光绪《茂名县志》卷八)

梁应廱，清石城人。著有《双榕山人诗稿》二卷。(民国《石城县志》卷八)

梁雍郎，字衍邵，号节庵，茂名人。梁联德父。清雍正十年(1732)壬子举人，会试两登明通进士，授国子监学正。为文雄博俊伟，粤之名士韩纬五、谢仲坑等推其为文学祭酒。年七十一以子贵，封文林郎。参

与纂修《(雍正)茂名县志》。(嘉庆《茂名县志》卷十二,道光《广东通志》卷二九八,光绪《高州府志》卷三十八)

梁玉瑜,字特岩,清茂名人。曾在新疆任太守。家传医学二百余载,善舌诊。著有《舌鉴辨正》二卷、《医学答问》四卷。(《中医古籍珍本提要》)

梁仲光,字德流,茂名人。清嘉庆间诸生,迭试优等,廪岁贡。讲学先德义后文艺,以"诚敬"二字为躬行准的。年六十五卒。著有《天图补》、《天射日说》、《德流文集》。(光绪《高州府志》卷三十九,光绪《茂名县志》卷六、卷八)

梁宗俊(1879—?),字伟民,号捷升,信宜人。清宣统元年(1909)己酉拔贡。分纂《(民国)信宜县志》。著有《丛桂阁文稿》。(1993年《信宜县志》,《惠东文史》第三辑)

廖迪雍,电白人。毕业于广东农业专门学校。曾任县立中学、省立第一农业学校、省立喜泉农业职业学校校长。参与编辑《(民国)电白县新志稿》。著有《农学概论》《农艺化学》《施肥须知》。(民国《电白县新志稿》第六章)

林昌裘,吴川人。林懋修子。清道光二十二年(1842)壬寅贡生。为廪生时分辑《(道光)吴川县志》。(光绪《吴川县志》卷九)

林春泽(1687—1775),吴川人,迁居雷州。清康熙四十四年(1705)乙酉举人,任湖北黄安知县。晚年精岐黄之术,善医奇病。乾隆三十年(1765)重宴鹿鸣,十年后卒。与修《(雍正)吴川县志》。(道光《吴川县志》卷八,光绪《吴川县志》卷七、卷九)

林德均,清信宜人。廪贡,授广西上林代理知县、新宁知州,知府衔,候补同知。辑有《粤西溪蛮琐记》四卷补篇一卷、《南徼靖边纪略》、《信宜县敖县志补正》、《红荔书屋稿》。(光绪《信宜县志》卷五,1993年《信宜县志》)

林德流,信宜人。廪贡,授太常博士衔。曾任乐会及东安教谕、连州学正,授文林郎。分纂《(光绪)信宜县志》。(光绪《信宜县志》卷五)

林德天,吴川人。清嘉庆二十一年(1816)丙子府学贡生,任会同训导。道光初纂修《吴川县志》。(光绪《吴川县志》卷九)

林栋,字廷隆,别字峻云,信宜人。林廷式弟。清光绪八年(1882)壬午恩赐举人,授封川教谕、候补内阁中书,加同知衔。潜心古学,以诗赋擅名一时。著有《抗怀山房诗赋合编》。(光绪《高州府志》卷五十二,《信宜县志》卷五、卷六、卷八)

林桂友,电白人。民国三十三年(1944)参与编辑《电白县新志稿》。(民国《电白县新志稿》职名表)

林翰贤,吴川人。清光绪元年(1875)乙亥恩科举人,拣选知县。参与编纂《(光绪)吴川县志》。(光绪《吴川县志》卷六)

林鹤龄(1800—1826),号仙屿,吴川人。清嘉庆二十四年(1819)己卯举人。赴殿试不第,卒于京邸。著有《汉书节略》、《水经注图》一卷。(道光《吴川县志》卷八,光绪《高州府志》卷五十二,光绪《吴川县志》卷七、卷九)

林鹤年（1857—1924），字朴山，吴川人。林廷槐父。屡试不第，遂潜心经史。清光绪十四年（1888）就读于广雅书院。肄业后，任梅坡书院院长及两广优级师范学堂教习。辛亥革命后，参与编写《广东文徵》《广东通志》。著有《四库全书表文笺释》四卷、《居思草堂诗钞》二卷、《读礼要义》、《毛郑异诂》、《居思课集录》、《东北游日记》等。（2001年《吴川县志》第二十二编，《广东文徵》第六册）

林鸿，字渐云，信宜人。林砺儒伯父。廪生。清宣统元年（1909）县拟举其为孝廉方正，以寄志林泉，坚辞。著有《雪眉诗文稿》。（1993年《信宜县志》，《林砺儒教育思想研究》）

林家侃，清信宜人。著有《紫藤轩诗集》。（1993年《信宜县志》）

林间挺，字笃生，吴川人。清康熙间岁贡生。与修《（康熙八年）吴川县志》《（康熙二十六年）吴川县志》。（光绪《吴川县志》卷七、卷九）

林杰，吴川人。林中桧子。清雍正八年（1730）庚戌岁贡生，任官某处，因前官事落职。性甘淡泊，潜心理学。乾隆三十五年（1770）复六品职衔，后降授南汇、常熟县丞。调署嘉定知县，檄下以病终于常熟。与修《（雍正）吴川县志》。（道光《吴川县志》卷八，光绪《吴川县志》卷七、卷九）

林晋堃，吴川人。林召棠孙。清同治十二年（1873）癸酉拔贡生，任封川、英德训导及四会教谕。参与编纂《（光绪）吴川县志》。（光绪《吴川县志》卷七）

林景澜，吴川人。清光绪十一年（1885）乙酉拔贡生，署普宁县教谕。十三年（1887）参与编纂《吴川县志》。（光绪《吴川县志》卷七）

林魁彦，字杰伯，吴川人。清康熙间府学岁贡。文行兼优，邑令延其为义学师。与修《（康熙二十六年）吴川县志》。（光绪《吴川县志》卷七、卷九）

林魁英，字殿伯，清吴川人。生员。与修《（康熙二十六年）吴川县志》。（光绪《吴川县志》卷九）

林砺儒（1889—1977），原名绳直，信宜人。早年赴日本留学，入东京高等师范学校。民国七年（1918）三月回国，历任北京高等师范学校教授、北京大学第一师范学院临时院务委员会主席、广州中山大学教授兼教务长、勷勤大学教务长兼教育学院院长、广东省立教育学院院长、广东省立文理学院院长、国立桂林师范学院教授兼教务长、厦门大学教授等职。新中国成立后，任北京师范大学校长、教育部副部长等职。著有《林砺儒教育文选》《教育哲学》《教育危言》《伦理学要领》《文化教育学》等。（《信宜人物传略》）

林联桂（1774—1835），初名家桂，字道子，又字辛山、莘山，吴川人。清嘉庆九年（1804）甲子举人，长寓京师，广泛交游。道光八年（1828）戊子始中进士，历任湖南绥宁知县、新化署晃州直隶厅通判、邵阳知县，卒于任。续修《绥宁县志》。著有《见星庐诗稿》一卷、《见星庐诗稿》八集、《见星庐续刻诗》九集至二十二集、《轩轩轩诗集》、《见星庐古文》三卷、《见星庐骈体文》二卷、《见星庐赋话》十卷、《见星庐馆阁诗话》二卷、《见星庐词稿》一卷、《作吏韵话》、《讲学偶话》、《续清秘述闻》、《日下推星录》等。（光绪《高州府志》卷三十九，光绪《吴川县志》卷七、卷九，《岭南群雅二集》）

林隆徽，吴川人。清道光二年（1822）壬午优贡，任八旗官学教习、高要训导、琼山教谕。参与增修《（道光）肇庆府志》。（道光《肇庆府志》重修职名，光绪《吴川县志》卷六）

林隆基（1800—1832），吴川人。清嘉庆二十三年（1818）戊寅副贡。年三十三遽卒。著有《立峰诗稿》二卷。（光绪《高州府志》卷五十二，光绪《吴川县志》卷七、卷九）

林懋修，号淑庐，吴川人。清乾隆五十四年（1789）选拔入国子监肄业，充实录馆校录。工书，书法仿虞世南。授封川教谕，不一年丁艰归里，遂不出，卒于家。参与纂修《（乾隆）吴川县志》。（道光《高州府志》卷十一，道光《吴川县志》卷八）

林枚佐，字肖翁，信宜人。清雍正八年（1730）庚戌岁贡生，任博罗训导。工诗词，与番禺车腾芳、何纮、保昌曹万为诸名士唱和，为众推许。著有《罗浮薄宦草》。（乾隆《高州府志》卷十二，光绪《信宜县志》卷六、卷八）

林洒焰，字山宗，吴川人。明崇祯间岁贡生。与修《（康熙八年）吴川县志》《（康熙二十六年）吴川县志》。（光绪《吴川县志》卷七、卷九）

林溥，清信宜人。著有《欲自得文集》。（1993年《信宜县志》）

林其斐，字卫思，清吴川人。生员。与修《（康熙二十六年）吴川县志》。（光绪《吴川县志》卷九）

林其翰，字飞涛，清吴川人。康熙岁贡林震乾子。廪生，为文直追古人，不囿于风气。著有《南海文澜》十卷藏于家。（乾隆《高州府志》卷十二，乾隆《吴川县志》卷八）

林其芹，字尔采，清吴川人。生员。与修《（康熙二十六年）吴川县志》。（光绪《吴川县志》卷九）

林荣，吴川人。廪生。博通经史，教育门徒，不受修脯。清雍正间修《吴川县志》，亦与其事。（乾隆《吴川县志》卷八，道光《吴川县志》卷八，光绪《吴川县志》卷九）

林儒珍，字德聘，清信宜人。乾隆末年举人林雍之子。以体弱有疾不就试。著有《焦桐吟》《古鉴》。（光绪《高州府志》卷五十二，光绪《信宜县志》卷六、卷八）

林润，清信宜人。著有《醉经室诗文集》。（1993年《信宜县志》）

林绳武（？—1938），字韵宫，信宜人。林砺儒从兄。清光绪间优贡，肄业于广雅书院。曾任中华民国国会议员、驻秘鲁卡亚俄领事。抗战期间沦为汉奸，民国二十七年（1938）被处决。总纂《（民国十九年）钦州志》。有《光绪丙午广东优贡元卷》一卷、《西江骊唱集》。（《读岭南人诗绝句》卷十四，《林砺儒教育思想研究》）

林式君，字朝衡，信宜人。清康熙五十三年（1714）甲午举人。母卒后，誓不仕。晚益肆力于古，学者称"马山先生"。雍正六年（1728）纂修《信宜县志》。（道光《高州府志》卷十一，光绪《信宜县志》卷六、卷八）

林式中（1721—1807），字通南，吴川人。永安教谕林宏朝之子。清乾隆三十九年（1774）甲午岁贡，四十六年（1781）举都正。晚年任海康训导。参与纂修《（乾隆）

吴川县志》。(道光《吴川县志》卷八,光绪《吴川县志》卷七、卷九)

林泰雯(1745—1825),字庆章,号雨屏,吴川人。林召棠父。清乾隆三十五年(1770)庚寅恩科、次年(1771)辛卯两中副榜,任东安教谕,在官十九年。参与纂修《(乾隆)吴川县志》。著有《四书纂言》十九卷、《见山房集》四卷。(道光《高州府志》卷十一,光绪《吴川县志》卷七、卷九)

林廷槐,清道光间茂名人。监生。著有《问梅集》一卷。(光绪《高州府志》卷五十二)

林廷瓛(1454—1523),字公器,号南峰,吴川人。明弘治三年(1490)庚戌进士,初任永嘉知县,迁建昌府同知。丁内艰,服阕补苏州同知。早年受业于新会陈白沙,笃志理学。著有《林南峰诗集》一卷,已佚。(道光《吴川县志》卷八,道光《广东通志》卷二九八,光绪《高州府志》卷三十七)

林廷式(1802—1886),初名林模,以字行,学者称"端甫先生",信宜人。林栋兄。清道光十二年(1832)壬辰举人,选湖南益阳知县,调衡阳。因功保举同知,以知府用。调署龙阳县,擢补靖州,皆未赴任。年八十五卒于家。著有《中庸诠注》、《吏治韦弦》一卷、《怡云山房文集》,均佚。(光绪《高州府志》卷三十九,光绪《信宜县志》卷六、卷八)

林温伯(1883—1952),字正煊,号蕴白,吴川人。林鹤年子。少时曾应科举试。清末废科举后转入两广高等学堂攻读。加入中国同盟会。民国元年(1912)被推举为广东省临时议会议员,次年当选为第一届正式议员兼同盟会粤支部主任。议会解散后,赴四川,与杨永泰、蔡锷等护法讨袁。袁氏倒台后,任广东省议会议员、省议会议长、段祺瑞政府参政院参政。后因主张改组国会不遂,离职旅居香港。民国间任茂名修志馆馆长,编成《茂名县志》上下册。(2001年《吴川县志》)

林锡爵,吴川人。清道光二年(1822)壬午举人,拣选知县。分纂《(道光)高州府志》。(道光《高州府志》卷十)

林显宗,明吴川人。与人合著《咏陈孝子诗》一卷。(光绪《高州府志》卷五十二、光绪《吴川县志》卷九)

林湘源,字竹泉,信宜人。清道光十一年(1831)辛卯优贡生,十六年(1836)任兴宁教谕。题咏兴宁名胜古迹甚多,在任七年,调任儋州学正,候补主事。著有《竹泉诗钞》,遭兵燹,散佚殆尽。(光绪《信宜县志》卷六、卷八)

林学行,明吴川人。生员。万历间与修《吴川县志》。(光绪《吴川县志》卷九)

林诒薰,吴川人。林召棠次子。清光绪元年(1875)乙亥恩贡生,授提举衔。参与编纂《(光绪)吴川县志》。著有《先考翰林院修撰芾南府君行略》一卷,未刊刻。(光绪《吴川县志》卷六)

林有誉,号匪溢,又号废我字,吴川人。明万历末岁荐,历官湖广靖州训导、封川教谕、郧阳卫经历。后辞官归里,家居二十余载,与子弟讲学赋诗自娱。与修《吴川县志》。著有《宦途集》《倦飞集》。(康熙八年、二十六年《吴川县志》卷三,乾隆《高州府志》卷十二)

林玉润,吴川人。清乾隆间恩贡生。为廪生时与修《(雍正)吴川县志》。(光绪

《吴川县志》卷九）

林玉莹，吴川人。林有誉子。博学能文，清康熙间由贡生任雷州教职。著有《行馀集》。（光绪《高州府志》卷五十二，光绪《吴川县志》卷七、卷九）

林遇春，石城人。清康熙四十七年（1708）戊子恩贡生，历年教授生徒。贯通经史，为文精实深道。参与编纂《（康熙五十一年）石城县志》。著有《四书文集》（一作《四书文》）一卷。（道光《高州府志》卷十一，光绪《石城县志》卷七、卷八）

林苑兰，吴川人。清雍正元年（1723）癸卯恩贡生。与修《（雍正）吴川县志》。（光绪《吴川县志》卷九）

林云陔（1883—1948），原名公竞，字毅公，一字毅为，信宜人。清光绪三十二年（1906）考入两广方言高等学堂，结识朱执信。不久加入中国同盟会，从事革命活动。民国元年（1912）被派赴美国留学，入纽约州雪城大学攻读法律、政治，获硕士学位。历任上海《建设》杂志编辑，孙中山广州大元帅府秘书，广东省教育会编译处主任，广西桂林大本营金库长兼广西省银行行长，广州市市长，广东省审判厅厅长、检察厅厅长，国民政府财政部次长，广东省政府主席，国民政府审计部部长等职。病逝于南京。著有《广东之最近将来》。译著有《国际发展中国实业计划大纲》。（《信宜人物传略》）

林泽，信宜人。清光绪二十三年（1897）丁酉举人。著有《见真吾室诗文集》。（1993年《信宜县志》）

林召棠（1786—1872），字爱封，号芾南，谥"文恭"，吴川人。林泰雯长子。清道光三年（1823）癸未状元及第，授翰林院修撰。十一年（1831）出任恩科陕甘正考官，次年（1832）以终养老母辞官归里，不复入仕途。主讲端溪书院十五年。五十九岁即杜门不出，筑"寄庐"于金莲庵，颜曰"四十树桃花禅屋"，专以山石、花木、茶酒、诗书自娱。训子孙唯以读书植品为本，以骄侈为戒。著有《心亭亭居诗存》二卷、《心亭亭居诗草杂存》不分卷、《心亭亭居文稿》四卷、《心亭亭居笔记》等。（光绪《高州府志》卷三十九，光绪《吴川县志》卷七、卷九）

林贞元（1841—1883），原名占春，字梅初，化州人。以捐资剿匪有功，赏五品衔。清同治十二年（1873）癸酉举人。喜购异书、古帖、金石、彝器。工书法，善为诗。光绪九年（1883）再上公车，不售。抵阳春淡水墟，卒于舟。著有《梅花书屋诗存》（一作《梅初吟草》）一卷。（光绪《高州府志》卷五十二，《广东历代诗钞》卷四）

林震乾，字健子，吴川人。清康熙间贡生。与修《（康熙八年）吴川县志》《（康熙二十六年）吴川县志》。（光绪《吴川县志》卷九）

林震煜，字肃子，吴川人。清康熙十一年（1672）壬子岁贡。与修《（康熙八年）吴川县志》《（康熙二十六年）吴川县志》。（光绪《吴川县志》卷七、卷九）

林中桧，字孔休，吴川人。林永乔孙。清康熙间廪贡生，任韶州府训导。与修《（康熙二十六年）吴川县志》。（光绪《吴川县志》卷七、卷九）

林中松，字碧修，吴川人。林永乔孙。清康熙间府学岁贡。与修《（康熙二十六年）吴川县志》。（光绪《吴川县志》卷七、

卷九）

林仲辉，明吴川人。生员。万历间与修《吴川县志》。（光绪《吴川县志》卷九）

林紫云，吴川人。林紫芝兄。清康熙间廪贡生，任香山训导。年八十八卒。与修《（雍正）吴川县志》。（道光《吴川县志》卷八）

林紫芝，吴川人。林紫云弟。清康熙间岁贡生，任澄迈训导。与修《（雍正）吴川县志》。（乾隆《吴川县志》卷八）

刘椿年，电白人。清道光二十年（1820）由附生钦赐副贡。著有《观台诗稿》一卷。（光绪《电白县志》卷十六、卷二十八）

刘其宽（1902—1981），字保民，别号普润，信宜人。毕业于黄埔军校第四期步科、陆军大学第五期。曾任第八路军总指挥部少校参谋、中央军校广州分校兵学教官、第一集团军总部中校参谋、第四路军总部参谋处处长、第一五六师师长、第三十五集团军参谋长、粤桂边区总部副参谋长、广东第七区行政督察专员等职。后定居台湾。著有《我的一生》《避秦客诗稿》。（《民国广东将领志》）

刘其宣，字力臣，信宜人。毕业于广东高等师范学校。民国十四年至民国十六年（1925—1927）任信宜第一所县立中学校长。著有《老子学案》。（《茂名文史》第十四辑，1993 年《信宜县志》）

刘汝新（1808—约 1875），字焕初，号锦川，信宜人。清道光八年（1828）戊子举人，十八年（1838）戊戌进士，历任澄城、淳化、广宁、盖平县知县，为官廉静，不事烦苛而勤于民事。罢官归家，于乡间设馆授徒。其古文峻深，时艺清刚，书法秀劲，尤喜为诗。著有《藏云阁诗集》二卷，由裔孙保存，至 1972 年始刊行。（光绪《高州府志》卷三十九，光绪《信宜县志》卷六、卷八，《广东历代诗钞》卷三）

刘谈，茂名人。清康熙五十年（1711）辛卯副贡。为文风驰泉涌，经史纷纭。晚年精研理学，颇有心解。后为仁化、感恩教谕，排摈俗学，教诸生以穷理格物。秩满，报迁知县，未任而卒。著有《元关偶启》《菽帛家言》诸书。参与纂修《（雍正）茂名县志》。（嘉庆《茂名县志》卷十二，道光《高州府志》卷十一）

刘元相，电白人。明万历间举人，任儋州训导。万历四十六年（1618）编次《儋州志》。（《儋州志》天集）

刘兆安，字祥符，电白人。清同治九年（1870）庚午举人，大挑一等，授同知衔、四川试用知县，改教谕。与严其藻纂修《（光绪）电白县志》。（光绪《电白县志》卷十六，民国《电白县新志稿》第七章）

龙正伸，字际飞，吴川人。清康熙间贡生。与修《（康熙八年）吴川县志》。（光绪《吴川县志》卷九）

陆德冠，字兼立，信宜人。清道光元年（1821）辛巳恩贡生，任从化教谕。主讲书院，课士勤而有方，文风大振。辞官归乡，足迹不履公门。辑《先正格言》。（光绪《信宜县志》卷六）

陆德臧，字孚邦，一字心畬，信宜人。廪贡生，历任平远训导、西宁教谕。清道光元年（1821）举孝廉方正。著有《四书辨》一卷、《诗经意解》、《文选诗评》。（光绪《高州府志》卷三十九，光绪《信宜县志》卷六、卷八，1993 年《信宜县志》）

陆璠，字裴玉，信宜人。清乾隆三十六年（1771）辛卯恩贡，任普宁教谕。四十四年（1779）主养正书院讲席，成就人才甚众。为官十年，增建校舍，实心劝课，卓有成绩。著有《四书析要》《行远津梁集》。（光绪《高州府志》卷三十八，光绪《信宜县志》卷六、卷八，《广东书院制度》）

陆赓唐，字尧廷，信宜人。陆璠季子。清嘉庆六年（1801）辛酉拔贡生，晚年任新宁教谕，卒于官。分纂《（道光）信宜县志》《（道光）高州府志》。著有《鸣凤轩诗集》。（光绪《高州府志》卷三十九，光绪《信宜县志》卷六、卷八）

陆祺，字彝尊，号卖花翁，信宜人。清宣统间贡生。民国间任众议院议员。著有《卖花翁诗存》《叙伦园诗草》。（《读岭南人诗绝句》卷十四、1993年《信宜县志》）

陆强务，清信宜人。著有《南村诗文稿》。（1993年《信宜县志》）

陆乔松，字一苍，石城人。清嘉庆三年（1798）戊午岁贡。聪敏勤学，博览群书。辑有《六经注疏》。（光绪《高州府志》卷三十九，光绪《石城县志》卷七、卷八）

陆荣钧（1874—？），号衡士，信宜人。清宣统元年（1909）己酉拔贡。著有《荔根诗稿》十五卷。（1993年《信宜县志》，《惠东文史》第三辑）

陆树芝，字见廷，信宜人。清乾隆四十五年（1780）庚子举人，任会同教谕。嘉庆元年（1796）举孝廉方正。沉酣古籍，尤潜心理学。闭门著书，教授生徒，学者称"茨山先生"。著有《庄子雪》三卷、《四书会安录》、《左传意解》、《朱柏庐家训辑注》。（道光《高州府志》卷十一，光绪《信宜县志》卷六、卷八）

陆嗣曾（1888—1956），字光宇，号定庵，信宜人。清光绪三十二年（1906）考入广州两广方言高等学堂。师事朱执信，从事革命活动。民国元年（1912）肄业于北京大学法律系，曾任广州航政局局长、广州地方检察厅检察长、广东省政府地方审判厅厅长、南京行政院参事、广东高等法院院长、广东省立勷勤大学校长等职。后移居澳门。著有《定园遗诗稿》，未刊。（1993年《信宜县志》）

陆肖如，原名陆觐光，信宜人。清光绪二十九年（1903）癸卯举人。民国五年（1916）筹办信宜第一所县立中学，并任校长。总纂《（民国）信宜县志》。（《茂名文史》第十四辑，1993年《信宜县志》）

陆延祈，清信宜人。著有《松隐庐诗草》。（1993年《信宜县志》）

陆幼刚（1892—1983），字渠恩，号励庵，信宜人。民国初毕业于国立北京大学，后赴日本追随孙中山。历任大元帅秘书、广东鹤山县县长、江门市市长、广州市教育局局长、广州市政府秘书长兼土地局局长、广东省政府秘书长代理省主席、国民党第五届候补中央监察委员、中国国民党广州特别市党部常务委员、国民党第六届中央监察委员、广州特别市参议会议长等职。主编《广东文教》《广州文教》杂志，创办《广州市民报》《广州日报》等报纸。1949年去台湾，后去美国。编有《广州特别市政府教育局行政报告》。著有《国父史略》《小学制度改革》《广州革命史迹》《广州文教史》《中国大学制度考》《梅园诗稿》《幼刚书画集》等。（《信宜人物传略》《广东省志1979—2000》）

陆毓恒，清信宜人。著有《月蜍荒庄吟草》。（1993年《信宜县志》）

陆毓瑜，字晴霞，清信宜人。廪贡，授员外郎衔，官刑部候补主事。著有《留仙阁诗稿》。(光绪《信宜县志》卷八，《读岭南人诗绝句》卷十一)

罗国伦，清化州人。增生。分纂《(道光)化州志》。(道光《化州志》卷八)

罗汝兰，字芝园，石城人。清光绪十二年(1886)丙戌岁贡，任琼州训导，署理儋州学正。光绪二十一年(1895)以吴学存所撰《鼠疫治法》为基础，改编增补为《鼠疫汇编》。(民国《石城县志》卷六，《广东文物特辑》)

罗士魁，字梅溪，清石城人。增贡生。年十五以经学入泮，年七十五重游泮水，学宪赠"鉴山儒范"匾。著有《四友轩诗集》二卷。(光绪《石城县志》卷七)

罗心佳，清信宜人。著有《喉科纲要》。(1993年《信宜县志》)

罗秀凤，石城人。清嘉庆十二年(1807)丁卯举人。著有《梧冈诗集》。(光绪《高州府志》卷五十二，光绪《石城县志》卷八)

吕新砌，清信宜人。著有《懒仙杂俎》。(1993年《信宜县志》)

马晋，电白人。清康熙十九年(1680)庚申岁贡，选番禺训导，未任。纂修《(康熙二十五年)电白县志》。(康熙二十五年《电白县志》叙、卷五)

马龙图，清化州人。廪生。协纂《(光绪)化州志》。(光绪《化州志》重修姓氏)

麦崇先，吴川人。清康熙间岁贡生，任顺德训导，在任六年。与修《(雍正)吴川县志》。著有《诗经纂要》。(乾隆、道光《吴川县志》卷八，光绪《高州府志》卷五十二)

麦国树，字柱臣，吴川人。麦廷英子。廪生，登清乾隆九年(1744)甲子贤书，年八十余犹上公车，钦赐翰林院检讨，致仕家居。与修《(雍正)吴川县志》。(道光《吴川县志》卷八，光绪《吴川县志》卷七、卷九)

麦峻，吴川人。明天启间岁贡生，任惠州训导、福安教谕、镇海卫教授。与修《(万历)吴川县志》。(光绪《吴川县志》卷七、卷九)

莫比道，吴川人。清道光七年(1827)丁亥贡生。为廪生时分辑《(道光)吴川县志》。(光绪《吴川县志》卷九)

莫迪昌，清信宜人。增广生。分纂《(光绪)信宜县志》。(光绪《信宜县志》重修职名)

莫鸿，吴川人。清乾隆间恩贡生。参与纂修《(乾隆)吴川县志》。(光绪《吴川县志》卷九)

宁象雍，字守毅，信宜人。清道光十九年(1839)己亥举人。少负文名，淡于名利，教授生徒循循善诱。曾倡建怀新书院。著有《和斋时文稿》。(光绪《高州府志》卷三十九，光绪《信宜县志》卷六)

欧重光，字文熙，信宜人。清乾隆五十九年(1794)甲寅岁贡，任会同训导，卒于官。好学深思，耄而不倦，自号窦阳子。讲养生术。著有《庄子印解》《遁行录》《敬修诗集》。(光绪《高州府志》卷五十二，光绪《信宜县志》卷六、卷八)

欧枢元，清茂名人。诸生。著有《笑园诗》一册。（光绪《高州府志》卷五十二）

欧阳绚，石城人。清乾隆十七年（1752）壬申岁贡。著有《学庸笺注》。（光绪《石城县志》卷八，光绪《高州府志》卷五十二）

潘鉴，石城人。清康熙三十五年（1696）丙子岁贡。参与编纂《（康熙五十一年）石城县志》。（嘉庆《石城县志》卷三）

潘廷琮，清电白人。诸生。著有《两池诗钞》一卷。（光绪《高州府志》卷五十二，光绪《电白县志》卷二十八）

潘仪隆，清电白人。增贡生。分纂《（光绪）电白县志》。（光绪《电白县志》重修职名）

潘资荣，清电白人。诸生。著有《十思轩诗稿》四卷。（光绪《高州府志》卷五十二，光绪《电白县志》卷二十八）

庞大猷，清石城人。著有《恒庵诗稿》一卷、《沙园稿》一卷。（光绪《石城县志》卷八，光绪《高州府志》卷五十二）

彭步瀛，化州人。清咸丰十一年（1861）辛酉拔贡，以军功保举知县，加同知衔，赏戴花翎。光绪间纂修《化州志》。（光绪《化州志》卷八）

彭芬，字天葩，别字潸溪，清化州人。著有《中庸讲义》二卷。（光绪《高州府志》卷五十二，光绪《化州志》卷九、卷十一）

彭毓祥，字吉臣，吴川人。清康熙间府贡生。与修《（康熙八年）吴川县志》。（光绪《吴川县志》卷九）

彭兆鲲，清化州人。廪生。光绪间分纂《化州志》。（光绪《化州志》重修姓氏）

容福培，茂名人。清同治间岁贡生。著有《望未见斋诗书草》一卷。（光绪《高州府志》卷五十二）

容锡成，茂名人。清道光间增生。著有《秋田诗文集》，内含《古今体诗》一册、《骈体文》一册。举人杨廷桂评其骈体文"珠联玉缀，风动云飞"。（光绪《高州府志》卷五十二，光绪《茂名县志》卷八）

阮玕，清茂名人。著有《辨舌认症图》一卷、《喉科施治图》一卷。（光绪《高州府志》卷五十二）

邵德，电白人。民国二十七年（1938）参与策划于放鸡岛筑"观海亭"以纪念孙中山先生。与人合著《海声诗集》。（民国《电白县新志稿》第六章，《文史撷英》第二十一辑）

邵点，字仲哲，号子与，电白人。清同治间贡生，官清远教谕。善诗。著有《禺峡冷官吟稿》一卷、《莲海赠行集》一卷、《万卷堂诗钞》。（光绪《电白县志》卷二十八，《广东历代诗钞》卷四，《寿苏集初编》卷一）

邵广增，电白人。民国间参与编辑《电白县新志稿》。（民国《电白县新志稿》职名表）

邵晋衡，清电白人。诸生。著有《一笑轩诗钞》一卷。（光绪《高州府志》卷五十二，光绪《电白县志》卷二十八）

邵诗，字子京，一字杜州，电白人。邵天眷次子。清嘉庆六年（1801）辛酉拔贡，患病，循例试用教谕，未赴任，卒，年三十七。工书画，善诗文。著有《子京诗钞》二卷。（道光《电白县志》卷十八，光绪《高州府志》卷三十八等）

邵天眷，字季杰，号云庵，电白人。邵天显弟。清乾隆三十年（1765）乙酉拔贡，选始兴教谕。以病辞归，家居吟咏、下棋、游玩山水，七年而卒。冯敏昌称其"笔敌万人，才锋莫当"。著有《历代史钤》、《云庵遗诗》（一作《云庵诗稿》）、《开复陶河事宜书》。（道光《高州府志》卷十一，光绪《电白县志》卷十九）

邵天显，字叔杰，电白人。邵天眷兄。清乾隆十八年（1753）癸酉拔贡，二十四年（1759）副榜。年五十五卒。著有《恬斋制艺稿》。（道光《广东通志》卷二九八，光绪《高州府志》卷三十八，光绪《电白县志》卷十九）

邵桐孙，名雍祥，以号行，电白人。民国三十三年（1944）发起修志，成立电白县修志委员会。二年后志成，定名《电白县新志稿》。著有《说文刍言》一卷、《说文新附考通正》四卷、《说文部首类聚》三十卷、《说文例辨》一卷、《说文干枝探原》一卷、《六书述疏》六卷、《古声韵学概要》、《训诂学概要》、《语言学概要》、《文字学概要》、《古韵辑略》四卷、《千字文注》。（民国《电白县新志稿》第六章）

邵维乔，号小松，清电白人。以廪贡援例署徐闻、阳春县训导。喜购书，藏经史图籍数万卷，故名其斋为"万卷庐"。任满归里后，以读书著述为乐。年六十六卒。著有《小松诗草》一卷、《万卷庐题咏集》一卷、《万卷庐书目纪》十卷、《文峰村志》六卷。（光绪《高州府志》卷三十九，光绪《电白县志》卷十九）

邵祥龄，电白人。清咸丰十一年（1861）辛酉拔贡，朝考二等，改官内阁中书，升授户部云南司主事。恩授资政大夫。总纂《（光绪）电白县志》。（光绪《电白县志》卷十八）

邵延惠，电白人。清光绪十一年（1885）乙酉由府学成拔贡生。分纂《（光绪）电白县志》。著有《乡俗蒙求字谈》六卷、《一圆阇字说》三卷、《小溪诗滕草》三卷。（光绪《电白县志》卷十六，民国《电白县新志稿》第六章）

邵咏（1765—1828），字子言，号芝房，电白人。邵天眷长子。清乾隆五十七年（1792）壬子优贡，道光四年（1824）选任韶州训导。举孝廉方正，辞而不就。与崔翼周等纂修《（道光）电白县志》，又分纂《（道光）高州府志》。尝留寓京师，受业于太史冯敏昌之门，太史称其诗文为广东后来之秀。博览群书，淡泊荣利。工诗文及楷书、篆刻。曾主莲峰书院讲席。著有《鱼山先生年谱》一卷、《种芝山房文集》、《芝房诗存》二卷、《芝房文钞》一卷、《邵氏族谱》、《草印谱》一卷等。（光绪《高州府志》卷三十九，《国朝岭南文钞》卷九，光绪《电白县志》卷十九）

释今龙，字枯吟，茂名人。少年出家，礼石波禅师。清顺治十六年（1659）参天然老人于雷峰寺，旋入丹霞寺。及石鉴禅师退院，从福州往参天童寺，当机大悟，木陈和尚付以大法。道风倾于东南，不久圆寂于天童。有《[枯吟]语录》《[枯吟]诗稿》行世。（《海云禅藻集》卷二）

宋迪昌，清电白人。廪贡生。分纂《（光绪）电白县志》。（光绪《电白县志》重修职名）

苏李秀，本姓李，字俊升，号敬轩，清康熙雍正间茂名人。博涉群书，揽其大旨，以汇于性灵。学使惠士奇目为"高凉旷代之才"，顾文宗感叹"岭表多士，无出其右者"。后以选拔应廷试，获全省第一。归里讲学，学者称"霞沧先生"。著有《敬轩文集》。（乾隆《高州府志》卷十二，嘉庆《茂名县志》卷十二，道光《广东通志》卷二九八）

孙大焜（1779—1853），字南瀛，吴川人。清嘉庆十三年（1808）戊辰恩科举人，历官福建尤溪、寿宁、沙县知县，前后在官九年。后因讠焦误去职归里，道光十四年（1834）主讲高文书院。筑楼藏书数万卷。编纂《唐基孙氏族谱》六卷。著有《艺兰山房文集》三卷。（光绪《高州府志》卷三十九，光绪《吴川县志》卷七、卷九）

孙光前，字子元，吴川人。清光绪二年（1876）丙子举人，署定安训导，拣选知县。晚年归里，筑园种花，吟咏其间，自得其乐。参与编纂《（光绪）吴川县志》。著有《蕉隐亭诗文集》。（光绪《吴川县志》卷六，《广东历代诗钞》卷五）

孙淑媖，清咸同间吴川人。吴川符朝光之妻。有《孙节妇诗》一卷。（光绪《高州府志》卷五十二，光绪《吴川县志》卷九）

孙祖贻，字穀田，吴川人。年十四肄业于吴阳院中，年十八补弟子员，清同治元年（1862）壬戌岁贡。著有《燕翼堂赋稿》一卷。（光绪《高州府志》卷五十二，光绪《吴川县志》卷七、卷九）

谭守义，清茂名人。岁贡。取四书所言证以史事，写成《四书史证》六册。（光绪《高州府志》卷五十二）

谭应祥（1830—1886），号水亭，又号雅芳，茂名人。清咸丰十一年（1861）辛酉拔贡，授广西补用通判，署河池知州兼管南丹土州。著有《潘仙全书》《冼夫人全书》。（光绪《高州府志》卷五十二，光绪《茂名县志》卷五）

汪仲西，电白人。民国二十九年（1940）电白县立第二初级中学创办时任筹备员，后任该校校长。参与编辑《（民国）电白县新志稿》。（民国《电白县新志稿》职名表）

王安仁，电白人。毕业于广东省陆地测量学校。参与编辑《（民国）电白县新志稿》。著有《电白海方歌谣一瞥》。（民国《电白县新志稿》职名表，《文史撷英》第八辑）

王貂，吴川人。明万历间贡生。与修《（万历）吴川县志》。（光绪《吴川县志》卷九）

王蛟，明吴川人。生员。万历间与修《吴川县志》。（光绪《吴川县志》卷九）

王枰（1908—1974），字卓华，号佐才，化州人。民国二十一年（1932）考入广东中医药专科学校，后赴上海深造。民国二十七年（1938）毕业于上海中国医学院。先在广州石井开设同仁善堂诊所，后返乡开设大和药店坐诊。1958年任广州中医学院主治医师。著有《瘘证及瘘病自疗记》《治验回忆录》《中医入门三字经》《中医临床手册》《简易方歌》《王枰自制经验方》《麻疹与痢疾》《十一种急性炎中医疗法》等。（《化州古今人物》）

王汝堃，电白人。民国间任县立中学校长。参与编辑《（民国）电白县新志稿》。（民国《电白县新志稿》职名表）

王学渊，清茂名人。著有《暑证指南》一卷。（光绪《高州府志》卷五十二）

温春黼，化州人。清光绪十一年（1885）乙酉拔贡。分纂《（光绪）化州志》。（光绪《化州志》卷八）

文成奇，字灿斗，石城人。学以濂溪为宗。明万历四十一年（1613）癸丑岁贡。兄逝遗孤，遂退居林下，抚孤训子。著有《静里问答》一卷。（康熙六年《石城县志》下编卷三，光绪《高州府志》卷五十二）

文在中，石城人。清嘉庆三年（1798）戊午举人，署江西吉水知县。编有《古今约选》五卷。生平著作颇富，然随作随失，殁后其子重光辑为《诚斋遗稿》四卷。（光绪《石城县志》卷八，光绪《高州府志》卷五十二）

吴拔龙，号卧南，化州人。清光绪三年（1877）丁丑岁贡，以教授生徒为业。著有《卧南书稿》。（光绪《化州志》卷九，《化州古今人物》）

吴炳昭，石城（后改廉江）人。清末附生，任廉江县议会议员。民国间参与编纂《重修石城县志》。（民国《石城县志》重修衔名）

吴惪进，字镜川，吴川人。岁贡吴士奇子。清同治间廪贡生。著有《镜川诗稿》。（光绪《高州府志》卷五十二，光绪《吴川县志》卷九）

吴鼎成，清吴川人。增生。辑有《儒先语录汇编》二十卷。（光绪《高州府志》卷五十二）

吴鼎羹，字理衢，吴川人。明崇祯间贡生。与修《（康熙八年）吴川县志》。（光绪《吴川县志》卷九）

吴鼎泰（1583—1638），字葆中，号阳衢，谥"文敬"，吴川人。吴绍邹长子。明万历三十七年（1609）己酉与弟鼎元同举于乡，崇祯元年（1628）戊辰成进士，历官江阴、东明、龙泉知县。著有《两淮风物记》《民情结募集》。（道光《吴川县志》卷八，光绪《高州府志》卷三十七，光绪《吴川县志》卷七）

吴方翱（1798—1844），字云图，又字羽宾，吴川人。吴懋清子。清道光十四年（1834）甲午优贡，以亲老未任。著有《辨文谱》四卷、《缀珠毬》、《亦云轩诗》一卷。（光绪《高州府志》卷三十九，光绪《吴川县志》卷七、卷九）

吴方昇，字夷宾，号煦卿，清吴川人。吴懋基长子。诸生。著有《翼山楼诗》一卷。（光绪《高州府志》卷五十二，光绪《吴川县志》卷九）

吴芳蘅，字楚香，清吴川人。恩赐副贡生。好读书，构幽斋，辟小园，种花养鱼。著有《常惺斋诗稿》二卷。（光绪《吴川县志》卷九）

吴飞云，吴川人。清康熙间捐贡。雍正间与修《吴川县志》。（光绪《吴川县志》卷九）

吴观韶，字持珍，吴川人。吴仲超子。清康熙三十六年（1697）丁丑拔贡，任徐闻教谕。与修《（康熙二十六年）吴川县志》《（雍正）吴川县志》。（光绪《吴川县志》卷九）

吴光裕，吴川人。明天启间贡生，任封川训导、顺德教谕、浔州教授。万历间与修《吴川县志》。（光绪《吴川县志》卷九）

吴光周，字昭文，别字恕斋，清吴川人。举人吴懋清、吴懋基之伯父。诸生。著有《草古庵诗稿》二卷。（光绪《高州府志》卷五十二，光绪《吴川县志》卷九）

吴国伦，吴川人。吴士衮曾孙。由岁贡中清雍正七年（1729）己酉举人，授徒数十年。与修《（雍正）吴川县志》。（道光《吴川县志》卷八，光绪《吴川县志》卷七、卷九）

吴国琰，吴川人。清乾隆元年（1736）丙辰恩贡，任大埔教谕。与修《（雍正）吴川县志》。（光绪《吴川县志》卷七、卷九）

吴河光（1774—1859），字昆源，一作崐源，又字星海，吴川人。清嘉庆三年（1798）戊午举人，历官江川、河源知县，新兴、陆凉知州，殁于陆凉任上。纂修《（道光）吴川县志》，分纂《（道光）高州府志》。著有《海蠡堂存初集》四卷、《海蠡堂诗稿》二卷（收入《二吴唱于集》第五卷中）、《客游集》一卷、《北征集》一卷。（光绪《高州府志》卷五十二，光绪《吴川县志》卷七、卷九）

吴挥猷，吴川人。清道光十五年（1835）乙未府学贡生。为廪生时分辑《（道光）吴川县志》。（光绪《吴川县志》卷九）

吴徽叙，字香樵，又字幢伦，茂名人。清嘉庆五年（1800）庚申举人，历主高文、近圣书院及信宜养正书院、电白莲峰书院讲席四十余载。年七十，选知县，改博罗教谕，卒于官。分纂《（嘉庆）茂名县志》《（道光）高州府志》。工诗文，以著述见长，然全稿多散失。其《缄石集》六卷及其《续编》四卷（一作《缄石集》十卷）则由郡士及门人搜罗刊刻而成，又有《古今体诗》一卷。（光绪《茂名县志》卷五、卷六、卷八）

吴家骏，字敬斋，吴川人。清嘉庆十五年（1810）庚午举人，晚授直隶州州同，未仕，以授徒终于家。纂修《（道光）吴川县志》。（光绪《吴川县志》卷七、卷九）

吴娟娟，初名眉，字眉生，又字麋仙，别号群玉山人，清吴川人。为闽中林茂之侧室。工诗画。著有《萍居集》，未见。（《广东历代诗钞》卷三）

吴匡世，字翼我，清吴川人。生员。与修《（康熙二十六年）吴川县志》。（光绪《吴川县志》卷九）

吴懋基，字甪峰，吴川人。吴懋清弟。清嘉庆十八年（1813）癸酉举人，历官国史馆誊录、嘉应州学正、番禺县教谕。后罢官归，与李玉茗、李伟光等人倡建川西书院。年七十八卒。道光初纂修《吴川县志》。著有《得一日志》二十卷、《葬书补注》一卷、《理数精蕴》二卷。（光绪《高州府志》卷三十九，光绪《吴川县志》卷七、卷九）

吴懋清（1774—1845），字澄观，一字回溪，吴川人。吴懋基兄。清嘉庆十五年（1810）庚午举人。次年会试不第，留京过夏，与连平颜伯焘、海康陈昌齐、定安张岳崧、同邑林召棠友善。四试不第，归养不复出，潜心经传训诂之学。殁后多年，族人以其书付学使呈国史馆。汪鸣銮称其"学不务立汉宋之名而与汉学相近，其书详审精密，博而能通，无凿空之谈，无门户之见"。著有《尚书解》五卷、《尚书古今文测》七卷、《尚书古今文问答》二卷、《尚书三文订讹》六卷、《尚书订定古本》七卷、《诗经解》五卷、《诗经测》九卷、《毛诗订本》七卷、《毛诗复古录》十二卷、《周官测》七卷、《周官郑注订讹》十二卷、

《仪礼测》八卷、《朱文公仪礼通解串》一卷、《礼记测》十三卷、《春秋传注订讹》三卷（一作一卷）、《国语韦注订讹》四卷、《四书解》十二卷、《四书摧解录》十卷、《论语考》八卷、《孟子考》十卷、《纂辑十三经注疏》十九卷、《诗赋杂文》十八卷、《横塘日家》三卷、《横塘地理杂著》十八卷、《改正地理玉髓》四卷、《玉髓馀论》一卷、《离骚测》一卷、《天问测》一卷、《横塘遗稿》十三卷、《横塘诗稿》二卷（收入《二吴唱于集》五卷中）等二十余种。（光绪《高州府志》卷三十九，光绪《吴川县志》卷七、卷九，《贩书偶记续编》卷二）

吴梦伯，字长西，吴川人。清康熙间恩贡生。与修《（康熙八年）吴川县志》。（光绪《吴川县志》卷七、卷九）

吴梦颜，明吴川人。生员。万历间与修《吴川县志》。（光绪《吴川县志》卷九）

吴绍邹，字道宇，吴川人。明万历间贡生，以明经终生。与修《（万历）吴川县志》。（道光《吴川县志》卷八，光绪《吴川县志》卷九）

吴士彬，吴川人。吴懋清次子。清咸丰十一年（1861）辛酉拔贡生，候选教谕。光绪十三年（1887）参与编纂《吴川县志》。（光绪《吴川县志》卷七）

吴士灏，字予程，清吴川人。生员。与修《（康熙二十六年）吴川县志》。（光绪《吴川县志》卷九）

吴士奇，吴川人。清道光四年（1824）甲申府学恩贡生。纂修《（道光）吴川县志》。（光绪《吴川县志》卷九）

吴士望，吴川人。吴鼎泰子。清顺治间恩岁贡，康熙二年（1663）癸卯举人。与修《（康熙八年）吴川县志》。（光绪《吴川县志》卷七、卷九）

吴守贞，字一轩，电白人。明嘉靖二十年（1541）辛丑进士，授工部主事，改任户部监兑。迁郎中，谪漳州通判，升蜀金宪，因功升贵州布政使司右参议。丁外艰，居乡里二十六年而卒。参与编纂《（万历）电白县志》。（光绪《高州府志》卷十九、卷三十七）

吴树锦，吴川人。清雍正间贡生，任曲江训导。与修《（雍正）吴川县志》。（光绪《吴川县志》卷九）

吴遂，字今直，清吴川人。廪生。与修《（康熙八年）吴川县志》。（光绪《吴川县志》卷九）

吴腾云，字翔千，吴川人。清康熙间岁贡。与修《（康熙二十六年）吴川县志》。（光绪《吴川县志》卷七、卷九）

吴廷彦，吴川人。明万历十三年（1585）乙酉举人，任兴化府通判。与修《（万历）吴川县志》。（光绪《吴川县志》卷九）

吴位子，吴川人。廪生。清雍正间与修《吴川县志》。（光绪《吴川县志》卷九）

吴锡庚，字少白，吴川人。清光绪元年（1875）乙亥恩科举人。著有《蓬山馆诗草》（一作《蓬山馆诗稿》）。（光绪《高州府志》卷五十二，光绪《吴川县志》卷七、卷九）

吴熙业（1911—?），高州人。毕业于国立中山大学教育学系，曾任广东省立雷州师范学校校长。总纂《高雷文献专辑》。

著有《朗陶纪事诗》。(《民国时期广东省政府档案史料选编·九》《香港古典诗文集经眼录》)

吴宣崇,字子存,又字存甫,吴川人。吴方翱子,吴懋清孙。清光绪八年(1882)壬午岁贡生,候选训导。著有《友松居文集》。纂修《(光绪)高州府志》《(光绪)吴川县志》。十八年(1892)辑成《治鼠疫法》,其友人罗汝兰以此为蓝本增辑为《鼠疫汇编》。辑有《高凉耆旧遗书》。(光绪《高州府志》卷五十二,光绪《吴川县志》卷七,《湛江文史》第二十八辑)

吴云间,字虎峰,茂名人。清嘉庆十五年(1810)庚午举人,官广州府训导。训导梁汝璠予以"制行清高,文名尤著"之评价。年八十卒。分纂《(道光)高州府志》。著有《求福新编格言》五卷,学政李棠阶为之序,称其"德醇学正,所著书自抒心得,无词章家习气。其要总归于唤醒大众人固有之心,可以《醒心篇》名之",故是书亦名《醒心篇》(一作《醒心编》)。(光绪《高州府志》卷三十九,光绪《茂名县志》卷六、卷八)

吴载锡,字受章,吴川人。清康熙间岁贡生。与修《(康熙二十六年)吴川县志》。(光绪《吴川县志》卷七、卷九)

吴振发,号跃亭,吴川人。清乾隆五十年(1785)乙巳岁贡生,后屡试不售,遂讲学授徒。著有《古心讲义》。(道光《吴川县志》卷八,光绪《高州府志》卷五十二,光绪《吴川县志》卷七、卷九)

吴仲超,字邵伦,吴川人。清康熙间贡生,任文昌训导。与修《(康熙八年)吴川县志》《(康熙二十六年)吴川县志》。(光绪《吴川县志》卷九)

萧作洙,石城人。清康熙二十四年(1685)乙丑拔贡生,任乐昌教谕。参与编纂《(康熙二十五年)石城县志》。(康熙二十五年《石城县志》下编卷一,嘉庆《石城县志》卷三)

谢晋,电白人。民国三十三年(1944)参与编辑《电白县新志稿》。(民国《电白县新志稿》职名表)

谢溥杰,电白人。清道光五年(1825)乙酉拔贡,任海康县教谕。著有《雷阳鸿爪》二卷。(光绪《高州府志》卷五十二,光绪《电白县志》卷十九)

谢申(1898—1990),字崧生,电白人。毕业于广东农业专门学校农业化学系、中山大学农学院、美国威斯康星大学。历任中山大学广东土壤调查所技士、技正,中山大学农学院农化系副教授、教授、系主任,研究院土壤学教授,中山大学农化系主任等职。新中国成立后,曾任华南农学院教授、土壤农化系主任兼土壤教研室主任等职。参与编辑《(民国)电白县新志稿》。根据实地考察,与人合编多种讲义和报告,如《云南省澂江之土壤卷》《澄江之土壤》《宝安增城土壤调查报告》《梅县大埔蕉岭土壤调查报告》《高要县土壤调查报告》。著有《土壤管理学》、《普通土壤学》、《作物与土壤》、《土壤化学分析法》、《土壤学》(一、二)等。(《民国人物大辞典》,2000年《电白县志》)

谢玉纶,信宜人。清乾隆元年(1736)丙辰恩贡,十二年(1747)任合浦教谕。参与编纂《(乾隆)廉州府志》。(民国《合浦县志》卷首)

熊轼,字子明,茂名人。留学于日本。民国间任茂名县、增城县县长。著有《岭阳书屋诗稿》。(《读岭南人诗绝句》卷

十四）

熊叶飞，字凤鸣，一字瑶月，明电白人，庠生熊兆祥之女。与妹瑶飞俱知书能诗。著有《和妹诗》一卷。（光绪《电白县志》卷二十八，《粤东诗海》卷九十七）

熊英（1888—1943），字卓然，号皭然，又号卓演，茂名人。早年在高州组织"新高同志社"。清光绪三十一年（1905）赴日本留学，就读于日本早稻田大学。三十三年（1907）考入广东高等警察学校正科，获交朱执信，加入中国同盟会。辛亥武昌起义，即与林云陔等返高雷活动，组织高州军政分府。反对袁世凯称帝时，任孙中山大元帅府秘书。此后在省民政厅、财政厅任职二十余载。好诗善文，作诗千余首。晚年存稿仅百余篇，刊为《水鉴楼诗稿》。（《高州文史》第七辑，《高雷文献专辑》）

许邦屏，电白人。清康熙十二年至十六年（1673—1677）间岁贡。纂修《（康熙二十五年）电白县志》。（康熙二十五年《电白县志》叙、卷五）

许炳忠，电白人。民国间任电白县副参议长。参与编辑《电白县新志稿》。（民国《电白县新志稿》职名表）

许景劭，字杏庄，民国间茂名人。著有《琴研堂诗钞》。（《读岭南人诗绝句》卷十一）

许汝赓，字仲皋，号飑阶，茂名人。清光绪八年（1882）壬午优贡。张之洞督粤，聘任广雅书院斋长。能琴。与吴川吴宣崇合编《高凉耆旧诗钞》若干卷。著有《寥天一斋诗集》。（光绪《高州府志》卷五十二，光绪《茂名县志》卷五，《广东历代诗钞》卷五）

许汝韶，号凤崖，茂名人。清同治六年（1867）丁卯举人，四川试用知县。光绪十四年（1888）任高文书院山长。纂修《（光绪）高州府志》，分纂《（光绪）茂名县志》。与吴宣崇合编《高凉耆旧文钞》二十二卷、《高凉耆旧遗书》若干卷。（光绪《高州府志》卷五十二，光绪《茂名县志》卷五）

许五常，电白人。清康熙间恩科拔贡，任阳春教谕。纂修《（康熙二十五年）电白县志》。（康熙二十五年《电白县志》叙、卷五）

严海珊（1896—1983），又名景湖，化州人。民国八年（1919）毕业于化县中学附设师范学校，任教于大沙田西朗学校。民国十六年（1927）师从李梦令习医，后坐堂行医多年。著有《鼠疫防治概要》《鼠疫治验医案》《麻诊指南》《本草简易四字诀》《中医内科土方土法》《中医外科土方土法》《儿妇科土方土法》《正骨科土方土法》《流脑医案》《乙脑医案》等。（《化州古今人物》）

严其藻，字荔泉，电白人。清同治十二年（1873）癸酉举人，选授东莞教谕。与刘兆安纂修《（光绪）电白县志》。著有《铎吟集》（一作《铎上吟》）。（光绪《电白县志》卷十六，民国《电白县新志稿》第六章）

杨璧祥，电白人。清康熙三十二年（1693）癸酉恩科拔贡。纂修《（康熙二十五年）电白县志》。（康熙二十五年《电白县志》叙、卷五）

杨表勋，电白人。清康熙间岁贡，任陵水训导。纂修《（康熙二十五年）电白县志》。（康熙二十五年《电白县志》叙、卷五）

杨鲲元，字天池，清茂名人。廪贡，历任琼山、感恩、会同、高明、儋州训导，分发四川直隶州州判。著有《鉴略韵语》《樾荫山房诗文集》。（光绪《高州府志》卷五十二，光绪《茂名县志》卷五、卷八）

杨兰芳，清茂名人。封湖北补用州判，授徵仕郎。纂辑《（光绪）茂名县志》。（光绪《茂名县志》卷五）

杨懋新，石城人。清康熙三十五年（1696）丙子岁贡生，选龙川训导。参与编纂《（康熙五十一年）石城县志》。（嘉庆《石城县志》卷三）

杨钦翰，电白人。清道光二十一年（1841）辛丑岁贡。著有《尚书诂解》二卷。（光绪《高州府志》卷五十二，光绪《电白县志》卷十六、卷二十八）

杨廷桂，字天馥，号岭隅，茂名人。清道光十四年（1834）甲午举人，历任高州近圣书院、高文书院学长。博闻强记，潜心经济致用之学。生平以教学为业，历主近圣、高文两书院。居所自署"冷渔"，好购书，咸丰六年（1856）大水，漂没不存。后侨居仓地，复补购数千卷。巡道陆心源表曰"通儒"，里学者称其"岭隅先生"。年八十卒。著有《今考定礼记》、（《今定礼记考》）六卷、《论语详笺》十五卷、《大学详笺》二卷、《中庸详笺》五卷、《北行日记南还日记》三卷、《岭隅诗存》、《岭隅文钞》一卷、《偶吟馀賸诗稿》等。辑有《古文准》三十二卷、《骈文准》四卷。（光绪《高州府志》卷三十九，光绪《茂名县志》卷五、卷六、卷八）

杨铧芳，号乙山，茂名人。清光绪二年（1876）丙子优贡生，历署韶州府训导、惠州府教授、大埔教谕、恩平训导。纂修《（光绪）高州府志》，分纂《（光绪）茂名县志》。（光绪《高州府志》卷五十二，光绪《茂名县志》卷五）

杨学英，石城人。清光绪五年（1879）己卯恩贡生，选用教谕。分纂《石城县志》。（光绪《石城县志》卷六）

杨一英，吴川人。明万历间贡生。与修《（万历）吴川县志》。（光绪《吴川县志》卷九）

杨颐（1824—1899），字蓉浦，又字子异，号蔗农，茂名人。清同治四年（1865）乙丑进士，钦点翰林院庶吉士，散馆授编修，充日讲起居注官、实录馆总校、文渊阁校理、武英殿总纂、国史馆纂修、功臣馆提调教习、庶吉士，同治十年（1871）辛未、光绪二年（1876）丙子两科会试同考官，八年（1882）壬午甘肃乡试正考官。升詹事府左右赞善、左春坊左中允，迁翰林侍讲侍读，擢顺天府府丞、奉天府府丞兼学政，后任大理寺少卿、光禄寺卿、都察院左副都御史等职，官至兵部右侍郎兼工部右侍郎。与吴川陈兰彬总纂《（光绪）高州府志》，参修《（光绪）茂名县志》。著有《电阳舆颂》一卷、《观稼堂诗钞》。（光绪《茂名县志》卷五，《广东历代诗钞》卷四）

杨寅，号筱垣，茂名人。清同治六年（1867）丁卯举人，任方略馆誊录，议叙知县。纂辑《（光绪）茂名县志》。（光绪《茂名县志》卷五）

杨永泰（1880—1936），原名承泰，字畅卿，茂名人。杨颐房侄。清末生员，时值废科举，遂就读广州广雅书院。光绪二十七年（1901）入广东高等学堂，后改入北京法政专门学校。毕业后，历任广州《广南报》编辑，广东省咨议局议员，北京临时众议院议员，国会参众两院宪法起草委员会委员，两广护国军都司令部财政局局长，广东省财政厅厅长,善后会议财政善后委员会委员,国民革命军总司令部参议,军事委员会委员长武昌行营秘书长、四川行营秘书长,湖北省政府委员兼主席等职。在汉口遇刺身亡。译著《现代民主政治》等。(《民国人物大辞典》,1997年《茂名市志》)

杨元瑛,字玉华,号晴窗,清吴川人。郡廪生。读书务体认心性、眼前实践,不屑为科举之学。受业于经学家、吏部尚书高邮王安国,王甚期之。后口述其于王处所闻经义之异同、性理之精奥与生平用功得力之效验,以训其子祖望,祖望记录为《晴窗遗训》一书,该书一卷。著有《孟子文法》。(乾隆《高州府志》卷十二,道光《吴川县志》卷八,道光《广东通志》卷二九八)

杨筠松(834—900),字叔茂,号玄赤,世称"救贫仙人",窦州(今信宜)人。年十七登科及第。唐僖宗奉为国师,官至金紫光禄大夫。广明中黄巢攻破京城,遂离京至虔州。著有《疑龙经》《撼龙经》《黑囊经》《青囊奥语》《都天宝照经》《天元乌兔经》《天玉经内传》《天玉经外编》等书。(《信宜市志1979—2000》)

杨志行,吴川人。雷州府教授杨甘来第六子。清康熙间岁贡生,任新宁训导。与修《(雍正)吴川县志》。(光绪《吴川县志》卷七、卷九)

杨智锡,清化州人。廪贡生。分纂《(光绪)化州志》。(光绪《化州志》卷八)

姚岳祥(1561—1590),字宇定,一作于定,化州人。明万历五年(1577)丁丑进士,授翰林院庶吉士、江西都御史等职。清正廉洁,政绩突出,神宗谓之"南国灵芝"。因进谏得罪内阁首辅张居正,谢病归。卒年未三十。著有《玄珠集》。(道光《广东通志》卷二九八,光绪《高州府志》卷三十七,光绪《化州志》卷九、卷十一)

叶方生,化州人。清光绪间岁贡,候选训导。分纂《(光绪)化州志》(光绪《化州志》卷八)

叶殷光(1816—1850),号蓉舫,化州人。清道光二十九年(1849)己酉拔贡。次年入京朝考,卒于京邸。工诗精书法。著有《丽彝诗集》。(光绪《化州志》卷九)

叶卓楷(1894—1974),字伯玉,化州人。幼随父读书。民国七年(1918)毕业于化县第一中学,任化州一中语文教师。1956年被聘为广东省文史研究馆馆员。擅长书法及诗词。著有《湛江今昔》《私记》《清介草堂》等诗集。(《化州古今人物》,1996年《化州县志》)

易方澍,吴川人。清乾隆间恩贡生。参与纂修《(乾隆)吴川县志》。(光绪《吴川县志》卷九)

易艮山,字经国,清电白人。三世皆以庠生习医术,艮山尤精于切脉。不接受贫穷病人酬谢,得到当道多次旌奖。考古方,参之心得,著有《内外方脉》一卷、《治验玄机》(一作《治验元机》)一卷、《男妇小儿针灸》等。(道光《电白县志》卷十八,光绪《高州府志》卷五十二)

易河成,清吴川人。生员。道光初分辑《吴川县志》。(光绪《吴川县志》卷九)

易汝弼,号钦堂,清电白人。易艮山孙。国学生。精研方脉,穷幽洞微,遇极危重症,亦断曰可医,无不立见功效。医德高尚,到病者家,无论贫富,皆以仁术行之,而未尝索谢。年六十七卒。著有《脉诀简要》一卷、《内外科治验方》等。(光绪《高州府志》卷五十二,光绪《电白县志》

卷二十四）

易文成，中举后改名重绅，吴川人。清嘉庆十三年（1808）戊辰举人。编辑《上杭易氏族谱》十四卷。（光绪《吴川县志》卷七、卷九）

易业富，字可大，号槐亭，吴川人。武进士易中长子。博涉群书，善属文，尤精骑射。清乾隆十七年（1752）中武举人，留京九年，所结交者皆知名士。终身不遇，遂归里。藏书数千卷，家居手不释卷。著有《槐亭塍稿》（一作《槐亭文稿》）一卷。（光绪《高州府志》卷五十二）

易中（1707—1767），字传伯，号梅溪，谥庄毅，吴川人。清乾隆元年（1736）丙辰举人，四年（1739）己未武进士，授驻京提塘官。虽为武人而好文事，喜读书，尚风雅。著有《梅溪塍稿》（一作《梅溪文稿》）一卷。（道光《吴川县志》卷八，光绪《高州府志》卷五十二）

余铭勋，信宜人。清光绪十五年（1889）任隆安知县，捐设城厢内外义学。二十四年（1898）冬任藤县知县。著有《越南从军笔记》《信平纪闻》《归田园余氏家训》《北行吟草》《鸳江话雨诗集》。（1993年《信宜县志》）

余钦纶，清信宜人。著有《耕莘草堂自寿诗》。（1993年《信宜县志》）

余云馨，清石城人。雍正间廪贡邹士操之妻。著有《周易本义辑录》四卷。（光绪《石城县志》卷八，光绪《高州府志》卷五十二）

袁象璋，化州人。清嘉庆间岁贡。分纂《（道光）化州志》。（道光《化州志》卷八）

曾琼璋，清茂名人。读书摄其要旨，讲时务，不为词章之学。家贫，就高镇中军幕，为当事所重。父母殁，著《哀思录》。晚作《清梦记》，多悟世之言，道光间府学教授黄迪光序刊之。（光绪《高州府志》卷三十九，光绪《茂名县志》卷六）

曾在元，茂名人。清道光初期贡生。为廪贡时分纂《（嘉庆）茂名县志》。（嘉庆《茂名县志》卷首）

张存正，茂名人。清乾隆间岁贡。著有《兰溪诗文集》。（光绪《高州府志》卷五十二，光绪《茂名县志》卷八）

张大中，号春农，茂名人。清光绪八年（1882）壬午举人。纂辑《（光绪）茂名县志》。（光绪《茂名县志》卷五）

张梦龄，茂名人。清乾隆末年拔贡，五十四年（1789）己酉朝考二等。借补丰顺训导，调儋州，补海丰，调署归善、高要教谕，迁河南上蔡知县，未任，卒于高要署。著有《宦潮诗草》一卷。（光绪《高州府志》卷五十二，光绪《茂名县志》卷五、卷八）

张人杰，字万青，化州人。清道光二十年（1840）庚子举人。历主石龙、文光书院及各义学讲席。著有《万青文稿》。（《化州古今人物》）

张士彦，号茹斋，茂名人。清乾隆二十一年（1756）丙子举人，大挑一等，任浙江宣平知县，署衢、台两府同知。仕满告归，著有《［茹斋］文集》。（道光《高州府志》卷十一，光绪《茂名县志》卷五、卷六）

张士英，号毅亭，茂名人。清乾隆十二年（1747）丁卯举人，借补东莞场大使。

仕满告归。与弟士彦、士拔有"三凤"之称。尤究心理学，学者多尊而师之。卒年逾七十。著有《书说》。（道光《高州府志》卷十一，光绪《茂名县志》卷五、卷六）

张文耀，电白人。明万历七年（1579）己卯举人，初任富阳知县，因忤权势，改任滁州州判。丁内外忧，服阕，补昌平州判。擢富川知县，修纂《富川县志》。（光绪《高州府志》卷三十七，光绪《电白县志》卷十九）

张元志，明吴川人。生员。万历间与修《吴川县志》。（光绪《吴川县志》卷九）

招凤娇（1800—1835），清茂名人。道光贡生招元储之女。幼从父兄学，吟诵不倦。年十九适吴川李鹤祥，未三载，夫亡子夭。著有《断肠诗集》（一名《招节妇诗》）一卷。（光绪《高州府志》卷五十二，光绪《吴川县志》卷九，《吴川古今诗选》）

招国栋，又名梦武，字行周，一字淡斋，清吴川人。原籍电白，随父占籍吴川。漳潮南澳镇总兵招成万长子。监生。年二十九卒。著有《淡斋诗集》（一作《淡斋遗稿》）、《省馀录》。（《国朝岭海诗钞》卷十四，光绪《高州府志》卷五十二，光绪《吴川县志》卷九）

招继祖，字兰陔，一字芥山，清吴川人。招国栋长子。监生。甫弱冠即谋食四方，高、雷、廉、惠诸知府屡聘为幕宾。著有《浪迹集》（一作《浪迹草》）。（光绪《高州府志》卷五十二，光绪《吴川县志》卷九，《国朝岭海诗钞》卷二十）

招汝惠，茂名人。清道光间岁贡生。著有《养中山房诗稿》二卷。（光绪《高州府志》卷五十二，光绪《茂名县志》卷八）

招书麟，茂名人。招元傅孙。清乾隆嘉庆间生员。辑《钦州得碑录》一卷。（光绪《高州府志》卷五十二，光绪《茂名县志》卷八）

招元傅，字画野，一作画埜，又字岩升，茂名人。清嘉庆六年（1801）辛酉举人，历任高要、钦州训导。钦州发掘隋代"宁越郡钦江县正议大夫之碑"，遂录碑文详加考证。题补遂溪训导，升国子监典籍，改授番禺教谕，未任，卒，年七十五。分纂《（嘉庆）茂名县志》。著有《三嵒山房诗草》二卷、《三嵒山房文草》二卷、《鸿泥杂记》四卷诸书。（光绪《高州府志》卷三十九，光绪《茂名县志》卷五、卷六、卷八）

赵丁，化州人。清顺治间恩贡生。同修《（康熙九年）化州志》。（康熙二十五年《化州志》卷六）

郑高文，字兰池，吴川人。清道光十六年（1836）丙申岁贡。苦心向学，兼习诸子百家及天文诸书。著有《五经音训》、《学庸详解》、《心日斋诗稿》一卷等。（光绪《高州府志》卷五十二，光绪《吴川县志》卷七、卷九）

郑良，吴川人。贡生，清雍正八年（1730）举乡饮大宾。与修《（雍正）吴川县志》。（乾隆《吴川县志》卷八，光绪《吴川县志》卷七、卷九）

郑溱澜，字鳞堂，清吴川人。岁贡郑光藩之子。庠生。著有《淡园诗话》四卷。（光绪《高州府志》卷五十二，光绪《吴川县志》卷九）

郑宜东，电白人。清光绪七年（1881）辛巳恩贡生。分纂《（光绪）电白县志》。（光绪《电白县志》卷十六）

郑宇荣，吴川人。清道光八年（1828）戊子贡生。为廪生时分辑《（道光）吴川县志》。（光绪《吴川县志》卷六、卷九）

郑玉麟，原名继楷，电白人，清道光五年（1825）乙酉举人，补安徽直隶州州同，后历任含山、建德知县。著有《四书韵锦》一卷、《吴楚游草》一卷、《省吾堂集句》一卷。（光绪《高州府志》卷五十二，光绪《电白县志》卷十六、卷二十八）

钟锡豪，字义度，清吴川人。乾隆举人钟涛之父。以子拣选知县，例赠文林郎。著有《朱子治家格言翼》一卷。（道光《高州府志》卷十一，光绪《吴川县志》卷七、卷九）

钟锡美，清石城人。与人合辑《钟氏家训》。（光绪《石城县志》卷八）

周朝勋，号沅馨，茂名人。清同治三年（1864）甲子优贡生，任新安训导，加内阁中书衔，再选镇平县训导。纂辑《（光绪）茂名县志》。（光绪《茂名县志》卷五）

周承权，清茂名人，隶籍电白。贡廪生，不应科举试。闭门探讨，穷极古今。著有《博博议》一卷、《五经蠡测》十卷、《历代帝王世纪》二卷、《读史偶得》十卷、《舆图要略》二卷、《环竹居文集》十卷。与邑之吴麟征、吴显庸、周承宣纂辑《（康熙）茂名县志》，为茂名县志之始。（乾隆《高州府志》卷十二，嘉庆《茂名县志》卷十二）

周化人（1903—1976），又名亿孚，号达京，化州人。民国十七年（1928）考入北平大学。受汪精卫赏识，任津浦铁路局副局长。民国二十四年（1935）被选送英国伦敦大学留学，回国后在汪伪政府供职。著有《中国文学概论》《中国文学史稿》等。（《化州古今人物》，1996年《化州县志》）

周熙仁，清茂名人。为邑中名宿。参与纂修《（雍正）茂名县志》。（光绪《茂名县志》卷八）

周祥，号五云，茂名人。清同治间岁贡。工古文，诗词尤精。从教四十余年，学者称"五云先生"。晚年在家设教席，颜其居所曰"莲峰书屋"，招集名流，谈道讲学。著有《莲峰语录》四卷、《莲峰书屋文集》六卷、《莲峰书屋诗集》四卷。（民国《广东通志未成稿》册一一三）

周瑗璋（1898—1977），艺名啸虎，信宜人。民国七年（1918）入读广东国民大学。继而考入春睡画院，师从高剑父。曾任广东省政府艺术室主任、中山大学附属中学图画教师。出版有《周啸虎画集》。（《信宜市志1979—2000》）

朱华邦，清信宜人。著有《松石轩诗稿》。（1993年《信宜县志》）

邹鹤年（1857—1934），字永庚，石城（后改廉江）人。通经史，善书法。清光绪二十三年（1897）丁酉拔贡，复毕业于两广优级师范学堂。热心文教，自清末至民初，倡议集资创建县内高等小学、中学、师范、职业学校凡六所。曾任廉江中学校长。总纂《重修石城县志》。（1995年《廉江县志》）

邹士操，石城人。清雍正间廪贡。通经史，勤著述。登门求教之生徒甚众。年三十八卒。著有《周易一说》五卷、《翼经览要》四卷、《南江问答》（或作《南江答问》《江南问答》）一卷、《讲学篇》一卷、《性命天道篇》二卷、《气运篇》四卷、《小大德篇》五卷、《古文法概》六卷。（道光《高州府志》卷十一，光绪《石城县志》卷

七、卷八）

邹宇馨，石城人。清咸丰四年（1854）甲寅岁贡，任临高县训导。辑有《丽句偷云集》八卷，自古今诗集及说诗诸书中采得赏心悦目诗句约千联，书名取沈彬"丽偷云外十洲春"之意。（光绪《石城县志》卷八，光绪《高州府志》卷五十二）

廉 州 府

包显祖，合浦人。明宣德十年（1435）乙卯顺天乡试举人，官怀集训导。编纂《合浦县志》。（《广东方志要录》）

蔡鼎，合浦人。明崇祯八年（1635）由岁贡任新安教谕，参与编纂《新安县志》。（康熙《新安县志》卷四，《广东方志要录》）

蔡敬侯，清钦州人。附生。分纂《（光绪）钦州志》。（民国《钦县志》卷首）

岑观海（1891—1968），名镇澜，以字行，合浦人。曾任合浦五中校医、县监狱医生。倡办合浦首家中医院，并任中医内科主任。著有《妇科约旨》《海庵医案》。（1994年《合浦县志》）

岑麟祥（1892—1973），字玄珍，合浦人。考取上海中医药函授学校。二十世纪三十年代通过广东中医师考试，在越南、广州等地行医。新中国成立后，任合浦医院中医师、广东省中医学院教授。编有《中西合璧内科新编》《脉法与经络》等书。（1994年《合浦县志》）

岑麒祥（1903—1989），字时甫，合浦人。广东大学毕业后，赴法国留学，习语言学、语音学，获硕士学位。曾任广州中山大学文学院教授、语言学系主任、文学院院长，北京大学语言学教授、教研室主任。编有《汉语外来语辞典》。著有《语言学概论》、《方言调查方法概论》、《普通语言学》、《语言学史概要》、《语言理论基础知识》、《国际音标用法说明》、法文《广州方言发音实验录》、《历史比较语言学讲话》、《语言学家评传》、论文集《语言学学习和研究》以及译著《历史语言学中的比较方法》《语言论》。（1994年《合浦县志》）

岑氏，清末合浦人。编有《罗江唱和诗录》。著有《味兰诗稿》一卷。（民国《合浦县志》卷六，1994年《合浦县志》）

陈德周（1874—1962），原籍防城，后定居钦州。清贡生。毕业于广东省两等师范学堂，历任防城县高等小学校长、钦县农会长、防城县税务局长、钦防公路局长等职。晚年开办儒轮印务局。总纂《（民国三十六年）钦县志》。（民国《钦县志》卷首，《钦南文史》第二辑）

陈济棠（1890—1954），字伯南，防城人。民国二年（1913）毕业于广东陆军速成学校。曾任国民革命军第四军第十一师师长、国民革命军第一集团总司令、抗日救国西南联军总司令、国民政府委员、国民政府行政院农林部长等职。入蜀后始吟诗，遗稿由其子梓行。有《陈济棠自传稿》。（《广东历代诗钞》卷六，《革命人物志》第四集）

陈峻典，廉州人。生员。清康熙六十年（1721）分辑《廉州府志》。（乾隆《廉州府志》历修姓氏）

陈奎昌，清末合浦人。著有《双枣堂诗钞》。（1994年《合浦县志》）

陈铭枢（1889—1965），自号真如，合浦人。清光绪三十二年（1906）考入广东黄埔陆军小学，三年后升入南京陆军中学，民国二年（1913）入保定军校学习。参与策划谋杀龙济光，事泄被捕。越狱潜逃日本。回国后曾任淞沪警备司令、京沪卫戍司令长官、广东省政府主席等职。北伐后，接办神州国光社。尝学佛，善书法。总纂《海南岛志》。编有《保甲施行准则》《高雷钦廉琼崖罗阳八属革命同志会会章》《广东民国二十年行政计划之旨趣》。著有《佛学总论》《巩固统一抗战到底》《广东省政府主席陈铭枢之言论》《军民分治党政合作》《宁粤合作亲历记》。(1994年《合浦县志》，《端州文史资料》第四辑)

陈濬业，字禹川，合浦人。清光绪二十三年（1897）丁酉拔贡，肄业于广雅书院。任劝学所总董。著有《双月池馆文稿》。（民国《合浦县志》卷五）

陈乡钦，清末合浦人。著有《崇善集》。（1994年《合浦县志》）

陈瑶阶，字汝琼，合浦人。清末岁贡。曾任汕头《岭东日报》记者、合浦师范馆馆长、合浦修志局分纂。精于训诂、音韵之学。年三十九卒。著有《六书微》（未完稿）、《音原》（未完稿）、《群盫文》一卷、《群盫诗钞》四卷、《群盫词稿》一卷。（民国《合浦县志》卷五）

陈虞典，合浦人。清康熙间贡生，分辑《（康熙六十年）廉州府志》。（乾隆《廉州府志》历修姓氏）

陈振源，清末合浦人。著有《五柳轩诗稿》。（1994年《合浦县志》）

丁翰熙，字芥舟，灵山人。清光绪十一年（1885）乙酉拔贡。工诗文，精研画、篆、隶、雕刻。著有《闲闲草堂文稿》（举人黄羲为之序）、《闲闲草堂诗钞》四卷（郡廪生叶定萃为之序）、《闲闲草堂题画诗册》一卷、《集帖韵言》十册、《艺林雕刻录》。（民国《灵山县志》卷十六）

丁能裕，字绰然，灵山人。增生。善书画，精医术，尤善吟咏。著有《竹轩诗钞》《六经》。（民国《灵山县志》卷十七）

方凤元，字仪廷，钦州人。历随冯子材于镇南关剿法、琼崖剿黎各役襄理文牍。由廪生历保训导、县丞。为造就地方人才，创建铜鱼书院。著有《三树堂诗集》《从军诗稿》。（民国《钦县志》卷四）

冯邦柱，钦州人。庠生。康熙十二年（1673）、二十三年（1684）两次分辑《钦州志》。（雍正《钦州志》原修姓氏）

冯朝绅，合浦人。生员。清康熙末年分辑《廉州府志》。（乾隆《廉州府志》历修姓氏）

冯敏昌（1747—1806/1807），字伯求，号鱼山，钦州人。清乾隆三十五年（1770）庚寅由拔贡中举，四十三年（1778）戊戌成进士，改庶吉士，授翰林编修。四十九年（1784）任会试同考官，改任刑部河南司主事。喜游历，遍游名山大川。惇笃至行，而兼众长，士大夫无不知其名。归粤，尝主讲于端溪书院、越华书院、粤秀书院、河阳书院，学者称鱼山先生。善诗文，工书法，尤精研兰亭。参修《广东通志》。编纂《孟县志》《河阳金石录》。著有《小罗浮草堂诗钞》四卷、《小罗浮草堂文集》九卷、《素心集》、《华山小志》六卷、《笃志堂时文钞》、《笃志堂试帖》、《师友渊源集》等。（道光《钦州志》卷九，道光《广东通志》卷二九九，同治《番禺县志》，《国朝岭南文钞》卷四，《贩书偶记续编》卷十六）

冯绍龄，钦州人。明崇祯十七年（1644）甲申贡生。分辑《（康熙元年）钦州志》。（道光《钦州志》卷九，民国《钦

县志》卷四）

冯士镳，清钦州人。冯敏昌子。著有《先君子太史公年谱》一卷，附刻于《小罗浮草堂文集》卷首。（《贩书偶记续编》卷十六）

冯士淳，清钦州人。庠生。清康熙十二年（1673）分辑《钦州志》。（雍正《钦州志》原修姓氏）

关鼎汉，合浦人。清康熙间贡生，分辑《（康熙六十年）廉州府志》。（乾隆《廉州府志》历修姓氏）

郭炳光，字星南，钦州人。清光绪间廪贡生。历随冯子材参赞戎务，保至补用知县。曾任绥丰书院山长、学务公所所长。年五十七卒于家。著有《石洲诗集》《棠花楼文集》等。（民国《钦县志》卷四、卷七）

郭氏，清末合浦人。著有《如渔舟居诗草》一卷。（民国《合浦县志》卷六）

郭壮圻（1775—1806），字洪都，钦州人。从冯敏昌游学于省会书院。年二十七选清嘉庆六年（1801）辛酉拔贡。五年后以病卒。著有《听潮书屋诗钞》二卷。（道光《钦州志》卷九，民国《钦县志》卷四）

洪应科，钦州人。清康熙间贡生。分辑《（康熙六十年）廉州府志》。（乾隆《廉州府志》历修姓氏）

黄秉艮，钦州人。清雍正间岁贡。为生员时分辑《（康熙六十年）廉州府志》《（雍正元年）钦州志》。（道光《钦州志》卷七）

黄登俊，合浦人。清康熙间贡生。分辑《（康熙六十年）廉州府志》。（乾隆《廉州府志》历修姓氏）

黄小宋，钦县人。民国十年（1921）联同友人创办裕益公司。后任合浦县长。分纂《（民国三十六年）钦县志》。（民国《钦县志》卷首）

黄知元（1877—1954），名星伍，一作惺吾，字知元，钦州人。清光绪间拔贡，曾为防城县官立两等小学堂首任校长。民国时任广西合浦县县长，新中国成立初期任广西文史研究馆馆员。民国间纂修《防城县志初稿》十八卷。（《防城县文史资料》第四辑）

黄佐槐，字午斋，合浦人。清光绪十七年（1891）辛卯优贡，二十六年（1900）庚子、二十七年（1901）辛丑并科举人，任归善、新会教谕。著有《静远斋集》《汉制考补遗》一卷附录一卷、《孙子补注》一卷、《静远斋读史文》一卷、《静远斋骈体文》三卷、《静远斋诗》一卷。（民国《合浦县志》卷五、卷六）

纪通，字守塞，号豫一，明灵山人。精于皇极经世之数。由贡生授陆川训导，升知县。后辞官归，教授子弟。著有《松溪集》（已佚）。（雍正《灵山县志》卷十，乾隆《灵山县志》卷十一等）

孔宪彭，字南山，清合浦人。廪贡。著有《醉吟窝姑存诗草》一卷。（民国《合浦县志》卷六）

劳安，钦州人。清道光八年（1828）戊子岁贡。分纂《（道光）廉州府志》。（道光《钦州志》卷七）

劳炫，灵山人。明崇祯拔贡生，授中书舍人。清康熙十二年（1673）与修《灵山县志》。分辑《（康熙六十年）廉州府志》。

（民国《灵山县志》卷十四、卷十七）

劳有烈，字用休，灵山人。清咸丰七年（1857）丁巳岁贡。善书，精医。著有《直养斋诗文草》二卷、《三传合选》、《古文选》等。（民国《灵山县志》卷十四、卷十六）

劳有为，字修园，灵山人。弱冠始应童子试，未售，遂弃举子业。壮岁筑别墅于黄茅园之冈，栽花种树，乐在其中，有隐士之风。著有《虫吟集》一卷。（民国《灵山县志》卷十七）

黎秀，钦州人。清乾隆二十七年（1762）壬午岁贡，四十六年（1781）任吴川训导。纂修《（乾隆）吴川县志》。（光绪《吴川县志》卷九）

李炳，廉州人。生员。清康熙六十年（1721）分辑《廉州府志》。（乾隆《廉州府志》历修姓氏）

李成芳，钦州人。分纂《（民国十五年）钦县志》。（民国《钦县志》卷首）

李符清，字德舆，一字仲节，号载园，别号海门，合浦人。清乾隆四十八年（1783）癸卯顺天举人，充四库馆誊录官。历官畿辅州县，授束鹿知县，历署清丰、天津县事。擢直隶深州知州，复擢知府。卒于京。著有《海门经义》一卷、《左氏节录》、《棠阴笔记》一卷、《宝善堂杂录》一卷、《海门文钞》十卷、《海门诗钞》十六卷。（民国《合浦县志》卷五、卷六）

李复亨，钦州人。庠生。分辑《（康熙二十三年）钦州志》。（雍正《钦州志》原修姓氏）

李顾，钦州人。附生。分纂《（光绪）钦州志》。（民国《钦县志》卷首）

李怀本，字小崇，合浦人。荫附生，官都察院经历。因军功保至分省补用道。筹建味经书院、春桥学舍。晚清兴学，又筹建廉州中学堂、合浦官立小学堂、钦廉法政学堂。尝任合浦劝学所总董、钦州师习所监督、法政学堂监督、营学堂提调、督办两广军务参议官、廉州商会会长。著有《平园遗著》一卷。（民国《合浦县志》卷五、卷六）

李捷槐，钦州人。清康熙五十一年（1712）壬辰岁贡，任龙川训导。雍正元年（1723）分辑《钦州志》。（道光《钦州志》卷七）

李联济，钦州人。分纂《（民国十五年）钦县志》。（民国《钦县志》卷首）

李敏中，原名献廷，灵山人。清光绪间廪生。参与续修《（民国）灵山县志》。（民国《灵山县志》修志姓氏）

李体和，钦州人。清光绪间岁贡，任广西平乐县丞。总纂《（民国十五年）钦县志》。（民国《钦县志》卷首、卷七）

李廷相，号酣亭，合浦人。清康熙三十六年（1697）丁丑恩贡，任开建教谕。分辑《（康熙六十年）廉州府志》。著有《酣亭诗文集》《五经文艺》《集四书章句歌》。（民国《合浦县志》卷五）

李颖香，号廉山，合浦人。清乾隆四十二年（1777）丁酉拔贡，充四库馆誊录官，授永安教谕，调昌化。丁内艰，卒于家。博览群书，尤致力于经史。著有《［廉山］古今体诗》。（民国《合浦县志》卷四、卷五）

李元癸，钦州人。明崇祯十五年

（1642）壬午贡生，分辑《（康熙）钦州志》《（康熙十二年）廉州府志》。（道光《钦州志》卷七）

李云龙，钦州人。庠生。康熙十二年（1673）分辑《钦州志》。（雍正《钦州志》原修姓氏）

梁惠祖，灵山人。清乾隆五十七年（1792）壬子举人，任江西新昌知县。分辑《（嘉庆）灵山县志》。（民国《灵山县志》卷十九）

梁炯，初名梁炅，字蓼圃，一字蔗坡，灵山人。冯鱼山高足。清嘉庆十二年（1807）丁卯贡，任正黄旗教习、国史馆誊录。清嘉庆十八年（1813）癸酉顺天举人，官曲江教谕。二十年（1815）纂修《灵山县志》十二卷。著有《灵山县续志草》十卷。编有《张余二公合刻诗钞》四卷。著有《蔗境轩诗文集》。（《国朝岭海诗钞》卷二十一，民国《灵山县志》卷十九）

梁寅宇，字人统，号钟灵，灵山人。清乾隆五年（1740）庚申拔贡生。著有《钟灵山人诗文稿》三卷（含文稿一卷、诗草二卷）。曾增辑《学庸贯通》三卷，选编《读古约编》一百二十五首。（嘉庆《灵山县志》卷九，民国《灵山县志》卷十四、卷十六）

梁钟英，清灵山人。生员。分辑《（康熙六十年）廉州府志》。雍正十一年（1733）与修《灵山邑志》。（民国《灵山县志》卷十九）

廖国器（1892—1962），字云程，合浦人。民国八年（1919）毕业于国立北京大学工科。民国间历任海口警察局局长，武汉卫戍司令部经理处主任，钦县县长，海口市市长，韶坪公路工程处主任，普宁县、合浦县、琼山县县长，北海市电力公司经理，南康三中校长。主修《合浦县志》六卷。（1994年《合浦县志》）

林德辉，清合浦人。贡生。纂修《（同治）合浦县志》。著有《慕陶吟草》三卷。（民国《合浦县志》卷六，《广西方志佚书考录》）

林如莞，合浦人。清康熙中期。生员分辑《廉州府志》。清康熙间编纂《合浦县志》十四卷。（乾隆《廉州府志》历修姓氏）

林翼中（1892—1984），原名家相，字翼宗，后改翼中，以字行，合浦人。宣统二年（1910年）加入中国同盟会。民国四年（1915）毕业于广东高等师范学校。曾任廉州中学、广州广雅中学教师，粤军第一师政治部主任，国民党广州政治分会建设委员，广东省民政厅长，重庆国民政府农林部次长，广东省参议会参议长。1949年迁居香港。编有《林锡三先生七十寿言录》《广州民运概略》。著有《建国大纲概说》《苏俄现状一瞥》《广东省地方纪要》《广东省地方自治概要》《与县长论治小札》《林翼中告各县县长书》《林翼中最近演讲录》《最近关于军队的讲演》《军队政治工作》《民众组织和训练》《海峤晚获集》等。辑《合浦林锡三先生七十寿言录》。（《民国广东将领志》，1994年《合浦县志》）

林朱赞（1871—1921），字赏庭，一作赏亭，又字省亭，号字山老人，合浦人。廪生。清光绪二十七年（1901）筹建乾体高等小学；又筹建字山国民小学。因耿直，忤长官。创立高等小学屡遭阻挠，遂奔走革命。辛亥革命后，随粤军转战高阳广肇。年五十二卒。著有《字山草堂文稿》、《字山草堂经说》一卷、《字山草堂史论》二卷、《字山草堂诸子》一卷、《字山草堂性理》

一卷、《字山草堂时务》一卷、《字山草堂序记》一卷、《字山草堂杂著》一卷、《字山草堂文牍》一卷、《字山草堂诗歌》一卷。(民国《合浦县志》卷五,《合浦文史资料》第二辑)

凌汉,清合浦人。贡生。纂修《(同治)合浦县志》。(《广西方志佚书考录》)

凌氏,清末合浦人。著有《种绿轩文》一卷、《种绿轩诗》一卷、《种绿轩随笔》一卷。(民国《合浦县志》卷六)

刘纯祖,字云汉,一字秋崖,灵山人。清乾隆三十一年(1766)丙戌岁贡生,选潮阳训导,未任,卒,年八十五。受聘纂辑《灵山县志》。(民国《灵山县志》卷十四、卷十七)

刘定康,字吉士,合浦人。清咸丰八年(1858)由岁贡选大埔训导,后署澄迈训导、澄海教谕,加太常寺博士衔。晚年主讲龙门书院。年六十六卒。著有《味菜根室文存》一卷。(民国《合浦县志》卷五、卷六)

刘光基,字仞山,灵山人。增生。著有《藜荧斋诗集》。(民国《灵山县志》卷十六)

刘宏化,合浦人。清顺治间恩贡生,分辑康熙六十年《廉州府志》。(乾隆《廉州府志》历修姓氏)

刘润纲(1859—1936),字维三,合浦人。清光绪十一年(1885)乙酉举人,任普宁、龙门训导,从化教谕。后返乡任教。光绪三十年(1904)被派往两广师范学堂学习。次年任廉州庶中学堂监督。宣统元年(1909)任钦县师范学堂监督兼钦县劝学所所长。几年后返乡,任私立海门中学董事长、福旺中学校长等职。民国二十年(1931)编纂《合浦县志》。著有《嚼梅花斋文集》《嚼梅花斋诗集》《嚼梅花斋日记》等。(民国《合浦县志》修志职名,《合浦文史资料》第三辑)

刘运熙(1866—1926),字绩卿,灵山人。清光绪二十七年(1901)辛丑举人。大挑授直隶州知州,不受。废科举后,入广州师范讲习所,学习教育及数理化等科。曾任灵山中学教师、校长,灵山县县长。参与纂修《(民国)灵山县志》。(民国《灵山县志》修志姓氏)

龙德俊,字日三,又字忆山,清末合浦人。任教于廉州中学。著有《忆山诗稿》。(《合浦文史资料》第三辑)

罗尝先,清末合浦人。著有《梅花馆诗钞》。(1994年《合浦县志》)

罗戴祚,字鳌峰,合浦人。清咸丰间恩贡,铨选教谕,加太常寺博士衔,议叙国子监典籍。年五十六卒。著有《鳌峰诗稿》一卷。(民国《合浦县志》卷四、卷五、卷六)

罗人隽,字眉峰,合浦人。清末生员。曾任中学教员。著有《退思轩吟草》,梓于民国十六年(1927)。(《合浦文史资料》第三辑)

罗赏先,字功懋,合浦人。罗戴祚子。清光绪间岁贡,任定安教谕,钦州、德庆州学正。喜骈文。著有《梅花吟馆诗草》一卷。(民国《合浦县志》卷四、卷五、卷六)

罗氏,清末合浦人。著有《铁桥道人吟草》一卷。(民国《合浦县志》卷六)

罗氏，清末合浦人。著有《征南遗草》一卷。（民国《合浦县志》卷六）

马捷元，钦州人。附生。分纂《（光绪）钦州志》。（民国《钦县志》卷首）

马尚材，钦州人。清道光十一年（1831）辛卯岁贡。分纂《（道光）钦州志》。（道光《钦州志》卷七）

欧应经，合浦人。岁贡，任乐昌教谕。明万历十四年（1586）与修《乐昌县志》。（康熙五年《乐昌县志》明修姓氏）

潘华海，字德春，灵山人。清嘉庆二十一年（1816）丙子岁贡生。著有《五经导窍》、《四书》、《［德春］文集》二册、《［德春］诗集》一册。（民国《灵山县志》卷十四、卷十六）

潘桢龄，钦州人。附生。分纂《（光绪）钦州志》。（民国《钦县志》卷首）

庞昌明，合浦人。清康熙间贡生。为生员时分辑《（康熙六十年）廉州府志》。（乾隆《廉州府志》历修姓氏）

裴玠，合浦人。清康熙间贡生。为生员时分辑《（康熙六十年）廉州府志》。（乾隆《廉州府志》历修姓氏）

彭元辅，字槐厅，合浦人。清道光十七年（1637）丁酉举人。不乐仕进，晚年掌教海门书院。寿九十余。著有《述古斋遗著》（一作《述古斋文集》）一卷。（民国《合浦县志》卷五）

彭宗琢，清合浦人。生员。分纂《（道光）廉州府志》。（道光《廉州府志》重修姓氏）

丘对颜，一作邱对颜，字玉珊，晚字金门，原籍大埔，先世迁居灵山。附生。与黄香石、张南山诸词宿诗酒往来。中年移居廉州，遂家焉。尝至海南，遇贼劫掠一空。多次参试，皆不售，以诸生终。著有《听松山馆诗》若干卷、《璜钓集》、《粤海镜要》一卷、《古文》三卷、《松寮摘存集》三卷、《松寮诗集》。（同治《大埔县志》卷十七，民国《新修大埔县志》卷二十六）

仇鼎修，字铭五，一字冶庵，钦州人。清嘉庆十二年（1807）丁卯岁贡。设帐于清惠宫二十余载，主讲东坡书院八年，嘉道间州中缙绅十分之九出其门。道光二十年（1840）选授博罗训导。年八十六卒于家。分纂《（道光）廉州府志》《（道光）钦州志》。（民国《钦县志》卷四）

仇汝昌，字拜言，号芝峰，清灵山人。诸生，捐任海丰教谕、阳山训导。著有《［芝峰］诗集》，内有古今体诗文数千首，分上下二帙，藏于家。（民国《灵山县志》卷十六）

仇玉山，灵山人。生员。道光十三年（1833）分纂《廉州府志》《灵山县志》。（民国《灵山县志》卷十九）

阮德光，字载锡，合浦人。清同治五年（1866）丙寅拔贡，候选教谕。执教于归德、福江书院。著有《啸庐遗稿》一卷。（民国《合浦县志》卷六，1994年《浦北县志》）

施鸿教，灵山人。清嘉庆十七年（1812）壬申岁贡，任西灵书院掌教。嘉庆间分辑《灵山县志》。（民国《灵山县志》卷十四）

石中琏，合浦人。清康熙间贡生。分辑《（康熙六十年）廉州府志》。雍正十一年

(1733)与修《灵山县志》。(民国《灵山县志》卷十九)

宋以梅（1877—?），字春元，号伯芳，合浦人。两广师范传习所毕业后，官费赴日本留学，入宏文书院攻读化学。结识胡汉民、邹鲁，加入中国同盟会。清宣统元年（1909）己酉拔贡，授东三省盐知。民国间任广东省参议会议员、议长，中央直辖建国军第二路军总司令。著有《宣统己酉广东选拔贡卷》一卷。（《浦北县文史资料》第二辑，《惠东文史》第三辑）

苏健今（1890—1973），名廷銮，别号曼陀罗庵主，又号胡卢燕石斋主，以字行，合浦人。毕业于日本早稻田大学化学系，任廉州中学化学、英语教师。抗日战争期间创办乾体中学，自任首任名誉校长。精研甲骨文、籀文，善诗文，工书画，兼擅医。后辞教职，与人合股在北海市开设寿而康中医店。医术高超，任至北海市中医院副院长。著有《中药今释》、《妇科医案》、《石鼓文扶桑摹本考证》、《中药治癌物质初探》（未脱稿）、《胡卢燕石斋诗文集》。（《合浦文史资料》第二辑）

苏启寅，合浦人。清顺治间贡生。分辑《（康熙六十年）廉州府志》。（乾隆《廉州府志》历修姓氏）

苏日选，廉州人。生员。分辑《（康熙六十年）廉州府志》。（乾隆《廉州府志》历修姓氏）

谭谦，灵山人。清雍正七年（1729）己酉拔贡生，任吉州州判。十一年（1733）与修《灵山县志》。分辑《（康熙六十年）廉州府志》。著有《排闷吟》二卷（已佚）。（民国《灵山县志》卷十四）

谭有章，灵山人。清康熙五十一年（1712）壬辰岁贡，任万州训导。雍正十一年（1733）与修《灵山县志》。分辑《（康熙六十年）廉州府志》。（民国《灵山县志》卷十四）

王超宗，合浦人。清雍正间拔贡。为生员时分辑《（康熙六十年）廉州府志》。（乾隆《廉州府志》历修姓氏）

王传缃，字芸阁，合浦人。清同治十二年（1873）癸酉拔贡，官兵部车驾司郎中。假归，办团练，以劳绩奏奖四品衔。主讲钦江东坡书院、合浦龙门书院。年六十七卒。著有《耽园遗稿》一卷。（民国《合浦县志》卷五）

王家宪，号仪亭，灵山人。清乾隆十二年（1747）丁卯举人，十六年（1751）辛未登进士，任河南延津知县。因病解组归，主讲西灵书院近十年。编纂《廉州府志》二十卷。著有《仪亭诗文稿》（又作《仪亭草》）。（嘉庆《灵山县志》卷九，道光《廉州府志》卷二十）

王命新，合浦人。清顺治间贡生。分辑《（康熙六十年）廉州府志》。（乾隆《廉州府志》历修姓氏）

王乃修，合浦人。清道光五年（1825）乙酉拔贡。分纂《（道光）廉州府志》。（道光《廉州府志》重修姓氏）

吴邦瑗，字蓬若，钦州人。清康熙四十五年（1706）丙戌岁贡生，终身教授生徒。分辑《（康熙六十年）廉州府志》。雍正元年（1723）分纂《钦州志》。（道光《钦州志》卷九，民国《钦县志》卷四）

吴秉极，清廉州人。生员。分辑《（康熙六十年）廉州府志》。（乾隆《廉州府志》历修姓氏）

吴充间，合浦人。清康熙初期贡生，二十二年（1683）任三水训导。分辑《（康熙六十年）廉州府志》。（乾隆《廉州府志》历修姓氏）

吴捷连，清钦州人。附生。康熙十二年（1673）分纂《钦州志》。（雍正《钦州志》原修姓氏）

吴敏魁，字冠峰，号梅庄，钦州人。清光绪间廪贡生，主讲龙门育才书院近三十年。工文词诗赋。年六十二卒。著有《竹荫轩诗文集》。（民国《钦县志》卷四、卷七）

吴若霖，钦县人。乡绅。分纂《（民国三十六年）钦县志》。（民国《钦县志》卷首）

伍瑞锴，字巩生，合浦人。民国间任廉州中学校长。编有《合浦地理概要》《小学教具制作》《广东省第十一中概览》《中学生课外活动》《校长和教职员》等。著有《学校行政及其组织》《训导实施》《事务管理》《教务处理》《教务处理增订本》等。（《合浦文史资料》第三辑）

香翰屏（1890—1978），字墨林，合浦人，少孤。弱冠负笈广州习法政。旋入粤军讲武堂。由偏裨积功，历任国民革命军第二军军长，广东省会公安局局长，广东中区绥靖委员，第九集团军总司令，闽粤赣边区总司令。日军投降，解甲归里。手不释卷，自号"半个书生"。工草书，精鉴藏，偶作诗。尝辟诗梦庐于广州东山，以庋藏书画珍品。暮年赁居九龙山下，题曰"琵琶晚翠之庐"。编有《香母陈太夫人七秩晋一生辰寿言录》《扚叔墨迹》《香翰屏将军草书集》。（《广东历代诗钞》卷十一，《广州市志》卷十九）

谢安善，清灵山人。生员。分纂《（道光）廉州府志》《（道光）灵山县志》。（民国《灵山县志》卷十九）

谢崇光，钦州人。援例选授河南南阳府经历，署邓州知州。总纂《（民国二十一年）钦县志》。（民国《钦县志》卷首、卷七）

谢焕庭（1905—1970），合浦人。毕业于广东省农业专门学校，任广东省建设厅曲江稻作改进所技士、曲江县农林局技正、广东省建设厅曲江稻作改进所技正兼所长。新中国成立后，历任广东省农业厅农业工程师、广东省农业厅副总农技师、广东省农业厅技术委员会副主任。与丁颖合编《水稻田之实验误差》。著有《水稻高产栽培田间管理》。（博雅文化旅游网）

徐芳，清廉州人。生员。分辑《（康熙六十年）廉州府志》。（乾隆《廉州府志》历修姓氏）

许瑞澜，字少波，合浦人。博览群籍，文有法度。尤专精图算。学使张百熙爱其才，选送至广雅书院肄业。逾年卒，年仅二十四。著有《微积学》（未完稿）、《潜源遗稿》一卷。（民国《合浦县志》卷五）

许瑞棠，字甘谱，号任庵，合浦人。清末岁贡生，任教于师范中等学堂。民国间任廉州中学教员。民国四年（1915）、民国十八年（1929）曾两次编纂《合浦县志》。著有《读书杂志》、《历代名将录》、《历代名臣录》、《合浦乡土历史》二卷、《合浦乡土地理》二卷、《蓬觉庵集》（含《珠官脞录》四卷、《算草丛书》一卷、《骈散文》一卷、《任庵诗稿》四卷）。（民国《合浦县志》修志职名，《合浦文史资料》第三辑）

许锡清（1893—1978），合浦人。民国

八年（1919）考入北京大学物理系。曾任钦县县长、第十一军监务处处长、广东省铸币厂厂长、汕头市市长、国民政府实业部次长、福建省财政厅厅长。新中国成立后，任广州市文史馆馆员、广州市建设局副局长等职。编有《广东省自然灾害》。译著《兰花》。（1994年《合浦县志》）

许谢赞，清末合浦人。著有《绠修得斋诗钞》。（1994年《合浦县志》）

许誉芳，字孟骞，号梦轩，合浦人。民国间任县立第二高等小学校长。著有《梦轩曲谱》。（《合浦文史资料》第三辑）

杨志英，尝化名杨坚白，灵山人。民国间任灵山中学校长、灵山县县长。编有《明善堂初集》甲乙二编。（《广东文献综录》）

曾传仁，钦州人。毕业于国立中山大学，为文学士。署灵山、钦县县长。主修《（民国三十六年）钦县志》。（民国《钦县志》卷七）

曾敦素，合浦人。明万历间贡生，任棠邑教谕。万历四十六年（1618）编次《儋州志》。（《儋州志》天集）

曾氏，清末合浦人。著有《率狂鲁斋文》一卷、《率狂鲁斋诗》二卷。（民国《合浦县志》卷六）

曾维礼，灵山人。清乾隆二十五年（1760）庚辰岁贡。纂辑《（乾隆）灵山县志》。（民国《灵山县志》卷十四、卷十六）

曾照琪，一作曾照烘，合浦人。生员。分辑《（康熙六十年）廉州府志》。（乾隆《廉州府志》历修姓氏）

张善文，灵山人。清嘉庆六年（1801）辛酉岁贡生。著有《尧溪集》（存古律赋一卷、古今诗一卷）。（嘉庆《灵山县志》卷九，民国《灵山县志》卷十四、卷十六）

张所传，字大文，号鹤亭，灵山人。清乾隆二十八年（1763）癸未岁贡，援例任英德教谕，卒于官。与修《灵山县志》。（民国《灵山县志》卷十四、卷十七）

张所述，字科文，号东轩，灵山人。张所传弟。清乾隆三十六年（1771）辛卯举人，任广西天河知县。因病辞官，家居十余载，以诗书自娱。著有《东轩近草》（一作《东轩诗草》）二卷，已佚。（嘉庆《灵山县志》卷九，民国《灵山县志》卷十四、卷十七）

张永承，清灵山人。生员。分纂《（道光）廉州府志》《灵山县志》。（民国《灵山县志》卷十九）

张元英，合浦人。清嘉庆二十四年（1819）己卯恩贡。分纂《（道光）廉州府志》。（道光《廉州府志》重修姓氏）

章萃伦（1904—1937），字拔其，钦州人。幼年聪明好学，1925年大学毕业，曾任钦州中学校长、钦县县长。主修《（民国二十一年）钦县志》。（民国《钦县志》卷首）

章士锦，钦州人。清光绪间贡生。分纂《（光绪）钦州志》。（民国《钦县志》卷首、卷七）

章士莲，字香远，号存真，钦州人。清光绪五年（1879）己卯恩贡生。年七十卒。著有《怪异琐谈》。（民国《钦县志》卷四、卷七）

章祥懿，钦州人。分纂《(民国二十一年)钦县志》。(民国《钦县志》卷首)

章耀辰，钦州人。清末贡生。尝任广东省咨议局议员、广西义宁县典史。分纂《(民国十五年)钦县志》。(2000年《钦州市志》)

章治唐，钦州人。清末增生。光绪间尝任塾师。民国初期任钦州两等学校校长。分纂《(民国十五年)钦县志》《(民国十九年)钦县志》。(民国《钦县志》卷首)

赵元浑，钦州人。清嘉庆二十四年(1819)己卯岁贡。分纂《(道光)廉州府志》《(道光)钦州志》。(道光《钦州志》卷七)

钟昌龄，号文年，合浦人。清康熙间岁贡，康熙二十五年(1686)任会同训导。二十六年(1687)同修《会同县志》。六十年(1721)分辑《廉州府志》。(民国《合浦县志》卷五)

钟宏，灵山人。清雍正八年(1730)庚戌岁贡。十一年(1733)与修《灵山县志》。分辑《(康熙六十年)廉州府志》。(民国《灵山县志》卷十四)

钟喜焯，合浦人。毕业于广东高级师范学校，曾任廉江县长。主修《(民国)石城县志》。(民国《石城县志》重修衔名)

钟在岐，合浦人。清嘉庆二十五年(1820)庚辰岁贡。道光间分纂《廉州府志》。(道光《廉州府志》重修姓氏)

钟振，字玉甫，号澜石，合浦人。明嘉靖四十一年(1562)壬戌进士，历任滁州、广德、嘉定知州，擢守云南府知府。隆庆间纂修《合浦县志稿》。(民国《合浦县志》卷五)

周文罴，字骒盦，号酉山，清合浦人。研诗之暇，笃意经史。著有《雪香斋诗草》(一作《雪香斋吟草》)一卷。(民国《合浦县志》卷六，《柳堂师友诗录》)

雷 州 府

蔡宠（1771—1843），字惧三，号兰臞，海康人。清道光二年（1822）壬午进士，次年官即墨知县。未几，告病归。主雷阳书院多年。九年（1829）复宰即墨。晚岁卜居府城别墅。工诗赋、词曲、书法。著有《谱荔斋文稿》《谱荔斋诗稿》。（民国《海康县续志》卷二十）

陈瑸（1656—1718），字文焕，号眉川，海康人。清康熙三十三年（1694）甲戌进士，授福建古田知县，以廉洁能干调台湾，迁郎中。擢四川提学道，调台厦道。后任福建巡抚兼摄闽浙总督，积劳成疾，卒于任。追授礼部尚书，谥清端。编校《雷祖志》。著有《从政录》《问心集》，以上二书未见。其孙子恭辑其遗作为《清端文集》（一作《陈清端公集》）八卷。道光六年（1826）丁宗洛辑《陈清端集》二十卷。（嘉庆《雷州府志》卷十六，嘉庆《海康县志》卷六，道光《广东通志》卷三百）

陈昌齐（1743—1820），字宾臣，号观楼，海康人。清乾隆三十五年（1770）领乡荐，次年成进士，入翰林，散馆授编修。历充三通馆及四库馆校勘、《永乐大典》纂修兼分校官、甲午湖北典试官兼会试同考官、乙未礼闱分校官。擢赞善，晋中允。五十年（1785）以廷试三等左迁编修，五十五年（1790）转河南道御史。嘉庆六年（1801）补兵科给事中，后改刑科掌印给事中。因生长海邦，洞悉边要，上疏条陈防海剿盗事宜，九年（1804）出任浙江温处兵备道。十四年（1809）七月致仕归里，主讲雷州雷阳书院、广州粤秀书院。学者宗之，称"观楼先生"。纂修《（嘉庆）雷州府志》《（嘉庆）瑞安县志》。总纂《（嘉庆）海康县志》《（道光）广东通志》。著有《赐书堂文钞》六卷、《赐书堂诗钞》一卷、《淮南子考证》八卷、《淮南子正误》十二卷、《临池琐语》一卷、《测天约术》一卷、《吕氏春秋正误》一卷、《楚辞音义》一卷、《楚辞韵辨》一卷、《新论正误》一卷、《经典释文附录》八卷、《重辑经典释文附录》三卷、《天学脞说》一卷（未见）、《大戴礼记正误》三卷、《荀子正误》一卷、《荀子考证》二卷、《老子正误》二卷、《历代音韵流变考》十卷、《二十子正误》三十卷、《管子正误》一卷、《朱子论仁奥旨》一卷、《天学纂要》三卷、《地理书钞》二卷、《营兆约旨》一卷、《囊玉秘旨别传》一卷。（嘉庆《海康县志》卷八，道光《广东通志》卷三百，《国朝岭南文钞》卷三，民国《海康县续志》卷二十）

陈炽，字眉山，清海康人。附生。著有《眉山诗稿》。（民国《海康县续志》卷三十四）

陈复道，清海康人。嘉庆间续修《雷祖志》。（民国《海康县续志》卷二十五）

陈庚，清末遂溪人。著有《快雪堂集》，刊于民国十年（1921）。（《湛江文史》第二十六辑）

陈国藩，徐闻人。清光绪间岁贡生，铨选训导。宣统三年（1911）分辑《徐闻县志》。（宣统《徐闻县志》卷十二）

陈翰华（1900—1965），字俊侪，号个庵，遂溪人。毕业于国立北京大学法律系，历任遂溪、赤溪等县县长，梅菉市政局长，广东省赈济委员会委员，广东省参议员，广东南区绥靖公署政务处处长，省立勷勤商学院讲师，立法院立法委员。著有《张浚功罪评论》《外汇管理刍议》《偶寄诗稿》。（《民国人物大辞典》《徐闻县文物志》）

陈河书，字龙溪，海康人。清乾隆三十六年（1771）辛卯恩贡生。中年设家塾以课诸子，兼理旧学。晚年念家谱久佚，乃与宗人寻访先人墓地，又汇在琼所存各残谱，钩稽考订，得其世系行辈，撰成分合二谱，是为《南田村陈氏族谱》。（嘉庆《海康县志》卷六、民国《海康县续志》卷二十五）

陈简，字敬居，号竹间，海康人。陈昌齐子。清嘉庆二十一年（1816）丙子优贡。家富藏书，手自校雠。道光元年（1821）辛巳举孝廉方正，钦赐六品顶戴。年三十以病卒于家。著有《经典释文附录》八卷、《古今音会》六卷、《蒙求释字》三卷、《文字异同考》四卷、《篆字辨诀》一卷、《四未能集》四卷，俱未见。（民国《海康县续志》卷二十）

陈景棻（1887—1941），字楚翘，号守梅，海康人。陈景鋆弟。廪生。毕业于广东法政学堂，尝任防城县专审员。清宣统二年（1910）以办理选举，出为两广总督袁树勋咨部。民国间任海康县中学、广东省立第十中学任国文教员，兼任雷州《民国日报》副刊《鲲鹏乡》主编。民国二十三年（1934）总纂《海康县续志》。著有《雷州方言注释》《楚翘氏诗歌》，均佚。（民国《海康县续志》卷十五，《海康文史》1986年第二辑）

陈景鋆（1874—1929），字品三，又作品生，号编山，海康人。陈毓棠长子，陈景棻之兄。尝入读广州广雅书院。清宣统元年（1909）己酉拔贡，就职直隶州州判。民国二年（1913）任海康县自治会副议长。民国九年（1920）分纂《海康县续志》。（民国《海康县续志》卷十四，《海康文史》1987年第一辑）

陈居诚，字复一，号思亭，海康人。陈瑸次子，陈子恭父。清康熙五十年（1711）辛卯举人，雍正间任东莞儒学教谕。与知县周天成同修《（雍正）东莞县志》十四卷。（民国《海康县续志》卷二十）

陈君典，清海康人。议叙县丞。嘉庆间分纂《海康县志》。（嘉庆《海康县志》纂修姓氏）

陈君谋，雷州人。廪贡，清道光四年至五年间（1824—1825）署电白训导。协修《（道光）电白县志》。（道光《电白县志》衔名、卷二）

陈丕显，清海康人。增生。嘉庆间分纂《海康县志》。（嘉庆《海康县志》纂修姓氏）

陈其峨，遂溪人。明万历四十三年（1615）乙卯举人，后考选知州，未仕而终。潜心治学，著有《尚书注解》。（道光《遂溪县志》卷九）

陈乔森（1833—1905），原名陈桂林，字颐山、一山，又字木公，号擎雷山农者，又号逸山、逸珊，遂溪人。清同治初年迁居雷州府城，少有"雷州才子"之誉。咸丰十一年（1861）辛酉举人，任户部主事，官至中宪大夫。后辞官回乡，主讲雷阳书院三十余载。工诗善画，画山水、木石、芦蟹，自成一格。著有《亭榕坨文集》、《亭榕坨诗钞》、《海客诗文杂存》四卷、《陈乔森集》等。（民国《海康县续志》卷二十一，《湛江文史》第二十六辑）

陈炘，字景山，又字旭东，海康人。清同治六年（1867）丁卯岁贡生，试用三水训导。著有《旭东诗稿》。（民国《海康县续志》卷十四、卷二十五）

陈学海，遂溪人。清嘉庆间府学岁贡，任龙川训导。分纂《（嘉庆）雷州府志》。（嘉庆《雷州府志》纂修姓氏）

陈毓芬，字馥卿，清海康人。职员。辑《续刻陈清端公文集》十一卷，同治六年（1867）家刻。（民国《海康县续志》卷二十五）

陈子恭（1718—1797），字庄之，别字肃庵，海康人。陈瑸孙。清乾隆十二年（1747）丁卯优贡生。以祖瑸荫授刑部员外郎，寻迁郎中，出任南康知府。以廉能调永州，又补袁州。编有《清端文集》八卷。（民国《海康县续志》卷二十）

陈宗绪，海康人。清嘉庆六年（1801）辛酉举人。分纂《（嘉庆）雷州府志》《（嘉庆）海康县志》。（嘉庆《海康县志》纂修姓氏）

邓邦俊（1904—1980），曾用名邓谨，徐闻人。民国二十四年（1935）考入中山大学社会学系。历任柳州日报社编辑、评论部主任，《学习知识》杂志主编，中共中央华南分局宣传部资料室副主任，中山医学院行政党支部书记。编有《民校课本》三册。（2000年《徐闻县志》）

邓定远（1892—1971），字立予，号笠渔，海康人。弱冠进雷阳书院，相继毕业于广东陆军小学、湖北陆军预备学校及保定军官学校。历任宪兵营长、孙中山大元帅府警卫团少校团长、第四军十二师参谋长、第四军参谋处处长、第一集团军少将高参、第四战区中将参议等职。编著有《四军战史》《笠翁书画集》。（《雷州文史》第二辑，《高雷文献专辑》）

邓建铭，徐闻人。清光绪间廪生。宣统三年（1911）分辑《徐闻县志》。（宣统《徐闻县志》卷十二）

邓启南，字正卿，字洞明，海康人。清嘉庆间恩贡生。博览强记，工诗、古文词。分纂《（嘉庆）雷州府志》。编《邓氏族谱》五卷。著有《离骚新冤》一卷。（民国《海康县续志》卷二十）

邓宗龄（1558—?），字子振，号梅源，徐闻人。明万历四年（1576）丙子举人，十一年（1583）癸未进士，选翰林院庶吉士，补检讨。少精举业，尝撰《舟中草》，海内传诵。著有《玉堂遗稿》。（宣统《徐闻县志》卷十三）

丁璪（1764—1844），字秀夫，号义田，海康人。丁宗洛族昆弟。清嘉庆间府学岁贡生，任新安训导。主讲于濬元书院。分纂《（嘉庆）雷州府志》。（民国《海康县续志》卷二十）

丁汝旻，一作丁汝旼，海康人。清乾隆四十四年（1779）己亥恩科举人，官安平知县。编有《丁氏族谱》。（民国《海康县续志》卷二十五）

丁兆启，字敬叔，号万山，海康人。清康熙二十九年（1690）庚午举人，历任巴东、秀水知县。著有《功过格》，未见。（嘉庆《海康县志》卷六，民国《海康县续志》卷二十五）

丁宗洛（1771—1841），字正叔，号瑶泉，海康人。丁宗闻弟。清嘉庆十三年（1808）戊辰举人。二十四年（1819）选授山东济宁州同知，历署昌邑、乐陵、曲阜等县事。卒于官。知识渊博，笃志著述。补编《陈清端公诗集》十卷。著有《逸周书管笺》十六卷、《大戴礼管笺》十三卷、《海康陈清端公年谱》二卷、《雷阳黎献集》、《增订雷州府志》、《梦陆居诗稿》（存四卷）、《梦陆居课艺》五卷、《阳山王李氏一桂轩诗钞》二卷，以及《澹台子家谱》《徐鹤洲年谱》《不负斋论文针度》《不负斋文集》《顾甄集》《梦陆居诗话》、《五经经义》《四书馀义》《古今外志》《连阳丛话》《馀闲挥汗录》《驿春集》《梦陆居拙词》、《学隶说》等，多已不传。（民国《海康县续志》卷二十、卷二十五）

丁宗闽，海康人。丁宗洛仲兄。清嘉庆六年（1801）辛酉恩科举人。分纂《（嘉庆）雷州府志》。（嘉庆《雷州府志》纂修姓氏）

冯彬，字用先，雷州卫人，附籍海康。明嘉靖四年（1525）乙酉举人，八年（1529）己丑进士，任平阳知县。以丁艰离任，补上海知县。荐召为侍御史、巡按广西。后补松江知府，罢归。精研理学，擅长词赋，著有《桐冈集》，已佚。嘉靖二十三年（1544）纂成《雷州府志》，已佚。（嘉庆《雷州府志》卷十六，嘉庆《海康县志》卷六，道光《广东通志》卷三百）

符乾，字学卿，号云谷，海康人。清咸丰五年（1855）乙卯岁贡生。著有《云谷诗稿》（一作《云谷诗钞》）。（民国《海康县续志》卷二十五）

韩之潮，徐闻人。清光绪间岁贡，官琼山教谕。总辑《（宣统）徐闻县志》。（宣统《徐闻县志》卷十二）

韩祖循，徐闻人。清嘉庆六年（1801）辛酉科拔贡，历任新安、饶平教谕，万州学正，广西梧州岑溪知县。协修《（道光）万州志》。（道光《万州志》修志姓氏，《徐闻百姓寻根》）

洪泮洙（1611—1704），字献统，号垂万，遂溪人。明崇祯十五年（1642）壬午举人，清顺治十五年（1658）戊戌成进士。康熙三年（1664）任安徽休宁知县，后官通政司主事。解组后，犹手不释书，有"清世人龙"之誉。纂修《（康熙）雷州府志》十卷、《（康熙）遂溪县志》四卷。（嘉庆《雷州府志》卷十八，道光《遂溪县志》卷九）

洪云龄，遂溪人。洪泮洙子。清康熙间岁贡，雍正四年（1726）任茂名训导。编纂《（雍正）茂名县志》。（光绪《茂名县志》卷四，《广东方志要录》）

黄河清（1885—？），字灏芬，号相桴、灌夫、徙庵，海康人。清宣统元年（1909）己酉拔贡生，未赴廷试而殁。著有《陈布衣先生年谱》《胡布衣先生年谱》。（民国《海康县续志》卷二十五，《惠东文史》第三辑）

黄景星（？—1927），字极南，号忱人，海康人。廪生，肄业于广东师范学堂。清光绪三十二年（1906）考选优贡。民国初年，任雷州中学国文教员。民国十年（1921）与富商符南山合资，创设雷州半岛首家印务局。著有《乡型滕墨》二卷、《雷阳琐记》、《雷州歌谣话》、《雷州歌韵分类》、《歌韵集成》。（民国《海康县续志》卷二十五，《海康文史》1986年第一辑）

黄清雅（？—1821），海康人。清乾隆五十四年（1789）己酉举人。嘉庆间分纂《雷州府志》。（嘉庆《雷州府志》纂修姓氏）

黄思睿，徐闻人。清嘉庆间恩贡生。分纂《（嘉庆）雷州府志》。（嘉庆《雷州府志》纂修姓氏）

黄芝生，海康人。清嘉庆间府学岁贡生。分纂《（嘉庆）雷州府志》。（嘉庆《雷州府志》纂修姓氏）

黄中流，榜名黄中润，遂溪人。清嘉庆二十一年（1816）丙子顺天榜举人。为廪生时分纂《（嘉庆）雷州府志》。（嘉庆《雷州府志》纂修姓氏）

劳佐文（1846—1932），字嘉祥，号霞裳，海康人。清光绪二十五年（1899）己亥岁贡，铨选训导，改选县丞。民国初分纂《海康县续志》。（民国《海康县续志》卷十四，《海康文史》1987年第一辑）

李晋熙（1849—1910），小名阿庆，字春卿，号芸友，海康人。清光绪十一年（1885）乙酉举人，任景山官学教习。十六年（1890）庚寅成进士，选翰林院庶吉士，散馆授工部主事，任则例馆纂修，补虞衡司主事。记名候缺，待命知府，留任农工商部主事。宣统二年（1910）谒选滁州直隶州知州。丁母忧，守卧棺侧，得病而亡。著有《漉云斋诗存》四卷、《漉云斋集句诗》十卷。（民国《海康县续志》卷二十五）

梁成久（1860—1933），字柽涛，号逸樵，又号灌圃畸人，海康人。清光绪十一年（1885）乙酉拔贡，就职教谕，后改选直隶州州判。曾任广雅书院斋长、海康县官立高等小学堂首任堂长。民国间多次选任国会众议院议员。家藏书五万卷，筑有漱芳园贮之。总纂《（民国）海康县续志》四十六卷。著有《温故知新斋书目》《漱芳园诗文稿》《郡县志例纂要》《读史随笔》等。（民国《海康县续志》卷十四，《海康文史》1986年第一辑）

林翘，徐闻人。清嘉庆六年（1801）辛酉拔贡，举孝廉方正。任度支部河南田赋清吏司郎中。宣统三年（1911）分辑《徐闻县志》。（宣统《徐闻县志》纂修姓氏，《湛江文史》第二十四辑）

林硕，字韬叔，号古风，海康人。清乾隆间附贡生，家资殷实，善医术，喜为义举，人号"古风先生"。著有《困知录》，未见。（嘉庆《雷州府志》卷十六，嘉庆《海康县志》卷六）

林万仞，遂溪人。清道光五年（1825）乙酉副榜，候选教谕。纂辑《（道光）遂溪县志》。（道光《遂溪县志》卷八）

罗鼎（1848—1923），初名广文，别名元昌，字梅臣，遂溪人。清光绪十一年（1885）乙酉举人，任罗州司训，升遂溪知县。善诗，尤工古近体。著有《玉露堂诗集》四卷，番禺陆应暄为之序。（2003年《遂溪县志》第二十六篇，《湛江文史》第二十六辑）

罗绅，明海康人。罗章父。由胄监任郁林知州，卒于任。著有《释善集》。（道光《广东通志》卷三百）

罗章，字克明，海康人。罗绅子。明成化四年（1468）戊子举人，任袁州府学训导，年五十致政归。授生徒，吟咏自适。著有《宜阳唱和稿》《云窝文集》，均佚。（嘉庆《雷州府志》卷十六，嘉庆《海康县志》卷六、卷八）

骆克良，徐闻人。清光绪间岁贡，官琼州府学教授。总辑《（宣统）徐闻县志》。（宣统《徐闻县志》纂修姓氏、卷十二）

郑天赐（1706—1780），本名琮，字士麟，号树德轩，祖籍海康，出生于高棉陇奇，后转居越南河仙。其父郑玖死后，袭父职，升为"钦差都督琮德侯"，继开河仙。尝兴建孔子庙、招英阁，办义学。邀文人学士以"河仙十景"为题，吟咏唱和，辑为诗集《河仙十咏》。（《广东省志·华侨志》，《海康文史》1989年第二辑）

彭钰，字席之，明遂溪人。明敏博学，以教为业，高、雷有才华者多出其门下，学者称为巢云先生。著作甚富，有《四书内说》《尚书解义》《读史鉴法》等。（嘉庆《雷州府志》卷十八，道光《遂溪县志》卷九）

宋绍启，海康人。清顺治间贡生，任保昌训导。康熙间编纂《海康县志》三卷。（《广东方志要录》）

宋鑫（1870—1928），字庚三，号丽滋，又号擎雷水上斋主人，海康人。曾入雷阳书院、广州广雅书院攻读。任雷州中学堂教职。清光绪三十年（1904）甲辰岁贡，铨选县丞。工诗，善书。民国九年（1920）分纂《海康县续志》。著有《惠盦杂著》二十卷。（民国《海康县续志》卷二十五，《海康文史》1987年第一辑）

苏步濂（1866—1927），字由轩，别号溪钟，徐闻人。清光绪二十三年（1897）丁酉拔贡，历任长宁教谕、徐闻县立高等小学校长、徐闻劝学所所长、徐闻县县长。总辑《（宣统）徐闻县志》。（宣统《徐闻县志》卷十二，《湛江文史》第二十四辑）

苏若铨，徐闻人。清光绪间廪生。宣统三年（1911）分辑《（宣统）徐闻县志》。（宣统《徐闻县志》卷十二）

谭昌朝（1887—?），号□启，徐闻人。清宣统元年（1909）己酉拔贡生。民国初年，由广东省政府选送保定陆军军官学校。辍学回乡，在本邑及遂溪县任教员。宣统三年（1911）分辑《徐闻县志》。（宣统《徐闻县志》卷十二，《惠东文史》第三辑）

唐东鹤，明海康人。制行端重，才学优长。粤闱三中副榜，由选贡任福建政和县丞。以异政，升本县知县。遭乱，未仕，致政归。有《[东鹤]诗稿》刻入《石仓诗选》。（康熙《海康县志》下卷，嘉庆《海康县志》卷六）

王居敬，遂溪人。清嘉庆三年（1798）戊午举人。分纂《（嘉庆）雷州府志》。（嘉庆《雷州府志》纂修姓氏）

王志炳（1876—1926），字瑶林，号笃邨，又号啸虎，海康人。清光绪廪贡生，报捐江苏候补州判。民国间任海康县保卫局局长、海康县县长。著有《宣南杂志》。（民国《海康县续志》卷二十五，《雷州文史》第三辑）

吴光森，徐闻人。廪贡生。清宣统三年分辑《徐闻县志》。（宣统《徐闻县志》纂修姓氏）

吴霖，清徐闻人。廪贡生，光禄寺署正衔。宣统三年（1911）分辑《（宣统）徐闻县志》。（宣统《徐闻县志》纂修姓氏）

吴抡兰，字子英，号东庭，海康人。清咸丰二年（1852）壬子举人。再修《杜陵吴氏族谱》。（民国《海康县续志》卷二十）

吴平，徐闻人。清顺治二年（1645）乙酉岁贡。康熙二十六年（1687）编纂《徐闻县志》。（宣统《徐闻县志》卷十二，《广东方志要录》）

吴天宠（1874—1970），字吉师，一作吉诗，海康人。清光绪三十二年（1906）由岁贡奉两广总督派赴日本留学，法政大学法律专业毕业，考列优等，升本校高等研究科毕业。宣统元年（1909）应学部游学生考试，取列中等，赏给法政科举人，次年廷试，钦点七品京官，分外务部法政科。历任司法部、高等法院庭长、院长等职。民国二十六年（1937）总纂《海康县续志》，且为之序。（民国《海康县续志》卷十四，2004年《海康县志》）

吴梃，清海康人。续修《杜陵吴氏族谱》。（民国《海康县续志》卷二十五）

吴雯，清海康人。恬静博学，不俯仰于时。著有《[吴氏]宗谱》，已佚。（嘉庆《雷州府志》卷十六，嘉庆《海康县志》卷六）

吴樟，清海康人。续修《杜陵吴氏族谱》。（民国《海康县续志》卷二十五）

吴昭，清海康人。续修《杜陵吴氏族谱》。（民国《海康县续志》卷二十五）

吴昭泰，徐闻人。清光绪间岁贡，官文昌训导。民国间任县教育局局长。总辑《(宣统)徐闻县志》。（宣统《徐闻县志》卷十二）

吴宗直，遂溪人。明建文元年（1399）己卯应天府举人，累官礼部仪制郎中。有《[吴宗直]集》，早佚。（道光《广东通志》卷三百）

杨挺湘，徐闻人。清光绪间岁贡生，试用府经历。宣统三年（1911）分辑《徐闻县志》。（宣统《徐闻县志》卷十二）

杨挺灏，清徐闻人。附贡生，琼州府委用训导。宣统三年（1911）分辑《(宣统)徐闻县志》。（宣统《徐闻县志》纂修姓氏）

杨翙，原名光粤，遂溪人。清道光十七年（1837）丁酉拔贡，任阳山县教谕。纂辑《遂溪县志》。（道光《遂溪县志》卷八）

杨鳣，字仲升，又字槐庭，遂溪人。清道光二十四年（1844）甲辰恩科，赐进士出身，官直隶井陉知县。纂辑《遂溪县志》。（道光《遂溪县志》卷八，民国《海康县续志》卷三十二）

张能，明海康人。博学善诗，弱冠于乡中任教，督学令其补郡庠生，不就。著有《朴庵集》二卷，已佚。（康熙《海康县志》下卷，嘉庆《雷州府志》卷十六，道光《广东通志》卷三百）

赵育璜（1878—?），号茄园，徐闻人。清宣统元年（1909）己酉拔贡生，铨选直隶州州判。分辑《(宣统)徐闻县志》。（宣统《徐闻县志》卷十二，《惠东文史》第三辑）

钟振奇，清徐闻人。增贡生，任文昌训导。宣统三年（1911）分辑《徐闻县志》。（宣统《徐闻县志》纂修姓氏）

周烈亚，清末民初遂溪人。毕业于北京大学，文科学士。民国初期任广东省立第十中学校长。后出家为僧，僧名"惠贤法师"。与人合编《遂溪县采访员第一、二次报告书》。（《湛江文史》第二十六辑）

周肇京，清雷州人。廪生。嘉庆间分纂《雷州府志》。（嘉庆《雷州府志》纂修姓氏）

周植，号湘园，遂溪人。清嘉庆二十二年（1817）丁丑进士，任江西吉水知县。

忤上司，辞官回乡讲学，著书自娱。道光初年任徐闻贵生书院学长。编纂《（嘉庆）雷州府志》。著有《四子书注解》五卷、《五经注解》一卷、《怀堂家礼》六卷、《贵生课艺》三卷。（民国《遂溪县乡土志》，《广东书院制度》，《湛江文史》第二十六辑）

琼 州 府

白玉蟾（1194—1229），本名葛长庚，字如晦、紫清、白叟，号海琼子、武庵、琼山道人、武夷散人、海南翁、神霄散吏。祖籍福建闽清，生于琼山，居澄迈香山地。父亡，母改嫁，遂弃家从陈楠学道，游海上，至雷州，继为白氏子，改名白玉蟾，更字以阅，又字象甫，号海南。云游闽、赣、江、浙、荆楚、西蜀等地，后复游罗浮、武夷、龙虎、天台诸名山。为全真道"南五祖"之一。宋嘉定间尝数主国醮。后隐居，修道著述。卒后，诏封海琼紫清明道真人。博通群书，性嗜酒而善吟咏。工草书及篆、隶，尤妙梅、竹。有《罗浮山志》《道德经宝章注》（又名《道德宝章》、《蟾仙解老》）一卷、《地元真诀》、《海琼白真人语录》四卷、《上清集》八卷、《武夷集》八卷、《指玄集》一卷、《玉隆集》六卷、《海琼词》、《问道集》一卷、《海琼白玉蟾先生文集》四十卷《续集》八卷、《白真人集》十卷、《重校海琼玉蟾先生集》八卷《附录》一卷、《海琼摘稿》六卷、《重刻白真人集》十卷等。（《粤东诗海》卷一百，光绪《澄迈县志》卷十，民国《琼山县志》卷二十六）

蔡藩，字兼山，号屏山，琼山人。清道光八年（1828）戊子举人，二十年（1840）任饶平训导。丁艰归，任雁峰书院主讲十余年。咸丰六年（1856）参与编纂《琼山县志》。（民国《琼山县志》卷二十四）

蔡金润，澄迈人。清光绪间廪贡生，官光禄寺署正大官署行走。协修《（光绪）澄迈县志》。（光绪《澄迈县志》修志姓氏）

蔡微，字希元，又作希铉，号止庵，居万宁，后迁琼山。通经史，善文辞。元至正（1341—1368）末任乐会训导，后摄琼郡学事。生不逢时，遂隐而不仕。著有《琼海方舆志》二卷。（乾隆《琼州府志》卷七，道光《广东通志》卷三〇一）

岑家梧（1911—1966），澄迈人。民国二十一年（1932）考入中山大学。后毕业于日本东京立教大学。曾任东京帝国大学人类学教研室教研员，岭南大学、云南大学、南开大学教研所（室）研究院，四川国立艺术专科学校，贵阳大夏大学、贵阳国立贵州大学、四川国立社会教育学院副教授、教授，中山大学教授，中南民族学院副院长、历史系民族史教研室主任、历史系教授。曾主持编辑《救亡呼声报》，创办珠海大学。著有《图腾艺术史》《史前艺术史》《史前史概论》《中国艺术论集》《西南民族文化论丛》《海南黎族合亩制调查研究》《黎族母系氏族制遗迹》。（《澄迈县人物志》）

陈忭，琼山人。明嘉靖二十三年（1544）以岁贡任长乐教谕。万历中纂修《长乐县志》五卷，已佚。（康熙《长乐县志》卷三）

陈出奇，清乐会人。生员。康熙八年（1669）编纂《乐会县志》。（康熙八年《乐会县志》修志姓氏）

陈大有，琼山人。明嘉靖四十三年（1564）甲子举人，任常山知县。纂辑《陈氏族谱》十卷。（乾隆《琼州府志》卷七，民国《琼山县志》卷二十四）

陈大章，字昭达，一作绍远，琼山人。

明正德五年（1510）庚午举人，任漳州训导，迁安仁教谕，擢竹溪知县，有政声。年七十五卒。纂修《漳州志》十九卷。（乾隆《琼州府志》卷七，道光《广东通志》卷三〇二，咸丰《琼山县志》卷十九）

陈国栋，儋州人。清康熙间贡生，知州延其任义学之师。四十三年（1704）校编《儋州志》。（康熙《儋州志》重修姓氏）

陈贺春，号致堂，清琼山人。以优行贡成均，肄业于南雍。其母寿百岁有二，编有《百岁诗集》二卷。（民国《琼山县志》卷二十）

陈继烈（1905—1989），别号德润，文昌人，寓籍白沙。毕业于北平中国大学法律系，旋赴法国留学，入巴黎大学，获政经科硕士学位，任巴黎大学研究院研究员。民国二十年（1931）回国，历任南京市政府社会局科长、上海法政学院训育长、国立暨南大学教授南洋保卫新马抗敌委员会委员、第一届广东省参议员、广东省政府参议、海南特区筹备建省委员会委员兼财政组组长、海南银行董事、"行宪国民大会"代表等职。后去台湾。著有《法国党政之研究》《平时与战时经济之研究》《各国市政制度之研究》。（《文昌乡情人物录》《民国人物大辞典》）

陈嘉谟，儋州人。清廪贡，署崖州儒学训导，分纂《（光绪）儋州志》。（光绪《儋州志》卷十三）

陈捷，琼山人。明天顺初，偕进士庄敬纂修《琼州府志》。（乾隆《琼州府志》卷七，民国《琼山县志》卷二十五）

陈九如，字富文，琼山人。清雍正元年（1723）癸卯拔贡。著有《劝学集》。（民国《琼山县志》卷二十四）

陈烺，号碧塘，儋州人。长于诗，举笔成文，时以"才子"称之。清乾隆四十八年（1783）癸卯举人，任福建福清知县。著有《陈碧塘先生诗集》。（民国《儋县志》卷十六）

陈缧，字克绍，琼山人。贡赴廷试，从丘文庄公学。明成化二十二年（1486）丙午举人，弘治六年（1493）癸丑进士，选庶吉士。年五十余乞归，卒于粤省。著有《唾馀稿》二卷，后人辑入《海南丛书》，名《陈检讨集》。（咸丰《琼山县志》卷二十，民国《琼山县志》卷二十四）

陈丕显，定安人。明正德嘉靖间拔贡生，任宁远知县。嘉靖十四年（1535）纂修《定安县志》。（光绪《定安县志》卷五）

陈其琮，号琢斋，清琼山人。邑庠。乾隆举人陈毓浤祖父。著《功过录》以自省。（咸丰《琼山县志》卷二十一）

陈儒瑛，字钦以，琼山人。清雍正十三年（1735）乙卯副榜，乾隆元年（1736）丙辰举人。分纂《（乾隆）琼山县志》。（咸丰《琼山县志》卷二十一）

陈诗，字正甫，号葩庭，定安人。弱冠补邑增生。清咸丰元年（1851）举孝廉方正。年七十六卒。分纂《（咸丰）定安县志》。（光绪《定安县志》卷六）

陈实，字秀卿，琼山人。明弘治十一年（1498）戊午举人，十五年（1502）壬戌进士，授南京江西道御史，改北道御史。正德十六年（1521）出按应天、徽、宁诸郡。嘉靖初，任常州知州，卒于官。著有《虚庵集》六卷。（乾隆《琼州府志》卷七，道光《广东通志》卷三〇一，咸丰《琼山县志》卷十九）

陈是集，字虚期，一作虚斯，号笏似，文昌人。明天启元年（1621）辛酉举人，崇祯四年（1631）辛未进士，官中书舍人。丁艰服阕，还京供职。遭人嫁祸入狱，与宫詹黄道周在狱中相与讲学。事白复官。后归家杜门读书。甲申国变，悲愤恸哭而卒。尝辑《南溟诗选》。著有《中秘稿》。（乾隆《琼州府志》卷七，道光《广东通志》卷三〇二，咸丰《文昌县志》卷十）

陈所能，澄迈人。清光绪二十七年（1901）辛丑举人。参与纂修《（光绪）澄迈县志》。（光绪《澄迈县志》卷八）

陈天然，字汝中，一作汝仲，琼山人。明嘉靖七年（1528）戊子举人，十四年（1535）乙未成进士。授户部主事，两督仓储，监钞九江，俱以廉洁著。升镇江知府，改知永州府。丁艰归。著有《自新遗稿》。（康熙《琼山县志》卷七，乾隆《琼州府志》卷七，道光《广东通志》卷三〇二）

陈武（1906—1983），原名陈光武，号翊中，文昌人。民国十三年（1924）毕业于江西讲武堂，复毕业于黄埔军校第一期。参加北伐。后赴日本深造，入读陆军步兵及自动车学校。回国后调陆军大学将官班二期受训。累任九十七军军长、整一军副军长兼九十师师长、九十军第五兵团副司令兼军长。后定居台湾。著有《短途突击之研究与对策》《倭寇对我作战之教训》《日本作战要务令》等书。（《文昌乡情人物录》）

陈序经（1903—1967），字怀民，文昌人。民国初期入读上海沪江大学生物系、上海复旦大学社会系。毕业后，赴美国伊利诺伊大学留学，获政治学博士学位。曾任西南联合大学法商学院院长、岭南大学校长、中山大学副校长、暨南大学校长、南开大学校长等职。著有《疍民的研究》《南洋与中国》《暹罗与中国》《全盘西化言论集》《东南亚古史研究》《大学教育论文集》《中国文化的出路》《文化学概观》《社会学的起源》《越南问题》。（《文昌乡情人物录》）

陈瑄孚（1802—1873），字喻吾，号骥山，万州人。清同治元年（1862）壬戌举人，历任廉州府训导、雷州府教授。又主讲于海门、龙门两书院。晋封征仕郎、中书科中书。年七十二卒。著有《砚秋馆文集》若干卷、《砚秋馆吟草》二卷、《家礼酌宜》、《醒心录》、《训蒙捷诀》、《劝世俚歌》。（《砚秋馆吟草》墓志）

陈怡黼（1889—1953），榜名世玑，改名于敷，再改怡黼，字磊生，晚号巽叟，万宁人。清光绪三十年（1906）庠生。毕业于日本东京大学法科。曾任香山县地方法院推事、万宁县临时县长、县立中学校长、广东省第九区行政督察专员公署主任秘书等职。后随军撤退台湾。著有《制鲸轩吟稿》、《芹香雅集》（友人之唱和集）。（《海南近代人物志》）

陈应芳，儋州人。增生。分纂《（光绪）儋州志》。（光绪《儋州志》修志职名）

陈有壮（1879—?），字麦秋，儋州人。清宣统元年（1909）己酉拔贡生。民国元年（1912）被选为县议会副议长。分纂《（民国）儋县志》。著有《端澄斋诗集》。（民国《儋县志》卷十一，《惠东文史》第三辑）

陈毓浤，字腾川，号蛟门，琼山人。博洽多能，兼晓岐黄。清乾隆十七年（1752）壬申恩科举人。选陕西怀远县令，历署陇州同知、郦州知州、靖阳盐务，后改补朝阳学。卒于任。著有《秦中杂吟诗集》。（咸丰《琼山县志》卷二十）

陈毓姜（1813—?），字尹冬，琼山人。

清道光二十九年（1849）己酉举人，屡赴试礼部，不售。主讲雁峰书院十余年。咸丰六年（1856）参与编纂《琼山县志》。（民国《琼山县志》卷二十四）

陈元绪，清万州（今万宁市）人。廪贡，署茂名训导。嘉庆二十四年（1819）分纂《万州志》。（道光《万州志》卷二）

陈元柱（1901—1974），字翰新，文昌人。民国十五年（1926）毕业于北京大学文史科。曾任贵州黄埔军校第四分校中校教员、上海国防医学院上校教员、上海暨南大学教务长、海南师专教师。著有《琼崖实业问题》《海口改革史》《台山歌谣集》（《海南名人传略》）

陈贞，字亮伯，琼山人，生于南昌。清同治十二年（1873）癸酉顺天举人，任合浦教谕。常年生活于江西，晚年挈眷返琼。主讲于琼台书院，一年后卒。著有《渐园集》四卷。（民国《琼山县志》卷二十四）

陈之修，号汝梅，清琼山人。著有《浣雪山房诗钞》一卷。（《清代稿钞本》第三十七册）

陈质平（1906—1984），文昌人。民国十五年（1926）毕业于国立东南大学商科。复毕业于新西兰大学政治外交系。历任河南大学教授、国家军事会议参事官、国民政府军事委员会参事、西南运输处处长、驻加尔各答总领事、驻菲律宾大使、国民党中央评议委员等职。病逝于美国。著有《阿拉伯古今史略》。（《文昌乡情人物录》《民国广东将领志》）

陈宗琛，乐会人。清初岁贡。康熙八年（1669）编纂《乐会县志》。（康熙二十六年《乐会县志》卷三，宣统《乐会县志》卷五）

程一林，字伯森，定安人。明隆庆五年（1571）辛未岁贡，任雷州训导。著有《尚友录》。（光绪《定安县志》卷六）

邓峰，字藩侯，清文昌人。博学能文，尤精易理。由廪贡历任韶州、英德、乳源训导。归里后，以经史自娱。著有《训族遗规》，藏于家。（民国《文昌县志》卷十）

邓屿，本姓曾，清儋州人。生员。康熙四十三年（1704）校编《儋州志》。（康熙《儋州志》重修姓氏）

丁对魁，儋州（后改儋县）人。生活于清末民国间，生平不详。著有《丁对魁先生诗集》。（民国《儋县志》卷十一）

丁可均，本姓李，清儋州人。家贫笃学，博通群籍。府学拔贡，任龙门教谕。著有《［可均］诗文》等集，遗佚无传。（民国《儋县志》卷十六）

丁兆蛟，儋州人。曾任小学教师、校长、民国儋县修志局采访等职。著有《雨池诗集》。（民国《儋县志》卷十一）

杜克绍，一作林克绍，字象伯，号文池，琼山人。十余岁入读端溪书院，凡十二年。选乾隆十八年（1753）癸酉拔贡，以教书为业。后铨叙海康教谕，未任而卒。著有《易说案》《诗经解》《礼记节钞》《唐诗选钞》。（民国《琼山县志》卷二十四）

杜以宽，字绰卿，号栗庄，琼山人。清嘉庆十五年（1810）庚午举人，授广宁教谕。道光十三年（1833）调钦州学正，次年纂修《钦州志》十二卷。又与张岳崧修郡文庙及《琼州府志》。完工后，复任番禺训导。擢肇庆教授，未任，卒年七十五。（道光《钦州志》卷六，咸丰《琼山县志》卷二十）

范会国（1899—1983），字秉钧，文昌人。民国十九年（1930）考取官费赴法留学名额，先后入读里昂大学、巴黎大学中央研究院，获数学博士学位。曾任中央大学、北京师范大学、上海交通大学、复旦大学、大同大学数学系教授，上海交通大学理学院院长，海南大学校长，海南师院院长等职。著有《数学与应用》《理论力学》等。（《海南文史资料》第五辑）

范学经，字订五，文昌人。清嘉庆六年（1801）辛酉岁贡，任顺德训导，卒于任。著有《敦行堂诗稿》。（咸丰《文昌县志》卷十）

冯瑸，清文昌人。冯儒重弟。著有《昙花集稿》。（民国《文昌县志》卷十）

冯耿光，字觐臣，号琴石，琼山人。冯联光兄。清咸丰十一年（1861）辛酉选拔府学第一，被誉为"南海明珠"。著有《藕根山房诗钞》二卷、《荳蔻轩词》（一作《藕根山馆词》）一卷、《十二砚斋文稿》二卷。（民国《琼山县志》卷二十四）

冯官尧（1869—1942），派名裕筠，字对吾，号薰南，又号端溪，文昌人。清宣统元年（1909）己酉拔贡。后自两广师范简易科毕业，任省立第六师范学校教员。民国十二年（1923）与人创办私立琼海中学。编纂《冯氏家谱》九卷，民国二十二年（1933）刊印。（《惠东文史》第三辑，《海南及南海诸岛史地论著资料索引》）

冯光宗，清澄迈人。附贡生。光绪三十年（1904）协修《（光绪）澄迈县志》。（光绪《澄迈县志》修志姓氏）

冯河清（1891—1967），文昌人。清末生员。毕业于日本东京政法大学。民国间旅居新加坡，任中学教师、琼联会会报编辑。1950年归国，任海南行政公署文教处副处长、海南参事处副主任。译辑《海南岛政治经济社会文化辑要》。（《海外琼人诗选》）

冯侯，字次公，号潜亭，琼山人。清顺治七年（1650）庚寅拔贡。博学笃行，高尚其志，隐南湖陶山间。海训生徒，门多名宿。著有《东山备史》十四卷、《湖山合稿》、《鹿溪草》、《竹沚吟》等集。（乾隆《琼州府志》卷七，道光《广东通志》卷三〇二）

冯骥声（1841—1891），字圣谟，又字少颜，琼山人。清同治十二年（1873）癸酉举人，创建研经书院。专精汉学，潜心著述。光绪十七年（1891）中辛卯举人，时年已五旬，读书过劳，宿病俱发而卒。著有《尚书疏证》（一作《尚史疏证》）、《毛诗疏证》（一作《毛传疏证》）、《许氏说文音义考》、《海［忠介］公年谱》、《邱文庄公年谱》一卷（未刻而卒）、《抱经阁诗文集》五卷、《五指山樵集》。（民国《琼山县志》卷二十四，《琼台耆旧诗集》）

冯玠，字锡尔，号福塘，琼山人。清乾隆四十四年（1779）己亥恩科顺天乡试。精于易。北学京师，主讲直隶柏乡书院四年。晚年选翁源训导，不赴，以授徒为业。著有《易经释要》《四书讲义》《会约小鉴》《家礼合编》。（咸丰《琼山县志》卷二十）

冯克成，澄迈人。明万历间以拔贡任安仁知县。万历四十一年（1613）与修《澄迈县志》。（光绪《澄迈县志》卷八）

冯联光，字珠浦，清琼山人。冯耿光弟。廪贡生。文词淹雅，与兄齐名。著有《藤花山馆诗钞》二卷。（民国《琼山县志》卷二十四）

冯谦，万州人。明正统六年（1441）辛酉举人，任岑溪教谕，转巴县。校修《重庆府志》。（道光《广东通志》卷三〇一）

冯儒重，字静仙，文昌人。清咸丰十年（1860）庚申选贡，次年应试京兆。晚年构闹杏书室于半湖旁，藉以自隐。著有《半湖山馆集》。（民国《文昌县志》卷十）

冯士奇，字易林，清文昌人。附生。纂辑《[冯氏]家谱》。著有《家训》。（咸丰《文昌县志》卷十）

冯廷凤，明澄迈人。历任南雄府训导、贵县教谕、桂林府教授。万历四十一年（1613）与修《澄迈县志》。（光绪《澄迈县志》卷八）

冯维仁（1910—?），琼山人。毕业于德国柏林大学，获哲学博士学位。任南京中央大学教授、广州大学法学教授、国立第一华侨中学校长、海南大学法学教授。1950年赴香港转往台湾。译著德文《老子道德经》一书。（《海南近代人物志》）

冯锡年，明澄迈人。拔贡，官贵县县丞，卒于任。万历四十一年（1613）与修《澄迈县志》。（光绪《澄迈县志》卷八）

符大傅，清乐会人。附生。宣统三年（1911）纂修《乐会县志》。（宣统《乐会县志》卷五）

符定中，字徽五，清文昌人。年四十卒。著有《五经实义》。（民国《文昌县志》卷十）

符家麟，字书圃，琼山人。符显钦父。清乾隆间恩贡，任保昌、从化、新会教谕，调钦州学正，升廉州府教授。与同邑乾隆进士李琦齐名。有《符书圃遗集》。（道光《新会县志》卷五，咸丰《琼山县志》卷二十）

符敬（1902—1979），原名符来敬，字心传，文昌人。民国十七年（1928）毕业于广州陆军测量学校。五年后复入南京测量学校深造。曾任南京航空测量队少校队员、重庆中英航空测量局中校股长、国民党南京中央航空测量署上校大队长。后定居台湾。与丘岳宋合著《海南地理之研究》一书。（《文昌乡情人物录》）

符龙章，原名符正照，字慕苏，清文昌人。附贡，候选训导。博贯经史，尤工诗。张之洞闻其名，欲送其入读广雅书院，龙章因旧疾复发，不果行。著有《怡怡山房诗草》及杂著、传、赞等。（民国《文昌县志》卷十）

符罗飞（1897—1971），原名符福权，文昌人。民国十四年（1925）毕业于上海美术专科学校。民国二十年（1931）考入意大利那不勒斯皇家美术学院。回国后任桂岭师范学校美术教师、中山大学建筑系美术教授、香港人间画会会长、美国芝加哥大学美术学院西画教授、广东省军管会文艺部军代表。新中国成立后，曾任中山大学教授、华南工学院建筑系教授。著有《符罗飞油画集》《饥饿的人民：符罗飞画集》《水粉画小辑》。（《海南名人辞典》《广州百科全书》）

符奇，字元三，文昌人。清雍正十年（1732）壬子举人。以亲老且家贫，无心仕进，以授徒为业，时与诸弟子研究性理。著有《四书解》。（咸丰《文昌县志》卷十）

符衢亨，字何天，清文昌人。附生。为文精洁，尤工诗。著有《达天庵诗稿》。（咸丰《文昌县志》卷十）

符显钦，字若绥，清琼山人。符家麟子。恩贡。咸丰六年（1856）参与编纂《琼山县志》。著有《[若绥]诗集》二卷，散佚。(民国《琼山县志》卷二十四)

符信昌，明琼山人。著有《自修集》。(乾隆《琼州府志》卷七，民国《琼山县志》卷二十五)

高谪生（1909—1957），文昌人。民国二十三年（1934）公费赴日本中央大学研读经济，兼习西洋画。回国后，任教于广东国民大学经济系，广州沦陷时随大学迁入香港。著有《蜗斋诗稿》。(《香港古典诗文集经眼录》)

龚少侠（1902—1988），琼海人。毕业于黄埔军校第一期工兵科。曾任第五军第十师政训处处长、财政部广东缉私处处长、昆明市警察局局长、广州行辕第二处少将处长、海南建省筹备委员等职。后定居台湾。著有《卧云馆诗钞》。(《民国广东将领志》)

海瑞（1513—1587），字汝贤，一字应麟、国开，自号刚峰，先世隶籍番禺，洪武十六年（1383）迁海南琼山。明嘉靖二十八年（1549）己酉举人。入都，上《平黎策》。任福建南平教谕，迁浙江淳安知县，擢嘉兴通判，因罪贬为兴国州判官。擢户部主事，四十五年（1566）上疏忤帝，下狱，几死。既释，复故官，改兵部，擢尚宝丞，调大理，历官两京左右通政。隆庆三年（1569）夏，以右佥都御史巡抚应天十府，推行一条鞭法。五年（1571）会试，拟《四书程文》三篇，赐进士。遭张居正、高拱排挤，称病辞归。万历十三年（1585）召为南京右佥都御史，改南京吏部右侍郎，官至南京右都御史。卒于官，赠太子少保，谥忠介。著有《淳安政事稿》三卷、《元祐党人碑考》一卷、《淳安稿》一卷、《海忠介公集》、《备忘集》十卷、《备忘续集》二卷等。后人编有《备忘集补遗》《邱海二公合集》。(乾隆《番禺县志》卷十五，乾隆《琼州府志》卷七，道光《广东通志》卷三〇二，咸丰《琼山县志》卷十九)

韩汉英（1897—1966），号平夷，字辱夷，文昌人。毕业于广东黄埔陆军小学第一期、武昌陆军第二预备学校、北京清河陆军第一预备学校、保定陆军军官学校第六期步科、日本陆军步兵学校、南京陆军大学将官班甲级第三期。曾任第五十九师中将师长、中央军校第四分校校长、第四集团军副总司令、海南防卫副总司令。后到台湾。著有《抗日战术讲话》《戚继光练兵要领新解》《防止逃兵问题之研究》《管理方法之研究》《校长训示讲解要旨》《[韩汉英]演讲集》。(《海南名人辞典》《民国广东将领志》)

韩槐准（1892—1970），字位三，文昌人。早年就读于文昌蔚文学堂。民国四年（1915）侨居新加坡谋生，参与创办"神农药房"。博览群书，研究中国古代陶瓷。民国二十三年（1934）首次成功以应用化学方法鉴定古瓷盘，破格成为伦敦东方瓷学会会员。新中国成立后，任故宫博物院瓷器部顾问、中国文史馆馆员。著有《南洋遗留的中国古外销陶瓷》一书。(《海南名人辞典》)

韩建勋（1906—?），又名挺英，文昌人。民国十四年（1925）毕业于云南陆军讲武堂第十八期步兵科。后自中央军官训练团第一期结业。曾任广东省干部训练团教育长、第七战区司令长官干部教导团团长、广东省军管区司令部副参谋长兼连县县长、南雄县长、广东第四区行政督察专员兼保安司令部司令官、陆军第六十三军副军长等职。后定居台湾。民国三十六年（1947）组织连县修志委员会，主修《连县志》。(《广东

方志要录》《云南讲武堂将帅录》)

韩锦云（1806—1874），字紫东，文昌人。清道光十五年（1835）乙未举人，二十年（1840）庚子登进士。未几，丁外艰。服阕，散馆改刑部主事。历任云南司员外郎、江苏司郎中、浙江道监察御史、户兵科给事中、户科掌印给谏、四川盐茶道兼署按察使司、云南粮储道兼署布政司和按察司，卒于任。著有《白鹤集》二卷。王国宪搜其遗稿，辑为《廉访遗集》二卷。（民国《文昌县志》卷十，民国《琼山县志》卷二十，《文昌乡情人物录》）

韩敬时，字钦中，号乂峰，文昌人。清雍正元年（1723）癸卯恩贡。博通经史，志洁行芳。为生员时编辑《（康熙五十七年）文昌县志》。（咸丰《文昌县志》卷十）

何大擢，乐会人。清康熙间岁贡生。参与编纂《（康熙二十六年）乐会县志》。（康熙二十六年《乐会县志》卷三）

何劲秋，又名何仁楷，澄迈人。民国三十一年（1942）任澄迈县长。著有《琼语字源》，民国三十六年（1947）刊行。(2008年《澄迈县志》)

何士旂，清乐会人。恩贡，任兴宁训导。宣统三年（1911）纂修《乐会县志》。（宣统《乐会县志》卷五）

何允衢，字汝亨，明定安人。年十七负笈潮州，从名士讲春秋之学。三年后又往吴楚博览群书，与名士相淬厉。著有《心理格言》《吴楚广闻录》。（光绪《定安县志》卷六）

洪道南，儋州人。廪生。分纂《（光绪）儋州志》。（光绪《儋州志》修志职名）

胡濂（1463—1542），字宗周，号一斋，定安人。明成化二十二年（1486）丙午举人，弘治六年（1493）癸丑进士。授户部主事，任满升山东司员外，转云南司郎中。正德六年（1511）督饷平贼有功，升贵州参政。以讨平苗彝之叛，晋江西右布政使。遇"宸濠之变"被牵连下狱。事平后，以无罪出狱归家。年八十卒。纂修《胡方伯家谱》。著有《文诗偶遗》《儒学日记》等。（光绪《定安县志》卷六，《海南名人辞典》）

胡士瑜，字上珍，号文渊，定安人。胡濂七世孙。清康熙五十三年（1714）甲午岁贡。著有《[文渊]文集》《[文渊]诗赋集》《庭训》《架馀书》。（光绪《定安县志》卷六）

胡威凤，定安人。增生。清嘉庆二十四年（1819）纂修《定安县志》。（光绪《定安县志》旧志同修职名）

胡誉，字扬廷，号思永，定安人。生员，以授徒为业。年六十六卒。清咸丰四年（1854）分纂《定安县志》。著有《留馀轩诗稿》。（光绪《定安县志》卷六）

黄淳，琼山人。明嘉靖三十八年（1559）以岁贡任高明训导，与修《高明县志》。（光绪《高明县志》卷十四）

黄鼎，乐会人。明末副贡，任阳江教谕，代理阳江知县。清康熙八年（1669）编纂《乐会县志》。（康熙二十六年《乐会县志》卷三，宣统《乐会县志》卷五）

黄见祯，乐会人。清康熙间岁贡生，任仁化训导。参与编纂《（康熙二十六年）乐会县志》。（康熙二十六年《乐会县志》卷三）

黄锦璋，字羲尹，号宜轩，文昌人。清雍正元年（1723）癸卯举人，任修仁知县。为生员时编辑《（康熙五十七年）文昌县志》。（咸丰《文昌县志》卷十）

黄谦，定安人。能诗文，隐居不仕。明景泰间纂修《定安县志》。（光绪《定安县志》卷六）

黄守汉（1907—?），字云亭，琼海人。毕业于琼东师范学校第一届、黄埔陆军军官学校第五期。参加过北伐。曾任贺昌小学校长、县党部书记、第三十二军少将政训主任、游击部队少将参谋长。1950年去往台湾。著有《云亭诗草》《云亭古稀唱和集》《云亭诗词集》等。（《琼籍民国将军录》）

黄元辅，字良弼，清文昌人。廪贡。母老家贫，授徒供养。晚年著《精纂易义》。（民国《文昌县志》卷十）

黄远谟（1855—1916），字尊琼，号愧庵，文昌人。清光绪二十三年（1897）丁酉副魁，任工部主事，调礼部。辞官归里，创办文山书院。掌教于琼山镜泉书院、定安尚友书院。维新变法后官复原职，赐员外郎衔。著有《伤寒论注辑要》、《精选古文诗词读本评注初次集》、《名人书札读本评注》（上下编）、《愧庵杂存》、《皋塘集雅录》。（《文昌乡情人物录》）

黄珍吾（1900—1969），字静山，原名宝循，文昌人。黄镇中兄。民国十三年（1924）考入黄埔陆军军官学校第一期。参加过东征与北伐。曾任黄埔军校政治部主任、宪兵第一团团长、兰州新一军少将政治部主任、国民政府军事委员会别动队少将代理总队长、福建省中将保安处处长兼保安副司令及人民抗敌自卫团副总司令、青年军副军长兼广州行营政治部主任、国民党首都警察厅长兼防空副司令官、福州绥靖公署副主任兼宪兵东南区指挥所主任。后定居台湾。著有《游美考察记》《练兵之道》《闽中剿匪实录》《三民主义青年团与国家教育》《党团组织之连锁性及其运用》《华侨与中国革命》《革命建国与世界和平》等。编有《团务检讨讲话》《景贤录》《宪兵年鉴》。（《文昌乡情人物录》《民国人物大辞典》）

黄镇中（1911—1987），原名黄官循，文昌人。黄珍吾弟。中央军校政训研究班第二期结业，后被保送日本明治大学政治系深造。曾任第四军分校第十五期第一营少校政训员、永春县县长、福建《南方日报》社社长、广东省新闻处少将处长等职。著有《回忆录：细说从头》、《解惑集》（一作《解惑录》）、《桶半集》、《掠影吟》。（《琼籍民国将军录》）

吉大文（1828—1897），字少史，崖州（今三亚市）人。二十岁赴琼应考，被誉为"海滨之秀"。清咸丰元年（1851）辛亥举人，授内阁中书，因父母年老，乞归养亲。主讲于乐罗、鳌山两书院。平乱有功，以候补道员分发福建，卒于行馆。著有《镜湖诗抄》。（光绪《崖州志》卷十八）

吉章简（1901—1992），别字夏迪，崖县（今三亚市）人。毕业于广东警卫军讲武堂、黄埔军校第二期工兵科。曾任国民革命军北伐东路军第一纵队少校参谋、上海市保安总团总团长、第二十九军预备六师师长、第八十军中将副军长、第三集团军总部参谋长、交通部交警总局局长、第二十一兵团副司令官兼广州警察局长等职。著有《海南资源与开发》等。（《民国广东将领志》）

柯呈秀，琼山人。明万历四十六年（1618）戊午举人，任顺昌知县。著有《居业集》。（咸丰《琼山县志》卷二十，民国《琼山县志》卷二十）

邝缉熙，字日新，清文昌人。廪贡。应试于羊城时，与同宗进士邝兆雷相友善，因得谱系，返里后纂修《[邝氏]族谱》。（民国《文昌县志》卷十）

邝廷玉，定安人。生员。清嘉庆二十四年（1819）纂修《定安县志》。（光绪《定安县志》旧志同修职名）

李大盛，澄迈人。同知衔。清光绪三十年（1904）总修《（光绪）澄迈县志》。（光绪《澄迈县志》卷八）

李大钟，清乐会人。增贡，任石城教谕。宣统三年（1911）纂修《乐会县志》。（宣统《乐会县志》续修名列）

李复，号葵廷，文昌人。明嘉靖间庠生。参与纂修《文昌县志》。（康熙《文昌县志》修志姓氏）

李光先，澄迈人。廪贡，铨选训导。清嘉庆二十五年（1820）编纂《澄迈县志》。（嘉庆《澄迈县志》卷七）

李国相，清儋州人。生员。康熙四十三年（1704）校编《儋州志》。（康熙《儋州志》重修姓氏）

李璨，字德玉，明万州人。弱冠补诸生。受业于陈白沙及其高弟李子长。归里后筑栽花阁、钓鱼台，潜心著述。著有《南溟集》《养痴集》《鸣情集》。（道光《琼州府志》卷三十五）

李琦，字行超，号卓斋，琼山人。工文词、书法。清乾隆四十五年（1780）庚子科举人，四十九年（1784）甲辰进士，授国子监学正，改铨河南桐柏知县。年五十卒于官。辑有《尚书钞》二卷、《史论》二卷。（咸丰《琼山县志》卷二十，民国《琼山县志》卷二十四）

李珊，字延珍，一字玉树，号古愚，琼山人。明景泰四年（1453）癸酉举人，成化二年（1466）丙戌成进士，授行人司行人。成化八年（1472）出使占城，还朝赐从一品服。选南京福建道御史，升广西佥事，整饬柳庆兵备。著有《古愚集》二卷。（康熙《番禺县志》卷十七，咸丰《琼山县志》卷二十，《广东历代诗钞》卷一）

李腾云，乐会人。清康熙间岁贡生，任乐昌训导。参与编纂《（康熙二十六年）乐会县志》。（康熙二十六年《乐会县志》卷三，宣统《乐会县志》卷五）

李文彬，字朴亭，儋州人。喜吟咏，与丘金门、苏仪卿等诗人时相唱和。著有《默斋诗集》。（民国《儋县志》卷十六）

李向桐，字琴舫，琼山人。年二十赴羊城应试，不第，遂就学于粤秀书院。清道光十四年（1834）甲午举人，四次赴礼部会试，未中。主讲于定安尚友书院数年。年逾五十，始授花县教谕，在任十八年，卒于官。咸丰六年（1856）参与编纂《琼山县志》。（民国《琼山县志》卷二十四）

李应和，字仲节，琼山人。明嘉靖七年（1528）戊子举人，授临海教谕。升徽州教授，寻署府篆，擢南监助教，以老乞归。著有《木斋集》《读书钞》。（乾隆《琼州府志》卷七，道光《广东通志》卷三〇二）

李震云，清儋州人。附贡。寿八十三。分纂《（光绪）儋州志》。（光绪《儋州志》修志职名）

梁必强（1531—？），字益斋，号源沙，琼山人。明万历二年（1574）甲戌赐进士，授晋江知县。二十一年（1593）晋礼部观

政。致仕后，赴晋江设馆施教。著有《沧浪集》。（咸丰《琼山县志》卷二十九）

梁大鹏（1911—1998），乐会人。民国十九年（1930）毕业于上海复旦大学。同年，赴美国留学，入读密歇根大学、纽约大学，先后获政治学硕士、博士学位。民国二十六年（1937）回国，在广州创办《贯彻评论》半月刊。两年后任教于复旦大学，兼任国民政府军事委员会政治部设计委员。尝任英文《字林西报》主笔、《反侵略》半月刊主编。民国三十五年（1946）返粤，任教于中山大学。次年主持海南大学校务。后定居台湾。著有《民族自信》《菲律宾政党与政治》《马加斯之政治话剧》等。（《民国人物大辞典》）

梁际运，字赓人，琼山人。清康熙二年（1663）癸卯由定安学中举。有智谋，清康熙十七年（1678）率乡兵进剿黎族乱贼，擒杀贼党数十人。同修《（康熙二十六年）琼山县志》。（康熙二十六年《琼山县志》卷八，咸丰《琼山县志》卷二十）

梁继，琼山人。明成化十九年（1483）癸卯举人。任徽州府推官，改岩州，有政声。著有《竹溪集》。（咸丰《琼山县志》卷二十一）

梁阳桐，本姓符，字仪山，定安人。清康熙间岁贡，考授训导。年七十二卒。校辑《（康熙）定安县志》。（光绪《定安县志》卷六）

梁云龙（？—1606），字会可，琼山人。明嘉靖四十三年（1564）甲子举人，万历十一年（1583）癸未进士，任兵部武库司主事。尝典试贵州。晋副使，治兵井陉，旋调天津。调陇右分守，备兵庄浪。晋荆南布政使，升湖广巡抚。卒于官，赠兵部左侍郎。有《中丞遗集》一卷。（乾隆《琼州府志》卷七，民国《琼山县志》卷二十四）

梁作舟，琼山人。清乾隆间岁贡，任香山训导。订辑《（乾隆）琼山县志》。（乾隆《琼山县志》修志姓氏）

廖纪（1455—1532），字廷陈，号龙湾，陵水人。明弘治二年（1489）己酉顺天举人，次年登进士。历官太仆少卿、太常卿、工部右侍郎、吏部左侍郎、南京兵部尚书、南京吏部尚书。《献皇帝实录》书成，加太子太保衔。以病乞休。归家后，以典籍自娱，潜心著述。卒于家，赠少傅，谥僖靖。著有《庸学》、《论孟》、《四书管窥》四卷、《童训》一卷、《沧州志》四卷。（道光《广东通志》卷三〇一，《海南名人辞典》）

廖元勋，号钦吾，文昌人。明嘉靖间增生。参与纂修《（嘉靖）文昌县志》。（康熙《文昌县志》修志姓氏）

林拔，字茹亭，文昌人。清乾隆十二年（1747）丁卯副榜贡生，选英德教谕，以病辞，不就。著有《学庸题解》。（咸丰《文昌县志》卷十）

林邦辉，字实夫，号虚斋，别号守愚，清乾道间文昌人。廪贡，任大埔、英德教谕。著有《训俗条规》。（咸丰《文昌县志》卷十）

林储英（1693—1769），字子千，琼山人。清康熙二十四年（1759）己卯举人，授蒙阴知县。未几摄沂州篆，在任四年告归。琼州知府延其掌教书院五年。参与纂辑《（康熙四十五年）琼州府志》。（乾隆《琼山县志》卷七）

林大华，乐会人。清光绪元年（1875）

乙亥恩科举人。宣统三年（1911）纂修《乐会县志》。（宣统《乐会县志》卷五）

林大魁，琼山人。清末优贡。毕业于广东将弁学堂。在海口创办五行学堂，任山长。著有《青山禅院大观》，民国十六年（1927）香港出版。（《广东历代诗钞》卷十一，《海南近代人物志》）

林鹗，明琼山人。以舌耕为业，年八十仍口授经书训子及孙。著有《别野集》。（乾隆《琼州府志》卷七，咸丰《琼山县志》卷二十一）

林广，号观澜，文昌人。明洪武十七年（1384）甲子应天府举人，任江西庐陵州教谕。精通形象家言。著有《地理秘要》。（《海南名人辞典》）

林贵芳，琼州宁远（今三亚市）人。明经史，能文章。明洪武初署学事。年七十卒。纂修崖志。（乾隆《琼州府志》卷七）

林鸿藻，字揽天，文昌人。清末岁贡，选茂名训导。著有《纂集易经源流》《四书类联详注》《五经白文》，藏于家。（民国《文昌县志》卷十）

林湖仁，字带五，文昌人。清乾隆元年（1736）丙辰举人。十六年（1751）掌至公书院讲席。著有《学庸两论折义》。（《文昌乡情人物录》《广东书院制度》）

林华平，原名林之堦，字泰甫，号瀛山，文昌人。清道光元年（1821）辛巳举人。计偕入都，与名流结诗社。著有《梅雨斋集》。（咸丰《文昌县志》卷十）

林琅，明琼山人。庠生。质直好学，年九十犹手不释卷。著有《道统录》《家礼复古考》《正祀典录》《女训》等。（乾隆《琼州府志》卷七，咸丰《琼山县志》卷二十，民国《琼山县志》卷二十四）

林茂森，字良才，临高人。明永乐九年（1411）辛卯举人，授广西贵县司训，转任武宁教谕。以老辞归。著有《校注方舆》《校注儒林一览》（一作《校注儒流一览》）行世。（乾隆《琼州府志》卷七，道光《广东通志》卷三百，光绪《临高县志》卷十二）

林孟传（1867—1922），字佐尼，号五指逸樵，文昌人。清宣统元年（1909）己酉拔贡，授广西直隶州州判。任琼崖师范学堂教员、南洋育英中学校长。民国九年（1920）在海口经营"源昌隆"。著有《南洋游吟草》《[林孟传]诗文集》。（《海南近代人物志》）

林仁贵，字天爵，文昌人。清雍正七年（1729）己酉中乡试第三，不赴会试，潜心理学。与昆弟以家祠为书馆，吟咏其中。著有《学庸讲纂》。（咸丰《文昌县志》卷十）

林士元，字舜卿，琼山人。明正德五年（1510）庚午举人，九年（1514）甲戌进士。授行人，册封唐藩。嘉靖四年（1525）擢南京户科给事中。十一年（1532）擢湖广副使，转广西参政，分守苍梧。因战功擢浙江按察使，未赴，以忧归。纂修《林氏族谱》。著有《学思子大学中庸孟子衍义》、《读经录》、《读经附录》、《孔子世家颜子列传讨论》、《[林舜卿]文集》十卷、《北泉论草》。（乾隆《琼州府志》卷七，道光《广东通志》卷三〇二，咸丰《琼山县志》卷十九）

林士者，字眉生，清文昌人。精堪舆学。著有《地理集要》。（咸丰《文昌县志》卷十一）

林思荣，本姓李，琼山人。由乐会学中清康熙四十四年（1705）乙酉举人。参与纂辑《（康熙四十五年）琼州府志》。（乾隆《琼山县志》卷七）

林腾芳，字子大，清文昌人。附生。晚年设帐授徒。著有《四书讲解》。（民国《文昌县志》卷十）

林廷钧，字衡舫，清文昌人。廪贡。尤长于韵学。赴省优试，溺亡。著有《瀛洲诗稿》。（民国《文昌县志》卷十）

林梧，清琼州人。著有《中庸题解》。（《琼志钩沉》）

林筱海（1906—1992），又名林尤江，文昌人。先后毕业于上海南洋医科大学、日本东京帝国大学医学部。民国二十五年（1936）考取上海法医研究所研究员，并获法医师学位。曾任岭南大学孙逸仙医学院讲师、远征军上校军医、云南陆军医院院长、广州总医院海南分院主任、私立海强医事职业学校校长、联东中学董事长等职。编译《人工流产术》《英汉医学小辞典》。编著《前线救护工作视察记》、《食疗秘方》、《营养疗法》（合编）。（《海南名人辞典》）

林宴琼（1865—?），号敬亭，乐会人。清光绪末任潮阳端本学堂校长。宣统元年（1909）己酉拔贡。编有《学宪审定潮州乡土教科书》（不分卷）。（《惠东文史》第三辑，1997年《潮阳县志》）

林燕典，原名林英级，字赐阶，号跻堂，文昌人。清道光二十四年（1844）甲辰进士，任江西崇义、永丰知县，加知州衔。二十九年（1849）任江西房考官。丁艰去任，三年后主讲定安尚友、琼山雁峰、文昌蔚文书院。晚年纂辑《（咸丰）文昌县志》。著有《志亲堂集》。（咸丰《文昌县志》卷九，民国《文昌县志》卷十，《广东书院制度》）

林养英，明琼山人。博雅笃行。校修郡志。（乾隆《琼州府志》卷七，乾隆《琼山县志》卷七）

林英（1898—1972），字赞谟，号雅斋，文昌人。毕业于黄埔陆军军官学校第一期、日本士官学校步兵科。历任东路前敌总指挥部少将副师长、二七六旅少将旅长、陆军荣誉第一师中将师长、第四十六军中将军长、国民党东北战区长官部中将高参主任、粤桂边区挺进纵队司令、第二十一兵团中将副司令兼广东第四纵队司令。后定居台湾。著有《第二次世界大战军情研究》《地形学》《战斗纲要诠释》。（《文昌乡情人物录》《民国广东将领志》）

林瀛，字登士，号鹤舟，琼山人。清道光间恩贡。著有《林海樵诗集》二卷。（民国《琼山县志》卷二十，《琼台耆旧诗集》）

林应麟，号晓峰，文昌人。清道咸间廪生。著有《晓峰遗稿》一卷。（《海南近代人物志》）

林猷钊，万宁人。民国十九年（1930）任始兴县县长。分纂《海南岛志》。（《海南岛志》编纂者姓名）

林宇中，明临高人。岁贡，授南直隶六安州训导，转山东新泰教谕、浙江处州府教授。明礼习教，历官二十余载，所至以身率教。尝修《泰山通志》。著有《明伦堂解》《兰渠集》。（光绪《临高县志》卷十二）

林毓瑞，字云徵，号菊潭，定安人。清嘉庆十八年（1813）癸酉拔贡生，以选拔需次校官。中年失聪，杜门不出，以莳花读书为乐。年八十三卒。嘉庆二十四年

（1819）、咸丰元年（1851）两次纂修《定安县志》。重辑《林氏族谱》，莫绍惪为之序。(光绪《定安县志》卷六)

林筼，字辑五，清文昌人。清咸丰二年（1852）壬子恩贡，候选教谕。精通医术。著有《方书》。(民国《文昌县志》卷十)

林蕴光（约 1893—1977），原名林猷河，别号海角诗人，文昌人。毕业于中山大学，获法科学士学位。曾任国民党黄埔军官政治学校政治部宣传科少校科员、文昌中学教师、广东省立琼崖第六师范学校训育主任、琼崖《民国日报》副刊编辑、崖县中学教师、琼文中学教务主任等职。著有《诗经叠字新解》《愁魂》《梦中梦》《爱与泪》《文苍集》《海角吟草》《林蕴光先生六一荣寿酬唱集》等。(《海南近代人物志》)

林之椿，字秋舫，号嵩龄，琼山人。清光绪十五年（1889）己丑举人，四赴礼部，皆不第。任琼台书院主讲八年。民国间任中学教员。著有《东湖诗文集》四卷。(民国《琼山县志》卷二十四)

林之邓，字焕若，清文昌人。廪贡，即用训导。著有《儒山房集》。(民国《文昌县志》卷十)

林钟英，字玉田，号菊阡，文昌人。清乾隆五十七年（1792）壬子举人。为文雄浑壮丽，尤工诗词。著有《四书引解》《翼阐注翼》《菊阡草》《竹窗呓语》等，藏于家。(咸丰《文昌县志》卷十)

林缵春（1909—1986），琼海人。民国十九年（1930）考入中山大学农学院，与琼籍同学成立中山大学琼崖农业研究会，出版发行《琼农月刊》。曾任中山大学农学院助教、海南大学农学系副教授、海南黎族苗族自治州农村科科长等职。著有《琼崖农村》、《海南岛之产业》《海南岛的农业》《水稻高产栽培技术》（未脱稿）等。(《琼海文史》第二辑)

刘麟光（1899—1980），原名刘统纪，又名刘国厦，字景堂，文昌人。中山大学法律系毕业后，参加孙文主义学会；与郑介民等人组织琼崖改造同志社。曾任文昌县教育局局长、广州市政府工务局取缔课主任、琼崖缉私处书记、中央陆军军官学校第四分校上校政治教官、越南三民学校校长、群声日报社社长、中国国民党驻越南总支部评议员等职。著有《琼叟诗集》。(《海南近代人物志》)

刘诒球，琼山人。清光绪二十六年（1900）庚子举人。分纂民国《琼山县志》。(民国《琼山县志》续修职名)

刘志明，字晦伯，明定安人。年十八以诸生充贡。明永乐间受聘讲学于郡庠。毕生以教授为事，学者称"建溪先生"。年九十余卒。著有《中庸理解》。(光绪《定安县志》卷六)

龙冠海（1906—1983），又名程芙，文昌人。民国十二年（1923）考入清华学堂留美预备班。翻译罗素《小孩的训练》，载于《国闻周报》。赴美国留学，入斯坦福大学社会系，毕业后转赴南加州大学，获社会学博士学位。曾任南京金陵女子大学文理学院社会系主任、广州中山大学教师。后迁去台湾，历任台湾大学、中兴大学、政治大学、东海大学等校教授。编纂《社会学名著选读》《云五社会科学大辞典》《台湾省社会统计资料》。著有《社会学讲话》、《社会学概要》、《社会学与社会意识》、《中国人口》、《社会人口与资源》、《社会学文选》、《社会调查概述》、《社会与人》、《社会学与社会问题论丛》、《社会思想史》、

《都市社会学理论与应用》、《台湾城市人口调查研究》、《社会思想家小传》、《社会调查与社会工作》、《美苏少年组织》、《西洋社会思想史》（与张承汉合著）等。（《海南名人辞典》《民国人物大辞典》）

龙吟（1911—?），原名学乐，文昌人。毕业于中法大学经济系、法国巴黎政治学校财政系，获里昂大学法学博士学位。曾任天津南开大学副教授、教授，后兼南开大学经济系主任、政治经济学教研室主任。1959年调任河北省科学院经济研究所研究员。1962年回南开大学任经济研究所教授。著有《我国的税收》、《关于商品生产的问题》、《关于政治经济学的导言》、《马克思的雇佣劳动与资本》（注释）等。（《民国人物大辞典》）

卢伟宾，清儋州人。文昌学监生。康熙四十三年（1704）校编《儋州志》。（康熙《儋州志》重修姓氏）

卢宗棠（1878—?），字菱南，感恩（今东方市）人。清宣统元年（1909）己酉拔贡生。民国十八年（1929）纂修《感恩县志》。（民国《感恩县志》卷十五，《惠东文史》第三辑）

马其长，澄迈人。清光绪二十三年（1897）丁酉拔贡。总修《（光绪）澄迈县志》。（光绪《澄迈县志》卷八）

莫灿锦，字䌷心，定安人。清顺治十一年（1654）甲午拔贡，考选州同。康熙间校辑《定安县志》。（光绪《定安县志》卷六）

莫灿锡，定安人。清康熙间岁贡，考授训导。校辑《（康熙）定安县志》。（光绪《定安县志》卷五）

莫灿钰，定安人。清康熙间岁贡，任四会训导。校辑《（康熙）定安县志》。（光绪《定安县志》卷五）

莫昌宇，定安人。清道光间岁贡生。咸丰四年（1854）分纂《定安县志》。（光绪《定安县志》旧志同修职名）

莫家桐（1871—1950），字凤栖，号仲琴，又号静斋，定安人。清光绪二十三年（1897）丁酉拔贡，候选教谕，考选直隶州判。民国三年（1914）与蒙廷恩、王斗南筹办定安中学。曾任定安县教育科长、定安中学校长及中小学教师。著有《（宣统）定安乡土志》、《志学山房诗集》三卷。（《定安文史》第三辑）

莫敬谦，号少农，定安人。清咸丰十一年（1861）辛酉拔贡，朝考后游戎幕，云贵总督劳崇光保以教谕。光绪三年（1877）协纂《定安县志》。（光绪《定安县志》卷五）

莫魁士，字介梧，号中洲，定安人。清康熙四十七年（1708）戊子举人。淹贯经史百家，精举子业，尤善于古文、诗词。著有《稼馀诗文集》《家训》《孺慕集》等。（乾隆《琼州府志》卷七，光绪《定安县志》卷六）

莫魁文，字起梧，号印山，定安人。清康熙五十六年（1717）丁酉举人，六十年（1721）辛丑进士。任吏部观政三年，改授直隶庆云知县。雍正八年（1730）纂修《定安县志》。（光绪《定安县志》卷六）

莫䰰（1734—1806），字次典，号乳泉，定安人。莫绍惪、莫绍谦之父。清乾隆二十五年（1760）庚辰举人，选授直隶安肃知县，调静海，荐升滦州知州，历署沧州、通州知州，河间、广平同知、通判，永

平知府，赵州直隶州知州。著有《问帆斋集》。（道光《广东通志》卷三〇二，光绪《定安县志》卷八）

莫汝桂，明定安人。纂修《莫邨新屯莫氏族谱》，王弘海为之序。（光绪《定安县志》卷八）

莫瑞堂，字印斋，号书农，定安人。清嘉庆六年（1801）辛酉拔贡，廷试一等，历任乐昌教谕，钦州学正，南海、英德、长乐教谕。道光九年（1829）擢四川三台知县，十一年（1831）调名山知县。十三年（1833）因病归，讲学于穗垣之观源山房。年七十六卒。编辑《文庙史典》二十一卷。评选《乾坤清气集》四卷、《唐诗移情集》十九卷、《唐诗得趣集》二十二卷。著有《书农总录》三十卷、《观源山房文钞》六卷、《观源山房诗钞》四卷。（光绪《定安县志》卷六，《琼台耆旧诗集》）

莫绍惪，字衣堂，号痴庵，定安人。莫暮子。清乾隆五十四年（1789）己酉举人，嘉庆元年（1796）丙辰恩科进士。六年（1801）殿试，钦点内阁中书舍人，擢员外郎。丁内艰，服阕，出游名山。喜吟咏，工书翰，尤精辨金石。晚年归里，重修《莫邨新屯莫氏族谱》。著有《石经堂集》。（光绪《定安县志》卷六）

莫绍谦，字牧堂，号地山，定安人。莫暮少子。能诗善书。廪贡，任合浦教谕，年七十未任而卒。清嘉庆二十四年（1819）纂修《定安县志》。（光绪《定安县志》卷六）

莫士及，字汝贤，号笔峰，定安人。明嘉靖四年（1525）乙酉举人，任苏州府教授，训士有方，升常宁知县，政宽民安。致仕后修族谱，作家训，用以教育族人。著有《笔峰日录》。（乾隆《琼州府志》卷七，光绪《定安县志》卷六）

莫玺章，字信圃，定安人。莫魁文孙。清乾隆二十五年（1760）庚辰举人。五十四年（1789）任河南新蔡县县令。纂修《新蔡县志》十卷。（《加拿大多伦多大学东亚图书馆藏中文古籍善本提要》）

莫翔龙，字仲举，定安人。清嘉庆间岁贡生。二十四年（1819）纂修《定安县志》。（光绪《定安县志》卷六）

牛全，字以成，明琼山人。郡庠生。著有《格言诗草》。（咸丰《琼山县志》卷二十）

欧锵，清乐会人。生员。康熙八年（1669）编纂《乐会县志》。（康熙八年《乐会县志》修志姓氏）

潘存（1818—1893），字孺初，又字仲模，别字存之，文昌人。清咸丰元年（1851）辛亥举人，官户部主事。与鸿胪寺卿归善邓承修交谊。任官三十年，因老病归里。曾任惠州丰湖、琼州苏泉、文昌蔚文等书院山长。卒于家。著有《楷法溯源》十四卷、《帖目》一卷、《古碑目》一卷、《杂钞》一卷、《[潘存]遗诗》一卷、《论学说》十则梓行于世。（民国《文昌县志》卷十，《琼台耆旧诗集》）

裴士龙，崖州人。明永乐间由岁贡入监，预修《永乐大典》。书成，授承事郎。出任交趾、凤山、荔浦知县。（光绪《崖州志》卷十八）

丘腾龙，号雨长，明末琼山人。丘濬第九代孙、丘承箕曾孙。郡学弟子员。著有《学庸浅言》二卷。（《琼志钩沉》）

丘岳宋（1904—1986），原名家敏，又

名丘敌，以字行，澄迈人。毕业于广东工业专科学校、黄埔军校第二期工兵学生队、日本自动车学校、日本炮工学校。参加过北伐。曾任国民党陆军步兵学校练习队上校队长、上海市公安局警卫教练所上校教育长、国民党陆军步兵学校增编军士教导团练习队上校队长、粤十二团军少将参谋、广东第九区行政督察专员兼保安司令、广东省国民政府参事、南京国防部少将部员。后定居台湾。晚年虔修佛道哲理。编有《近今步兵通信之趋势：编装及种类概要》。著有《仙宗道功修炼秘笈》、《仙宗总练法图解》、《海南抗战纪要》（合著）、《海南抗日起义》（合著）、《海南地理之研究》（合著）等书。（《琼籍民国将军录》《澄迈县人物志》）

邱承箕，一作丘承箕，字庭梅，明琼山人。丘濬六代孙。廪生。著有《戴记讲意》《扶摇名言》（一作《扶摇正言》）。（乾隆《琼州府志》卷七，咸丰《琼山县志》卷二十）

邱对欣（1824—?），字镜山，号菊农，祖籍大埔，落籍琼山。邱殿章孙。清咸丰六年（1856）丙辰进士，任直隶柏乡知县、天津同知，后任知府。归乡后，任琼台书院、雁峰书院主讲十多年。参与编纂《（咸丰）琼山县志》。著有《镜山集》。（民国《琼山县志》卷二十四）

邱敦（1460—1490），一作丘敦，字一成，琼山人。邱濬长子。以父荫录为太学生。京试不第，遂摒弃举业，研究经史百家。其学以积思自悟为主。卒于京邸，年三十一。著《医史》。（康熙《琼山县志》卷七，道光《广东通志》卷三〇一，咸丰《琼山县志》卷十九）

邱尔毅，琼山人。邱濬裔孙、邱尔懿兄。明万历三十四年（1606）丙午举人，任贵县知县。与兄合编《重编琼台会稿》二十四卷。（民国《琼山县志》卷二十）

邱尔懿，号秉初，琼山人。邱濬裔孙、邱尔毅弟。明万历三十七年（1609）己酉举人，任江西赣县知县。与弟合编《重编琼台会稿》二十四卷。（民国《琼山县志》卷二十四）

邱玑，字衡之，琼山人。邱濬裔孙。清乾隆间岁贡，十二年（1747）铨保昌司训，以母老告归养。后补徐闻。订辑乾隆《琼山县志》。（民国《琼山县志》卷二十五）

邱濬，一作丘濬，字仲深，号深庵、玉峰、琼台，别号海山老人，琼山人。明正统四年（1444）解元，景泰五年（1454）甲戌进士，选翰林庶吉士。纂修《寰宇通志》一百一十九卷，授翰林院编修。文章雄浑壮丽，四方求者沓至。碑铭、序记、词赋流布远迩。宪宗登极，充经筵讲官。成化元年（1465）升侍讲，命与修《英宗实录》。三年（1467）进侍讲学士、经筵进讲。续成《续修宋元通鉴纲目》二十七卷，升翰林学士，继升祭酒。十六年（1480）加礼部侍郎，仍掌国子监事。进礼部尚书，掌詹事府事。会修《宪宗实录》，充副总裁官，兼文渊阁大学士。弘治朝官至少保兼太子太保、户部尚书、武英殿大学士。卒于官，谥文庄，特进左柱国、太傅。同海瑞被誉为"海南双璧"。曾在家乡创办琼山县学，藏书甚富，筑石室以饷士人。纂修《天下一统志》九十卷。著有《射礼仪节》一卷、《朱子学的》二卷、《家礼仪节》八卷（一作四卷）、《世史正纲》三十二卷、《平定交南录》一卷、《盐法考略》一卷、《钱法纂要》一卷、《史略》二卷、《庄子直解》《大学衍义补》一百六十卷、《琼台吟稿》十二卷、《邱文庄集》、《投笔记》、《琼台类稿》七十卷（一作五十二卷）、《琼台会集》等。亦通医，著有《本草格式》一卷、《重刻明堂经络前图》、《重刻明堂经络后图》、《群书抄方》等。后人编有《重编琼台会稿》二十四卷、《琼台会稿》十二卷。(乾隆《琼州府志》卷七,道光《广东通志》卷三〇一,咸丰《琼山县志》卷十九)

邱绍先,字克斋,号莲山,定安人。清乾隆九年(1744)甲子顺天举人,任澄海教谕,升山东福山知县。致仕后,笃志经史。分纂《(乾隆)澄海县志》。著有《课馀草》。(光绪《定安县志》卷六)

邱廷隆,琼山人。清乾隆五十三年(1788)续纂《邱氏家谱》。(民国《琼山县志》卷十九)

邱廷佩,琼山人。清咸丰间重修《邱氏家谱》六卷。(民国《琼山县志》卷十九)

阮中岐(1906—2001),字渭川,号铁如,儋州人。民国二十一年(1932)毕业于广东省地方自治人员训练所。曾任琼西五县游击指挥所组长、琼崖粮食调节委员会组长、儋县党部书记长。1953年去往台湾。著有《东南诗稿》《乡行悲喜话》。(《海南近代人物志》)

舒乔青,字莲洲,号史园,清琼山人。增生。卒时年未三十。著有《绿雪山房诗钞》一卷。(民国《琼山县志》卷二十)

宋美龄(1897—2003),文昌人,生于上海。幼年即赴美国求学,先入佐治亚州威斯里安女子学院,后入马萨诸塞州韦尔斯利女子学院,获文学学士学位。民国六年(1917)回上海,从事教会工作,参加各种社会活动。与蒋介石结婚后,任蒋的秘书和英文翻译。创办励志社、国民革命军遗族学校。曾当选为中国国民党第六届中央执行委员、中央执行委员会常务委员,妇女运动委员会委员长、"制宪国民大会"代表。1950年前往台湾。著有《西安事变》《中国的和平与战争》《与鲍罗廷谈话的回忆》《美国之行演讲稿》《蒋夫人演讲稿选集》《宗教论述》《我的宗教经验谈》《"不要说它"——但我们要说》等。(《海南名人辞典》《民国人物大辞典》)

宋庆龄(1893—1981),又名宋庆琳,英文名罗沙蒙德,文昌人。清光绪三十四年(1908)入读美国佐治亚州梅肯市威斯里安女子学院。民国二年(1913)毕业,获文学学士学位。两年后与孙中山在日本东京结婚,此后,开启长达七十年的革命生涯。著有《宋庆龄抗战言论集》《宋庆龄自传》《宋庆龄自传及其言论》《孙中山与中国的民主》《中国走向民主的途中》《第二次世界大战前夜》《中国不亡论》《中国应何以自存》《妇女与抗战》《为新中国奋斗》《新中国向前迈进》等。宋庆龄基金会编辑《宋庆龄选集》。(《海南名人辞典》《海南近代人物志》)

孙逢吉,号迪乡,清儋州人。州学岁贡。分纂《(光绪)儋州志》。(光绪《儋州志》卷十三)

孙一麟,明定安人。嘉靖十四年(1535)纂修《定安县志》。(光绪《定安县志》旧志同修职名)

孙宗哲,字希十,崖州人。清道光间岁贡。为文瑰奇伟丽。与张岳崧、黄云章肄业于羊城,声名相颉颃。著有《爱竹轩诗稿》藏于家。(光绪《崖州志》卷十八)

唐丙章,原名乃钦,字典初,儋州人。由廪生以北监名游太学。清光绪八年(1882)壬午举人,大挑一等。三上春官,皆荐不遇,归主琼台东坡书院讲席数年。所上《平黎建县策》数千余言,能补海忠介

公（海瑞）所未备。分纂《（光绪）儋州志》。著有《唐典初先生诗集》。（民国《儋县志》卷十一、卷十六）

唐道香，儋州人。尝筑庐海滨，吟风钓月，养马牧羊，与世无争。清嘉庆八年（1803）癸亥以岁贡选用儒学，不赴。晚年讲学授徒，多所成就。著有《作文法》《遗文集》两卷，未梓。（民国《儋县志》卷十三、卷十六）

唐冕，字元瞻，明琼山人。唐胄弟。年二十卒。著有《元瞻诗存》。（民国《琼山县志》卷二十四）

唐穆（1492—1547），字景文，琼山人。唐胄长子。明嘉靖十七年（1538）戊戌进士，授礼部员外郎。为人雅朴，有父风。著有《馀学录》。（康熙《琼山县志》卷七，咸丰《琼山县志》卷十九，《中华唐氏通谱·总卷（中）》）

唐品三（1886—1947），琼山人。民国十六年（1927）与王国宪等人发起创立海南书局，并任董事长兼经理。民国十九年（1930）任海口市商会常务委员。编有《注解杂字备览》。（《海南文化史》）

唐维，号松山，儋州人。明嘉靖十六年（1537）丁酉举人，官扬州通判，升同知。廉洁有政绩。著有《归田诗》。（民国《儋县志》卷十三、卷十六）

唐正，字子端，明琼山人。唐胄父。以子赠户部左侍郎。著有《榕岗集》四卷。（《中华唐氏通谱·总卷（中）》）

唐之莹，感恩人。清末附贡生。民国间纂修《感恩县志》。（民国《感恩县志》修志姓氏）

唐秩，号海天孤鹤，别号水竹，琼山人。唐胄次子。为诸生时，异人授以道书。尤精符箓。授官博士，召入紫霄宫，京师号为仙师。明隆庆初放归，至淮安卒。著有《海天孤鹤诗集》一卷。（民国《琼山县志》卷二十）

唐胄（1471—1539），字平侯，号西洲，琼山人。明弘治十一年（1498）戊午举人，十五年（1502）壬戌进士，任户部山西司主事。历员外郎、广西提学佥事、云南金腾副使、广西左布政使。嘉靖十二年（1533）升都察院右副都御史，转任南京户部右侍郎、北京户部左侍郎。因逆旨下狱拷掠，削籍归乡。后遇赦，未几病逝。隆庆初追赠右都御史。编有《海琼摘稿》六卷。著有《江闽湖岭都台志》、《琼台志》二十卷、《西洲存稿》、《传芳集》、《琼州三祠录》三卷等。（乾隆《琼州府志》卷七，道光《广东通志》卷三〇一，咸丰《琼山县志》卷十九）

田巨昌（1853—1915），澄迈人。受琼剧专业班训练多年，擅长文武戏，唱腔、表演艺术精湛。曾参与倡办南洋琼崖伶人联谊社。编有《性义镜》《麻疯仔中状》《十八月新郎》《乞丐道台》《德医》《过水人情》《大盗亦有道》《合璧姻缘》等剧本。（《澄迈县人物志》）

万民一（1906—1944），原名蔚周，字秉文，号特大，儋县人。万仲文兄。民国十四年（1925）考入中山大学。曾任上海文化学院国文讲师、海康师范学校教师、厦门市政顾问兼社会科长、国民党第四集团军总司令部参议、广西团干部学校政训主任、广西建设研究会文化部副主任兼编译室主任、第三路军总司令部少将政治部主任、广西绥靖主任、公署少将政训处处长、国民党广西省党部书记、桂林文化供应社经理。著有《民生哲学之新认

识》《社会理学研究大纲》（初稿）、《景庐诗稿》。（《海南名人辞典》《民国广东将领志》）

万仲文（1911—1988），原名蔚程，笔名剑峰、一空、云庵，儋县人。万民一弟。民国二十五年（1936）入读日本东京帝国大学法科研究院。历任广西大学政治系教授、广州中山大学政治系教授、桂林文化供应社总经理、台湾大学政治系教授兼系主任、香港南方学院教授、广西师范学院历史系教授。病逝于南宁。著有《均权制度之理论研究》《中国外交史的分析》《日本对俄策论》《中国历代专制政治略论》《宋代政治及其改革运动》《桂系见闻谈》《大学回忆录》《近代日本对俄策论（研究资料）》《云庵诗稿》《一空诗稿》（"文革"间自行销毁）《桂游清唱集》《中兴鼓吹集》等，以及大学讲义《中国现代政治问题》《中国政治史要》《国民政府总论》《中国地方政府论要》。（《儋县文史资料》第四辑，《海南近代人物志》）

汪浩然，琼山人。生员。明成化年间与其子晋京，同选为宫廷乐师。著有《琴瑟谱》三卷、《八音摘要》二卷。（咸丰《琼山县志》卷二十九）

王安瑞，清乐会人。岁贡，铨选县丞。宣统三年（1911）纂修《乐会县志》。（宣统《乐会县志》卷五）

王必圣，字愚若，清琼山人。庠生。尤娴于诗，著有《萍逢偶帙遗稿》。（乾隆《琼州府志》卷七，咸丰《琼山县志》卷二十一）

王承烈，字昭甫，号扬斋，琼山人。王廷傅父，王沂暄祖。博学，善诗、古文辞。清嘉庆六年（1801）辛酉举人。无意仕途，归而主讲琼台雁峰书院。道光元年（1821）举孝廉方正，获"海外清才"之誉。纂辑《王氏家谱》八卷。著有《王扬斋制艺》《扬斋集》《读经札记》《纶初堂诗存》二卷、《纶初堂文存》二卷。王国宪搜其遗稿，辑为《纶初堂集》四卷。（民国《琼山县志》卷二十四，《广东历代诗钞》卷三）

王惪耿，清乐会人。岁贡，任廉州府教授。宣统三年（1911）纂修《乐会县志》。（宣统《乐会县志》卷五）

王德溥，澄迈人。清光绪间岁贡生，任雷州府学训导。协修《（光绪）澄迈县志》。（光绪《澄迈县志》修志姓氏）

王斗文，字储斋，琼山人。质学纯粹，为文秀妍。肄业于琼台书院。清乾隆三十三年（1768）戊子举人，三十六年（1771）辛卯恩科进士。在京资助建琼州会馆。年三十三卒。著有《春秋经解》。（民国《琼山县志》卷二十四）

王尔晨，字耀南，号闇然，清定安人。著有《菜根馆文稿》二集。（光绪《定安县志》卷六）

王茀林（1906—?），学名明儒，号剑光，琼山人。民国十四年（1925）毕业于琼山师范，次年考入广东守备军干部教导队学生营。曾任国防部参议、独立第六十四师作战处长、陆军第一军团部高参。编著有《陆军第六十四军抗战戡乱经过纪要》《疾风劲草：漫谈人生八十》二书。（《海南近代人物志》）

王公墀，乐会人。嘉庆二十三年（1818）以拔贡任石城教谕，次年分纂《石城县志》。后署廉州府教授、河源训导。（嘉庆《石城县志》卷三）

王国宪（1853—1938），原名国栋，字

用五，号尧云，晚号更生老人，琼山人。清光绪二十年（1894）朝考及第，选广东乐昌训导。终生献身教化，掌教琼台书院，扩建雁峰学社为书院，倡办琼海中学，其门徒弟子千余人。民国间总纂《琼山县志》《儋县志》，总校《感恩县志》。辑《江艮庭尚书师承表补遗》一卷、《文庙史典补编》二卷，编《琼山文徵》三十卷。著有《读经日记》十卷、《琼台书院志》二卷、《邱文庄公年谱》一卷、《海忠介公年谱》二卷、《邢都宪年谱》（一名《邢湄邱先生年谱》）一卷、《钟筠溪侍郎年谱》一卷、《唐西洲侍郎年谱》一卷、《王忠铭公年谱》一卷、《琼山金石略》四卷、《宝粹书塾藏书目录》二卷。（民国《琼山县志》卷十九、卷二十）

王弘诲（1542—1617），一作王宏诲，字绍传，一作诏传，号忠铭，晚号天池，定安人。明嘉靖四十年（1561）辛酉解元，四十四年（1565）乙丑成进士，选庶吉士，历任翰林院检讨、编修、会试同考官、国子监祭酒、南京吏部右侍郎、南京礼部尚书等职。万历二十七年（1599）辞官回乡，创建定安尚友书院。卒赠太子少保，赐祭葬。辑《尚友堂集》《南溟奇甸集》。修《王尚书家谱》。著有《天池草》《居乡约言》《吴越游记》《来鹤轩集》《南礼奏牍》《文字谈苑》等。（乾隆《琼州府志》卷七，道光《广东通志》卷三〇二，光绪《定安县志》卷六）

王宏，字孟远，号蛰庵，琼山人。布衣。明正统间大参龚璲、御史唐舟等与之游。开设乡塾，训教子弟数十年。著有《蛰庵集》，已佚。（咸丰《琼山县志》卷二十九，道光《广东通志》卷三〇一）

王槐栋，澄迈人。清光绪间廪贡生，任石城训导。协修《（光绪）澄迈县志》。（光绪《澄迈县志》修志姓氏）

王槐秀，澄迈人。清同治十二年（1873）癸酉拔贡生。参与纂修《（光绪）澄迈县志》。（光绪《澄迈县志》卷八）

王惠，字仲迪，号霜筠，家本合肥，从兄千户志调官海南，遂占籍焉。博洽能文，明性命义理之学。明洪武末，大臣荐至京，以三丧未举，力辞，归。辑《岭南声诗鼓吹集》十卷。著有《正学论》、《截山咏史集》二卷。（乾隆《琼州府志》卷七，道光《广东通志》卷三〇一，咸丰《琼山县志》卷十九）

王佳先，乐会人。清康熙间岁贡生。参与编纂《（康熙二十六年）乐会县志》。（康熙二十六年《乐会县志》卷三）

王家槐（1899—1973），又名嘉怀，字植三，号树庵，澄迈人。毕业于广州市立工业学校、广州师范学校。继而考入黄埔军校。陆续参加东征、北伐。历任国民革命军第十八师政治部秘书兼代理主任、陆军第二十七师政训处处长、广东省军队特别党部书记长、海南特区特别党部执委、中央各军事学校毕业生调查处广东分处主任。后定居台湾。编有《白真人诗文集目录》。著有《大学衍义之研究》、《大学衍义补赘言》、《琼贤别传》、《明代琼贤评传》、《海南近志》、《海南诗纪》、《近四十年海南政事实录》（一作《近四十年海南政策实录》）等。（《澄迈县人物志》）

王匠成，号秀民，清定安人。廪贡，任潮州府训导、肇庆府训导。光绪三年（1877）协纂《定安县志》。（光绪《定安县志》同修职名）

王京猷，乐会人。附生。博通经史，精练文艺。晚年隐居山林，筑"亦乐亭"于山中，考究经史，勤课子弟。著有《家规》一部，以垂后世。（宣统《乐会县志》

卷八）

王举鸿，字伯逵，号问梅，澄迈人。明万历二十二年（1594）甲午副榜准贡。订修《澄迈县志》。（光绪《澄迈县志》卷九）

王君汇（1903—1991），又名以金，琼海人。早年入读广东国民大学，后在马来亚北马中医研究所习医。民国十五年（1926）加入中国共产党。曾任琼东县一区委员会书记、马来亚共产党吉打州委书记、吉打州抗日救亡爱国活动核心组组长、琼东县人民政府秘书、嘉积中学校长、琼东县人民政府副县长等职。著有《大路医门》一书。（1995年《琼海县志》）

王俊（1894—1976），原名钦宠，字达天，号荣初，别号履明，澄迈人。早年入读陆军第一预备学校。民国十年（1921）进入日本士官学校中国学生队。先后参加东征与北伐。曾任国民党军第一旅参谋长、团长，东路军第一路指挥官、第二纵队指挥官，浙东警备司令，潮梅警备司令。赴日本陆军大学学习。民国二十年（1931）回国，历任陆军步兵学校校长、教育长，第十二集团军副总司令、第七战区长官部参谋长、军训部次长等职。后定居台湾。著有《广东之战》《球状战术》《步兵野外纪实》《中国步兵操典》《师长战场统战术》等书。（《海南名人辞典》《澄迈县人物志》）

王开漠，字倬彼，清琼山人。通医术。年八十卒。著有《除邪编》。（民国《琼山县志》卷二十五）

王濂，字师周，号南岩，琼山人。明成化十九年（1483）癸卯举人，选浙江新昌教谕，迁江西新建，升知县。正德六年（1511）致仕。著有《南岩诗集》。（咸丰《琼山县志》卷二十，民国《琼山县志》卷二十四）

王龙舆（1908—1968），字法轲，琼山人。民国二十二年（1933）毕业于北京大学政治系，曾任国民党广州党部委员兼主任秘书、广东省政府合作事业管理处处长、广州特别市民政局局长、广东省议会议员、琼崖区立法院候补委员等职。1951年由香港携眷赴台湾。编有《民族文选辑》。著有《北平警察制度》《德国政治制度》《组织工作技术》《党员训练问题》《党务工作讨论集》《工作方法与修养》等。（《海南近代人物志》）

王懋曾，字沂元，号松溪，定安人。王弘诲曾孙。清康熙间岁贡。辑《重编历代帝王圣贤将相图》三卷。著有《鸡肋集》《松溪小草》，藏于家。（光绪《定安县志》卷六，《琼志钩沉》）

王凝机，号问溪，琼山人。清康熙间贡生。善诗文，工草书。年八十余犹吟咏不辍。编有《琼山县志稿》，后郡丞潘廷侯、知县佟世南重加纂辑，成十二卷。（民国《琼山县志》卷二十四）

王培栽，澄迈人。清光绪间廪贡生，选授开建教谕，调补钦州直隶州学正，咨补英德教谕。总修《（光绪）澄迈县志》。（光绪《澄迈县志》卷八）

王启辅，号揆廷，会同人。清顺治十七年（1660）庚子岁贡，康熙六年（1667）任廉州府灵山训导。编纂《（康熙十二年）廉州府志》《（康熙）灵山县志》。（嘉庆《会同县志》卷八）

王启宏，字彦方，乐会人。贡名太学。任增城、阳江训导。致仕归里，乡居十七年，不履城市。清康熙八年（1669）编纂《乐会县志》。（康熙八年《乐会县志》修志姓氏，道光《广东通志》卷三〇二）

王启养，清乐会人。增贡，历任徐闻训导、合浦教谕。宣统三年（1911）纂修《乐会县志》。（宣统《乐会县志》卷五）

王器民（1892—1927），又名连斋，会同（后改琼东）人。考入上海水产专科学校，继入上海大学就读。民国十二年（1923）到广州，加入琼崖革命同志会，创办《新琼崖评论》。次年加入中国共产党，被派往马来亚、新加坡等地，宣传革命思想，建立革命组织。回国后任国民革命军第四军第十三师政治部主任。大革命失败后被杀害于江门。与黄行合编《政治报告》一册。著有《冤墨》《磨筋录》两书。（《海南名人辞典》）

王汝鹤，明定安人。王弘诲侄。明万历间岁贡，任雷州训导。著有《闲适集》。（光绪《定安县志》卷六）

王汝为，字子宣，琼山人。明嘉靖四十年（1561）辛酉举人，任贵县教谕。万历四年（1576）充贵州乡试同考官，继升鄱阳知县。以正直难容乞归。著有《浔怀集》《存塾稿》《抚弦馀韵》。（乾隆《琼州府志》卷七，道光《广东通志》卷三○二，咸丰《琼山县志》卷十九）

王濬，明临高人。隐居不仕。邱濬甚服其博。著有《儒流一览集》。（乾隆《琼州府志》卷七，道光《琼州府志》卷三十六）

王绍寰，澄迈人。诸生。清康熙十一年（1672）同修《澄迈县志》。（康熙十一年《澄迈县志》重修县志姓氏）

王时宇，字允修，号慎斋，琼山人。清乾隆三十五年（1770）庚寅顺天举人，授饶平训导，以嫡母老告归。比铨县令，复以生母老改就国子监学政，主琼台书院讲席。三十九年（1774）分纂《琼州府志》。辑《稗海摘要》。编《重刻白真人集》十卷、《重校海外集》四卷。著有《慎馀堂制义前后集》、《慎斋文稿》二卷、《慎斋续稿》一卷、《莲花山房诗草》、《退庵小集》。（咸丰《琼山县志》卷二十，民国《琼山县志》卷十九、卷二十，《广东书院制度》）

王时元，字遇春，琼山人。明嘉靖四十三年（1564）甲子举人，荐任东安知县，迁判常德。著有《四礼集童训》。（乾隆《琼州府志》卷七，道光《广东通志》卷三○二）

王时中，字汝桂，明定安人。年二十四卒。著有《学庸要言》。（光绪《定安县志》卷六）

王仕衡，一作王士衡，字秉铨，号矩庵，别号靓斋，定安人。明成化十三年（1477）丁酉举人，官中书舍人。正德间丁内艰，服阕，起任岷府。与修《武宗实录》。嘉靖元年（1522）致仕家居。年八十卒。通经史百家及阴阳、律历、医卜。嘉靖初年编纂《定安县志》稿。（乾隆《琼州府志》卷七，光绪《定安县志》卷六）

王廷傅，字亚师，又字保卿，号雨岩，琼山人。王承烈长子。清道光十七年（1837）丁酉拔贡。筑知稼轩于城南，读书课子其中。卒时已年逾古稀。著有《知稼轩诗钞》二卷。（民国《琼山县志》卷二十四）

王希周，号企濂，清文昌人。拔贡。平生以教育为事。著有《大学纂义》，殁后散佚。（民国《文昌县志》卷十）

王孝思，字永卿，定安人。王士衡嫡孙。明嘉靖三十九年（1560）庚申岁贡，授训导，未任而卒。著有《修身日录》。（光绪《定安县志》卷六）

王沂暄，字爱堂，号煦春，琼山人。王承烈孙，王廷傅子。弱冠补弟子员，闭户勤读。清咸丰十一年（1861）赴试京兆，不第，遂留学于南雍。次年冬，抱病归。编有《尚书传注》二卷、《尚书集说》二卷、《春秋左传分编》四卷。著有《书巢集》二卷。（民国《琼山县志》卷二十四）

王毅（1900—1948），字任之，名钦隽，澄迈人。王俊胞弟。毕业于西江讲武堂、黄埔军校第一期步科、日本陆军士官学校工兵科及南京陆军大学将官班第二期。曾任中央陆军工兵学校中校教官、蒋介石侍从副官、洛阳航空学校教务处长、上海保安总队参谋长、广东绥靖公署参议、广东保安十一团团长、琼崖保安副司令、广东保安第五旅旅长、广东第九区行政督察专员兼保安司令、军事委员会华北战地中将监察官等职。著有《琼崖抗战纪实》。（《民国广东将领志》）

王映斗（1797—1878），字运中，号汉桥，又号瀚峤，定安人。清道光五年（1825）乙酉拔贡，朝考一等，签分户部江西司。丁内艰，服阕，入都供职六年，俸满升额外主事。十五年（1835）乙未恩科举人，二十四年（1844）甲辰进士，官户部云南司员外郎，升四川司郎中，擢鸿胪寺少卿，署光禄寺卿，授太常少卿、大理少卿，调奉天府府丞，提督奉天学政，晋升太仆寺卿、太常寺卿、大理寺正卿。同治九年（1870）以病乞归，道经省垣，再主越华书院讲席。咸丰四年（1854）、光绪三年（1877）两次总纂《定安县志》。著有《王映斗诗文集》《王映斗公牍集》。（光绪《定安县志》卷六，《广东书院制度》）

王远招，清乐会人。廪生。宣统三年（1911）纂修《乐会县志》。（宣统《乐会县志》卷五）

王云清（1847—1918），原名奉三，号月樵，儋州人。清光绪十一年（1885）顺天乙酉举人，十五年（1889）己丑进士，签分湖北知县，加同知衔。致仕后掌教东坡书院。编有《儋县志初集》。著有《王月樵先生诗集》。（民国《儋县志》卷十一，《儋州文史》第十三辑）

王赞襄，字辰台，号澄原，澄迈人。明嘉靖二十八年（1549）己酉举亚元，隆庆五年（1571）试南宫，不捷。考选中书，廷试第一，授内阁制敕中书舍人。升翰林院带俸制敕房办事，转大理寺评事，升大理寺右寺副。与修两朝国史、会典、玉牒；两侍经筵讲官与大阅；充收掌官、副总裁。升户部员外郎，又升广西按察司。以内艰归里，家居十余年。年六十二卒。著有《澄原稿略》。（乾隆《琼州府志》卷七，道光《广东通志》卷三〇二，光绪《澄迈县志》卷九）

王章绚，清澄迈人。廪生。嘉庆二十五年（1820）协辑《澄迈县志》。（光绪《澄迈县志》卷八）

王兆凤，清澄迈人。恩贡生，加五品顶戴。光绪三十年（1904）总修《（光绪）澄迈县志》。（光绪《澄迈县志》卷八）

王执缥，清澄迈人。恩贡。嘉庆二十五年（1820）协辑《澄迈县志》。（光绪《澄迈县志》卷八）

王子俊，字秀升，清琼山人。增贡生，任长宁教谕。在任十八年，已届古稀，乞休归里。年七十六卒。著有《新丰集》二卷。（民国《琼山县志》卷二十四）

王宗祐（1660—1722），一作王宗佑，字右君，号鹤洲，乐会人。清康熙二十三年（1684）甲子举人，四十五年（1706）

授四川温江知县。在任两年，以老乞休。著有《观澜斋文选》《历朝诗钞略》。（乾隆《琼州府志》卷七，道光《广东通志》卷三〇二）

王佐（1428—1512），字汝学，号桐乡，临高人，祖籍福建。明正统十二年（1447）丁卯举人，成化二年（1466）任高州同知。十年（1474）改任福建邵武同知，十六年（1480）任福建乡试考官。弘治二年（1489）改任江西临江同知。质直自任，不随时俯仰，故浮沉三郡二十余载，不能晋升。纂修《琼台外志》。著有《鸡肋集》《经籍目略》《原教编》《庚申录》《琼台外纪》《珠崖录》《金川玉屑集》《琼崖表录》等。（乾隆《琼州府志》卷七，道光《广东通志》卷三〇一，光绪《临高县志》卷十二）

韦昌诒，字燕及，乐会人。清初岁贡，不赴廷试，筑室于南园庄，披吟自适。康熙八年（1669）、康熙二十六年（1687）两次编纂《乐会县志》。著有《[燕及]诗文》。（康熙二十六年《乐会县志》卷三，宣统《乐会县志》卷八）

文焕章（1861—1916），字聘莘，人称"觉莽先生"，文昌人。民国五年（1916）在文昌县中学任教时，因抗议袁世凯称帝遇害。著有《党学向导》《孟学要旨》等。（《中国近现代人物名号大辞典》）

吴诚，字明卿，琼山人。明正德十四年（1519）己卯举人。初授柳城教谕，掌八桂书院，修《柳城志》。迁赣州教授，修《都台志》。擢知龙南。著有《雁峰集》百余卷。（康熙《琼山县志》卷七，乾隆《琼州府志》卷七，道光《广东通志》卷三〇二）

吴典（1748—1797），字国猷，号学斋，琼山人。清乾隆三十四年（1769）己丑进士，改庶吉士，授编修。总校《中秘书》，与修《国史》及《永乐大典》《四库全书》。两充顺天乡试同考官；四十九年（1784）分校礼闱。丁艰归，主讲于琼台书院。（咸丰《琼山县志》卷十九）

吴发凤（1870—1946），原名家悦，文昌人。清光绪八年（1882）进入定安琼剧团，习旦角。后从事琼剧整理与创作。一生创作《大义灭亲》《蔡锷出京》《秋瑾殉国》《黄花岗祭夫》《林格兰殉义》《灭种婚姻》《爱情与黄金》《糟糠之妻》《爱情潮》《新人之家庭》《红泪影》《啼笑姻缘》等百余种剧本。（《海南名人辞典》）

吴纲，字维章，定安人。明嘉靖三十年（1551）辛亥岁贡，任宁远训导，卒于任。博学能文，尤长于诗赋，与进士俞宗梁、吴会期有"琼南三杰"之誉。纂修《潭览吴氏家谱》《（嘉靖）定安县志》。（光绪《定安县志》卷六）

吴华民（1892—1970），乐会人。任小学教员，业余学习医典。民国元年（1912）辞教从医。1955年任广东省海南人民医院中医主治医师。著有《肾炎的中医治疗》《吴华民医案医话》。（《海口文史资料》第四辑）

吴黄焕，字瑞章，一字章甫，琼山人。清康熙间万州籍岁贡生。年七十二卒。参与纂辑《（康熙四十五年）琼州府志》。（乾隆《琼山县志》卷七，民国《琼山县志》卷二十四）

吴家翰，民国儋县人。著有《吴家翰先生诗集》。（民国《儋县志》卷十一）

吴家锦，字濯江，清文昌人。优廪生。年二十八卒。著有《[濯江]诗集》及古文辞、论、说、传、记。（民国《文昌县志》

卷十）

吴金，字声九，琼山人。清乾隆十八年（1753）癸酉举人。博览经史，教授生徒，遵《白鹿洞学规》，郡知名人士咸出其门。著有《敬斋集》。（乾隆《琼州府志》卷七，咸丰《琼山县志》卷十九）

吴憬平，原名吴声平，字秩卿，号南洲，又号南礁，文昌人。清道光二十六年（1846）丙午举人，供职秋官。咸丰九年（1859）充顺天乡试内收掌，历十余载。辞官归里，主讲于琼台、苏泉、蔚文书院。晚年以医书济世。年七十六卒。协纂《（咸丰）文昌县志》。著有《南礁遗稿》。（咸丰《文昌县志》卷九，民国《文昌县志》卷十）

吴敬群（1899—1976），号澄宇，定安人，毕业于黄埔军校第三期、陆军大学第十三期。历任军委会办公厅上校参谋、国防部第一厅少将副处长、川康各军官总队督导官、陆军总部第一署第三处少将处长、海南要塞少将司令。后去台湾。著有《战争指导之研究》《大军统帅之研究》等。（《民国广东将领志》）

吴锟，清澄迈人。增生。嘉庆二十五年（1820）协辑《澄迈县志》。（光绪《澄迈县志》卷八）

吴练青（1906—1988），琼山人。毕业于国立女子师范大学中国文学系。曾任勷勤大学讲师，东北大学、四川大学、文化大学、海南大学教授。后移居香港，与丈夫共同创办雪曼艺文院。工诗，善书。著有《练青诗选》《唐诗评解》《诸子概论》等。（《海外琼人诗选》《香港古典诗文集经眼录》）

吴鸣岐，万州人。清嘉庆十八年（1813）癸酉岁贡。分纂《（嘉庆）万州志》。（道光《万州志》卷二）

吴鸣清，万州人。清道光二年（1822）壬午岁贡。分纂《（道光）万州志》。（道光《万州志》卷二）

吴迺宪（1899—1979），字劲夫，琼山人。毕业于广东省立公路工程专门学校、黄埔军校第一期步科及陆军大学将官班。曾任海军广全舰上校党代表、军事委员会华南特派员、华东特派员兼淞沪警备总司令部参谋处处长、京沪杭铁路警务处处长、广东省政府委员兼保安处处长、战时省会韶关警备司令部中将司令、军事参议员参议、闽粤赣边总指挥部副总指挥、国防部中将参议。辑有《王家槐先生逝世纪念册》。（《民国广东将领志》《线装书目录——国立中央图书馆台湾分馆》）

吴南杰，琼山人。清顺治十四年（1657）丁酉举人。同修《（康熙二十六年）琼山县志》。（康熙二十六年《琼山县志》卷八）

吴乾鹏（1901—1952），曾用名吴云宇，琼山人。民国十六年（1927）考入北平大学，攻学美术。因才华出众，被国民政府教育部选派赴欧留学，因九一八事变爆发，未能成行。曾在山东省曲阜师范，海南岛琼山、崖县、文昌等县中学任教。编有《美术讲义》一册。（《琼山县文史资料》第六辑）

吴仁光（1897—1983），派名文麟，会同（后改琼东）人。民国十八年（1929）毕业于国立北京大学法律系。曾任海丰、福建福清、阳江、广西天河县县长，文昌县副县长，万宁县县长。1950年随军撤往台湾。主修《琼东县志》《吴氏族谱》。著有《留台诗集》。（1995年《琼海县志》）

吴昇日，定安人。清康熙间岁贡。校辑《（康熙）定安县志》。（光绪《定安县志》卷五）

吴寿龄，字仁辅，定安人。明嘉靖二十八年（1549）己酉举人，官左州知州。纂修《（嘉靖）定安县志》。著有《左州政略》。（光绪《定安县志》卷六）

吴小姑（约1825—1851），自号海山仙人，清琼州人。邱对颜侧室。工吟咏，喜填词，作《唾绒馀草》十首。殁后，邱对颜将其词作及他人之题咏汇刻成《海山仙人词》。（民国《灵山县志》卷十六）

萧成，字子绍，崖州人。明嘉靖十年（1582）壬午举人，任瓯宁教谕。家居三十余年，设馆训子侄。著有《易说》。（光绪《崖州志》卷十八）

萧元长，字乾初，琼山人。清康熙四十四年（1705）乙酉举人。教授生徒，多所成就，有《四勿居同门录》。郡伯贾棠聘修《（康熙四十五年）琼州府志》。年五十六卒。著有《选注纲鉴便读》，藏于家。（咸丰《琼山县志》卷十九）

萧璋，字特玉，琼山人。萧元长之子。清雍正七年（1729）己酉拔贡生。读书力学，绝意仕进。舍旁筑小轩，名"继勿"，与后进讲论诗文，老而不倦。订辑《（乾隆）琼山县志》。（乾隆《琼州府志》卷七，民国《琼山县志》卷二十四）

谢尚莹（1876—？），字琼林，儋州人。清宣统元年（1909）己酉拔贡生。分纂《（民国）儋县志》。（民国《儋县志》卷十三，《惠东文史》第三辑）

谢尚珍，字聘候，儋州人。清光绪十六年（1890）庚寅州恩贡，铨选儒学教谕。教学余暇，修辑族谱，兼校图经，重修东坡、丽泽两书院，以振教化。分纂《（光绪）儋州志》。（光绪《儋州志》卷十三、卷十六）

谢王猷，本姓张，儋州人。清康熙间贡生。四十三年（1704）校编《儋州志》。（康熙《儋州志》重修姓氏）

邢定纶（1859—1909），字仲丹，号佛泉，崖州人。清光绪十一年（1885）乙酉拔贡，任石城训导。调新兴，因病未赴任。纂修《（光绪）崖州志》。著有《宦游吟草》二卷、《后进》一卷。（光绪《崖州志》卷十六，《海南名人辞典》）

邢家贤，字觉人，清文昌人。廪生，肄业于端溪书院。屡试不第，晚年杜门读书，余暇灌园自乐。著有《四书要旨》八卷、《五经集抄》五卷。（咸丰《文昌县志》卷十）

邢开梅，字岭先，号养愚，清文昌人。庠生。著有《养愚集》八卷。（咸丰《文昌县志》卷十）

邢修，字少星，清儋州人。州学岁贡，分纂《（光绪）儋州志》。（光绪《儋州志》卷十三）

邢宥（1416—1481），字克宽，号湄邱，文昌人。明正统六年（1441）辛酉举人，十三年（1448）戊辰进士。初在刑部任职，后出任四川道监察御史。景泰二年（1451）督运通州粮实宣府，出巡福建，巡按辽东，复按河南。天顺四年（1460）任台州知州，在任四年，改知苏州。政绩卓著，诏加浙江左参政。成化二年（1466）秋，由都察院右佥都御史擢为左佥都御史，巡抚南畿，总督兵民财赋，兼理浙江嘉湖杭三府粮储。著有《湄邱集》。（乾隆《琼州

府志》卷七，道光《广东通志》卷三〇一，咸丰《文昌县志》卷十）

徐栋材，澄迈人。清光绪间附贡生。协修《（光绪）澄迈县志》。（光绪《澄迈县志》修志姓氏）

徐江璧，澄迈人。清光绪间岁贡生。协修《（光绪）澄迈县志》。（光绪《澄迈县志》修志姓氏）

徐江绕，澄迈人。清光绪十一年（1885）乙酉拔贡生。参与纂修《（光绪）澄迈县志》。（光绪《澄迈县志》卷八）

许昌龄，澄迈人。清光绪间廪贡生，官连州训导、顺德教谕。总修《（光绪）澄迈县志》。（光绪《澄迈县志》卷八）

许朝瑞，临高人。民国初期任县志采访员。辑《民国临高采访册》十卷。（《海南文献总目》）

许子伟（1555—1613），字用一，号南甸，琼山人。明万历十年（1582）壬午举人，十四年（1586）丙戌进士，授行人司行人。擢兵部左给事中。二十年（1592）任吏部右给事中，创琼州会馆于京师。翌年，念母老请假省亲。期满，起补户部右给事中。因上疏弹劾权贵，廷言忤旨，谪铜仁府。未几，弃官归琼养母，不复出仕。创办儋耳义学、琼山敦仁书馆，建明昌塔，掌教文昌玉阳书院。卒谥"忠直"。著有《广易通》二卷、《敦仁编》、《谏垣录》、《许给谏集》一卷等。后人辑有《许忠直集》。（乾隆《琼州府志》卷七，道光《广东通志》卷三〇二，民国《琼山县志》卷二十四）

薛凤祥，儋州人。清康熙间府学贡生，任龙门训导。校编《（康熙四十三年）儋州志》。（康熙《儋州志》重修姓氏）

薛远（1414—1495），字继远，又字善述。世本无为州人，其祖获罪，父连坐，戍海南卫，遂落籍琼山。明正统七年（1442）壬戌进士，任户部主事。景泰时，官户部郎中。天顺元年（1457）出使交趾。归京，擢右侍郎。因治水、赈灾有功，历任户部侍郎、左侍郎、兵部尚书、荣禄大夫等职。卒赠宫保。著有《编正信都芳乐义》七卷。（道光《广东通志》卷三〇一，咸丰《琼山县志》卷十九，《广东历代诗钞》卷一）

羊颐，儋州人。清康熙间府学贡生，雍正四年（1726）任龙川训导。校编《（康熙四十三年）儋州志》。（康熙《儋州志》重修姓氏）

杨德隆（1910—1994），号平章，陵水人。毕业于广东省立第二师范学校、私立南京金陵大学、中央政治学校大学部行政系。曾任福建宁洋、宁化县县长，国民政府军事委员会委员长南昌行营军法官，南雄县、遂溪县、乐昌县县长，国立政治大学讲师，广东省政府参议，广东省图书杂志审查处处长，中山大学副教授，海南建省筹备委员会委员，台湾屏东农业专科学校教授。著有《中国近代史纲要》《印尼现势与华侨灾难》。（2007年《陵水县志》）

杨理，明定安人。博古通今，才优识卓。由徐闻学贡授县丞。著有《平黎策》。（光绪《定安县志》卷六）

杨群（1904—？），原名应凤，字瀛山，文昌人。民国十六年（1927）毕业于黄埔军校第五期。参加第二次北伐。历任中央陆军军官学校中校炮科教官、第四军官分校训练科长、中央军官学校中校军事教官、福建省保安处警官训练所中校训育主任、中央陆军军官学校广州分校上校科长、甘肃省保安第五团上校团长、南京代理交通警察总局第五处少将处长、苏州警训班副主任、代理第二十一兵团司令部少将高级参谋兼海口联络处处长等职。后定居台湾。著有《陈策传》。(《文昌乡情人物录》)

杨士锦，万州人。清嘉庆六年（1801）辛酉拔贡。嘉庆二十四年（1819）和道光间两次分纂《万州志》。（道光《万州志》卷二）

杨为鸿，万州人。清道光元年（1821）辛巳恩贡。分纂《（道光）万州志》。（道光《万州志》卷二）

杨为麟，万州人。清嘉庆四年（1799）己未恩贡。分纂《（嘉庆）万州志》。（道光《万州志》卷二）

杨祚兴（1822—1904），琼海人。科举不第，遂入梨园。擅演琼剧丑角，兼擅编戏。编写剧本《大爷落院》《秀才挑柴》《寒士吕蒙正》《蒋干偷书》《打灶分家》《梁监生卖书》《三才者》《十四字令》《结朱陈》等数十种。（1995年《琼海县志》）

叶剑雄（1902—1969），原名用爱，文昌人。毕业于陆军云南讲武学校、日本户山学校、日本骑兵学校。回国后复调入参谋教官班第二期深造。曾任海南警保师长、云南武校助教、中央军校少校、广州燕塘军政学校骑兵队上校队长、中央陆军学校骑兵分校少将主任、国民党军骑兵第二军中将副军长、海南警务处处长、福建省政府委员等职。著有《骑兵对步兵战法》《军师属骑兵用法》《骑兵野外教育》《骑步兵战法异同》《体操教范》《枪剑术研究》等。（《文昌乡情人物录》）

叶栖鸾，字镜洲，文昌人。清道光二十三年（1843）癸卯举人，历署西宁、长乐教谕。协纂《（咸丰）文昌县志》。有《［镜洲］遗诗》一卷。（咸丰《文昌县志》卷九，《琼台耆旧诗集》）

叶荫辉，号槐午，定安人。清同治间岁贡，历任徐闻训导、海康教谕。光绪三年（1877）协纂《定安县志》。（光绪《定安县志》卷五）

云昌瀛，字右群，文昌人。清末任琼崖中学堂校长。广东省军事政治学校深造班第一期毕业后，任佛冈县县长。抗日战争胜利后，担任文昌县县立中学国文教员。年九十一卒。著有《易经新注》四集。（《文昌乡情人物录》）

云崇高，字大是，文昌人。清乾隆五十一年（1786）丙午岁贡，选南海训导，以母老不就。躬侍母病，由是精医术，救人不受酬金。著有《读蓼堂诗文稿》，藏于家。（民国《文昌县志》卷十）

云崇维，字道枢，号定岸，文昌人。增生。清道光元年（1821）举孝廉方正，辞不就。以从子茂琦获封文林郎。年八十二卒。著有《除邪编》《仪礼杂著》等。（咸丰《文昌县志》卷十，《文昌乡情人物录》）

云大选（1887—1982），字子青，文昌人。毕业于北京陆军军需学校第二期。民国间任广东护国军第二军少校军需主任、中校团副，粤军第一师师部会计科长，国民革命军总司令部兵站总监部中校课长，军事委员会审计处上校科长，军政部会计长办公处、会计处少将科长，军事委员会军需署军需监，国民政府航空委员会会计长，陆军总司令部军需总监，陆军总司令部中将会计长等职。有《香泉文集》。（《民国广东将领志》）

云茂琜，字惺吾，文昌人。云茂琦从弟。清道光二十六年（1846）丙午举人，主儋县讲席。咸丰三年（1853）大挑二等，任三水训导，卒于官。协纂《（咸丰）文昌县志》。（咸丰《文昌县志》卷九，民国《文昌县志》卷十）

云茂封，字卓凡，清文昌人。增贡生。著有《为仁本天人合编》《榕门诗集稿》。（民国《文昌县志》卷十）

云茂伦（1887—?），文昌人。早年投笔从戎，加入中国同盟会。曾留学英国，精通英、法、泰文。任泰国历史编纂委员会委员。晚年落发为僧，持戒于大乘佛教寺院。著有《泰中关系史》。（《海南名人传略》）

云茂琦（1791—1849），字以卓，号贝山，又号澹人，文昌人。清嘉庆二十一年（1816）丙子举人，道光六年（1826）丙戌成进士，任江苏沛县、六合知县。官至吏部稽勋司郎中。二十四年（1844）以亲老乞养归里，主讲于琼台书院。著有《探本录》二十二卷、《实学考》四卷、《闸道堂遗稿》十二卷。（咸丰《文昌县志》卷十）

云名山，号静垫，明文昌人。岁贡生，任西宁、新兴教谕。归里后筑霞洞石室，吟咏其中。年九十余犹手不释卷。纂《三才广集》十二卷。（乾隆《琼州府志》卷七，咸丰《文昌县志》卷十）

云实诚，又名云公怀，文昌人。民国间任《大公报》驻粤记者、琼州日报社社长、广州前锋报社社长、海口市副市长等职。著有《琼崖纪行》《忆京沪平津行》《粤战场》《粤战七年》等。（《广州文史资料》第二十八辑）

云有庆，文昌人。清道光二十九年（1849）己酉举人。协纂《（咸丰）文昌县志》。（咸丰《文昌县志》卷九）

云于熙，字时纯，清文昌人。增生，不事举业。筑观澜斋，披吟其中。究心理学，读书必求实践。著有《心性图》。（咸丰《文昌县志》卷十）

云志高，字载青，文昌人。幼时遭乱，被兵掠入福建，与母失散。值三藩叛乱，复流落楚越。淹贯群书，由监生考授州同职。尝授业于大司马吴兴祚，后吴督两广，始得归家，母子团聚。著有《〔云氏〕家谱》《蓼怀堂琴谱》。（咸丰《文昌县志》卷十）

云志涟，文昌人。清康熙间由增生捐贡。编辑《（康熙五十七年）文昌县志》。（康熙《文昌县志》修志姓氏）

曾典学，号觉堂，澄迈人。清顺治十七年（1660）庚子岁贡，廷授教职，康熙二十二年（1683）任新安训导，在任三年致仕。纂修《（康熙十一年）澄迈县志》，《（康熙二十七年）澄迈县志》。（康熙四十九年《澄迈县志》卷七，光绪《广州府志》卷一一〇）

曾对颜（1859—1914），谱名庆澄，字镜芙，号少泉，琼山人。清光绪二十三年（1897）丁酉举人。任雁峰书院山长。后书院改为学校，任校长。民国初年，兼任琼山县劝学所所长。著有《还读我书室诗集》二卷、《还读我书室文集》四卷、《光绪丁酉广东闱墨》不分卷。（民国《琼山县志》卷二十四，《海南近代人物志》）

曾闳，号元深，明儋州人。曾开胞兄。科举不中，多购书画古器，构半楹于后园，号为牧园散人，著《牧园》小说，以示逃名之意。（民国《儋县志》卷十六）

曾晖春，琼山人。民国间分纂《琼山县志》。（民国《琼山县志》续修职名）

曾开（1614—1683），字公实，号泰阶，儋州人。明崇祯六年（1633）癸酉第三名举人。为文援笔立就，尤工诗。七上公车未第，年七十赍志而殁。纂修《儋州志》三卷。著有《曾泰阶先生诗集》。（道光《广东通志》卷三〇二，民国《儋县志》卷十六）

曾日跻，字景汤，号敬亭，琼山人。清嘉庆十二年（1807）丁卯优贡，任琼台书院学长。卒后选翁源训导。著有《曾敬亭诗集》二卷。（咸丰《琼山县志》卷二十，民国《琼山县志》卷二十四）

曾日景，字介昕，陵水人。清乾隆三十三年（1768）戊子顺天乡试举人，任直隶清苑知县。乾隆末年分纂《陵水县志》。（乾隆《陵水县志》卷七，《海南名人辞典》）

曾唯，字原鲁，别号约庵，临高人。博学有气节，常捐助里中贫而好学者。明嘉靖间岁贡，授广州府训导，转徐闻教谕。编有《临高县志稿》，未梓。著有《思亲稿》《棐窝稿》等。（光绪《临高县志》卷十二）

曾杏，儋州人。清康熙间贡生。四十三年（1704）校编《儋州志》。（康熙《儋州志》重修姓氏）

曾沂，明澄迈人。增广生。儒雅宏博，为人洒脱，弃举业而自娱，因号幽求子。著有《幽求子集》。（光绪《澄迈县志》卷十）

曾应唯，琼山人。资禀高明，节身矩度，尝构仪方堂，讲修身齐家大义。著有《家礼存羊仪节》数卷。（咸丰《琼山县志》卷二十）

曾玙，字漾桂，号海洲，清儋州人。博学能文，工诗对，善楷书。著有《字体辨略》一卷，存于家。（民国《儋县志》卷十六）

曾阅，儋州人。清康熙间贡生，任广宁训导。四十三年（1704）校编《儋州志》。（康熙《儋州志》重修姓氏）

曾之撰，澄迈人。清康熙十一年（1672）同修《澄迈县志》。（康熙十一年《澄迈县志》重修县志姓氏）

曾志清，清琼山人。著有《水农庄诗草》一卷。（民国《琼山县志》卷二十）

曾志耀，字体焕，号晓村，儋州人。能文工诗，酷嗜苏集，吟咏不辍。清道光二十九年（1849）己酉拔贡，年六十一铨选河源教谕。四年后卒于任。著有《守约山房诗集》四卷，散佚无存。（民国《儋县志》卷十六）

张伯琦，字诵珊，琼山人。张冏书父。廪贡生，任翁源学教职。清咸丰五年（1855）与他人创建环江书院。参与编纂《（咸丰）琼山县志》。（民国《琼山县志》卷二十四）

张凤抟（1420—?），明琼山人。三次参加乡试，均未第。后考入太学，赍志而殁。尝辑其友沙文远生前与名公士大夫往还诗文及殁后哀挽之辞，装潢成帙，取名《英华类聚集》。（民国《琼山县志》卷二十）

张嶲（1854—1917），字蓉舫，号芙初，崖州人。清光绪二十三年（1897）丁酉举人。淡泊名利，不慕仕进，返乡任鳌山书院山长。纂修《（光绪）崖州志》。（光绪《崖州志》卷十六，《乐东文史》第二辑）

张绩，原名张纲，号治堂，儋州人。博通经史，能文章，工诗赋，尤精书法。清嘉庆二十三年（1818）戊寅举人，历甘肃省古浪、清水知县，以军功加知州衔。著有《张治堂先生诗集》。（民国《儋县志》卷十一、卷十三、卷十六）

张冏书，清琼山人。张伯琦子。廪生。工诗善书。著有《晓坡遗稿》。（民国《琼山县志》卷二十四）

张履吉，字旋九，琼山人。以岁荐终其身，教授于南湖。清康熙四十五年（1706）知府贾棠聘修《琼州府志》。授灵山司训，年八十四卒于官。著有《南湖稿》藏于家。（乾隆《琼州府志》卷七，乾隆《琼山县志》卷七，咸丰《琼山县志》卷十九）

张廷标，字子芳，号梅坪，清琼山人。著有《经史札记》、《梅坪随笔》、《浇俗山房吟稿》四卷、《浇俗山房文稿》二卷、《海南百咏》等。（民国《琼山县志》卷二十四）

张象昇，清定安人。清康熙间岁贡。校辑《（康熙）定安县志》。（光绪《定安县志》卷五）

张熊祥，字莲士，定安人。清咸丰十一年（1861）辛酉顺天乡试举人。年二十七卒。著有《周易绪论》，未梓。（光绪《定安县志》卷六）

张以海，号礼轩，文昌人。明嘉靖间廪生。参与纂修《（嘉靖）文昌县志》。（康熙《文昌县志》修志姓氏）

张玉崟，琼山人。清乾隆间岁贡，任肇庆训导。订辑《（乾隆）琼山县志》。（乾隆《琼山县志》修志姓氏）

张岳崧（1773—1842），字子骏，又字翰山，号觉庵，又号海山道人，定安人。清嘉庆十四年（1809）己巳科进士，历任翰林院编修、国史馆协修官、会试正考官、文颖馆纂修官、武英馆纂修等职。曾主讲琼州琼台书院、雁峰书院，广州越秀书院、肇庆端溪书院。纂辑《官隆张氏族谱》十二卷。著有《筠心堂文集》十卷、《筠心堂诗集》四卷、《筠心堂外集》三卷、《公牍偶存》一卷、《河北记》（也作《运河北行记》）一卷、《训士录》一卷。（光绪《定安县志》卷六，民国《琼山县志》卷十九，《广东书院制度》）

张钟璘，号金樵，清定安人。附贡，任训导。光绪三年协纂《定安县志》。（光绪《定安县志》同修职名）

张子习，清定安人。由廪贡选德庆训导。著有《学庸述讲》《礼记述要》。（光绪《定安县志》卷六）

张子翼（1527—？），字汝临，号事轩，琼山人。研精六艺，渔猎百家。明嘉靖二十五年（1546）丙午亚魁。授武昌教谕，升陆川知县。著有《事轩摘稿》二卷，海瑞为之序。（咸丰《琼山县志》卷二十，民国《琼山县志》卷二十四）

赵思兼，明会同（今琼海市）人。年十六为廪生。沉迷书史，著有《六书本义增补》。（嘉庆《会同县志》卷八）

赵以濂，崖州人。清光绪间岁贡生。纂修《（光绪）崖州志》。（光绪《崖州志》卷十六）

赵志科，榜名诒志科，号清轩，文昌人。明嘉靖十年（1531）辛卯举人。以母病还官，终身侍养。纂修《（嘉靖）文昌县志》。（康熙《文昌县志》卷七）

郑翱，儋州人。明正德八年（1513）癸酉举人，历官清远司训。卒于官。赋性洒脱，博学工诗。著《女训》，言浅近而义深远。（民国《儋县志》卷十三、卷十六）

郑邦鉴（1902—?），字灼南，崖县人。毕业于广州黄埔军校六期、中央陆军大学将官班乙级四期。曾任陆军八十五师参谋长、军令部参谋处长、虎门要塞副司令等职。著有《诗词的欣赏》。（《琼籍民国将军录》）

郑家鹏，澄迈人。清光绪间岁贡生。协修《（光绪）澄迈县志》。（光绪《澄迈县志》修志姓氏）

郑介民（1898—1959），原名庭炳，字耀全，号杰夫，文昌人。毕业于黄埔军校第二期步兵科、莫斯科中山大学政治科、陆军大学将官班甲级第三期。曾任广西省政府委员、复兴社特务处副处长兼华北区区长、国民政府参谋本部第二厅第三处处长、军令部第二厅中将副厅长、国民政府军事委员会调查统计局副局长、军令部第二厅厅长兼军统局局长、国防部常务次长、行政院物资供应委员会副主任委员等职。后定居台湾。著有《游击战术》《谍报勤务草案》《军事情报学》《中日战争太平洋列强政略的判断》等。（《文昌乡情人物录》《民国人物大辞典》）

郑兰升，民国儋县人。著有《郑兰升先生诗集》。（民国《儋县志》卷十一）

郑乃宪，字仲钦，号柏山，文昌人。困于诸生近二十年，益自奋励。主讲于琼台书院五年。清道光元年（1821）举孝廉方正，辞不就。次年（1822）中举人。年六十八卒。著有《柏山集》。（咸丰《文昌县志》卷十）

郑廷鹄（1505—1563），字元侍，号篁溪，琼山人。明嘉靖七年（1528）戊子举人，十七年（1538）中进士第三名，授工部主事，调仪制郎，升吏科给事中，晋工科左给事，擢江西督学副使，迁江西参政，以母老乞归。筑室石湖，著书自娱。参与增补、勘定邱濬的《吟稿》《类稿》，编为《琼台会稿》十二卷。主持编修《白鹿洞志》十九卷。编辑《武学经传》四十卷。著有《琼志稿》《易说》《春秋说》《礼说》《藿腋集》《兰省掖垣集》《学台集》《石湖集》等。（乾隆《琼州府志》卷七，道光《广东通志》卷三〇二，咸丰《琼山县志》卷十九）

郑文彩，号朴斋，琼山人。肄业于雁峰书院。清道光元年（1821）辛巳恩科举人，屡赴礼部会试不第，任海康教谕。丁艰归里，主讲于雁峰书院。咸丰六年（1856）参与纂修《琼山县志》。纂辑《郑氏族谱》六卷。（民国《琼山县志》卷二十四）

郑以雄，字得王，号乾九，文昌人。精岐黄，著有《[郑以雄]方书》。（咸丰《文昌县志》卷十）

郑炷儒，字亦闇，号玉峰，文昌人。清康熙间生员。编辑《（康熙五十七年）文昌县志》。（咸丰《文昌县志》卷十）

郑子宠，字锡臣，文昌人。清嘉庆元年（1796）丙辰岁贡生。辑有《音义异同辨》。（咸丰《文昌县志》卷十）

钟芳（1476—1544），字仲实，号筠溪，先崖州人，改籍琼山。幼有"崖州神童"之誉，明弘治十四年（1501）辛酉举人，正德三年（1508）戊辰登进士，选翰林院庶吉士，授编修，迁宁国府推官，升漳州同知，擢知府事，升南京户部员外郎，署吏部稽勋司郎中，转考功，后又授浙江提学副使，升广西右参政，继升江西右布政使、南京太常寺卿、兵部右侍郎，改户部右侍郎等职。致仕家居十余年，以书史自娱。晚年卜筑于琼山，居所名曰"对斋"。学博极而精，通贯律历、医卜诸书，被誉为"岭南巨儒"。卒赠右都御史。著有《学易疑义》二卷（朱彝尊《经义考》作三卷）、《春秋集要》十二卷、《崖州志略》四卷、《小学广义》一卷、《皇极经世图续》一卷、《续古今纪要》十卷、《养生举要》（一作《养生纪要》）五卷、《读书札记》二卷、《［筠溪］杂著》一卷、《怡情要览》一卷、《钟筠溪家藏集》三十卷（其中文二十四卷、诗六卷）等。（乾隆《琼州府志》卷七，道光《广东通志》卷三〇一，光绪《崖州志》卷十八）

钟锡福，清澄迈人。廪生。嘉庆二十五年（1820）协辑《澄迈县志》。（光绪《澄迈县志》卷八）

周秉礼，儋州人。岁贡生。清光绪间分纂《儋州志》。（光绪《儋州志》卷十三）

周景，字仰山，号肖溪，琼山人。以易经登清康熙四十四年（1705）乙酉亚魁。纂修《（康熙）琼山县志》。（咸丰《琼山县志》卷二十）

周士第（1900—1979），又名士梯、力行、周平，乐会人。毕业于湘军陆军讲武堂、黄埔军校第一期步科。曾任红军第十五军团参谋长、人民解放军第一兵团副司令员、第十八兵团司令员。新中国成立后，任军委防空军司令。逝世于北京。著有《周士第回忆录》。（《民国广东将领志》）

周文海，本名绍谟，字铁铮，以号行，儋县人。广东公立警监专门学校毕业。历任高明、感恩县长，儋县参议会正议长。主修《（民国）感恩县志》，分纂《（民国）儋县志》。（民国《儋县志》修志职名）

周学实，清乐会人。恩贡，铨选直隶州州判。宣统三年（1911）纂修《乐会县志》。（宣统《乐会县志》卷五）

周语，澄迈人。清嘉庆间府学岁贡。协辑《（嘉庆）澄迈县志》。（光绪《澄迈县志》卷八）

周栽彬，海南人。民国三十二年（1943）任保亭县长。著有《海南岛抗战概观与我的抗战自写》。（《海南文献总目》）

周至德，琼山人。明万历二十三年（1595）以岁贡任翁源训导。纂修《翁源县志》。（康熙二十五年《翁源县志》原修姓氏）

朱照南，万州人。清嘉庆十四年（1809）己巳恩贡。赴监肄业，报满，即用教谕。嘉庆二十四年（1819）和道光间两次分纂《万州志》。（道光《万州志》卷二）

祝嘉（1899—1995），字乙秋，曾用名祝朝会，文昌人。毕业于广东省立第一中学。曾任社会教育学院副教授。精研书法理论，著作颇丰。编有《军国民诗话》《书学格言》《书学》。著有《艺舟双楫疏证》《广艺舟双楫疏证》《书学简史》《怎样写字》《愚盦书话》《愚盦碑话》《祝嘉字学论丛》《书法三要》《书学新论》《楷法初步》《临书丛谈》《悬臂论》《书学格言疏证》《论书的结构》《论书十二绝句》《书学论集》《书法罪言》《逆耳集》《书法管窥》《王羲之与郑道昭》《郑道昭及其云峰石刻》《汉代书学与汉碑》《六朝的书学》《祝嘉书学论丛》《祝嘉书学论文集》《历代书论选辑疏证》《宋元明清书论选辑疏证》《现代书论选辑疏证》《衍极疏证》《法书要录疏证》《墨薮疏证》《临池心解疏证》

《书概疏证》《笔法探微疏证》《书法雅言疏证》《书法粹言疏证》《频罗庵论书疏证》《书学析疑》《题跋学与书学》《行草论》《谈汉简》《劳动人民的书法》等。(《海南名人辞典》)

卓浩然（1888—1978），号养吾，儋州人。民国十四年（1925）毕业于北平中国大学文科哲学系。曾任陵水县长、海口市民政局局长、琼山县立中学教务长、儋县县立中学首任校长兼儋县党部监察委员、天津北宁铁路特别党部总务主任、南京中央警官学校干事、琼崖《国民日报》编辑主任等职。创办琼西中学，并任校长。著有《哲学概论略述》《宋教仁传》《养吾山房诗稿》等。(《海南文史资料》第八辑)

著者索引

A
敖雍鸣／270

B
白符丁／243
白符乙／243
白乐英／243
白绍拔／195
白世泰／243
白思谦／243
白莹／243
白玉蟾／408
包三易／243
包显祖／389
鲍作梁／270

C
蔡邦基／243
蔡本江／1
蔡常／1
蔡承瑚／1
蔡宠／400
蔡楚生／1
蔡鼎／389
蔡藩／408
蔡非／1
蔡馥生／1
蔡侯绶／243
蔡怀清／1
蔡继绅／1
蔡家驹／270
蔡家泰／1
蔡金润／408
蔡锦青／195
蔡敬侯／389
蔡敬翔／2

蔡俊心／2
蔡连辉／2
蔡麟士／2
蔡麟祥／2
蔡梦香／2
蔡鹏云／2
蔡齐基／257
蔡翘／2
蔡任渔／2
蔡润卿／2
蔡士烈／2
蔡世英／112
蔡廷锴／337
蔡微／408
蔡文兰／3
蔡熙俊／243
蔡心觉／3
蔡学瀛／3
蔡仰高／3
蔡应嵩／195
蔡英元／3
蔡幼云／3
蔡召似／3
蔡肇仞／3
蔡中孚／3
蔡卓勋／3
曹愃／263
曹濬来／243
曹梓材／270
曹子材／270
曹宗／3
岑观海／389
岑国士／337
岑家梧／408
岑麟祥／389
岑麒祥／389

岑氏／389
岑文光／270
岑一麒／270
车鹤年／195
车鸣时／195
陈拔萃／3
陈邦基／4，347
陈邦让／4
陈宝瑛／4
陈宝瑜／4
陈保定／270
陈贲／4
陈本／270
陈必捷／4
陈必勤／4
陈忭／408
陈璸／400
陈秉文／347
陈秉彝／270
陈炳光／270
陈炳章／112，270
陈波儿／4
陈伯良／4
陈伯瑜／4
陈步墀／4
陈昌齐／400
陈昌言／195
陈昌誉／263
陈常／195
陈超／5
陈朝珍／270
陈成禹／5
陈炽／400
陈翀凤／271
陈畴／112，347
陈筹／5

陈出奇／408
陈春第／347
陈纯修／347
陈琮／263
陈达衢／5
陈大勋／112
陈大有／408
陈大章／408
陈岱山／5
陈旦／271
陈道行／112
陈道源／347
陈德彬／271
陈德涵／195
陈德鑫／271
陈德周／389
陈登榜／5
陈登泰／5
陈迪／271
陈帝诏／347
陈殿元／195
陈鼎元／195
陈锭／271
陈端蒙／195
陈多缘／5
陈鹗荐／112
陈恩成／112
陈二南／195
陈蕃／5
陈方平／6
陈非罴／196
陈斐琴／113
陈丰仁／6
陈凤山／6
陈凤兮／6
陈复道／400

陈复衡 / 6	陈金闿 / 243	陈龙庆 / 8	陈儒瑛 / 409
陈复正 / 196	陈金声 / 6	陈侣璿 / 348	陈汝霖 / 348
陈刚夫 / 196	陈锦汉 / 7	陈纶 / 272	陈汝南 / 9
陈皋 / 113	陈经邦 / 8	陈美济 / 263	陈汝松 / 337
陈高飞 / 6	陈经国 / 8	陈猛孙 / 113	陈瑞昌 / 348
陈庚 / 400	陈经合 / 196	陈名仪 / 8	陈瑞元 / 196
陈光世 / 6	陈景棻 / 401	陈鸣鹤 / 8	陈濬业 / 390
陈珪 / 347	陈景遇 / 7	陈鸣岐 / 8	陈上达 / 273
陈桂芳 / 271	陈景云 / 7	陈铭恭 / 113	陈尚翔 / 348
陈国本 / 271	陈景鎏 / 401	陈铭枢 / 389	陈尚志 / 9
陈国材 / 196	陈炯明 / 196	陈模 / 263	陈少梅 / 9
陈国栋 / 409	陈九成 / 272	陈楠 / 196	陈绍箕 / 273
陈国藩 / 400	陈九如 / 409	陈槃 / 113	陈绍贤 / 9
陈国光 / 347	陈居邦 / 348	陈培琛 / 114	陈绍熊 / 273
陈国华 / 113	陈居诚 / 401	陈培桂 / 272	陈绍璿 / 349
陈国儒 / 271	陈珏 / 7	陈培珩 / 114	陈绍选 / 349
陈国英 / 6	陈君典 / 401	陈培玮 / 114	陈圣宗 / 349
陈翰华 / 400	陈君谋 / 401	陈培玉 / 8	陈诗 / 409
陈和乐 / 271	陈峻典 / 389	陈沛 / 348	陈时 / 273
陈河书 / 401	陈骏烈 / 7	陈丕显 / 401，409	陈实 / 409
陈龢兆 / 271	陈恺 / 7	陈飘云 / 114	陈士鼎 / 9
陈贺春 / 409	陈楷 / 113，348	陈朴庵 / 8	陈士复 / 9
陈恒昌 / 196	陈克恭 / 348	陈期昌 / 9	陈士规 / 10
陈衡 / 271	陈克华 / 7	陈其琛 / 348	陈士圹 / 10
陈虹 / 6	陈奎昌 / 389	陈其琮 / 409	陈士龙 / 197
陈洪 / 196	陈兰彬 / 348	陈其峨 / 401	陈士模 / 114
陈鸿炎 / 272	陈烺 / 409	陈其藻 / 114	陈士荃 / 115
陈焕 / 196	陈李氏 / 348	陈其章 / 9，273	陈士晟 / 349
陈焕章 / 6，272	陈立仁 / 272	陈奇 / 273	陈世璁 / 10
陈及时 / 263	陈㷭 / 272	陈祺谦 / 273	陈是集 / 410
陈济 / 347	陈琏 / 272	陈启益 / 9	陈守镔 / 10
陈济卿 / 196	陈良弼 / 7	陈启育 / 9	陈守谊 / 10
陈济棠 / 389	陈林锋 / 7	陈憩南 / 9	陈首魁 / 349
陈继烈 / 409	陈林皋 / 7	陈乔森 / 401	陈寿庚 / 349
陈家骥 / 272	陈琳 / 7	陈钦 / 273	陈寿祺 / 197
陈家庆 / 347	陈璘 / 243	陈青槐 / 196	陈书翼 / 10
陈嘉谟 / 6，409	陈缤 / 409	陈球图 / 337	陈暑木 / 10
陈简 / 401	陈灵犀 / 8	陈铨 / 114	陈树邦 / 273
陈建家 / 196	陈凌千 / 8	陈任樑 / 113	陈舜系 / 349
陈鉴 / 347	陈六徵 / 348	陈荣基 / 273	陈斯概 / 349
陈捷 / 409	陈龙光 / 8，113	陈茹玄 / 114	陈松龄 / 10

陈松年 / 257	陈祥泮 / 274	陈映垣 / 115	陈张元 / 350
陈崧 / 115	陈相才 / 274	陈庸 / 14	陈璋润 / 350
陈嵩良 / 349	陈新铨 / 197	陈用拙 / 257	陈兆检 / 197
陈肃 / 10	陈炘 / 402	陈有懿 / 115	陈兆兰 / 15
陈所能 / 410	陈雄略 / 349	陈有壮 / 410	陈兆蓉 / 15
陈泰年 / 10	陈雄思 / 12	陈于燨 / 14	陈兆瑞 / 116
陈昙 / 197	陈修 / 12	陈虞典 / 390	陈肇纲 / 116
陈特向 / 11	陈徐 / 115	陈屿 / 14	陈贞 / 411
陈天然 / 410	陈珝 / 274	陈玉表 / 349	陈振声 / 197
陈天生 / 11	陈旭初 / 263	陈玉堦 / 14	陈振源 / 390
陈天啸 / 11	陈序经 / 410	陈昱 / 116	陈镇庭 / 15
陈天资 / 11	陈煦 / 115	陈毓芬 / 402	陈徵兰 / 274
陈铁耕 / 115	陈宣 / 274	陈毓浤 / 410	陈政新 / 350
陈廷策 / 11	陈宣直 / 12	陈毓姜 / 410	陈之初 / 15
陈廷谔 / 197	陈瑄孚 / 410	陈元 / 274	陈之璩 / 197
陈廷光 / 11	陈学典 / 13	陈元焯 / 116	陈之修 / 411
陈廷泰 / 197	陈学海 / 402	陈元德 / 14	陈芝 / 15
陈廷秀 / 349	陈学湛 / 274	陈元光 / 14	陈植隆 / 257
陈庭凤 / 115	陈延秀 / 13	陈元辉 / 274	陈植森 / 274
陈溯 / 11	陈沇 / 13	陈元濬 / 14	陈志强 / 15
陈图 / 273	陈衍 / 13	陈元绪 / 411	陈志远 / 274
陈抟夫 / 11	陈衍虞 / 13	陈元煜 / 116	陈质平 / 411
陈万言 / 273	陈燕茂 / 349	陈元震 / 244	陈治平 / 350
陈王猷 / 11	陈尧 / 274	陈元柱 / 411	陈致乐 / 117
陈望 / 349	陈瑶阶 / 390	陈沆 / 14	陈智乾 / 350
陈韦宽 / 11	陈要 / 274	陈曰侃 / 116	陈铸球 / 117
陈伟 / 273	陈耀南 / 115	陈粤人 / 116	陈卓凡 / 15
陈文思 / 12	陈耀堂 / 257	陈云 / 15	陈卓坤 / 117
陈文希 / 12	陈耀章 / 115	陈云坡 / 15	陈滋畬 / 117
陈文元 / 337	陈一峰 / 115	陈云史 / 116	陈子承 / 16
陈无那 / 12	陈一松 / 13	陈允谦 / 197	陈子恭 / 402
陈武 / 410	陈怡黼 / 410	陈运 / 197	陈子桧 / 275
陈西园 / 273	陈艺衡 / 13	陈运棠 / 257	陈子玑 / 275
陈希伋 / 12	陈异光 / 337	陈运彰 / 15	陈子锴 / 338
陈希之 / 12	陈镒 / 349	陈在宸 / 350	陈子明 / 117
陈熙昌 / 197	陈毅斋 / 13	陈在谦 / 274	陈子杏 / 275
陈禧 / 12	陈釜 / 115	陈则蕃 / 116	陈梓 / 350
陈先 / 12	陈应芳 / 410	陈泽霖 / 15	陈自杰 / 350
陈先声 / 12	陈应时 / 197	陈瞻菉 / 15	陈自修 / 117
陈显 / 273	陈应义 / 337	陈展骐 / 116	陈宗琛 / 411
陈乡钦 / 390	陈英猷 / 13	陈展云 / 116	陈宗器 / 244

陈宗锡 / 275
陈宗绪 / 402
陈宗彝 / 16
陈作栋 / 275
陈作新 / 350
陈作舟 / 16
成兆侯 / 258
程德光 / 350
程德恒 / 275
程履祥 / 350
程天瑜 / 275
程祥 / 275
程一林 / 411
程榛 / 275
池焕圻 / 117
池用我 / 16
崔成达 / 275
崔景颢 / 350
崔士风 / 16
崔守大 / 350
崔嗣武 / 350
崔腾云 / 351
崔亚基 / 351
崔翼周 / 351
崔有玲 / 275
崔云登 / 351

D

戴恩赛 / 117
戴高 / 16
戴家驹 / 263
戴锦 / 197
戴冋 / 16
戴漉巾 / 16
戴纶 / 264
戴平万 / 16
戴尚礼 / 351
戴澍霖 / 16
戴希文 / 16
戴希曾 / 16
戴熙 / 264

戴裔煊 / 276
戴毅 / 17
戴贞素 / 17
邓邦俊 / 402
邓必昌 / 264
邓承修 / 198
邓定远 / 402
邓尔慎 / 17
邓尔瑱 / 17
邓发 / 338
邓飞鹏 / 276
邓峰 / 411
邓光衢 / 258
邓际昌 / 198
邓家栋 / 117
邓建铭 / 402
邓建信 / 276
邓金鎏 / 276
邓金鼐 / 338
邓克修 / 244
邓琳 / 276
邓龙光 / 351
邓抡斌 / 198
邓抡芳 / 198
邓抡英 / 244
邓茂英 / 351
邓懋宣 / 258
邓名圆 / 17
邓启南 / 402
邓卿云 / 258
邓士芬 / 244
邓嗣沅 / 351
邓嗣玥 / 244
邓廷球 / 258
邓序铭 / 264
邓学恭 / 244
邓演存 / 198
邓演达 / 198
邓荫南 / 276
邓鋆中 / 276
邓雎昌 / 198

邓屿 / 411
邓毓洛 / 351
邓元光 / 276
邓元玮 / 258
邓元勋 / 276
邓瑗 / 244
邓允燧 / 244
邓展骢 / 276
邓直 / 244
邓卓能 / 277
邓子宾 / 277
邓宗龄 / 402
邓鑽先 / 198
佃介眉 / 17
刁斗衡 / 117
刁临云 / 199
刁敏谦 / 117
刁庆湘 / 118
刁显扬 / 199
刁晏平 / 118
刁作谦 / 118
丁瓛 / 402
丁对魁 / 411
丁翰熙 / 390
丁惠康 / 17
丁惠钊 / 17
丁可均 / 411
丁乃潜 / 17
丁能裕 / 390
丁培慈 / 17
丁日昌 / 17
丁汝旻 / 402
丁思益 / 18
丁衍镛 / 351
丁颖 / 351
丁韵初 / 18
丁兆蛟 / 411
丁兆启 / 402
丁宗洛 / 402
丁宗闽 / 403
董晨兴 / 352

董狐笔 / 352
杜观光 / 18
杜国庠 / 18
杜汉章 / 18
杜克绍 / 411
杜良田 / 338
杜林芳 / 199
杜茂英 / 18
杜乃文 / 199
杜如曦 / 277
杜腾英 / 18
杜仰甫 / 199
杜以宽 / 411
杜钟南 / 199

F

范秉元 / 18
范昌乾 / 18
范贵春 / 277
范汉杰 / 19
范会国 / 412
范蕾 / 19
范丕和 / 277
范锜 / 19
范秋圃 / 19
范荣怀 / 19
范绍蕃 / 19
范绍芳 / 19
范生洸 / 19
范树人 / 19
范松龄 / 20
范锡谋 / 277
范煊 / 244
范学经 / 412
范引颐 / 20
范元凯 / 20
范沄 / 20
范贞士 / 20
范之准 / 20
范子英 / 20
方昌岐 / 20

方朝安 / 20	冯河清 / 412	冯伊湄 / 199	甘清芬 / 280
方重光 / 20	冯侯 / 412	冯以锡 / 278	甘松生 / 244
方敦际 / 20	冯汇 / 277	冯益昌 / 278	甘永焕 / 200
方方 / 20	冯汇文 / 277	冯翼之 / 244	甘在中 / 118
方凤元 / 390	冯晦 / 244	冯莹德 / 118	高伯雨 / 23
方光 / 199	冯骥声 / 412	冯咏蒨 / 279	高崇 / 119
方洪学 / 21	冯剑南 / 22	冯咏芝 / 279	高遴 / 244
方纪生 / 21	冯玠 / 412	冯誉骢 / 279	高日化 / 23
方嘉发 / 21	冯锦 / 277	冯誉骥 / 279	高式震 / 352
方均 / 244	冯九章 / 277	冯誉驹 / 279	高维汉 / 119
方乃斌 / 21	冯克成 / 412	冯元钊 / 279	高维嵩 / 119
方尼姑 / 21	冯铿 / 22	冯媛 / 352	高谪生 / 414
方三朋 / 21	冯奎显 / 278	冯钺 / 279	戈息 / 338
方绍佰 / 21	冯兰阶 / 278	冯昭文 / 279	龚朝伸 / 280
方声亮 / 21	冯联光 / 412	冯植森 / 279	龚朝侠 / 280
方士敦 / 21	冯胪高 / 278	冯重熙 / 199	龚楚 / 245
方挺芳 / 21	冯弥光 / 278	冯子良 / 22	龚少侠 / 414
方宣教 / 21	冯敏昌 / 390	冯祖昌 / 279	龚以时 / 23
方雪香 / 199	冯铭思 / 199	冯祖禧 / 279	龚章 / 200
方勋 / 21	冯泮泗 / 352	冯祖尧 / 258	辜朝荐 / 23
方尧佐 / 21	冯霈 / 278	符大傅 / 413	辜兰凰 / 23
方耀 / 21	冯奇略 / 352	符定中 / 413	古成之 / 200
方应裯 / 22	冯启蓁 / 278	符家麟 / 413	古词 / 119
方月帆 / 22	冯谦 / 413	符敬 / 413	古大存 / 119
方云起 / 22	冯儒重 / 413	符龙章 / 413	古大鲲 / 280
方赞襄 / 22	冯劭峻 / 278	符罗飞 / 413	古革 / 119
方之孝 / 22	冯绍龄 / 390	符奇 / 413	古巩 / 119
冯邦柱 / 390	冯师韩 / 278	符乾 / 403	古光庭 / 119
冯宝瑛 / 199	冯师元 / 278	符衢亨 / 413	古鸿烈 / 119
冯□倍 / 277	冯士镶 / 391	符显钦 / 414	古开文 / 119
冯璧 / 277	冯士淳 / 391	符信昌 / 414	古铠 / 119
冯彬 / 403	冯士奇 / 413	傅光瑢 / 118	古连 / 120
冯璸 / 412	冯瘦菊 / 22	傅理光 / 279	古楳 / 120
冯博 / 277	冯素秋 / 22	傅世弼 / 338	古汝达 / 120
冯昌平 / 277	冯廷凤 / 413	傅思达 / 118	古思诚 / 120
冯朝绅 / 390	冯维仁 / 413	傅修 / 22	古尧民 / 280
冯大伟 / 352	冯锡年 / 413	傅增 / 118	古召保 / 352
冯典夔 / 277	冯宪章 / 118	傅兆麟 / 118	古直 / 120
冯耿光 / 412	冯星行 / 278	傅作霖 / 279	顾锦泮 / 280
冯官尧 / 412	冯璿乾 / 278		顾鸣鸾 / 280
冯光宗 / 412	冯一夔 / 278	**G**	顾云龙 / 280
		甘大昕 / 280	

447

顾兆桢 / 280	郭寿华 / 25	韩鸣鸾 / 201	何昆玉 / 282
关鼎汉 / 391	郭寿枟 / 25	韩绮如 / 201	何瑯 / 282
关景熹 / 280	郭叔云 / 25	韩晏 / 201	何利侯 / 121
关培萱 / 280	郭天健 / 25	韩日缵 / 201	何龙翔 / 28
关世楷 / 338	郭天褆 / 26	韩荣光 / 201	何逦黄 / 121
关文清 / 280	郭天祯 / 26	韩如璜 / 201	何南凤 / 121
关文运 / 200	郭廷翰 / 245	韩绍兴 / 201	何南钰 / 202
关信 / 338	郭廷相 / 245	韩晟 / 201	何其彬 / 338
关英贤 / 338	郭廷序 / 26	韩寅光 / 201	何其钫 / 282
关振宗 / 281	郭维潮 / 26	韩悦思 / 352	何其杰 / 121
官焕扬 / 264	郭性芝 / 26	韩之潮 / 403	何其谋 / 282
官清 / 200	郭秀峰 / 352	韩祖循 / 403	何其聘 / 121
官桢扬 / 264	郭一骅 / 245	何百侯 / 352	何其遇 / 339
官政仪 / 264	郭一骥 / 245	何保之 / 258	何庆龄 / 264
官志春 / 264	郭颖 / 26	何彬 / 281	何铨谶 / 282
管又新 / 120	郭永镳 / 281	何斌 / 281	何任清 / 122
管植桓 / 23	郭永达 / 281	何秉鉴 / 281	何榕年 / 282
郭炳光 / 391	郭玉龙 / 26	何秉钧 / 27	何融 / 28
郭餐雪 / 23	郭元龙 / 26	何朝章 / 27	何如 / 122
郭大章 / 245	郭赞臣 / 26	何承天 / 121	何如璋 / 28
郭德庵 / 23	郭兆霖 / 26	何传瑶 / 281	何汝坚 / 245
郭迪 / 23	郭真顺 / 26	何春才 / 121	何汝聪 / 282
郭殿捷 / 23	郭正嘉 / 245	何淙 / 201	何深 / 202
郭笃士 / 23	郭之奇 / 27	何大擢 / 415	何翔堂 / 28
郭辅畿 / 24	郭之煦 / 27	何殿屏 / 121	何诗迪 / 258
郭冠杰 / 120	郭中城 / 27	何定生 / 27	何士果 / 28
郭光 / 24	郭壮圻 / 391	何放之 / 27	何士旂 / 415
郭光墀 / 24	郭子翼 / 27	何孚光 / 27	何士墉 / 264
郭光海 / 24		何庚生 / 338	何氏 / 282
郭海 / 24	**H**	何冠梧 / 281	何适 / 282
郭汉鸣 / 24	海瑞 / 414	何海 / 121	何寿康 / 202
郭焕 / 281	韩璧如 / 200	何汉昭 / 27	何叔夷 / 28
郭经 / 24	韩朝芳 / 200	何宏京 / 281	何探源 / 29
郭霖沅 / 25	韩汉英 / 414	何基祺 / 281	何天炯 / 122
郭凌霄 / 264	韩槐准 / 414	何锦华 / 281	何天龙 / 245
郭鸣岐 / 25	韩晃 / 200	何劲秋 / 415	何天瑞 / 122
郭翘然 / 121	韩建勋 / 414	何晋梯 / 27	何廷楠 / 202
郭铨 / 25	韩锦云 / 415	何炯璋 / 121	何廷赞 / 245
郭任远 / 25	韩敬时 / 415	何爵三 / 28	何同璋 / 29
郭日绩 / 25	韩履泰 / 200	何俊 / 282	何玮 / 352
郭氏 / 391	韩鸣金 / 200	何俊傅 / 201	何文英 / 282

何侠 / 29	侯节 / 30	胡一声 / 124	黄德容 / 31
何显祖 / 202	侯汝耕 / 123	胡霙 / 125	黄登俊 / 391
何心石 / 122	侯世禄 / 284	胡永滨 / 125	黄登瀛 / 285
何鑫 / 29	侯寿祺 / 123	胡誉 / 415	黄典元 / 353
何星 / 282	侯嗣章 / 123	胡毓寰 / 125	黄殿楫 / 125
何熊贞 / 283	侯藤 / 123	胡元文 / 202	黄殿中 / 31
何衍璿 / 283	侯文邦 / 284	胡瓒 / 31	黄鼎 / 415
何耀秋 / 122	侯祥川 / 30	胡之宾 / 246	黄鼎可 / 285
何一麒 / 283	侯遇南 / 245	黄滁 / 206	黄奋昌 / 285
何异鹏 / 283	侯运庆 / 123	黄安澜 / 202	黄凤祯 / 285
何逸夫 / 29	侯载赓 / 123	黄邦镇 / 284	黄服尧 / 203
何映柳 / 122	侯柱臣 / 124	黄彬 / 125	黄根培 / 203
何永盛 / 258	胡宾王 / 245	黄秉艮 / 391	黄谷柳 / 125
何永泰 / 283	胡彬然 / 339	黄秉勋 / 285	黄观清 / 126
何勇仁 / 283	胡昶 / 124	黄炳 / 265	黄冠 / 203
何育斋 / 29	胡辰亮 / 124	黄炳枢 / 125	黄贯中 / 203
何遹骏 / 29	胡定 / 264	黄炳垣 / 285	黄衮 / 285
何元 / 283	胡公木 / 31	黄病佛 / 31	黄国卿 / 31
何瑷玉 / 283	胡惠德 / 284	黄伯龙 / 125	黄海章 / 126
何曰珮 / 283	胡近礼 / 124	黄步蟾 / 203	黄汉光 / 285
何允衢 / 415	胡景莘 / 284	黄蟾桂 / 31	黄翰元 / 339
何衷煦 / 29	胡敬业 / 284	黄昌麟 / 125	黄和春 / 126
何准 / 353	胡君防 / 258	黄宸 / 203	黄河 / 31
何佐治 / 283	胡来臣 / 245	黄城 / 246	黄河清 / 403
贺南凤 / 29	胡兰枝 / 124	黄澄 / 285	黄河源 / 285
贺一弘 / 29	胡濂 / 415	黄充 / 353	黄鹤仪 / 353
洪道南 / 415	胡凌汉 / 124	黄传善 / 31	黄洪桂 / 203
洪已任 / 30	胡懋 / 245	黄纯仁 / 125	黄鸿宾 / 31
洪灵菲 / 30	胡其焕 / 339	黄淳 / 415	黄鸿文 / 203
洪泮洙 / 403	胡深 / 202	黄慈孙 / 246	黄鸿藻 / 126
洪朴友 / 30	胡士瑜 / 415	黄琮 / 31	黄华 / 31
洪启翔 / 123	胡世祥 / 202	黄萃芳 / 353	黄华信 / 353
洪应科 / 391	胡寿颐 / 264	黄大勋 / 125	黄淮 / 285
洪楠 / 30	胡树东 / 339	黄大耀 / 353	黄焕杰 / 126
洪云龄 / 403	胡泰来 / 284	黄代垣 / 258	黄晁 / 203
侯达 / 123	胡镗 / 124	黄道禧 / 31	黄晖吉 / 339
侯鼎芬 / 284	胡天铭 / 202	黄德传 / 353	黄惠然 / 32
侯藩 / 284	胡威凤 / 415	黄德厚 / 353	黄基 / 126
侯枫 / 30	胡锡侯 / 124	黄德燨 / 203	黄际清 / 32
侯过 / 123	胡曦 / 124	黄德峻 / 285	黄际遇 / 32
侯畿 / 123	胡夏瑚 / 284	黄德溥 / 258	黄济 / 126

黄家汉 / 353　黄平 / 127　黄叔培 / 33　黄小帆 / 129
黄家泽 / 32　黄平辉 / 204　黄树宾 / 354　黄小宋 / 391
黄嘉树 / 203　黄朴之 / 32　黄树华 / 205　黄许嵘 / 286
黄见龙 / 32　黄其昌 / 354　黄树棠 / 205　黄勗吾 / 34
黄见祯 / 415　黄其升 / 204　黄舜相 / 205　黄绪虞 / 34
黄建爵 / 246　黄其章 / 204　黄思睿 / 404　黄学序 / 205
黄荐鹗 / 126　黄奇勋 / 339　黄嵩南 / 128　黄岩 / 129
黄介 / 203　黄奇遇 / 33　黄损 / 258　黄衍启 / 34
黄金济 / 203　黄琪翔 / 127　黄天鹏 / 33　黄阳复 / 129
黄金阶 / 203　黄琦 / 33　黄廷标 / 128　黄仰贤 / 205
黄金树 / 353　黄琦才 / 204　黄廷圭 / 354　黄遥 / 246
黄金台 / 203　黄启祥 / 204　黄庭经 / 34　黄钥 / 205
黄金佑 / 126　黄器先 / 246　黄峥 / 354　黄药眠 / 129
黄锦 / 32，203　黄谦 / 416　黄挽澜 / 128　黄燿堃 / 129
黄锦璋 / 416　黄乾修 / 33　黄惟濂 / 265　黄耀菱 / 206
黄缙 / 203　黄强 / 204　黄维纲 / 34　黄一渊 / 35
黄兢初 / 127　黄清芬 / 128　黄维清 / 128　黄应虬 / 286
黄景韩 / 353　黄清渭 / 204　黄伟光 / 354　黄莹章 / 130
黄景星 / 403　黄清雅 / 403　黄伟明 / 205　黄瀛海 / 130
黄均辕 / 353　黄权 / 339　黄伟卿 / 34　黄瀛士 / 130
黄恺 / 353　黄铨 / 354　黄位中 / 354　黄应嵩 / 130
黄铿 / 353　黄人雄 / 33　黄炜元 / 34　黄英焕 / 206
黄枯桐 / 127　黄荣广 / 204　黄文博 / 128　黄瀛洲 / 286
黄鲲翔 / 285　黄榕增 / 205　黄文鹄 / 128　黄用德 / 206
黄乐三 / 127　黄如兰 / 205　黄文衮 / 286　黄友谋 / 130
黄笠芗 / 32　黄如杙 / 354　黄文杰 / 128　黄有凤 / 286
黄琏 / 286　黄汝隆 / 205　黄文英 / 128　黄雨岩 / 35
黄亮 / 127　黄汝瀛 / 205　黄武城 / 205　黄雨滋 / 354
黄麟书 / 204　黄商霖 / 205　黄烯 / 205　黄玉明 / 354
黄炉 / 354　黄尚选 / 246　黄锡圭 / 339　黄玉清 / 206
黄梅客 / 127　黄绍岐 / 128　黄锡珪 / 128　黄元辅 / 416
黄梅庾 / 204　黄慎 / 33　黄锡冕 / 354　黄元律 / 355
黄梦选 / 32　黄诗贤 / 33　黄锡铨 / 129　黄远谟 / 416
黄名世 / 354　黄史庭 / 33　黄锡瓒 / 129　黄约 / 286
黄鸣凤 / 127　黄士锃 / 265　黄习畴 / 129　黄泽浦 / 35
黄鸣岐 / 32　黄士羲 / 128　黄仙春 / 34　黄泽泉 / 355
黄墨园 / 204　黄士贵 / 286　黄先芹 / 258　黄占春 / 130
黄慕松 / 127　黄世慈 / 286　黄祥麟 / 129　黄钊 / 130
黄南伟 / 204　黄世杰 / 33　黄翔凤 / 129　黄兆荣 / 35
黄培南 / 286　黄守汉 / 416　黄享吉 / 205　黄诏年 / 246
黄培元 / 354　黄守谊 / 286　黄象金 / 246　黄珍吾 / 416

黄振成 / 206	简惺中 / 287	柯有遇 / 356	蓝珖 / 339
黄振汉 / 130	简耀宗 / 259	柯远芬 / 132	蓝继沅 / 133
黄震球 / 130	简于言 / 287	柯仲攀 / 36	蓝梦潮 / 246
黄镇球 / 130	江逢辰 / 206	孔繁枝 / 287	蓝荣熙 / 287
黄镇中 / 416	江国澄 / 355	孔傅睿 / 287	蓝山 / 36
黄之璧 / 286	江楫才 / 132	孔芥 / 356	蓝绳根 / 133
黄之骏 / 131	江家桂 / 355	孔鍊臣 / 36	蓝嗣兰 / 36
黄之淑 / 355	江鸣鹤 / 207	孔庆枢 / 287	蓝通经 / 133
黄芝生 / 404	江鹏矞 / 207	孔宪彭 / 391	蓝霪 / 133
黄知元 / 391	江璟 / 355	孔学礼 / 287	蓝应袭 / 36
黄植文 / 206	江任之 / 207	孔学周 / 207	蓝应裕 / 36
黄治鉴 / 206	江汝为 / 207	孔元体 / 132	劳安 / 391
黄中流 / 404	江绍仪 / 207	孔元祚 / 132	劳士祯 / 288
黄钟鸣 / 35	江慎中 / 355	孔昭爌 / 287	劳世选 / 288
黄仲安 / 131	江泰和 / 355	孔仲南 / 287	劳炫 / 391
黄仲潛 / 206	江熙和 / 356	邝达卿 / 287	劳有烈 / 392
黄仲琴 / 35	江心传 / 339	邝道行 / 287	劳有为 / 392
黄仲容 / 131	江珣 / 356	邝敠廷 / 36	劳肇光 / 288
黄仲雍 / 131	江应霖 / 356	邝缉熙 / 417	劳忠彧 / 288
黄柱觉 / 355	江应元 / 356	邝世熊 / 207	劳佐文 / 404
黄倬南 / 131	江有灿 / 207	邝廷玉 / 417	黎秉衡 / 133
黄子平 / 355	江元麟 / 207	邝永锴 / 207	黎炳真 / 288
黄子卿 / 131	江月素 / 356		黎昶 / 133
黄子獣 / 206	江仲纶 / 207	**L**	黎贯 / 133
黄子震 / 35	江宗尧 / 356	赖斌 / 356	黎光曦 / 339
黄足临 / 206	姜绸 / 207	赖朝侣 / 207	黎晖吉 / 208
黄祖培 / 131	姜辉岳 / 287	赖怀曾 / 132	黎惠谦 / 133
黄遵庚 / 131	姜业新 / 287	赖汉玑 / 132	黎济榜 / 133
黄遵楷 / 131	姜自驺 / 287	赖慧鹏 / 132	黎嘉谋 / 288
黄遵宪 / 131	蒋勋 / 265	赖连三 / 36	黎杰 / 288
黄佐槐 / 391	揭崇棻 / 356	赖鹏翀 / 133	黎锦文 / 288
黄作槐 / 355	揭行源 / 356	赖鹏奋 / 133	黎景鸾 / 133
	金光绥 / 339	赖少魂 / 36	黎纶芳 / 208
J	金天民 / 35	赖圣召 / 265	黎民铎 / 356
吉大文 / 416		赖堂 / 265	黎民望 / 340
吉际亨 / 132	**K**	赖心亨 / 208	黎佩兰 / 288
吉履青 / 132	康寿峰 / 35	赖新科 / 208	黎蓬仙 / 134
吉章简 / 416	康源 / 356	赖以平 / 208	黎启曙 / 357
吉竹楼 / 132	柯柏年 / 35	赖瀛 / 133	黎全懋 / 134
纪通 / 391	柯呈秀 / 416	赖蕴山 / 356	黎日昇 / 357
简携魁 / 287	柯欣荣 / 35	蓝耿光 / 133	黎汝梅 / 357

黎瑞图／357	李伯芳／246	李杜庐／358	李华／37
黎尚桓／134	李伯震／289	李端／135	李华芝／38
黎绍高／134	李步鳌／357	李敦化／135	李化龙／290
黎时亨／357	李步魁／357	李方荣／136	李怀本／392
黎双懋／134	李沧萍／36	李芳兰／37	李怀禹／137
黎诵尧／340	李昌泗／358	李芳园／37	李瓛／417
黎同吉／208	李畅馥／289	李峰／290	李焕燊／290
黎为熙／288	李畅学／289	李逢恩／358	李滉／38
黎文典／288	李潮淑／135	李逢祥／136	李惠堂／137
黎翔凤／288	李琛／135	李凤辉／136	李季临／359
黎雄才／289	李成芳／392	李凤文／358	李季子／137
黎秀／392	李成琳／37	李凤耀／136	李加勉／38
黎璿潢／134	李成秀／289	李符清／392	李家翰／290
黎衍曾／208	李呈采／289	李黼平／136	李家修／137,246
黎彦坐／289	李乘云／358	李黼章／136	李葭荣／359
黎尧熙／134	李乘运／289	李复／417	李嘉／38
黎耀宗／340	李冲汉／358	李复亨／392	李嘉言／38
黎应谋／208	李充材／358	李刚／246	李坚真／38
黎应期／134	李崇纲／208	李高鹗／358	李锦临／137
黎应时／208	李崇忠／358	李亘／359	李洁之／137
黎玉贞／134	李初荣／289	李拱辰／290	李捷槐／392
黎昱／134	李春山／290	李顾／392	李金发／137
黎毓熙／134	李春元／290	李关／37	李晋寿／138
黎在寅／289	李淳／135	李冠礼／209	李晋熙／404
黎桢／134	李绰／246	李光先／417	李经文／38
黎知逢／289	李茢苞／358	李光信／37	李景山／138
黎遵指／208	李聪彝／208	李光彦／136	李镜池／290
李白华／134	李大超／135	李光昭／136	李驹／138
李栢龄／135	李大痴／135	李国栋／37	李巨栋／138
李邦光／357	李大幹／358	李国京／290	李可成／209
李邦俊／289	李大纲／37	李国平／37	李铿载／138
李邦直／357	李大盛／417	李国相／417	李孔明／246
李邦柱／357	李大性／290	李国香／359	李坤培／290
李宝芳／208	李大有／209	李国选／37	李澜／138
李宝森／36	李大枝／358	李汉魂／359	李阆中／138
李本清／357	李大钟／417	李翰臣／359	李连／291
李本卓／357	李玳馨／135	李鹤舫／359	李联蕃／359
李斌／208	李丹麟／209	李亨／209	李联济／392
李秉康／36	李铛／135	李闳中／136	李联薰／359
李炳／289,392	李钓鳌／37	李鸿荃／290	李联章／38
李炳琨／357	李东绍／358	李虎炳／137	李联珠／360

李林／246	李善邦／139	李廷英／39	李延大／247
李麟祥／360	李善元／291	李王材／361	李延祥／292
李龄／38	李上猷／360	李惟标／361	李燕昌／362
李履祥／360	李上珍／139	李惟扬／292	李耀祥／292
李纶光／138	李尚志／139	李维源／140	李一迪／362
李梅／291，340	李韶清／39	李伟光／361	李一韩／292
李旻／360	李少怀／209	李蔚然／259	李一楫／140
李敏中／392	李绅／209	李文彬／417	李一龙／292
李明连／38	李盛萃／247	李文淮／361	李宜达／362
李铭槃／38	李实／360	李文杰／210	李宜相／363
李穆／291	李士淳／139	李文起／210	李以贞／140
李楠／291	李士林／361	李文泰／362	李翼中／140
李能发／291	李士忠／361	李文沂／362	李应和／417
李培／360	李士周／361	李希果／292	李应甲／40
李培芳／360	李世芳／361	李锡麟／39	李应荐／363
李培元／138	李仕学／39	李锡玮／362	李应珏／363
李霈霖／138	李式准／247	李锡元／362	李英铨／247
李楩／138	李绥青／210	李熙载／340	李英元／292
李平香／38	李述礼／361	李先茂／362	李颖香／392
李其蕃／291	李树苞／361	李贤伟／265	李永锡／40
李其仪／39	李树东／210	李翔枢／140	李犹龙／292
李琦／417	李树岩／247	李向桐／417	李友庄／340
李杞芳／138	李恕／291	李象元／140	李于钰／141
李起鸿／209	李思悦／39	李燮／265	李雨堂／292
李起龙／360	李嗣钰／210	李燮垣／292	李玉蓝／363
李绮青／209	李松庵／139	李心钧／247	李玉茗／363
李乾学／360	李嵩德／39	李欣／210	李玉森／363
李清奎／138	李嵩仑／139	李新时／362	李玉勋／265
李仁／291	李肃度／139	李兴华／362	李郁／363
李仁初／139	李素英／139	李星楼／140	李钰琳／292
李日昌／360	李孙虬／361	李性／140	李毓清／259
李日修／291	李太垣／291	李修梅／140	李元畅／363
李如兰／39	李坛／140	李秀文／292	李元葵／392
李瑞贤／139	李覃量／210	李旭升／39	李元遧／363
李润林／291	李唐／39	李勖／362	李元琳／363
李润垣／291	李腾云／417	李煦寰／210	李元茂／293
李若金／360	李体和／392	李学／259	李元若／363
李三捷／39	李天爵／361	李学鑫／39	李元森／363
李三近／247	李天瑞／210	李学一／210	李元英／293
李色奇／360	李铁夫／140，291	李学曾／362	李曰巽／141
李珊／417	李廷相／392	李勋／39	李岳／293

李岳亭 / 364	连卓琛 / 142	梁国成 / 365	梁日暾 / 40
李云龙 / 393	练恕 / 211	梁国基 / 142	梁日新 / 259
李云鸾 / 293	练廷璜 / 211	梁国载 / 365	梁汝璠 / 366
李云鹏 / 293	梁陞 / 293	梁国璋 / 142	梁汝瑛 / 366
李云翘 / 293	梁安甸 / 364	梁国壮 / 211	梁瑞山 / 296
李槥 / 141	梁珆 / 365	梁寒操 / 295	梁润玉 / 211
李允居 / 364	梁必强 / 417	梁浩文 / 211	梁少航 / 296
李允升 / 40	梁炳汉 / 294	梁焕乾 / 295	梁绍凤 / 296
李允庄 / 210	梁炳云 / 294	梁璜 / 142	梁绍华 / 366
李载熙 / 141	梁伯聪 / 142	梁惠祖 / 393	梁绍椠 / 296
李再荣 / 364	梁伯鸿 / 294	梁际运 / 418	梁身洞 / 211
李在沐 / 259	梁伯谦 / 294	梁继 / 418	梁实珍 / 143
李在中 / 141	梁伯强 / 142	梁甲兴 / 211	梁士贤 / 296
李则芬 / 141	梁曾龄 / 294	梁杰元 / 365	梁式英 / 296
李曾裕 / 357	梁曾秀 / 294	梁经 / 295	梁树勋 / 340
李增荣 / 364	梁曾膺 / 294	梁炯 / 393	梁泰纶 / 366
李占芳 / 141	梁昌甲 / 211	梁居实 / 142	梁滔 / 296
李璋 / 141	梁朝捷 / 211	梁菊东 / 295	梁天桂 / 297
李兆龙 / 364	梁晨栋 / 294	梁宽伍 / 365	梁廷栋 / 297
李兆蓉 / 293	梁偶 / 294	梁匡时 / 295	梁廷赓 / 297
李兆新 / 40	梁成久 / 404	梁夔 / 295	梁庭楷 / 297
李贞 / 141	梁崇 / 142	梁烺皓 / 143	梁霆亨 / 297
李震华 / 293	梁窗达 / 211	梁丽观 / 365	梁挺芳 / 297，366
李震云 / 417	梁纯素 / 365	梁联德 / 365	梁挺观 / 366
李正 / 364	梁达观 / 365	梁廉夫 / 340	梁挺秀 / 366
李正纲 / 293	梁达廷 / 340	梁留生 / 143	梁望洵 / 366
李枝茂 / 364	梁大材 / 340	梁龙 / 143	梁巍 / 366
李志敏 / 141	梁大鹏 / 418	梁龙祥 / 365	梁维城 / 297
李质 / 40，293	梁大同 / 294	梁鸾翔 / 296	梁维栋 / 297
李致临 / 141	梁得所 / 259	梁纶恩 / 143	梁维鞏 / 247
李中培 / 141	梁登甲 / 259	梁梅先 / 365	梁维梓 / 297
李仲生 / 247	梁登印 / 294	梁梦剑 / 40	梁玮 / 297
李仲昭 / 142	梁登瀛 / 142	梁冕 / 296	梁燮唐 / 297
李庄 / 210	梁铎贵 / 365	梁敏 / 296	梁心海 / 297
李卓立 / 364	梁锷 / 294	梁明沧 / 365	梁型 / 297
李孜 / 265	梁恩纶 / 142	梁培桂 / 296	梁修 / 297
李滋达 / 247	梁而珊 / 294	梁普 / 296	梁修作 / 247
李缵昌 / 364	梁发 / 295	梁奇定 / 143	梁宣宾 / 366
李作舟 / 210，364	梁焯 / 295	梁奇通 / 296	梁崖 / 298
利宾 / 210	梁耿光 / 295	梁清 / 340	梁阳桐 / 418
笠僧 / 40	梁观喜 / 295	梁清平 / 296	梁尧龄 / 298

梁耀金 / 366	廖辅叔 / 212	林昌源 / 248	林汉乔 / 146
梁宜中 / 298	廖国器 / 393	林长晖 / 41	林翰 / 146
梁溢 / 298	廖化机 / 144	林超 / 41	林翰贤 / 367
梁寅宇 / 393	廖计百 / 212	林焯镕 / 41	林鹤龄 / 367
梁荧 / 143	廖纪 / 144，418	林朝桢 / 341	林鹤年 / 42，368
梁榕 / 143	廖静波 / 212	林承儇 / 145	林鸿 / 368
梁榕材 / 298	廖立民 / 144	林承藻 / 145	林鸿藻 / 419
梁应麐 / 366	廖鸣球 / 212	林储英 / 418	林湖仁 / 419
梁雍郎 / 366	廖日昌 / 40	林春和 / 299	林华平 / 419
梁犹龙 / 40	廖容 / 144	林春泽 / 367	林惠棠 / 42
梁玉瑜 / 367	廖尚果 / 212	林丛郁 / 299	林家潜 / 42
梁岳 / 40	廖绳祖 / 212	林达泉 / 41	林家侃 / 368
梁云龙 / 418	廖售 / 212	林大川 / 41	林间挺 / 368
梁云骞 / 143	廖淑伦 / 144	林大春 / 41	林建勋 / 43
梁芸 / 298	廖廷翰 / 212	林大华 / 418	林建中 / 43
梁鋆元 / 298	廖廷纶 / 247	林大魁 / 419	林杰 / 368
梁赞燊 / 298	廖文英 / 259	林大钦 / 42	林介烈 / 43
梁展蕴 / 211	廖亚平 / 41	林丹九 / 145	林晋堃 / 368
梁兆亨 / 298	廖燕 / 248	林丹香 / 213	林京元 / 213
梁柘轩 / 143	廖元勋 / 418	林丹云 / 145	林景拔 / 43
梁振鳌 / 298	廖云飘 / 144	林德臣 / 42	林景澜 / 368
梁振芳 / 298	廖云涛 / 144	林德侯 / 42	林隽胄 / 43
梁正宸 / 298	廖贞 / 213	林德辉 / 393	林君勋 / 146
梁之栋 / 298	廖振 / 248	林德骥 / 299	林孔焕 / 146
梁致育 / 298	廖正亨 / 299	林德均 / 367	林魁彦 / 368
梁钟英 / 393	廖衷赤 / 145	林德流 / 367	林魁英 / 368
梁仲光 / 367	廖仲恺 / 213	林德天 / 367	林来祥 / 213
梁卓成 / 299	廖子东 / 145	林德馨 / 213	林琅 / 419
梁卓英 / 299	廖祖季 / 213	林丁峰 / 213	林浪 / 146
梁宗俊 / 367	廖缵先 / 213	林栋 / 367	林砺儒 / 368
梁作楼 / 299	林蔼春 / 248	林鹗 / 419	林莲香 / 214
梁作舟 / 418	林昂 / 41	林斐 / 145	林联桂 / 368
廖安仁 / 143	林拔 / 418	林风眠 / 145	林良铨 / 146
廖必攀 / 247	林百举 / 145	林逢熙 / 42	林龙 / 43
廖芯光 / 143	林邦烽 / 418	林光斐 / 213	林隆徽 / 369
廖秉权 / 144	林葆莹 / 299	林光政 / 213	林隆基 / 369
廖承志 / 211	林晒开 / 213	林广 / 419	林鹿鸣 / 43
廖道传 / 144	林炳章 / 41	林贵芳 / 419	林伦彦 / 146
廖迪雍 / 367	林伯坚 / 145	林桂圃 / 42	林茂森 / 419
廖恩焘 / 211	林布南 / 41	林桂友 / 367	林懋修 / 369
廖凤文 / 144	林昌彝 / 367	林国枌 / 213	林枚佐 / 369

林孟传 / 419	林世恩 / 299	林筱海 / 420	林垣 / 147
林梦鹗 / 43	林世榕 / 45	林孝图 / 147	林苑兰 / 371
林明伦 / 265	林世赏 / 45	林兴祖 / 47	林云陔 / 371
林铭华 / 214	林世远 / 299	林宣铎 / 300	林筼 / 421
林铭球 / 43	林仕猷 / 45	林学行 / 370	林蕴光 / 421
林某 / 299	林式君 / 369	林勋尧 / 300	林泽 / 371
林乃幹 / 146	林式中 / 369	林逊 / 47	林璋器 / 248
林迺焰 / 369	林树声 / 214	林巽 / 47	林召棠 / 371
林能 / 43	林树棠 / 45	林蔚春 / 248	林贞元 / 371
林泮芳 / 299	林硕 / 404	林岩 / 47	林振德 / 47
林培庐 / 44	林思荣 / 420	林衍宗 / 214	林振寰 / 300
林丕洲 / 299	林松 / 45	林彦 / 214	林振雄 / 214
林溥 / 369	林崧 / 45	林宴琼 / 420	林震乾 / 371
林其斐 / 369	林泰雯 / 370	林燕典 / 420	林震煜 / 371
林其翰 / 369	林陶 / 45	林养英 / 420	林峥嵘 / 48
林其芹 / 369	林腾芳 / 420	林耀东 / 248	林之椿 / 421
林启燊 / 341	林天木 / 45	林诒薰 / 370	林之邓 / 421
林乔松 / 44	林廷槐 / 370	林乙莲 / 300	林之原 / 48
林翘 / 404	林廷瓛 / 370	林翼中 / 393	林知本 / 48
林钦明 / 147	林廷桓 / 300	林殷臣 / 47	林植 / 48
林青门 / 44	林廷钧 / 420	林英 / 47, 214, 420	林植棠 / 300
林清扬 / 44	林廷枚 / 300	林瀛 / 420	林中高 / 248
林泉 / 44	林廷式 / 370	林应麟 / 420	林中桧 / 371
林让昆 / 147	林廷玉 / 45	林猷钊 / 420	林中蓝 / 48
林仁贵 / 419	林挺芝 / 46	林友珩 / 147	林中梅 / 300
林日华 / 44	林万仞 / 404	林有功 / 47	林中松 / 371
林荣 / 369	林望欧 / 46	林有誉 / 370	林钟秀 / 300
林如尧 / 393	林温伯 / 370	林佑叙 / 47	林钟英 / 300, 421
林如勋 / 147	林闻誉 / 300	林宇中 / 420	林仲辉 / 372
林儒珍 / 369	林梧 / 420	林玉衡 / 214	林朱赞 / 393
林润 / 369	林希 / 46	林玉润 / 370	林子丰 / 48
林若澜 / 44	林希荫 / 46	林玉树 / 214	林子云 / 301
林山 / 44	林锡爵 / 370	林玉叶 / 214	林紫云 / 372
林善儒 / 214	林锡祺 / 46	林玉莹 / 371	林紫芝 / 372
林上睿 / 44	林熙春 / 46	林遇春 / 147, 371	林缵春 / 421
林绍鹗 / 44	林习经 / 46	林毓瑞 / 420	林作民 / 48
林绍文 / 45	林贤辅 / 300	林元璧 / 47	凌朝荐 / 147
林绳武 / 369	林显荣 / 46	林元蕃 / 147	凌汉 / 394
林士雄 / 45	林显宗 / 370	林元秀 / 47	凌汉皋 / 214
林士元 / 419	林芛黍 / 46	林元楸 / 47	凌汉明 / 214
林士者 / 419	林湘源 / 370		凌汉翔 / 214

凌化育 / 147	刘国璋 / 215	刘瑞葵 / 49	刘星潢 / 302
凌俊章 / 215	刘宏化 / 394	刘润纲 / 394	刘旭 / 50
凌开蔚 / 215	刘竑 / 301	刘润远 / 216	刘学礼 / 249
凌开先 / 215	刘璜 / 49	刘善元 / 49	刘燕勋 / 149
凌联章 / 215	刘玑 / 148	刘尚一 / 148	刘耀曾 / 149
凌氏 / 394	刘际盛 / 301	刘少集 / 49	刘一斋 / 50
凌心亨 / 215	刘家埈 / 301	刘绍武 / 148	刘诒球 / 421
凌心焕 / 215	刘渐造 / 215	刘慎之 / 341	刘裔炫 / 302
凌应劭 / 266	刘鉴仁 / 148	刘声绎 / 49	刘裔煓 / 303
凌用章 / 215	刘介玉 / 301	刘师敬 / 149	刘寅 / 50
凌元驹 / 266	刘景廉 / 301	刘诗海 / 266	刘应时 / 250
凌云 / 248	刘璟 / 301	刘时化 / 249	刘瑛 / 149
刘伴松 / 147	刘均衡 / 49	刘时可 / 302	刘映华 / 50
刘保寰 / 148	刘轲 / 249	刘士木 / 149	刘永芬 / 250
刘伯芙 / 148	刘理培 / 266	刘世铨 / 149	刘油然 / 250
刘伯劳 / 48	刘莲金 / 341	刘世探 / 302	刘友金 / 341
刘昌潮 / 48	刘麟光 / 421	刘世馨 / 302	刘禹轮 / 50
刘朝钥 / 248	刘孟纯 / 215	刘守元 / 49	刘玉堂 / 250
刘承辇 / 301	刘梦赐 / 301	刘淑奇 / 49	刘渊 / 216
刘炽章 / 148	刘名载 / 216	刘述元 / 149	刘元度 / 150
刘传羡 / 301	刘沛然 / 249	刘思桢 / 249	刘元淞 / 303
刘椿年 / 372	刘品金 / 341	刘淞简 / 149	刘元相 / 372
刘纯祖 / 394	刘普凝 / 249	刘谈 / 372	刘云山 / 150
刘大镜 / 301	刘其宽 / 372	刘天然 / 249	刘允 / 50
刘道觉 / 248	刘其宣 / 372	刘铁梁 / 49	刘运熙 / 394
刘道南 / 148	刘奇 / 216	刘廷谡 / 249	刘瓒 / 50
刘道源 / 148	刘启铤 / 302	刘廷辅 / 302	刘泽大 / 250
刘德风 / 266	刘启英 / 148	刘挺萃 / 216	刘泽荣 / 303
刘德瑄 / 301	刘启钥 / 249	刘统 / 149	刘展程 / 50
刘定康 / 394	刘侨 / 49	刘统基 / 149	刘兆安 / 372
刘东父 / 301	刘琴仙 / 249	刘万章 / 216	刘织超 / 51
刘尔题 / 215	刘庆绅 / 148	刘维诚 / 216	刘志高 / 303
刘昉 / 48	刘权 / 266	刘文华 / 50	刘志陆 / 150
刘凤翔 / 301	刘仁守 / 341	刘文澜 / 302	刘志明 / 421
刘福金 / 341	刘日华 / 341	刘文树 / 249	刘志信 / 250
刘复余 / 248	刘日楷 / 341	刘梧 / 216	刘志学 / 51
刘刚德 / 249	刘日焱 / 341	刘锡龄 / 249	刘智 / 216
刘光基 / 394	刘荣珩 / 302	刘显楣 / 302	刘竹林 / 150
刘光奕 / 215	刘荣玠 / 302	刘祥集 / 149	刘卓崧 / 303
刘国贤 / 215	刘汝棣 / 148	刘向东 / 50	刘子芬 / 150
刘国翔 / 49	刘汝新 / 372	刘心愧 / 50	刘子龙 / 216

刘子兴 / 51	陆璠 / 373	罗国珍 / 52	罗仙俦 / 54
刘子瑜 / 150	陆逢宠 / 304	罗海空 / 305	罗贤 / 54
刘子忠 / 303	陆赓唐 / 373	罗红 / 52	罗献修 / 152
刘宗瀶 / 303	陆敬科 / 304	罗鸿诏 / 151	罗香林 / 152
刘宗湘 / 303	陆宽 / 51	罗焕章 / 305	罗晓枫 / 305
刘祖谟 / 51	陆乃翔 / 304	罗煌 / 151	罗心佳 / 374
刘作筹 / 51	陆祺 / 373	罗惠 / 52	罗杏村 / 54
刘作桃 / 250	陆强务 / 373	罗跻瀛 / 52	罗雄才 / 153
刘作桢 / 216	陆乔松 / 373	罗佳 / 341	罗秀凤 / 374
柳北岸 / 51	陆卿 / 52	罗敬时 / 217	罗学旦 / 153
龙超然 / 259	陆荣钧 / 373	罗九香 / 52	罗俨 / 306
龙德俊 / 394	陆绶荣 / 304	罗克典 / 53	罗衍年 / 306
龙凤章 / 303	陆树英 / 304	罗克敬 / 259	罗尧翼 / 153
龙冠海 / 421	陆树芝 / 373	罗懋修 / 53	罗一中 / 306
龙仁寿 / 303	陆嗣曾 / 373	罗孟郊 / 151	罗翼群 / 153
龙文 / 250	陆文祖 / 304	罗孟玮 / 151	罗应亨 / 217
龙裔刚 / 259	陆肖如 / 373	罗冕 / 305	罗元音 / 306
龙吟 / 422	陆延祈 / 373	罗明光 / 151	罗元贞 / 154
龙章 / 250	陆宸箴 / 52	罗潜 / 53	罗源 / 306
龙正伸 / 372	陆裔繁 / 304	罗清熙 / 151	罗云 / 306
卢道南 / 266	陆永恒 / 304	罗清英 / 151	罗在田 / 306
卢侗 / 51	陆幼刚 / 373	罗清桢 / 151	罗赞勤 / 266
卢耕甫 / 150	陆毓恒 / 373	罗庆辉 / 151	罗章 / 404
卢功名 / 216	陆毓瑜 / 374	罗人隽 / 394	罗兆逵 / 154
卢琯 / 216	陆赞成 / 304	罗汝兰 / 374	罗振勋 / 154
卢国维 / 217	陆致云 / 304	罗锐文 / 53	罗震恒 / 154
卢恒均 / 51	陆卓昭 / 305	罗赏先 / 394	罗之濯 / 154
卢锦芳 / 150	罗蔼其 / 150	罗绅 / 404	罗志甫 / 154
卢男侣 / 303	罗柏麓 / 52	罗升棓 / 305	罗志渊 / 154
卢庆元 / 266	罗本元 / 305	罗师扬 / 152	罗仲达 / 154
卢伟宾 / 422	罗博平 / 52	罗史 / 259	罗卓英 / 54
卢文杰 / 51	罗尝先 / 394	罗士高 / 53	骆逢时 / 217
卢瑀 / 217	罗澄 / 217	罗士魁 / 374	骆基 / 250
卢蕴秀 / 51	罗虫天 / 150	罗士清 / 53	骆缉宾 / 217
卢宅仁 / 304	罗筹九 / 52	罗氏 / 394，395	骆克良 / 404
卢湛 / 217	罗大鲲 / 341	罗世彝 / 152	骆□奎 / 217
卢章甫 / 266	罗戴祚 / 394	罗守昌 / 305	骆鸣雷 / 217
卢振寰 / 217	罗丹 / 150	罗淑和 / 53	骆万护 / 217
卢宗棠 / 422	罗鼎 / 404	罗万杰 / 53	骆万禧 / 217
陆德冠 / 372	罗功武 / 305	罗为雄 / 53	骆尧知 / 250
陆德臧 / 372	罗国伦 / 374	罗文灿 / 250	吕本 / 306

吕必名 / 217	麦国树 / 374	莫若之 / 307	区嘉元 / 310
吕伯埙 / 306	麦峻 / 374	莫绍憙 / 423	区兼善 / 310
吕灿铭 / 306	麦翘荣 / 218	莫绍谦 / 423	区简臣 / 310
吕冠雄 / 306	麦庆年 / 218	莫士及 / 423	区缙 / 310
吕洪 / 306	麦文贵 / 266	莫世忠 / 308	区麟光 / 342
吕玑璜 / 54	鄚天赐 / 405	莫玺章 / 423	区慕濂 / 310
吕鉴煌 / 306	梅鼎臣 / 250	莫翔龙 / 423	区启科 / 310
吕兰芳 / 306	梅蟠 / 218	莫雄 / 250	区为樑 / 310
吕澜 / 307	梅奕绍 / 55	莫休符 / 308	区夏卿 / 310
吕龙光 / 217	梅佐 / 250	莫宣卿 / 308	区翔凤 / 310
吕瑞麟 / 54	蒙瀚 / 307	莫应龙 / 308	区煦春 / 342
吕绍珩 / 307	蒙樑 / 307	莫与齐 / 260	区焱年 / 342
吕夏松 / 307	蒙仁章 / 250	莫元伯 / 308	区益 / 310
吕祥麟 / 54	蒙芝遴 / 307	莫子捷 / 308	区郁如 / 310
吕新砚 / 374	孟宾于 / 260		区准高 / 310
吕一麟 / 54	苗致信 / 218	**N**	区准亮 / 311
吕玉璜 / 55	明昶 / 307	倪端 / 308	区子琏 / 311
吕元勋 / 307	缪培南 / 155	倪明进 / 55	欧宝 / 311
吕钟琇 / 55	缪任衡 / 155	倪元藻 / 55	欧重光 / 374
吕祖海 / 307	莫比道 / 374	聂崇一 / 308	欧鸿庥 / 251
	莫灿锦 / 422	宁象雍 / 374	欧鸿仪 / 251
M	莫灿锡 / 422	牛全 / 423	欧榘甲 / 218
马采 / 217	莫灿钰 / 422		欧堪善 / 251
马呈图 / 307	莫昌宇 / 422	**O**	欧堪瞻 / 251
马逢蕃 / 218	莫朝璧 / 341	区拔熙 / 308	欧锵 / 423
马光龙 / 55	莫迪昌 / 374	区炳良 / 342	欧日章 / 311
马捷元 / 395	莫冈璧 / 342	区灿如 / 308	欧枢元 / 375
马晋 / 374	莫宏龄 / 260	区昌应 / 308	欧阳昊 / 260
马龙图 / 374	莫鸿 / 374	区大安 / 342	欧阳敬 / 311
马其长 / 422	莫家桐 / 422	区大裙 / 342	欧阳梧 / 267
马尚材 / 395	莫晋甫 / 342	区大伦 / 309	欧阳绚 / 375
马特 / 154	莫敬谦 / 422	区大枢 / 309	欧阳祐 / 260
马体益 / 259	莫开瑶 / 266	区大宋 / 342	欧阳羽文 / 267
马象乾 / 260	莫魁士 / 422	区大相 / 309	欧阳振时 / 311
马杏春 / 155	莫魁文 / 422	区辅臣 / 309	欧阳志学 / 311
马应麟 / 55	莫薑 / 422	区国龙 / 342	欧应经 / 395
马宗芝 / 55	莫迺邵 / 342	区翰光 / 342	欧樾华 / 251
麦安 / 307	莫如龙 / 260	区怀嘉 / 309	欧震 / 251
麦葆荣 / 218	莫汝醇 / 307	区怀年 / 309	欧钟铭 / 251
麦崇先 / 374	莫汝桂 / 423	区怀瑞 / 309	欧钟谐 / 251
麦而炫 / 307	莫瑞堂 / 423	区基绪 / 310	
		区基贞 / 310	

P

潘存 / 423
潘华海 / 395
潘嘉璧 / 311
潘鉴 / 375
潘璘 / 55
潘世岱 / 218
潘世德 / 311
潘世清 / 343
潘恕 / 55
潘廷琮 / 375
潘庭楠 / 311
潘勖 / 218
潘衍琳 / 311
潘仪隆 / 375
潘毓珩 / 311
潘毓瑄 / 311
潘允中 / 155
潘桢龄 / 395
潘仲彝 / 343
潘资棨 / 375
庞昌明 / 395
庞大獣 / 375
庞遇圣 / 343
裴玠 / 395
裴士龙 / 423
裴唐 / 267
彭步瀛 / 375
彭鄂如 / 155
彭芬 / 375
彭徽朝 / 260
彭津 / 312
彭景云 / 55
彭丽贞 / 260
彭辂 / 312
彭湃 / 218
彭上拔 / 219
彭士仰 / 343
彭泰来 / 312
彭铛 / 260
彭统见 / 260

彭炜瑛 / 155
彭沃 / 343
彭鑫 / 56
彭钰 / 405
彭毓祥 / 375
彭元辅 / 395
彭元藻 / 219
彭兆鲲 / 375
彭致达 / 155
彭宗琭 / 395
蒲风 / 155
濮九娘 / 156

Q

戚勋 / 312
钱长青 / 56
钱热储 / 56
钱士峰 / 56
秦咢生 / 219
秦元邦 / 156
丘道光 / 56
丘殿章 / 56
丘东平 / 219
丘对勤 / 56
丘对颜 / 395
丘逢甲 / 156
丘工鳌 / 56
丘国珍 / 219
丘晋昕 / 56
丘懋高 / 56
丘卿云 / 219
丘清罗 / 57
丘慎吾 / 251
丘陶常 / 57
丘腾龙 / 423
丘星五 / 57
丘秀兰 / 156
丘轩昂 / 57
丘玉麟 / 57
丘岳宋 / 423
丘兆琛 / 219

丘哲 / 156
丘桢 / 57
丘镇英 / 156
丘竹屏 / 156
丘作宾 / 219
邱秉经 / 57
邱承箕 / 424
邱春梧 / 57
邱对欣 / 424
邱对扬 / 219
邱敦 / 424
邱尔穀 / 424
邱尔懿 / 424
邱凤鸣 / 219
邱冠南 / 220
邱玑 / 424
邱及 / 57
邱集勋 / 57
邱家榆 / 267
邱建猷 / 57
邱濬 / 424
邱仑泰 / 157
邱起云 / 157
邱汝滨 / 58
邱绍先 / 425
邱廷隆 / 425
邱廷佩 / 425
邱万尚 / 157
邱锡畴 / 157
邱锡蕃 / 157
邱学琼 / 267
邱耀德 / 58
邱亦山 / 58
邱益 / 157
邱云鹤 / 312
邱植 / 58
邱作霖 / 58
仇鼎修 / 395
仇汝昌 / 395
仇玉山 / 395
裘集裳 / 220

R

饶宝球 / 58
饶宝书 / 157
饶炳麟 / 58
饶崇魁 / 58
饶噔 / 58
饶鼎华 / 58
饶锷 / 59
饶芙裳 / 157
饶光辅 / 157
饶华元 / 59
饶甲 / 157
饶金 / 59
饶觐光 / 59
饶菊庄 / 59
饶峻 / 59
饶堪 / 59
饶孟庭 / 59
饶鸣镐 / 59
饶鸣谦 / 59
饶鸣阳 / 59
饶聘伊 / 60
饶谦 / 157
饶庆捷 / 60
饶庆中 / 60
饶荣宗 / 60
饶溶 / 60
饶商 / 60
饶堂 / 60
饶希燮 / 60
饶咸中 / 60
饶显君 / 267
饶相 / 60
饶轩 / 157
饶勋 / 61
饶埙 / 61
饶怡生 / 61
饶应坤 / 157
饶于磐 / 61
饶与焕 / 61
饶与龄 / 61

饶瑀 / 61	邵诗 / 376	释宝通 / 63	宋松香 / 159
饶毓蘅 / 61	邵天眷 / 376	释本传 / 343	宋下山 / 159
饶云骧 / 61	邵天显 / 376	释超雪 / 64	宋湘 / 159
饶赞采 / 61	邵桐孙 / 376	释道忞 / 64	宋鑫 / 405
饶璋 / 62	邵维乔 / 376	释德薪 / 64	宋以梅 / 396
饶轸 / 158	邵祥龄 / 376	释法广 / 252	宋莹 / 159
饶芝 / 62	邵延惠 / 376	释法海 / 252	宋章郁 / 315
饶重光 / 62	邵谒 / 251	释法宣 / 158	宋兆禴 / 64
饶重庆 / 62	邵咏 / 376	释古昱 / 221	苏步濂 / 405
饶咨畤 / 62	单兴诗 / 260	释函可 / 221	苏才 / 64
饶宗韶 / 62	佘圣言 / 221	释弘赞 / 313	苏福 / 64
饶宗羲 / 62	佘士俊 / 62	释惠能 / 252	苏海 / 222
饶缵扬 / 158	佘有进 / 62	释今龙 / 376	苏汇基 / 343
任鏊 / 220	佘玉仁 / 221	释可相 / 252	苏健今 / 396
任毕明 / 312	佘元起 / 63	释晞赐 / 252	苏李秀 / 377
任国荣 / 220	佘志贞 / 63	释相益 / 313	苏启寅 / 396
任钧 / 158	申时雨 / 158	释行森 / 221	苏乾英 / 64
任六推 / 312	沈凤 / 343	释怡光 / 158	苏乔 / 315
任庆晓 / 220	沈龙震 / 221	释元浮 / 222	苏日选 / 396
任若垿 / 220	沈佩金 / 63	舒乔青 / 425	苏若铨 / 405
任绍明 / 220	沈荣光 / 343	司徒苴 / 313	苏天木 / 315
任廷桂 / 220	沈瑞麟 / 221	司徒翰 / 313	苏廷魁 / 315
任鋆 / 220	沈世魁 / 251	司徒健 / 314	苏维熙 / 315
戎世芳 / 62	沈英名 / 63	司徒瑾 / 314	苏文贤 / 64
容福培 / 375	沈展才 / 221	司徒枚 / 314	苏向荣 / 252
容锡成 / 375	盛端明 / 63	司徒美堂 / 314	苏巽 / 252
阮德光 / 395	盛良弼 / 63	司徒奇 / 314	苏应祥 / 315
阮玶 / 375	施鸿教 / 395	司徒乔 / 314	苏云鹏 / 315
阮世纲 / 343	石处道 / 313	司徒修 / 314	苏志仁 / 64
阮退之 / 312	石娥啸 / 158	司徒赞 / 314	苏忠 / 316
阮啸仙 / 220	石光祖 / 260	司徒照 / 314	苏子良 / 65
阮中岐 / 425	石经 / 313	司徒祝 / 315	苏子英 / 343
	石汝砺 / 251	宋大鹏 / 315	孙大焜 / 377
S	石维岩 / 63	宋迪昌 / 376	孙逢吉 / 425
沙道初 / 220	石文德 / 261	宋翰 / 158	孙光前 / 377
沙衡 / 221	石扬祖 / 261	宋蕙谦 / 158	孙恒亨 / 159
邵彬儒 / 312	石咏竹 / 158	宋美龄 / 425	孙铼臣 / 65
邵德 / 375	石中珽 / 395	宋庆龄 / 425	孙金声 / 159
邵点 / 375	石宗汉 / 221	宋森 / 315	孙俊 / 65
邵广增 / 375	石宗浦 / 221	宋绍启 / 405	孙亢曾 / 159
邵晋衡 / 375	士燮 / 313	宋崧谦 / 158	孙克家 / 65

461

孙裴谷 / 65	谭韶音 / 317	唐冕 / 426	王承烈 / 427
孙少楷 / 65	谭侁 / 267	唐穆 / 426	王楚材 / 67
孙淑媖 / 377	谭深绣 / 252	唐品三 / 426	王传缃 / 396
孙天麒 / 159	谭史 / 66	唐千鹭 / 318	王大宝 / 67
孙西台 / 65	谭士昌 / 253	唐汝风 / 318	王大勋 / 67
孙星阁 / 65	谭氏 / 317	唐陶华 / 160	王丹溪 / 318
孙一麟 / 425	谭世芳 / 253	唐维 / 426	王道 / 67
孙宗哲 / 425	谭守义 / 377	唐璿 / 66	王憓耿 / 427
孙祖贻 / 377	谭寿镜 / 253	唐正 / 426	王德徽 / 67
	谭天度 / 317	唐之莹 / 426	王德溥 / 427
T	谭天任 / 317	唐秩 / 426	王殿撰 / 318
谈翀霄 / 316	谭廷坊 / 317	唐胄 / 426	王貂 / 377
谈应棠 / 316	谭廷僑 / 66	田巨昌 / 426	王鼎新 / 67
谭邦臣 / 252	谭惟寅 / 317	田星 / 160	王定镐 / 67
谭彪 / 316	谭维烈 / 317	涂宽 / 160	王斗文 / 427
谭炳埔 / 343	谭雯汉 / 317	涂启贤 / 160	王恩翔 / 161
谭伯筠 / 316	谭锡承 / 66	涂思宗 / 160	王尔晨 / 427
谭伯鸾 / 316	谭锡蕃 / 317	涂廷献 / 66	王蕣林 / 427
谭昌朝 / 405	谭锡彝 / 317	涂宪泗 / 253	王福康 / 222
谭淳 / 316	谭应祥 / 377	涂演凡 / 66	王公埋 / 427
谭大初 / 267	谭英 / 318		王拱 / 67
谭德章 / 316	谭有章 / 396	**W**	王国宾 / 318
谭凤仪 / 252	谭虞琛 / 343	万鹭洲 / 160	王国宪 / 427
谭福元 / 252	谭谕 / 318	万民一 / 426	王皞 / 67
谭广抡 / 252	谭元 / 66	万青钱 / 253	王弘海 / 428
谭甲魁 / 316	谭元飓 / 318	万仲文 / 427	王弘愿 / 67
谭建基 / 222	谭模 / 253	汪浩然 / 427	王宏 / 428
谭经 / 222	谭震欧 / 318	汪少云 / 222	王洪 / 68
谭敬昭 / 316	谭正蒙 / 253	汪世铉 / 318	王槐栋 / 428
谭良卿 / 252	谭中孚 / 253	汪演忠 / 318	王槐秀 / 428
谭良泰 / 316	谭宗懿 / 318	汪渶 / 318	王惠 / 428
谭凌汉 / 316	汤相 / 222	汪仲西 / 377	王惠琛 / 161
谭驷 / 316	汤铉 / 159	王安仁 / 377	王惠深 / 161
谭梦蓉 / 316	汤用巨 / 159	王安瑞 / 427	王继文 / 222
谭南昌 / 316	唐丙章 / 425	王昂 / 67	王佳先 / 428
谭鹏捷 / 316	唐昺南 / 261	王必圣 / 427	王家槐 / 428
谭平山 / 317	唐伯元 / 66	王秉之 / 67	王家宪 / 396
谭谦 / 396	唐春 / 267	王超宗 / 396	王匠成 / 428
谭琼 / 343	唐道香 / 426	王朝仕 / 160	王蛟 / 377
谭汝舟 / 317	唐东鹤 / 405	王辰海 / 160	王喈吉 / 68
谭三才 / 317	唐宽 / 66	王辰枢 / 160	王金铉 / 68

王京猷／428	王时元／430	王之骥／69	温瑞柏／320
王经／68	王时中／430	王执缥／431	温瑞桃／320
王景仁／68	王仕衡／430	王志炳／405	温盛刚／163
王居敬／405	王守仁／69	王中行／69	温顺／320
王居正／222	王寿仁／69	王子俊／431	温涛／163
王举鸿／429	王漱薇／161	王宗烈／319	温腾翱／164
王君汇／429	王天性／69	王宗祐／432	温廷敬／70
王君实／68	王天与／161	王佐／432	温文桂／164
王俊／429	王铁峰／344	王佐时／70	温宪章／320
王开漠／429	王廷傅／430	韦昌诒／432	温训／164
王开运／253	王希周／430	韦子荧／261	温彦／320
王克忠／343	王显诏／69	魏成汉／162	温飚／320
王兰若／68	王献瑞／161	魏鉴贤／162	温颐／320
王利亨／161	王献猷／319	魏静远／162	温荫槐／164
王濂／429	王祥云／222	魏觉中／162	温用梅／320
王琏／161	王孝思／430	魏揆天／162	温造英／164
王麟书／68	王秀南／319	魏起泰／70	温章衡／164
王龙舆／429	王学渊／378	魏绍汉／70	温仲和／164
王懋曾／429	王屿／161	魏天钟／162	温周翰／321
王名元／68	王逊／69	魏维新／162	温梓川／223
王命新／396	王伊／69	魏雄武／162	温缵绪／164
王乃修／396	王沂暄／431	魏振裘／222	温作宾／267
王凝机／429	王毅／431	魏中天／163	文成奇／378
王培栽／429	王寅燿／161	温承恭／319	文焕章／432
王枰／377	王映斗／431	温春黼／378	文士鳌／321
王启辅／429	王映楼／222	温德基／163	文在中／378
王启宏／429	王永绍／69	温德玄／163	翁国正／70
王启养／430	王玉昆／319	温定澜／163	翁辉东／70
王器民／430	王元铭／319	温芳植／319	翁阑／71
王荣受／318	王元正／253	温凤书／319	翁彭龄／71
王嵘／161	王远勃／69	温健公／163	翁荃／71
王汝鹤／430	王远招／431	温俊彩／163	翁锐／71
王汝堃／377	王越／162	温可拔／319	翁世机／71
王汝为／430	王粤麟／162	温克刚／70	翁天祐／223
王汝桢／319	王云清／431	温克中／70	翁廷资／71
王濬／430	王云溪／319	温纪涛／163	翁万达／71
王若霞／319	王载望／319	温鸣泰／163	翁雅／71
王韶生／68	王赞襄／431	温其濬／320	翁延寿／72
王绍寰／430	王章绚／431	温且文／320	翁一鹤／72
王绍曾／222	王彰／69	温且昭／320	翁照垣／72
王时宇／430	王兆凤／431	温如埙／320	邬保良／223

463

邬强 / 253	吴鹗 / 322	吴家翰 / 432	吴鹏 / 75
邬如领 / 72	吴恩炽 / 261	吴家锦 / 432	吴平 / 405
邬须明 / 72	吴恩纶 / 165	吴家骏 / 379	吴其瀚 / 75
巫采兰 / 72	吴恩智 / 261	吴剑青 / 165	吴其敏 / 75
巫灿 / 164	吴尔康 / 322	吴捷连 / 397	吴奇伟 / 75
巫宏峰 / 223	吴发凤 / 432	吴金 / 433	吴启晋 / 75
巫敬谦 / 164	吴方翱 / 378	吴金锡 / 74	吴乾鹏 / 433
巫荣 / 223	吴方昇 / 378	吴锦昌 / 74	吴乔翔 / 166
巫三祝 / 223	吴芳蘅 / 378	吴憬平 / 432	吴钦绅 / 75
巫天衢 / 253	吴飞云 / 378	吴敬纶 / 165	吴秋宇 / 223
巫圩 / 223	吴凤声 / 165	吴敬群 / 433	吴仁光 / 433
巫子肖 / 165	吴赴 / 322	吴娟娟 / 379	吴日炎 / 75
吴拔龙 / 378	吴纲 / 432	吴珏 / 74	吴儒 / 322
吴邦瑷 / 396	吴高 / 223	吴君略 / 74	吴汝霖 / 75
吴宝瑜 / 72	吴羔 / 73	吴葰 / 74	吴若霖 / 397
吴丙 / 72	吴公辅 / 165	吴开岐 / 74	吴三立 / 166
吴秉极 / 396	吴公毅 / 344	吴康 / 165	吴尚澄 / 322
吴炳昭 / 378	吴观韶 / 378	吴匡世 / 379	吴尚时 / 322
吴渤 / 165	吴贯因 / 73	吴焜元 / 322	吴尚质 / 322
吴沧桑 / 72	吴光亮 / 73	吴锟 / 433	吴绍东 / 166
吴常嘏 / 72	吴光森 / 405	吴兰修 / 166	吴绍宗 / 76
吴超 / 72	吴光裕 / 378	吴练青 / 433	吴绍邹 / 380
吴朝文 / 73	吴光周 / 379	吴良琬 / 74	吴升三 / 223
吴诚 / 432	吴广德 / 322	吴琳 / 74	吴昇日 / 434
吴墀 / 73	吴国安 / 73	吴霖 / 405	吴师青 / 76
吴充闾 / 397	吴国玤 / 322	吴六奇 / 74	吴师吾 / 76
吴楚翘 / 321	吴国霖 / 267	吴鸾藻 / 166	吴士彬 / 380
吴从周 / 73	吴国伦 / 379	吴抡兰 / 405	吴士灏 / 380
吴大任 / 321	吴国玲 / 379	吴懋基 / 379	吴士奇 / 380
吴大韶 / 321	吴翰 / 322	吴懋清 / 379	吴士望 / 380
吴大猷 / 321	吴河光 / 379	吴梦伯 / 380	吴士燿 / 323
吴道坤 / 73	吴鸿藻 / 73	吴梦孔 / 166	吴世璜 / 76
吴惪进 / 378	吴华民 / 432	吴梦颜 / 380	吴仕端 / 223
吴德元 / 321	吴槐炳 / 322	吴敏魁 / 397	吴仕显 / 76
吴典 / 432	吴黄焕 / 432	吴鸣岐 / 433	吴仕训 / 76
吴殿邦 / 73	吴挥猷 / 379	吴鸣清 / 433	吴式郡 / 323
吴鼎成 / 378	吴恢宗 / 322	吴鸣夏 / 74	吴守贞 / 380
吴鼎羹 / 378	吴徽叙 / 379	吴迺宪 / 433	吴寿龄 / 434
吴鼎泰 / 378	吴继澄 / 73	吴南杰 / 433	吴叔骅 / 323
吴鼎新 / 321	吴继宁 / 253	吴能 / 74	吴树华 / 323
吴萼楼 / 321	吴继岳 / 165	吴沛霖 / 74	吴树锦 / 380

吴树棠／76	吴永澜／77	**X**	萧启冈／168
吴树勋／323	吴与言／77	夏大勋／78	萧启元／80
吴松／323	吴远基／324	夏宏／78	萧士溶／344
吴苏海／166	吴岳／324	夏建中／78	萧树／168
吴遂／380	吴说／77	夏心根／167	萧爽／80
吴泰／344	吴悦／77	夏值亨／325	萧斯／168
吴腾云／380	吴云间／381	冼维祺／325	萧廷发／168
吴体亮／261	吴云鸾／253	香翰屏／397	萧抟上／80
吴天宠／406	吴载锡／381	萧翱材／78	萧望枢／80
吴廷缙／323	吴泽光／77	萧葆华／167	萧维藻／224
吴廷相／323	吴樟／406	萧成／434	萧炜元／80
吴廷彦／380	吴昭／406	萧诚／167	萧希颜／168
吴梃／406	吴昭泰／406	萧诚斋／78	萧向荣／168
吴桐／323	吴兆蓉／77	萧传高／224	萧贻朔／80
吴维德／166	吴振发／381	萧锌／78	萧隐公／168
吴伟东／224	吴之藻／77	萧大澍／167	萧虞／80
吴位子／380	吴知斯／77	萧端赟／78	萧与成／80
吴文起／323	吴职藩／224	萧端蒙／78	萧元长／434
吴雯／406	吴中龙／253	萧端升／78	萧元虎／169
吴武／76	吴仲超／381	萧凤翥／79	萧元龙／224
吴希仲／224	吴洲／77	萧服／253	萧元溥／80
吴锡庚／380	吴浊流／167	萧傅霖／79	萧远／254
吴锡吾／76	吴子复／324	萧冠英／79	萧云屏／80
吴熙乾／167	吴子光／167	萧涵棻／224	萧璋／434
吴熙业／380	吴子寿／78	萧汉申／167	萧肇川／169
吴显彬／76	吴宗骏／324	萧汉翔／254	萧钟华／224
吴显时／323	吴宗直／406	萧鸿逵／79	萧钟荃／224
吴骧／261	吴祖同／324	萧徽章／224	萧钟莘／224
吴向／76	吴佐熙／78	萧惠长／168	萧作洙／381
吴小姑／434	吴作霖／268	萧惠荣／79	谢安善／397
吴笑生／344	伍超时／324	萧济川／79	谢白／80
吴宣崇／381	伍梅／324	萧冀勉／168	谢炳奎／325
吴勋／267	伍名时／325	萧九程／254	谢沧期／169
吴延颖／323	伍明郎／167	萧九皋／344	谢墀勋／224
吴一鸣／323	伍荣軩／325	萧居权／224	谢炽／325
吴亦材／76	伍瑞锴／397	萧居湘／224	谢崇光／397
吴逸志／77	伍士楷／325	萧聚崑／224	谢道隆／80
吴应凤／77	伍瑶光／325	萧龙／79	谢殿元／224
吴英华／324	伍熆／325	萧纶锡／79	谢东祥／169
吴应逵／324	伍颉之／325	萧懋之／79	谢方端／325
吴应麟／324	伍驺／325	萧聘廷／80	谢奋程／169

谢复生 / 169	谢维植 / 225	邢修 / 434	徐江璧 / 435
谢国宝 / 169	谢渭澜 / 225	邢宥 / 434	徐江绕 / 435
谢国霖 / 326	谢五娘 / 81	熊瑸 / 171	徐琚清 / 171
谢国珍 / 169	谢锡琛 / 170	熊采彬 / 171	徐俊鸣 / 171
谢海若 / 81	谢锡朋 / 170	熊理 / 171	徐濬华 / 84
谢海燕 / 81	谢锡勋 / 81	熊锐 / 171	徐侃 / 227
谢鸿 / 344	谢宪 / 225	熊轼 / 381	徐衍 / 83
谢焕庭 / 397	谢学圣 / 82	熊叶飞 / 382	徐科陞 / 254
谢晖亮 / 169	谢棪 / 326	熊英 / 382	徐铿 / 172
谢会心 / 81	谢耀正 / 326	熊瑜 / 171	徐兰馨 / 172
谢纪 / 81	谢叶辰 / 326	熊志一 / 171	徐名疆 / 83
谢嘉能 / 225	谢逸桥 / 170	徐炳堃 / 225	徐鸣衢 / 227
谢简捷 / 81	谢吟 / 82	徐炳灵 / 225	徐虔 / 83
谢健弘 / 169	谢应魁 / 170	徐伯铨 / 226	徐青 / 172
谢晋 / 381	谢英伯 / 170	徐淳 / 226	徐庆超 / 172
谢鍊 / 81	谢永存 / 170	徐达芳 / 226	徐荣开 / 83
谢麟阁 / 326	谢有申 / 327	徐大鹄 / 226	徐荣祖 / 227
谢茂松 / 326	谢幼伟 / 170	徐大节 / 226	徐润 / 227
谢梦豹 / 326	谢屿 / 225	徐蹈 / 226	徐韶奏 / 172
谢旻禧 / 326	谢玉纶 / 381	徐殿英 / 171	徐绍尧 / 227
谢鸣皋 / 326	谢元汴 / 82	徐定安 / 226	徐声涛 / 227
谢牧 / 225	谢元选 / 82	徐东星 / 83	徐省吾 / 172
谢年亨 / 344	谢诏桢 / 170	徐栋材 / 435	徐士宗 / 327
谢鹏起 / 326	谢贞盘 / 170	徐方铭 / 171	徐世清 / 83
谢普昌 / 225	谢震 / 327	徐芳 / 397	徐世馨 / 172
谢溥杰 / 381	谢徵 / 225	徐逢举 / 344	徐寿吾 / 83
谢启祚 / 326	谢正蒙 / 82	徐傅霖 / 226	徐淑希 / 83
谢卿谋 / 169	谢之浩 / 82	徐赓华 / 83	徐树荣 / 84
谢清高 / 169	谢衷寅 / 225	徐光裕 / 327	徐树棠 / 227
谢庆成 / 81	谢仲仁 / 82	徐光祚 / 327	徐斯举 / 227
谢荣宴 / 326	谢仲坑 / 327	徐归昌 / 226	徐斯连 / 227
谢上牧 / 225	谢周锡 / 225	徐国扬 / 226	徐斯适 / 227
谢尚莹 / 434	谢倬 / 83	徐韩 / 83	徐斯誉 / 227
谢尚珍 / 434	谢宗镅 / 83	徐汉英 / 226	徐廷芳 / 228
谢少梅 / 326	谢缵泰 / 327	徐河 / 226	徐为仪 / 84
谢申 / 381	谢作高 / 327	徐华清 / 171	徐文振 / 84
谢师旦 / 225	辛天祚 / 344	徐焕麟 / 171	徐锡元 / 268
谢士矩 / 326	邢定纶 / 434	徐焕宗 / 226	徐宪洲 / 228
谢式南 / 81	邢家贤 / 434	徐惠仪 / 226	徐旭曾 / 228
谢天保 / 344	邢九雒 / 83	徐嘉泰 / 227	徐延第 / 228
谢王猷 / 434	邢开梅 / 434	徐价 / 227	徐延翰 / 228

徐延泰 / 228
徐有为 / 327
徐玉芬 / 228
徐裕玉 / 228
徐元庆 / 228
徐元苏 / 228
徐元骧 / 228
徐元兴 / 228
徐元祉 / 228
徐肇绪 / 229
徐之凤 / 229
徐之岐 / 229
徐植圣 / 229
徐中运 / 327
徐钟奇 / 229
许邦屏 / 382
许炳章 / 254
许炳忠 / 382
许昌龄 / 435
许朝瑞 / 435
许大任 / 327
许登庸 / 84
许涤新 / 84
许地山 / 84
许帝荣 / 229
许赓梅 / 254
许国佐 / 85
许鹤卿 / 85
许洪宥 / 85
许纪南 / 85
许景劭 / 382
许君辅 / 85
许俊杰 / 85
许乐氛 / 85
许良弼 / 327
许龙昭 / 254
许美勋 / 85
许牧 / 268
许南英 / 86
许平子 / 86
许奇高 / 86

许奇巂 / 328
许日炽 / 86
许汝赓 / 382
许汝韶 / 382
许瑞澜 / 397
许瑞棠 / 397
许少岳 / 86
许申 / 86
许世芳 / 86
许世馥 / 229
许世庄 / 328
许寿田 / 229
许书城 / 86
许琬如 / 86
许唯心 / 86
许伟斋 / 87
许五常 / 382
许希逸 / 87
许锡醴 / 328
许锡清 / 397
许小士 / 87
许谢赞 / 398
许心影 / 87
许瑶 / 87
许挹芬 / 87
许誉芳 / 398
许元雄 / 87
许浈阳 / 254
许振庆 / 328
许子伟 / 435
薛采 / 87
薛凤祥 / 435
薛洪 / 87
薛嘉茂 / 88
薛侃 / 88
薛侨 / 88
薛然 / 88
薛覃 / 172
薛学参 / 88
薛雍 / 88
薛虞宾 / 88

薛虞畿 / 88
薛虞朴 / 89
薛远 / 435
薛岳 / 254
薛宗铠 / 89

Y

严对扬 / 229
严逢 / 328
严贯 / 328
严海珊 / 382
严焕文 / 328
严既澄 / 328
严梦 / 328
严丕扬 / 328
严其藻 / 382
严士泰 / 328
严思本 / 328
严文楷 / 329
严锡龄 / 329
严寅宾 / 172
严英 / 229
严缨 / 329
严逾 / 329
严毓元 / 229
严远 / 254
严贞 / 329
严中英 / 329
颜伯焘 / 229
颜崇衡 / 173
颜崇图 / 173
颜尔栻 / 229
颜尔枢 / 230
颜检 / 230
颜斑 / 173
颜纶泽 / 230
颜培瑚 / 230
颜培咸 / 230
颜其庶 / 230
颜世清 / 230
颜棠 / 230

颜琬 / 230
颜希深 / 231
颜希圣 / 231
颜希源 / 231
颜筱园 / 231
颜子纯 / 231
羊頔 / 435
杨璧堂 / 89
杨璧祥 / 382
杨标 / 261
杨表勋 / 382
杨炳奎 / 231
杨炳南 / 173
杨炳勋 / 329
杨长发 / 89
杨长盛 / 176
杨朝枢 / 231
杨朝珍 / 89
杨成梧 / 89
杨成志 / 231
杨承谟 / 173
杨乘时 / 89
杨楚时 / 89
杨传芳 / 231
杨从尧 / 329
杨邨人 / 89
杨大和 / 329
杨大荣 / 173
杨德常 / 89
杨德隆 / 435
杨德祥 / 89
杨迪修 / 329
杨鼎秋 / 89，173
杨蕃 / 329
杨方岳 / 173
杨芳世 / 329
杨凤来 / 89
杨黼时 / 90
杨高士 / 173
杨公俊 / 329
杨恭桓 / 173

杨固初／231	杨其琛／91	杨文宠／92	杨芝泉／261
杨观奇／232	杨淇潾／232	杨文晖／345	杨志行／384
杨光祖／90	杨启宦／174	杨文焱／92	杨志英／398
杨国崧／90	杨启祥／91	杨文瑛／92	杨智锡／384
杨国璋／90	杨启源／175	杨文振／93	杨中龙／94
杨海天／90	杨起元／232	杨锡福／255	杨钟岳／94
杨鹤龄／90	杨绮青／232	杨锡猷／255	杨仲兴／176
杨鸿光／173	杨千五／175	杨晓村／93	杨仲修／261
杨鸿举／173	杨钦翰／383	杨效先／175	杨宗瑞／94
杨缓亭／90	杨群／435	杨鑫／175	杨缵烈／94
杨焕烓／90	杨睿聪／91	杨秀拔／175	杨缵绪／94
杨既济／90	杨森／91	杨学英／383	杨遵仪／94
杨家鼎／174	杨少山／91	杨雪立／93	杨祚兴／436
杨家略／90	杨绍程／330	杨勋／175	姚宝猷／176
杨嘉树／174	杨绍徽／175	杨演时／93	姚碧澄／176
杨简／174	杨师时／175	杨一廉／93	姚炳奎／94
杨劼士／174	杨时芬／91	杨一英／383	姚定尘／176
杨金声／90	杨士锦／436	杨一枝／330	姚飞熊／232
杨金书／90	杨世达／91	杨颐／383	姚弗如／94
杨缙铨／90	杨世烈／175	杨以敬／175	姚冠／177
杨缙云／90	杨世勋／91	杨义正／261	姚良材／94
杨敬修／330	杨世泽／92	杨逸棠／175	姚璷／232
杨俊邦／232	杨寿昌／232	杨翙／406	姚璩／232
杨骏贤／91	杨寿磐／92	杨寅／383	姚铨／232
杨开鼎／330	杨树荣／92	杨永泰／383	姚菽承／177
杨揆叙／174	杨淞／92	杨有声／330	姚天健／95
杨鲲元／383	杨天培／92	杨育仁／93	姚廷标／95
杨鲲云／91	杨琠／92	杨遇宠／330	姚维锐／177
杨兰芳／383	杨廷春／232	杨毓辉／93	姚文登／95
杨理／435	杨廷桂／383	杨沅／176	姚希明／177
杨立高／91	杨廷镜／330	杨元儒／176	姚喜臣／95
杨亮生／174	杨廷科／92	杨元兴／93	姚祥／233
杨龙／330	杨廷钊／232	杨元瑛／384	姚绪祖／233
杨鲁／91	杨挺湴／406	杨鋆／176	姚亚民／95
杨懋建／174	杨挺灏／406	杨筠松／384	姚宇陶／177
杨懋新／383	杨王休／254	杨鳣／406	姚育秀／233
杨懋修／174	杨铧芳／383	杨兆清／176	姚岳祥／384
杨梦时／91	杨为鸿／436	杨兆彝／176	姚瞻／177
杨模／254	杨为麟／436	杨照／176	姚振琦／95
杨宁道／174	杨闱／92	杨之茂／93	姚仲韶／330
杨溥名／330	杨惟徽／175	杨之徐／93	姚子尊／233

姚子敬／233	叶栖鸾／436	易河成／384	余元绮／96
姚子蓉／233	叶其性／178	易景陶／331	余云馨／385
姚子庄／233	叶其英／178	易巨荪／331	余至鉴／345
姚梓芳／95	叶千章／331	易澜光／332	余作祥／96
叶本竣／233	叶绳□／234	易麟阁／332	余作舟／96
叶璧华／177	叶昚／234	易其彬／332	虞琼芳／261
叶炳云／233	叶世琅／178	易其滉／332	虞世联／261
叶成英／233	叶适／234	易其濡／332	虞泽润／261
叶承立／178	叶受菘／179	易谦／332	庾楼／235
叶春及／233	叶树蕃／234	易孺／332	庾煛／235
叶德全／268	叶天祐／234	易汝弼／384	袁公潜／96
叶定邦／330	叶万枝／345	易文成／385	袁绍昌／333
叶萼／233	叶为荣／234	易学清／332	袁士林／235
叶方生／384	叶惟松／255	易衍礥／235	袁维藩／235
叶拂云／95	叶维城／235	易业富／385	袁温／96
叶公武／178	叶文澜／235	易友兰／332	袁文殊／179
叶广祚／330	叶向明／331	易钰光／332	袁象璋／385
叶虎文／178	叶馨霄／255	易中／385	袁秀文／235
叶华国／255	叶雄飞／331	殷鼎／332	袁珣／345
叶会时／330	叶秀遴／235	殷师尹／235	袁扬廷／236
叶惠南／234	叶勗封／331	殷舆／179	袁兆铺／236
叶际时／330	叶荫辉／436	余步瑶／95	袁梓贵／333
叶剑雄／436	叶殷光／384	余椿年／345	源赴期／333
叶剑英／178	叶应／235	余经盛／255	云昌瀛／436
叶洁芸／331	叶应魁／179	余靖／255	云崇高／436
叶觐光／331	叶应尧／179	余俊贤／179	云崇维／436
叶荆／345	叶颖基／345	余葵阳／235	云大选／436
叶九开／345	叶裕樑／331	余孟斌／95	云茂瑸／437
叶举／234	叶源／95	余铭勋／385	云茂對／437
叶钧／178	叶载文／345	余慕陶／179	云茂伦／437
叶兰成／178	叶泽霖／345	余珮华／96	云茂琦／437
叶联芳／234，255	叶之英／255	余鹏举／179	云名山／437
叶绿河／95	叶芝／95	余荣谋／332	云实诚／437
叶鸾／255	叶重华／331	余钦纶／385	云有庆／437
叶轮／178	叶著／179	余瑞春／235	云于熙／437
叶萌楷／255	叶卓堦／384	余森文／179	云志高／437
叶萌震／234	叶倬传／235	余受益／96	云志涟／437
叶孟昭／268	易崇端／331	余天遂／235	
叶梦熊／234，255	易次乾／331	余效班／179	**Z**
叶培英／178	易方澍／384	余心一／96	曾保臣／180
叶鹏枝／178	易艮山／384	余用宾／96	曾传仁／398

曾传诏 / 180	曾拾青 / 181	曾震登 / 237	张道亨 / 183
曾纯雪 / 180	曾士梅 / 181	曾之撰 / 438	张道隆 / 237
曾典学 / 437	曾氏 / 398	曾志清 / 438	张鼎勋 / 333
曾对颜 / 437	曾受一 / 345	曾志耀 / 438	张杜鹃 / 183
曾敦素 / 398	曾叔儒 / 181	曾祖禹 / 182	张对墀 / 99
曾赓隆 / 96	曾述经 / 97	翟泉 / 236	张敦道 / 183
曾固庵 / 180	曾树寰 / 181	翟绍高 / 236	张二仲 / 346
曾冠英 / 236	曾舜渔 / 237	翟祖佑 / 236	张发奎 / 268
曾广具 / 236	曾硕鹏 / 237	詹安泰 / 97	张凤锵 / 237
曾翰鸿 / 180	曾苏 / 181	詹朝阳 / 98	张凤书 / 346
曾闳 / 437	曾天治 / 237	詹敬文 / 98	张凤抟 / 438
曾华盖 / 96	曾廷兰 / 97	詹鲲 / 98	张凤翼 / 99
曾焕章 / 236	曾廷秦 / 181	詹梦魁 / 98	张凤诏 / 183
曾晖春 / 437	曾廷玉 / 237	詹培勋 / 98	张凤子 / 237
曾籍雅 / 97	曾唯 / 438	詹韶 / 98	张敷文 / 333
曾际平 / 236	曾维礼 / 398	詹泰 / 262	张纲 / 183
曾驾南 / 180	曾问吾 / 181	詹一槐 / 98	张公让 / 183
曾蹇 / 180	曾希尧 / 97	詹一惠 / 98	张恭文 / 183
曾健 / 333	曾习经 / 97	詹於淳 / 262	张光栋 / 237
曾景行 / 180	曾宪立 / 182	詹致 / 333	张光远 / 99
曾举直 / 180	曾晓峰 / 182	张翱 / 98	张光岳 / 333
曾觉之 / 181	曾杏 / 438	张百凡 / 98	张嵩 / 438
曾开 / 438	曾衍宗 / 182	张葆能 / 182	张国栋 / 99
曾克常 / 236	曾扬举 / 237	张报和 / 268	张国威 / 184
曾澜 / 181	曾养甫 / 182	张弼亮 / 182	张国祚 / 333
曾豊 / 333	曾沂 / 438	张晒 / 99	张汉斋 / 99
曾利见 / 333	曾逸山 / 182	张炳珩 / 99	张灏 / 99
曾迈 / 97	曾应唯 / 438	张炳瑚 / 346	张鸿 / 262
曾绮春 / 181	曾樱 / 262	张炳璜 / 346	张鸿书 / 184
曾迁 / 236	曾友豪 / 182	张炳坤 / 183	张瑚 / 184
曾清河 / 97	曾玙 / 438	张伯封 / 99	张花谷 / 184
曾庆襄 / 262	曾曰唯 / 182	张伯海 / 183	张华云 / 99
曾琼璋 / 385	曾月根 / 182	张伯璜 / 333	张化龙 / 100
曾日跻 / 438	曾阅 / 438	张伯琦 / 438	张怀真 / 184
曾日景 / 438	曾跃鳞 / 333	张伯滔 / 183	张翚飞 / 334
曾荣科 / 181	曾越 / 182	张超群 / 99	张慧 / 184
曾榕 / 181	曾云程 / 333	张潮 / 333	张辉 / 346
曾三省 / 236	曾允升 / 237	张春介 / 99	张绩 / 439
曾生 / 237	曾在元 / 385	张存正 / 385	张继善 / 184
曾圣提 / 97	曾湛光 / 256	张大中 / 385	张家齐 / 262
曾拾魁 / 237	曾照琪 / 398	张丹崑 / 183	张嘉洪 / 184

张嘉谟 / 184	张其典 / 334	张天欣 / 238	张元志 / 386
张嘉谋 / 184	张其翰 / 185	张廷标 / 439	张远观 / 257
张嘉猷 / 185	张其翔 / 186	张廷栋 / 187	张岳崧 / 439
张渐 / 268	张其翮 / 186	张桐琴 / 101	张云 / 334
张鉴 / 334	张其翼 / 186	张万春 / 101	张云翮 / 188
张京泰 / 185	张其翻 / 186	张薇 / 101	张云经 / 102
张经 / 100	张淇 / 101	张惟勤 / 262	张钊元 / 188
张经史 / 100	张启琛 / 334	张炜镛 / 187	张昭芹 / 257
张竞生 / 100	张启煌 / 334	张蔚臻 / 238	张昭远 / 239
张景徽 / 256	张乔森 / 186	张文 / 187	张兆符 / 102
张景阳 / 256	张清 / 268	张文耀 / 386	张振南 / 102
张敬存 / 185	张清水 / 256	张锡田 / 187	张镇江 / 239
张冏书 / 439	张荃 / 101	张锡禧 / 187	张芝田 / 103，188
张炯 / 185	张人杰 / 385	张铦 / 334	张中和 / 268
张九龄 / 256	张任寰 / 186	张象昇 / 439	张中声 / 103
张琚 / 185	张日麟 / 256	张燮任 / 102	张钟 / 103
张钜 / 185	张日星 / 257	张熊祥 / 439	张钟璘 / 439
张隽 / 238	张溶 / 101	张萱 / 238	张仲方 / 268
张君亮 / 100	张如心 / 186	张言 / 187	张仲绛 / 103
张君玉 / 256	张汝霖 / 187	张衍曾 / 238	张仲宣 / 103
张楷 / 100	张瑞珊 / 238	张燕 / 187	张仲正 / 239
张可廷 / 238	张善文 / 398	张养重 / 187	张重枢 / 188
张克诚 / 100	张少华 / 101	张掖 / 102	张卓华 / 188
张鑛 / 334	张绍祖 / 101	张珆 / 187	张倬云 / 103
张夔 / 100	张声典 / 101	张以海 / 439	张资平 / 188
张琨阶 / 100	张胜懿 / 238	张廕星 / 334	张资溥 / 189
张立诚 / 256	张始然 / 257	张瀛 / 102	张资颂 / 189
张濂 / 346	张士彦 / 385	张应麟 / 102	张子京 / 346
张麟安 / 185	张士英 / 385	张应龙 / 334	张子筠 / 239
张麟宝 / 185	张世韩 / 187	张应旸 / 102	张子习 / 439
张麟定 / 185	张世珍 / 101	张映乾 / 188	张子翼 / 439
张麟宿 / 185	张守仁 / 101	张永承 / 398	张梓材 / 346
张龙云 / 100	张绥琮 / 334	张永福 / 102	张自铭 / 189
张履吉 / 439	张燧 / 187	张友称 / 102	张祖基 / 189
张洛 / 256	张树勋 / 101	张友仁 / 238	张缵烈 / 103
张美淦 / 101	张思浚 / 334	张玉隆 / 439	张最熺 / 346
张梦龄 / 385	张思齐 / 187	张玉堂 / 239	张作舟 / 103
张迺瑞 / 334	张宋卿 / 238	张裔生 / 188	章朝赓 / 239
张能 / 406	张所传 / 398	张煜南 / 188	章萃伦 / 398
张其翾 / 185	张所述 / 398	张元阳 / 102	章经国 / 239
张其畴 / 185	张天赋 / 187	张元英 / 398	章士锦 / 398

章士莲 / 398	郑国勋 / 105	郑廷槐 / 107	钟动 / 190
章祥懿 / 399	郑国一 / 335	郑廷修 / 335	钟芳 / 440
章耀辰 / 399	郑过宜 / 105	郑维诜 / 240	钟淦秋 / 190
章治唐 / 399	郑海鲲 / 335	郑维新 / 240	钟公任 / 190
招凤娇 / 386	郑浩 / 105	郑文彩 / 440	钟冠群 / 190
招国栋 / 386	郑洪猷 / 239	郑文锐 / 335	钟光 / 190
招继祖 / 386	郑鸿谟 / 105	郑锡三 / 107	钟国楼 / 190
招汝意 / 386	郑黄道 / 105	郑心经 / 107	钟汉翔 / 190
招书麟 / 386	郑家兰 / 105	郑学侨 / 107	钟宏 / 399
招元傅 / 386	郑家鹏 / 440	郑雪耘 / 107	钟惠澜 / 191
赵德 / 103	郑介民 / 440	郑养性 / 107	钟继光 / 269
赵丁 / 386	郑锦城 / 106	郑宜东 / 386	钟介民 / 191
赵国柱 / 335	郑开莲 / 106	郑以雄 / 440	钟敬文 / 240
赵良诜 / 335	郑开修 / 106	郑以勋 / 108	钟鲁斋 / 191
赵鹏翼 / 103	郑克堂 / 106	郑义 / 108	钟伦五 / 191
赵少如 / 103	郑匡夏 / 106	郑英兰 / 335	钟孟鸿 / 191
赵时举 / 104	郑兰葇 / 106	郑有涯 / 108	钟鸣韶 / 241
赵世成 / 104	郑兰升 / 440	郑宇荣 / 387	钟佩芳 / 109
赵思兼 / 439	郑良 / 386	郑玉麟 / 387	钟声和 / 109
赵维城 / 104	郑茂蕙 / 106	郑育渐 / 108	钟时炯 / 346
赵希璜 / 239	郑旻 / 106	郑芸经 / 108	钟仕杰 / 109
赵以濂 / 439	郑鸣冈 / 189	郑兆振 / 190	钟庶熙 / 191
赵育璜 / 406	郑乃宪 / 440	郑振藻 / 108	钟挺秀 / 192
赵元浑 / 399	郑南升 / 106	郑正秋 / 108	钟问陶 / 192
赵志科 / 439	郑沛霖 / 106	郑之侨 / 108	钟锡福 / 441
甄苢 / 335	郑倩 / 106	郑炷儒 / 440	钟锡豪 / 387
郑安 / 104	郑溱澜 / 386	郑祝三 / 108	钟锡美 / 387
郑安道 / 104	郑清 / 106	郑卓越 / 108	钟喜焞 / 399
郑安淮 / 104	郑任良 / 189	郑子宠 / 440	钟献评 / 269
郑昂 / 104	郑润 / 106	郑宗奇 / 240	钟兴 / 192
郑翱 / 440	郑珊 / 335	郑作林 / 240	钟一鸣 / 192
郑邦鉴 / 440	郑绍武 / 240	值匡时 / 335	钟亦请 / 109
郑邦任 / 104	郑绍业 / 107	植奇举 / 335	钟寅 / 241
郑昌时 / 104	郑氏 / 240	钟彬 / 190	钟应梅 / 192
郑大进 / 104	郑轼 / 335	钟勃 / 108	钟颖明 / 336
郑大嵛 / 104	郑寿麟 / 107	钟昌龄 / 399	钟颖阳 / 192
郑幹生 / 105	郑树雄 / 107	钟诚卿 / 190	钟用和 / 192
郑高华 / 105	郑嵩京 / 335	钟达云 / 109	钟有芳 / 241
郑高文 / 386	郑梯云 / 240	钟丁先 / 240	钟毓华 / 192
郑国藩 / 105	郑廷鹄 / 440	钟鼎 / 336	钟毓灵 / 192
郑国光 / 105	郑廷楫 / 107	钟鼎鸣 / 240	钟毓元 / 193

钟元鼎 / 257	周敬夫 / 336	周元高 / 337	祝鸿文 / 242
钟在岐 / 399	周烈亚 / 406	周瑷璋 / 387	祝嘉 / 441
钟兆霖 / 109	周明 / 336	周栽彬 / 441	庄重 / 242
钟珍儒 / 193	周鸣岐 / 241	周昭光 / 241	卓伯先 / 111
钟振 / 399	周南邨 / 336	周肇京 / 406	卓浩然 / 442
钟振奇 / 406	周潰 / 262	周振陞 / 337	卓宏 / 193
钟志伊 / 336	周士第 / 441	周植 / 406	卓莘 / 111
钟仲鹏 / 193	周士文 / 193	周至德 / 441	卓献书 / 111
钟仲裕 / 336	周燧 / 336	周中誉 / 337	卓宴春 / 111
周秉礼 / 441	周坦 / 241	周钟岳 / 337	卓有瑞 / 193
周伯初 / 109	周廷望 / 257	朱炳芳 / 241	卓宗元 / 111
周彩禄 / 241	周渭 / 262	朱灿然 / 269	邹炽昌 / 242
周昌 / 336	周文疆 / 399	朱超玖 / 241	邹迪 / 111
周朝勋 / 387	周文海 / 441	朱德宣 / 241	邹冠翔 / 242
周成 / 109	周熙仁 / 387	朱德益 / 241	邹鹤年 / 387
周承诰 / 336	周祥 / 387	朱观泰 / 257	邹家骥 / 194
周承权 / 387	周学实 / 441	朱浩怀 / 193	邹渐鸿 / 242
周达仁 / 346	周雪溪 / 110	朱华邦 / 387	邹琳 / 111
周大新 / 109	周勋臣 / 193	朱可权 / 257	邹鋆 / 111
周殿康 / 336	周颐 / 110	朱南璋 / 241	邹鲁 / 111
周鼎铨 / 109	周易 / 110	朱任宏 / 193	邹谦 / 194
周笃庆 / 109	周易贞 / 336	朱汝衡 / 241	邹清华 / 112
周孚先 / 109	周谊夫 / 336	朱汝南 / 241	邹庆春 / 112
周刚如 / 241	周应星 / 336	朱师晦 / 110	邹士操 / 387
周光镐 / 110	周永镐 / 336	朱文灏 / 110	邹涛 / 194
周瀚 / 193	周用 / 110	朱文麟 / 241	邹宇馨 / 388
周化人 / 387	周友杰 / 337	朱翼 / 110	邹震岳 / 194
周辉甫 / 193	周语 / 441	朱照南 / 441	邹祖培 / 112
周景 / 441	周裕珽 / 337	朱芝秀 / 193	左必达 / 194

主要参考书目

1. 广东省地方史志办公室辑：《广东历代方志集成·省部》，广州：岭南美术出版社，2006年。
2. 广东省地方史志办公室辑：《广东历代方志集成·潮州府部》，广州：岭南美术出版社，2009年。
3. 广东省地方史志办公室辑：《广东历代方志集成·惠州府部》，广州：岭南美术出版社，2009年。
4. 广东省地方史志办公室辑：《广东历代方志集成·韶州府部》，广州：岭南美术出版社，2009年。
5. 广东省地方史志办公室辑：《广东历代方志集成·南雄府部》，广州：岭南美术出版社，2007年。
6. 广东省地方史志办公室辑：《广东历代方志集成·肇庆府部》，广州：岭南美术出版社，2009年。
7. 广东省地方史志办公室辑：《广东历代方志集成·高州府部》，广州：岭南美术出版社，2009年。
8. 广东省地方史志办公室辑：《广东历代方志集成·廉州府部》，广州：岭南美术出版社，2009年。
9. 广东省地方史志办公室辑：《广东历代方志集成·雷州府部》，广州：岭南美术出版社，2009年。
10. 广东省地方史志办公室辑：《广东历代方志集成·琼州府部》，广州：岭南美术出版社，2009年。
11. 〔清〕张廷玉等撰：《明史》，北京：中华书局，1974年。
12. 〔清〕李长荣辑：《柳堂师友诗录》，清同治二年（1863）刻本。
13. 〔清〕黄登编：《岭南五朝诗选》三十七卷，清康熙三十九年刻本。
14. 〔清〕温汝能辑：《粤东诗海》一百卷附《补遗》六卷，清同治五年（1866）顺德聚文堂藏板。
15. 〔清〕凌扬藻辑评：《岭海诗钞》，清道光同治间狎鸥亭刻《海雅堂全集》本。
16. 〔清〕陈在谦撰辑：《国朝岭南文钞》十八卷，清道光间学海堂刻本。
17. 〔清〕李长荣辑：《寿苏集初编》，清光绪元年羊城西湖街富文斋刻本。
18. 〔清〕黄登瀛编：《端溪诗述》六卷，清道光二十四年（1844）六榕书屋刻本。
19. 〔清〕彭泰来编：《端人集》，清同治六年（1876）刻本。
20. 〔清〕刘彬华辑：《岭南群雅初集》三卷《二集》三卷，清嘉庆十八年（1813）玉壶山房刻本。
21. 〔清〕张煜南等辑：《梅水诗传》十卷，清光绪二十七年（1901）刻本。
22. 〔清〕胡曦辑：《梅水汇灵集》八卷，清光绪十二年（1886）湛此心斋刻本。
23. 〔清〕郑昌时辑著：《韩江闻见录》十卷，道光甲申年（1824）文玉楼刻本。
24. 广东文物编印委员会编辑：《广东文物特辑》，香港：中国文艺推进社，1949年。
25. 吴道镕原稿：《广东文徵》，香港：香港中文大学出版部，1973年。
26. 余祖明编纂：《广东历代诗抄》十一卷，香港：能仁书院，1980年。
27. 吴道镕编：《广东文徵作者考》，广东中山图书馆，1958年。
28. 许衍董著：《广东文徵续编》，香港：广东文徵编印委员会，1987年。
29. 赵尔巽等撰：《清史稿》，北京：中华书局，1977年。

30. 陈伯陶著：《胜朝粤东遗民录》四卷《附录》一卷，民国五年刻本。

31. 陈颙庵著：《读岭南人诗绝句》，出版时间、出版地点不详。

32. 王国宪编订，饶宝华校刻，郑行顺点校：《琼台耆旧诗集》，海口：海南出版社，2004年。

33. 徐世昌辑：《晚晴簃诗汇》，北京：中国书店，1989年。

34. 孙殿起录：《贩书偶记》，上海：上海古籍出版社，1982年。

35. 孙殿起录：《贩书偶记续编》，上海：上海古籍出版社，1980年。

36. 黄荫普编纂：《广东文献书目知见录附补篇》，黄氏忆江南馆，1978年。

37. 广东省中山图书馆编：《广东省中山图书馆馆藏广东文献目录粤人著述》，广州：广东省中山图书馆，1984年。

38. 李默编著：《广东方志要录》，广州：广东地方志编纂委员会办公室，1987年。

39. 骆伟主编：《广东文献综录》，广州：中山大学出版社，2000年。

40. 骆伟编著：《岭南文献综录》，广州：广东人民出版社，2016年。

41. 管林主编：《广东历史人物辞典》，广州：广东高等教育出版社，2001年。

42. 倪俊明、沈锦锋主编：《广东近现代人物词典》，广州：广东科技出版社，1992年。

43. 中山大学中国古文献研究所编：《粤诗人汇传》，广州：岭南美术出版社，2009年。

44. 刘伯骥著：《广东书院制度》，台北：国立编译馆中华丛书编审委员会，1978年。

45. 《广州百科全书》第二版编纂委员会编：《广州百科全书》第2版，北京：中国大百科全书出版社，2015年。

46. 柯愈春著：《清人诗文集总目提要》，北京：北京古籍出版社，2001年。

47. 邹颖文编：《香港古典诗文集经眼录》，香港：中华书局（香港）有限公司，2011年。

48. 《广东省志》编纂委员会编：《广东省志1979—2000》，北京：方志出版社，2014年。

49. 广州市地方志编纂委员会编：《广州市志》，广州：广州出版社，1996年。

50. 徐友春主编：《民国人物大辞典》，石家庄：河北人民出版社，2007年。

51. 香港徐氏宗亲会编：《徐氏历代名人录》，香港：香港徐氏宗亲会，1971年。

52. 陈予欢编著：《民国广东将领志》，广州：广州出版社，1994年。

53. 陈予欢著：《云南讲武堂将帅录》，广州：广州出版社，2011年。

54. 廖盖隆等主编：《中国人名大辞典·历史人物卷》，上海：上海辞书出版社，1990年。

55. 周家珍编著：《20世纪中华人物名字号辞典》，北京：法律出版社，2000年。

56. 吴海林、李延沛编：《中国历史人物生卒年表》，哈尔滨：黑龙江人民出版社，1981年。

57. 江庆柏编著：《清代人物生卒年表》，北京：人民文学出版社，2005年。

58. 李盛平主编：《中国近现代人名大辞典》，北京：中国国际广播出版社，1989年。

59. 陈玉堂著：《中国近现代人物名号大辞典（全编增订本）》，杭州：浙江古籍出版社，2005年。

60. 周川主编：《中国近现代高等教育人物辞典》，福州：福建教育出版社，2012年。

61. 陈汉才著：《康门弟子述略》，广州：广东高等教育出版社，1991年。

62. 李国钧主编：《中华书法篆刻大辞典》，长沙：湖南教育出版社，1990年。

63. 易汉文主编：《中山大学专家小传》，广州：中山大学出版社，2004年。

64. 沈英森主编：《岭南中医》，广州：广东人民出版社，2000年。

65. 吴粤昌编著：《岭南医徵略》，广州：广州市卫生局，1984年。

66. 高日阳等主编：《岭南医籍考》，广州：广东科技出版社，2011年。

67. 刘小斌、郑洪编：《岭南医学史》，广州：广东科技出版社，2012年。

68. 陈锦荣主编：《岭南百病验秘方精选》，广州：暨南大学出版社，1992年。

69. 中国中医研究院中国医史文献研究所主编：《中医人物词典》，上海：上海辞书出版社，1988年。

70. 陈传席等编著：《岭南画派》，石家庄：河北教育出版社，2003年。

71. 陈滢著：《岭南花鸟画流变1368—1949》，上海：上海古籍出版社，2004年。

72. 丁介民著：《方言考》，台湾中华书局，1969年。

73. 张晓编著：《近代汉译西学书目提要》，北京：北京大学出版社，2012年。

74. 陈乔之主编，《港澳大百科全书》编委会编：《港澳大百科全书》，广州：花城出版社，1993年。

75. 秦国经主编，唐益年、叶秀云副主编：《中国第一历史档案馆藏清代官员履历档案全编》，上海：华东师范大学出版社，1997年。

76. 汤志岳编著：《广东古代女诗人诗选》，广州：广东人民出版社，1997年。

77. 黄家驹、何国华主编：《林砺儒教育思想研究》，广州：广东高等教育出版社1991年。

78. 罗雨林著：《罗雨林文博研究论集》，广州：广东省地图出版社，2001年。

79. 陈竞飞著：《陈竞飞诗文集》，广州：广东人民出版社，1995年。

80. 林伦伦主编：《饶学研究》第二卷，广州：暨南大学出版社，2015年。

81. 阙本旭、陈俊华主编：《汕头大学潮学研究文萃.下》，汕头：汕头大学出版社，2006年。

82. 杨冀岳著：《一粟集》，广州：花城出版社，2008年。

83. 徐定安主编：《徐氏古今诗文选》，香港：世界徐氏宗亲总会，1986年。

84. 章文钦笺注：《澳门诗词笺注》，珠海：珠海出版社，2002年。

85. 骆伟编著：《岭南姓氏族谱辑录》，广州：广东人民出版社，2012年。

86. 古国檀主编：《古氏族谱.革公系2.第32-35世》，出版地、出版社不详，2004年。

87. 唐为人、唐德绵、唐经棣、唐树科主撰：《中华唐氏通谱·总卷（中）》，北京：中国文史出版社，2013年。

88. 刘奕宏、黄智编著：《寻韵攀桂坊品读客都人文胜地的前世今生》，广州：广东高等教育出版社，2012年。

89. 廖来保主编：《潮州市志》人物，广州：广东人民出版社，1995年。

90. 饶宗颐总纂：《潮州志》，［潮州］：潮州市地方志办公室，2004年。

91. 张秀清主编，澄海县地方志编纂委员会编：《澄海县志》，广州：广东人民出版社，1992年。

92. 李才进主编：《三湾史略》，广州：广东人民出版社，2007年。

93. 陈景熙主编：《潮青学刊》第一辑，北京：社会科学文献出版社，2013年。

94. 梅州市地方志编纂委员会编：《梅州市志》，广州：广东人民出版社，1999年。

95. 梅州市地方志编纂委员会编：《梅州市志1979—2000》，北京：方志出版社，2011年。

96. 谢崇德编著，嘉应诗社编：《梅花端的种梅州——梅州咏梅诗选注》，［梅州］：［嘉应诗社］，2009年。

97. 刘奕宏、丘洪松、罗雄编著：《同盟会梅州人物志》，梅州：梅州市地方丛书编委会，2011年。

98．程志远、江凤莲、徐桂英编：《梅州客家历代乡贤著述目录》第一册，梅县：广东省梅县图书馆，1989年。

99．刘碧光主编：《兴宁县志》卷四，广州：广东人民出版社，1992年。

100．兴宁县文化局编修：《兴宁县文化艺术志》，兴宁：兴宁县印刷厂，1987年。

101．广东省兴宁县政协文史委员会编：《兴宁文史》第十六辑，兴宁：政协兴宁文史委员会，1992年。

102．兴宁县兴民中学校、兴民中学校友会编：《兴宁兴民中学校志》，兴宁：兴宁县兴民中学，1991年。

103．兴宁县石马区志编修办公室编：《兴宁县石马区志》，兴宁：兴宁县石马区志编修办公室，1992年。

104．兴宁县教育局教育志编辑室、兴宁县教育学会编：《兴宁县教育志史料汇编》第四辑，兴宁：兴宁县教育局教育志编辑室、兴宁县教育学育学会，1988年。

105．蕉岭县地方志编纂委员会编：《蕉岭县志》，广州：广东人民出版社，1992年。

106．蕉岭县地方志编纂委员会编：《蕉岭县志1979—2000》，广州：广东人民出版社，2011年。

107．政协蕉岭县委文史科编：《蕉岭文史》第七辑，蕉岭：政协蕉岭县委文史科，1990年。

108．政协广东省蕉岭县文史资料研究委员会编：《蕉岭文史》第十二辑《新铺镇专辑》，蕉岭：政协广东省蕉岭县文史资料研究委员会，1995年。

109．潮阳市地方志编纂委员会编：《潮阳县志》第二十八编、第三十二编，广州：广东人民出版社，1997年。

110．贺益明主编：《揭阳县志1986—1991续编》，广州：广东经济出版社，2005年。

111．揭阳县地方志编纂委员会编：《揭阳县志》第二十四篇，广州：广东人民出版社，1993年。

112．贺益明主编，榕城区志编纂委员会编：《榕城区志》，北京：经济日报出版社，1999年。

113．吴伟斌主编，揭东县文化广电新闻出版局编：《文化揭东》，北京：中国文联出版社，2009年。

114．郑明标编著：《近现代潮汕文学．国内篇》，北京：中国戏剧出版社，2010年。

115．高国抗、林甦主编：《丰顺县志》第七篇，广州：广东人民出版社，1995年。

116．林韩璋主编：《丰顺人物辞典》，广州：中山大学出版社，1996年。

117．何葆玉辑撰：《丰顺诗艺录》，广州：中山大学出版社，1998年。

118．吴育林、张国栋主编：《揭西县志》第九篇，广州：广东人民出版社，1994年。

119．梅县地方志编纂委员会编：《梅县志》第二十四篇，广州：广东人民出版社，1994年。

120．政协广东省梅县委员会文史资料委员会编：《梅县文史资料》第二十七辑《城东镇专辑》，梅县：政协梅县县委文史资料委员会，1994年。

121．普宁市地方志编纂委员会编：《普宁县志》第二十三编，广州：广东人民出版社，1995年。

122．普宁县政协文史资料委员会编：《普宁文史》第五辑，普宁：流沙印刷厂，1991年。

123．大埔县地方志编纂委员会编：《大埔县志》第二十五篇、第二十九篇，广州：广东人民出版社，1992年。

124．黄建辉主编：《大埔县志1979—2000》，广州：广东人民出版社，2011年。

125．张高徊主编：《万川骚坛数百年——大埔县历代名人雅士诗词选》，梅县：嘉应诗社，2006年。

126. 曹展领主编：《大埔古今诗词选》，[出版地不详]：中华诗词出版社，2010年。

127. 周录祥、林跃文编著：《金山艺文选》，广州：暨南大学出版社，2014年。

128. 黄志环编著：《大埔县姓氏录》，北京：中国文史出版社，2014年。

129. 陈作宏编纂：《古今揭阳吟》，广州：岭南美术出版社，2013年。

130. 平远县地方志编纂委员会编：《平远县志》第二十五编，广州：广东人民出版社，1993年。

131. 冯华德主编：《平远名人传略》，平远：平远县佳美彩印有限公司，2005年。

132. 陈光烈辑，陈肯堂、陈科庭主编：《饶平县志补订》卷十一、卷十二、卷十八，潮州：印行《饶平县志补订》编纂委员会，2009年。

133. 政协五华县文史研究委员会、五华县地方志编纂委员会办公室编：《五华人物》，[五华县]：[出版者不详]，2009年。

134. 政协广东省五华县委员会文史资料研究委员会编：《五华文史》第二辑，五华：五华县印刷厂，1986年。

135. 政协五华县委文史资料研究委员会编：《五华文史》第七辑，五华：政协五华县委文史资料研究委员会，1989年。

136. 政协广东省五华县文史研究委员会编：《五华文史》第二十五辑《五华进士将军院士大学校长录》，[五华]：[出版者不详]，2013年。

137. 五华县地方志编纂委员会编：《五华县志》，广州：广东人民出版社，1991年。

138. 南澳县地方志编纂委员会编：《南澳县志》第二十四篇、第二十七篇，北京：中华书局，2000年。

139. 长乐子主编：《风流好继谢宣城——华城秋官第百年风采录》，[出版地不详]：[出版者不详]，2008年。

140. 孙淑彦编：《揭阳书目叙录》第一辑，揭阳：揭阳县博物馆，1986年。

141. 黄志环、邓旺林、黄伟平编著：《大埔进士录》，[北京]：中国文史出版社，2013年。

142. 陈兴武主编，郭云汉、邓祥发副主编：《桃源古今文萃》，香港：中国评论学术出版社，2005年。

143. 孙淑彦、王云昌编：《潮州人物辞典·文史艺术分册》，广州：中山大学出版社，1991年。

144. 温廷敬辑，吴二持、蔡启贤校点：《潮州诗萃》，汕头：汕头大学出版社，2001年。

145. 冯奉初选辑：《潮州耆旧集》，香港：潮州会馆董事会，1980年。

146. 广东省汕头市地方志编纂委员会编：《汕头市志》，北京：新华出版社，1999年。

147. 广东省汕头市卫生局编：《汕头卫生志》，[出版地不详]：[出版者不详]，1990年。

148. 丘玉卿、丘金峰编著：《潮汕历代书画录·潮州市卷》，汕头：汕头大学出版社，1993年。

149. 惠来县地方志编纂委员会编：《惠来县志》，北京：新华出版社，2002年。

150. 惠来县地方志编纂委员会编：《惠来县志1979—2004》，北京：方志出版社，2011年。

151. 杨锡铭主编：《海外潮人史话》，北京：中国文史出版社，2009年。

152. 冯扬德主编：《平远名人诗词选》，平远：平远县佳美彩印有限公司，2006年。

153. 谢崇德编著：《历代咏梅梅州诗选注》，[出版地不详]：中华诗词出版社，2009年。

154. 梅县梅岭诗词联学会编：《梅县历代诗选》，梅县：[梅县梅岭诗词联学会]，2013年。

155. 梅州市政协文化和文史资料委员

会编：《梅州进士录》，[梅州]：[出版者不详]，2012年。

156．政协梅州市委员会文史资料委员会编：《梅州文史》第三辑，梅州：政协梅州市委文史资料委员会，1990年。

157．张继善编：《梅县历代乡贤事略·第一辑》，梅县：梅县县立图书馆印本，1945年。

158．梅州市地方志办公室编，黄玉钊主编：《梅州人物传》，梅州市地方志办公室，1989年。

159．赖绍祥、房学嘉编著：《客籍志士与辛亥革命》，广州：广东人民出版社，1992年。

160．梅州中学、梅州中学校友会主编：《群星灿烂：梅州中学部分校友业绩介绍.二》，梅州：梅州中学，1999年。

161．林训、陈天生、管耿芳主编，广东省梅县西阳中学（白宫中学）留梅校友会编：《群星璀灿：西阳、白宫知名人士录》第一集，[梅县]：广东省梅县西阳中学留梅校友会，2000年。

162．林训主编，陈天生、管耿芳副主编，广东省梅县西阳中学（白宫中学）留梅校友会编：《群星璀灿：西阳、白宫知名人士录》第二集，[梅县]：广东省梅县西阳中学留梅校友会，2002年。

163．惠州市惠城区地方志编纂委员会编：《惠州志·艺文卷》，北京：中华书局，2004年。

164．卢国秋、蓝青主编：《惠阳县志》第三十八篇人物，广州：广东人民出版社，2003年。

165．惠州市地方志编纂委员会编：《惠州市志》，北京：中华书局，2008年。

166．陈培洪主编：《惠东文史》第三辑，惠东：政协惠东县委文史资料委员会，1991年。

167．黎榕凯、钟兆南主编，博罗县地方志编纂委员会编：《博罗县志》，北京：中华书局，2001年。

168．林锦佳、连凯跃主编：《陆丰县志》第二十五篇、第三十篇，广州：广东人民出版社，2007年。

169．和平县地方志编纂委员会编：《和平县志》第二十三编、第二十七编，广州：广东人民出版社，1999年。

170．和平县政协委员会文史组编：《和平文史》第三辑，和平：政协和平县文史组，1986年。

171．紫金县地方志编纂委员会编：《紫金县志》第二十八篇，广州：广东人民出版社，1994年。

172．钟连钦主编：《紫金历代诗联选》，广州：广东人民出版社，2013年。

173．海丰县地方志编纂委员会：《海丰县志》卷三十七，广州：广东人民出版社，2005年。

174．连平县地方志办公室编：《连平县志》，广州：广东人民出版社，2001年。

175．陈训廷主编：《惠州诗词选编》，广州：广东人民出版社，2016年。

176．龙川县地方志编纂委员会编：《龙川县志》，广州：广东人民出版社，1994年。

177．龙川县地方志编纂委员会编：《龙川县志1979—2004》，广州：广东人民出版社，2012年。

178．黄伟经主编：《客家名人录》，广州：花城出版社，1992年。

179．黄伟经主编：《客家名人录.第2卷》，广州：花城出版社，1996年。

180．韶关市地方志编纂委员会编：《韶关市志》卷二十，北京：中华书局，2001年。

181．韶关市政协文史委员会编：《韶关文史资料》第六辑，韶关：韶关市政协文史委员会，1985年。

182．曲江县地方志编纂委员会编：《曲江县志》第七编，北京：中华书局，1999年。

183．乐昌县地方志编纂委员会编：

《乐昌县志》卷二十八，广州：广东人民出版社，1994年。

184. 谢晋生、何伟青主编：《翁源县志》第七编，广州：广东人民出版社，1997年。

185. 翁源县政协文史组编：《翁源文史资料》第一辑，翁源：政协翁源县文史组，1985年。

186. 政协翁源县委员会翁源文史资料编辑室编：《翁源文史资料》第六辑，翁源：政协翁源县委员会翁源文史资料编辑室，1988年。

187. 政协翁源县委员会学习和文史委员会编：《翁源文史资料》第十辑，翁源：政协翁源县委学习和文史委员会，1997年。

188. 赖耀棠主编：《仁化县志》，[仁化]：仁化县志编纂委员会编印，1992年（内部发行）。

189. 仁化县地方志编纂委员会编：《仁化县志》，北京：方志出版社，2014年。

190. 英德县地方志编纂委员会编：《英德县志》，广州：广东人民出版社，2006年。

191. 南雄县地方志编纂委员会主编《南雄县志》第四编、第六编，广州：广东人民出版社，1991年。

192. 陈方畴主编：《始兴县志》第三十二卷，广州：广东人民出版社，1997年。

193. 始兴县文史委员会编：《始兴文史》第三辑，[始兴]：始兴县文史委员会，1986年。

194. 杨金隆主编：《连南瑶族自治县县志》第二十四篇，广州：广东人民出版社，1996年。

195. 刘伟铿主编：《肇庆市志》第九篇，广州：广东人民出版社，1996年。

196. 王振华主编：《肇庆市志》第三十篇，广州：广东人民出版社，1999年。

197. 黄建诚主编：《高要县志》第七编，广州：广东人民出版社，1996年。

198. 新兴县地方志编纂委员会编：《新兴县志》第五编、第七编，广州：广东人民出版社，1993年。

199. 高明县地方志编纂委员会编：《高明县志》第三十六篇、第四十三篇，广州：广东人民出版社，1995年。

200. 佛山市高明区政协学习和文史委员会编：《高明文史》第十三辑《高明历代名人选辑》，高明：高明县政协文史组，2008年。

201. 罗定县地方志编纂委员会编：《罗定县志》人物，广州：广东人民出版社，1994年。

202. 徐东主编：《罗定历代诗选》，广州：花城出版社，1993年。

203. 阳春市地方史志办公室编：《阳春县志》第十四编，广州：广东人民出版社，1996年。

204. 四会县地方志编纂委员会编：《四会县志》第二十五编、第三十一编，广州：广东人民出版社，1996年。

205. 司徒星、余玉晃主编：《开平县志》，北京：中华书局，2002。

206. 云浮县地方志编纂委员会编纂：《云浮县志》第二十九篇，广州：广东人民出版社，1995年。

207. 广宁县地方志编纂委员会编：《广宁县志》卷二十九，广州：广东人民出版社，1994年。

208. 郁南县地方志编纂委员会编：《郁南县志》，广州：广东人民出版社，1995年。

209. 怀集县地方志办公室编：《怀集县志》，广州：广东人民出版社，1993年。

210. 林昉主编，怀集县志办公室编辑：《怀岭禅韵》，[出版地不详]：[出版者不详]，2005年。

211. 郭运腾主编：《鹤山县志》第二十二篇、第二十六篇，广州：广东人民出版社，2001年。

212. 《香港鹤山同乡会会刊》，[香港]：香港鹤山同乡会，1978年。

213. 封开县地方志编纂委员会编：《封开县志》第三十七篇，广州：广东人民出版社，1998年。

214. 德庆县地方志编纂委员会编：《德庆县志》，广州：广东人民出版社，1996年。

215. 德庆县地方志编纂委员会编：《德庆县志1979—2000》，广州：广东人民出版社，2013年。

216. 余宏亮主编：《阳江县志》第三十五编、第四十四编，广州：广东人民出版社，2000年。

217. 陈启著主编：《信宜县志》第四编、第六编，广州：广东人民出版社，1993年。

218. 信宜市地方志编纂委员会编：《信宜市志1979—2000》，广州：广东人民出版社、广东省出版集团，2012年。

219. 信宜县地方志编纂委员会主编，陈启著等编撰：《信宜人物传略》，广州：中山大学出版社，1989年。

220. 茂名市政协文史资料研究委员会等编：《茂名文史》第十四辑《茂名教育史料专辑》，［茂名市］：［茂名日报社印刷厂］，1992年。

221. 茂名市地方志编纂委员会编：《茂名市志》（下册），北京：生活·读书·新知三联书店，1997年。

222. 高州政协文史组编：《高州文史》第七辑，高州：政协高州县文史组，1988年。

223. 政协湛江市委员会学习和文史资料委员会编：《湛江文史》第二十四辑，湛江：政协湛江市委员会学习和文史资料委员会，2005年。

224. 政协湛江市委员会学习和文史资料委员会编：《湛江文史》第二十六辑，湛江：广东省湛江嘉浩印业有限公司，2007年。

225. 潘泰主编：《吴川县志》，北京：中华书局，2001年。

226. 卢定强主编，化州市地方志编纂委员会编：《化州县志》，广州：广东人民出版社，1996年。

227. 陈土富著：《化州古今人物》，广州：广东人民出版社，1995年。

228. 杨日林、朱文镇主编：《新丰县志》第二十六卷，广州：广东人民出版社，1998年。

229. 廉江市地方志编纂委员会编：《廉江县志》第五编、第七编，广州：广东人民出版社，1995年。

230. 广东省廉江市政协文史资料委员会编：《廉江文史》第十六辑，［出版地不详］：［出版者不详］，2002年。

231. 陈魁邦等撰述，吴熙业总编纂：《高雷文献专辑》，广州：广东省中山图书馆，1992年。

232. 广东省电白县地方志编纂委员会编：《电白县志》，北京：中华书局，2000年。

233. 潘乐远主编：《合浦县志》第五篇、第七篇，南宁：广西人民出版社，1994年。

234. 周开日、李智主编，钦州市地方志编纂委员会编：《钦州市志》，南宁：广西人民出版社，2000年。

235. 黄强主编，徐闻县志编纂委员会编：《徐闻县志》，广州：广东人民出版社，2000年。

236. 雷州市地方志编纂委员会编：《海康县志》，北京：中华书局，2004年。

237. 广东省海康县政协文史组编：《海康文史》1986年第一辑（总第五辑），海康：政协海康县文史组，1986年。

238. 广东省海康县政协文史组编：《海康文史》，1987年第一辑（总第七辑），海康：政协海康县文史组，1987年。

239. 遂溪县地方志编纂委员会编：《遂溪县志》第二十六篇，北京：中华书局，2003年。

240. 邹北林、梁九胜主编，阳山县地

方志编纂委员会编：《阳山县志》卷三十一，北京：中华书局，2003年。

241．蔡亲良、秦声扬总纂：《临高县志》，广州：广东人民出版社，1990年。

242．吴运秋主编：《文昌乡情人物录》，海口：海南出版社，1993年。

243．甘先琼主编，琼海市地方志编纂委员会编：《琼海县志》卷二十六，广州：广东科技出版社，1995年。

244．陵水黎族自治县地方志编纂委员会编：《陵水县志》第三十编，北京：方志出版社，2007年。

245．孙永峰主编：《澄迈县人物志》，海口：三环出版社，1993年。

246．王国宪、许崇灏等编著：《琼志钩沉（三种）》，海口：海南出版社，2006年。

247．苏英博主编：《海南名人辞典》，广州：中山大学出版社，1990年。

248．陈俊编著：《海南近代人物志》，台北：传记文学出版社，民国80〔1991〕年。

249．朱逸辉主编：《海南名人传略》上，广州：中山大学出版社，1992年。

250．朱逸辉选辑：《海外琼人诗选》，海口：三环出版社，1989年。

251．范运晰编著：《琼籍民国将军录》，海口：南海出版公司，1993年。

252．学苑汲古：高校古文献资源库 http://rbsc.calis.edu.cn：8086/aopac/jsp/。

253．中国国家图书馆古籍资源库 http://www.nlc.cn/dsb_zyyfw/gj/gjzyk/。